高等学校交通运输与工程类专业规划教材
“十三五”江苏省高等学校重点教材(编号:2017-1-063)

钢　桥

(第2版)

吉伯海　傅中秋　编

人民交通出版社股份有限公司
北　京

内 容 提 要

本书为高等学校交通运输与工程类专业规划教材,“十三五”江苏省高等学校重点教材(编号:2017-1-063)。本书在介绍桥梁用钢的基础上,以钢主梁类型为主线,系统介绍了各类钢桥的受力和构造原理,并包含了钢拱、钢塔、钢墩、钢管混凝土构件等桥梁重要钢部件。全书内容结合《公路钢结构桥梁设计规范》(JTG D64—2015),介绍了设计计算方法以及钢桥的制造、施工、维护等内容。部分内容配合我国典型的钢桥工程实例进行介绍,并考虑了读者不同层次的学习需求。

本书可作为高等学校土建类或相关专业桥梁方向课程的教材,也可供公路、铁路和城市道路等领域从事桥梁设计、施工、检测、养护及管理的专业技术人员参考。

图书在版编目(CIP)数据

钢桥 / 吉伯海, 傅中秋编. —2 版. —北京 : 人民交通出版社股份有限公司, 2019.12

ISBN 978-7-114-15096-8

Ⅰ. ①钢… Ⅱ. ①吉… ②傅… Ⅲ. ①钢桥—高等学校—教材 Ⅳ. ①U448.36

中国版本图书馆 CIP 数据核字(2019)第 193742 号

高等学校交通运输与工程类专业规划教材
“十三五”江苏省高等学校重点教材(编号:2017-1-063)

书 名: 钢桥(第 2 版)
著 作 者: 吉伯海 傅中秋
责任编辑: 李 喆 卢俊丽
责任校对: 赵媛媛
责任印制: 张 凯
出版发行: 人民交通出版社股份有限公司
地 址: (100011)北京市朝阳区安定门外外馆斜街 3 号
网 址: http://www.ccpcl.com.cn
销售电话: (010)59757973
总 经 销: 人民交通出版社股份有限公司发行部
经 销: 各地新华书店
印 刷: 北京市密东印刷有限公司
开 本: 787×1092 1/16
印 张: 28.5
字 数: 673 千
版 次: 2016 年 6 月 第 1 版
2019 年 12 月 第 2 版
印 次: 2021 年 1 月 第 2 版 第 2 次印刷 总第 4 次印刷
书 号: ISBN 978-7-114-15096-8
定 价: 75.00 元

高等学校交通运输与工程(道路、桥梁、隧道与交通工程)教材建设委员会

第2版前言

《钢桥》自2016年出版以来，被多所高校教学使用，也被很多工程技术人员选作参考书。但随着部分钢结构及铁路钢桥相关新规范的陆续颁布，教材中的部分内容亟须进行同步调整。同时，在教学应用过程中，收集到了很多有益的改进建议。为适应钢桥领域新发展和教学的需求，基于大量的教学实践和应用意见，在不大幅度增加书稿篇幅的前提下，对《钢桥》进行了修订。

本次编写保留了第1版教材的特色，并吸收了《钢结构设计规范》(GB 50017—2017)等新规范的相关内容。在以主梁类型作为主线、兼顾全桥结构体系的主框架基础上，强化了钢桥理论的基本概念，理顺了各桥型设计计算的流程，对第1版部分数据、笔误进行了更新、修正。主要变化内容如下：

(1)新增钢桥设计基本理论内容，重点介绍钢桥强度、刚度、稳定性、疲劳、腐蚀相关的基本理论，强调了钢桥相关基本概念理解，并体现在关联章节中。

(2)调整了各主梁桥型设计计算思路，强化了设计计算相关流程，为课程设计做好铺垫。

(3)将各种结构体系桥型作为一章介绍，在介绍主梁形式的基础上，突出了各种钢桥结构体系。

(4)在不影响全书知识体系的情况下，优化了部分章节内容。如对钢桥连接及斜拉桥和悬索桥内容做了部分删减，增加了组合梁抗剪连接件的抗疲劳计算等内容。

(5)吸收了《钢结构设计规范》(GB 50017—2017)、《低合金高强度结构钢》(GB/T 1591—2018)等最新规范内容,对第1版进行了笔误和数据更新。

本书共有12章。第1章介绍了钢桥的发展和特点概况;第2章介绍了钢桥用钢材;第3章介绍了钢桥强度、刚度、稳定性、疲劳、腐蚀相关的基本理论;第4章介绍了钢桥的连接,包括传统的连接计算方法以及连接施工方法和连接缺陷等;第5~8章重点介绍了不同主梁类型的钢桥构造和设计计算方法,包括钢板梁、钢箱梁、钢桁梁、组合梁等;第9章介绍了主梁以外的重要桥梁钢部件,包括钢拱肋、钢塔、钢桥墩、钢管混凝土构件等;第10章从结构体系角度介绍了钢梁桥、钢拱桥、钢斜拉桥与钢悬索桥;第11章介绍了钢桥的制造与施工;第12章介绍了钢桥典型病害特征和维护方法。

本书侧重公路钢桥的内容,部分内容参考了铁路、城市桥梁的相关规定,并列出了规范名称,以方便读者查阅。编写过程中,博士生王秋东、姚悦等参与了相关资料的收集和部分插图的绘制。

本书是"十三五"江苏省高等学校重点教材(编号:2017-1-063)。本书的出版得到江苏省高校品牌专业建设工程一期项目(PPZY2015B142)、江苏省高等教育教改研究重点项目(2017JSJG029)的资助。

由于编者水平有限,本书不可避免地存在不足,敬请读者提出批评和建议,并将意见寄至江苏省南京市鼓楼区西康路1号河海大学土木与交通学院桥梁工程研究所(210098)。

编　者

2019年5月

第1版前言

由于钢材的自重轻、强度高、受力特征优越，钢桥在大跨径桥梁中得到了广泛应用。随着我国经济实力的不断提高，已相继建成一大批世界级著名钢桥，同时还有大量的钢桥正在建设和规划中，规模和数量均居世界前列。这些钢桥的建设和管理需要对应专业人才的培养。因此，土建专业对桥梁工程知识的学习，需顺应钢桥建设和管理需求，强化对钢桥知识的了解。

自2002年开始，作者一直从事组合结构桥梁及钢桥相关教学工作，长期以来，针对钢桥以及钢—混凝土组合结构桥梁也进行了相关系列研究。在多年教学实践和理论研究的基础上，参考多部相关著作编写了本书。本书主要有以下特色：

一、系统性和全面性兼顾。以主梁分类为主线进行桥型介绍，在此基础上介绍了各种钢桥结构体系，并含有施工、维护等内容。

二、狭义和广义“钢桥”概念兼顾。本书内容不仅包含钢主梁和结构体系，同时涉及钢塔、钢桥墩、缆索以及组合结构构件等桥梁重要钢部件。

三、强化了钢桥的材料特征。对桥梁用钢材的特征、标示和特别性能要求进行了重点介绍。

四、考虑了不同层次的学习需求。除了基本的设计及计算原理外，简述了部分难度较大的复杂受力内容，主要针对有更深学习要求的读者对象，其中部分内容为作者的研究成果或者参考了最新文献。

本书共分为11章。第1章概论介绍了钢桥的发展和特点;第2章介绍了桥梁用钢材;第3章介绍了钢桥的连接,包括传统的连接计算以及连接施工方法和连接缺陷等;第4章～第7章重点介绍了不同主梁类型的钢桥,包括钢板梁、钢箱梁、钢桁梁、组合梁等;第8章介绍了主梁以外的重要桥梁钢部件,包括钢拱、钢塔、钢墩、钢管混凝土构件等;第9章从结构体系角度介绍了钢斜拉桥和悬索桥;第10章介绍了钢桥的制造和施工;第11章介绍了钢桥典型病害和维护方法。

本书内容吸纳了《公路钢结构桥梁设计规范》(JTG D64—2015)、《钢—混凝土组合桥梁设计规范》(GB 50917—2013)、《公路钢混组合桥梁设计与施工规范》(JTG/T D64-01—2015)等规范内容,侧重公路钢桥的介绍。部分内容参考了铁路、城市桥梁的相关规定,并列出了规范名称,方便读者查阅和更深入的了解。

特别感谢同济大学袁万城教授、东南大学叶见曙教授,他们对本书进行了认真、细致的审阅,并提出了很多宝贵的意见。

本书编写过程中,河海大学桥梁工程研究所谢发祥副教授、刘荣副教授等提出了很多建议并参与了部分工作。研究生袁周致远、陈林、陈祥、李坤坤、余振鹏、孔祥明、王秋东、谢民滇等以及本科生王益逊、姚悦、刘海生等参与了书稿相关资料的收集和插图的绘制。本书在河海大学2012级土木专业试用过程中也获取了许多宝贵的反馈意见。

本书的编写感谢"江苏省品牌专业建设工程一期项目(PPZY2015B142)"和"河海大学重点教材(新编)"的经费资助。

由于编写水平有限,本书不可避免地存在不足,敬请读者提出批评和建议,并将意见寄至江苏省南京市西康路1号河海大学土木与交通学院桥梁工程研究所(210098)。

编　者

2016年5月

目录

第 1 章　概论…… 1
1.1　钢桥发展 …… 1
1.2　结构类型及特点…… 15
1.3　钢桥设计一般要求…… 21
思考题 …… 29
第 2 章　桥梁钢材 …… 30
2.1　类型与规格…… 30
2.2　力学性能…… 38
2.3　钢材韧性…… 41
2.4　高性能钢材…… 45
思考题 …… 50
第 3 章　钢桥基本理论 …… 51
3.1　钢桥强度及刚度…… 51
3.2　钢桥稳定性…… 53
3.3　钢桥疲劳…… 57
3.4　钢桥腐蚀…… 69
思考题 …… 72
第 4 章　钢桥连接 …… 73
4.1　钢桥连接形式…… 73
4.2　焊缝连接计算…… 83
4.3　螺栓连接计算…… 91
4.4　连接工艺 …… 102
思考题…… 113
第 5 章　钢板梁桥…… 114
5.1　结构形式 …… 114

5.2　构造与布置 …… 119
5.3　设计计算 …… 131
5.4　受力分析 …… 145
思考题 …… 149
第 6 章　钢箱梁桥 …… 151
6.1　结构形式 …… 151
6.2　构造与布置 …… 160
6.3　设计计算 …… 168
6.4　受力分析 …… 183
思考题 …… 191
第 7 章　钢桁梁桥 …… 192
7.1　结构形式 …… 192
7.2　构造与布置 …… 199
7.3　设计计算 …… 208
7.4　受力分析 …… 228
思考题 …… 232
第 8 章　组合梁桥 …… 233
8.1　组合梁桥形式 …… 233
8.2　组合梁连接 …… 240
8.3　组合梁设计计算 …… 250
8.4　钢与混凝土作用效应 …… 259
思考题 …… 264
第 9 章　桥梁钢部件 …… 265
9.1　钢拱肋 …… 265
9.2　钢塔 …… 270
9.3　钢桥墩 …… 277
9.4　钢管混凝土构件 …… 283
9.5　缆索 …… 289
思考题 …… 297
第 10 章　钢桥结构体系 …… 298
10.1　钢梁桥 …… 298
10.2　钢拱桥 …… 300
10.3　钢斜拉桥 …… 306
10.4　钢悬索桥 …… 322
10.5　缆索支承桥梁的动力问题 …… 335
思考题 …… 339
第 11 章　钢桥制造与施工 …… 341
11.1　钢桥制造 …… 341
11.2　钢桥施工架设方法 …… 353

11.3 钢桥涂装与铺装施工…… 378
11.4 钢桥质量控制…… 389
思考题…… 396
第12章 钢桥病害与维护 …… 397
12.1 钢桥典型病害…… 397
12.2 涂装维护…… 412
12.3 腐蚀维护…… 415
12.4 疲劳维护…… 419
12.5 钢桥面铺装维护…… 425
思考题…… 429
附录…… 431
参考文献…… 435

第 1 章

概论

1.1 钢桥发展

1.1.1 钢桥发展历程

19 世纪初，随着蒸汽机的不断改进及蒸汽机车的出现，人类开始逐步迈进铁路时代，铁路桥梁得到了迅速的发展。早期铁路桥的修建，造桥材料还只限于木材、砖、石、铸铁，随后出现了锻铁型材（板、角铁）、钢材。19 世纪 90 年代后，钢材在桥梁建设中得到了广泛的应用。随着公路的蓬勃发展及公路桥梁的不断建设，各大公路钢桥逐渐刷新了原铁路钢桥的最大跨径纪录。随着大量公路钢桥的建设与使用，钢桥设计理论与制造施工技术不断完善，现已建立较为系统和完善的钢桥设计规范与制造施工工艺。

钢桥的发展历程总体上可分为早期钢桥和现代钢桥两个阶段。20 世纪 50 年代以前的钢桥发展阶段为早期钢桥阶段，20 世纪 50 年代之后则为现代钢桥阶段。

1）早期钢桥的发展

1890 年之前，钢桥使用的材料主要是铸铁和锻铁，因此并不是真正意义上的钢桥，称之为铁桥更为贴切。当时设计桥梁所需的力学知识正处在逐步形成、逐步完备之中，且没有可参照的桥梁设计规范。当时大多数桥梁工程师并没有接受过专业的教育,均需要沿着前人的足迹前进,自学成才。由于桥梁建设缺乏系统理论的指导,钢桥的事故发生得也特别多。例如,1847 年 5 月 24 日发生在英国 Chester 的 Dee 河桥事故,死亡 5 人。该桥的跨径为 3 ×29.9m,各跨度采用铸铁制成工形截面的若干梁段拼装成上弦,下加两根短立柱,再用锻铁做下弦,组合成双柱式的简支型桁架梁。建成之后 6 个月,就发生这一事故。1877 年 12 月美国 Ashtabula 的铁桁梁桥(梁的跨度是 50.3m,建成于 1865 年)发生了断裂下落事故。在梁桥下落之后,列车逐节下落,死亡 92 人,伤 64 人。

在这期间,工程师们也设计建造了一些跨径创纪录的大桥,且经受住了多年运营的考验,现已成为历史名桥。例如,1850 年建成的英国 Britainia 锻铁巨型箱管连续梁桥,造桥材料是锻铁(当时用于造船),成桥的跨径组合为 70m + 140m + 140m + 70m,箱梁总高达 9.09m,列车从箱中通行。但是该桥在建成使用 120 年之际被烧毁。1874 年建成的美国圣路易密西西比河无铰桁架钢拱桥共计三孔,跨径分别是 153m、158m 及 153m。它是双线铁路及公路两用桥,上层公路,下层为铁路,至今仍在使用。美国人自豪地称该桥曾创了 5 个纪录:①用压气沉箱下沉至水下 30.0m,创了深度纪录;②在铁路拱桥方面,创了跨径纪录;③第一次在上弦和下弦都使用圆钢管;④在钢材质量还受怀疑的情况下,该桥的主体结构首先有一部分采用了高质量的合金钢;⑤在桥梁安装过程中,第一次采用了悬臂拼装法(图 1-1)。

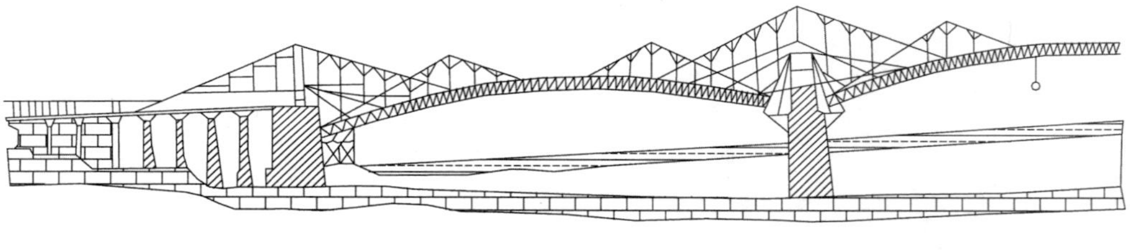

图 1-1　美国圣路易密西西比河无铰桁架钢拱桥的悬臂拼装(1874 年建成)

1918 年之前,位于世界跨径纪录前列的简支和连续桁架梁、钢拱桥,均建成于第一次世界大战主战场之外的北美洲,在此期间钢材得到了广泛应用。例如:美国 1916 年在伊利诺伊州建成的 Metropolis 简支桁架梁桥,跨径为 220m,大多数杆件使用硅钢,拉杆有一部分采用镍钢。加拿大 1918 年在魁北克建成双线铁路悬臂桁梁桥(图 1-2),历经两次重大施工事故之后,创造了钢桁梁桥跨径 548.6m 的世界纪录,并保留至今。该桥于 1900 年基础开工,第一次事故是 1907 年 8 月 29 日上午,当吊机向前一个节间行进时,9 000t 钢结构悬臂连同悬挂跨的一部分轰然坍落,86 名在场工人只有 11 人幸免于难。事故主要原因是:受压弦杆的拼接铆钉和组装螺栓尚未完成拼装,由于角钢缀条过分单薄,不能将强大的腹板组合成一整根杆件。此次事故之后,该桥主要杆件的钢材改用镍钢,重新设计,并将桥址中心线向南移动 20m 重新修建基础。新的钢桁梁的锚跨和伸臂的制造和架设工作很顺利,其悬挂跨则是改用整体提升的方法安装。1916 年 9 月 11 日上午 11 时,当悬挂跨已经提升 3.6m 之后,位于扁担梁之上、用于支承该悬挂跨的多个十字状铸铁支座中的一个突然被压碎,悬挂跨随即倾斜,由于它惯性大,挡具被撞毁,悬挂跨滑落水中,13 人当场死亡。一年之后另制一新的悬挂跨仍用整体提升方法,但将铸铁支座改为铅板,成功完成了架设任务。该桥于 1918 年建成,其立面图见图 1-2。

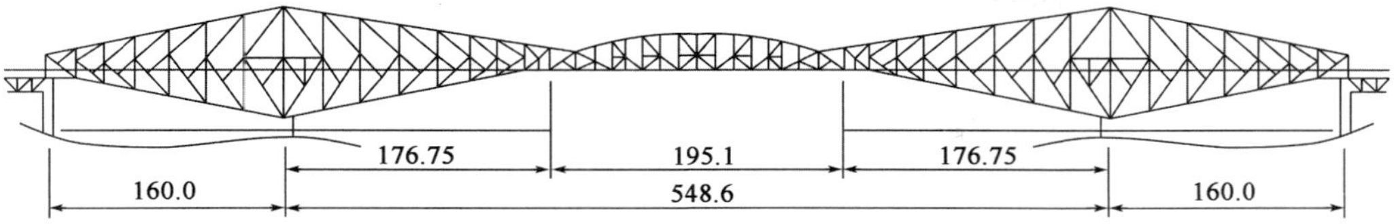

图 1-2　加拿大魁北克悬臂桁梁桥(1918 年建成,尺寸单位:m)

20 世纪第二次世界大战前,由于汽车交通的需要,修建了大量公路桥梁。其特点是:具有更好更高强度的钢,较成熟的设计方法以及更精确的制造和安装手段。在此期间美国建造了第一座主跨为 236m 的大型钢连续桁架梁桥,该跨径纪录一直保持了 40 年。1931 年建成的新泽西州贝荣(Bayonne)的基凡库(Kill-Vau-Kull)钢拱桥和 1932 年建成的澳大利亚悉尼港(Sydney Harbor)钢拱桥,其跨径分别为 503.5m 和 502.9m,是当时世界上跨度最大的钢拱桥。在此期间悬索桥亦有很大发展,1937 年建成净跨径为 1 280m 的金门大桥,桥塔高达 227.4m,每根主索直径为 1.029m,由 27 572 股钢丝组成。1940 年 Tacoma 悬索桥在大风中破坏,使悬索桥的空气动力稳定性成为一个迫切需要研究的课题,风洞试验成为桥梁设计师的研究工具。这项研究成果引发悬索桥设计的变革,并应用于第二次世界大战之后修建的桥梁中。

2)现代钢桥的发展

20 世纪 50 年代后,逐渐步入现代钢桥阶段,钢桥设计理论和施工工艺得到了极大的发展,现代钢桥具有以下特点:

(1)材料上:高强度低合金钢、预应力钢筋、高强度混凝土、聚合物等新材料的应用。

(2)结构上:桥梁上部结构采用正交异性钢桥面板和钢与混凝土的组合结构,箱形梁、高次超静定的结构(多为连续梁或直腿刚架、斜腿刚架、斜拉桥、各种组合体系结构等)。

(3)结构设计上:结构设计方面可以针对不同情况,按需要进行非线性(材料非线性、几何非线性)分析、空间分析、动力分析、可靠性分析。

(4)施工工艺上:施工工艺方面用钻孔桩机械(土层及岩层)、大直径桩、双壁钢围堰、自升式平台等修建深水基础,用焊接、高强度螺栓、预应力等方式进行连接;用悬臂施工(混凝土浇筑及各种预制件的拼装)及整体架设等方法降低造价并压缩工期。

现代钢桥不但在跨径上实现了较大的突破,且随着钢材逐渐向高强、耐锈蚀的特种钢发展,施工工艺逐渐向全焊结构方向发展,其自重更轻,跨越能力更强,形成了更多优美、合理、实用的结构体系。

(1)悬索桥

截至 2019 年,跨径排名前十的悬索桥(包括在建)如表 1-1 所示。

世界大跨度悬索桥(2019 年数据)　　表 1-1

序号	桥 梁 名 称	主跨径(m)	所 属 国 家	建 成 时 间
1	明石海峡大桥	1991	日本	1998
2	南京仙新路过江通道	1760	中国	在建
3	六横大桥	1756	中国	在建
4	杨泗港大桥	1700	中国	2019
5	南沙大桥	1688	中国	2019

续上表

序号	桥 梁 名 称	主跨径(m)	所 属 国 家	建 成 时 间
6	深中通道伶仃洋大桥	1666	中国	在建
7	西堠门大桥	1650	中国	2009
8	Great Belt Bridge	1624	丹麦	1998
9	Izmit Bridge	1550	土耳其	在建
10	Gwangyang Bridge	1545	韩国	2012

明石海峡大桥(图1-3)坐落在日本神户市与淡路岛之间,全长3 911m,主桥跨径1 991m。两座主桥墩海拔297m,基础直径80m,水中部分高60m。两条主钢缆每条长约4 000m,直径1.12m,由290根细钢缆组成,重约5万t。大桥于1988年5月动工,1998年3月竣工。明石海峡大桥首次采用1 800MPa级超高强钢丝,使主缆直径缩小并简化了连接构造,首创悬索桥主缆,同时也是第一座用顶推法施工的跨谷悬索桥。

Great Belt Bridge(图1-4)为公路铁路两用桥。从菲英岛至海峡中斯坡洛格岛为6.6km长的西桥于1996年7月完工,从西兰岛至斯坡洛格岛铁路隧道的东桥于1995年夏季开通。东桥的公路桥在水面上,这部分大桥中有一段为悬索桥,桥塔高254m,两桥塔之间的跨度达1 624m。桥孔高度为65m,可通行任何巨轮。悬索桥使用了1.9万t钢缆,其主钢缆直径达85cm。

图1-3 明石海峡大桥

图1-4 Great Belt Bridge

Gwangyang Bridge为三跨悬索桥(357.5m + 1 545m + 357.5m),全长2 260m,主跨径为1 545m,主梁采用分离式双箱梁结构,可容许18 000TEU集装箱货船通航,降低了货轮撞击塔墩的风险。主缆采用1 860MPa高强钢丝制作,主缆垂跨比为1/9,减小了锚碇基础尺寸,节约了工程总造价。

Humber Bridge(图1-5)是世界著名的大跨度悬索桥(主跨1 410m),1981年建成通车。大桥横跨英国亨伯河,位于北岸的赫斯尔和南岸的巴顿之间。北岸边跨长280m,南岸边跨长530m,引桥为钢筋混凝土高架桥。

Hardanger Bridge(图1-6)是跨越挪威西南部哈当厄尔峡湾的一座大跨度悬索桥,全桥长1 380m,主跨1 310m,加劲梁宽仅17.7m,2013年建成后成为挪威第一大跨度桥梁和世界上最大跨度双车道窄幅桥面悬索桥。

(2)钢斜拉桥

截至2019年,跨径排名前十的斜拉桥(包括在建)如表1-2所示。

图 1-5 Humber Bridge

图 1-6 Hardanger Bridge

世界大跨度斜拉桥(2019 年数据) 表 1-2

序号	桥 梁 名 称	主跨径(m)	所 属 国 家	建 成 时 间
1	Ostrov Russkiy Bridge	1 104	俄罗斯	2012
2	沪通长江大桥	1 092	中国	在建
3	苏通长江大桥	1 088	中国	2008
4	昂船洲大桥	1 018	中国	2009
5	武汉青山长江大桥	938	中国	2019
6	鄂东长江大桥	926	中国	2010
7	嘉鱼长江公路大桥	920	中国	2019
8	多多罗大桥	890	日本	1999
9	诺曼底大桥	856	法国	1995
10	九江二桥	818	中国	2013

注:本书编写时,武汉青山长江大桥、嘉鱼长江大桥主体均已完工,但尚未正式通车。

Ostrov Russkiy Bridge(图 1-7)全长 3 150m,其跨径布置为:60m + 72m + 3 × 84m + 1 104m + 3 × 84m + 72m + 60m,建成后主跨超过苏通大桥(主跨 1 088m),成为当时世界上主跨跨径最大的斜拉桥。

多多罗大桥(图 1-8)位于日本濑户内海的生口岛及爱媛县的大三岛之间。大桥于 1999 年竣工,同年 5 月 1 日启用,最高桥塔为 224m 钢塔,主跨径为 890m,连引道全长为 1 480m,四线行车,并设行人及自行车专用通道。

图 1-7 Ostrov Russkiy Bridge

图 1-8 多多罗大桥

由 M. Virlogeux 设计的诺曼底大桥(图 1-9)是一座混合梁桥,其主跨径为 856m,其中 624m 为钢梁,其他为混凝土梁。它是一座与当地景观完美协调的斜拉桥,以其细长的结构和典雅的造型而著称,被授予"20 世纪世界最美的桥梁"称号。

Incheon Bridge(图 1-10)由斜拉桥、引桥和高架桥组成,倒 Y 字形钢筋混凝土主塔高238m,墩基采用钻孔桩基。该桥主跨径为 800m,通航净空 74m。

图 1-9　诺曼底大桥

图 1-10　Incheon Bridge

俄罗斯金角湾大桥位于俄罗斯符拉迪沃斯托克市中心,跨越金角湾,全长 1 388m。该桥主跨径为 737m,通航净高 67m。V 形桥塔高 224m,桥塔的两肢塔柱在主梁下方通过一个组合式桁架横梁连接。主跨采用钢梁,边跨采用后张预应力混凝土梁。

(3)钢或组合结构拱桥

截至 2019 年,跨径排名世界前十的钢拱桥(包括在建)如表 1-3 所示。

世界大跨度拱桥(2019 年数据)　　表 1-3

序号	桥梁名称	主跨径(m)	所属国家	建成时间	主拱形式
1	平南三桥	575	中国	在建	钢管混凝土拱
2	朝天门大桥	552	中国	2009	钢桁架拱
3	卢浦大桥	550	中国	2003	钢拱
4	波司登长江大桥	530	中国	2012	钢管混凝土拱
5	香溪长江大桥	519	中国	2019	钢箱桁架推力拱
6	新河峡谷大桥	518	美国	1977	钢桁架拱
7	合江长江公路桥	507	中国	在建	钢管混凝土拱
8	贝尔桥	504	美国	1931	钢桁架拱
9	悉尼港大桥	503	澳大利亚	1932	钢拱
10	巫山长江大桥	492	中国	2005	钢管混凝土拱

新河峡谷大桥(图 1-11)是一座主跨 518m 的上承式钢桁架拱桥,建成于 1977 年。贝尔桥是一座主跨 504m 的钢桁架拱桥,建成于 1931 年。悉尼港大桥(图 1-12)号称世界第一单孔拱桥,主跨 502.9m,是早期悉尼的代表建筑。这座大桥从 1857 年设计到 1932 年竣工,是连接港口南北两岸的重要桥梁。

图 1-11　新河峡谷大桥

图 1-12　悉尼港大桥

(4)跨海大桥

截至 2019 年,世界排名前十的跨海大桥(包括在建)如表 1-4 所示。

世界前十跨海大桥　　表 1-4

序号	桥　名	全长(km)	国　家	建成时间
1	港珠澳大桥	50	中国	2018
2	美国庞恰特雷恩湖桥	38.35	美国	1969
3	青岛胶州湾大桥	36.48	中国	2011
4	杭州湾大桥	36	中国	2008
5	东海大桥	32.5	中国	2005
6	大连湾跨海工程	27	中国	在建
7	法赫德国王大桥	25	巴林	1986
8	舟山大陆连岛工程	25	中国	2009
9	深中通道工程	24	中国	在建
10	赤壁湾大桥	19.7	美国	1964

庞恰特雷恩湖桥(Lake Pontchartrain Causeway,图 1-13)位于美国路易斯安那州的南部,横跨庞恰特雷恩湖,连接新奥尔良和曼德韦尔,全长 38.35km。建成之初为世界上最长的桥梁,于 1969 年被列入世界吉尼斯纪录,目前为世界上第二长桥。庞恰特雷恩湖桥由两座平行桥梁组成,其中 1 号桥 1956 年建成通车,2 号桥 1969 年建成通车,比 1 号桥约长 16m。

法赫德国王大桥(King Fahd Causeway,图 1-14)位于波斯湾中的巴林湾,是连接巴林和沙特间的跨海公路大桥。大桥全长 25km,于 1981 年开工,1986 年 11 月建成通车。大桥填海造堤部分 10km,架桥部分 15km,由 5 座桥梁相连而成,中间的 3 号桥位于主航道上,留一个高 28m、跨度 150m 的巨大船孔,供船舶通过。

图 1-13　庞恰特雷恩湖桥

图 1-14　法赫德国王大桥

1.1.2　我国钢桥建设成就

我国的钢桥建设有 100 多年的历史,早期修建的钢桥大部分由外国人设计和建造,如 1896 年由俄国和比利时建造的哈尔滨松花江桥,1905 年由比利时建造的郑州黄河桥等。我国第一座自主修建的钢桥是由詹天佑设计的成滦河大桥,且由他主持修建的京张铁路,其上的钢桥均由我国自主设计、制造和安装,开创了我国铁路钢桥的新篇章。1937 年,由我国著名桥梁专家茅以升负责设计并监督施工的钱塘江大桥顺利建成,拉开了我国修建大跨度钢桥的序幕。新中国成立后,我国钢桥建设取得了较大的发展,在1990年以前主跨大于100m的铁路钢桥就有10余座。如1957年建成的武汉长江大桥,为公铁两用桥,正桥为三联,每联为3×128m的连续铆接钢桁梁;1968年建成的南京长江大桥,也为公铁两用桥,上部结构的主要部分由一孔128m的简支钢桁梁和三联3×160m连续钢桁梁组成。在此时期,公路钢桥发展也尤为迅速,如1984年建成的拉萨河达孜悬索桥,其主跨径为500m;1989年建成的上海南浦大桥,为主跨长464m的三跨连续组合斜拉桥。20世纪90年代以后,我国经济高速发展,钢桥发展也突飞猛进,材料、工艺、制造、架设等多项技术实现了历史性突破。尤其是缆索支承桥梁在中国大跨径桥梁领域崛起后,钢桥因其跨越能力强、施工周期短、工厂化程度高等优点,在公路、铁路及城市道路桥梁中被广泛应用,已成为缆索支承桥梁体系中最主要的结构类型。

我国钢桥建设正由大型化向装配化发展,大量世界级缆索承重桥梁在我国相继建成或正在建设中。当代我国钢桥建设成就的里程碑如图1-15所示。

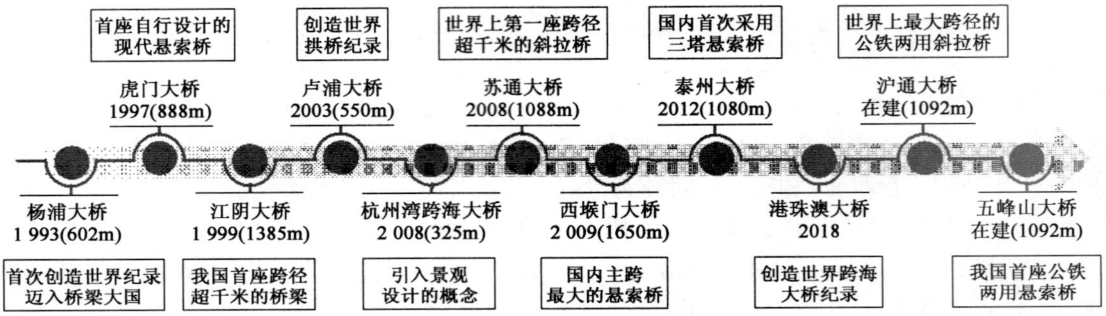

图1-15 当代我国桥梁建设成就的里程碑

截至2015年,世界跨径排名前十的已建斜拉桥和悬索桥中,约一半位于我国境内。我国建设的钢桥数次成为世界上跨度最大的桥梁。以斜拉桥为例,世界历次最大跨径斜拉桥一览如图1-16所示。

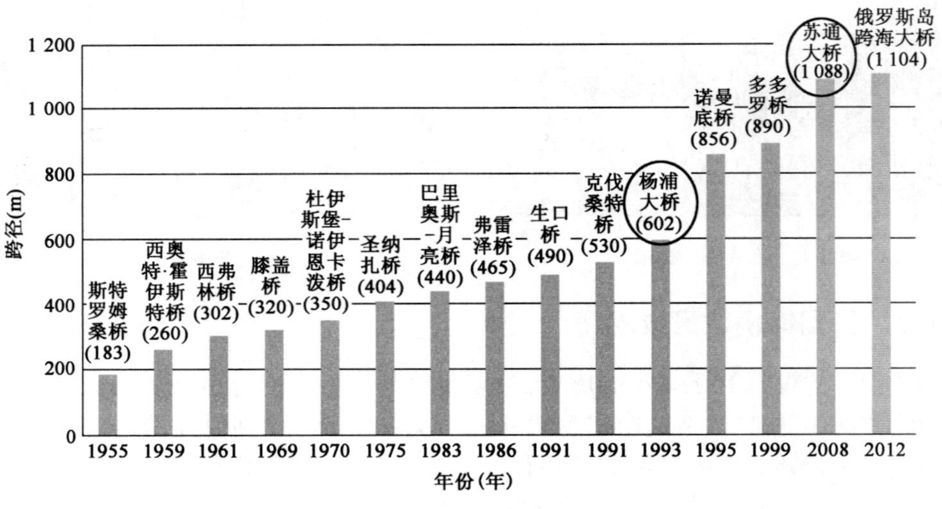

图1-16 世界历次最大跨径斜拉桥

1）铁路钢桥

铁路桥梁的发展与我国的经济发展息息相关。新中国成立以来，我国铁路钢桥无论是在数量上，还是在设计理论、制造工艺及建造技术上，均取得了巨大的发展，在各个不同时期均呈现出较为明显的特点。

我国第一座长江大桥——武汉长江大桥（图1-17），是我国在长江上修建的第一座公铁两用桥梁，被称为“万里长江第一桥”。桥身为三联连续钢桁梁，每联3孔，共8墩9孔。每孔跨径为128m，为保证长年巨轮航行无阻起了很大的作用。

南京长江大桥（图1-18）是我国完全自主建设长江大桥的一个里程碑，是新中国第一座依靠自己的力量设计施工建造而成的公铁两用桥，它的建成开创了我国“自力更生”建设大型桥梁的新纪元。南京长江大桥江中正桥为连续钢桁梁结构，共有9墩10孔，由1孔128m简支钢桁梁和3联（3孔为一联）9孔跨径各160m连续钢桁梁组成。

图1-17 武汉长江大桥

图1-18 南京长江大桥

九江长江大桥（图1-19）为双层双线公铁两用桥，由正桥和南北两岸的公路、铁路引桥组成。正桥上层为公路，三大拱范围外的行车道宽14m，两侧各设宽2m的人行道；三大拱部分行车道宽11m，拱外侧各设3.75m的机动车道及1m宽的人行道。下层为铁路，双线间距4.2m。主桥的通航主孔为钢桁梁与钢拱组合体系。建成之时，九江大桥是世界上最长的公铁两用钢桁梁桥。

芜湖长江大桥（图1-20）是国家“九五”期间重点交通项目，建造之时工程规模居中国长江大桥之首。铁路为I级，双线；公路为四车道，车行道宽18m，两侧人行道各宽1.5m。公路在上层，铁路在下层。大桥采用低塔斜拉桥桥型，主跨312m，建成之时，是国内跨度最大的公铁两用桥梁。

图1-19 九江长江大桥

图1-20 芜湖长江大桥

钱塘江大桥（图1-21）位于浙江省杭州市西湖之南和塔附近的钱塘江上，由桥梁专家茅以升主持设计，是我国自行设计、建造的第一座双层公铁两用桥。该桥为上下双层钢结构桁梁桥，全长1 453m，宽9.1m，高7.1m，正桥长1 072m，南、北公路引桥各长93m和288m。铁路桥由16孔跨度为65.84m的简支华伦式桁梁和两孔14.63m板梁组成。公路除16孔桁梁上层为公路外,北岸引桥由3孔50m桁拱及其两端15m平台和5孔9.2m钢筋混凝土框架组成;南岸引桥由1孔50m桁拱及其两端15m平台和两孔9.2m钢筋混凝土框架组成。

2)悬索桥

悬索桥是目前跨越能力最强的桥型。我国现代悬索桥的建造起步较晚,20世纪90年代以前虽然修建了几十座悬索桥,但跨度小、宽度窄、荷载标准低。改革开放以来,随着我国经济建设的发展,交通运输在国民经济中的地位和作用日益重要,对大跨径、特大跨径桥梁的需求日益迫切,悬索桥得到了迅速的发展。

西堠门大桥(图1-22)是连接舟山本岛与宁波的舟山连岛工程5座跨海大桥中技术要求最高的特大型跨海桥梁,主桥为两跨连续钢箱梁悬索桥,主跨1 650m。

图1-21　钱塘江大桥

图1-22　西堠门大桥

润扬长江大桥(图1-23)由北接线、北汊桥、世业洲互通高架桥、南汊桥、南接线及延伸段等部分组成,其中南汊主桥采用单孔双铰钢箱梁悬索桥,索塔高209.9m,两根主缆直径0.868m,跨径布置为470m+1 490m+470m,桥下最大通航净宽700m、最大通航净高50m,可通行5万吨级巴拿马货轮。

南京长江四桥(图1-24)是一座双塔三跨悬索桥,被誉为"中国的金门大桥",起于六合区横梁镇以东与宁通高速公路相交处,经龙袍镇跨越长江,与对岸石埠桥连接,止于沪宁高速公路相交处的麒麟枢纽,接在建的南京绕城高速公路东南环段,全长28.996km,其中跨江大桥长约5.448km,主跨采用1 418m三跨悬索桥方案,全线按双向六车道高速公路标准设计,跨江大桥设计速度为100km/h,两岸接线设计速度为120km/h。

图1-23　润扬长江大桥

图1-24　南京长江四桥

江阴长江大桥(图1-25)采用主跨为1 385m的钢悬索桥,是我国第一座跨径超越千米的特大型钢箱梁悬索桥。江阴长江大桥于1994年开工建设,1999年10月建成通车。江阴长江大桥主跨1 385m(跨径布置为328m+1 385m+295m),桥塔高190m,为两根钢筋混凝土空心塔柱与三道横梁组成的门式框架结构,重力式锚碇,主梁采用流线型箱梁断面,钢箱梁全宽36.9m,梁高3m,桥面宽29.5m,双向六车道,两侧各设宽1.8m的风嘴。

香港青马大桥(图1-26)是一座公铁两用悬索桥。大桥属于香港8号干线青屿干线的一部分,跨越马湾海峡,将青衣和马湾连接起来。香港青马大桥为公铁两用桥,主跨为1 377m(跨径布置为333m + 1 377m + 300m),但300m边跨侧主缆不设吊杆,实际只有2跨加劲桁梁,桥塔高131m,在青衣岛侧采用隧道式锚碇,在马湾岛侧采用重力式锚碇,加劲桁梁高7.54m,高跨比1/185,纵向桁架之间是空腹式桁架横梁,中部空间可容纳行车道与路轨。大桥上层桥面中部与下层桥面路轨两侧均设有通气空格,形成流线型带有通气空格闭合箱形加劲梁。

图 1-25　江阴长江大桥

图 1-26　香港青马大桥

泰州长江大桥(图1-27)是江苏省继成功建设江阴长江大桥、润扬长江大桥之后建设的又一座特大跨径悬索桥。工程全长62.088km。全线采用双向六车道高速公路标准,项目总投资93.7亿元,建设工期为5.5年。其中,跨江主桥及夹江桥全长9.726km,桥面宽33m。跨江主桥采用了主跨2×1 080m的三塔双跨钢箱梁悬索桥,系世界首创。采用的多塔悬索桥是创新的结构体系,基于多塔连跨悬索桥的桥型特点,泰州长江大桥设计中塔基础为圆角矩形沉井,体积庞大。沉井下部38m为双壁钢壳混凝土结构,上部38m为钢筋混凝土结构,平面上分为12个隔舱,共需浇筑混凝土约10万m^3,最终沉入19m深水和55m河床覆盖层。

图 1-27　泰州长江大桥

3)斜拉桥

作为一种拉索支撑体系,斜拉桥比梁式桥有更大的跨越能力,且在技术方案合理的跨径范围内,斜拉桥比悬索桥有更好的经济性,更兼线条纤秀、构造简洁、桥型优美。1975年我国建成了第一座试验性的斜拉桥——四川云阳斜拉桥,且经过20世纪70年代后期的探索,80年代斜拉桥取得了巨大发展。改革开放后随着国民经济的不断发展及对大跨径桥梁需求的不断增加,我国已建成了多座世界级的斜拉桥。

苏通大桥(图1-28)工程规模浩大:主跨跨径达到1 088m;主塔高度达到300.4m;主桥两个主墩基础分别采用131根直径2.5～2.85m、长约120m的灌注桩;主桥最长的斜拉索长达577m。苏通大桥全长34.2km,工程于2003年6月27日开工,2008年6月30日建成通车。

昂船洲大桥(图 1-29)位于香港。大桥主跨长 1 018m,连引道全长为 1 596m。昂船洲大桥距海面 73.5m,而桥塔高度则为 290m,两者都比青马大桥高。桥面为三线双程分隔快速公路。

图 1-28　苏通大桥

图 1-29　昂船洲大桥

鄂东长江大桥(图 1-30)起自黄冈浠水县,接黄梅至黄石高速公路,于浠水唐家湾附近跨越长江(即艾家湾桥位),止于黄石,接黄石至武汉高速公路。路线全长约 15.149km,其中大桥全长约 6.3km,主桥主跨为 926m 组合梁斜拉桥。2010 年 9 月 28 日鄂东长江公路大桥全面建成通车。

荆岳长江大桥(图 1-31),桥址北岸位于湖北省监利白螺镇,南岸为湖南省岳阳市云溪区道仁矶镇,桥型为双塔钢箱梁斜拉桥,是首座连接湖北、湖南两省的长江大桥。大桥主体工程为跨南汊深泓主桥和跨北汊滩桥,主桥为主跨 816m 的混合梁斜拉桥,跨径布置为 100m + 298m + 816m + 80m + 2 × 75m,桥塔为 H 形,南塔高 224.5m,北塔高 267m;北滩桥为 100m + 5 × 154m + 100m 七孔预应力混凝土连续梁桥。荆岳长江大桥采用斜拉桥设计,以减少桥墩数量,方便船只航行。大桥南、北索塔高度分别为 224.5m 和 265.5m,2010 年 6 月 7 日,北索塔顺利封顶。接近 80 层楼高的南索塔封顶后,标志着大桥即将转入桥面施工阶段。2010 年 12 月 9 日,荆岳长江大桥正式通车。

图 1-30　鄂东长江大桥

图 1-31　荆岳长江大桥

厦漳跨海大桥(图 1-32)起于在建的厦门至成都国家高速公路(厦蓉高速公路,漳州台商投资区海沧交界处)枢纽互通,经漳州台商投资区白礁跨九龙江经漳州海门岛,止于漳州龙海后宅,与招商局漳州开发区疏港一级公路和招银疏港高速公路相连接,跨海部分全部位于漳州境内,故又名环漳州湾跨海大桥。路线全长 9 330m,桥长约 8 555m,其中北汊主桥为该项目的主体工程,桥长 1 290m,主跨 780m。

4）钢与组合结构拱桥

21 世纪以前，我国修建的钢拱桥较少。随着社会的发展和桥梁技术水平的提高，国内石拱桥的修建不断减少，而钢拱桥与钢管混凝土拱桥（包括钢筋混凝土拱桥和预应力混凝土拱桥）已成为我国近几十年来拱桥的三大主要桥型。

朝天门大桥（图 1-33）为钢桁架拱桥形式，两座主墩，主跨达 552m。大桥分上下两层。上层为双向六车道，行人可经两侧人行道上桥；下层为双向地铁轨道，并在两侧预留了两个车行道，可保证今后大桥车流量增大时的需求。大桥西接江北区五里店立交，东接南岸区渝黔高速公路黄桷湾立交，全长 1 741m，是主城一条东西向快速干道。

图 1-32　厦漳跨海大桥

图 1-33　朝天门大桥

卢浦大桥（图 1-34）是世界上首座完全采用焊接工艺连接的大型拱桥（除合龙接口采用栓接外），现场焊接焊缝总长度达 4 万多米，接近上海市内环高架路的总长度。大桥主桥为全钢结构，大桥直线引桥全长 3 900m，其中主桥长 750m，宽 28.75m，采用一跨过江，其主跨直径达 550m。主桥按六车道设计，引桥按六车道、四车道设计，设计航道净空为 46m，通航净宽为 340m。主拱截面世界最大，为 9m 高，5m 宽，桥下可通过 7 万吨级的轮船。

巫山长江大桥（图 1-35）是一座中承式钢管拱桥。大桥桥面净宽 19m，双向四车道，主跨 492m。大桥引道全长 7.4km，路基宽 8 ~ 12m，为山岭重丘区二级路，被称为“渝东门户桥”“渝东第一桥”。巫山大桥属中承式钢管拱桥，主跨跨径 492m，居同类型桥梁世界第一；大桥创下组合跨径、每节段绳索吊装重量、吊塔距离、拱圈管道直径和吊装高度 5 个世界第一。该桥已被列为世界百座名桥。

图 1-34　卢浦大桥

图 1-35　巫山长江大桥

万县长江大桥（图 1-36）建在现重庆市万州区黄牛孔子江江面，是连接 318 国道线的一座特大型公路配套桥，是长江上第一座单孔跨江公路大桥，也是当时世界上同类型跨度最大的拱桥。主桥于1994年5月开工建设,1997年5月竣工通车。大桥在中国土木工程学会2004年第16届年会上入选首届"全国十佳桥梁",名列拱桥首位。

大桥主孔跨径420m,全长856m,桥面全宽24m,桥高147m(枯水位以上)。主拱轴线为悬链线,矢跨比1/5,拱轴系数1.6。拱圈为单箱三室截面,箱高7m,宽16m,拱箱标准段顶、底板各厚0.4m,腹板厚0.3m,拱脚段顶、底板各厚0.8m,腹板厚0.6m。拱上及引桥为同一孔跨贯通布置,共27孔30.668m预应力混凝土T梁,桥面连续。拱圈采用钢管混凝土劲性骨架外包C60级高强混凝土复合结构。其中钢管混凝土劲性骨架先期是施工构架,在拱圈形成后它就成为拱圈内的劲性钢筋。

菜园坝长江大桥(又名珊瑚长江大桥,图1-37),主跨420m,钢结构总重18 000t。该桥采用中承式无推力钢管混凝土系杆拱桥结构形式,是集钢管拱、钢箱梁、钢桁梁等多种新型桥梁结构形式和科技成果于一身的现代化桥梁,这种结构形式不仅在我国绝无仅有,而且在世界桥梁中也具有独特的地位。菜园坝长江大桥创下了3项世界第一:钢箱拱梁跨距420m,为世界第一长;世界第一座公路轻轨两用城市大桥;世界第一座采用缆索吊机安装的大桥。此外,该桥建设采用的缆索吊装系统施工工艺,在国内桥梁建设史上开创了3个第一:塔吊最高(202m)、跨度最大(420m)、起吊最重(420t)。

图1-36　万县长江大桥

图1-37　菜园坝长江大桥

5)跨海大桥

青岛胶州湾大桥(图1-38)是一座横跨胶州湾的特大跨海大桥,全长36.48km,于2011年6月正式通车。青岛胶州湾大桥于2011年9月被美国《福布斯》评为"全球最佳桥梁",并于2013年6月获"乔治·理查德森奖",目前为世界第三长跨海大桥。

图1-38　青岛胶州湾大桥

杭州湾跨海大桥(图1-39)是一座纵跨中国杭州湾的跨海特大桥,于2003年6月开始建设,2008年5月建成通车。大桥北起浙江省嘉兴市海盐郑家埭,南至宁波市慈溪水路湾,曾保持中国世界纪录协会世界最长的跨海大桥世界纪录,目前是世界第四长跨海大桥。杭州湾大桥在设计中首次引入了景观设计的概念,借助西湖苏堤"长桥卧波"的美学理念,兼顾杭州湾水文环境特点,结合行车时驾驶员和乘客的心理因素,确定了大桥总体布置原则。杭州湾跨海大桥的护栏为彩虹7色,每种颜色覆盖5km,自慈溪到嘉兴海盐分别为红、橙、黄、绿、青、蓝、紫。

港珠澳大桥(图1-40)是中国境内一座连接香港、珠海和澳门的桥隧工程,位于中国广东省伶仃洋区域内,于2009年12月动工建设,2018年10月建成通车。港珠澳大桥桥隧全长

55km,其中主桥 29.6km,香港口岸至珠澳口岸 41.6km。港珠澳大桥主桥为三座大跨度钢结构斜拉桥,每座主桥均有独特的艺术构思。其中青州航道桥塔顶结型撑吸收"中国结"文化元素,将最初的直角、直线造型"曲线化",使桥塔显得纤巧灵动、精致优雅。江海直达船航道桥主塔塔冠造型取自"白海豚"元素,与海豚保护区的海洋文化相结合。九洲航道桥主塔造型取自"风帆",寓意"扬帆起航",与江海直达船航道塔身形成序列化造型效果,桥塔整体造型优美、亲和力强,具有强烈的地标韵味。港珠澳大桥是目前世界上里程最长、沉管隧道最长、钢结构最大、施工难度最大、技术含量最高、科学专利和投资金额最多的跨海大桥,大桥工程的技术及设备规模创造了多项世界纪录。

图 1-39　杭州湾大桥

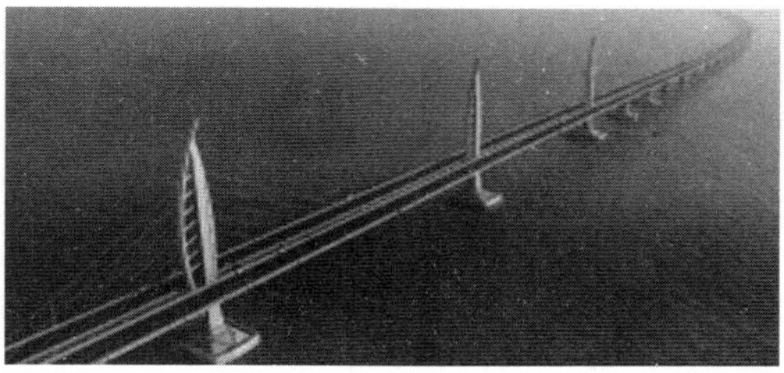

图 1-40　港珠澳大桥

尽管我国钢桥建设已初步取得举世瞩目的成就,但目前钢桥主要集中在特大跨径桥梁上,中小跨径桥梁中的钢桥占比与发达国家仍存在一定的差距。近年来,我国出台了一系列政策以推广钢结构桥梁建设,且部分运营时间较长、结构使用性能下降明显的桥梁在改扩建过程中亦采用了钢桥的结构形式,如九江长江大桥、南京长江大桥等。随着我国综合国力的不断增强、钢桥设计建造技术的不断发展和完善,我国正逐渐进入钢桥快速发展的新时期。

1.2　结构类型及特点

1.2.1　主要类型

1)按主要承重结构的受力体系分类

钢桥按照力学体系分为梁、拱、索三大基本体系。梁式体系以承受弯矩为主,拱式体系以承受压力为主,悬索体系以承受拉力为主。钢桥按基本结构体系又可分为梁式桥、拱式桥、刚构桥、斜拉桥、悬索桥和组合体系桥梁。

(1)梁式桥

梁为承重结构,主要以其抗弯能力来承受荷载,在竖向荷载作用下,其支承反力也是竖直的。简支的梁结构只受弯剪作用,不承受轴向力。在桥墩上不连续的多孔梁桥称为简支梁桥;在桥墩上连续的则称为连续梁桥;在桥墩上连续,在桥孔内中断,行车道在桥孔内过渡到另一根梁上的称为悬臂梁桥。

钢梁式桥按主梁的形式又可分为钢板梁桥(图 1-41)、钢箱梁桥(图 1-42)和钢桁梁桥(图 1-43)。

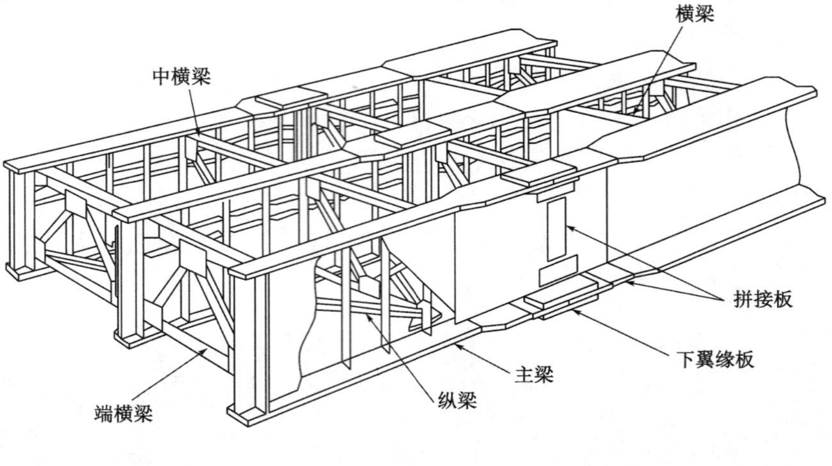

图 1-41　钢板梁桥

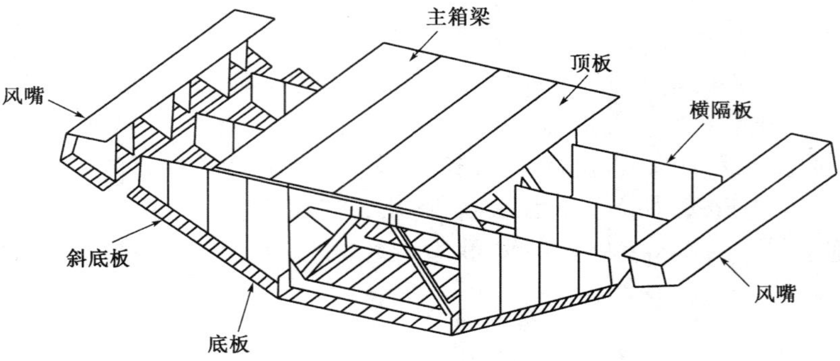

图 1-42　钢箱梁桥

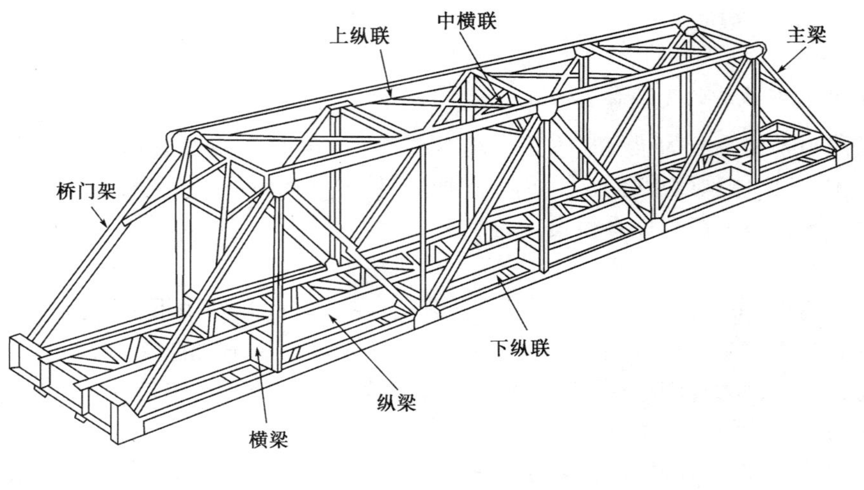

图 1-43　钢桁梁桥

(2)拱式桥

拱桥(图 1-44)是以曲线拱为主要承重结构的桥梁,具有外形美观、受力合理、跨越能力大、适用范围广等诸多优点,在钢桥、混凝土桥、圬工桥梁及钢与混凝土组合结构桥梁中都得到广泛应用。

拱不仅外形上与梁不同,受力也与梁有很大区别,其在竖向荷载作用下主要承受轴向压力。支承反力不仅有竖向反力,也承受较大的水平推力。

拱式桥按照桥面行车道位置的不同又可分为上承式拱桥(桥面在拱肋的上方)、中承式拱桥(桥面一部分在拱肋上方,一部分在拱肋下方)和下承式拱桥(桥面在拱肋的下方)。

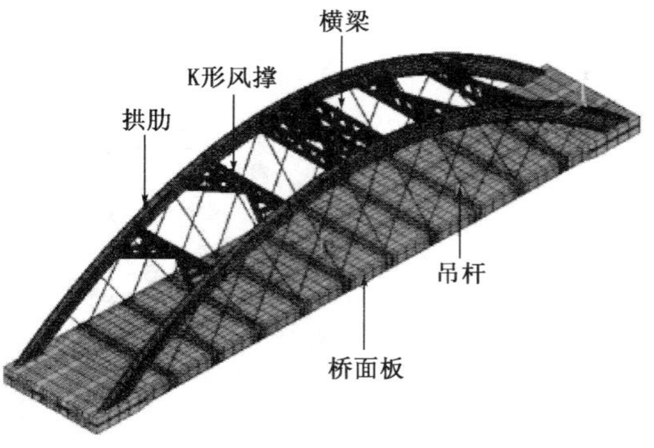

图 1-44　拱式桥

(3)刚构桥

梁体与桥墩或桥台连成一体的桥梁,称为刚构桥。刚构桥的受力介于梁和拱之间,墩梁共同受弯剪,墩柱还会受压。刚构桥的优点是建筑高度小,整体性好;缺点是梁柱连接处易开裂,跨中挠度大。刚构桥按结构形式分又可分为门式刚构、T 形刚构、斜腿刚构、V 形刚构、连续刚构等。

(4)斜拉桥

斜拉桥(图 1-45)是将梁用若干根斜拉索拉在索塔上的结构形式。该桥是由梁、塔和斜拉索组成的组合受力体系,结构形式多样,造型优美壮观。在竖向荷载作用下,梁以受弯为主,塔以受压为主,斜拉索承受拉力。斜拉索不仅为梁提供弹性支承,而且其水平分力对梁产生很大的轴力。斜拉桥可以通过调整斜拉索的初始索力达到调整主梁弯矩、桥面高程以及提高索和桥梁整体刚度的目的。设计中可以根据受力需要计算确定斜拉索的初始索力,施工中通过施工控制调整索力,使之达到设计值。斜拉桥是一种高次超静定结构,索力控制较为困难,是设计和施工的一个关键问题。

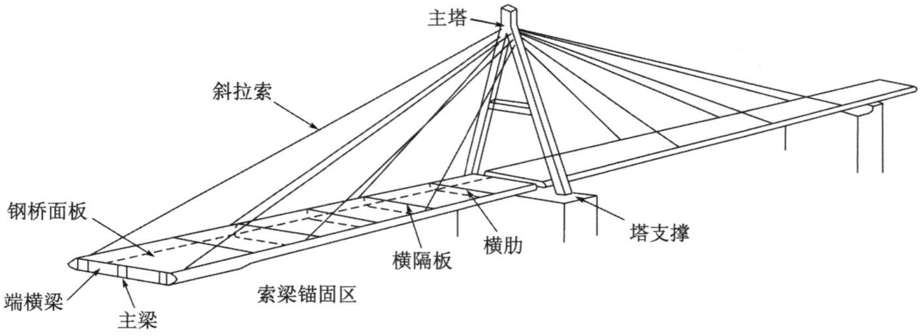

图 1-45　斜拉桥

(5)悬索桥

悬索桥(图 1-46)主要由索(又称缆)、塔、锚碇、加劲梁等组成。桥面支承于悬索或用吊索挂在悬索(通常称主缆)上的桥称为悬索桥,也称为吊桥。和拱肋相反,悬索的截面只承受拉力。和拱桥不同的是:作为承重结构的拱肋是刚性的,而作为承重结构的悬索则是柔性的。为了避免在车辆驶过时桥面随着悬索一起变形,现代悬索桥一般均设有刚性梁(又称加劲梁)。桥面设在刚性梁上,刚性梁吊在悬索上。现代悬索桥的悬索一般均支承在两个索塔上。塔顶设有支承悬索的鞍形支座。承受很大拉力的悬索端部通过锚碇固定在地基中。也有将悬索固定在刚性梁端部的情况,称为自锚式悬索桥。

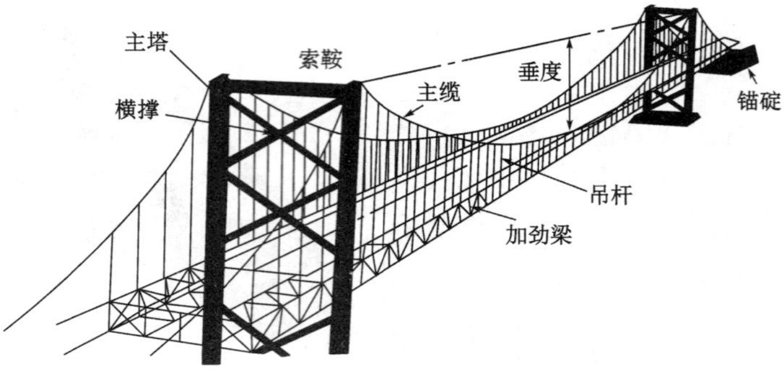

图 1-46　悬索桥

(6)组合体系桥梁

除以上 5 种桥梁基本结构形式以外,还有一种桥梁结构形式,其承重结构系由两种或多种结构形式组合而成,这种结构形式的桥梁统称为组合体系桥梁。曾经采用过的组合方式有:

①实腹梁与桁架组合,如俄罗斯的全焊钢桥[图 1-47a)]。

②梁与拱的组合,如兰新铁路新疆昌吉河桥[图 1-47b)]与九江长江大桥[图 1-47c)]。

③梁与悬吊系统的组合,如丹东中朝边界上的鸭绿江桥[图 1-47d)]。

④梁与斜拉索的组合,如芜湖长江大桥[图 1-47e)]。

⑤悬索与斜拉索的组合,如纽约布鲁克林桥[图 1-47f)]。

2)按钢梁截面形式分类

(1)实腹式截面

①板式截面:包括整体式板、矮肋式板、装配式板、空心板、组合式板等。

②肋板式截面:包括整体式肋板、装配式肋板、T 形截面等。

③箱形截面:单箱单室、单箱多室、多箱多室等。

④型钢截面:工字钢、槽钢、角钢(等边和不等边)、H 型钢、钢管(圆形和矩形)等。

(2)桁架式截面

①单壁式截面:一般由角钢组成。

②双壁式截面:包括 H 形截面和箱形截面。

(3)组合截面

①混凝土组合梁:外包混凝土组合梁(钢骨混凝土)、钢—现浇混凝土翼板组合梁、钢—预制混凝土翼板组合梁、钢—混凝土叠合板组合梁、钢—压型钢板组合梁以及不同形式的钢梁的钢—混凝土组合梁,包括开口箱形截面、闭口箱形截面、钢桁架梁和蜂窝形钢梁等。

②钢管混凝土:包括圆形钢管混凝土、方形钢管混凝土和矩形钢管混凝土等;根据主拱截面形式分为单管截面、哑铃形截面、三角形桁式截面以及矩形桁式截面等。

③其他组合截面:包括多排预应力波形钢腹板挑梁,它是钢—混凝土组合脊骨梁的重要组成部分,即采用闭口钢箱梁为主梁,与钢挑梁焊接形成组合式截面;钢—混凝土组合蜂窝梁,即在蜂窝钢梁翼缘上焊接连接件,然后与混凝土板浇筑成整体的组合结构。

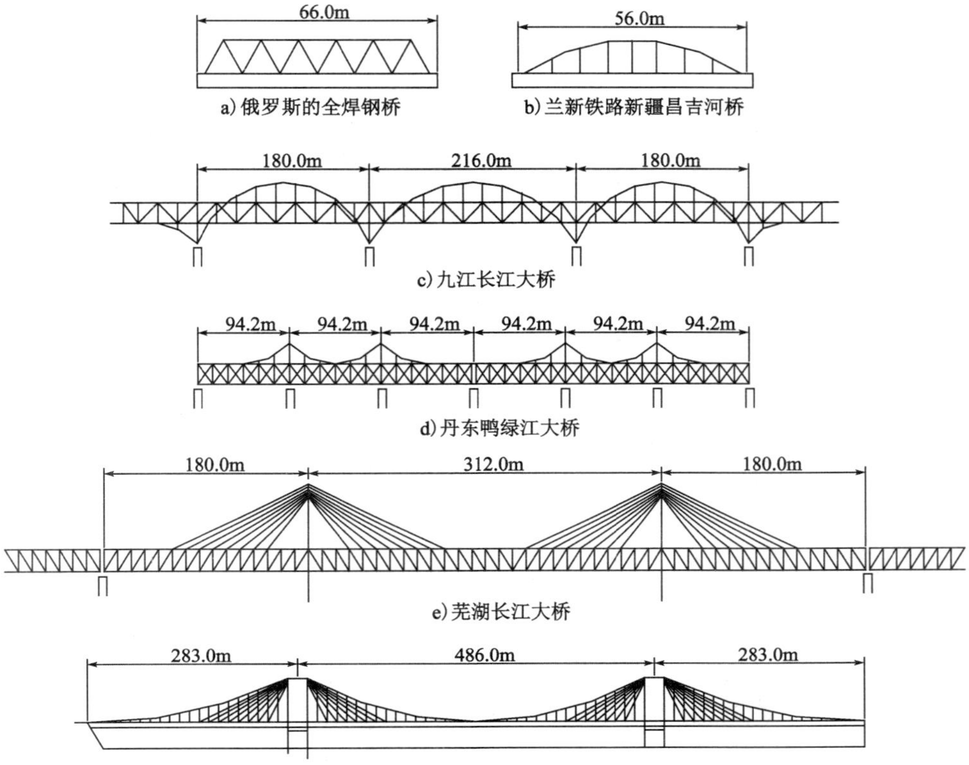

a)俄罗斯的全焊钢桥 b)兰新铁路新疆昌吉河桥

c)九江长江大桥

d)丹东鸭绿江大桥

e)芜湖长江大桥

f)纽约布鲁克林大桥

图1-47 组合体系桥梁

3)其他分类方式

按用途分,可分为公路桥、铁路桥、公铁两用桥、人行桥、管线桥、渡槽、农桥等。

按桥面位置分,可分为上承式桥、中承式桥、下承式桥。

按平面和立面形状分,可分为直桥、斜桥、弯桥、坡桥。

1.2.2 结构特点

1)主要优缺点

钢桥是由钢材通过铆接、焊接、栓接等手段拼装而成。在跨度较小的情况下,从经济考虑,通常采用钢筋混凝土桥。随着近些年钢—混凝土组合结构技术的发展和广泛应用,钢桥在中小跨长桥系的竞争力不断增强,得到了较多的运用。

(1)优点

①钢材是一种高强匀质材料,抗拉、抗压、抗剪强度高,可承受拉、压、弯、剪,与混凝土等材料比相对自重小,所以钢桥具有很大的跨越能力。钢材可加工性能好,可用于复杂桥型和景观桥。

②钢桥的构件适合工业化方法来制造,便于运输,安装方便,因此施工期限较短。

③钢材韧性、延性好,可提高抗震性能;钢桥在受到破坏后,易于修复和更换。

④旧桥材料可回收,资源可再利用,有利于环保。

(2)缺点

①易于腐蚀,需要多次除锈、除旧漆、重新涂装;所有可能腐蚀的部位都必须有足够的空间和人行通道。

②行车时,噪声、振动大。

③存在疲劳问题。

2)结构与受力

(1)薄壁结构

钢桥是一种复杂的空间薄壁结构体系,桥梁所受荷载通过各构件的传递共同承担,进行计算模型选择时必须综合考虑各构件的几何性质、变形特征、受力方式及相互作用关系等,使计算模型能够较好地反映实际工作状态。

(2)结构刚度

为防止钢桥在荷载作用下产生较大的变形,要求钢桥本身具有一定的刚度,在设计过程中一般通过限制钢桥的宽跨比、挠度、杆件的长细比,使其在规范限值以内,从而达到对钢桥结构刚度的控制。

(3)稳定问题

钢桥的设计和建造采用了大量的钢板、钢杆件等钢结构,如钢桁梁桥采用了大量的直杆结构,钢拱桥采用了大量的曲杆结构,桥塔、箱梁中采用了大量的薄板结构等。若杆件、板件等构件存在初始缺陷,如残余应力、初弯曲等,将会对结构的稳定产生一定程度的影响。钢桥的结构刚度较小,在外荷载作用下容易产生弯扭变形,当荷载达到一定程度时出现钢桥整体失稳问题。此外,受压、受弯、受剪或在复杂应力下的板件由于宽厚比过大,板件容易发生屈曲,即出现局部失稳的问题。在设计计算时应对结构稳定性进行验算,使其满足规范要求。

(4)疲劳

在较大的拉—压应力循环作用下,结构容易产生疲劳破坏。疲劳破坏的产生是内因和外因共同作用的结果。内因包括材料性质、材料初始缺陷、局部应力集中程度等;外因包括外荷载作用形式、服役环境等。疲劳问题一旦产生,将对桥梁结构产生极为不利的影响,需及时采取相应的措施进行修复。

(5)连接

钢桥构件一般由钢板和型钢等焊接而成,用高强螺栓或焊缝进行拼装。焊接是现代钢桥最主要的连接方式,栓焊桥(工厂制造为焊接,工地拼接为高强度螺栓连接)和全焊桥(工厂制造和工地拼接均为焊接)统称为焊接桥。螺栓连接分为普通螺栓连接和高强螺栓连接,高强螺栓用高强度钢材制成并经热处理,拧紧后可使部件接触面产生较大的摩擦力,实现荷载的有效传递。铆钉连接在受力和设计上与普通螺栓连接相仿。钢结构中一般用热铆,即把预制的一端带有铆钉头的铆钉加热到1 000℃左右,插入铆钉孔,然后用压缩空气铆钉枪连续锤击或通过压铆机挤压形成钉头。

1.3 钢桥设计一般要求

1.3.1 设计原则

《公路桥涵设计通用规范》(JTG D60—2015)中指出,桥梁设计应满足安全、耐久、适用、环保、经济和美观的原则。公路钢桥设计应与架设方案统筹考虑,选择合理的结构形式;构造措施应便于加工、安装、维护和检查。结构单元和构件应优先考虑标准化和通用化,以减少制作、安装的工作量。公路钢桥的设计、加工、运送和架设应分阶段实行严格的质量管理和控制。结构在使用过程中应视环境条件和交通情况建立养护制度,以维持结构既有强度、刚度、稳定性和耐久性的要求。

1)安全

钢桥主体结构及各部分构件,在制造、运输、建造、运营过程中应具有足够的强度、刚度、稳定性和抗疲劳性能。强度设计应确保钢桥所有构件及其连接的承载能力具有足够的安全储备。刚度设计应确保钢桥整体结构及各构件在荷载作用下的变形不超过规定的容许值。稳定性设计应确保钢桥结构或构件在各种外力作用下能够保持原来的形状和变形。抗疲劳设计应确保钢桥构件在使用年限内受重复车辆荷载、风荷载等荷载作用时具备抵抗产生疲劳裂纹或断裂的能力。除此之外,设计时还应确保钢桥结构具备抵抗偶然作用(如船撞击、漂流物撞击等)和地震作用的能力。

2)耐久

结构的耐久性是指在设计确定的环境作用、使用条件、养护条件等作用下,结构及其构件在设计使用期限内保持其安全性和适用性的能力。设计使用年限是反映结构耐久性的重要指标,《公路桥涵设计通用规范》(JTG D60—2015)中综合考虑了国标规定、公路功能、技术等级、桥梁重要性等因素,规定了桥梁主体结构和可更换部件设计使用年限的最低值。《公路钢结构桥梁设计规范》(JTG D64—2015)对公路钢桥结构的设计使用年限亦提出了具体要求。整体而言,《公路钢结构桥梁设计规范》(JTG D64—2015)对设计使用年限的要求相比《公路桥涵设计通用规范》(JTG D60—2015)而言有所提高,这是由于钢材材料性能较为优异,在正常设计、正常施工、正常使用并做好防护措施的条件下,可以达到要求的年限并不过多增加成本。

3)适用

钢桥平面、纵截面、横截面设计应依据功能和交通量合理设计。钢桥面铺装应具备完善的桥面防水、排水系统。行车道、人行道宽度应保证车辆和人群的安全畅通,并应满足未来交通量增长的需要。桥型、跨径、桥下净空应满足泄洪、安全通航或通车等要求。整体设计应通过有效的交通组织设计,确保整体交通安全。

4)环保

钢桥设计应强调与周围环境和谐共处,尽量减少对周围生态环境的污染和破坏。钢桥施工时的空气污染、噪声污染等问题难以避免,但应以绿色环保为指导原则,结合当地的地质气候条件,将不利影响降至最低程度。钢桥结构应尽可能采用装配式结构,并采用机械化、工厂化施工,减小对当地环境的不利影响。在现代化钢桥施工中应尽可能采用环保节能材料,不采用对环境、人体有害的涂装、施工工艺等,从源头上解决能源耗损严重和环境污染等问题。桥梁施工完成后,应恢复桥两端植被或进一步美化桥梁周边的景观。

5)经济

钢桥设计时必须进行详细周密的技术经济比较,使桥梁的总造价、材料、能源等消耗最少,慢满足经济性要求。在技术经济比较中,除综合考虑结构形式、施工方法的合理选择外,还应充分考虑钢桥在使用期间的营运条件及维护等方面的问题,即考虑全寿命周期内的综合经济性。此外,钢桥设计应尽可能缩短工期,此时不仅能降低造价,而且提前通车能带来经济效益。

6)美观

在满足以上设计要求的前提下,应尽可能使钢桥具有优美的外形,与周围自然环境、景观相协调。对于城市桥梁、游览地区的钢桥,可较多地考虑建筑艺术上的要求。对于特大钢桥、高速公路钢桥等,应结合自然环境与钢桥结构特点进行设计。美观设计要求钢桥具有合理的结构布局和轮廓,即钢桥各部分结构在空间中应具有和谐的比例,而不应将美观片面地理解为猎奇、复杂的结构形式。

进行钢桥构件设计时,应使其能满足承载能力极限状态下的强度要求和稳定性要求,同时应结合我国的制造工艺和装备,使所设计的结构细节便于制造。在桥梁设计初级阶段一般采用相应的结构分析模型进行受力、稳定等的分析。设计时所采用的结构分析模型及基本假定应能够反映结构实际的受力状态,且精度应能够满足结构设计要求。服役环境(海洋大气环境、峡谷风环境、侵蚀介质环境、地质断层环境、温度环境等)对桥梁结构的耐久性和安全性具有较为显著的影响,在结构分析的过程中应同时考虑环境对构件和结构性能的影响。结构的受力分析可按线弹性理论进行,当极限状态下结构的变形不能被忽略时应考虑几何非线性对结构受力的影响。此外,构件设计时还应考虑构件的长度和重量,结合拟定的桥梁架设方案、起吊设备的最大吊重、最大吊距及运输条件等,使其便于架设和运输。此外,钢桥因其结构构造形式、材料特性,服役期间易产生腐蚀、涂层劣化、疲劳、螺栓脱落等病害,钢桥设计应具有较好的可维护性,满足可达、可检、可换的设计要求,以便于日常养护。

钢桥构件材料的选择应综合考虑结构形式、构件受力状态、连接方法及所处环境等因素,进行合理选取。例如,Q235 中的沸腾钢冲击韧性较低,冷脆性较大,在低温及动力荷载作用下易发生脆断,此类材料不能用于低温环境下承受动力荷载的构件的制作。此外,钢材的冲击韧性越好,其抵抗在低温、应力集中、多轴向拉力、荷载冲击和重复疲劳等因素作用下发生脆断的能力越强,因此在选材时应注重所选钢材的冲击韧性指标。

1.3.2 效应组合

公路钢桥设计荷载可参考《公路桥涵设计通用规范》(JTG D60—2015)及《公路钢结构桥梁设计规范》(JTG D64—2015)等,铁路钢桥设计荷载可参考《铁路桥涵设计规范》(TB 10002—2017)及《铁路列车荷载图式》(TB/T 3466—2016)等。

《公路钢结构桥梁设计规范》(JTG D64—2015)指出,公路钢桥采用以概率理论为基础的极限状态设计方法,按分项系数的设计表达式进行设计。公路钢桥应按承载能力极限状态和正常使用极限状态分别进行设计。

(1)承载能力极限状态:结构或构件达到最大承载能力,或达到不适于继续承载的变形的极限状态。对应于结构或结构件达到最大承载能力或不适于继续承载的变形,包括结构件或连接因强度超过而破坏,结构或其一部分作为刚体而失去平衡(倾覆或滑移),在反复荷载下构件或连接发生疲劳破坏等。

(2)正常使用极限状态:结构或构件达到正常使用或耐久性能中某项规定限度的状态称为正常使用极限状态。

同时,公路钢桥应考虑以下四种设计状况及其相应的极限状况设计:

(1)持久状况:桥梁建成后承受结构自重、车辆荷载等持续时间很长的状况。该状况钢桥应进行承载能力极限状态和正常使用极限状态设计。

(2)短暂状况:桥梁在制作、运送和架设过程中承受临时荷载的状况。该状况结构、构件应进行承载能力极限状态设计,必要时进行正常使用极限状态设计。

(3)偶然状况:桥梁在使用过程中偶然出现的状况。该状况只需进行承载能力极限状态设计。

(4)地震状况:对应于桥梁可能遭受地震的状况,一般只进行承载能力极限状态设计。

公路钢桥按承载能力极限状态和按正常使用极限状态进行设计时,对荷载效应组合提出了不同的要求。

1)按承载能力极限状态设计

公路桥涵结构按承载能力极限状态设计时,对持久设计状况和短暂设计状况应采用作用的基本组合,对偶然设计状况应采用作用的偶然组合,对地震设计状况应采用作用的地震组合,并应符合下列规定:

(1)基本组合。永久作用的设计值效应与可变作用设计值效应相组合。

作用基本组合的效应设计值可按下式计算:

$$S_{\mathrm{ud}} = \gamma_{\mathrm{o}} S\left(\sum_{i=1}^{m} \gamma_{\mathrm{G}i} G_{i\mathrm{k}}, \gamma_{\mathrm{Q1}} \gamma_{\mathrm{L}} Q_{1\mathrm{k}}, \psi_{\mathrm{c}} \sum_{j=2}^{n} \gamma_{\mathrm{L}j} \gamma_{\mathrm{Q}j} Q_{j\mathrm{k}}\right) \tag{1-1}$$

或

$$S_{\mathrm{ud}} = \gamma_{\mathrm{o}} S\left(\sum_{i=1}^{m} G_{i\mathrm{d}}, Q_{1\mathrm{d}}, \psi_{\mathrm{c}} \sum_{j=2}^{n} Q_{j\mathrm{d}}\right) \tag{1-2}$$

式中:S_{ud}——承载能力极限状态下作用基本组合的效应组合设计值。

$S(\ )$——作用组合的效应系数。

γ_{o}——结构重要性系数,按公路桥涵规范表规定的结构设计安全等级采用,对应于设计安全等级一级、二级和三级分别取 1.1、1.0 和 0.9。

$\gamma_{\mathrm{G}i}$——第 i 个永久作用效应的分项系数,应按《公路桥涵设计通用规范》(JTG D60—2015)规定采用。

$G_{i\mathrm{k}}$、$G_{i\mathrm{d}}$——第 i 个永久作用效应的标准值和设计值。

γ_{Q1}——汽车荷载效应(含汽车冲击力、离心力)的分项系数,取 $\gamma_{\mathrm{Q1}}=1.4$。采用车道荷载计算时取 $\gamma_{\mathrm{Q1}}=1.4$,采用车辆荷载计算时,其分项系数取 $\gamma_{\mathrm{Q1}}=1.8$。当某个可变作用在组合中其效应值超过汽车荷载效应时,则该作用取代汽车荷载,其分项系数取 $\gamma_{\mathrm{Q1}}=1.4$;对专为承受某作用而设置的结构或装置,设计时该作用的分项系数

取 $\gamma_{Q1}=1.4$;计算人行道板和人行道栏杆的局部荷载,其分项系数也取 $\gamma_{Q1}=1.4$。

Q_{1k}、Q_{1d}——汽车荷载效应(含汽车冲击力、离心力)的标准值和设计值。

γ_{Qj}——在作用效应组合中除汽车荷载效应(含汽车冲击力、离心力)、风荷载外的其他第 j 个可变作用效应的分项系数,取 $\gamma_{Qj}=1.4$,但风荷载的分项系数取 $\gamma_{Qj}=1.1$。

Q_{jk}、Q_{jd}——在作用效应组合中除汽车荷载效应(含汽车冲击力、离心力)外的其他第 j 个可变作用效应的标准值和设计值。

ψ_c——在作用效应组合中除汽车荷载效应(含汽车冲击力、离心力)外的其他可变作用效应的组合系数,取 $\psi_c=0.75$。

γ_{Lj}——第 j 个可变作用的结构设计使用年限荷载调整系数。公路桥涵结构的设计使用年限按现行《公路工程技术标准》(JTG B01)取值时,可变作用的设计使用年限荷载调整系数取 $\gamma_{Lj}=1.0$;否则 γ_{Lj}取值应按专题研究确定。

当作用与作用效应可按线性关系考虑时,作用基本组合的效应设计值 S_{ud} 可通过作用效应代数相加计算。

设计弯桥时,当离心力与制动力同时参与组合时,制动力标准值或设计值按 70% 取用。

(2)偶然组合。将永久作用标准值效应与可变作用某种代表值效应、一种偶然作用标准值效应相组合;与偶然作用同时出现的可变作用,可根据观测资料和工程经验取用适当的代表值。

作用偶然组合的效应设计值可按下式计算:

$$S_{ad}=S[\sum_{i=1}^{m}G_{ik},A_d,(\psi_{f1}\text{ 或 }\psi_{q1})Q_{1k},\sum_{j=2}^{n}\psi_{qj}Q_{jk}] \tag{1-3}$$

式中: S_{ad}——承载能力极限状态下作用偶然组合的效应设计值。

A_d——偶然作用的设计值。

ψ_{f1}——汽车荷载(含汽车冲击力、离心力)的频遇值系数,取 $\psi_{f1}=0.7$;当某个可变作用在组合中其效应值超过汽车荷载效应时,则该作用取代汽车荷载,人群荷载 $\psi_{f1}=1.0$,风荷载 $\psi_{f1}=0.75$,温度梯度作用 $\psi_{f1}=0.8$,其他作用 $\psi_{f1}=1.0$。

$\psi_{f1}Q_{1k}$——汽车荷载的频遇值。

ψ_{q1}、ψ_{qj}——第 1 个和第 j 个可变作用的准永久值系数,汽车荷载(含汽车冲击力、离心力)$\psi_q=0.4$,人群荷载 $\psi_q=0.4$,风荷载 $\psi_q=0.4$,温度梯度作用 $\psi_q=0.8$,其他作用 $\psi_q=1.0$。

$\psi_{q1}Q_{1k}$、$\psi_{qj}Q_{jk}$——第 1 个和第 j 个可变作用的准永久值。

当作用与作用效应可按线性关系考虑时,作用偶然组合的效应设计值 S_{ad} 可通过作用效应代数相加计算。

地震作用标准值及其表达式按《公路工程抗震设计规范》(JTG B02—2013)规定采用。

2)按正常使用极限状态设计

公路桥涵结构按正常使用极限状态设计时,应根据不同的设计要求,采用作用的频遇组合或准永久组合,并应符合下列规定:

(1)频遇组合:永久作用标准值与汽车荷载频遇值、其他可变作用准永久值相组合。

作用频遇组合的效应设计值可按下式计算:

$$S_{fd} = S(\sum_{i=1}^{m} G_{ik}, \psi_{f1} Q_{1k}, \sum_{j=2}^{n} \psi_{qj} Q_{jk}) \tag{1-4}$$

式中：S_{fd}——作用频遇组合的效应设计值；

ψ_{f1}——汽车荷载(不计汽车冲击力)频遇值系数，取 0.7。

当作用与作用效应可按线性关系考虑时，作用频遇组合的效应设计值 S_{fd} 可通过作用效应代数相加计算。永久作用效应的分项系数见表 1-5。

永久作用效应的分项系数　　表 1-5

编号	作用类别		永久作用效应分项系数	
			对结构的承载能力不利时	对结构的承载能力有利时
1	混凝土和圬工结构重力(包括结构附加重力)		1.2	1.0
	钢结构(包括结构附加重力)		1.1 或 1.2	
2	预加力		1.2	1.0
3	土的重力		1.2	1.0
4	混凝土的收缩及徐变作用		1.0	1.0
5	土侧压力		1.4	1.0
6	水的浮力		1.0	1.0
7	基础变位作用	混凝土和圬工结构	0.5	0.5
		钢结构	1.0	1.0

注：本表编号 1 中，当钢桥采用钢桥面板时，永久作用效应分项系数取 1.1；当采用混凝土桥面板时，取 1.2。

(2)准永久组合：永久作用标准值效应与可变作用准永久值效应相组合。

作用准永久组合的效应设计值可按下式计算：

$$S_{qd} = S(G_{ik}, \sum_{j=1}^{n} \psi_{qj} Q_{jk}) \tag{1-5}$$

式中：S_{qd}——作用准永久组合的效应设计值；

ψ_{qj}——汽车荷载(不计冲击力)准永久值系数，取 0.4。

当作用与作用效应可按线性关系考虑时，作用频遇组合的效应设计值 S_{qd} 可通过作用效应代数相加计算。

结构构件当需进行弹性阶段截面应力计算时，除特别指明外，各作用效应的分项系数及组合系数应为 1.0，各项应力限值应按各设计规范规定采用。验算结构的抗倾覆、滑动稳定时，稳定系数、各作用的分项系数及摩擦系数，应根据不同结构按各有关桥涵设计规范的规定确定，支座的摩擦系数可按公路桥涵规范相关规定采用。构件在吊装、运输时，构件重力应乘以动力系数 1.2 或 0.85，并可视构件具体情况作适当增减。

1.3.3　常用设计图符与标注

1)常用标注符号

焊接符号在设计与施工图中的表示方法，通常由基线、箭头线、基本焊接符号、辅助焊接符号、焊缝尺寸和特注符号等组成，常用表示方法如表 1-6 所示，其余焊接符号可参见《钢结构焊接规范》(GB 50661—2011)、《焊缝符号表示方法》(GB/T 324—2008)等相关规范。

基本焊缝符号及其表示方法 表 1-6a

序号	名　　称	示 意 图	符　　号
1	卷边焊缝(卷边完全熔化)	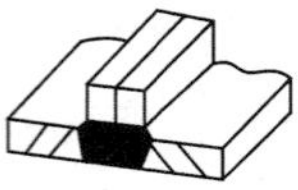	
2	I 形焊缝		
3	V 形焊缝		
4	单边 V 形焊缝	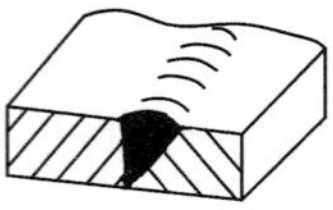	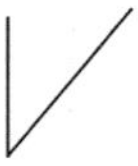
5	带钝边 V 形焊缝	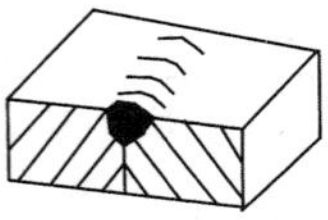	
6	带钝边单边 V 形焊缝	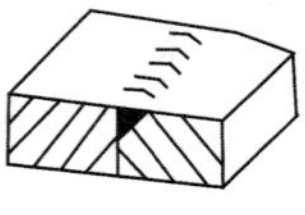	
7	带钝边 U 形焊缝	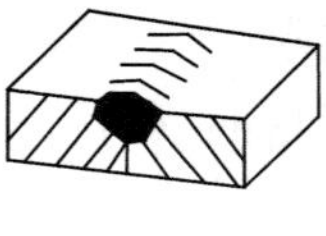	
8	带钝边 J 形焊缝	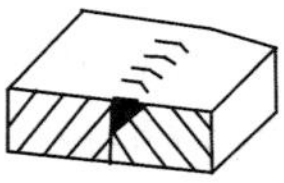	
9	封底焊缝	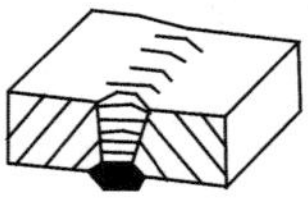	
10	角焊缝	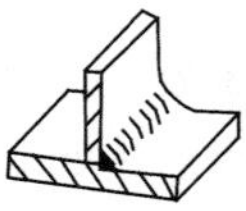	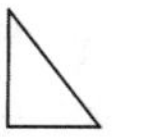

焊缝补充符号　　表 1-6b

序号	名　称	符　号	说　明
1	平面	—	焊缝表面通常经过加工后平整
2	凹面		焊缝表面凹陷
3	凸面		焊缝表面凸起
4	圆滑过渡		焊趾处圆滑过渡
5	永久衬垫	M	衬垫永久保留
6	临时衬垫	MR	衬垫在焊接完成后拆除
7	三面焊缝		三面带有焊缝
8	周围焊缝		沿着工件周边施焊的焊缝 标注位置为基准线与箭头线的交点处
9	现场焊缝		在现场焊接的焊缝
10	尾部		可以表示所需的信息

2）标注方法

（1）标注一般要求

在焊缝符号中，基本符号和指引线为基本要素。焊缝的准确位置通常由基本符号和指引线之间的相对位置决定，具体位置包括箭头线的位置、基准线的位置、基本符号的位置。指引线由箭头线和基准线（实线和虚线）组成，如图 1-48 所示。

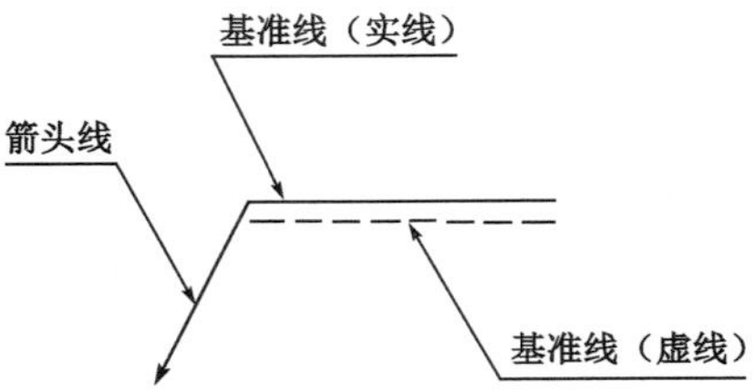

图 1-48　指引线

箭头直接指向的一侧为"接头的箭头侧"，与之相对的则为"接头的非箭头侧"。基准线一般应与图样的底边平行，必要时也可与底边垂直。实线和虚线的位置可根据需要互换。

基本符号与基准线的相对位置：

——基本符号在实线侧时，表示焊缝在箭头侧，如图 1-49a）所示。

——基本符号在虚线侧时，表示焊缝在非箭头侧，如图 1-49b）所示。

——对称焊缝允许省略虚线，如图 1-49c）所示。

——在明确焊缝分布位置的情况下，有些双面焊缝也可省略虚线，如图 1-44d）所示。

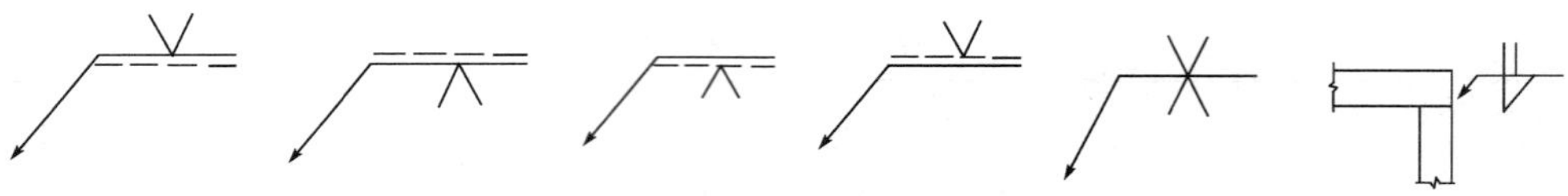

a)焊缝在接头的箭头侧　　b)焊缝在接头的非箭头侧　　c)对称焊缝　　d)双面焊缝

图 1-49　基本符号与基准线的相对位置

必要时,可以在焊缝符号中标注尺寸。尺寸符号如表 1-7 所示。

尺寸符号　　表 1-7

符号	名　称	示　意　图	符号	名　称	示　意　图
δ	工件厚度	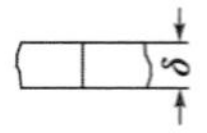	c	焊缝宽度	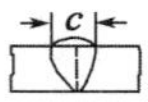
α	坡口角度	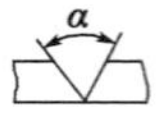	k	焊脚尺寸	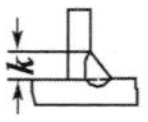
β	坡口面角度	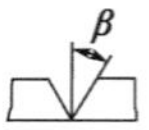	d	点焊:熔核直径 塞焊:孔径	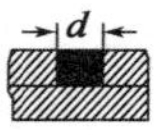
b	根部间隙	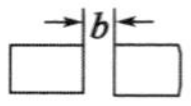	n	焊缝段数	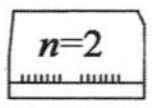
p	钝边	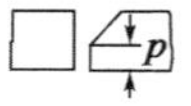	l	焊缝长度	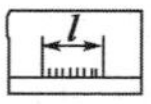
R	根部半径	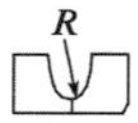	e	焊缝间距	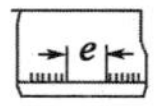
H	坡口深度	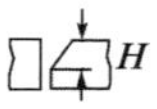	N	相同焊缝数量	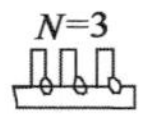
S	焊缝有效厚度	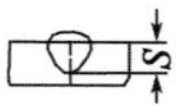	h	余高	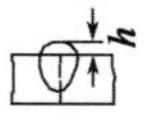

(2)标注规则

尺寸标注方法如图 1-50 所示。横向尺寸标注在基本符号的左侧;纵向尺寸标注在基本符号的右侧;坡口角度、坡口面角度、根部间隙标注在基本符号的上侧或下侧;相同焊缝数量标注在尾部;当尺寸较多不易分辨时,可在尺寸数据前标注相应的尺寸符号。当箭头线方向改变时,上述规则不变。

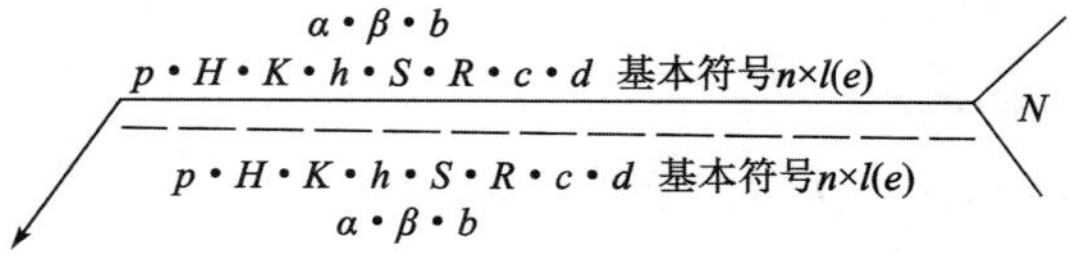

图 1-50　尺寸标注方法

(3)关于尺寸的其他规定

确定焊缝位置的尺寸不在焊缝符号中标注,应将其标注在图样上。在基本符号的右侧无任何尺寸标注又无其他说明时，意味着焊缝在工件的整个长度方向上是连续的。在基本符号的左侧无任何尺寸标注又无其他说明时，意味着对接焊缝应完全焊透。塞焊缝、槽焊缝带有斜边时，应标注其底部的尺寸。

思考题

1-1　钢桥的优缺点有哪些？现代钢桥的主要特点是什么？

1-2　简述我国钢桥发展历程，并列举具有代表性的钢桥。

1-3　钢桥有哪些结构类型？各桥型钢桥有哪些受力特点？

1-4　钢桥设计中存在哪些关键问题？要遵守哪些基本原则？

1-5　钢桥设计的结构分析模型要考虑哪些因素的影响？

1-6　试讨论中国钢桥发展的世界地位和目前所处的发展阶段。

1-7　试讨论桥梁跨度与桥梁技术水平的关系。桥梁技术水平受哪些因素影响？

第2章
桥梁钢材

2.1 类型与规格

2.1.1 桥梁用钢的发展

桥梁用钢是专用于建造铁路桥梁或公路桥梁的钢材，要求具有较高的强度、韧性和一定的耐大气腐蚀性。由于桥梁所受的荷载为动荷载，且荷载等级比建筑荷载等级普遍要高，桥梁用钢还应具有较好的抗冲击和抗疲劳特性。随着技术的进步，许多高性能钢材逐渐得到应用，这些钢材比传统钢材和钢筋混凝土强度更大、更耐久且更不易受到腐蚀和其他损害，使得桥梁建设更加经济合理、强度更高、重量更轻，并且还能够提高桥梁的耐疲劳和耐腐蚀性能，延长桥梁的服役年限。

我国桥梁用钢的主体包括铁路桥梁、公路桥梁和跨海大桥。铁路桥梁和公路桥梁的最大区别在于铁路桥梁的动荷载较大、跨径相对较短，因此铁路桥梁所用钢材的强度比公路桥梁高。1969年建成通车的南京长江大桥采用的是鞍钢生产的16Mn钢，其屈服强度为320MPa以上；1995年建成的九江长江大桥采用的是鞍钢研制生产的15MnVNq钢材，与16Mn钢相比，其屈服强度得到了显著提高，达到412MPa；2000年建成的芜湖长江大桥采用了大桥局和武钢联合开发的14MnNbq钢材，其屈服强度达到了370MPa以上，同时具有优异的-40℃低温冲击韧性和较高的可焊性；2011年通车的南京大胜关长江大桥是世界首座六线铁路大桥，被誉为"世界铁路桥之最"，主要采用武钢和中铁大桥局联合开发的WNQ570钢材，屈服强度达到了570MPa以上。随着我国铁路的提速，高速铁路梁对桥梁用钢提出了新的要求。

公路桥梁的受力状况与铁路桥梁存在差异，一般采用低合金系列的桥梁用钢，如Q345、Q370，部分桥梁由于荷载较大采用Q420钢材。跨海大桥用钢主要集中于管桩钢、通航主桥的桥梁钢以及带肋钢筋，其中管桩钢、通航主桥的桥梁钢占钢材总用量的60%，仅管桩钢就占其钢材总量的50%左右。管桩钢的材质主要为Q345C，规格范围为16～25mm，大部分为热轧卷板；通航主桥的桥梁材质主要集中于Q345D级别，规格为10～50mm，主要为轧板产品。现行《铁路桥梁钢结构设计规范》(TB 10091—2017)中新纳入了Q500q级高强钢的设计要求。对于跨海大桥，由于海洋环境复杂，桥梁钢材的耐腐蚀性能是桥梁设计者需要着重考虑的部分。

在今后的桥梁钢发展中，顺应桥梁工程发展需要的高强度、轻型、可焊性、防断性、疲劳性、寿命长、耐候性良好的高性能桥梁钢将是桥梁钢发展的主要方向。

2.1.2 桥梁钢材的化学成分及特点

钢材中主要化学成分是铁(Fe)，除此之外还含有少量的碳(C)、硅(Si)、锰(Mn)、磷(P)、硫(S)、氧(O)、氮(N)、钛(Ti)、钒(V)等元素(图2-1)，这些元素含量虽少，但对钢材性能的影响很大。其中，碳是决定钢材性能的最重要元素，它影响到钢材的强度、塑性、韧性等力学机械性能。当钢中含碳量在0.8%以下时，随着含碳量的增加，钢的强度和硬度提高，塑性和韧性下降；但当含碳量大于1.0%时，随含碳量继续增加，钢的强度反而下降。

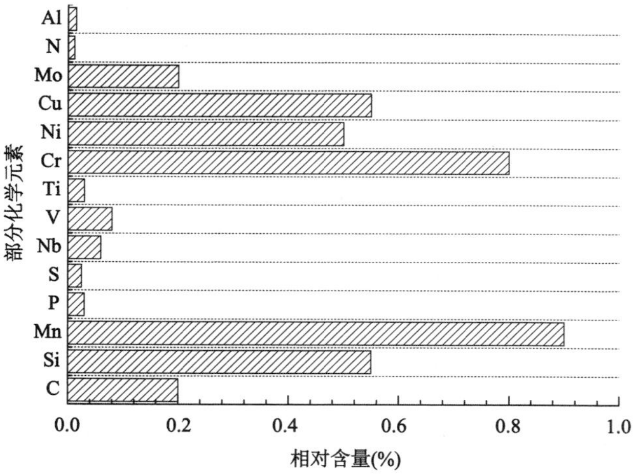

图2-1 桥梁用结构钢化学成分(Q345qC)

钢中有益元素有锰、硅、钒、钛等，控制掺入量可冶炼成低合金钢；钢中主要的有害元素有硫、磷及氧，要特别注意控制其含量。

磷是钢中很有害的元素之一，主要溶于铁素体起强化作用。磷含量增加，钢材的强度、硬度提高,但塑性和韧性显著下降。特别是温度越低,对塑性和韧性的影响越大,从而显著加大钢材的冷脆性。磷也使钢材可焊性显著降低,但可提高钢的耐磨性和耐腐蚀性。

硫元素以非金属硫化物的形式夹杂于钢中,降低钢材的各种机械性能。由于硫化物熔点低,使钢材在热加工过程中造成晶粒的分离,引起钢材断裂,形成热脆现象,称为热脆性。硫使钢的可焊性、冲击韧性、耐疲劳性和抗腐蚀性等均降低。

氧主要存在于非金属夹杂物中,少量熔于铁素体内。非金属夹杂物降低钢的机械性能,特别是韧性。氧化物所造成的低熔点会使钢的可焊性变差。

2.1.3 钢材的主要类型

钢材可按不同的条件进行分类。按应用对象分,可分为钢筋、预应力筋等部分混凝土构件用钢,主缆索股、吊索的高强钢丝及钢丝绳用钢,桥梁钢桥塔、钢加劲梁等主体结构用钢。按工作环境和所承受的荷载不同,钢梁用钢可以分为铁路桥梁用钢、公路桥梁用钢及跨海大桥用钢三大类。按化学成分,可分为碳素钢和合金钢,其中碳素钢又可按含碳量高度可分为低碳钢(总含量≤0.25%)、中碳钢(0.25% <总含量≤0.6%)、高碳钢(总含量>0.6%);合金钢又可按合金元素的含量分为低合金钢(总含量≤5%)、中合金钢(5% <总含量≤10%)、高合金钢(总含量>10%)。

桥梁专用钢材可根据参考的设计规范主要分为三大类:《桥梁用结构钢》(GB/T 714—2015)、《碳素结构钢》(GB/T 700—2006)、《低合金高强度结构钢》(GB/T 1591—2018)。所设计的桥梁依据不同的设计要求选择钢材时,必须满足上述规范的要求,并且优先选用强度较高、韧性较好的材料,实现桥梁建设在选材上的经济性。

1)桥梁用结构钢

桥梁用结构钢牌号由代表屈服强度的汉语拼音字母、屈服强度数值、“桥”字的汉语拼音字母、质量等级符号等几个部分组成。例如:Q345qD,其中:

Q——桥梁用钢屈服强度的“屈”字汉语拼音的首字母。

345——屈服强度数值,单位MPa。

q——桥梁用钢的“桥”字汉语拼音的首字母。

D——质量等级为D级。

桥梁用结构钢的质量高低主要是以对冲击韧性(夏比V形缺口试验)的要求区分的,对冷弯试验的要求也有所区别。《桥梁用结构钢》(GB/T 714—2015)将桥梁用结构钢分为C、D、E、F四种质量等级,表示质量级别由低到高。

《桥梁用结构钢》(GB/T 714—2015)规定了我国桥梁建设领域常用的钢材牌号,并且GB/T 714—2015规范在GB/T 714—2008规范的基础上,结合我国钢材的发展,取消了Q235q钢材,厚度范围增加至150mm,增加了Q420q及以上排号钢的质量等级F级的技术要求等其他内容。GB/T 714—2015规范给出了我国桥梁钢材的主要类别及其对应的机械力学性能,见表2-1。

钢桥的主要受力构件一般采用Q345q钢材,对于次要的辅助构件可以选用强度等级较低的钢材,而当构件受力过大或采用低强度钢材设计的板厚过厚时,可以考虑采用高强度的钢材。

桥梁用结构钢的主要机械力学性能(GB/T 714—2015)　　表 2-1

钢材类型	质量等级	屈服强度 σ_y(MPa)			抗拉强度 σ_b(MPa)	断后伸长率 δ(%)
		厚度(mm)				
		≤50	50 ~ 100	100 ~ 150		
		不小于				
Q345q	C	345	335	305	490	20
	D					
	E					
Q370q	D	370	360	—	510	20
	E					
	F					
Q420q	D	420	410	—	540	19
	E					
	F					
Q460q	D	460	450	—	570	18
	E					
	F					
Q500q	D	500	480	—	630	18
	E					
	F					
Q550q	D	550	530	—	660	16
	E					
	F					
Q620q	D	620	580	—	720	15
	E					
	F					
Q690q	D	690	650	—	770	14
	E					
	F					

对于中小跨径桥梁而言,可以依据上述原则进行钢材强度的选择;大跨径桥梁的柔性较大,尤其是悬索桥,除了要考虑受力安全外,还需要进行抗疲劳设计。在满足受力条件后往往还会在一定程度上增加板厚,使其局部的应力满足疲劳设计需求,从而导致实际桥梁的板厚相对较厚。因此,《桥梁用结构钢》(GB/T 714—2015)提出了各牌号钢厚度大于 15mm 时的方向性能要求,以 S 元素含量的高低进行控制,见表 2-2。钢材的厚度方向性能是对钢材抗层状撕裂能力提供的一种量度,通常采用厚度方向拉伸试验的断面收缩率来评定。表中的 Z15、Z25、Z35 表示钢材厚度方向性能级别及所对应的断面收缩率的平均值。当设计要求钢材厚度方向性能时,则在上述规定的牌号后分别加上代表厚度方向(Z 向)性能级别的符号,例如:Q345qDZ15,表示屈服强度为 345MPa,质量等级为 D 级,厚度方向断面收缩率平均值为 15% 的钢材。

厚度方向性能级别 表 2-2

Z 向性能级别	Z15	Z25	Z35
S 元素含量(%)	≤0.010	≤0.007	≤0.005

2)碳素结构钢

碳素结构钢的牌号由代表屈服强度的字母、屈服强度数值、质量等级符号、脱氧方法符号 4 个部分按顺序组成。例如:Q235AF,其中:

Q——桥梁用钢屈服强度的"屈"字汉语拼音的首字母。

235——屈服强度数值,单位 MPa。

A、B、C、D——质量等级,质量依次提高。

F——沸腾钢,"沸"字汉语拼音首字母。

Z——镇静钢,"镇"字汉语拼音首字母。

TZ——特殊镇静钢,"特镇"两字汉语拼音首字母。

在排号组成表示方法中,"Z"和"TZ"符号可以省略。

碳素结构钢的应用非常广泛,其中大部分用作焊接、铆接或栓接的钢结构件,少数用于制作各种机器部件。强度较低的 Q195、Q215 用于制作低碳钢丝、钢丝网、屋面板、焊接钢管、地脚螺栓和铆钉等。Q235 具有中等强度,并具有良好的塑性和韧性,易于成形和焊接,多用作钢筋和钢结构件,另外还用作铆钉、铁路道钉和各种机械零件,如螺栓、拉杆、连杆等。强度较高的 Q275 用于制作各种农业机械,也可用作钢筋和铁路鱼尾板。碳素结构钢的主要机械力学性能见表 2-3,弯曲试验性能见表 2-4。

碳素结构钢机械力学性能(GB/T 700—2006) 表 2-3

牌号	等级	屈服强度 σ_y(MPa)						抗拉强度 σ_b(MPa)	断后伸长率 δ(%)				
		厚度(或直径)(mm)							厚度(或直径)(mm)				
		≤16	>16~40	>40~60	>60~100	>100~150	>150~200		≤40	>40~60	>60~100	>100~150	>150~200
Q195	—	195	185	—	—	—	—	315~430	33	—	—	—	—
Q215	A	215	205	195	185	175	165	335~450	31	30	29	27	26
	B												
Q235	A	235	225	215	215	195	185	370~500	26	25	24	22	21
	B												
	C												
	D												
Q275	A	275	265	255	245	225	215	410~540	22	21	20	18	17
	B												
	C												
	D												

碳素结构钢弯曲试验性能(GB/T 700—2006) 表 2-4

牌　　号	试 样 方 向	冷弯试验 180°($B=2a$)	
		钢材厚度(或直径)(mm)	
		≤60	>60～100
		弯心直径 d	
Q195	纵	0	—
	横	$0.5a$	
Q215	纵	$0.5a$	$1.5a$
	横	a	$2a$
Q235	纵	a	$2a$
	横	$1.5a$	$2.5a$
Q275	纵	$1.5a$	$2.5a$
	横	$2a$	$3a$

注:1. B 为试样宽度,a 为试样厚度(或直径)。
　2. 钢材厚度(或直径)大于 100mm,弯曲试验由双方协商确定。

根据一些工业用钢的特殊性能要求,对普通碳素结构钢的成分稍加调整可形成一系列专业用钢,如铆螺钢、桥梁钢、压力容器钢、船体钢、锅炉钢。专业用钢除严格控制化学成分、保证常规性能外,还规定某些特殊检验项目,如低温冲击韧性、时效敏感性、钢中气体、夹杂和断口等。

3)低合金高强度结构钢

低合金高强度结构钢的牌号由代表屈服强度的汉语拼音字母、屈服强度数值、质量等级符号三个部分组成。《低合金高强度结构钢》(GB/T 1591—2018)中以 Q355 级钢代替了 08 规范中的 Q345 级钢,且修改了钢材牌号的表示方法。钢的牌号由代表屈服强度"屈"字的汉语拼音首字母 Q、规定的最小上屈服强度数值、交货状态代号、质量等级符号(B、C、D、E、F)四个部分组成。交货状态为热轧时,交货状态代号 AR 或 WAR 可省略;交货状态为正火或正火轧制状态时,交货状态代号均用 N 表示。

例如:Q355NB。其中:

Q——桥梁用钢屈服强度的"屈"字汉语拼音的首字母;

355——屈服强度数值,单位 MPa;

N——交货状态为正火或正火轧制;

B——质量等级为 B 级。

低合金高强度结构钢的质量等级分为 B、C、D、E、F 五个质量等级,质量依次提高。当设计要求钢板具有厚度方向性能时,则在上述规定的牌号后加上代表厚度方向(Z 方向)性能级别的符号,例如:Q355NBZ15。《低合金高强度结构钢》(GB/T 1591—2018)给出了热轧钢材的拉伸性能,见表 2-5。

低合金高强度结构钢,不仅强度高,钢材的力学性能、冲击韧性、可加工性和可焊性均较好,目前中桥梁中被广泛应用。

在桥梁结构设计选择钢材的牌号及材料属性时,应该综合考虑结构的重要性、结构形式、荷载分布特征、构件受力状况、工作环境、冲击韧性及疲劳性能等因素,尤其是大跨度桥梁,除了考虑强度因素外,钢材的断裂韧性也应在设计中予以考虑。较高的断裂韧性能够延缓疲劳裂纹的产生,具有较好的抗疲劳性能。因此,在桥梁钢材选择上,应严格按照《桥梁用结构钢》(GB/T 714—2015)、《碳素结构钢》(GB/T 700—2006)和《低合金高强度结构钢》(GB/T 1591—2018)中的规定,合理选材。

热轧钢的拉伸性能 表 2-5

牌号		上屈服强度 R_{Eh}^{a}(MPa),不小于									抗拉强度 R_m(MPa)			
钢级	质量等级	公称厚度或直径(mm)												
		≤16	>16~40	>40~63	>63~80	>80~100	>100~150	>150~200	>200~250	>250~400	≤100	>100~150	>150~250	>250~400
Q355	B、C	355	345	335	325	315	295	285	275	—	470~630	450~600	450~600	—
	D									265[b]				450~600[b]
Q390	B、C、D	390	380	360	340	340	320	—	—	—	490~650	470~620	—	—
Q420[c]	B、C	420	410	390	370	370	350	—	—	—	520~680	500~650	—	—
Q460[c]	C	460	450	430	410	410	390	—	—	—	550~720	530~700	—	—

注:a. 当屈服不明显时,可用规定塑性延伸强度 $R_{p0.2}$ 代替上屈服强度。
b. 只适用于质量等级为 D 的钢板。
c. 只适用于型钢和棒材。

2.1.4 钢材的规格

目前常用的钢材主要有热轧成型的钢板和型钢、冷加工或热轧成型的钢管及薄壁型钢。桥梁用钢除以上三种外,还有用于拉索的高强钢丝、钢绞线和平行钢索,如图 2-2 所示。

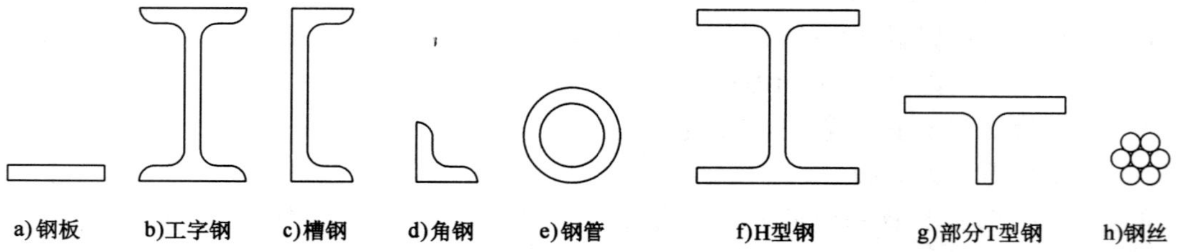

图 2-2 常用钢材规格

1)钢板

钢板是钢材 4 大品种(钢板、型钢、钢管、钢丝)之一,是桥梁中应用最为广泛的品种。按钢板的厚度,可分为薄板和厚板,其中厚板又可根据不同的厚度分为中厚板、厚板、特厚板。钢板的表示方法为:“宽度 × 厚度 × 长度”,默认单位为 mm,表 2-6 给出了钢板的规格。

钢板规格 表2-6

类　　型	厚度(mm)	宽度(mm)
薄板	0.2~4	500~1 800
中厚板	4~20	1 800~4 000
厚板	20~60	
特厚板	>60	

依据钢板加工工艺和化学成分的不同,又可分为普碳钢镇静钢板、低合金结构钢钢板、一般结构用热连轧钢板、焊接结构用耐候钢板、高耐候性结构钢钢板、桥梁用钢板等。

2)型钢

桥梁中常用的型钢主要有工字钢、槽钢、角钢、钢管、热轧H型钢和剖分T型钢。工字钢、H型钢和T型钢通常作为桥梁的主梁,其中热轧H型钢的塑形和柔韧性均较好,结构稳定性高,适用于承受振动和冲击荷载大的桥梁结构,应用较为广泛。

(1)工字钢

工字钢主要分为普通工字钢、轻型工字钢和H型钢三种,但由于H型钢的优异性能,以及宽长的翼缘,现往往把H型钢单独作为一类进行区分。由于工字钢的截面尺寸相对较高、较窄,导致截面两个主轴方向的惯性矩相差较大,因此不宜用于轴心受压构件或在垂直于腹板平面及弯矩构件中,这在一定程度上限制了工字钢的应用。工字钢的表示方法为:"I高度×腿宽×腰厚",默认单位为mm,例如:I160×88×6,即表示该工字钢的高度为160mm,腿宽为88mm,腰厚为6mm。当为轻型工字钢时,在名字前面加字母"Q"即可。

(2)槽钢

槽钢是复杂断面的型钢钢材,其断面形状为凹槽形,分为普通槽钢和轻型槽钢两种。在相同高度下,轻型槽钢的翼缘和腹板均较薄,截面面积小回转半径大。普通槽钢的表示方法为:"[高度×腿宽×腰厚",默认单位为mm,例如:[100×48×5.3,即表示该槽钢的高度为100mm,腿宽为48mm,腰厚为5.3mm。当为轻型槽钢时,在名字前面加字母"Q"即可。

(3)角钢

角钢是两边相互垂直成角形的长条钢材,有等边角钢和不等边角钢两种。角钢可按结构的不同需要组成不同的受力构件,也可作为构件之间的连接件。等边角钢的表示方法为:"∠边宽×边厚",默认单位为mm,例如:∠25×3,即表示该角钢的边宽为25mm,边厚为3mm。不等边角钢的表示方法为:"∠长边宽×短边宽×边厚",例如:∠25×16×3,即表示该角钢的长边宽为25mm,短边宽为16mm,边厚为3mm。

(4)钢管

钢管通常分为无缝钢管和有缝钢管。无缝钢管一般采用热轧或冷轧的方式加工;有缝钢管又称焊接钢管,即钢板卷成管形并对缝或螺旋缝焊接而成(图2-3)。钢管的表示方法为:"φ外径×壁厚",默认单位为mm。

图2-3 有缝钢管

(5)H型钢和T型钢

H型钢的截面经济合理,力学性能好,抗弯能力强,相比于普通工字钢,其翼缘宽大,翼缘截面一致,在同一高度尺寸下 H 型钢具有较大的回转半径(图 2-4),可降低结构的自重。H 型钢可分为热轧 H 型钢和焊接 H 型钢,其中热轧 H 型钢又分为宽翼缘 H 型钢(HW)、中翼缘 H 型钢(HM)、窄翼缘 H 型钢(HN)、薄壁 H 型钢(HT)。表示方法为:"H 型钢的分类字母代号 + 高度 × 宽度 × 腹板厚度 × 翼缘厚度",默认单位为 mm,例如:HM400 × 400 × 13 × 21。剖分 T 型钢由 H 型钢剖切而成,按照翼缘大小可分为宽翼缘剖分 T 型钢(TW)、中翼缘剖分 T 型钢(TM)、窄翼缘剖分 T 型钢(TN)。表示方法与 H 型钢类似,把前面的字母代号用 TW、TM、TN 表示即可,默认单位为 mm,例如:TW175 × 350 × 10 × 16。

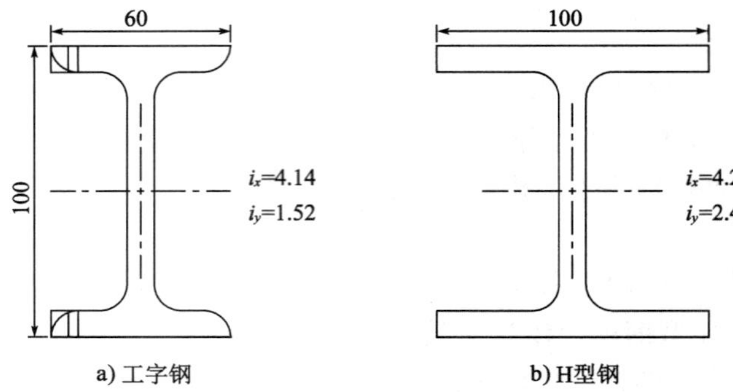

图 2-4　H 型钢和工字钢对比(尺寸单位:mm)

3) 钢丝

钢丝是用热轧盘条经冷拉支撑再进行加工的产品。多股钢丝可拧成钢丝绳,钢丝的强度较高,依据不同的直径和工艺,强度范围为 390 ~ 3135MPa,是较为理想的柔性受拉结构材料。在桥梁中主要用于拉索等结构,斜拉桥和悬索桥的主缆和吊索均由钢丝组成。

2.2　力 学 性 能

桥梁钢材的力学性能与普通钢材的力学性能基本一致,可由钢材在标准条件下按照《金属材料　拉伸试验　第 1 部分:室温试验方法》(GB/T 228.1—2010)的有关规定要求进行拉伸、冷弯、冲击等性能的试验。

2.2.1　钢材受拉性能

通常情况下,桥梁用钢基本性能的测定采用标准试件在室温下进行均匀缓慢加载,直至试样产生拉伸断裂,从而得到钢材的应力应变曲线,如图 2-5 所示。当钢材使用环境为高温或低温环境,或桥梁设计中提出耐高温或耐低温的要求时,应根据《金属材料　拉伸试验　第 2 部分:高温试验方法》(GB/T 228.2—2015)和《金属材料　低温拉伸试验方法》(GB/T 13239—2006)进行钢材基本性能的测定。

钢材的应力应变曲线大致分为 5 个阶段,即弹性阶段(Ⅰ)、弹塑性阶段(Ⅱ)、屈服阶段(Ⅲ)、强化阶段(Ⅳ)、破坏阶段(Ⅴ):

1）弹性阶段（Ⅰ）

大量试验研究表明，当施加的应力 σ 小于 σ_p 时，应力应变呈线性关系，说明钢材处于弹性阶段，如图2-5中的 OA 段。在这个阶段内，卸去荷载后钢材的变形能够完全恢复。线段 OA 的斜率表示钢材的弹性模量 E，取值一般为 $2.06\times10^5\text{N/mm}^2$。$A$ 点对应的应力为弹性阶段的最大应力值，称为比例极限，用 σ_p 表示。

2）弹塑性阶段（Ⅱ）

当施加的应力 σ 大于 σ_p 而小于 σ_e 时，材料处于弹塑性阶段。这阶段的变形由弹性变形和塑形变形两种组成，其中弹性变形在卸载后变形可恢复，而塑性变形不可恢复。AB 段的斜率表示钢材的切线模量 E_t，且 E_t 随着应力增大而逐渐减小。

3）屈服阶段（Ⅲ）

当施加的应力达到 σ_e 时，钢材的塑性变形不断增大，但应力却基本保持在局部小范围内波动，形成了波折状的台阶。这种应力不变、应变不断增大的现象称为屈服。在屈服阶段内卸载后，钢材的塑性变形不能恢复，形成残余变形。屈服阶段波动的最高点称为上屈服点，最低点称为下屈服点。大量试验表明，上屈服点的应力大小很不稳定，而下屈服点对应的应力值较为稳定，因此通常取下屈服点对应的应力值作为该钢材的屈服强度 σ_s。对于含碳量较高、没有明显屈服台阶的钢材，通常以产生0.2%的塑性变形时对应的应力值作为屈服强度，用 $\sigma_{s0.2}$ 表示，也可用 $\sigma_{0.2}$ 表示（图2-6）。当钢材进入屈服阶段后，无法继续承受荷载，因此通常把屈服强度作为钢材设计的强度指标。

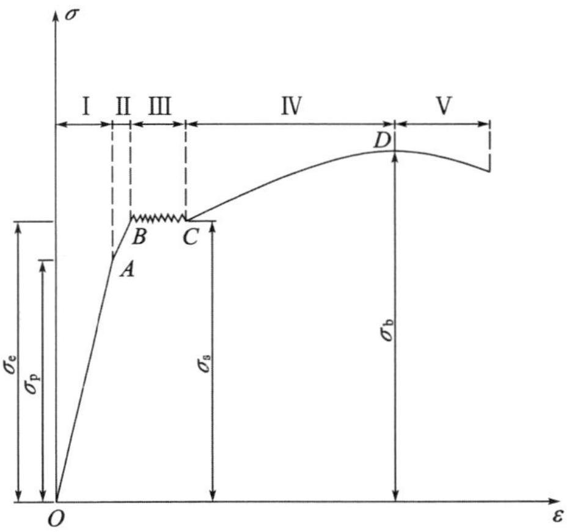

图2-5 钢材简化应力应变曲线

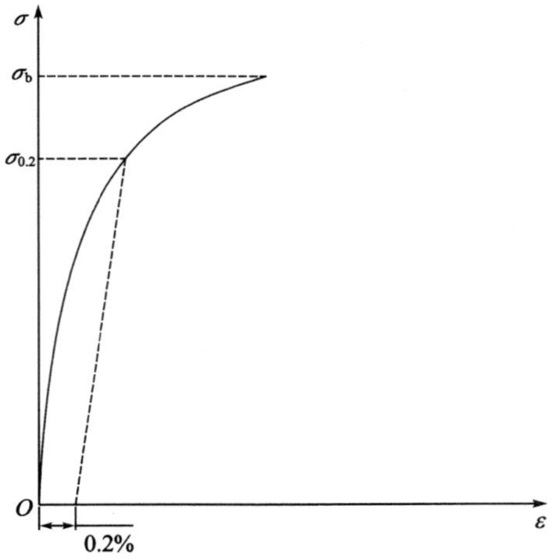

图2-6 条件屈服应力

4）强化阶段（Ⅳ）

钢材进入屈服阶段后，内部晶粒之间的排列产生了重分布，使得钢材能够进一步承受荷载的能力。要使钢材的应变继续增大，施加荷载也必须增大，其应力应变曲线又继续上升，达到钢材所能够承受的最大应力 σ_b，记为钢材抗拉强度。

5）破坏阶段（Ⅴ）

从 D 点往后，钢材最薄弱截面处的塑性变形急剧增加，有效截面面积不断减小，荷载不断减小直到钢材被拉断，这个阶段称为钢材的破坏阶段。当钢材断裂后，其长度由原来的 l_0 变为

l_1，断面的面积由原来的 A_0 变为 A_1（图 2-7）。可通过下列公式计算钢材断后伸长率 δ 和断面收缩率 ψ。

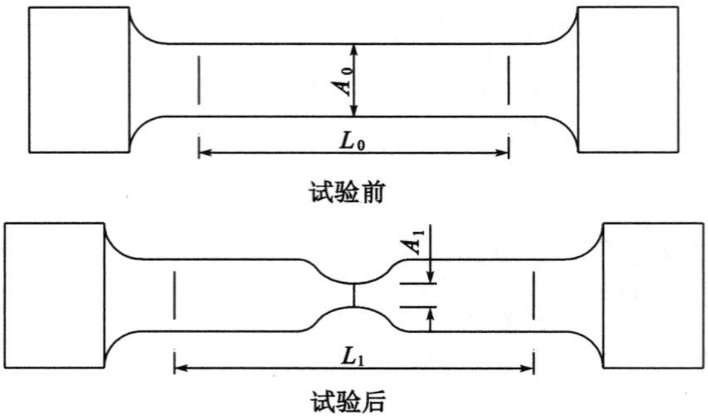

图 2-7　钢材拉伸试验

断后伸长率 δ：

$$\delta = \frac{l_1 - l_0}{l_0} \times 100\% \tag{2-1}$$

断面收缩率 ψ：

$$\psi = \frac{A_0 - A_1}{A_0} \times 100\% \tag{2-2}$$

断后伸长率和断面收缩率是衡量钢材塑性变形能力大小的两个重要指标。$\delta \geqslant 5\%$ 的钢材称为塑性材料，其应力应变关系大致如图 2-5 所示，例如 Q235、Q275 等；$\delta < 5\%$ 的钢材称为脆性钢材，其应力应变关系曲线大致如图 2-6 所示，例如铸铁、35CrMnSi 钢等。

2.2.2　钢材的受压性能

在弹性阶段，钢材的受压时的应力应变关系与受拉时基本一致。当压应力达到或超过钢材强度 σ_s 后，塑性钢材将产生很大的塑性变形，试样将会越来越扁，其横截面面积不断增大，试样不会产生断裂，无法得到钢材的压缩强度。而脆性钢材压缩时的延伸率（断后伸长率）比拉伸时要大很多，最终试验沿着与横截面大约成 55°的斜截面被剪断（图 2-8）。脆性钢材压缩强度以试样剪断时横截面上的正应力 σ_b 作为强度极限，如图 2-9 所示。一般情况下脆性钢材的压缩强度比拉伸强度要大得多。

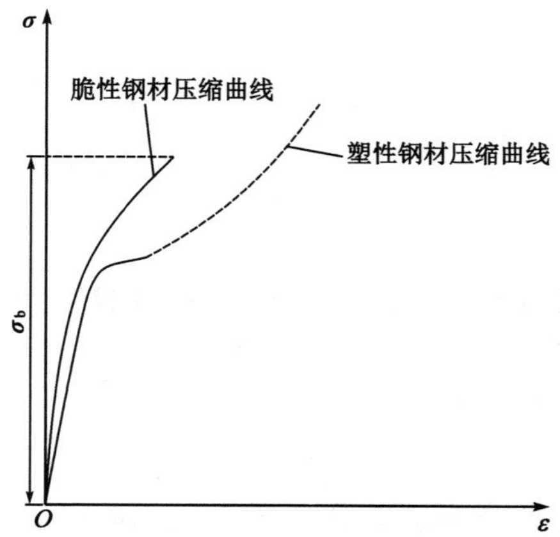

图 2-8　钢材受压性能

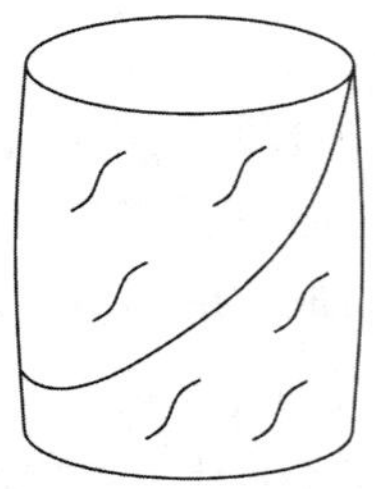

图 2-9　斜截面剪断

2.2.3 钢材的冷弯性能

冷弯性能是指钢材在常温下承受弯曲变形的能力,是钢材的重要工艺性能。通过冷弯试验能够反映试件弯曲处的塑性变形,揭示钢材是否存在内部组织不均匀、内应力和夹杂物等缺陷;冷弯试验也能对钢材的焊接质量进行严格的检验,揭示焊件受弯表面是否存在未熔合、裂缝及杂物等缺陷。钢材的冷弯试验须按照《金属材料 弯曲试验方法》(GB/T 232—2010)所规定的要求进行,如图2-10所示。通过测定试样外层材料不产生裂纹时的最小弯曲半径 R_{min},将其与试样基本厚度 a 的比值(即最小相对弯曲半径 R_{min}/a)作为弯曲成形性能指标。最小相对弯曲半径越小,弯曲成形性能越好。

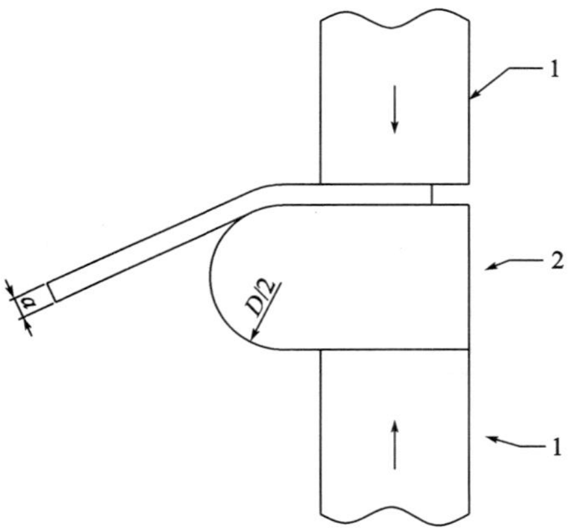

图2-10 冷弯试验方法之一
1-虎钳;2-弯曲压头

2.3 钢材韧性

钢材的韧性表示钢材在塑性变形和断裂过程中吸收能量的能力,韧性越好,发生脆性断裂的可能性越小。通常情况下,钢材的韧性可分为冲击韧性和断裂韧性两种。

2.3.1 冲击韧性

冲击韧性是反映钢材在冲击荷载作用下断裂时吸收机械能的能力,即对外来冲击荷载的抵抗能力,一般由冲击韧性值(a_k)和冲击功(A_k)表示,工程上常用冲击荷载作用下折断试样所需要的能量来表示。冲击功的单位为J(焦耳);冲击韧性值以被冲击试样的冲击功(A_k)除以试样缺口处的截面面积 A 为指标,即 $a_k = A_k/A$,单位为J/cm^{2}或kJ/m^2。冲击韧性 a_k 值取决于材料及其状态,同时与试样的形状、尺寸有很大关系。a_k 值对材料的内部结构缺陷、显微组织的变化很敏感,如夹杂物、偏析、气泡、内部裂纹、钢的回火脆性、晶粒粗化等都会使 a_k 值明显降低;同种材料的试样,缺口越深、越尖锐,缺口处应力集中程度越大,越容易变形和断裂,冲击功越小,材料表现出来的脆性越高。因此不同类型和尺寸的试样,其 a_k 或 A_k 值不能直接比较。

冲击韧性或冲击功试验(简称"冲击试验"),因试验温度不同而分为常温、低温及高温冲击试验三种;若按试样缺口形状又可分为"V"形缺口和"U"形缺口(图2-11)冲击试验两种。钢材的冲击韧性试验须按照《金属材料 夏比摆锤冲击试验方法》(GB/T 229—2007)的相关规定进行。

钢材的冲击韧性随温度改变而变化。当温度降低时,钢材的冲击韧性将显著降低;而温度升高时,钢材的冲击韧性增大,但过高的温度会使钢材软化失稳,无法继续承受荷载。因此,对于特殊环境下建造的桥梁,所用钢材除需满足常温冲击韧性外,还应根据使用的极端环境情况满足低温或高温的冲击韧性。常用桥梁钢材的冲击韧性见表2-7~表2-9。

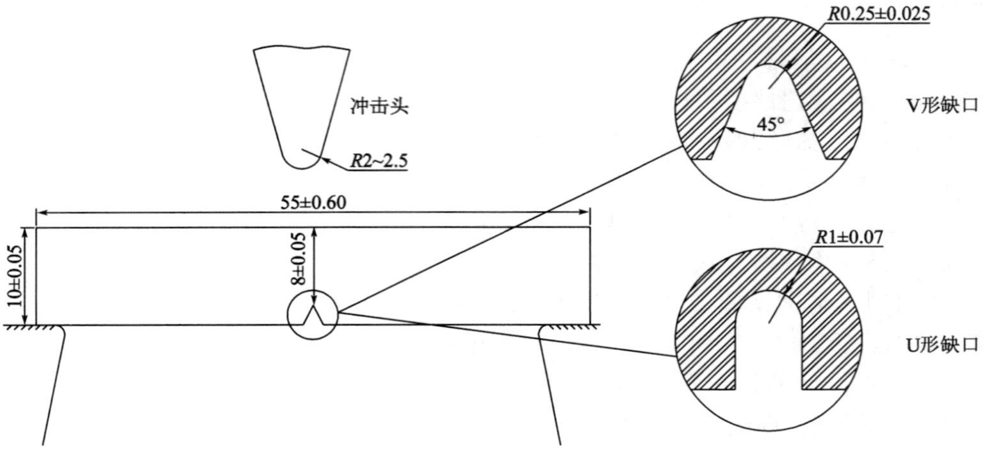

图 2-11 冲击试验(尺寸单位:mm)

桥梁用结构钢冲击韧性(GB/T 714—2015) 表 2-7

钢材型号	Q345q			Q370q			Q420q			Q460q			Q500q			Q550q			Q620q			Q690q		
质量等级	C	D	E	C	D	E	D	E	F	D	E	F	D	E	F	D	E	F	D	E	F	D	E	F
试验温度(℃)	0	-20	-40	0	-20	-40	-20	-40	-60	-20	-40	-60	-20	-40	-60	-20	-40	-60	-20	-40	-60	-20	-40	-60
冲击吸收能量 KV_2^*(J)	120			120			120		47	120		47	120		47	120		47	120		47	120		47

注:* 此处的冲击吸收能量用 V 形缺口,2mm 摆锤刀刃半径下(KV_2)的冲击功表示。

碳素结构钢冲击韧性(GB/T 700—2006) 表 2-8

钢材型号	Q195	Q215		Q235				Q275			
质量等级	—	A	B	A	B	C	D	A	B	C	D
试验温度(℃)	—	—	+20	—	+20	0	-20	—	+20	0	-20
冲击吸收能量 KV_2(J)	—	—	≥27	—	≥27			—	≥27		

夏比(V 形缺口)冲击试验的温度和冲击吸收能量 表 2-9

牌号		以下试验温度的冲击吸收能量最小值 KV_2(J)									
钢级	质量等级	20℃		0℃		-20℃		-40℃		-60℃	
		纵向	横向	纵向	横向	纵向	横向	纵向	横向	纵向	横向
Q355、Q390、Q420	B	34	27	—	—	—	—	—	—	—	—
Q355、Q390、Q420、Q460	C	—	—	34	27	—	—	—	—	—	—

续上表

牌号		以下试验温度的冲击吸收能量最小值 KV_2(J)									
钢级	质量等级	20℃		0℃		-20℃		-40℃		-60℃	
		纵向	横向	纵向	横向	纵向	横向	纵向	横向	纵向	横向
Q355、Q390	D	—	—	—	—	34[a]	27[a]	—	—	—	—
Q355N、Q390N、Q420N	B	34	27	—	—	—	—	—	—	—	—
Q355N、Q390N Q420N、Q460N	C	—	—	34	27	—	—	—	—	—	—
	D	55	31	47	27	40[b]	20	—	—	—	—
	E	63	40	55	34	47	27	31[c]	20[c]	—	—
Q355N	F	63	40	55	34	47	27	31	20	27	16
Q355M、Q390M、Q420M	B	34	27	—	—	—	—	—	—	—	—
Q355M、Q390M、Q420M、Q460M	C	—	—	34	27	—	—	—	—	—	—
	D	55	31	47	27	40[b]	20	—	—	—	—
	E	63	40	55	34	47	27	31[c]	20[c]	—	—
Q355M	F	63	40	55	34	47	27	31	20	27	16
Q500M、Q550M、Q620M、Q690M	C	—	—	55	34	—	—	—	—	—	—
	D	—	—	—	—	47[b]	27	—	—	—	—
	E	—	—	—	—	—	—	31[c]	20[c]	—	—

当需方未指定试验温度时，正火、正火轧制和热机械轧制的 C、D、E、F 级钢材分别做 0℃、-20℃、-40℃、-60℃冲击试验。冲击试验取纵向试样。经供需双方协商，也可取横向试样

[a] 仅适用于厚度大于 250mm 的 Q355D 钢板。

[b] 当需方指定时，D 级钢可做 -30℃冲击试验时，冲击吸收能量纵向不小于 27J。

[c] 当需方指定时，E 级钢可做 -50℃冲击试验时，冲击吸收能量纵向不小于 27J、横向不小于 16J

对于桥梁主要受力构件桥梁用结构钢，其常低温冲击韧性普遍比碳素结构钢和低合金高强度结构钢要高，说明桥梁用结构钢的耗能性能好，不易发生脆断，在地震作用下相比于其他钢材具有更好的抗震性能。这也是桥梁设计理念“安全性、耐久性、完整性”在选材方面的体现。低合金高强度结构钢的较高牌号钢材也具有较高的冲击韧性，因此低合金高强度钢材也往往用于桥梁主要受力构件。

2.3.2 断裂韧性

断裂韧性是衡量钢材阻止宏观裂纹失稳扩展（瞬时断裂）的能力，也是材料抵抗脆性破坏的韧性参数，是材料固有的特性，只与材料本身、热处理及加工工艺有关。常用断裂前物体吸收的能量或外界对物体所做的功表示，例如应力—应变曲线下的面积，单位为 $MPa \cdot m^{1/2}$。当裂纹尺寸一定时，材料的断裂韧性值越大，其裂纹失稳扩展所需的临界应力就越大；当外力给定时，若材料的断裂韧性值越高，其裂纹达到失稳扩展时的临界尺寸就越大。

由于桥梁的活荷载大，并且随着交通量的不断增加以及服役年限的增加，钢桥的疲劳问题

是目前面临的主要问题之一,尤其是大跨径桥梁。钢材在反复的车辆荷载作用下,局部应力集中部位会产生疲劳裂纹,裂纹一旦产生,便会危及桥梁结构的安全。裂纹萌生的时间及扩展的速度与钢材的断裂韧性大小有一定关系。因此在钢桥设计中,钢材的断裂韧性建议纳入材料的基本性能中,并在设计中予以考虑。

钢材断裂韧性试验依据试样的不同可分为紧凑拉伸试验和三点弯曲试验,如图 2-12 和图 2-13所示[《金属材料　准静态断裂韧度的统一试验方法》(GB/T 21143—2014)],可根据试验条件具体情况合理选择试样进行测试。在进行断裂韧性试验时,除钢材本身和试样取向外,试样尺寸、应力状态、加载方式、加载速率、试验温度和试验环境等外界因素均会影响钢材的断裂韧性测试。通常,平面应变状态、快速加载、低温会降低钢材断裂韧性,增加脆断倾向。同时,在一次加载下不扩展的裂纹,在疲劳载荷及应力腐蚀作用下会缓慢地产生亚临界扩展(由初始长度的裂纹扩展到临界长度之间的阶段),当达到临界尺寸后,试件断裂。在选择断裂韧性试验条件,或选用断裂韧性数据时,必须尽可能接近实际工作条件和环境。

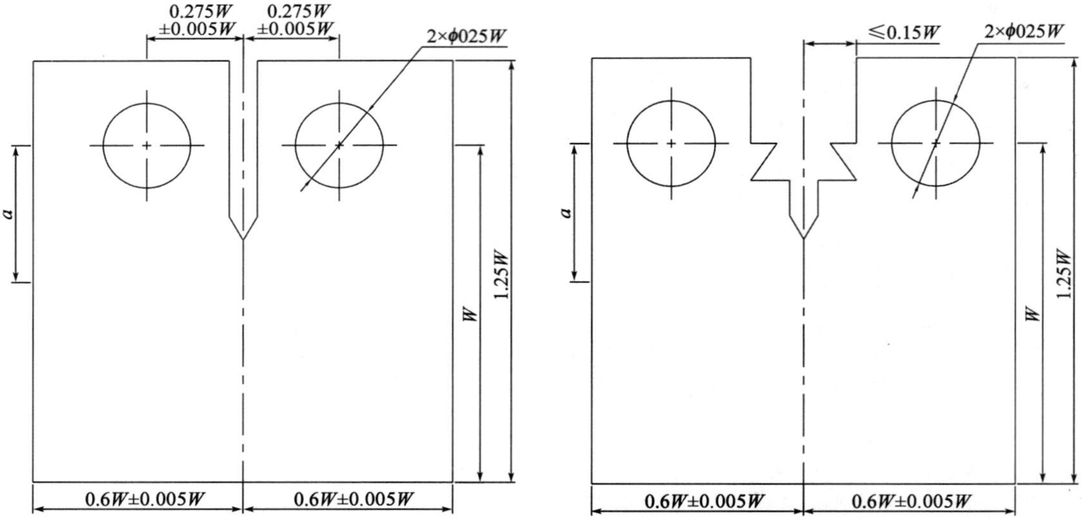

a) 直通型缺口试样　　b) 台阶型缺口试样

图 2-12　紧凑拉伸试验试样

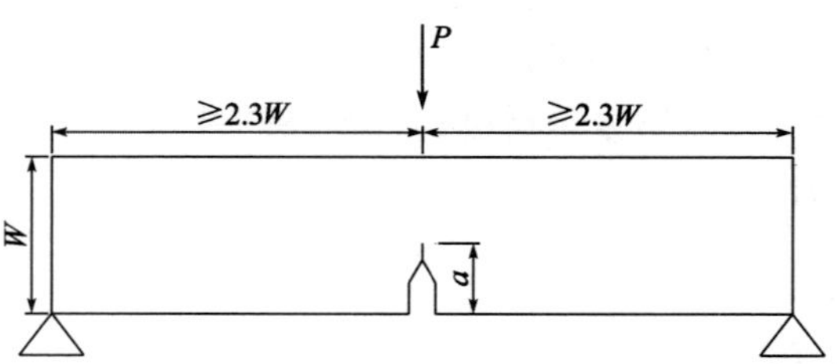

图 2-13　三点弯曲试验试样

紧凑拉伸试验和三点弯曲试验测量断裂韧性的计算公式分别如下:

紧凑拉伸试验:

$$K_{IC} = \frac{P_0}{B\sqrt{W}} f\left(\frac{a}{W}\right) \tag{2-3}$$

三点弯曲试样：

$$K_{IC} = \frac{P_0 S}{B\,W^{3/2}} f\left(\frac{a}{W}\right) \tag{2-4}$$

式中：P_0——试样产生瞬时断裂时的荷载；

B——试样厚度；

W——试样宽度；

S——三点弯曲试样的跨距；

a——试件断裂时的有效裂纹长度；

$f(a/W)$——试样形状因子。

试样的尺寸会对试验结果造成影响，因此在公式中引入了试样形状因子以降低尺寸效应对断裂韧性测试结果的影响。试样形状因子的计算和取值可参考《金属材料　准静态断裂韧度的统一试验方法》（GB/T 21143—2014）中的附录 B。

2.4　高性能钢材

随着当今薄柔轻型结构日益增长以及高层建筑和桥梁建设中对高强度材料的需求，为了满足预先要求的具有高性能的钢材，许多国家越来越注重高性能钢材（High-Performance Steel，简称 HPS）的研发与应用。

高性能钢材在强度、韧性、可焊性和抗腐蚀性等方面均优于普通钢材。普通钢材可通过提高 C 含量来实现钢材强度的提高，但是提高 C 含量的同时也会降低钢材的可焊性。而高性能钢降低了 C 含量，通过加入 Mn 等其他合金元素弥补因 C 含量降低引起的强度损失，因为适当增加 Mn 含量可增加钢的最大强度及硬度。高性能钢的断裂韧性远比普通桥梁用钢要好，具有更低的脆—延转变温度，这使得 HPS 可以应用于更寒冷的地区，扩展了钢材在极端环境下的使用范围。

国外常见高性能钢的力学性能如表 2-10 所示。为保证高性能钢的高强特征，对合金元素进行优化组合，并采用淬火和回火或热机械控制（TMCP）技术，生产出同时保持高强度和高韧性的细晶粒结构钢。抗拉强度性能是高性能钢发展中一个主要关心的问题。表 2-10 中高性能钢的屈服强度和抗拉强度力学性能进行比较可以看出：美国和日本规范在所有钢板厚度范围有统一的强度标准；欧洲规范钢板强度是随着钢厚度板的变化而变化的。

国外 HPS 力学性能对比　　表 2-10

国家	钢材等级	板厚（mm）	屈服强度（MPa）	抗拉强度（MPa）	最小伸长率（%）	韧性	
						温度（℃）	冲击功（J）
美国	HPS70W	≤100 ≤50	485	586～760	19	−23	48
	HPS100W	6～64	690	760～895	18	−34	48
日本	BHS500	6～100	500	>570	19	−5	100
	BHS700	6～100	700	>780	16	−40	100

续上表

国家	钢材等级	板厚(mm)	屈服强度(MPa)	抗拉强度(MPa)	最小伸长率(%)	韧性	
						温度(℃)	冲击功(J)
欧洲	S460M	≤16 17~40 41~63 64~80 81~100 101~120	460 440 430 410 400 385	540~720 540~720 530~710 510~690 500~680 490~660	17	-20	40
	S690M	3~50 51~100 101~150	690 650 630	770~940 760~930 710~900	17	-40	30

由于 HPS 具有较高的性能,在桥梁工程中得到了广泛的应用。据目前统计,采用 HPS 修建的桥梁绝大部分是中小跨度的公路简支梁桥和连续梁桥,主梁截面为工字形或开口箱形,而目前应用于斜拉桥、桥面板和其他结构部位的案例比较少。从美国、日本和欧洲地区所研制的性能可以看出,HPS 在抗拉强度、韧性、可焊性、冷加工性能和抗腐蚀性能方面与普通钢材相比有突出的优势。桥梁建设成本主要有材料成本、制作成本、运输成本和建设成本组成,HPS 的应用可降低桥梁建设成本,减轻桥梁自重,解决桥梁净空问题,增加跨径和减少桥墩数量,提高桥梁的使用寿命,降低桥梁运营期间的维护费用。我国在 HPS 应用方面相比国外发达国家较少,因此 HPS 在国内具有很大的应用空间。

2.4.1 耐候钢

耐候钢即耐大气腐蚀钢,是介于普通钢和不锈钢之间的低合金钢系列。耐候钢由普碳钢添加少量 Cu、Ni 等耐腐蚀元素而成,形成奥氏体,具有极高的点阵结构,致密度高,能够提高钢的强韧、塑延、成型、焊割、耐磨蚀、高温、抗疲劳等特性。耐候钢并不是不发生锈蚀,在使用阶段初期与普通钢材一样产生锈蚀,但耐候钢在生锈后的锈蚀速度比普通钢材低。普通钢材随着锈蚀的发展,锈层膨胀变厚,Fe_3O_4形成并开始产生裂缝,随后锈层发生剥离,从而进一步加剧锈蚀向内部发展;而耐候钢在干燥与潮湿的环境交替变化中,钢材表面上形成由 Cu、Ni、Cr 等元素浓缩后的致密且连续的安定锈层,极大延缓了锈蚀耐候钢中的发展速率,起到了耐腐蚀的作用。耐候钢具有使构件抗腐蚀延寿、减薄降耗,省工节能等特点,能够很大程度上降低桥梁工程造价和维护费用,如表 2-11 所示。

某桥分别采用耐候钢和普通钢造价对比示例(单位:万元)　　表 2-11

项目	材料	架设	工厂涂装	现场涂装	总计
耐候钢	1 138	91	6	2	1 237
普通钢	1 081	91	74	105	1 351

耐候钢主要用于铁道、车辆、桥梁、塔架等长期暴露在大气中的钢结构。用于制造集装箱、铁道车辆、石油井架、海港建筑、采油平台及化工石油设备中含硫化氢腐蚀介质的容器等结构

件。我国生产的耐候钢的牌号和化学成分及机械性能可以参考《耐候结构钢》(GB/T 4171—2008)。耐候钢的表示方法与普通合金钢相同,但在其牌号后面加“耐候(NH)”或“高耐候(GNH)”符号,如Q235NH。

耐候钢的最大用途是建造桥梁,并且扩大了裸露方式的使用。在桥梁上最早采用耐候钢的桥梁是1964年美国的Detroit的Eight Road和Highway桥,接着于1965年在New Jersy Turnpick Highway桥上也被采用。1977年美国建成了当时世界上跨度最大的上承式耐候钢拱桥(New River Gorge Bridge),1983年建成了Mississippi River Bridge耐候钢斜拉桥。进入21世纪,美国的耐候钢桥已经占到全部钢桥的50%以上。德国和英国分别是从1969年、1970年开始建造耐候钢桥梁,加拿大在新建的钢桥中90%采用耐候钢。韩国从1991年开始生产与出售耐候钢,1992年将耐候钢应用于桥梁上,到2006年为止已经超过了15座。在2010年的上海世博会中,澳大利亚国家馆外墙采用了博思格钢铁的耐候钢,如图2-14所示。

图2-14 澳大利亚国家馆外墙

我国于1989年底开始研发和制造耐候钢,并在初期建造了一座3跨耐候钢箱梁桥,已于1991年投入使用。我国在耐候钢应用上起步较晚,但随着普通钢材病害的不断出现以及国外耐候钢材的不断发展,耐候钢已经得到了国内相关部门的重视。2009年重庆朝天门长江大桥部分钢板(重6300t)采用Q420qENH(涂装使用);2012年沈阳绕城高速公路后丁香大桥采用鞍钢制造的Q345qENH耐候钢,是我国首座免涂漆耐候钢桥;2013年中冶交通沈阳公司承建的人行景观天桥采用Q345qDNH耐候钢;2014年陕西眉县的一座拱桥采用Q500qENH高性能、免涂装耐候钢。

2.4.2 高效焊接用钢

1)低预热型桥梁用钢

桥梁的焊接施工中不允许出现焊接裂纹,因此在实桥焊接前一般要对焊接部位进行预热。《低焊接裂纹敏感性高强度钢板》(YB/T 4137—2013)中采用焊接裂纹敏感性指数Pcm选定预热温度。焊接裂纹敏感性是评判钢焊接性能优劣的重要指标,Pcm越低可焊性越好。Pcm的计算方法如下,公式中的字母表示每种元素的百分比含量:

$$\mathrm{Pcm}(\%) = \mathrm{C} + \mathrm{Si}/30 + \mathrm{Mn}/20 + \mathrm{Cu}/20 + \mathrm{Ni}/60 + \mathrm{Cr}/60 + \mathrm{Mo}/15 + \mathrm{V}/10 + 5\mathrm{B} \tag{2-5}$$

国外,尤其是日本近年来采用TMCP技术,并添加适当的微合金元素,控制淬火工艺,开发出强度较高,Pcm 较低的 570MPa 和 780MPa 级低预热型桥梁用钢。这种钢板实现了强度与韧性的最佳配合,并具有优良的焊接性,已经用于明石海峡大桥及第二条东名—名神高速公路大桥。低预热型桥梁用钢的力学性能和焊接性能见表 2-12。

低预热型桥梁用钢　　表 2-12

钢材种类	板厚(mm)	屈服强度(MPa)	抗拉强度(MPa)	延伸率(%)	冲击试验		可焊性试验	
					尺寸	冲击功(J)	焊接方法	Y 形坡口抗裂试验预热温度
SM570Q-H-EX	100	486	582	34	331	-75	GMAW/SMAW	无裂纹(25℃)
SMA570WQ-H-EX	100	490	593	31	290	-48	GMAW/SMAW	无裂纹(25℃)
NK-LY235	60	786	825	26	278	-85	GMAW/SMAW	无裂纹(25℃)

2)大热量输入焊接用钢

二氧化碳气体电弧保护焊(EGW)焊接效率高,不易产生焊接缺陷和拐角变形,保养也较为简便,在桥梁施工中得到了广泛的采用。但是在板厚 25mm 左右的对接焊中采用 EGW 焊接技术时,其热量输入大于 10kJ/mm 可能会造成焊缝的性能,特别是夏比冲击性能的下降。为了提高 EGW 在厚板中的可焊性,调整了钢材的化学成分,将杂质元素控制在低含量,从而确保钢板在大热量输入时也能保持焊接部位的高品质。表 2-13 给出了其中两种能大热量焊接用钢材的化学成分。

大热量焊接用钢　　表 2-13

钢材种类	板厚(mm)	C	Si	Mn	P	S	Ceq
SM570Q-EG	25	0.09	0.21	1.36	0.009	0.002	0.34
SMA570WQ-EG	25	0.08	0.20	0.87	0.005	0.002	0.35

2.4.3 超高强度钢

超高强度钢具有高抗拉强度,较大的比强度(强度与密度之比),高屈强比(σ_s/σ_b),足够的韧性,而且具有良好的焊接性和成形性以满足特殊需求。鉴于对性能的苛刻要求,超高强度钢对冶金质量要求很高,通常采用电弧炉和电渣重熔冶炼。要求纯度高的钢种,多采用真空感应炉或真空自耗电弧炉冶炼。按照合金化程度及显微组织,超高强度钢可分为低合金、中合金及高合金超高强度钢三类。

1)低合金超高强度钢

低合金超高强度钢是由调质结构钢发展起来,合金元素总含量小于 5%,其作用是保证钢的淬透性(钢在一定条件下淬火时获得淬透层深度的能力),提高马氏体的抗回火稳定性和抑制奥氏体晶粒长大,细化钢的显微组织。这类钢合金元素含量低,成本低,生产工艺简单,广泛用于制造飞机大梁、起落架构件、发动机轴、高强度螺栓、固体火箭发动机壳体和化工高压容器等,但其断裂韧性和抗应力腐蚀能力均较低。常见的低合金超高强度钢如 4340 钢(40CrNiMo)、300M 钢。

2) 中合金超高强度钢

中合金超高强度钢的合金元素总含量为5% ~10%,具有较高的淬透性,一般零件经高温奥氏体化后,空气中冷却即可获得马氏体组织,500 ~550℃回火时,由于碳化物沉淀产生二次硬化效应而达到较高的强度。这类钢的特点是回火稳定性高,在500℃左右条件下使用,仍有较高的强度,一般用于制造飞机发动机零件,但其断裂韧性和抗应力腐蚀能力均较低。常见的钢材有4Cr5MoSiV、4Cr5MoSiV1、38Cr2Mo2VA等。

3) 高合金超高强度钢

高合金超高强度钢的合金元素总量大于10%。目前在高合金超高强度钢种中,获得发展和应用的钢材主要有马氏体时效钢、HP94-X系列和低碳、高钴镍二次硬化钢。马氏体时效钢具有较高的强度和韧性,并且加工性和焊接性均较好,但其弹性模量低,刚性不足,抗疲劳性能也低于300M钢;HP94-X系列钢材具有较好的低温韧性,同时具有良好的抗应力腐蚀和工艺性能以及良好的可焊性和断裂韧性;低碳、高钴镍硬化钢具有超高的屈服强度,良好的断裂韧性,比低合金超高强度钢材具有更高抗应力腐蚀性能。

2.4.4 其他高性能钢材

1) 抗震用钢

抗震用钢通常采用屈服点低且有优良延伸性的超低碳钢,目前在建筑结构领域应用较多。通过抗震钢的减振作用,吸收地震能量,防止了主要结构部件的损坏,提高了建筑物的抗震性。在桥梁领域中,桥墩的抗震性能往往受到普遍的关注。将超低碳钢用于桥墩底部部件的减振器,其塑性变形吸收了地震输入的能量,可提高桥墩的抗震性和安全性。为了满足抗震钢材的要求,日本长野工业株式会社(NKK)较早地开发了超低碳钢,其力学性能见表2-14。

超低碳钢的力学性能 表2-14

钢材种类	板厚(mm)	屈服强度(MPa)	抗拉强度(MPa)	延伸率(%)	冲击试验	
					尺寸	冲击功(J)
NK-LY100	6	107	267	62	1/2	83
	22	96	260	80	整体	257
NK-LY235	11	221	320	55	整体	187

2) 变截面钢板

根据桥梁的受力不同,为减少钢材消耗和降低钢材的制造成本,在保证强度的前提下要求使用变截面的钢板(LP)。LP钢板是在板长方向改变厚度的钢板,主要用于工字梁翼缘,也可用于箱梁腹板。变截面钢板可以减少结构中的焊接次数,并减轻结构的自重。LP钢板最早于1995年在日本开始使用,2001年生产出双台阶LP钢板,最小厚度为10mm,最大厚度为80mm,最大宽度为5 000mm。表2-15列出了国外部分LP钢板的截面特征。我国首块LP钢板于2009年在邯钢公司试轧成功,填补了国内在该领域研究和试制的空白。变截面钢板在我国的发展刚刚处于起步阶段,随着经济技术发展,变截面钢板将逐步应用于桥梁工程中。

不同国家变截面钢板截面特征对比　　　表 2-15

<table>
<tr><th>类　别</th><th colspan="2">日本钢铁制造公司</th><th colspan="2">德国迪林根公司</th><th>捷克维特科维策钢铁厂</th></tr>
<tr><td>板厚(mm)</td><td colspan="2">10 ~ 80</td><td colspan="2">20 ~ 80</td><td>15 ~ 80</td></tr>
<tr><td>宽度(mm)</td><td colspan="2">≤5 000</td><td colspan="2">≤4 300</td><td>≤3 000</td></tr>
<tr><td>最大厚差(mm)</td><td colspan="2">30</td><td colspan="2">55</td><td>40</td></tr>
<tr><td rowspan="2">最大坡度($mm \cdot m^{-1}$)</td><td>≤4 600</td><td>4 600 ~ 5 000</td><td>≤3 000</td><td>3 000 ~ 4 300</td><td>—</td></tr>
<tr><td>8</td><td>4</td><td>8</td><td>5</td><td>5</td></tr>
<tr><td>LP 钢板类型</td><td colspan="2">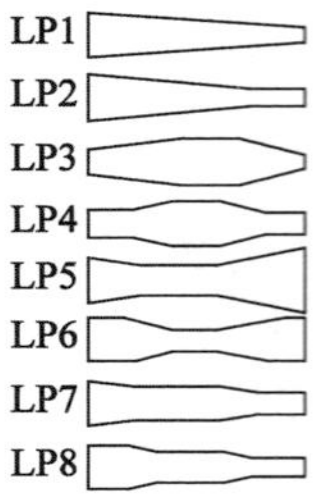</td><td colspan="2">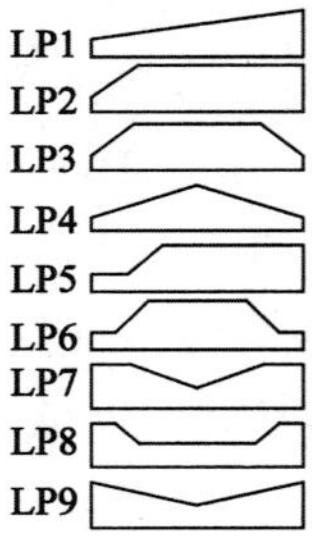</td><td>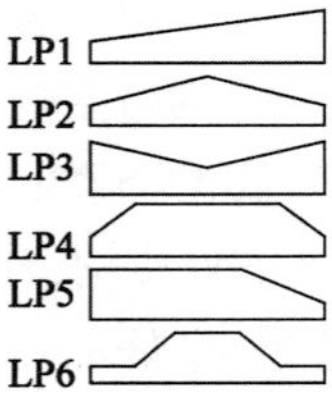</td></tr>
</table>

思考题

2-1　钢材中的各个元素对钢材性能的影响有哪些?

2-2　为什么要考虑钢材厚度方向的性能?

2-3　桥梁用结构钢、碳素结构钢、低合金高强度结构钢三者之间的区别是什么?

2-4　桥梁用钢的主要规格有哪些? 如何表示这个钢材的牌号?

2-5　H 型钢和工字钢的区别是什么?

2-6　钢材冷弯性能的用途是什么?

2-7　什么是钢材的韧性? 对应的试验方法是怎么样的?

2-8　为什么在桥梁中特别注重钢材的断裂韧性? 与冲击韧性的区别有哪些?

2-9　高性能钢材主要体现在哪些方面? 具体有哪些种类?

第3章

钢桥基本理论

3.1 钢桥强度及刚度

钢桥构件类型众多,按构件的受力特征可大致分为三类:轴心受力构件、受弯构件、拉弯或压弯构件。轴心受力构件指只承受通过构件截面形心线的轴向力作用的构件,当轴向力为拉力时为轴心受拉构件,当轴向力为压力时为轴心受压构件。受弯构件指用以承受弯矩作用或弯矩与剪力共同作用的构件,按其截面形式可分为实腹式(梁)和格构式(桁架)两大类。拉弯构件(压弯构件)是指同时承受弯矩和轴心拉力(轴心压力)的构件。此类构件的弯矩可由纵向荷载不通过截面形心的偏心引起,也可由横向荷载引起,也可由构件端部转角约束(如连续梁、柱等)产生的端部弯矩引起。当只有绕截面一个形心主轴的弯矩时,称为单向拉弯(压弯)构件;当绕截面两个形心主轴均存在弯矩时,称为双向拉弯(压弯)构件。下面将分别对这三类构件的强度、刚度及稳定性设计理论进行介绍。

3.1.1 强度

1)轴心受力构件

对于截面无孔洞削弱的轴心轴力构件,在轴向力的作用下构件截面上将产生均匀的拉应力或压应力,当截面的平均应力超过构件的屈服强度时,构件会产生过大的变形,导致无法继续承受荷载。当构件截面存在孔洞削弱时,荷载作用下在孔洞附近会产生应力集中现象,此时孔洞处截面的应力分布是不均匀的。随着轴心力的增大,孔洞附近的应力最先达到屈服强度,此时孔洞附近仅发生塑性变形,截面上的应力分布渐趋均匀。当净截面的平均应力超过屈服强度时,构件变形将会迅速增大,导致断裂破坏。因此,轴心受力构件以全截面平均应力不超过屈服强度为强度极限状态,设计时应保证构件净截面上的平均应力不超过钢材的屈服强度设计值。钢桥结构轴心受力构件的强度应按照《公路钢结构桥梁设计规范》(JTG D64—2015)中的相关规定进行计算。

2)受弯构件

对于钢桥结构中的横梁、纵梁等受弯构件,应对其弯曲正应力、剪应力、局部承压应力、复杂应力状态下的折算应力进行验算,满足《公路钢结构桥梁设计规范》(JTG D64—2015)中的相关规定。验算抗弯强度时,通常将构件视为理想弹塑性体,且截面中的应变符合平截面假定。验算抗剪强度时,工字形、槽形构件截面上的剪应力可参考《公路钢结构桥梁设计规范》(JTG D64—2015)中的相关公式进行计算,闭口构件截面的剪应力应按照剪力流理论进行计算。

当集中荷载作用在未设置加劲肋处时,梁的上翼缘与腹板相交处会产生较大的承压应力,且承压应力呈不均匀分布,如图 3-1 所示。《公路钢结构桥梁设计规范》(JTG D64—2015)在验算承压强度时,假设压力 F 从作用处在 H_y 高度范围内以 1∶1 的坡度向两边扩散,并均匀分布在腹板计算高度边缘。当抗剪强度验算不通过时,对于固定集中荷载作用,可设置相应的加劲肋;对于移动集中荷载作用,通常需要增加腹板的截面厚度。

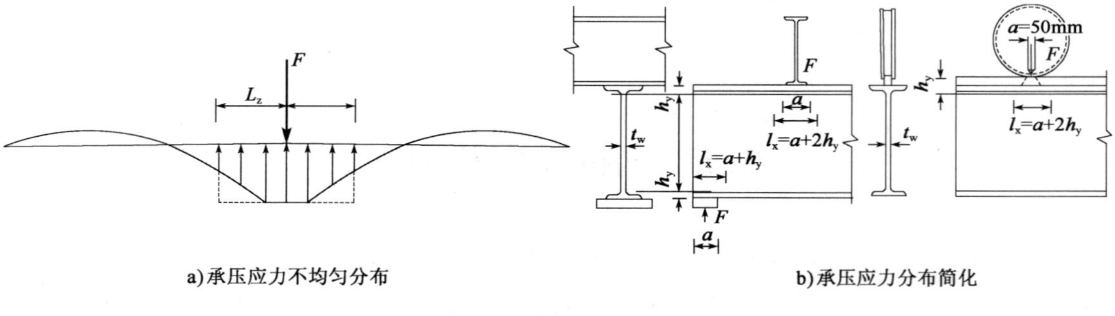

图 3-1　受弯构件局部承压

当梁的腹板计算高度边缘处同时承受有较大的正应力和剪应力(如连续梁的支座处,梁的翼缘截面改变处等),或同时承受有较大的正应力、剪应力和局部承压应力作用时,应按规范进行验算。

3)拉弯(压弯)构件

拉弯(压弯)构件截面同时承受弯矩和轴向力的作用,其强度应满足《公路钢结构桥梁设计规范》(JTG D64—2015)中的相关规定。

3.1.2　刚度

1)轴心受力构件

对于轴心受力构件,一般通过控制构件长细比来保证具有足够的刚度。构件的长细比 λ

是指轴心受力构件的计算长度 l_0 与其截面回转半径 i 的比值。当 λ 过大时，构件在运输和安装过程中容易产生弯曲或过大的变形，且当构件处于非竖直位置时，会在自重的作用下产生一定的挠曲，在动力荷载作用下会产生较大的振动。因此，对轴心受力构件的刚度进行验算时，应保证其最大长细比 λ_{max} 不超过规范中给出的容许长细比 $[\lambda]$，即：

$$\lambda_{max} = (l_0/i)_{max} \leqslant [\lambda] \tag{3-1}$$

《公路钢结构桥梁设计规范》(JTG D64—2015)、《铁路桥梁钢结构设计规范》(TB 10091—2017)中对杆件的容许长细比均作了相应的规定，在涉及具体的桥梁计算时可进行参考。

2)受弯构件

梁(桁架)的刚度计算属于正常使用极限状态问题，就是要保证在荷载标准值作用下梁的最大挠度 f 不致影响结构的正常使用和观感。荷载作用下梁体的挠度可按工程力学的基本方法计算得到。《公路钢结构桥梁设计规范》(JTG D64—2015)、《铁路桥涵设计规范》(TB 10002—2017)中均给出了梁体竖向挠度的容许值，验算刚度时可参考。实际工程中通常通过设置预拱度来抵消竖向挠度的不利影响，有关预拱度的内容具体可参考桥梁工程。

3)拉弯(压弯)构件

拉弯、压弯构件的刚度计算方法与轴心受力构件相同，具体可参考轴力受力构件的刚度计算方法。

3.2 钢桥稳定性

3.2.1 整体稳定

当结构在荷载作用下处于平衡位置时，微小外界扰动使其偏离平衡位置，若外界扰动撤去后结构仍能恢复到初始平衡位置，则平衡是稳定的；若外界扰动撤去后结构不能恢复到初始平衡位置，且偏离初始平衡位置越来越远，则平衡是不稳定的；若外界扰动除去后不能恢复到初始平衡位置，但仍能够保持在新的平衡位置，则结构处于临界平衡状态，也叫作随遇平衡。当结构发生失稳时，即使外力未达到其极限承载能力，结构也会发生较大的变形而丧失承载力。在各种类型的钢桥结构中，均会遇到稳定问题。因此，钢桥设计时必须按照相应规范要求进行结构或构件的整体稳定设计。

1)轴心受压构件

对于轴心受压构件，当截面上的平均应力低于或远低于钢材的屈服强度时，若由于其内力与外力之间不能保持平衡的稳定性，微小扰动即使构件产生很大的弯曲变形或扭转变形或弯扭变形而丧失承载力，即丧失整体稳定性或屈曲。根据构件的变形形式可分为弯曲屈曲、扭转屈曲及弯扭屈曲三类，如图 3-2 所示。

实际钢桥中的轴心受压构件难免存在初弯曲、初荷载偏心、残余应力等不利影响，这些不利因素将降低构件的整体稳定承载力。图 3-3 为具有初弯曲和残余应力的轴心受压构件的荷

载 N 与构件中高处挠度 Y 关系的曲线。一般而言,初偏心对短压杆的影响比较明显,初弯曲对中长杆的影响比较明显。为了提高轴心受力构件的整体稳定性,通常采用增大截面惯性矩、增强约束、减小计算长度等措施。《公路钢结构桥梁设计规范》(JTG D64—2015)中给出了轴心受压构件整体稳定性的验算方法,具体计算时可参考。

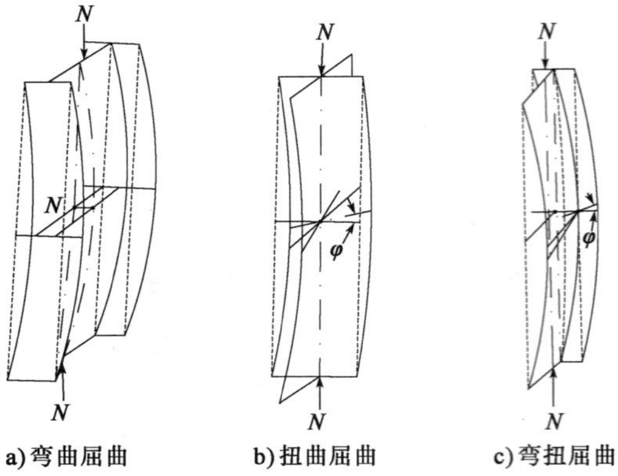

图 3-2 轴心受力杆件的屈曲形式

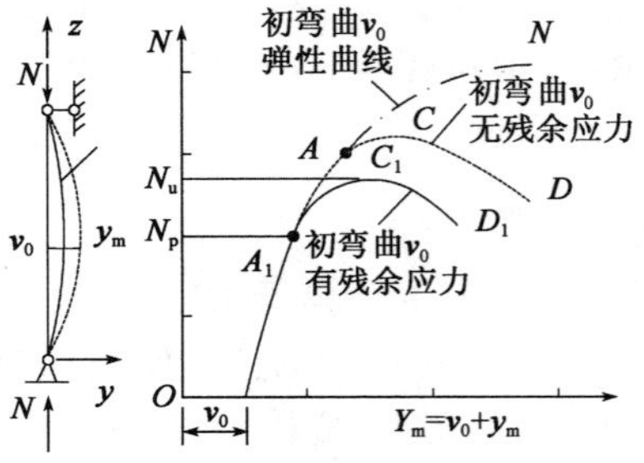

图 3-3 实际轴心受压构件的荷载-挠度曲线

2)受弯构件

为了有效发挥材料的作用,单向受弯梁的截面常设计的高而窄,以获得弯矩作用平面内较高的抗弯承载力,但这种截面形式梁的抗扭和侧向抗弯刚度较差。当弯矩较小时,梁仅产生弯矩作用平面内的弯曲变形,即使受到偶然的很小的侧向干扰力作用而产生较小的侧向变形,撤去干扰力时侧向变形就会消失。但当弯矩增大到某一数值时,梁会在偶然的很小的侧向干扰力作用下,突然向刚度较小侧发生较大的弯曲,同时发生扭转变形,这时即使撤去侧向干扰力,侧向弯扭变形也不会消失,如图 3-4 所示。如果弯矩再稍增大,侧向弯扭变形将迅速增大,梁随之失去承载能力,这种现象称为梁丧失整体稳定,也称梁发生侧扭屈曲。梁丧失整体稳定之前往往无明显征兆,且通常在梁所受荷载小于极限承载力时突然发生,因此必须特别予以注意。

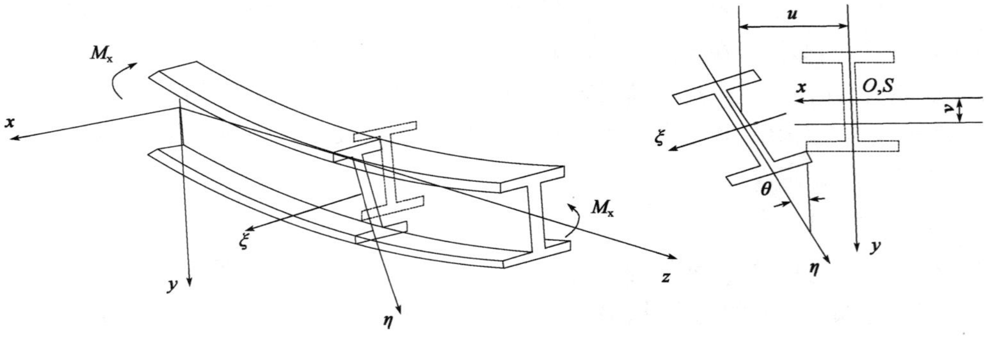

图 3-4 梁丧失整体稳定性

梁丧失整体稳定的原因与轴心受压构件类似。对于处于纯弯曲状态的工字形截面梁,可视梁为由以中和轴分界的受压和受拉两种构件组成的组合构件。当受压构件所受压力达到一定值时,将发生屈曲。但由于受压构件在弯矩作用平面内产生失稳时的大幅度弯曲变形受到与其相连的受拉构件的较大的支承约束,其发生屈曲时只能是出平面侧向弯曲。但由于与其相连的受拉构件对其侧向弯曲也有一定的牵制作用,在梁产生出平面弯曲的同时发生截面的扭转。因而梁丧失整体稳定总是表现为受压翼缘发生较大的侧向变形和受拉翼缘发生较小的侧向变形的弯扭失稳。

《公路钢结构桥梁设计规范》(JTG D64—2015)中给出了受弯构件的整体稳定计算方法,并指出当受弯构件满足以下情况时可不必验算整体稳定性:

(1)有铺板(各种钢筋混凝土板和钢板)密铺在梁的受压翼缘上并与其牢固相连、能阻止梁受压翼缘的侧向位移时。

(2)工字形截面简支梁受压翼缘的自由长度 L_1 与其宽度 B_1 之比不超过表 3-1 所规定的数值时。其中,梁的支座处设置横梁,跨间无侧向支承点的梁,L_1 为其跨度;梁的支座处设置横梁,跨间有侧向支承点的梁,L_1 为受压翼缘侧向支承点间的距离。

工字形截面简支梁不需计算整体稳定性的最大 L_1/B_1 表 3-1

钢号	跨间无侧向支承点的梁		跨间受压翼缘有侧向支承点的梁不论荷载作用在何处
	荷载作用在上翼缘	荷载作用在下翼缘	
Q235	13.0	20.0	16.0
Q345	10.5	16.5	13.0
Q390	10.0	15.5	12.5
Q420	9.5	15.0	12.0

(3)对于箱形截面简支梁,其截面尺寸满足 $h/b_0 \leqslant 6$ 且 $L_1/b_0 \leqslant 65(345/f_y)$ 时,如图 3-5 所示。

当梁的整体稳定性不满足要求时,可采取增加侧向支承或加大梁的截面尺寸(优先增加受压翼缘宽度)的方法予以解决。无论是否需要计算整体稳定性,梁的支座处均应采取构造措施阻止端面发生扭转,如在梁的支座上翼缘处设置可靠的侧向支承等。

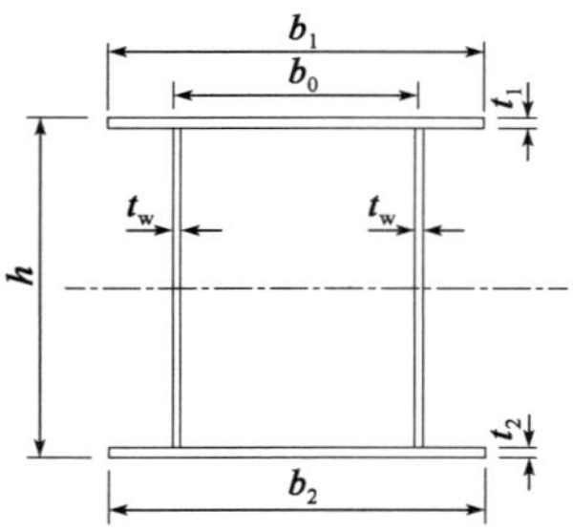

图 3-5 箱形截面简支梁截面尺寸

3)压弯构件

压弯构件的截面尺寸通常由整体稳定承载能力确定。双轴对称截面一般将弯矩绕强轴(图 3-6 中 x-x 轴)作用,单轴对称截面则将弯矩作用在对称轴平面内。构件可能在弯矩作用平面内弯曲失稳[图 3-7a)],也可能在弯矩作用平面外失稳[图 3-7b)]。所以,压弯构件要分别计算弯矩作用平面内和弯矩作用平面外的稳定性。《公路钢结构桥梁设计规范》(JTG D64—2015)中给出了实腹式压弯构件整体稳定性的计算方法,在本书第 7 章钢桁梁桥计算部分将进行详细的介绍。

3.2.2 局部稳定

1)轴心受力构件

钢桥结构中的轴心受压构件大多由若干矩形平面薄板组成。设计时板件的宽度与厚度之比通常都比较大,使截面具有较大的回转半径,以获得较高的整体稳定承载力。但如果板件的宽厚比过大,在轴心压力的作用下板件可能在构件丧失整体稳定或强度破坏之前,板件偏离其原来的平面位置而发生波状鼓曲,即板件丧失了稳定性,如图 3-8 所示。由于板件失稳发生在整个构件的局部部位,因此通常称为构件丧失局部稳定或发生局部屈曲。丧失稳定后的板件不能再承受或仅能少承受所增加的荷载,且原构件的受力状态也发生了改变,导致构件的整体稳定承载力降低。由于轴心受压构件的局部屈曲等同于薄板在轴心压力作用下的屈曲问题,因此轴心受压构件的局部稳定同样受到初弯曲、荷载初偏心、残余应力等因素的影响。对于受压板而言,一般通过设置加劲肋来提高局部稳定性,加劲肋的尺寸设置应满足《公路钢结构桥梁设计规范》(JTG D64—2015)中的相关要求。

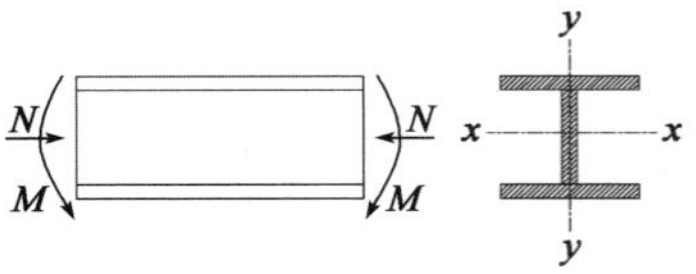

图 3-6 压弯构件示意图

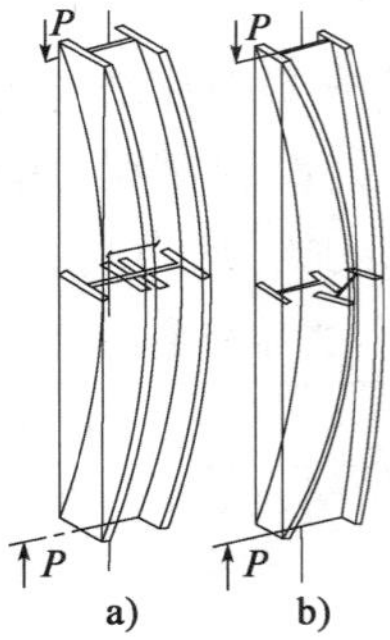

图 3-7 压弯构件的整体失稳形式

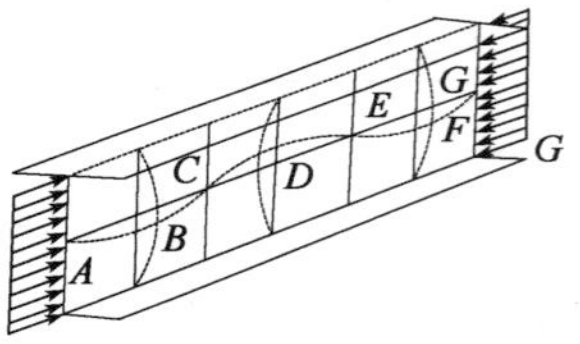

a)腹板屈曲变形

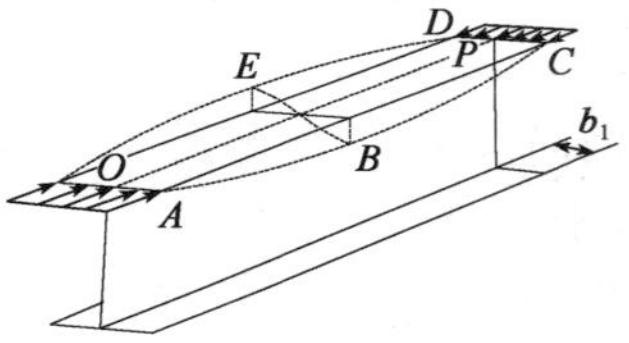

b)翼缘屈曲变形

图 3-8 轴心受压构件局部屈曲变形

2)受弯构件

对于梁等受弯构件而言,考虑到强度设计的要求,腹板宜高而薄;考虑到整体稳定设计的要求,翼缘宜宽而薄。但与轴心受压构件类似,荷载作用下受压翼缘和腹板有可能发生波形屈曲,即梁丧失局部稳定性。梁丧失局部稳定性后,会削弱构件的受力性能,降低梁的承载力和整体稳定性能。

对于受压翼缘而言,由于远离中和轴,其强度一般能得到充分利用。但若翼缘板发生屈曲,则会导致梁很快丧失承载力。设计时一般要求翼缘板发生屈曲的临界应力不小于钢材的屈服强度,确保翼缘截面应力达到屈服强度前不会发生失稳。一般可参考规范通过限制受压翼缘的宽厚比来保证其稳定性。

梁腹板的受力状态比较复杂。对于承受均布荷载的简支梁而言,跨中腹板主要承受弯曲应力,而支座附近的腹板则以承受剪应力为主。同时,当梁承受较大集中荷载时,腹板还受到局部承压应力的作用。设计时可通过限制腹板的高厚比及设置加劲肋,以确保梁腹板具有足够的稳定性。

3)压弯构件

实腹式压弯构件的板件可能处于正应力或正应力与剪应力共同作用的状态,当截面应力达到一定值时,板件可能发生屈曲(失稳)。与受弯构件类似,一般通过限制压弯构件的宽厚比或高厚比,以确保压弯构件不发生局部失稳。

3.3 钢桥疲劳

疲劳是指在循环应力或应变作用下,材料上某处产生局部组织永久变化,并在经历一定循环次数后形成裂纹,继而不断扩展,最终导致构件断裂的过程。人类对于疲劳问题的研究最早可追溯至 19 世纪初,早期的疲劳研究主要集中在机械、材料领域,直到 20 世纪中期西弗吉尼亚的 Point Pleasant 桥发生疲劳破坏事故后,桥梁工程师才意识到钢桥也会发生疲劳断裂,从而逐渐开展了对钢桥疲劳的研究。钢桥强度设计时都设有足够的强度储备,但传统强度理论假设材料为匀质各向同性且无初始缺陷。实际上,材料内部不可避免的缺陷或几何突变导致应力集中,在荷载反复作用下会发生开裂直至扩展断裂,即发生疲劳破坏。虽然疲劳断裂与脆性断裂时的变形均很小,但两者明显不同。疲劳断裂需要反复荷载的作用,即需经历较长的作用时间,而脆性断裂是瞬时完成的。桥梁由于不断地受到车辆荷载作用,并且钢桥用钢量大,构造复杂,焊缝众多,导致钢桥的疲劳问题突出,严重影响钢桥的使用寿命。

3.3.1 疲劳断裂机理

任何材料的疲劳断裂过程都经历裂纹萌生、稳定扩展和失稳扩展三个主要的阶段,并且在材料的疲劳断口上可观察到裂纹源区、疲劳裂纹扩展区和瞬时断裂区(图 3-9)。

疲劳裂纹的萌生主要是由荷载作用下局部应力集中所引起的。产生应力集中的原因主要有材料的冶炼质量、材料晶粒的相对滑移、构造设计等,其中材料在反复荷载作用下产生的晶粒相对滑移是不可避免的,滑移带的挤入挤出会形成严重的应力集中(图 3-10),从而在该部位形成疲劳裂纹。

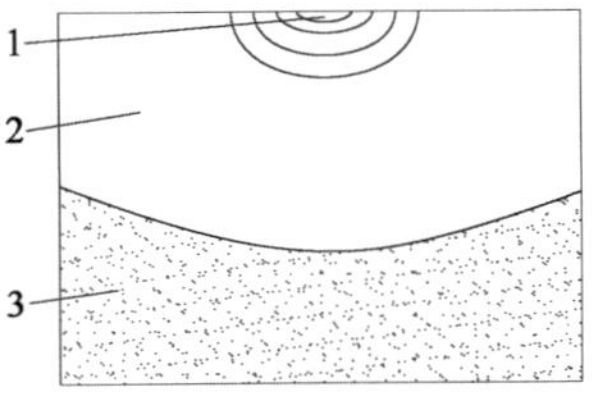

图 3-9 疲劳断口
1-裂纹源区;2-裂纹扩展区;3-瞬时断裂区

疲劳裂纹稳定扩展的阶段可以分为两个阶段,即第 Ⅰ 阶段裂纹扩展和第 Ⅱ 阶段裂纹扩展,如图 3-11 所示。对于大多数合金来说,第 Ⅰ 阶段裂纹扩展的长度通常都非常短,大致沿着与拉应力呈 45°的滑移面扩展,当应力幅较低时,第 Ⅰ 阶段所占比例甚至可达总寿命的 90%。第 Ⅱ 阶段的裂纹扩展大致沿着与拉应力垂直的方向。对于韧性材料,循环荷载引起的裂纹扩展可以理解为在裂纹尖端附近的滑移带内发生的急剧局部形变过程,通过剪切脱黏而形成新的裂纹面。当裂纹和裂纹尖端塑性区只局限在几个晶粒直径范围内时,裂纹主要沿主滑移系方向以纯剪切的方式扩展。

疲劳裂纹失稳扩展,即疲劳断裂是疲劳破坏的最后阶段。这是由于随着疲劳裂纹的不断扩展,构件的有效受力截面逐渐减小,导致剩余截面无法承受外荷载时产生强度破坏,使构件产生断裂。

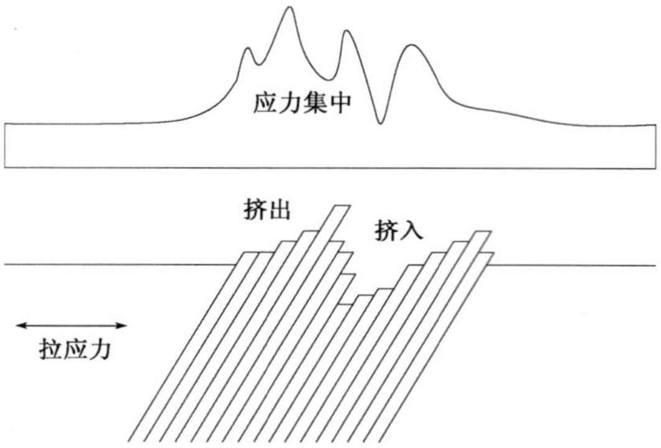

图 3-10 晶粒滑移

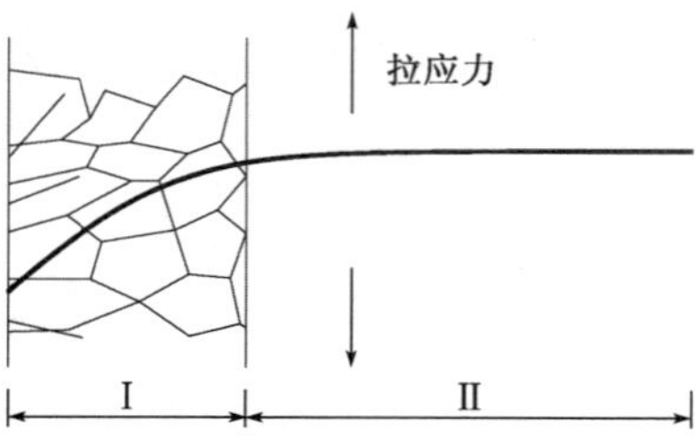

图 3-11 裂纹扩展

3.3.2 钢材疲劳类型

根据作用应力水平的大小,可将钢材疲劳分为高周疲劳和低周疲劳。当应力水平较低时,材料或构件处于弹性工作状态,其弹性应力起到主导作用,此时具有较长的疲劳寿命(一般 $N \geqslant 10^3 \sim 10^4$),称为高周疲劳,也称应力疲劳;当应力水平较高时,材料或构件处于弹塑性或塑性工作状态,塑性应变起到主导作用,此时疲劳寿命较短(一般 $N \leqslant 10^3 \sim 10^4$),称为低周疲劳,也称应变疲劳。

1)应力疲劳

应力疲劳的循环塑性应变为零或者远小于弹性应变,荷载历程以及疲劳损伤由循环应力控制。循环应力的类型主要有拉—拉、拉—压、压—压等形式,应力与时间的关系一般为正弦波或者随机荷载。在钢桥的疲劳试验中,采用疲劳试验机施加的一般为正弦波荷载,而实桥车辆荷载作用下一般为随机荷载,如图 3-12 所示。

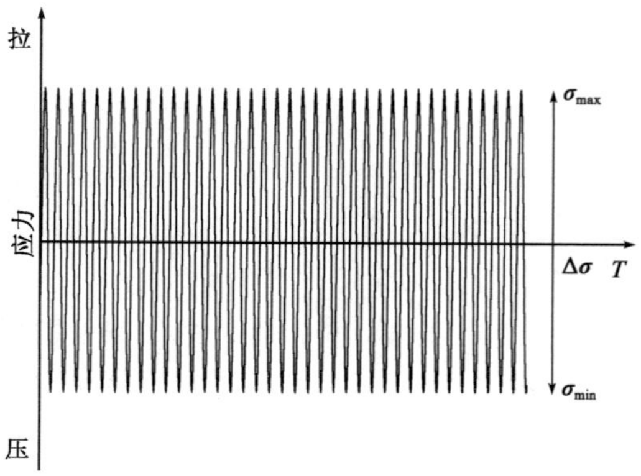

a)疲劳试验加载波形

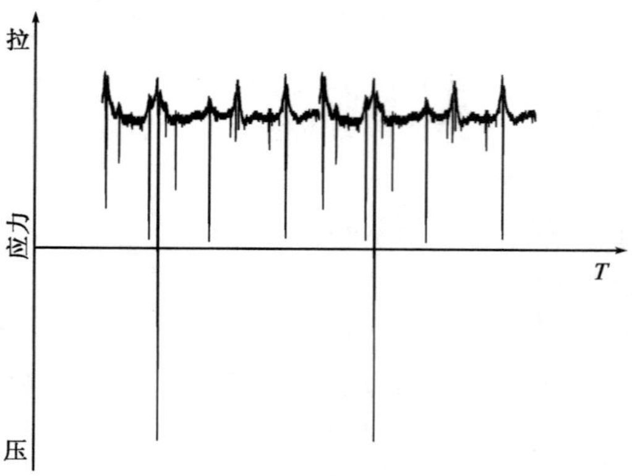

b)随机车辆荷载波形

图 3-12 疲劳荷载

图 3-13 即为典型的正弦型应力时程曲线,图中 T 为周期,表示应力由某一数值开始,经过

变化又回到这一数值所经历的时间间隔；$\Delta\sigma$ 为应力幅，焊接结构焊缝部位的疲劳应力幅可按式(3-2)计算；σ_a 为半应力幅，其值可按式(3-3)计算；σ_m 为平均应力，其值可按式(3-4)计算。

$$\Delta\sigma = \sigma_{max} - \sigma_{min} \tag{3-2}$$

$$\sigma_a = \frac{\sigma_{max} - \sigma_{min}}{2} \tag{3-3}$$

$$\sigma_m = \frac{\sigma_{max} + \sigma_{min}}{2} \tag{3-4}$$

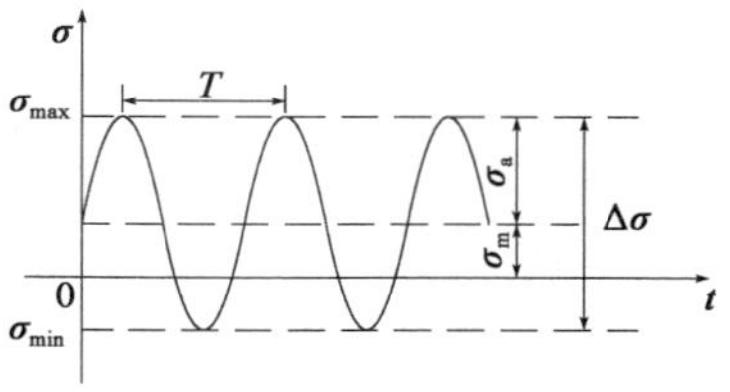

图 3-13 正弦型应力时程曲线

应力比 R 是一个应力循环中最小应力与最大应力的比值，其值按式(3-5)计算：

$$R = \frac{\sigma_{min}}{\sigma_{max}} \tag{3-5}$$

应力比 R 反映了不同的循环特征，当 $\sigma_{max} = -\sigma_{min}$ 时，$R = -1$，为对称循环；$\sigma_{min} = 0$ 时，$R = 0$，为脉冲循环；$\sigma_{max} = \sigma_{min}$ 时，$R = 1$，为静荷载，如图 3-14 所示。实桥应力测试结果表明，车轮荷载作用下钢桥面板焊缝附近的应力表现为非对称循环状态，且在恒载作用、温度应力、焊接残余应力等因素的共同影响下，实际应力比与试验条件存在一定差异。为实现结构疲劳性能的准确评估，各国规范在疲劳设计中均考虑了应力比的影响，如日本钢结构疲劳设计规范通过疲劳强度修正系数来综合考虑应力比的影响，国际焊接协会标准在同时考虑应力比、残余应力的基础上建议了大于 1 的修正系数，我国《公路钢结构桥梁设计规范》(JTG D64—2015)则对栓接、铆接连接等易受应力比影响部位的应力幅进行了折减。

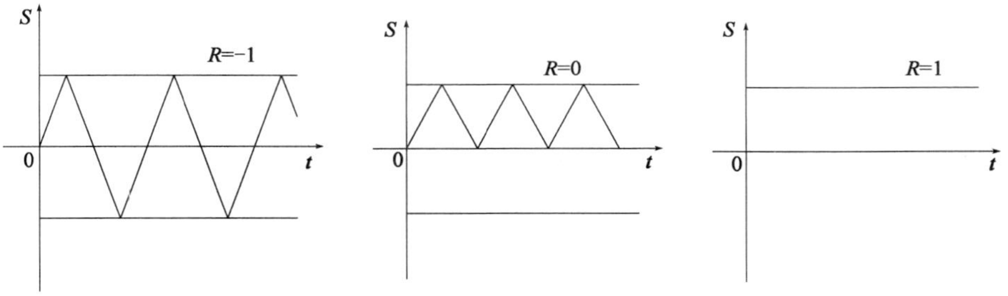

a) $R=-1$　　b) $R=0$　　c) $R=1$

图 3-14 不同应力比下的应力循环

以应力幅 S_a 为纵坐标、疲劳寿命 N 为横坐标建立的曲线，即 S-N 曲线。S-N 曲线反映了一定循环特征下疲劳强度与疲劳寿命之间的关系，因此也称为疲劳强度曲线。为了获得 S-N 曲线，需对特定的构造细节进行大量的常幅疲劳试验，得到其在不同应力幅下发生疲劳破坏时对应的疲劳寿命，然后利用回归分析法，将得到的成组试验数据转化成相应的 S-N 曲线。

一条典型的 S-N 曲线如图 3-15 所示，其主要包括三个区域：低周疲劳区($N < 10^4$)、高周疲劳区($10^4 \leq N \leq 10^7$)及亚疲劳区($N > 10^7$)。低周疲劳区对应的应力水平较高，该区的疲劳强度几乎与静拉伸强度相同。高周疲劳区的 S-N 曲线可以表示为式(3-6)所示的幂函数形式：

$$S^m N = C \tag{3-6}$$

式中：m、C——与材料、应力比、加载方式等有关的参数，钢桥焊接构造细节的 m 可近似取 3。

将式(3-7)两边取对数，则有：

$$\lg S = A + B\lg N \tag{3-7}$$

式中，材料参数 $A = \lg C/m$，$B = -1/m$。由式（3-15）可以看出，高周疲劳区的 *S-N* 曲线在双对数坐标系中是一条直线。亚疲劳区的水平线表示常幅疲劳极限，即疲劳寿命 N 趋于“无穷大”时所对应的应力的极限值，通常用 S_f 表示。

上述 *S-N* 曲线为单值关系曲线，即疲劳寿命与疲劳应力（疲劳强度）之间是一一对应的。但实际上，由于钢材不可避免地存在微观缺陷，疲劳试验结果存在一定的离散性，此时疲劳寿命与疲劳强度不再是一一对应的线性关系。一般认为，对于一定的疲劳寿命，疲劳强度服从正态分布。对于一定的疲劳应力，$N < 10^6$ 时，疲劳寿命服从正态分布或威布尔分布；当 $N > 10^6$ 时，疲劳寿命服从威布尔分布。将各个应力水平下相同存活率的数据点连接起来，就可以得到在某一存活率下的应力—寿命关系曲线，即 *P-S-N* 曲线，如图 3-16 所示。

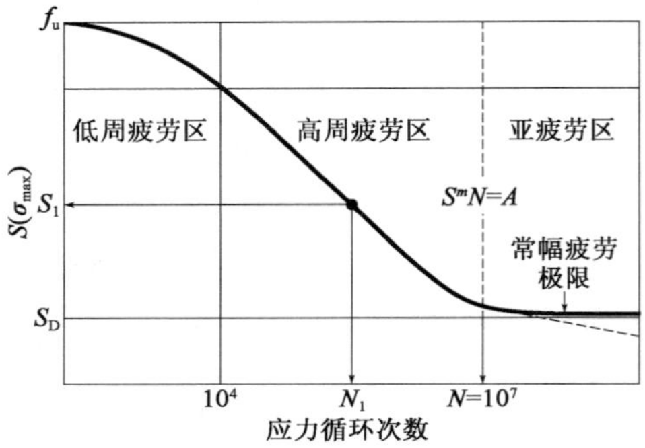

图 3-15　*S-N* 曲线

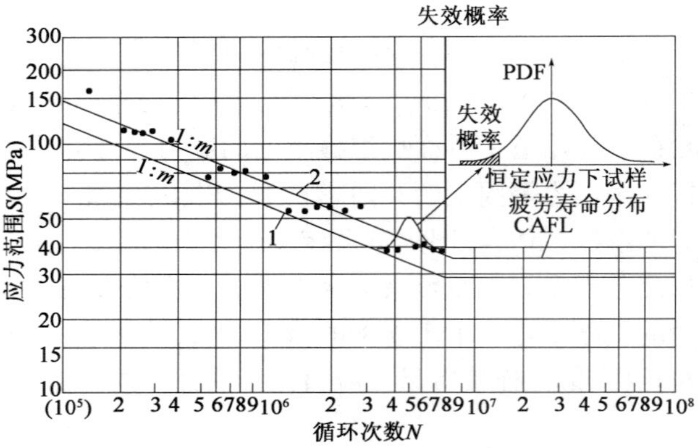

图 3-16　*P-S-N* 曲线

1-失效概率 2.3%；2-平均回归线

上述 *S-N* 曲线中的疲劳极限是由常应力幅疲劳试验获得的，而实际结构在疲劳荷载作用下得到的应力时程是十分复杂的。如果实际应力谱中的所有应力幅均低于常幅疲劳极限，则结构不会产生疲劳损伤。但是如果应力谱中有部分应力幅超出了常幅疲劳极限，虽然此时整个应力谱的等效应力幅仍低于常幅疲劳极限，结构仍会产生损伤。为满足实际应用需求，规范在常幅疲劳极限下方增加了一条斜线（斜率的倒数为 $m+2$），并设置了一个门槛值（截止限），使得计算结果更接近于结构实际的疲劳表现。欧洲规范及我国《公路钢结构桥梁设计规范》（JTG D64—2015）中均采用了此种方法，如图 3-17 所示。

常幅疲劳荷载下的疲劳寿命估算，可直接利用 *S-N* 曲线。对于随机疲劳荷载，则需要将随机荷载谱转变为规则的变幅或常幅荷载谱，再进一步进行疲劳寿命评估。将随机的荷载—时间荷载谱转化成为规则的变幅或常幅荷载谱的方法，称为循环计数法。循环计数法有很多种，如雨流计数法、泄水计数法等。其中，雨流计数法因具有简单、适用且与变幅循环荷载下的应力—应变响应一致等优点，在疲劳损伤评估中得到了广泛的应用。

把应变—时间历程数据记录顺时针旋转 90°，使时间坐标轴竖直向下，此时数据记录犹如一系列屋面，雨水顺着屋面往下流，故称为雨流计数法，如图 3-18 所示。雨流计数法考虑了材料应力—应变之间的非线性关系，其遵循以下几个基本原则：

①雨流起始于数据记录的起点和每一个峰值或谷值的内侧。

②雨流止于其对面有较开始时更高的峰或更低的谷，也止于遇到上面屋顶留下的雨滴。

③每条雨流的水平长度作为该应变幅值的半循环计数。

④该谱的每一部分都必须确保计数，且只计一次。

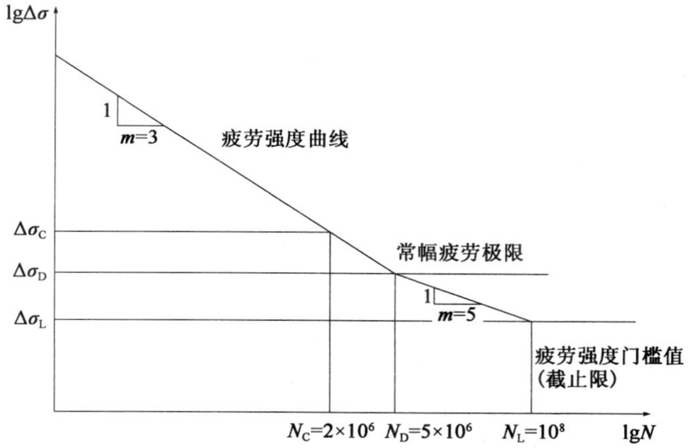

图 3-17　三折线形式的 S-N 曲线

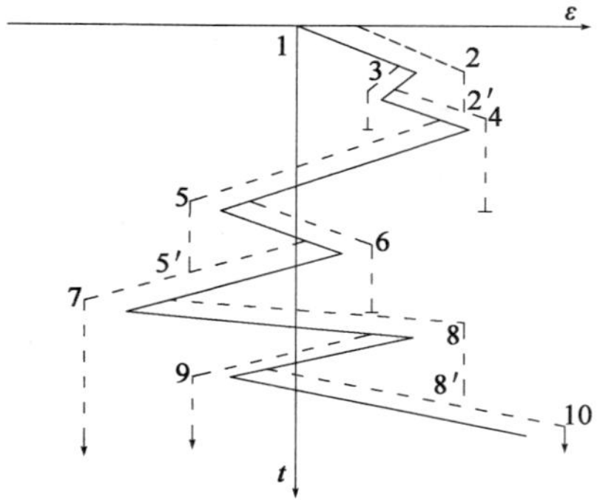

图 3-18　雨流计数法

对于如图 3-18 所示的应变时程，雨点从点 1 开始，流至点 2，并竖直下滴到点 3 和点 4 之间的点 2′，然后流到点 4，最后停于比点 1 更低的谷点 5 的对应处，此时得到一个 1-2-4 的半循环。下一个雨流从峰值点 2 开始，流经点 3，停于点 4 的对面，这是因为点 4 是比点 2 更高的峰，此时得到一个半循环 2-3。第三个雨流从点 3 开始，由于遇到由点 2 流下的雨流，因此终止于点 2′，得到一个半循环 3-2′。半循环 2-3 和 3-2′则形成了一个全循环 2-3-2′。依此类推便可以得到图 3-18 所示的另外两个半循环 4-5-7、7-8-10 和另外两个全循环 5-6-5′、8-9-8′。

图 3-19 是此应变时程对应的应力—应变响应，图中显示了三个完整循环回线和三个半循环的应力—应变响应，与雨流计数法处理结果一致。根据以上雨流计数法理论，可在计算机上编制相应的程序以实现各级应力幅循环次数的统计，最终得到包括各级应力幅及其对应的循环次数在内的疲劳应力谱。

所使用的雨流计数法程序事先不设定应力幅的等级，计数后得到的每个应力幅对应的循环次数有 2 个值：如果是全循环则为 1，如果是半循环则为 0.5。所以在计数后，需要将应力幅划分为若干区段（可用区间的中点值表示），以将应力幅对应的循环数归并为若干应力幅等级，所得到的直方图即为疲劳应力谱，如图 3-20 所示。

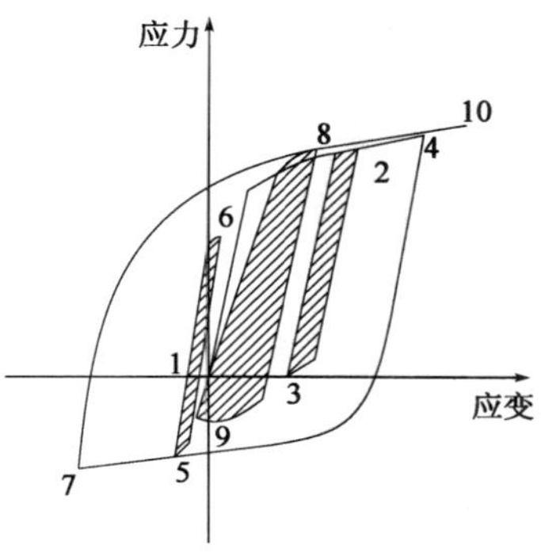

图 3-19　应力—应变滞回曲线

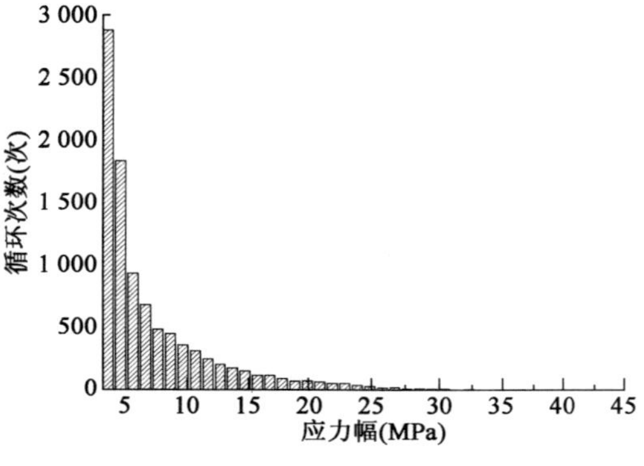

图 3-20　随机荷载疲劳应力谱

2)应变疲劳

在循环应力水平较低($S_{max} < S_y$)、寿命较长的情况下,采用 S-N 曲线可以恰当地描述疲劳性能。但许多工程的材料或构件在整个使用期间所经受的荷载循环次数并不多,而构件中的应力和应变水平却相对较高,使得部分局部应力超过材料的屈服强度。这种情况下,采用应力—循环次数之间的关系来描述高应力或高应变情况下的疲劳性能,会使分析结果与实际存在一定的偏差。因此,为了能够对高应力低周次条件下的疲劳性能进行评价,研究并提出了应变疲劳这一概念。

应变疲劳是材料、零件、构件在接近或超过其屈服强度的循环应力作用下,经小于 105 次塑性应变循环次数而产生的疲劳现象。对于桥梁和建筑结构而言,其应变疲劳一般在地震时产生。因为在强震发生时其应变范围很大,持续时间短,对结构造成的损伤基本都在短时间内发生,例如唐山地震 23s,阪神地震 20s,松潘地震 5s,东京芝浦地震 30 ~ 40s,美国 El Centro 地震 10s。振幅较大的频率一般为 1 ~ 3Hz,造成建筑物破坏的循环周次,通常在 100 ~ 200 周以内。

应变疲劳试验一般是控制总应变范围或者塑性应变范围,此时钢材的应力—应变关系如图 3-21 所示,这种曲线叫作钢材的滞回曲线。在循环加载过程中,材料的力学性能会随应变循环而改变。在不同总应变范围内得到的一系列稳定滞回曲线定点轨迹即循环应力应变曲线。

在给定的塑性应变范围内,应变幅($\Delta\varepsilon$)与疲劳寿命 N 之间的关系称为应变疲劳寿命曲线,即 ε-N 曲线(图 3-22)。Manson 和 Coffin 在大量应变疲劳试验基础上,建立了应变疲劳寿命公式:

$$\frac{\Delta\varepsilon_f}{2} = \frac{\sigma_f'}{E}(N_f)^b + \varepsilon_f'(N_f)^c \tag{3-8}$$

式中:σ_f'——疲劳强度系数;

b——疲劳强度指数;

ε_f'——疲劳塑性系数;

c——疲劳塑性指数。

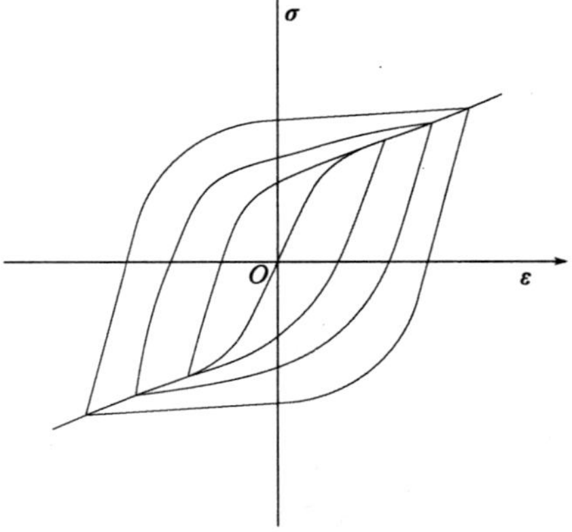

图 3-21 循环应力—应变曲线

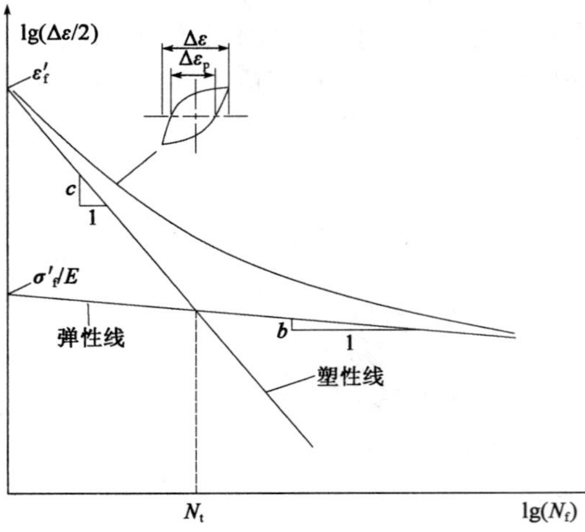

图 3-22 应变疲劳寿命曲线

公式(3-8)中右边的第一项对应于图 3-22 的弹性线,斜率为 b,截距为 σ_f'/E;第二项对应于图中的塑性线,斜率为 c,截距为 ε_f'。弹性线与塑性线交点对应的疲劳寿命称为过渡寿命 N_t。当 $N_f < N_t$,是低循环疲劳;而 $N_f > N_t$,是高循环疲劳。

3.3.3 钢桥疲劳计算

当钢材通过一定的方式形成构件时,其疲劳性能与母材将会产生一定的差异。车辆荷载是桥梁主要的动力荷载来源,在车辆荷载反复的作用下,局部缺陷部位、焊接部位等均会产生较大的应力集中,从而导致该部位的疲劳强度降低。因此,在钢桥的疲劳设计和计算时,应以构件或构造细节为对象,考虑最不利荷载条件,对构件或构造细节的疲劳强度进行计算。

1)疲劳荷载模型

疲劳荷载是不断变化的,其随时间变化的历程即为疲劳荷载谱。最精确的疲劳荷载谱是将桥梁设计基准期内所经历的所有运营荷载按其大小及出现次数全部开列出来,但这既不可能,也没必要。实际上,不同大小车辆荷载作用在桥梁上的先后顺序是随机的。但在时间跨度足够长时,可以假定不同大小车辆荷载出现的先后次序一般具有相同的规律,此时即可认为不同车辆荷载出现的先后次序对桥梁结构的疲劳损伤没有影响。因此,在实际计算中忽略了不同车辆荷载出现次序的变化,而只将车辆荷载按其大小顺序排列。这时,桥梁设计基准期内的疲劳荷载即可用几种"典型车辆荷载"来代表。

"典型车辆荷载谱"的制定是建立在大量的交通调查和统计分析的基础上的。对于已建桥梁,可以通过调查实际交通量,然后统计分析得到比较准确的数据;对于设计阶段的桥梁,则需要通过调查分析尽可能准确地预测桥梁使用寿命周期内所经历的荷载历程。实际上,对于铁路而言,列车荷载是有规律性的,我国发布的《铁路列车荷载图式》(TB/T 3466—2016)中则分别给出了适用于高速铁路、城际铁路、客货共线铁路以及重载铁路的铁路荷载图式。对于公路而言,经过大量的交通数据统计分析,也能找到规律性的荷载数据。目前规范给出的典型车辆荷载谱均是在此基础上制订的。

典型车辆荷载谱列出的疲劳车模型较多,如英国 BS5400 规范给出了 25 种疲劳车模型,虽然较为全面地反映了实际运营车辆概况,但计算量较大。因此,在典型疲劳车模型的基础上,BS5400 规范制定了一辆"标准疲劳车"来表示典型车辆荷载谱效应。标准疲劳车是典型车辆荷载谱的简化形式,使用更为方便,因此在各国规范中得到了广泛的应用,如美国 AASHTO 规范中的标准疲劳车、欧洲规范(Eurocode)中的疲劳荷载模型三、我国《公路钢结构桥梁设计规范》(JTG D64—2015)中的疲劳荷载模型Ⅲ等。

我国《公路钢结构桥梁设计规范》(JTG D64—2015)针对公路钢桥疲劳验算推荐了三种疲劳荷载模型,即车道荷载(疲劳荷载计算模型Ⅰ)、双车模型(疲劳荷载计算模型Ⅱ)、单车模型(疲劳荷载计算模型Ⅲ)。

疲劳荷载计算模型Ⅰ对应于无限寿命设计法,考虑的是构件永不出现疲劳破坏的情况。该模型采用等效的车道荷载,集中荷载为 $0.7P_k$,均布荷载为 $0.3q_k$,如图 3-23 所示。P_k 和 q_k 按公路—Ⅰ级车道荷载标准取值。加载时应考虑多车道的影响,即横桥向布置多道汽车荷载时,应考虑汽车荷载的折减,仅布置一条车道汽车荷载时,应考虑汽车荷载的提高。关于荷载横向布置的具体要求可参考《公

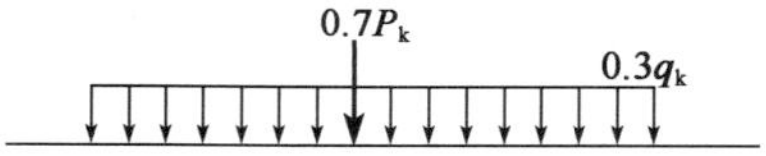

图 3-23 疲劳荷载计算模型Ⅰ

路桥涵设计通用规范》(JTG D60—2015)中的相关规定。

疲劳荷载计算模型Ⅱ采用双车模型,两辆模型车轴距与轴重相同,其单车的轴重与轴距布置如图3-24所示。加载时,两模型车的中心距不得小于40m。

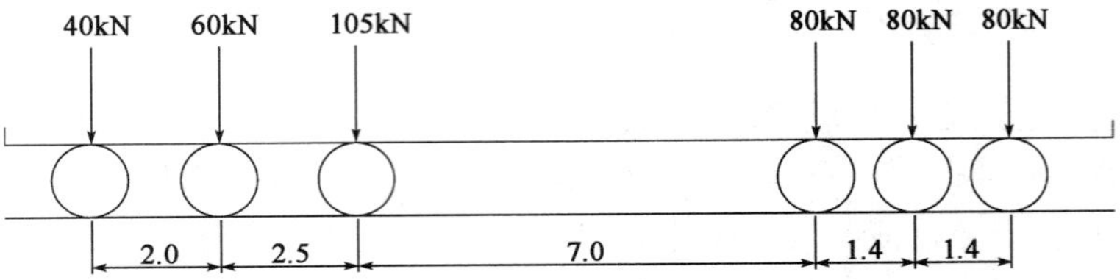

图3-24 疲劳荷载计算模型Ⅱ(尺寸单位:m)

疲劳荷载计算模型Ⅲ采用单车模型,模型车轴载及分布规定如图3-25所示。

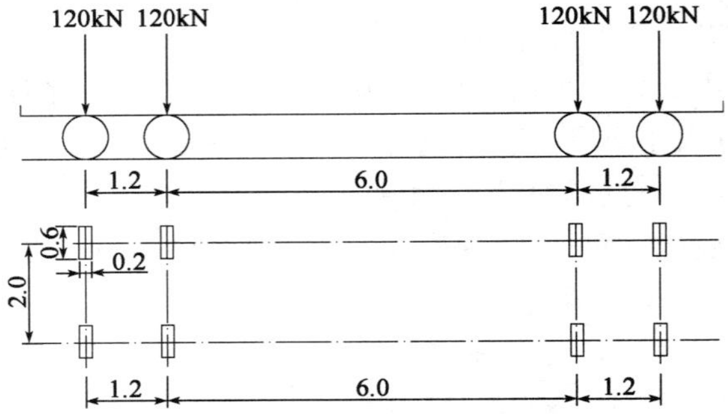

图3-25 疲劳荷载计算模型Ⅲ(尺寸单位:m)

2)疲劳计算方法

疲劳荷载计算模型Ⅰ~Ⅲ已考虑了行驶在良好路面上时形成的动力效应。钢桥桥面系构件应采用疲劳荷载计算模型Ⅲ验算,其他构件及连接应先用计算模型Ⅰ验算,当计算结果不满足要求时,应按计算模型Ⅱ验算。采用不同疲劳荷载模型时,其对应的验算方法也不同,下面将详细介绍。

(1)采用计算模型Ⅰ进行疲劳验算

当采用疲劳荷载计算模型Ⅰ进行疲劳验算时,按模型计算得到的正应力、剪应力应按下式验算:

$$\gamma_{Ff}\Delta\sigma_p \leqslant \frac{k_s\Delta\sigma_D}{\gamma_{Mf}} \tag{3-9}$$

$$\gamma_{Ff}\Delta\tau_p \leqslant \frac{\Delta\tau_L}{\gamma_{Mf}} \tag{3-10}$$

式中:γ_{Ff}——疲劳荷载分项系数,取1.0;

γ_{Mf}——疲劳抗力分项系数,对重要构件取1.35,对次要构件取1.15;

k_s——尺寸效应折减系数,具体取值参照《公路钢结构桥梁设计规范》(JTG D64—2015)附录C;

$\Delta\sigma_p$、$\Delta\tau_p$——计算应力幅(MPa);

$\Delta\sigma_D$——正应力常幅疲劳极限(MPa),具体取值参照《公路钢结构桥梁设计规范》(JTG D64—2015)附录C对应的细节类别按图3-26中5×10^6次对应的应力取用;

$\Delta\tau_L$——剪应力幅疲劳截止限(MPa),具体取值参照《公路钢结构桥梁设计规范》(JTG D64—2015)附录C对应的细节类别按图3-27中1×10^8次对应的应力取用。

当验算位于伸缩缝附近的构件时,疲劳荷载应乘以额外的放大系数,放大系数$\Delta\Phi$应按式(3-11)取值。

$$\Delta\Phi=\begin{cases}0.3\left(1-\dfrac{D}{6}\right) & (D\leqslant 6)\\ 0 & (D>6)\end{cases} \tag{3-11}$$

式中:D——验算截面到伸缩缝的距离(m)。

此时,计算正应力幅、剪应力幅应分别按式(3-12)和式(3-13)取值。

$$\Delta\sigma_p=(1+\Delta\Phi)(\sigma_{pmax}-\sigma_{pmin}) \tag{3-12}$$

$$\Delta\tau_p=(1+\Delta\Phi)(\tau_{pmax}-\tau_{pmin}) \tag{3-13}$$

式中: $\Delta\Phi$——伸缩缝附近构件放大系数;

σ_{pmax}、σ_{pmin}——将疲劳荷载模型按最不利情况加载于影响线得出的最大和最小正应力(MPa);

τ_{pmax}、τ_{pmin}——将疲劳荷载模型按最不利情况加载于影响线得出的最大和最小剪应力(MPa)。

(2)采用计算模型Ⅱ进行疲劳验算

对于钢桥中的焊接构件而言,疲劳强度一般是指2×10^6次循环对应的疲劳应力。因此,当采用疲劳荷载计算模型Ⅱ进行疲劳验算时,验算应力应取按200万次常幅疲劳循环换算得到的等效常值应力幅,并按下式验算:

$$\gamma_{Ff}\Delta\sigma_{E2}\leqslant\frac{k_s\Delta\sigma_C}{\gamma_{Mf}} \tag{3-14}$$

$$\gamma_{Ff}\Delta\tau_{E2}\leqslant\frac{\Delta\tau_C}{\gamma_{Mf}} \tag{3-15}$$

式中:$\Delta\sigma_C$、$\Delta\tau_C$——疲劳细节类别(MPa),为对应于2.0×10^6次常幅疲劳循环的疲劳应力强度,具体取值参照《公路钢结构桥梁设计规范》(JTG D64—2015)附录C及图3-26和图3-27,图3-26和图3-27中标识细节类别的数字分别代表2.0×10^6次循环疲劳强度的参考值$\Delta\sigma_R$(MPa)和$\Delta\tau_R$(MPa);

$\Delta\sigma_{E2}$、$\Delta\tau_{E2}$——按200万次常幅疲劳循环换算得到的等效常值应力幅(MPa)。

当验算位于伸缩缝附近的构件时,除将$\Delta\sigma_{E2}$、$\Delta\tau_{E2}$乘以额外的放大系数外,还应考虑损伤等效系数,分别如式(3-16)和式(3-17)所示。

$$\Delta\sigma_{E2}=(1+\Delta\Phi)\gamma(\sigma_{pmax}-\sigma_{pmin}) \tag{3-16}$$

$$\Delta\tau_{E2}=(1+\Delta\Phi)\gamma(\tau_{pmax}-\tau_{pmin}) \tag{3-17}$$

式中:γ——损伤等效系数,$\gamma=\gamma_1\cdot\gamma_2\cdot\gamma_3\cdot\gamma_4$且$\gamma\leqslant\gamma_{max}$,其中$\gamma_1$、$\gamma_2$、$\gamma_3$、$\gamma_4$、$\gamma_{max}$的具体取值参照《公路钢结构桥梁设计规范》(JTG D64—2015)附录D。

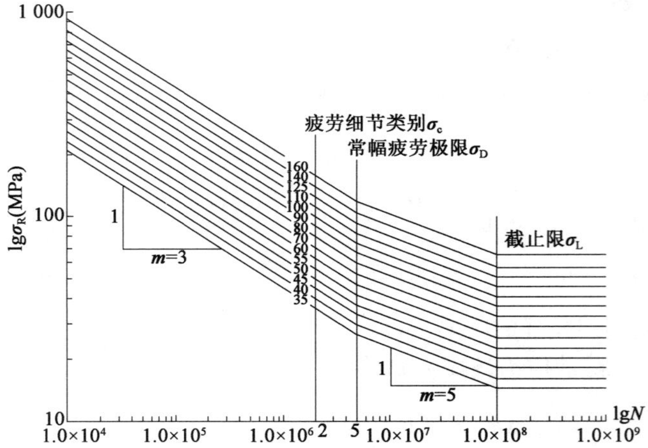

图3-26　正应力幅疲劳强度曲线

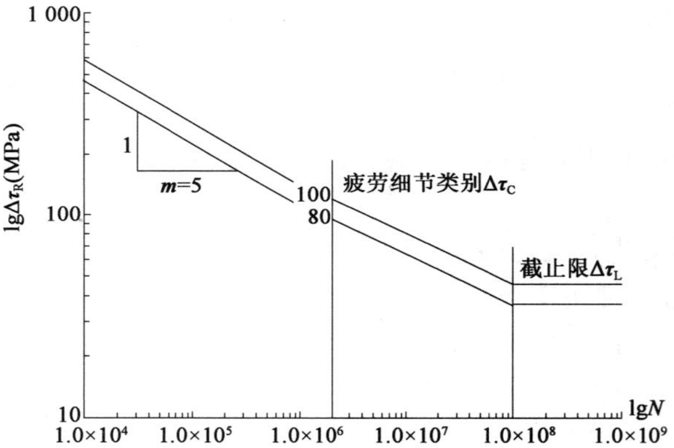

图3-27　剪应力幅疲劳强度曲线

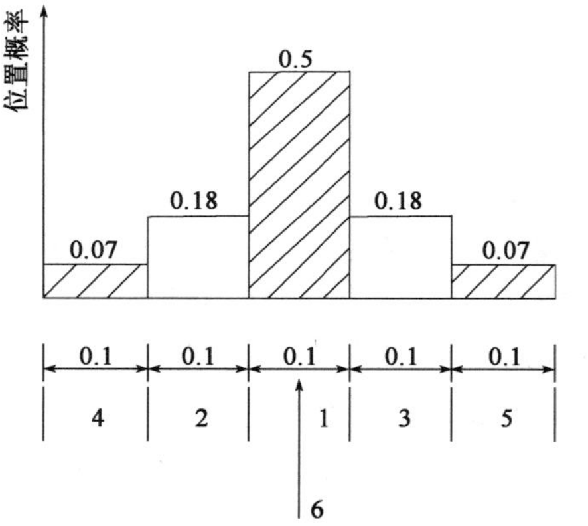

图3-28　车轮横向位置概率

1-加载区域1;2-加载区域2;3-加载区域3;4-加载区域4;5-加载区域5;6-疲劳荷载模型Ⅲ车轮加载最不利位置

(3)采用计算模型Ⅲ进行疲劳验算

当采用模型Ⅲ计算正交异性板疲劳应力时,应考虑车轮在车道上的横向位置概率。加载区域1应布置在横向最不利位置,如图3-28所示,并按照以下步骤进行验算:

①首先建立正交异性板的有限元模型,计算各疲劳细节的影响面。

②找出疲劳影响线上应力数值最大的点,该点所对应的影响线为加载区域1,加载区域1向两侧横向偏移0.1m对应的影响线分别为加载区域2和3,加载区域1向两侧横向偏移0.2m对应的影响线分别为加载区域4和5。

③将荷载模型Ⅲ的轮载分别加载于加载区域

1～5，并分别算出对应的 $\sigma_{\text{pmax},i}$ 和 $\sigma_{\text{pmin},i}$，其中 i 为区域编号。最后按轮载落入各区域的概率按式(3-18)算得 $\Delta\sigma_{\text{E2}}$。

$$\Delta\sigma_{\text{E2}} = (1+\Delta\varphi)\gamma\sqrt[3]{0.5w_1^3+0.18w_2^3+0.18w_3^3+0.07w_4^3+0.07w_5^3} \tag{3-18}$$

$$w_i = \sigma_{\text{pmax},i} - \sigma_{\text{pmin},i} \quad (i=1,2,3,4,5) \tag{3-19}$$

计算得到等效应力幅后，应分别按式(3-20)～式(3-22)进行疲劳验算。对于伸缩缝附近构件的疲劳验算，等效应力幅 $\Delta\sigma_{\text{E2}}$、$\Delta\tau_{\text{E2}}$ 的取值与计算模型Ⅱ保持一致。

$$\gamma_{\text{Ff}}\Delta\sigma_{\text{E2}} \leqslant \frac{k_s\Delta\sigma_{\text{C}}}{\gamma_{\text{Mf}}} \tag{3-20}$$

$$\gamma_{\text{Ff}}\Delta\tau_{\text{E2}} \leqslant \frac{\Delta\tau_{\text{C}}}{\gamma_{\text{Mf}}} \tag{3-21}$$

$$\left(\frac{\gamma_{\text{Ff}}\Delta\sigma_{\text{E2}}}{k_s\Delta\sigma_{\text{C}}/\gamma_{\text{Mf}}}\right)^3+\left(\frac{\gamma_{\text{Ff}}\Delta\tau_{\text{E2}}}{\Delta\tau_{\text{C}}/\gamma_{\text{Mf}}}\right)^5 \leqslant 1.0 \tag{3-22}$$

部分构造细节疲劳强度见表 3-2。

部分构造细节疲劳强度 表 3-2

等级		构造图示	构造描述
160		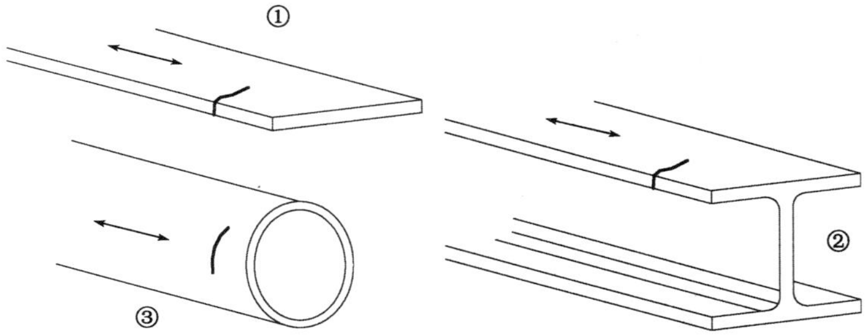	轧制与冲压制品 ①钢板与扁钢； ②轧制型钢； ③矩形或圆形截面的无缝钢管
140		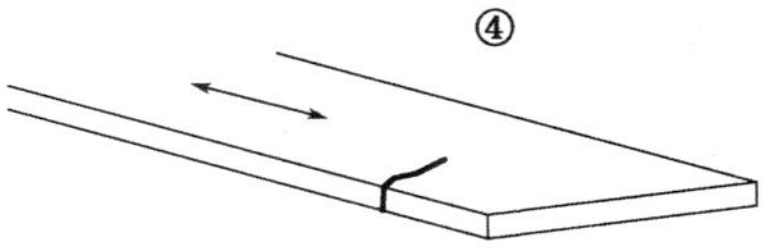	④切割或气割板材：切割或机械气割后修整的材料
125		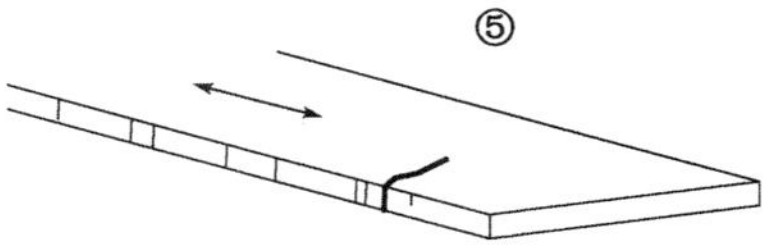	⑤边缘带有浅且规则的线痕的机械气割材料或修整过边缘不连续的手工气割材料
80	$t \leqslant 12$	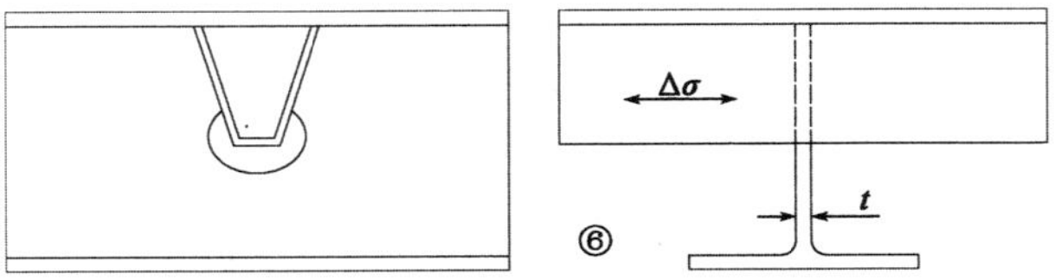	⑥纵肋通过横梁，纵肋下方挖孔
70	$t > 12$		

续上表

<table>
<tr><th>等级</th><th colspan="2">构 造 图 示</th><th>构 造 描 述</th></tr>
<tr><td>80</td><td>$t \leqslant 12$</td><td rowspan="2">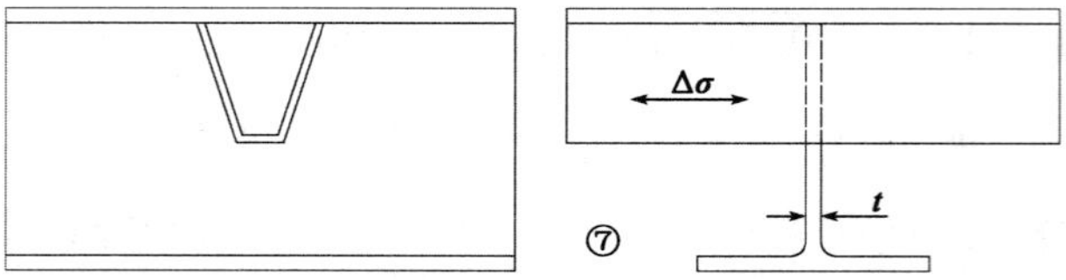
</td><td rowspan="2">⑦纵肋通过横梁，纵肋下方不挖孔</td></tr>
<tr><td>70</td><td>$t > 12$</td></tr>
<tr><td>35</td><td colspan="2">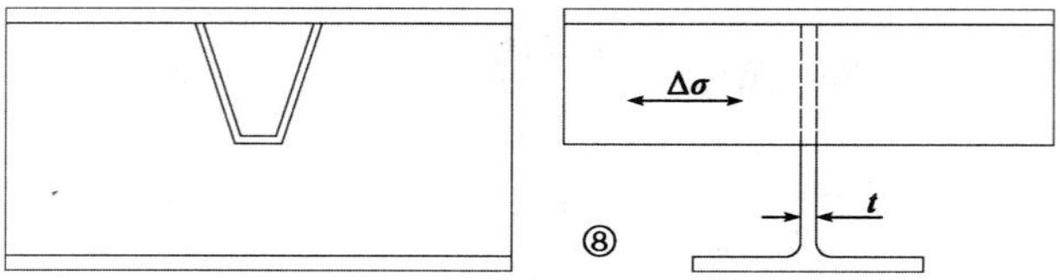
</td><td>⑧在横梁处中断的纵肋</td></tr>
<tr><td>70</td><td colspan="2">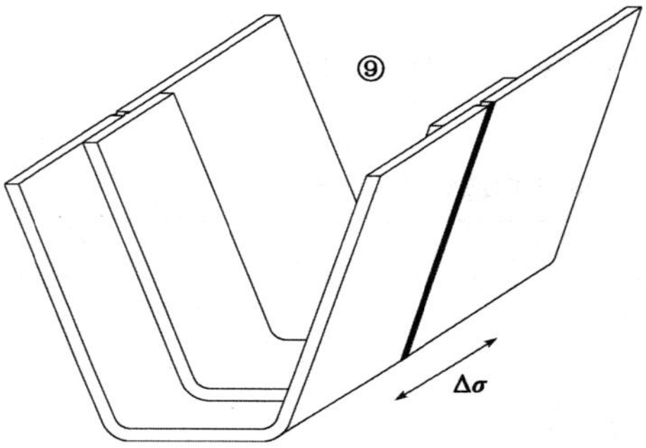
</td><td>⑨纵肋接头，带有垫板的全熔透对接焊缝</td></tr>
<tr><td>110</td><td>无焊缝余高</td><td rowspan="3">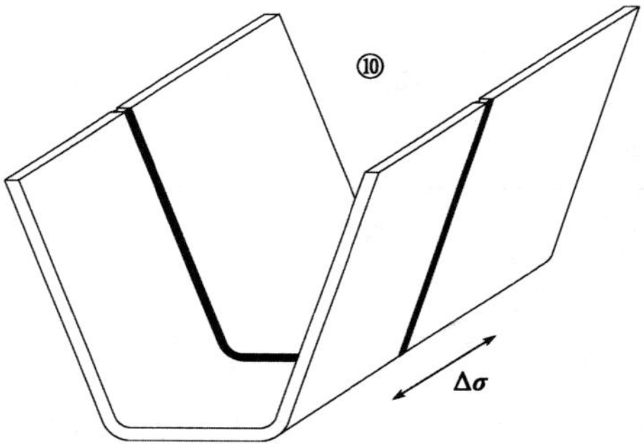
</td><td rowspan="3">⑩纵肋全熔透对接焊缝，双面焊缝，无垫板</td></tr>
<tr><td>90</td><td>焊缝余高$\leqslant 0.1b$</td></tr>
<tr><td>80</td><td>焊缝余高$\leqslant 0.2b$</td></tr>
<tr><td>35</td><td colspan="2">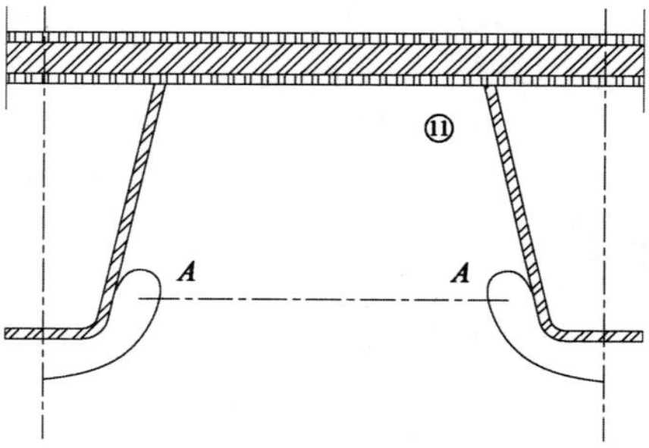
</td><td>⑪横梁腹板开孔间最不利截面</td></tr>
</table>

续上表

等级	构造图示		构造描述
70	部分熔透焊缝	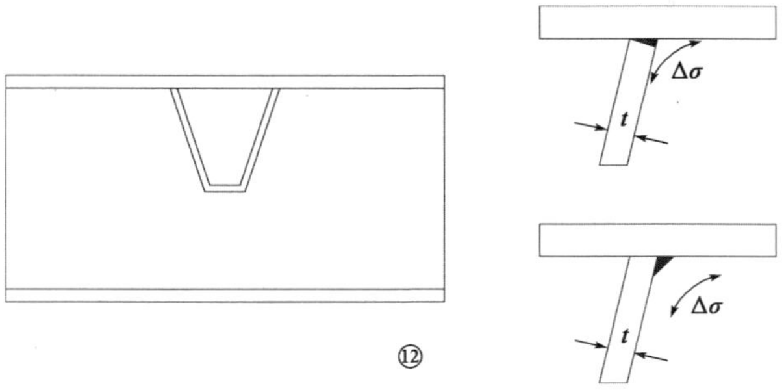	⑫桥面板与纵肋的焊接
50	角焊缝		

3.4 钢桥腐蚀

钢桥腐蚀是指钢材与周围的气体或液体物质发生氧化还原反应而引起损耗的现象。钢桥腐蚀是钢桥失效的另一个主要原因之一，如图 3-29 所示。桥梁所处地理位置千差万别，环境差异很大，环境腐蚀特性的高低会极大地影响钢桥腐蚀的速率。污染的工业大气中富含的硫化物、氮化物及尘埃，江河大气中富含水分以及盐粒子，高温、多雨的气候都会产生天然腐蚀。同时，钢桥表面涂装的破坏也会加剧内部钢材的腐蚀速率。腐蚀使桥梁构件截面削弱，产生病坑、缺陷和裂纹，裂纹扩展，引起寿命降低甚至断裂。日本曾统计过 104 座悬索桥断桥事故原因，其中 19 座与钢材的腐蚀有关。

图 3-29　钢桥构件腐蚀

3.4.1　腐蚀机理

按照钢材腐蚀机理大致可分为化学腐蚀和电化学腐蚀两类。化学腐蚀是指钢材表面直接与干燥大气或工业废气中含的 O_2、Cl_2、SO_2 等或非电解质液体发生化学反应而产生的腐蚀。电化学腐蚀是金属和介质发生电化学反应而引起的腐蚀。不纯的金属跟电解质溶液接触时，会发生原电池反应，比较活泼的金属失去电子而被氧化，因此电化学腐蚀是最为普遍的钢桥腐蚀形式。

大气的主要成分几乎是不变的，其中主要参与大气腐蚀过程的是氧和水汽，其次是二氧化碳。电化学腐蚀最为主要的条件是在金属表面形成原电池。当钢材处于潮湿环境中时，潮湿的空气会吸附在钢铁表面形成一层薄薄的水膜，该水膜里含有少量的氢离子与氢氧根离子，还溶解了氧气等气体，即在钢铁表面形成了一层电解质溶液。电解质溶液跟钢铁里的铁和少量的碳恰好形成无数微小的原电池，铁是负极，碳是正极。

当水膜里溶解有较多的 CO_2、SO_2、H_2S 等时，水膜呈强酸性，此时钢材表面主要发生析氢

腐蚀,如图3-30a)所示。析氢腐蚀的电化学反应原理如下:

负极: $Fe - 2e^- = Fe^{2+}$

正极: $2H^+ + 2e^- = H_2\uparrow$

原电池反应: $Fe + 2H^+ = Fe^{2+} + H_2\uparrow$

当水膜呈中性或弱酸性或弱碱性时,钢材表面通常发生吸氧腐蚀,如图3-30b)所示。吸氧腐蚀的电化学反应原理如下:

负极: $2Fe - 4e^- = 2Fe^{2+}$

正极: $O_2 + 2H_2O + 4e^- = 4OH^-$

原电池反应: $2Fe + O_2 + 2H_2O = 2Fe(OH)_2$

$$4Fe(OH)_2 + 2H_2O + O_2 = 4Fe(OH)_3$$

$$2Fe(OH)_3 = Fe_2O_3 \cdot nH_2O + (3-n)H_2O$$

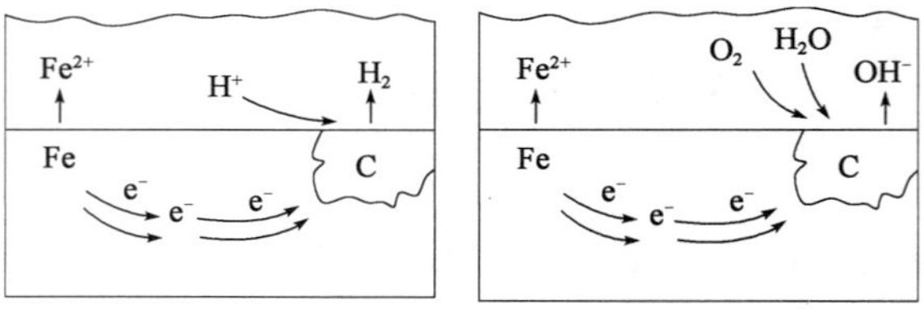

a)析氢腐蚀　　b)吸氧腐蚀

图3-30　钢材表面的电化学腐蚀

工业大气中SO_2、NO_2、H_2S、NH_3等均会增加大气的腐蚀作用,加快钢材的腐蚀速率。环境温度亦是影响腐蚀速率的因素之一。钢材表面水蒸气的凝聚及腐蚀气体和盐类的溶解度等均收到环境温度的影响,进而影响钢材的腐蚀。

湿度是决定大气腐蚀类型和速度的一个重要因素。钢材存在一个腐蚀速度开始急剧增加的湿度范围,即临界湿度,钢材的临界湿度为70%~80%。当湿度小于临界湿度时,腐蚀速度很慢,甚至几乎不发生腐蚀。因此,若能把空气湿度降至临界湿度以下,可有效防止钢材的大气腐蚀。悬索桥、斜拉桥的钢箱梁除湿系统、缆索除湿系统均是基于此原理设计的。

当大气中含有较多的碳化物、硫酸盐或其他盐类颗粒时,这些微粒部分溶解于水膜,提高水膜的导电率和酸度。同时,盐类颗粒在钢材表面具有毛细管凝聚作用,进一步凝聚水分形成腐蚀条件。例如,对于跨海大桥而言,海洋大气中含有较多的微小NaCl颗粒,NaCl颗粒落在钢桥表面时会产生一定的吸湿作用,增大了钢材表面液膜层的导电率,且氯离子本身具有很强的侵蚀性,从而使得腐蚀更为严重。

当钢桥部件埋于土中时,如钢桥墩,即使钢材没有直接与大气接触,也会发生较为严重的腐蚀。土壤是由土粒、水溶液、气体、有机物、带电胶粒等多种组分构成的极为复杂的不均匀多相体系,不同土壤的腐蚀特性相差较大。由于土壤的组成和性能不均匀,极易构成氧浓度差电池腐蚀,使埋于土中的钢结构产生严重的局部腐蚀。

钢桥结构在土壤中的腐蚀与在电解液中的腐蚀本质是一样的,其负极反应为:

$$Fe - 2e^- = Fe^{2+}$$

在pH值低的土壤中,OH^-离子很少。由于难以生成$Fe(OH)_2$,使阳极区的Fe^{2+}浓度增大。在中性和碱性土壤中生成的$Fe(OH)_3$溶解度很小,沉淀在钢铁表面,对负极溶解有一定的阻滞作用。如果土壤中含有碳酸盐，也可能在负极表面形成不溶解的沉淀物，起到保护膜的作用。土壤中的氯离子、硫酸根离子能与 Fe^{2+} 生成可溶性盐，因而会加速负极的溶解。土壤中钢铁表面的正极反应为：

$$O_2 + 2H_2O + 4e^- = 4OH^-$$

在弱酸性、中性和碱性土壤中，正极反应主要为吸氧腐蚀。由于土壤中的水溶解氧是有限的，对土壤腐蚀起主要作用的是土壤缝隙和毛细管中的氧。土壤中的氧传递过程比较复杂，进行的也比较慢。在潮湿的黏性土壤中，由于渗水能力和透气性差，氧的传递是相当困难的，使正极的吸氧腐蚀过程受阻。当土壤水分的 pH 值大于 5 时，腐蚀产物能够形成一定的保护层，此时亦会抑制腐蚀过程。

土壤中还有很多的微生物，但对腐蚀有作用的微生物并不多，其中起主要作用的是硫酸杆菌和硫酸盐还原菌（厌氧菌）。这两种微生物能将土壤中的硫酸盐还原产生 S^{2-}，其中仅小部分会消耗在微生物自身的新陈代谢上，大部分会促进腐蚀反应进程。

3.4.2 腐蚀防护

根据钢结构的电化学腐蚀原理，必须消除产生腐蚀电池的各种条件，防止或破坏腐蚀电池的形成或阻滞阴阳极过程的进行。同时，需防止电解溶液在金属表面沉降或凝结，并防止各种腐蚀介质的污染。《公路钢结构桥梁设计规范》（JTG D64—2015）指出应对钢桥结构进行防腐设计，且防腐年限应不小于 15 年。常用的防腐方法有重防腐涂料涂装防腐、热喷涂防腐、热镀锌防腐等。

1）重防腐涂料涂装防腐

重防腐涂料涂装是钢桥防腐的主流。重防腐涂装工艺为由底漆、中间漆、面漆组成的多层涂装体系。其防腐机理为：①屏蔽作用：油漆涂层将钢材与腐蚀环境隔离开；②钝化缓蚀作用：涂装体系中的第一道底漆对钢材有钝化缓蚀作用，且可增加其他油漆层的附着力，但防腐作用较微弱；③阴极保护作用：防腐底漆中添加锌粉（如富锌底漆），可对钢材提供阴极保护。

由于油漆对钢桥提供的腐蚀保护以隔离腐蚀环境防护为主，油漆涂层的劣化会降低隔离作用甚至使隔离作用失效。其次，起阴极防护作用的锌粉需靠油漆的有机黏结作用才能与钢材表面相结合，但随着涂层的劣化、有机物的裂解，阴极保护作用会逐渐消失。同时，油漆涂层本身具有较多的微孔隙，若钢桥长期处于腐蚀环境中，氯离子、水分子等会透过微孔隙腐蚀钢材，在油漆层与钢材表面交界处的腐蚀物体积膨胀将导致油漆层剥落，此时腐蚀会沿着油漆层剥落处四处扩展，进而导致整个防腐涂层的失效。

2）热喷涂防腐

热喷涂技术是利用热源对金属、非金属、陶瓷等喷涂材料进行加热，将熔融的粒子雾化、喷射并沉积到钢材表面，形成特殊表面涂层的方法。热喷涂技术使用的热源分为电弧热源、等离子热源、燃气热源三种，由此可将热喷涂分为电弧喷涂、等离子喷涂和火焰喷涂。电弧喷涂和火焰喷涂在钢桥防腐领域应用较为普遍。

电弧喷涂是将锌、铝等金属丝进行加热雾化喷涂在钢材表面形成防腐涂层，并在表面再次涂装有机封闭涂层形成复合防腐涂层。该类型涂层具有较长久的耐腐蚀寿命，且在日后维护中仅需在电弧喷涂层上刷封闭涂料，无须重新喷涂。电弧喷涂层与钢材基体具有优良的涂层结合力，在轻微的弯曲、冲击或碰撞下也能确保防腐涂层不脱落、不起皮、结合牢固。同时，电弧喷涂为阴极保护，即使防腐涂层局部破损，在腐蚀环境下喷涂层仍能起到较好的防腐作用。

火焰喷涂是利用可燃气体的燃烧作为热源，将金属丝或粉末熔融、雾化、吹喷于钢材表面的方法。我国曾在南京长江大桥上采用火焰喷锌加耐磨漆的方式进行防腐。但火焰喷涂效率低，严重制约钢桥的加工工期，因此通常仅对长期积水处或主要受力构件等进行喷涂防腐。

3）热镀锌防腐

钢桥的护栏、扶梯等构件通常采用热浸锌防腐。热浸锌防腐工艺需将钢桥构件浸入熔融的金属锌镀槽中，受镀槽容积所限，无法对尺寸较大的钢桥部件进行防腐施工。对于形状复杂的构件及焊缝、拐角、死角等位置浸镀效果不好，且锌层厚度不均匀。同时，热浸锌涂层损伤后，自身无法进行修复，只能通过涂料涂装、电弧喷涂等其他工艺进行修补。因此，热浸锌防腐技术具有较大的局限性。

思考题

3-1　钢桥设计规范要求钢桥应设置预拱度，其目的是什么？

3-2　钢桥构件按其受力形式可分为哪几类？这几类构件的整体失稳特征是什么？

3-3　为保证钢桥构件的局部稳定性，通常可采取哪些措施？

3-4　简述平均应力和应力比的概念及区别。

3-5　疲劳强度的定义是什么？

3-6　钢材的应力疲劳和应变疲劳的特征是什么？有什么区别？

3-7　剪应力疲劳与正应力疲劳的区别是什么？

3-8　简述疲劳验算中疲劳荷载模型的类型及其适用情况。

3-9　为什么跨海钢桥更容易发生腐蚀？腐蚀防护措施有哪些？

第 4 章
钢桥连接

4.1　钢桥连接形式

钢桥是由钢板、型钢等通过一定的连接方式组合连接制成若干基本构件，再由基本构件安装连接装配成的整体结构。因此，连接的构造和设计直接影响钢桥结构的工作性能，连接设计应符合安全可靠、传力明确、节约钢材、构造简单和制造安装方便等原则。

钢桥的连接方法可分为焊缝连接、螺栓连接和铆钉连接，如图 4-1 所示。

4.1.1　焊缝连接

焊接是钢桥最主要的连接方式之一，其原理是利用局部加热的方法使被焊接金属熔化并相互融合，经冷却后凝固连接成整体。

焊缝连接的优点是：

(1) 构造简单，易与其他形式构件连接。

(2) 不削弱构件截面，节约钢材。

(3) 可实现自动化操作，生产效率高。

(4) 焊接刚度大，密封性能好。

其缺点是:焊缝附近的钢材受到焊接时的高温作用而产生热影响区,其金相组织和机械性能发生变化,易加大钢材脆性。同时,由于热影响区存在不均匀的收缩,在焊件上容易产生焊接残余应力和残余变形,导致构件承载力、刚度和使用性能的降低。焊接还可能出现气孔、夹渣、咬边、弧坑裂纹、根部收缩、接头不良等缺陷,影响结构疲劳强度。

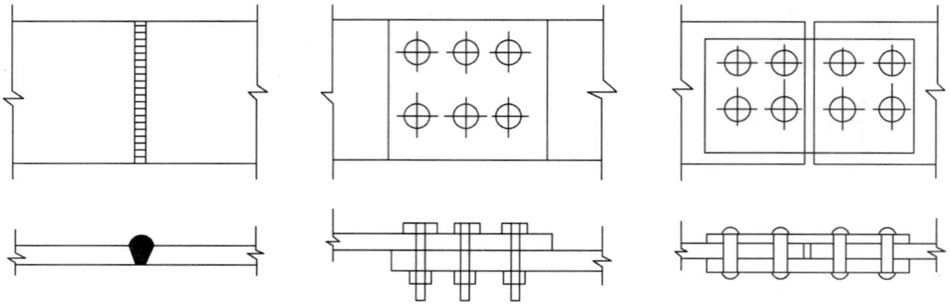

图 4-1　钢结构的连接方法

1)焊缝形式

(1)焊缝分类

按照构造来分类,焊缝主要有对接焊缝和角焊缝两种。对接焊缝(坡口焊缝)是在焊件的坡口面间或一焊件的坡口面与另一焊件端(表)面间焊接的焊缝,可分为全熔透坡口焊和部分熔透坡口焊。其传力直接平顺、无显著的应力集中现象,受力性能较好,但焊缝质量要求高,焊件之间要保证适当的空隙,焊件边缘还需开坡口,工作量较大。角焊缝是两焊件结合面构成直交或斜交所焊接的焊缝,焊件边缘不必精加工,板件无缝隙,施焊方便。

按施焊位置分类,焊缝有平焊(俯焊)、仰焊、立焊和横焊 4 种,如图 4-2 所示。平焊施焊位置方便,质量好;立焊和横焊是在立面上的水平和竖向焊缝,要求焊工的操作水平较平焊高一些;各种焊接位置中,仰焊是最难施焊的,质量稳定性差,要求焊工素质高,受人为因素影响大。因此,选择组焊顺序时,应避免仰焊作业。

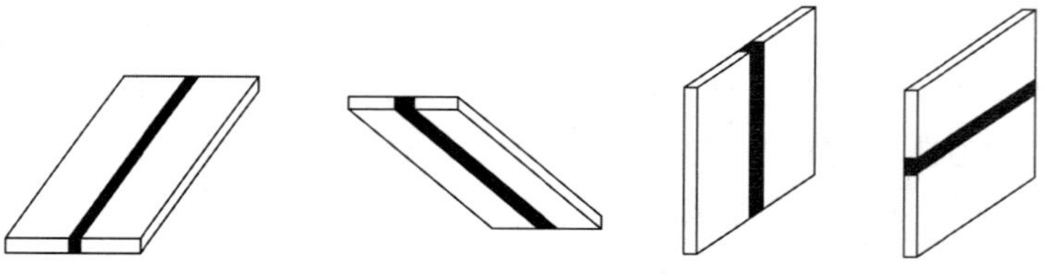

图 4-2　焊缝位置示意图

(2)焊缝连接形式

焊缝连接形式按照被连接构件的相对位置可分为对接、搭接、T 形连接和角接 4 种,如图 4-3所示。这些连接所采用的焊缝主要有对接焊缝、角焊缝以及对接与角接组合的焊缝。

对接连接主要用于厚度相同或相近的两个构件之间的连接。如图 4-3a)所示,两焊接构件位于同一平面内,故传力平缓均匀,没有明显的应力集中,且用料节省,但需要对焊件边缘进行加工处理。

如图 4-3b)所示的连接方式为采用双层盖板和角焊缝的对接连接,其施工简单,但传力不均匀,且费料。

图4-3c)所示的连接方式为用角焊缝的搭接连接,其构造简单,施工简便,并且传力平缓均匀,特别适用于不同厚度构件的连接。

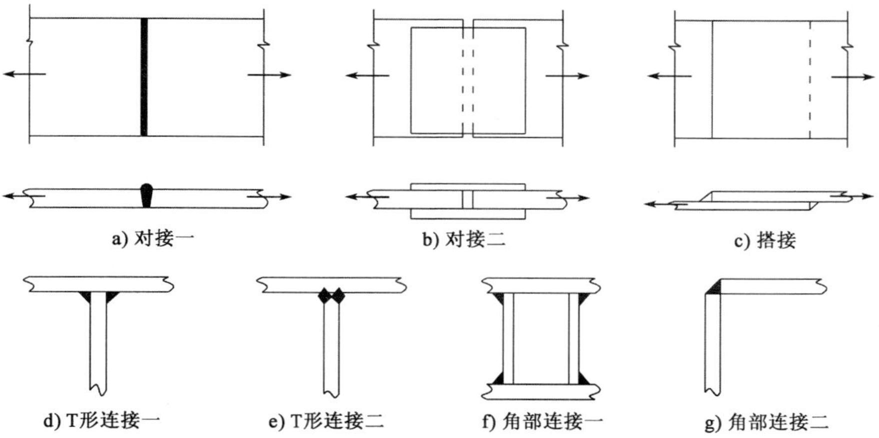

图4-3 焊接连接形式

图4-3d)、e)所示的连接方式为T形连接,其常用于组合截面的制作。当采用角焊缝进行连接时,由于截面突变,应力集中现象明显,其疲劳强度大大降低,不适用于直接承受动力荷载的结构连接。

图4-3f)、g)所示的连接方式为角部连接,主要用于箱形截面的制造。

2)焊缝连接的构造要求

(1)对接焊缝

为保证对接焊缝内部有足够的熔透深度,应对板件边缘进行开坡口处理,坡口形式可分为I形(直边坡口)、单边V形、V形、U形、K形、X形等,如图4-4所示。焊接时根据不同的板厚和焊接方法,采用不同的坡口形式。具体的对接焊缝的坡口形式和尺寸可参照现行国家标准《气焊、焊条电弧焊、气体保护焊和高能束焊的推荐坡口》(GB/T 985.1—2008)和《埋弧焊的推荐坡口》(GB/T 985.2—2008)。

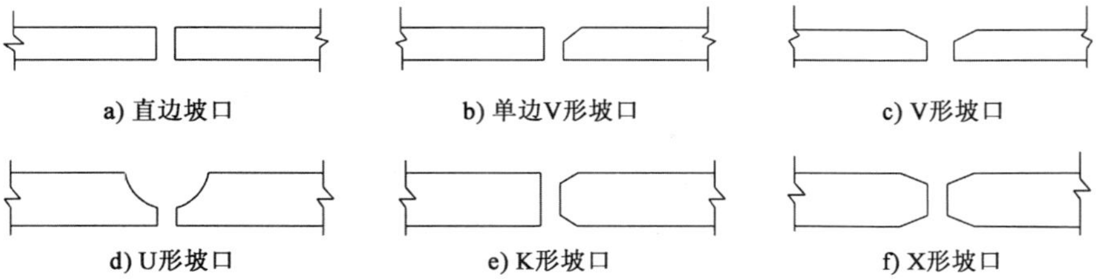

图4-4 对接焊缝坡口形式

《公路钢结构桥梁设计规范》(JTG D64—2015)中规定,在对接焊缝的拼接处,当焊件宽度或厚度相差4mm以上时,应分别在宽度方向或厚度方向将一侧或两侧做成坡度不大于1:5的斜角,形成平缓过渡,如图4-5所示。当厚(或宽度)差不超过4mm时,则可采用焊缝表面斜度来过渡。

在对接焊缝的起弧端和落弧端会存在弧坑和未熔透等缺陷,这些缺陷统称为焊口,故焊口处容易产生应力集中和裂纹。为消除焊口缺陷的不利影响,焊接时可在焊缝两端设置引弧板(图4-6),将起弧端和落弧端控制在引弧板上,焊接后采用气割切除引弧板,并将板边沿受力方向修理打磨平整。《钢结构设计规范》(GB 50017—2017)中规定,凡要求等强的对接焊缝施工时均应采用引弧板和引出板,以避免两端的起、落弧缺陷。在某些特殊情况下无法采用引弧板和引出板时,计算每条焊缝长度应减去$2t$(t为焊件的较小厚度)。

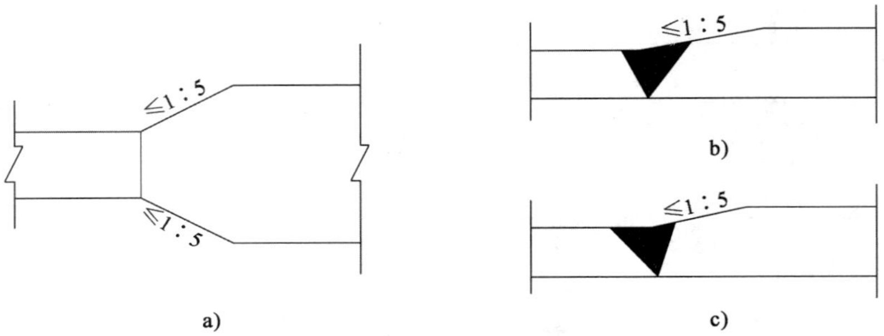

图4-5 不同宽度或厚度的钢板拼接

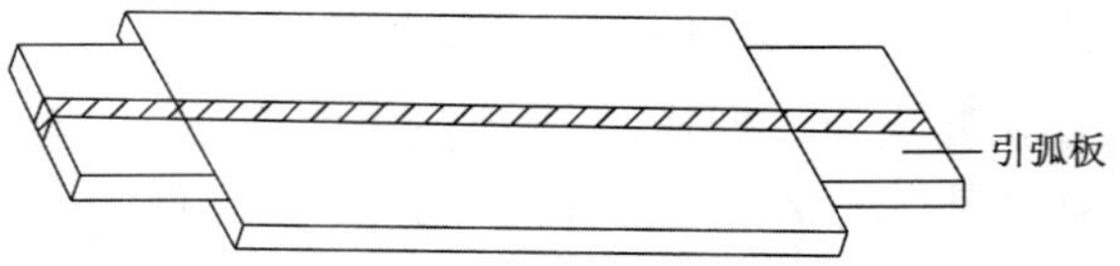

图4-6 对接焊缝两端引弧板

(2)角焊缝

角焊缝按照其长度方向与外力作用方向的不同,可分为平行于外力作用方向的侧面角焊缝、垂直于外力作用方向的正面角焊缝(或称端焊缝)和与外力作用方向斜交的斜向角焊缝,以及3个方向混合使用的围焊缝,如图4-7所示。

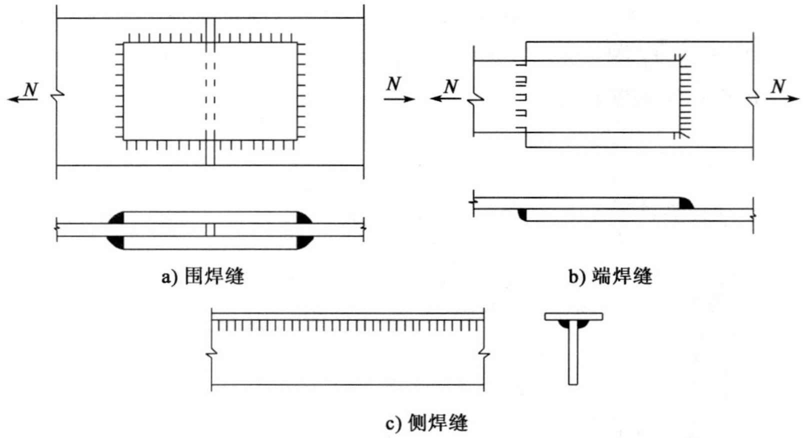

图4-7 角焊缝连接形式

夹角$\alpha=90°$的焊缝为直角角焊缝,如图4-8a)、b)、c)所示;角焊缝两焊脚边的夹角$\alpha<90°$或$\alpha>90°$的焊缝为斜角角焊缝,如图4-8d)、e)、f)所示。各角焊缝焊脚尺寸h_f如图4-8所示。直角角焊缝截面形式又分为直线形、凸形和凹形,如图4-8所示。《公路钢结构桥梁设计规范》(JTG D64—2015)中规定角焊缝的焊脚边比例宜为1:1。在承受动荷载的结构中,角焊缝焊脚边比例,对于正面角焊缝宜为1:1.5(长边顺内力方向);对侧面角焊缝可为1:1。角焊缝截面应做成凹形或直线形。

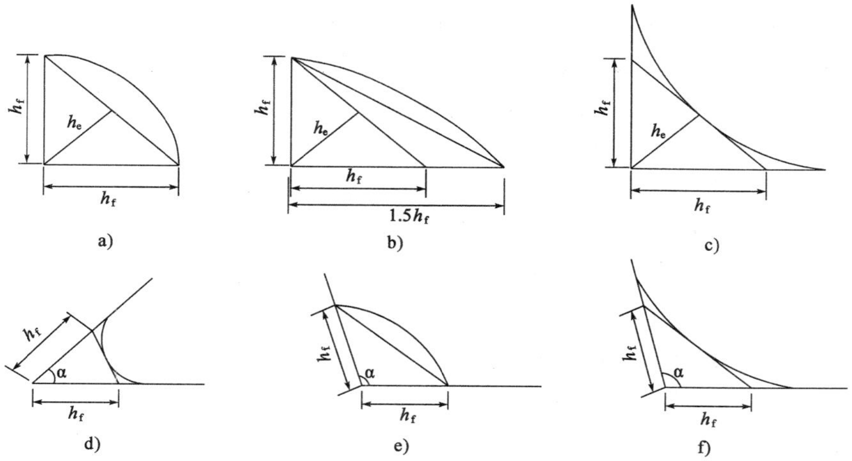

图4-8 角焊缝截面形式图

侧面角焊缝主要承受剪力作用,塑性性能较好,强度较低。传力时由于力线弯折,应力沿焊缝长度方向分布不均匀,呈两端大中间小的状态,如图4-9a)所示。当进入塑性工作阶段,将进行应力重分布,应力分布区域均匀。

正面角焊缝的应力状态复杂,其强度高于侧面角焊缝,但塑性性能较差。传力时由于力线弯折,并且焊根处位于两焊件接触面的端部,焊根处应力集中最为严重。正面角焊缝应力沿焊缝长度方向分布比较均匀,两端应力比中间应力稍低,如图4-9b)所示。正面角焊缝的刚度较大,变形较小、塑性较差,性质较脆,疲劳强度低,不适用于对疲劳要求较高的钢桥连接。

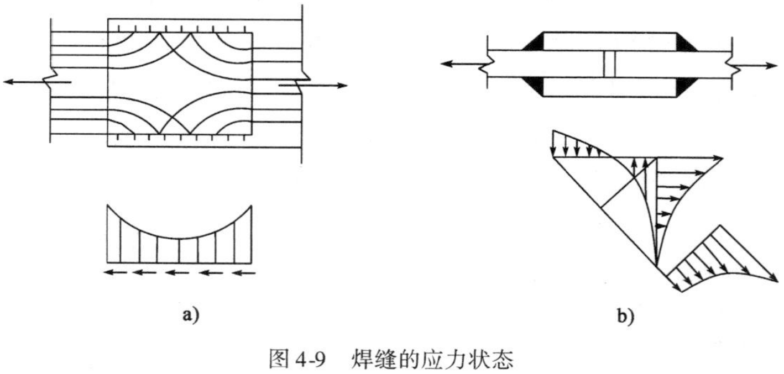

图4-9 焊缝的应力状态

斜向角焊缝常用在杆件倾斜相交时,受力方向和焊缝轴线成倾斜角度,应力情况复杂,受力性能介于侧角焊缝和端角焊缝之间。

最小焊脚尺寸:角焊缝的焊脚尺寸与焊件的厚度有关。若焊件厚度大而焊脚尺寸小,会造成焊接过程中焊缝内部冷却过快,产生淬硬组织,降低塑性,易形成裂纹。《公路钢结构桥梁设计规范》(JTG D64—2015)中明确规定,对角接和T形连接角焊缝的最小焊脚尺寸h_{fmin}按表4-1的规定取用。

不开坡口角焊缝的最小焊脚尺寸　　表 4-1

板中之较大厚度t_{max}(mm)	不开坡口角焊缝的最小焊脚尺寸h_{fmin}(mm)
≤20	6
>20	8

最大焊脚尺寸:《公路钢结构桥梁设计规范》(JTG D64—2015)中规定,为避免因焊脚尺寸较大而造成焊件形成烧伤、烧穿等“过烧”现象,减小焊件的焊接残余应力和残余变形(见本章4.2节),角焊缝的最大焊脚尺寸h_{fmax}应满足下列规定:①对搭接角焊缝,当材料厚度小于8mm时,最大尺寸应取材料的厚度;当材料厚度大于或等于8mm时,最大尺寸应取材料厚度减去2mm;②对角接和T形连接角焊缝,最大尺寸不应超过较薄连接部件厚度的1.2倍。

不等焊脚尺寸:《公路钢结构桥梁设计规范》(JTG D64—2015)中规定,当采用不等的焊脚尺寸,与较厚焊件接触的最小焊脚尺寸和与较薄焊件接触的最大焊脚尺寸,应分别满足上述规定的最小(即$h_f \geq 1.5\sqrt{t}$)和最大焊脚尺寸要求(即$h_f \leq 1.2t_2$,t_2为较薄焊件的厚度)。

最小焊缝计算长度:角焊缝的焊脚尺寸大而长度较小时,施焊时焊件局部受热严重,焊缝起灭弧相距太近,可能产生其他缺陷,使焊缝不可靠。《公路钢结构桥梁设计规范》(JTG D64—2015)中规定,对不开坡口角焊缝的最小焊缝计算长度l_{wmin},自动焊及半自动焊不宜小于焊缝厚度的15倍,手工焊不宜小于80mm。

侧面角焊缝最大计算长度:侧面角焊缝剪应力沿焊缝长度方向分布不均匀,呈两端大中间小,焊缝越长,分布不均匀性越明显。当长度过大时,塑性阶段的应力重分布开展不明显,焊缝两端开始出现裂纹,造成焊缝连接破坏。因此,《公路钢结构桥梁设计规范》(JTG D64—2015)中规定侧面角焊缝最大计算长度满足下列规定:当承受动荷载时,不宜大于50 h_f;当承受静荷载时,不宜大于60 h_f。如采用大于上述的数值时,其超过部分在计算中可不予考虑。在全长范围内均传递内力的焊缝,其计算长度可不受此限。

当钢板端部仅有两条侧面角焊缝连接时(图4-10),为避免应力传递过分弯折而使构件中应力分布不均匀,从而导致连接强度大幅降低,《公路钢结构桥梁设计规范》(JTG D64—2015)中规定应保证每条侧面角焊缝长度不宜小于相邻两侧面角焊缝之间的距离,即$l_w \geq b$。同时为避免焊缝横向收缩时引起板件向外发生较大的拱曲,两条侧面角焊缝之间的距离b应满足$b \leq 16t$($t \geq 12$mm)或200mm($t < 12$mm),t为较薄焊件厚度。

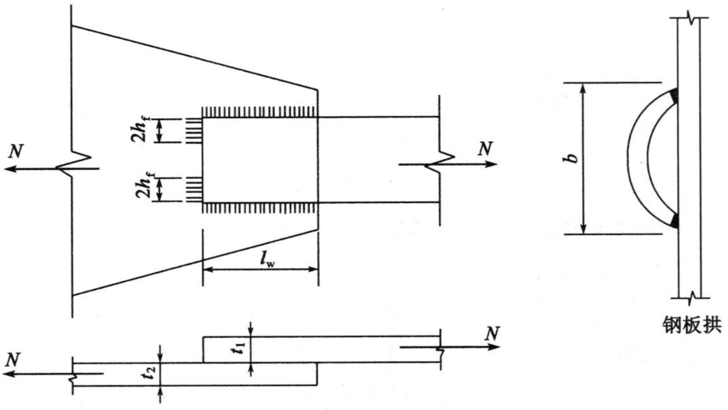

图4-10　侧面角焊缝搭接长度要求

4.1.2 螺栓连接

螺栓连接分为普通螺栓连接和高强度螺栓连接两种。普通螺栓连接通常采用 Q235 号钢制成,而高强度螺栓连接则采用高强度钢材制成并进行热处理。对于钢桥主要受力结构,应采用高强度螺栓连接;对于次要构件、结构构造性连接和临时连接,可以采用普通螺栓连接。

螺栓连接的优点是安装与拆卸方便,适合于工地现场安装连接、需要装拆结构的连接和临时性连接。其缺点是需要开孔,拼装和安装时需要对孔,增加了工作量的同时也提高了精度要求;在板件上开孔对构件截面有一定的削弱;连接时需要另加拼接板或角钢等辅助连接件或被连接构件需要相互搭接,比较焊接而言,用钢量增加。

1)普通螺栓连接

(1)普通螺栓的种类和特性

钢桥采用的普通螺栓形式为大六角头型普通螺栓,其代号用字母 M 与公称直径(mm)表示。根据螺栓的加工精度,普通螺栓分为 A、B、C 三级,各等级普通螺栓比较见表 4-2。A、B 级为精制螺栓,C 为粗制螺栓。A 级和 B 级螺栓的性能等级有 5.6 级和 8.8 级,C 级螺栓的性能等级有 4.6 级和 4.8 级。级别划分的小数点前的数字代表螺栓成品的最低抗拉强度,小数点部分代表屈强比(屈服强度f_y与最低抗拉强度f_u的比值f_y/f_u)。如 8.8 级螺栓材料的抗拉强度$f_u=800\text{N/mm}^2$,$f_y/f_u=0.8$,则$f_y=0.8f_u=640\text{N/mm}^2$。

普通螺栓各等级的常规情况与比较　　表 4-2

类别	钢材	强度等级	孔径类别	孔径差(mm)	加工精度	受力	使用范围
A 级和 B 级螺栓	优质碳素钢 35 号钢 45 号钢	5.6 级 8.8 级	Ⅰ类孔	0.3 左右	精度高,尺寸精确	抗剪、抗拉均好	主要应用于构件精度很高的结构
C 级螺栓	普通碳素钢 Q235	4.6 级 4.8 级	Ⅱ类孔	1.5~3.0	粗糙,尺寸不准确	抗拉好,抗剪差	承受拉力的安装连接;次要结构的受剪连接;可拆卸或临时连接

注:A 级、B 级区别仅尺寸不同,A 级直径 $d\leqslant24$mm,长度 $L\leqslant150$mm;B 级螺栓直径 $d>24$mm,长度 $L>150$mm。

A、B 级精制螺栓是由毛坯在车床上经过切削加工精制而成,其表面光滑,尺寸精确,要求Ⅰ类孔,螺栓杆直径与螺栓孔径相同,精度较高,只分别允许其有正和负公差。A 级和 B 级螺栓与螺孔贴合紧密,受剪性能较好,变形较小,但制造和安装复杂,价格昂贵,在钢桥连接中已经很少使用,目前已基本被摩擦型高强度螺栓代替。

C 级螺栓多由未经加工的圆钢压制而成,由于螺栓表面粗糙,尺寸不够准确,只要求Ⅱ类孔(在单个零件上一次冲成或不用钻模钻成设计孔径的孔)螺栓孔直径比螺栓杆径大 1.5~3.0mm。由于 C 级螺栓与螺栓孔间的空隙较大,传递剪力时,连接变形大。但 C 级螺栓传递拉力的性能较好,且安装方便,适用于需要拆卸的连接、沿螺栓杆轴方向受拉的连接,还可用于次要结构的受剪连接或作安装时的临时固定等。

(2)普通螺栓连接的构造要求

在同一结构连接中,为了便于制造,应采用一种螺栓孔径 d。螺栓孔径的选择与连接构件的尺寸大小及受力大小有关,螺栓直径的选择影响到螺栓数目与连接节点的构造尺寸。常用的标准螺栓直径有 M16、M18、M20、M22、M24、M27、M30 等规格。

螺栓的排列应简单、统一、整齐而紧凑，通常分为并列和错列排列两种，如图 4-11 所示。并列排列较简单整齐，所用连接板尺寸较小，但对构件截面的削弱较错列排列方式大。错列排列较紧凑，所用连接板尺寸较大。

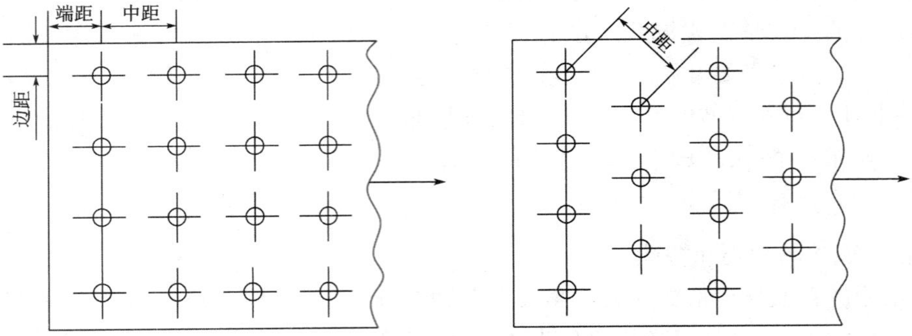

a) 并列　　b) 错列

图 4-11　螺栓的排列

受力要求：垂直于受力方向，对于受拉构件，各排螺栓的中距及端距不能过小，避免螺栓周围应力集中，相互影响，同时防止钢板截面削弱过多而降低其承载能力。

构造要求：螺栓的端距及中距也不宜过大，尤其是受压板件当栓距过大时，容易发生凸曲现象。板和刚性构件(如槽钢、角钢等)连接时，栓距过大不易紧密接触，潮气易侵入缝隙造成钢材锈蚀。

施工要求：螺栓间应有足够的距离，便于用扳手拧紧螺母。根据扳手尺寸，规定最小中距为 $3d_0$。

根据以上要求，《公路钢结构桥梁设计规范》(JTG D64—2015)中规定的螺栓的容许距离详见表 4-3。

螺栓的容许距离　　表 4-3

尺寸名称	方　向		构件应力种类	容许间距	
				最大	最小
中距	沿对角线方向		拉力或压力	—	$3.5d_0$
	靠边行列			$7d_0$和 $16t$ 之较小者	$3d_0$
	中间行列	垂直内力方向		$24t$	
		顺内力方向	拉力	$24t$	
			压力	$16t$	
端距	顺内力方向或沿螺栓对角线方向至边缘		拉力或压力	$8t$ 或 120mm 之较小者	$1.5d_0$
边距	垂直内力方向			—	$1.3d_0$

注：1. d_0 为螺栓孔径，t 为外层较薄钢板或型钢的厚度。

2. 表中所列“靠边行列”系指沿板边一行的螺栓线；对于角钢，距角钢背最近一行的螺栓线也作为“靠边行列”。

3. 有角钢镶边的翼肢上交叉排列的螺栓，其靠边行列最大中心间距可取 $14d_0$ 或 $32t$ 中的较小者。

4. 由两个角钢或两个槽钢中间夹以垫板(或垫圈)并用螺栓连接组成的构件，顺内力方向的螺栓之间的最大中距，对于受压或受压—拉构件规定为 $40r$，但不应大于 160mm；对于受拉构件规定为 $80r$，但不应大于 240mm。其中 r 为一个角钢或槽钢平行于垫板或垫圈所在平面轴线的回转半径。

2)高强度螺栓连接

(1)高强度螺栓连接的构造和性能

高强度螺栓的形状、连接构造和普通螺栓基本相同。高强度螺栓的螺杆、螺母和垫圈均采用高强度钢材制成,再经过热处理以进一步提高强度。目前,我国采用8.8级和10.9级两种强度性能等级的高强度螺栓。推荐采用的钢号:大六角高强度螺栓[图4-12a)]8.8级的有45号钢和35号钢,10.9级的有20MnTiB、40B和35VB钢。扭剪型高强度螺栓[图4-12b)]只有10.9级,推荐钢号为20MnTiB钢。垫圈常采用45号钢或35号钢制造,并经过热处理。高强度螺栓孔采用钻成孔,摩擦型连接高强度螺栓的孔径比螺栓公称直径 d 大1.5~2.0mm;承压型连接高强度螺栓的孔径比螺栓公称直径 d 大1.0~1.5mm。

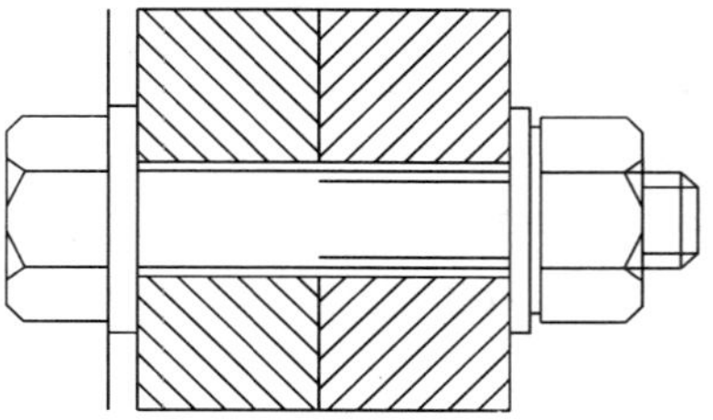

a)大六角高强度螺栓

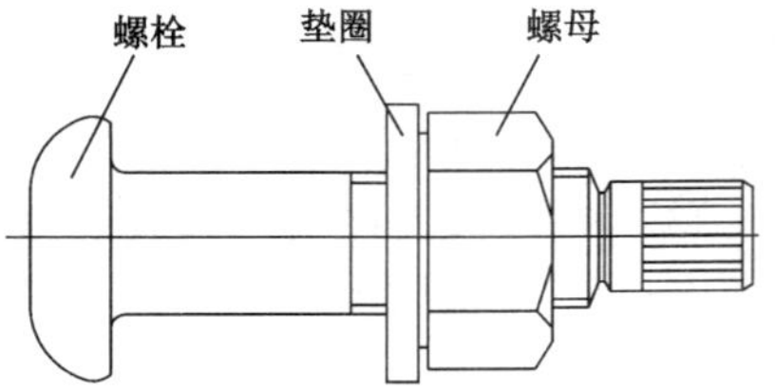

b)扭剪型高强度螺栓

图4-12 高强度螺栓

高强度螺栓和普通螺栓连接受力的主要区别是:普通螺栓连接的预拉力很小,受力后全靠栓杆抗剪和孔壁承压来传递剪力,拧紧螺母时产生预拉力很小,其影响可以忽略不计。而高强度螺栓是靠拧紧螺母,给螺栓施加很大预拉力,使连接构件间产生挤压力,从而使垂直于螺杆方向产生很大的摩擦力,这种靠构件夹紧而使接触面间的摩擦力来承受连接内力的形式是高强度螺栓连接受力的特点。

高强度螺栓按照设计破坏判断标准可分为高强度螺栓摩擦型连接和高强度螺栓承压型连接。高强螺栓摩擦型连接以板层间出现滑动作为承载能力极限状态;高强螺栓承压型连接以板层间出现滑动作为正常使用极限状态,而以螺杆剪切或孔壁承压的最终破坏作为承载能力极限状态。摩擦型高强螺栓并不能充分发挥螺栓的潜能。

我国目前主要采用高强度螺栓摩擦型连接,其剪切变形小、受力可靠、整体性和刚度好、弹性性能好,同时施工较简单,可拆卸,耐疲劳,特别适用于承受动力荷载的结构。虽然高强度螺栓承压型连接的承载力高于摩擦型连接,连接紧凑,但剪切变形比摩擦型大,这种剪切变形反复滑动导致螺栓松动,故《钢结构设计规范》(GB 50017—2017)规定其只允许用于承受静力荷载或间接承受动力荷载的结构。

(2)高强度螺栓的预拉力

高强度螺栓的预拉力设计值 P 的计算式为:

$$P = 0.9 \times 0.9 \times 0.9 \times \frac{f_u A_e}{1.2} \tag{4-1}$$

式中:A_e——螺栓螺纹处的有效截面面积(mm^2);

f_u——螺栓经热处理后的最低抗拉强度(N/mm^2),对8.8级,取 $f_u = 830N/mm^2$,对10.9级,取 $f_u = 1\,040N/mm^2$。

式(4-1)中的系数考虑了以下几个因素:①考虑螺栓材质的不均匀性,引进折减系数0.9;②考虑施工时弥补高强度螺栓预拉力的松弛损失张拉系数0.9;③以螺栓的抗拉强度为准,为安全起见,引入附加安全系数0.9;④在拧紧螺栓时,施加的预拉力产生的剪应力将降低螺栓的抗拉承载力,故对螺栓材料强度除以1.2。

根据式(4-1)的计算结果,并取5kN的整数倍,得到各种规格高强度螺栓预拉力的取值见表4-4。

一个高强度螺栓的预拉力设计值(kN) 表4-4

螺栓的性能等级	螺栓公称直径 d(mm)				
	M20	M22	M24	M27	M30
8.8级	125	150	175	230	280
10.9级	155	190	225	290	355

(3)高强度螺栓连接的摩擦面抗滑移系数

使用高强度螺栓时,为提高其抗滑移系数μ,构件的接触面通常要经特殊处理,使其洁净并粗糙。《公路钢结构桥梁设计规范》(JTG D64—2015)中推荐采用接触面对应的抗滑移系数μ见表4-5。

摩擦面抗滑移系数μ 表4-5

在连接处构件接触面的分类	μ	在连接处构件接触面的分类	μ
没有浮锈且经喷丸处理或喷铝的表面	0.45	喷锌的表面	0.40
涂抗滑型无机富锌漆的表面	0.45	涂硅酸锌漆的表面	0.35
没有轧钢氧化皮和浮锈的表面	0.45	仅涂防锈底漆的表面	0.25

4.1.3 铆钉连接

铆钉连接是利用铆钉将两个或两个以上的元件(一般为钢板或型钢)连接在一起的一种不可拆卸的静连接,简称铆接。铆钉连接的优点是塑性和韧性性能较好,传力可靠,质量易于检查,适用于直接承受动力荷载的重型结构。但是铆钉连接由于加工工艺复杂,钢材用量多,费钢又费工。铆钉连接是早期钢桥的主要连接形式,现已很少使用,已被焊接和螺栓连接所取代。

4.1.4 焊缝连接与螺栓连接的对比

焊缝连接和螺栓连接,作为钢结构连接的主要方式,在钢板补强中也有着广泛的适用性,可应用于新增部件与原有部件的连接,也可用于加强损伤部位的连接。其特点对比见表4-6。

焊缝连接与螺栓连接特点对比分析 表4-6

对比项	焊缝连接	螺栓连接
优点	(1)接口部分的形状比较容易控制; (2)接口部分的形状、外观比较简单; (3)接口效率高,可以测得钢重减小量; (4)涂装较易操作; (5)焊接部分可以完全密闭,有较好的腐蚀耐久性; (6)对于曲面构件的接口,相对螺栓连接更适用	(1)在现场焊接,较容易复制工厂组装时的形状; (2)在紧固作业时,不需要非常熟练的技巧; (3)在紧固作业中,不需要使用明火; (4)施工时使用小容量电源即可; (5)施工不会受到除雨天以外的气候影响; (6)紧固后,较容易进行检查

续上表

对比项	焊缝连接	螺栓连接
缺点	(1)对于由于焊接变形引起的钢材变形、残留应力,须考虑设计以及施工上的对策; (2)在现场接合时,因为迅速进行接口连接比较困难,要再现工厂组装的形状比较困难; (3)和螺栓连接相比,焊接施工时间较长,容易成为工程的障碍; (4)焊接作业需要熟练的技术; (5)操作时存在明火; (6)施工时设备规模大,有必要使用大容量电源; (7)施工容易受到风雨、湿气、寒冷的气象影响,需要考虑对策; (8)焊接后的检查中,需要使用放射线透过试验、超声波探伤试验等特殊技术; (9)在机械化施工时需要考虑构造因素	(1)接口接触面有必要进行处理以确保设计摩擦系数(0.4以上)(摩擦连接时); (2)紧固作业时须对轴力布置进行控制; (3)接口部分的外观、接合形状比较复杂; (4)有凹凸,涂装的操作较难; (5)和焊接结构相比,接合部分的外观形状较差; (6)紧固后需要迅速进行检查; (7)因为是通过机械紧固的连接结构,所以需要对螺栓进行布置

4.2 焊缝连接计算

4.2.1 对接焊缝连接计算

焊缝的验算原理一般是保证在设计荷载作用下截面产生的最大应力不超过焊缝的强度设计值。在已知母材构件尺寸、焊条类型、焊接方式和焊缝等级时,焊缝的强度设计值可查《公路钢结构桥梁设计规范》(JTG D64—2015)得到,见表4-7,包括焊缝的抗拉强度设计值f_t^w、抗压强度设计值f_c^w、抗剪强度设计值f_v^w。

焊缝的强度设计值(N/mm²) 表4-7

焊接方法和焊条类型	构件钢材		对接焊缝				角焊缝
	钢号	厚度(mm)	抗压f_c^w	焊缝质量为下列等级时,抗拉f_t^w		抗剪f_v^w	抗拉、抗压和抗剪f_f^w
				一、二级	三级		
自动焊、半自动焊和E43型焊条手工焊	Q235钢	≤16	190	190	160	110	140
		16~40	180	180	155	105	
		40~100	170	170	145	100	
自动焊、半自动焊和E50型焊条手工焊	Q345钢	≤16	275	275	235	160	175
		16~40	270	270	230	155	
		40~63	260	260	220	150	
		63~80	250	250	215	145	
		80~100	245	245	210	140	

续上表

焊接方法和焊条类型	构件钢材		对接焊缝				角焊缝
	钢号	厚度(mm)	抗压f_c^w	焊缝质量为下列等级时,抗拉f_t^w		抗剪f_v^w	抗拉、抗压和抗剪f_f^w
				一、二级	三级		
自动焊、半自动焊和E55型焊条手工焊	Q390钢	≤16	310	310	265	180	200
		16~40	295	295	250	170	
		40~63	280	280	240	160	
		63~100	265	265	225	150	
	Q420钢	≤16	335	335	285	195	200
		16~40	320	320	270	185	
		40~63	305	305	260	175	
		63~100	290	290	245	165	

注:1. 自动焊、半自动焊和手工焊所采用的焊丝和焊剂,应保证其熔敷金属的力学性能不低于母材的性能。

2. 焊缝质量等级应符合现行国家标准《钢结构工程施工质量验收规范》(GB 50205—2001)中的相关规定。厚度小于8mm钢材的对接焊缝,不应采用超声波探伤确定焊缝质量等级。

3. 对接焊缝受弯时,在受压区的抗弯强度设计值取f_c^w,在受拉区的抗弯强度设计值取f_t^w。

4. 表中厚度是指计算点的钢材厚度,对于轴心受力构件指较厚板件的厚度。

1)对接焊缝只承受轴力作用

当对接直焊缝[图4-13a)]承受轴力作用时,其强度计算式为:

$$\sigma = \frac{N}{l_w t} \leqslant f_t^w \quad 或 \quad \sigma = \frac{N}{l_w t} \leqslant f_c^w \tag{4-2}$$

式中:N——轴心拉力或压力;

l_w——焊缝的计算长度,当未采用引弧板时,焊缝长度取实际长度减去$2h_f$;当采用引弧板时,取焊缝实际长度;

t——焊缝的计算厚度,取连接件中较薄板的厚度;T形连接中,取腹板厚度。

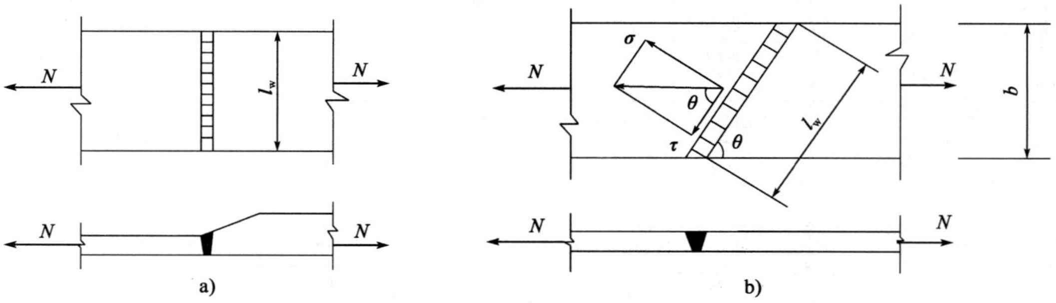

图4-13 承受轴力作用的对接焊缝

当斜对接焊缝[图4-13b)]承受轴力时,将轴向力N沿垂直于焊缝和平行于焊缝方向分解成两个力,$N_x = N\sin\theta$,$N_y = N\cos\theta$,则强度计算式为:

$$\begin{cases} \sigma = \dfrac{N\sin\theta}{l_w t} \leqslant f_t^w \quad 或 \quad f_c^w \\ \tau = \dfrac{N\cos\theta}{l_w t} \leqslant f_v^w \end{cases} \tag{4-3}$$

根据表 4-7 可知，当焊缝质量等级为三级时，其抗拉强度设计值低于焊件强度的设计值，故对接直焊缝的焊件钢材常不能充分利用。若是拼接焊缝，可考虑把直焊缝移到拉应力较小处或改用一级直焊缝和二级直焊缝，也可采用斜焊缝。按照《钢结构设计规范》（GB 50017—2017）的规定，当轴心拉力作用方向与焊缝的夹角满足 $\tan\theta \leqslant 1.5$ 时，焊缝强度超过母材强度，可不必再验算静力强度。

2）对接焊缝承受剪力和弯矩作用

当对接焊缝承受剪力 V 和弯矩 M 时，如图 4-14a）所示，其焊缝强度计算式为：

$$\begin{cases} \sigma = \dfrac{M}{W_w} \leqslant f_t^w \\ \tau = \dfrac{VS_w}{I_w t} \leqslant f_v^w \end{cases} \tag{4-4}$$

式中：W_w——对接焊缝截面抵抗矩；

I_w——对接焊缝截面对其中和轴的惯性矩；

S_w——所求应力点以下（或以上）焊缝截面对中和轴的面积矩。

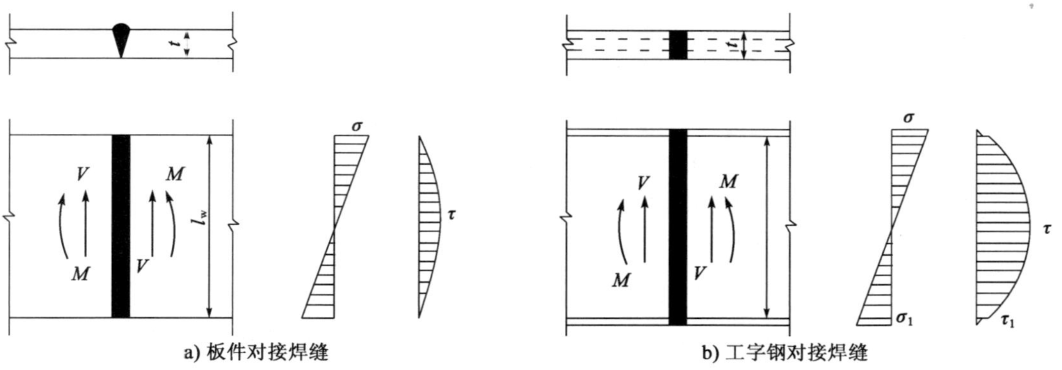

图 4-14 承受剪力和弯矩作用的对接焊缝

对于某些对接焊缝，例如图 4-14b）所示的工字形对接焊缝，其截面腹板与翼缘的交接处存在较大的正应力和剪应力，还应验算该点的折算应力，验算公式为：

$$\sqrt{\sigma_1^2 + 3\tau_1^2} \leqslant 1.1 f_t^w \tag{4-5}$$

式中的系数 1.1 是考虑到折算应力仅在局部位置产生，故将强度设计值提高 10%。

3）对接焊缝承受剪力、弯矩和轴力作用

当对接焊缝承受剪力 V、弯矩 M 和轴力 N 共同作用时，如图 4-15 所示，其强度计算式为：

$$\sigma = \frac{M}{W_w} + \frac{N}{A_w} \leqslant f_t^w \tag{4-6}$$

$$\sqrt{\sigma_N^2 + 3\tau_{max}^2} \leqslant 1.1 f_t^w \tag{4-7}$$

$$\sqrt{(\sigma_1+\sigma_N)^2+3\tau_1^2}\leqslant 1.1f_t^w \tag{4-8}$$

式中:A_w——对接焊缝的截面面积。

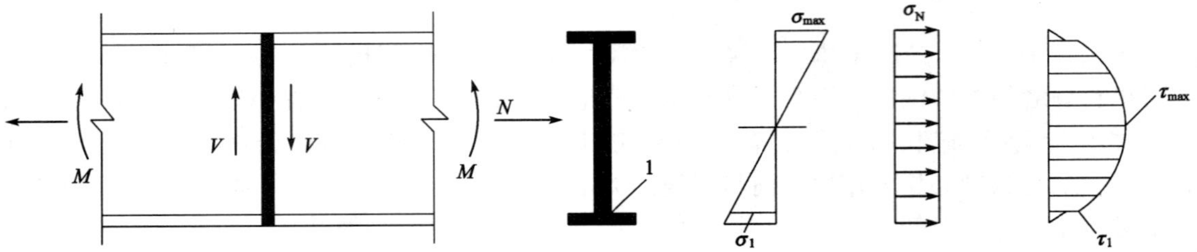

图 4-15 承受剪力、弯矩和轴力作用的工字形钢对接焊缝

4.2.2 角焊缝连接计算

角焊缝的受力状态比较复杂,因此精确计算比较困难。一般是根据试验结果,找出一个比较合理而又简单的设计方法和相应的公式供设计时使用。直角角焊缝的计算方法主要有两种:一是不考虑角焊缝受力方向的单一应力法,世界各国过去多年采用此法;二是近年来国际标准化组织推荐采用的、考虑角焊缝受力方向对焊缝承载能力影响的折算应力法。我国《钢结构设计规范》(GB 50017—2017)采用的是角焊缝折算应力的计算方法。这种方法认为直角角焊缝的破坏总是沿着其最小截面,即45°方向的有效截面($A_e=h_el_w=0.7h_fl_w$)。因此,设计分析时需研究有效截面上的应力状态。

1)角焊缝计算的基本公式

如图4-16a)中的角焊缝连接,在三向轴力N_x、N_y、N_z的作用下,其有效截面上存在三向应力,分别用$\sigma_\perp$、$\tau_\perp$和$\tau_{//}$表示,其中$\sigma_\perp$为垂直于焊缝长度方向的正应力,$\tau_\perp$为垂直于焊缝长度方向的剪应力,$\tau_{//}$为平行于焊缝长度方向的剪应力。根据理论分析和试验证明,角焊缝在复杂应力作用下的强度条件可和母材一样为:

$$\sqrt{\sigma_\perp^2+3(\tau_\perp^2+\tau_{//}^2)}\leqslant\sqrt{3}f_f^w \tag{4-9}$$

式中:f_f^w——角焊缝的强度设计值(表4-7),把它看作是剪切强度,则相当于角焊缝单向抗拉强度设计值。

为了便于计算角焊缝,把图4-16b)所示的有效截面上的正应力$\sigma_\perp$和剪应力$\tau_\perp$用垂直于焊脚边并在有效截面上分布的应力σ_{fx}和σ_{fy}表示,同时剪应力$\tau_{//}$的符号用τ_{fz}表示。计算时,假定有效截面上的主应力都是均匀分布的。有效截面为A_e,则$N_x=\sigma_{fx}A_e$,$N_y=\sigma_{fy}A_e$,$N_z=\tau_{fz}A_e$。根据平衡条件

$$\sigma_\perp A_e=\sigma_{fx}A_e\frac{\sqrt{2}}{2}+\sigma_{fy}A_e\frac{\sqrt{2}}{2}$$

$$\tau_\perp A_e=\sigma_{fy}A_e\frac{\sqrt{2}}{2}-\sigma_{fx}A_e\frac{\sqrt{2}}{2}$$

可得:

$$\sigma_\perp=\sigma_{fx}\frac{\sqrt{2}}{2}+\sigma_{fy}\frac{\sqrt{2}}{2}$$

$$\tau_{\perp}=\sigma_{fy}\frac{\sqrt{2}}{2}-\sigma_{fx}\frac{\sqrt{2}}{2}$$

$$\tau_{//}=\tau_{fz}$$

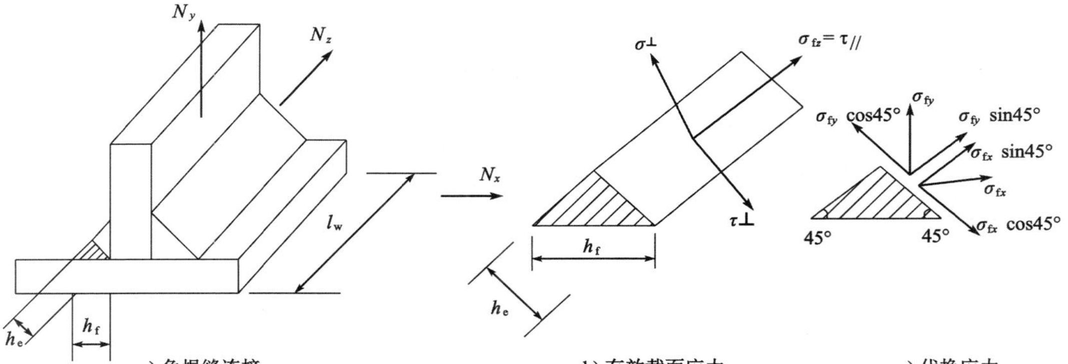

a) 角焊缝连接　　b) 有效截面应力　　c) 代换应力

图 4-16　角焊缝应力分析

把上述各式代入式(4-9)中可得：

$$\sqrt{\frac{2}{3}(\sigma_{fx}^{2}+\sigma_{fy}^{2}-\sigma_{fx}\sigma_{fy})+\tau_{fz}^{2}}\leqslant f_{f}^{w} \tag{4-10}$$

(1)正面角焊缝计算公式

对于正面角焊缝，当只有垂直于焊缝长度方向的轴心力 N 时[$N_z=0$，N_x(或N_y)$=0$]，计算公式为：

$$\sigma_{f}=\frac{N}{0.7h_{f}l_{w}}\leqslant 1.22f_{f}^{w} \tag{4-11}$$

(2)侧面角焊缝计算公式

对于侧面角焊缝，当只有平行于焊缝长度方向的轴心力 N_z 时($N_x=N_y=0$)，计算公式为：

$$\tau_{fz}=\frac{N_z}{0.7h_{f}l_{w}}\leqslant f_{f}^{w} \tag{4-12}$$

(3)斜向角焊缝计算公式

当斜向角焊缝承受轴心力 N 时，设力 N 与焊缝长度方向成夹角 θ，则可把力分解成垂直于焊缝长度方向的力 $N\sin\theta$ 和平行于焊缝长度方向的力 $N\cos\theta$，如图 4-17 所示，则焊缝上的应力分量为 $\sigma_{\perp}=N/A_e\sin\theta\sqrt{2}/2$，$\tau_{\perp}=N/A_e\sin\theta\sqrt{2}/2$，$\tau_{//}=N/A_e\cos\theta$，代入式(4-9)并整理得到：

$$\frac{N}{A_e}\sqrt{3-\sin^{2}\theta}\leqslant\sqrt{3}f_{f}^{w}$$

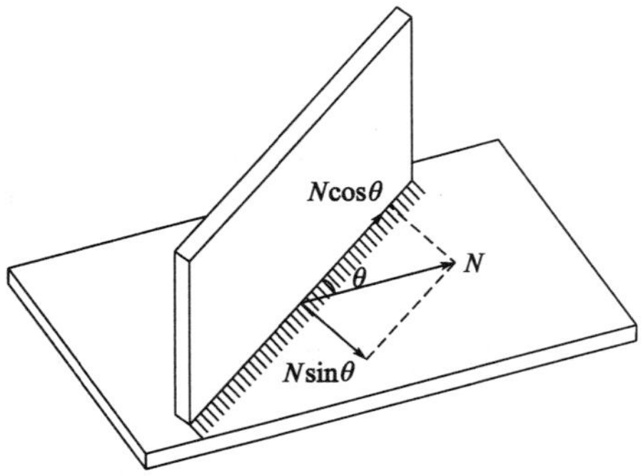

图 4-17　斜向角焊缝受轴心力作用

令 $\sigma_f=N/A_e$；$\beta=1/\sqrt{1-\frac{1}{3}\sin^{2}\theta}$，则有：

$$\sigma_{f}=\frac{N}{A_e}\leqslant\beta f_{f}^{w} \tag{4-13}$$

其中，β 称为斜向角焊缝强度增大系数，当 $\theta=0°$ 时，则为侧面角焊缝，$\beta=1$，式(4-13)同式(4-12)。当 $\theta = 90°$时,$\beta = 1.22$,式(4-13)与式(4-11)相同。

(4)一般情况

当σ_{fx}(或 σ_{fy}) = 0,即具有平行和垂直于焊缝长度的轴心力同时作用于焊缝时,由式(4-10)得计算公式为:

$$\sqrt{\left(\frac{\sigma_f}{1.22}\right)^2 + \tau_f^2} \leqslant f_f^w \tag{4-14}$$

当直接承受动力荷载时,鉴于正面角焊缝刚度大,塑性变形能力低,不再考虑强度增大,在式(4-11)、式(4-13)和式(4-14)中,一律把1.22或β取1.0。

对于斜角角焊缝[图4-8a)、b)、c)]的强度仍按式(4-11)~式(4-14)计算,但把1.22或β取为1.0。有效厚度 h_e取值为:当 $\alpha < 60°$时,$h_e = 0.7h_f$;当 $\alpha \geqslant 60°$时,$h_e = h_f \cos\alpha/2$,其中 α 为两焊脚的夹角。

在式(4-11)和式(4-12)中,按照《公路钢结构桥梁设计规范》(JTG D64—2015)中的规定,角焊缝的计算长度 l_w取实际长度减去2 h_f。

2)各种受力状态下的角焊缝计算

(1)承受轴心力作用时的角焊缝计算

当焊件受轴心力,且轴心力通过连接角焊缝群的中心时,可认为焊缝应力是均匀分布的。图4-18的连接中,当只有侧面角焊缝时,按式(4-12)计算;当只有正面角焊缝时,按式(4-11)计算;当采用三面围焊时,对矩形拼接板,可先按式(4-11)计算正面角焊缝所承担的外力 N':

$$N' = 1.22 f_f^w h_e \sum l_w \tag{4-15}$$

式中:$\sum l_w$——连接一侧正面角焊缝计算长度总和。

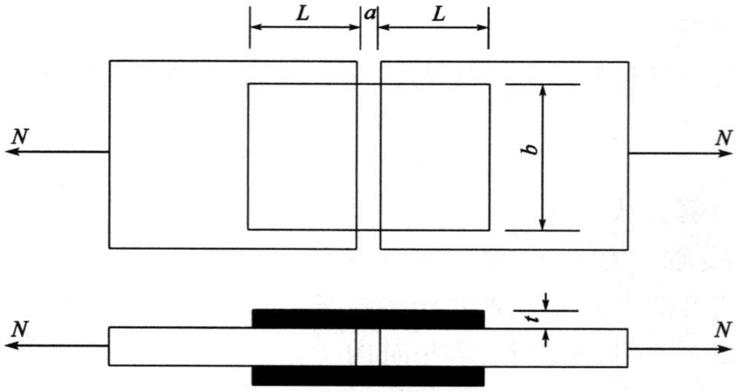

图4-18 构件的盖板焊接连接

再由 $N\text{-}N'$得到侧面角焊缝所受的力,按式(4-12)计算侧面角焊缝的强度:

$$\tau_f = \frac{N - N'}{h_e \sum l_w} \leqslant f_f^w \tag{4-16}$$

式中:$\sum l_w$——连接一侧的侧面角焊缝计算长度总和。

当承受动力荷载时,则按轴心力由角焊缝有效截面平均承担计算,即

$$\frac{N}{h_e \sum l_w} \leqslant f_f^w \tag{4-17}$$

(2)承受剪力、弯矩和轴力作用时的角焊缝计算

当焊缝承受非轴心力时,可将外力的作用分解为轴力、剪力、弯矩和扭矩等简单受力情况,分别求出各自的焊缝应力,然后利用公式(4-14)对截面最大应力进行验算。

①承受偏心轴力作用时角焊缝的计算

如图4-19所示的双面角焊缝连接承受偏心斜拉力 N 作用,计算时可将作用力 N 分解为 N_x 和 N_y 两个分力。角焊缝同时承受轴心力 N_x、剪力 N_y 和弯矩 $M = N_x e$ 的共同作用。焊缝计算截面上的应力分布如图4-19所示,图中 A 点应力最大,为控制设计点。此处垂直于焊缝长度方向的应力由两部分组成,即由轴心拉力 N_x 产生的应力:

$$\sigma_{\mathrm{N}} = \frac{N_x}{A_{\mathrm{e}}} = \frac{N_x}{2h_{\mathrm{e}}l_{\mathrm{w}}} \tag{4-18}$$

由弯矩 M 产生的应力:

$$\sigma_{\mathrm{M}} = \frac{M}{W_{\mathrm{e}}} = \frac{6M}{2h_{\mathrm{e}}l_{\mathrm{w}}^2} \tag{4-19}$$

这两部分应力由于在 A 点处的方向相同,可直接叠加,即 A 点垂直于焊缝长度方向的应力为:

$$\sigma_{\mathrm{f}} = \sigma_{\mathrm{N}} + \sigma_{\mathrm{M}} = \frac{N_x}{2h_{\mathrm{e}}l_{\mathrm{w}}} + \frac{6M}{2h_{\mathrm{e}}l_{\mathrm{w}}^2} \tag{4-20}$$

剪力 N_y 在 A 点处产生平行于焊缝长度方向的应力为:

$$\tau_y = \frac{N_y}{A_{\mathrm{e}}} = \frac{N_y}{2h_{\mathrm{e}}l_{\mathrm{w}}} \tag{4-21}$$

代入式(4-13)得:

$$\sqrt{\left(\frac{\sigma_{\mathrm{N}} + \sigma_{\mathrm{M}}}{\beta_{\mathrm{f}}}\right)^2 + \tau_y^2} \leqslant f_{\mathrm{f}}^{\mathrm{w}} \tag{4-22}$$

β_{f} 为正应力强度提高系数,当承受静力或间接承受动力荷载时,取1.22;当直接承受动力荷载时,取1.0。

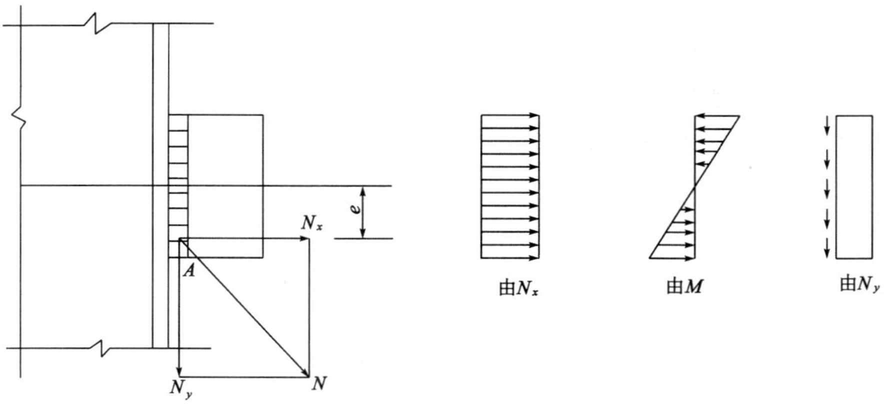

图4-19 承受偏心轴力作用的角焊缝

②受弯矩与剪力的工字梁(或牛腿)与钢柱翼缘的角焊缝计算

如图4-20所示的工字梁(或牛腿)与钢柱翼缘的角焊缝连接,由于翼缘的竖向刚度较差,

在剪力作用下,如果没有腹板焊缝存在,翼缘将发生明显挠曲。一般计算时通常假设腹板焊缝承受全部剪力,而弯矩则由全部焊缝承受。

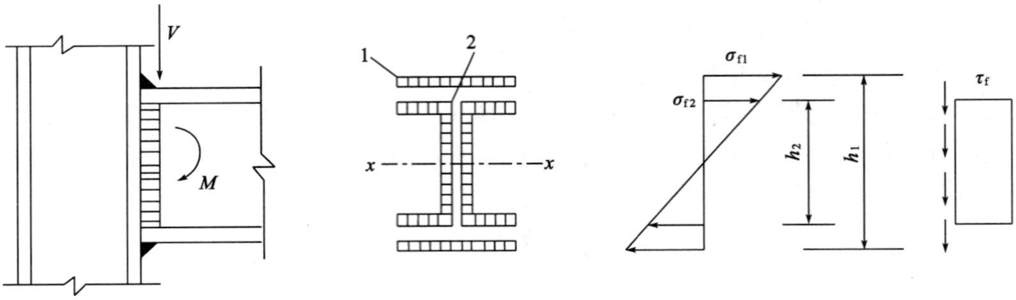

图 4-20 工字梁(或牛腿)与钢柱翼缘的角焊缝连接

弯曲应力沿梁高呈三角形分布,图中梁翼缘最上侧受拉应力最大,最下端受压应力最大,剪应力沿高度方向均匀分布,最大弯曲应力发生在翼缘焊缝的最外边缘 1 处,此时的应力应满足的弯曲应力强度条件为:

$$\sigma_{f1}=\frac{M}{I_w}\cdot\frac{h_1}{2}\leqslant\beta_f f_f^w \tag{4-23}$$

式中:M——全部焊缝承受的弯矩;

I_w——全部焊缝有效截面对中性轴的惯性矩;

h_1——上下翼缘焊缝有效截面最外边缘之间的距离。

腹板焊缝承受两种应力的联合作用,即垂直于焊缝长度方向且沿梁高呈三角形分布的弯曲应力和平行于焊缝长度方向且沿焊缝截面均匀分布的剪应力的作用,设计控制点为图 4-20 中翼缘焊缝与腹板焊缝 2 的交点处,此处的弯曲应力和剪应力分别按下式计算:

$$\sigma_{f2}=\frac{M}{I_w}\cdot\frac{h_2}{2} \tag{4-24}$$

$$\tau_f=\frac{V}{h_{e2}\sum l_{w2}} \tag{4-25}$$

式中:$h_{e2}\sum l_{w2}$——腹板焊缝有效截面面积之和;

h_2——腹板焊缝的实际长度。

腹板焊缝 2 处的端点处应按式(4-26)验算强度:

$$\sqrt{\left(\frac{\sigma_{f2}}{\beta_f}\right)^2+\tau_f^2}\leqslant f_f^w \tag{4-26}$$

③受扭矩、剪力和轴力共同作用的围焊角焊缝计算

在图 4-21 所示柱翼缘上围焊连接板的连接中,承受偏心力 P 和轴心力 N 共同作用。计算时,首先求得角焊缝有效截面形心 O,它距偏心力 P 的距离为 $(e+a)$,再将力 P 移至通过焊缝形心 O 的 y 轴线上。则外力 P 可转化为作用于角焊缝形心 O 的扭矩 $T=P(e+a)$ 和剪力 $V(V=P)$。对这种复杂受力状态,计算时须作如下假定:

a. 构件是完全刚性的,角焊缝处于弹性状态。

b. 角焊缝群上任意一点的应力方向垂直于该点与形心的连线,且应力大小与连线长度 r

成正比。距角焊缝有效截面形心最远（如 A 点）的应力计算式为：

$$\tau_A = \frac{T r_{max}}{I_p} \tag{4-27}$$

式中：I_p——角焊缝有效截面的极惯性矩，指截面面积对极点的二次矩，$I_p = \int \rho^2 dA = I_x + I_y$；

r_{max}——焊缝有效截面形心 O 到应力作用最远点的距离。

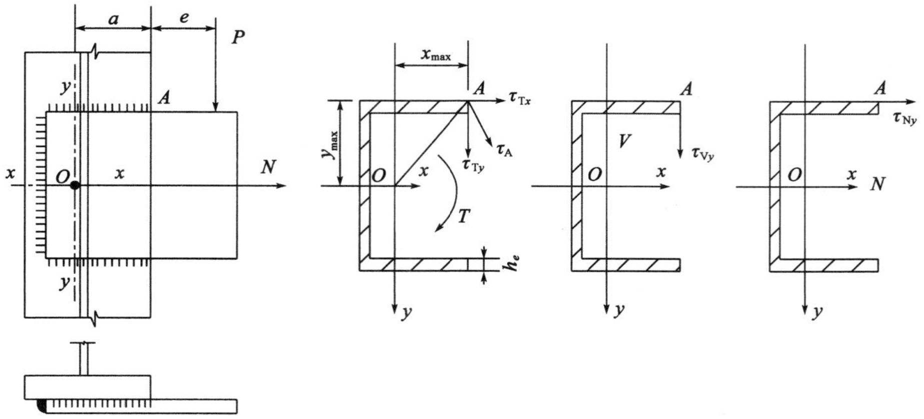

图 4-21 受扭矩、剪力和轴力共同作用的围焊角焊缝

将扭矩 T 在 A 点产生的应力 τ_A 分解为沿 x 轴和 y 轴上的分应力：

$$\tau_{Tx} = \frac{T y_{max}}{I_x + I_y} \tag{4-28}$$

$$\tau_{Ty} = \frac{T x_{max}}{I_x + I_y} \tag{4-29}$$

在剪力 V 和轴力 N 作用下焊缝有效截面上的应力近似地按平均分布考虑，$\tau_{Vy} = V/A_w$，$\tau_{Nx} = N/A_w$，则距角焊缝有效截面形心最远点（如 A 点）各应力分量为：

$$\tau_{Nx} = \frac{N}{A_w}, \quad \tau_{Vy} = \frac{V}{A_w}$$

$$\tau_{Tx} = \frac{T y_{max}}{I_x + I_y}, \quad \tau_{Ty} = \frac{T x_{max}}{I_x + I_y}$$

验算角焊缝强度式为：

$$\sqrt{\left(\frac{\tau_{Vy} + \tau_{Ty}}{\beta_f}\right)^2 + (\tau_{Nx} + \tau_{Tx})^2} \leqslant f_f^w \tag{4-30}$$

4.3 螺栓连接计算

4.3.1 普通螺栓连接计算

普通螺栓连接，按螺栓传力方式可分为受剪螺栓连接、受拉螺栓连接和拉剪螺栓连接三种。受剪螺栓连接是靠栓杆受剪和孔壁承压传力；受拉螺栓连接是靠沿栓杆轴方向受拉传力；

拉剪螺栓连接则同时兼有上述两种传力方式。螺栓连接的强度设计值见《公路钢结构桥梁设计规范》(JTG D64—2015)(表4-8)。

螺栓连接的强度设计值　　表4-8

螺栓的性能等级和构件钢材的牌号		普通螺栓						承压型连接高强度螺栓		
		C级螺栓			A级、B级螺栓					
		抗拉 f_t^b	抗剪 f_v^b	承压 f_c^b	抗拉 f_t^b	抗剪 f_v^b	承压 f_c^b	抗拉 f_t^b	抗剪 f_v^b	承压 f_c^b
普通螺栓	4.6、4.8级	145	120	—	—	—	—	—	—	—
	5.6级	—	—	—	185	165	—	—	—	—
	8.8级	—	—	—	350	280	—	—	—	—
承压型连接高强度螺栓	8.8级	—	—	—	—	—	—	400	250	—
	10.9级	—	—	—	—	—	—	500	310	—
构件	Q235钢	—	—	265	—	—	350	—	—	470
	Q345钢	—	—	340	—	—	450	—	—	590
	Q390钢	—	—	355	—	—	470	—	—	615
	Q420钢	—	—	380	—	—	500	—	—	655

注:1. A级螺栓用于 $d\leqslant24$mm 和 $l\leqslant10d$ 或 $l\leqslant150$mm(按较小值)的螺栓;B级螺栓用于 $d>24$mm 和 $l>10d$ 或 $l>150$mm(按较小值)的螺栓。d 为公称直径,l 为螺杆公称长度。

2. A、B级螺栓孔的精度和孔壁表面粗糙度,C级螺栓孔的允许偏差和孔壁表面粗糙度,均应符合现行国家标准《钢结构工程施工质量验收规范》(GB 50205—2001)中的要求。

1)单个螺栓的设计计算

(1)受剪螺栓连接

如图4-22所示,受剪螺栓连接破坏时可能出现5种破坏形式:

①螺杆剪断,如图4-22a)所示。当螺杆较细而钢板相对较厚时可能发生。

②孔壁挤压破坏,如图4-22b)所示。当螺杆较粗而钢板相对较薄时可能发生。

③钢板被拉断,如图4-22c)所示。当钢板因螺孔削弱过多时可能发生。

④端部钢板剪断,如图4-22d)所示。当顺力方向的端距过小时可能发生。

⑤螺栓杆弯曲破坏,如图4-22e)所示。当螺栓过于细长时可能发生。

上述破坏形式中的后两种在选用最小容许端距和限制层叠厚度不超过 $5d$(d 为螺栓直径)的条件下,均不会发生。前三种形式的破坏,则通过计算来防止。

单个普通螺栓连接按承载能力极限状态需计算栓杆受剪和孔壁承压承载力。受剪螺栓根据栓杆参与受剪面个数的不同分为单剪、双剪或多剪,如图4-23所示。

抗剪承载力设计值:假定螺栓受剪面上的剪应力是均匀分布的,则单个螺栓的抗剪承载力设计值为:

$$N_v^b = n_v \frac{\pi d^2}{4} f_v^b \tag{4-31}$$

式中:n_v——每个螺栓的受剪面数,单剪 $n_v=1$,双剪 $n_v=2$,四剪 $n_v=4$,如图4-23所示;

d——螺栓杆直径;

f_v^b——螺栓抗剪强度设计值(表4-8)。

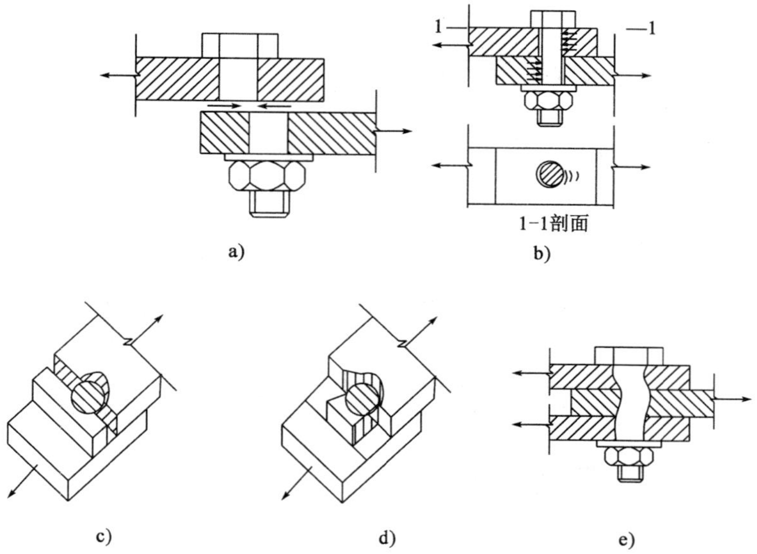

图 4-22 受剪螺栓连接的破坏形式

承压承载力设计值：螺栓孔壁的实际承压应力分布很不均匀，为了简化计算，在实际计算中通常假定承压应力沿螺杆直径的投影面均匀分布。则单个螺栓的承压承载力设计值为：

$$N_c^b = d\sum t \cdot f_c^b \tag{4-32}$$

式中：$\sum t$——在同一受力方向的承压钢板总厚度中的较小值；

f_c^b——螺栓的承压强度设计值(表 4-8)。

单个螺栓受剪承载能力验算应该满足：

$$N_v \leqslant N_{min}^b = \min[N_v^b, N_c^b] \tag{4-33}$$

式中：N_v——螺栓承受的剪力荷载；

N_{min}^b——单个受剪螺栓的承载力设计值。

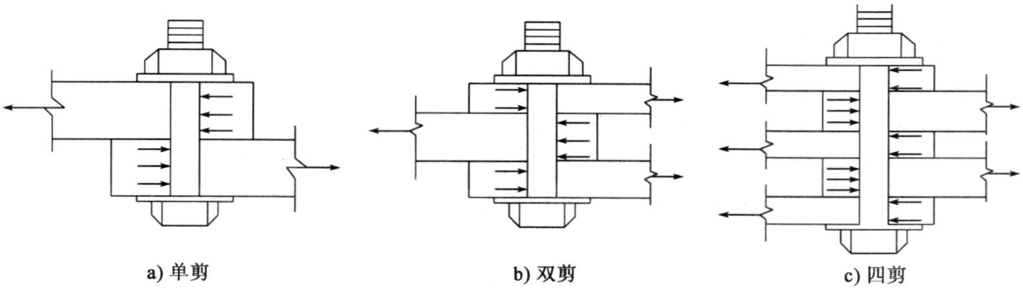

图 4-23 螺栓的剪切面

(2)受拉螺栓连接

在外力作用下的受拉螺栓连接中，构件之间存在相互分离的趋势，螺栓承受沿螺杆长度方向的拉力，其破坏形式为螺杆拉断，主要产生在螺纹部分，如图 4-24 所示。

假定拉应力在螺栓螺纹处截面均匀分布，则单个抗拉螺栓的承载力设计值为：

$$N_t^b = \frac{\pi d_e^2}{4} f_t^b \tag{4-34}$$

式中：f_t^b——螺栓的抗拉强度设计值(表4-8)；

d_e——螺栓螺纹处的有效直径(附表4-1)。

螺栓受拉时,通常不可能使拉力正好作用在螺栓轴线上,而是通过与螺杆垂直的板件传递。如图4-24所示的T形连接,如果连接件的刚度较小,受力后与螺栓垂直的连接件总会变形,因而形成杠杆作用,螺栓有被撬开的趋势,使螺杆中的拉力增加并产生弯曲现象。在构造上可以通过加强连接件的刚度的方法,来减小撬力,如设加劲肋,可以减小甚至消除撬力的影响。其中螺栓的强度设计值应按螺栓的公称抗拉强度除以相应的抗力分项系数确定。

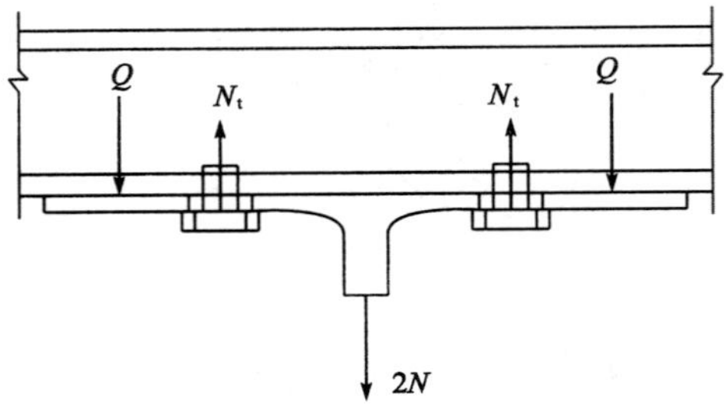

图4-24 受拉螺栓

(3)受拉剪螺栓连接

当螺栓同时承受剪力和拉力时,工作性能比较复杂,根据试验,用相关公式考虑受剪和受拉同时作用的综合效果。单个同时受剪拉螺栓的设计验算应满足下式要求：

$$\sqrt{\left(\frac{N_v}{N_v^b}\right)^2 + \left(\frac{N_t}{N_t^b}\right)^2} \leqslant 1 \tag{4-35}$$

及

$$N_v \leqslant N_c^b \tag{4-36}$$

式中：N_v、N_t——单个螺栓受到的外荷载剪力和拉力。

2)普通螺栓群连接计算

(1)普通螺栓群抗剪计算

螺栓群的抗剪连接承受轴心力时,在长度方向上螺栓群各螺栓受力并不均匀,表现为两端螺栓受力大,而中间螺栓受力小。但在进入弹塑性工作阶段后,由于内力重分布,各螺栓受力将逐渐趋于相等,故可认为轴向力由每个螺栓平均分担,即在设计受剪螺栓群时,需要的螺栓数为：

$$n = \frac{N}{N_{min}^b} \tag{4-37}$$

式中：n——加拼接板的对接连接接缝一侧所需的螺栓数,对于搭接连接就是所需的螺栓总数。

为了保证安全,《公路钢结构桥梁设计规范》(JTG D64—2015)规定,在一处连接中,拼接接头一侧或搭接接头的永久性螺栓不宜少于2个。构件的肢与节点板偏心连接,且这些肢在连接范围内无缀板相连或构件的肢仅有一面有拼接板时,螺栓数目应按计算数增加 10% 。

在构件的节点处或拼接接头的一侧,当螺栓沿受力方向的连接长度 $l_1>15d_0$(d_0 为螺栓孔直径)时,各螺栓的受力将很不均匀,端部螺栓受力很大,往往首先被破坏,然后依次逐个向内破坏。因此,《钢结构设计规范》(GB 50017—2017)中规定将螺栓(包括高强度螺栓)的承载力设计值N_v^b和N_c^b乘以下列折减系数予以降低:

当 $l_1>15d_0$时,$\beta=1.1-l_1/150\,d_0$;

当 $l_1>60d_0$时,$\beta=0.7$。

为防止构件或连接板因螺孔削弱过大而被拉(或压)断,需验算其净截面强度,则有:

$$\sigma=\frac{N}{A_n}\leqslant f \tag{4-38}$$

式中:A_n——构件或连接板的净截面面积。

净截面强度验算应选择构件或连接板最不利截面,即内力最大或螺孔较多而净截面较小的截面。如图 4-25a)所示,螺栓为并列排列时,构件最不利截面为截面Ⅰ-Ⅰ,其内力最大为 N。对于连接板,则截面Ⅲ-Ⅲ最不利,其内力最大也为 N。

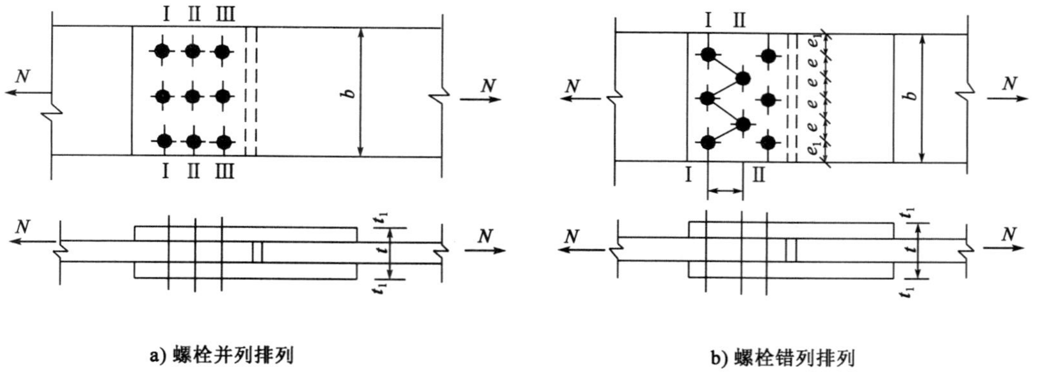

图 4-25 普通螺栓群受轴心力作用

构件截面Ⅰ-Ⅰ:

$$A_n=(b-n_1d_0)t$$

连接板截面Ⅲ-Ⅲ:

$$A_n=2(b-n_3d_0)t_1$$

式中:n_1、n_3——截面Ⅰ-Ⅰ和Ⅲ-Ⅲ上的螺栓孔;

t、t_1、b——构件和连接板的厚度及宽度。

当螺栓为错列排列时[图 4-25b)],构件可能沿直线截面Ⅰ-Ⅰ破坏外,还可能沿折线截面Ⅱ-Ⅱ破坏,故还需要计算折线净截面面积,以确定最不利截面,计算公式为:

$$A_n=[2\,e_1+(n_2-1)\sqrt{a^2+e^2}-n_2d_0]t$$

式中:n_2——折线截面Ⅱ-Ⅱ上的螺孔数。

(2)普通螺栓群抗拉计算

①螺栓群受轴心力 N 作用时的受拉螺栓计算。当外力 N 通过螺栓群形心时,假定每个螺栓所受的拉力相等,因此,连接所需螺栓的数目为:

$$n=\frac{N}{N_t^b} \tag{4-39}$$

然后按实际确定的螺栓数目进行布置排列。

②螺栓群在弯矩 M 作用下的抗拉计算。如图 4-26 所示为螺栓群在弯矩作用下的抗拉连接,其中剪力 V 由承托传递。在弯矩作用下,螺栓全部受拉,而压应力则由弯矩指向一侧的端板承受。如图 4-26 所示,可知受拉面由所有的螺栓点组成,而受压面为一个面,根据拉压平衡可知,中性轴应位于弯矩指向一侧最外排螺栓附近的某个位置,为简便计算,近似取中和轴为最下排螺栓的轴线(图 4-26 中 x-x 轴),并且忽略压力所产生的弯矩(因力臂很小),因此:

$$M=m(N_1y_1+N_2y_2+\cdots+N_ny_n)=m\sum N_iy_i=m\sum\frac{N_1}{y_1}y_i^2$$

从而可得螺栓所受最大拉力为:

$$N_1=\frac{My_1}{m\sum y_i^2}\leqslant N_t^b \tag{4-40}$$

式中:m——螺栓排列的纵列数,图 4-26 中 $m=2$;

y_1——距中和轴 x-x 最远的螺栓距离。

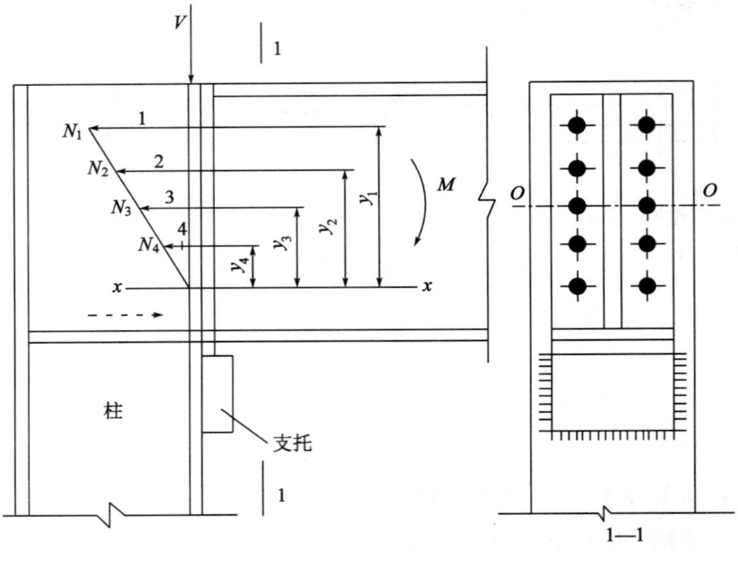

图 4-26 普通螺栓群在弯矩作用下受拉

③螺栓群受偏心力作用时的受拉螺栓计算。螺栓群偏心受拉相当于连接承受轴心拉力 N 和弯矩 $M=Ne$ 的联合作用。根据偏心距的大小,可能出现大偏心受拉和小偏心受拉两种情况。

图 4-27b)为小偏心受拉,所有螺栓均承受拉力作用。轴心拉力 N 由各螺栓均匀承受,而弯矩 M 则引起以螺栓群形心 O 处水平轴为中和轴的三角形应力分布,使上部螺栓受拉,下部螺栓受压;叠加后全部螺栓均为受拉。这样可得受力最大和受力最小的螺栓拉力:

$$N_{max}=\frac{N}{n}+\frac{Ne\,y_1}{m\sum y_i^2}\leqslant N_t^b \tag{4-41}$$

$$N_{min}=\frac{N}{n}-\frac{Ne\,y_1}{m\sum y_i^2}\geqslant 0 \tag{4-42}$$

式(4-41)是最不利螺栓“1”需满足的强度条件;而式(4-42)是采用此种方法必须满足的前提条件,它表示全部螺栓均受拉。若$N_{min}<0$或$e>m\sum y_i^2/n\,y_1$,则表示最下一排螺栓受压(实际是板端部受压),此时应按大偏心情况计算。

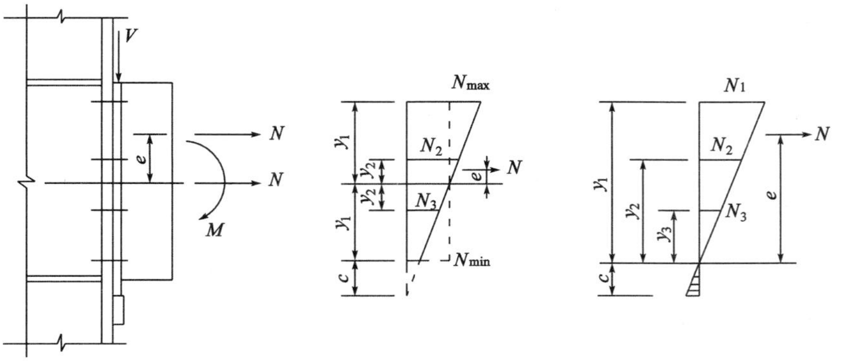

图4-27 螺栓群偏心受拉

图4-27c)为大偏心受拉,因偏心距较大,故弯矩也较大,此时,端板底部会出现受压区,中和轴应下移。为简化计算,可近似地将中和轴假定在(弯矩指向一侧)最外排螺栓轴线。按照螺栓群只承受弯矩情况的相似方法,可由力的平衡方程得最不利螺栓“1”所受的拉力及应满足的强度条件:

$$N_{max}=\frac{Ne\,y_1}{m\sum y_i^2}\leqslant N_t^b \tag{4-43}$$

(3)普通螺栓群抗拉剪计算

如图4-28所示连接,螺栓群承受剪力V和偏心拉力N的联合作用。

承受剪力和拉力联合作用的普通螺栓应考虑两种可能的破坏形式:一是螺栓受剪兼受拉破坏;二是孔壁承压破坏。根据试验结果可知,兼受剪力和拉力的螺杆,将剪力和拉力分别除以各自单独作用时的承载力,这样无量纲化后的相关关系近似为一条圆曲线。故螺栓的计算式为:

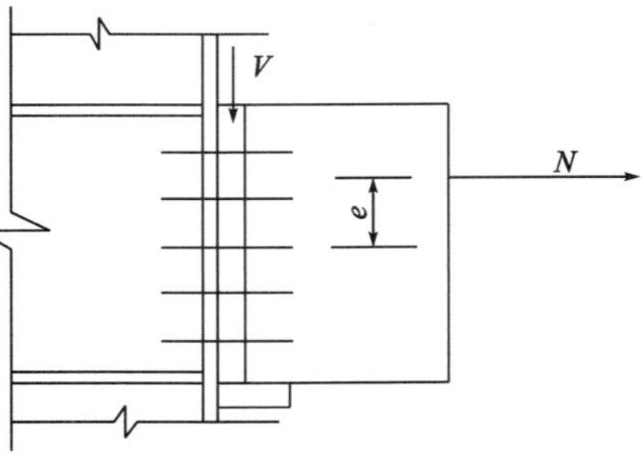

图4-28 螺栓群受剪力和拉力联合作用

$$\sqrt{\left(\frac{N_v}{N_v^b}\right)^2+\left(\frac{N_t}{N_t^b}\right)^2}\leqslant 1 \tag{4-44}$$

$$N_v\leqslant N_c^b \tag{4-45}$$

(4)普通螺栓群抗扭拉剪计算

图4-29中螺栓群受弯、剪、扭共同作用,需综合考虑受力。在扭矩作用下,螺栓1、6、5、10受力最大,螺栓1的扭力:

$$T=\frac{N_1^{\mathrm{T}}}{r_1}(r_1^2+r_2^2+\cdots+r_n^2)=\frac{N_1^{\mathrm{T}}\sum r_i^2}{r_1} \tag{4-46}$$

$$N_1^{\mathrm{T}}=\frac{Tr_1}{\sum r_i^2}=\frac{Tr_1}{\sum x_i^2+\sum y_i^2} \tag{4-47}$$

式中:r_i——各螺栓至螺栓群中心O的距离。

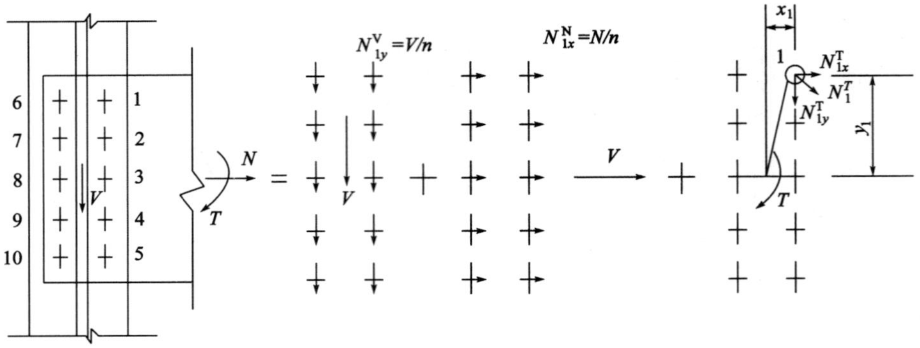

图4-29　螺栓群受弯、剪、扭共同作用

N_1^{T}在x、y两个方向的分力为:

$$N_{1x}^{\mathrm{T}}=\frac{N_1^{\mathrm{T}}y_1}{r_1}=\frac{Ty_1}{\sum x_i^2+\sum y_i^2} \tag{4-48}$$

$$N_{1y}^{\mathrm{T}}=\frac{N_1^{\mathrm{T}}x_1}{r_1}=\frac{Tx_1}{\sum x_i^2+\sum y_i^2} \tag{4-49}$$

在剪力V和轴心力N作用下,每个螺栓均匀受力:

$$N_{1y}^{\mathrm{V}}=\frac{V}{n}\quad N_{1x}^{\mathrm{N}}=\frac{N}{n} \tag{4-50}$$

以上各力均为剪力,故受力最大螺栓1承受的合力N_1应满足:

$$N_1=\sqrt{(N_{1x}^{\mathrm{T}}+N_{1x}^{\mathrm{N}})^2+(N_{1y}^{\mathrm{T}}+N_{1y}^{\mathrm{V}})^2}\leqslant N_{\min}^{\mathrm{b}} \tag{4-51}$$

4.3.2　高强度螺栓连接计算

1)高强度螺栓摩擦型连接计算

(1)高强度螺栓摩擦型抗剪连接计算

高强度螺栓摩擦型连接单纯依靠被连接构件间的摩擦阻力传递剪力,以剪力等于摩擦力为承载能力极限状态。

①单个高强度螺栓的抗剪承载力设计值

$$N_v^b = 0.9\, n_f \mu P \tag{4-52}$$

式中:0.9——抗力分项系数的倒数;

n_f——传力的摩擦面数;

μ——高强度螺栓摩擦面抗滑移系数,见表4-5;

P——一个高强度螺栓的预拉力,见表4-4。

②轴心力作用下的螺栓群计算

a. 螺栓数目:

$$n = \frac{N}{N_v^b} = \frac{N}{0.9\, n_f \mu P} \tag{4-53}$$

确定所需螺栓数目 n,并按构造要求布置排列。

b. 板件净截面强度。高强度螺栓摩擦型连接的板件净截面强度计算与普通螺栓连接不同,被连接钢板最危险截面在第一排螺栓孔处。在这个截面上,一部分剪力已由孔前接触面传递,如图4-30所示。《钢结构设计规范》(GB 50017—2017)中规定孔前传力占该排螺栓传力的50%。这样截面1-1净截面传力为:

$$N' = N - 0.5\frac{N}{n}n_1 = N\left(1 - \frac{0.5\, n_1}{n}\right) \tag{4-54}$$

式中:n——连接一侧的螺栓总数;

n_1——计算截面上的螺栓数。

连接构件(板件)净截面强度:

$$\sigma_n = \frac{N'}{A_n} \leqslant f \tag{4-55}$$

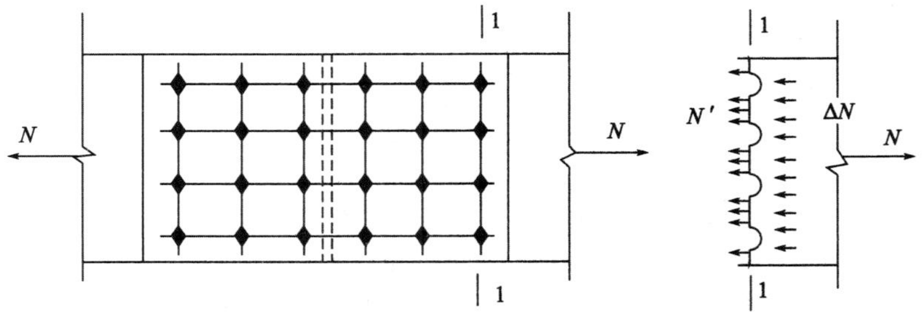

图4-30 高强度螺栓摩擦型连接孔前传力

③扭矩。剪力和轴心力作用下的螺栓群计算

螺栓群受扭矩 T、剪力 V 和轴心力 N 共同作用的高强度螺栓连接的抗剪计算与普通螺栓相同,只是用高强度螺栓摩擦型连接的承载力设计值。

(2)高强度螺栓摩擦型抗拉连接计算

①高强度螺栓连接的抗拉工作性能

高强度螺栓连接由于螺栓中的预拉力作用,构件间在承受外力作用前已经有较大的挤压力,高强度螺栓受到外拉力作用时,首先要抵消这部分挤压力。分析表明,当高强度螺栓达到规范规定的承载力 0.8P 时,相比较于没有施加预拉力的螺栓,螺栓杆的拉力仅增大 7% 左右,可认为基本不变。

②单个高强度螺栓摩擦型连接抗拉承载力

规范规定一个高强度螺栓抗拉承载力设计值为:

$$N_t^b = 0.8P \tag{4-56}$$

③轴心拉力作用下高强度螺栓摩擦型连接计算

因为通过螺栓群形心,每个螺栓所受外拉力相同,一个螺栓所受拉力为:

$$N_t = \frac{N}{n} \leqslant 0.8P \tag{4-57}$$

式中:n——螺栓数目。

④高强度螺栓群在弯矩和轴力作用下的计算

高强度螺栓群在弯矩 M 和轴心力 N 作用下(图 4-31),由于被连接构件的接触面一直保持紧密贴合,可以认为受力时中和轴在螺栓群的形心线处。最外面的螺栓所受最大拉力 N_{1t},其强度条件为:

$$N_{1t} = \frac{N}{n} + \frac{M y_1}{m \sum y_i^2} \leqslant N_t^b \tag{4-58}$$

式中:y_i——螺栓至中和轴的垂直距离;

y_1——受拉力最大螺栓“1”至中和轴的距离。

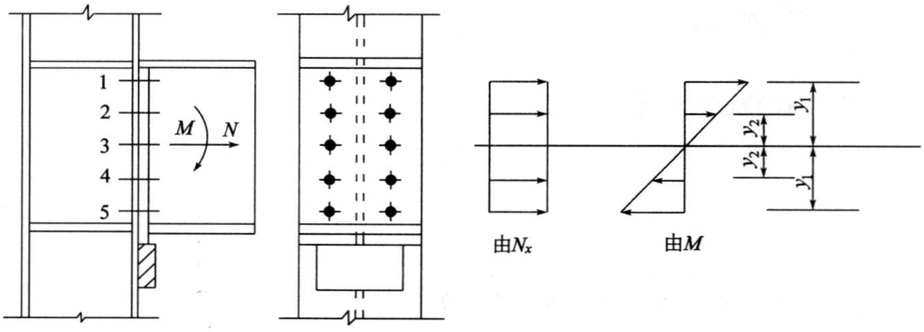

图 4-31 弯矩和轴心拉力作用下的高强度螺栓连接

(3)高强度螺栓摩擦型抗拉剪连接计算

①单个高强度螺栓拉剪连接的抗剪承载力设计值

当高强度螺栓承受沿杆轴方向的外拉力 N_t 作用时,不单构件摩擦面间的压紧力将由 P 减至 $P-N_t$,且根据试验,此时摩擦面抗滑移系数 μ 亦随之降低,故螺栓在承受拉力时其抗剪承载力将减小。为计算简便,对 μ 仍取原有的定值,但对 N_t 则予以加大 25% 以作为补偿。因此,单个拉剪高强度螺栓的抗剪强度应满足的要求式为:

$$N_v = 0.9\, n_f \mu (P - 1.25\, N_t) \tag{4-59a}$$

式中,N_t应满足$N_t \leqslant 0.8P$。

式(4-59a)也可按等价计算式计算为:

$$\frac{N_v}{N_v^b} + \frac{N_t}{N_t^b} \leqslant 1 \tag{4-59b}$$

②高强度螺栓群拉剪连接计算

如图 4-32 所示为一受偏心力 F 作用的高强度螺栓连接的顶接连接，将力 F 向螺栓群形心简化后，可得等效荷载 $V = F, M = Fe$。因此，在形心轴 O-O 以上螺栓为同时承受外拉力 $N_{ti} = \dfrac{My_i}{m\sum y_i^2}$ 和剪力 $N_{Vi} = \dfrac{V}{n}$ 的拉剪螺栓。计算时可采用的两个公式为：

$$N_{v1} \leqslant 0.9\, n_f \mu (P - 1.25\, N_{t1}) \tag{4-60a}$$

或

$$\frac{N_{v1}}{N_v^b} + \frac{N_{t1}}{N_t^b} \leqslant 1 \tag{4-60b}$$

及

$$N_{v1} \leqslant 0.9\, n_f \mu (nP - 1.25 \sum N_{ti}) \tag{4-61}$$

式(4-60a)、式(4-60b)、式(4-61)中 N_{t1} 和 N_{ti} 均应满足 $N_{t1}\ (N_{ti}) \leqslant 0.8P$。

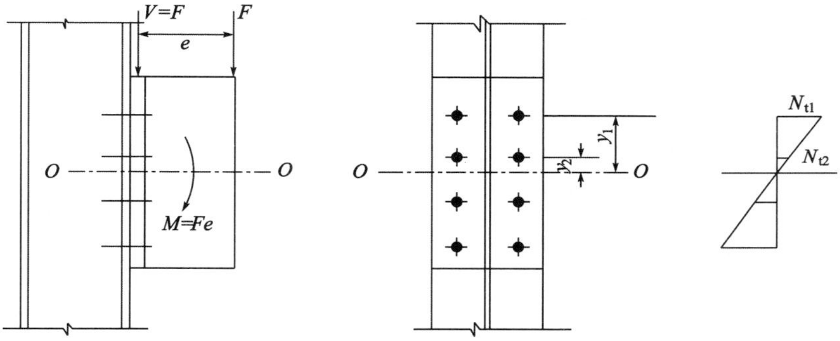

图 4-32 拉剪高强度螺栓连接

式(4-60)是仅计算最不利拉剪螺栓"1"在承受拉力 N_{t1} 后，降低的抗剪承载力设计值 N_{v1}^b 是否大于或等于其所承受的平均剪力 N_{v1} 来决定该连接是否安全，故很保守，但较简单。式(4-61)是考虑连接中其他各排螺栓承受的拉力递减，甚至为零(对中和轴和受压区均按 $N_{ti} = 0$ 处理)时的情况。因此，计算全部螺栓抗剪承载力设计值的总和是否大于或等于连接所承受的剪力 V，经济合理，但计算稍繁。

2) 高强度螺栓承压型连接计算

高强度螺栓承压型连接的传力特征是剪力超过摩擦力时，构件间发生相对滑移，螺栓杆身和孔壁接触，螺栓受剪同时孔壁承压。但是，另一方面，摩擦力随外力继续增大而逐渐减弱，到连接接近破坏时，剪力完全由杆身承担。高强度螺栓承压型连接以螺栓或钢板破坏为承载能力的极限状态，可能的破坏形式与普通螺栓相同。高强度螺栓承压型连接不应用于直接承受动力荷载的结构。

(1) 在抗剪连接中，承压型连接的高强度螺栓承载力设计值的计算方法与普通螺栓相同，只是采用高强度螺栓的抗剪、承压设计值。但当剪切面在螺纹处时，其受剪承载力设计值应按螺纹处的有效面积进行计算，即 $N_v^b = n_v \dfrac{\pi d_e^2}{4} f_v^b$，式中 f_v^b 为高强度螺栓的抗剪设计值。

(2) 在受拉连接中，承压型连接的高强度螺栓连接的受力特性和摩擦型的相同，考虑到承压型连接的设计准则与普通螺栓类似,故单个高强度螺栓承压型连接的抗拉承载力设计值采用与普通螺栓相同的计算公式。

(3)同时承受剪力和拉力的高强度螺栓承压型连接应满足的公式为:

$$\sqrt{\left(\frac{N_{\mathrm{v}}}{N_{\mathrm{v}}^{\mathrm{b}}}\right)^2+\left(\frac{N_{\mathrm{t}}}{N_{\mathrm{t}}^{\mathrm{b}}}\right)^2}\leqslant 1 \tag{4-62}$$

$$N_{\mathrm{v}}\leqslant\frac{N_{\mathrm{c}}^{\mathrm{b}}}{1.2} \tag{4-63}$$

式中:1.2——折减系数,高强度螺栓承压型连接在施加预压力后,板的孔前有较高的三向压应力,使板的局部挤压强度大大提高,因此$N_{\mathrm{c}}^{\mathrm{b}}$比普通螺栓高。但当施加外拉力后,板件间的局部挤压力随外拉力的增大而减小,螺栓的$N_{\mathrm{c}}^{\mathrm{b}}$也随之降低且随外力变化。为计算简便,考虑其影响,取固定值1.2。

4.4 连 接 工 艺

4.4.1 焊接施工方法

金属焊接的方法有很多,如电弧焊、电阻焊、电渣焊等方法,钢桥连接中主要采用电弧焊和栓钉焊,电弧焊用于钢板和型钢等的连接,栓钉焊仅用于栓钉的焊接。

1)电弧焊

电弧焊是利用电弧放电(俗称电弧燃烧)所产生的热量将焊条与焊件互相熔化并在冷凝后形成焊缝的焊接方法。其原理是采用低电压(一般为50~70V)、大电流(几十到几百安培)引燃电弧,使焊件与焊条或焊丝之间产生很大的热量和强烈的弧,利用电弧热来熔化焊件的边缘和焊条(丝)进行焊接。根据操作的自动化程度和焊接时用以保护熔化金属的物质种类,电弧焊可分为手工电弧焊、埋弧自动和半自动电弧焊及CO_2气体保护焊等。

(1)手工电弧焊

手工电弧焊(图4-33)是指用手工操纵焊条进行焊接的电弧焊方法。焊接时焊接电源的输出端两根电缆分别与焊条、工件连接,组成了包括电源、焊接电缆、焊钳、地线夹头、工件和焊条在内的闭合回路,即焊接回路。手工电弧焊的焊接过程是从电弧引燃时开始的。炽热的电弧将焊条端部和电弧下面的工件表面熔化,在焊件上形成具有一定几何形状的液体金属部分叫作熔池,熔化的焊条芯以滴状通过电弧过渡到熔池中,与熔化的工件互相熔合,冷却凝固后即形成焊缝。焊接时焊条药皮分解,熔化后形成气体与熔渣,对焊接区起到保护作用,并使熔池金属脱氧、净化。随着电弧沿焊接方向前移,工件和焊芯不断熔化而形成新的熔池,原有熔池则因电弧远离而冷却,凝固后形成焊缝,从而将两个分开的焊件连接成一体。

手工电弧焊的特点:①操作灵活。手工电弧焊所用设备简单,便于移动且焊钳轻巧,不受操作场地条件限制。凡是焊条能够到达的任何位置接头,都可以用手弧焊焊接。②对接头的装配要求较低。由于手工电弧焊过程由手工操纵,焊接时焊工可根据接缝处的变化适时调整电弧位置和运条手势,修正焊接工艺参数,以保证跟踪接缝和焊透。③可焊材料广。手工电弧焊不仅可以焊接低碳钢、低合金结构钢,还可用于高合金的不锈钢、耐热钢以及有色金属的焊接。此外,利用手弧焊堆焊技术,还可以制造出具有耐蚀或耐磨等特殊性能的表面层。④生产率低、劳动强度大。手工电弧焊由于受焊条长度、直径与焊接电流的限制,生产率比其他电弧熔化焊要低些,劳动强度也较大。

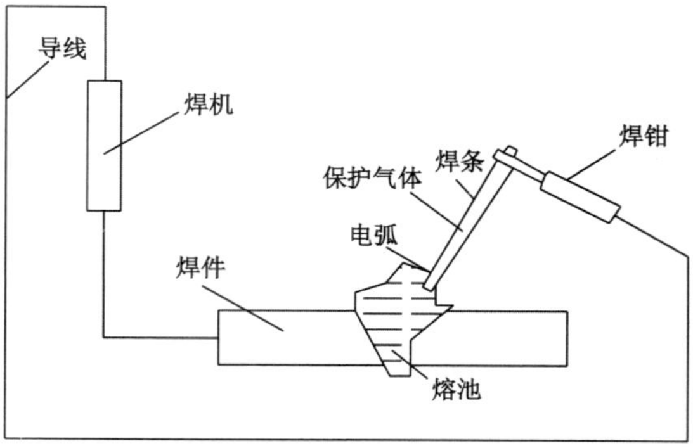

图4-33 手工电弧焊

手工电弧焊所用焊条与焊件钢材的强度和性能相适应,一般采用等强度原则。手工焊时,Q235钢采用E43型焊条(E4300~E4316)、Q345钢(16Mn钢)用E50型焊条(E5000~E5018),Q390钢(15MnV)和Q420钢均采用E55型焊条(E5500~E5518)。其中E表示焊条;前两位数字表示焊缝熔敷金属最小抗拉强度(单位 kgf/mm^2,1 kgf/mm^2 = 9.8MPa),第3位数字表示适用的焊接位置,0和1表示适用于全位置焊接(平、仰、立、横),2表示适用于平焊及水平角焊,4表示适用于向下立焊;第3位和第4位数字组合表示药皮类型和适用的电流种类(交、直流电源)。第3位和第4位数字为15、16、18的焊条为低氢型焊条,其所得焊缝塑性、韧性和抗裂性较好,一般用于直接承受动力荷载的重要结构以及处于低温条件下工作的结构。

(2)埋弧自动或半自动电弧焊

埋弧焊是电弧在焊剂层下燃烧的一种电弧焊方法。在焊剂层下,电弧在焊丝末端与焊件之间燃烧,使焊剂熔化、蒸发,形成气体,在电弧周围形成一个封闭空腔,电弧在这个空腔中稳定燃烧,焊丝不断送入,以熔滴状进入熔池,与熔化的母材金属混合,并受到熔化焊剂的还原、净化及合金化作用。随着焊接过程的进行,电弧向前移动,熔池冷却凝固后形成焊缝,密度较轻的熔渣在熔池的表面有效地保护熔池金属,冷却后形成渣壳。焊丝送进和电弧沿焊接方向移动由专门机构控制完成的称"埋弧自动电弧焊"(图4-34);焊丝送进有专门机构,而电弧沿焊接方向的移动由手工操作完成的称"埋弧半自动电弧焊。"

埋弧焊的特点:①熔深大,生产率高。由于可以使用大电流,增大了单位时间内焊丝熔化量,显著地提高了生产效率。②焊接质量稳定,表面美观。焊缝的质量不受焊工的情绪及其疲劳程度的影响,焊缝的质量主要取决于自动焊机调整的优劣以及原材料即焊件、焊丝和焊剂的质量。③节省焊接材料和电能。埋弧自动焊电弧熔透力强,对一定厚度的焊件,不开坡口也可焊透,单丝埋弧焊一次可熔透20mm,同时没有飞溅损失,从而减少了焊接材料和电能的损耗。④改善了工人劳动条件。机械化的焊接改善了工人劳动强度,电弧焊剂层下燃烧,消除了弧光及烟尘对焊工的有害影响。⑤由于采用颗粒状焊剂,这种焊接方法一般只适用于平焊位置。其他位置焊接需采用特殊措施以保证焊剂能覆盖焊接区。⑥坡口精度要求高。由于是机械化焊接,对坡口精度要求比较严格。

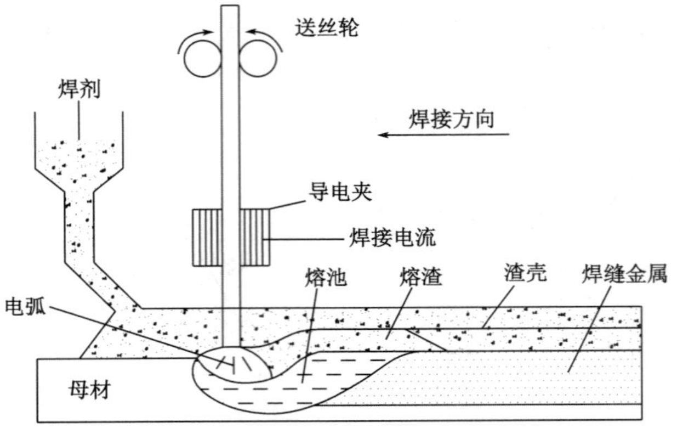

图 4-34　自动埋弧焊

埋弧焊所采用的焊丝和焊剂应与焊件钢材相匹配,焊丝一般采用专门的焊接用钢丝。各种焊件钢材对应的焊丝和焊剂如表 4-9 所示。

埋弧焊所用焊丝和焊剂　　表 4-9

钢　　号	对接焊缝开口类型	焊 丝 类 型	焊 剂 类 型
Q235 钢		H08A H08MnA H08E	HJ431 HJ430 SJ401
Q345 钢	不开坡口	H08A	
	中厚板开坡口	H08MnA H10 Mn2 H10MnSi	HJ430 HJ431 SJ301
	厚板深坡口	H08MnA H10 Mn2	HJ350
Q390 钢 Q420 钢	不开坡口	H08A H08MnA	
	中厚板开坡口	H10 Mn2 H10MnSi	HJ430 HJ431
	厚板深坡口	H08MnMoA	HJ350 HJ250

(3)气体保护焊

气体保护焊是指利用气体作为电弧介质并保护电弧和焊接区的电弧焊,常用气体是 CO_2 气体。

气体保护焊与其他焊接方法相比,具有以下特点:①电弧和熔池的可见性好,焊接过程中可根据熔池情况调节焊接参数;②焊接过程操作方便,没有熔渣或很少有熔渣,焊后基本上无须清渣;③电弧在保护气流的压缩下热量集中,焊接速度较快,熔池较小,热影响区窄,焊件焊后变形小;④有利于焊接过程的机械化和自动化,特别是空间位置的机械化焊接;⑤可以焊接化学活泼性强和易形成高熔点氧化膜的镁、铝及其合金;⑥在室外作业时,需设挡风装置,否则气体保护效果不好,甚至很差;⑦电弧的光辐射很强;⑧焊接设备比较复杂,比焊条电弧焊设备价格高。

焊丝应符合《气体保护电弧焊用碳钢、低合金钢焊丝国家标准》(GB/T 8110—2008)的规定,焊剂种类根据焊接工艺要求确定。

2)电阻焊

电阻焊是将被焊件压紧于两电极之间,并施以电流,利用电流流经焊件接触面及邻近区域产生的电阻热效应将其加热到熔化或塑性状态,使之与焊件焊合的一种焊接方法。电阻焊方法主要有四种,即点焊、缝焊、凸焊、对焊,如图4-35所示。

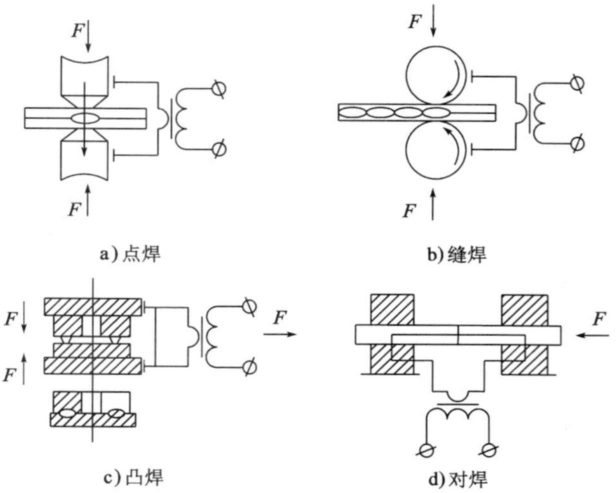

图4-35 主要电阻焊方法

电阻焊的特点:①熔核形成时,始终被塑性环包围,熔化金属与空气隔绝,冶金过程简单;②加热时间短,热量集中,故热影响区小,变形与应力也小,通常在焊后不必安排校正和热处理工序;③不需要焊丝、焊条等填充金属,以及氧、乙炔、氢等焊接材料,焊接成本低;④操作简单,易于实现机械化和自动化,改善了劳动条件;⑤目前还缺乏可靠的无损检测方法,焊接质量只能靠工艺试样和工件的破坏性试验来检查,以及靠各种监控技术来保证;⑥设备功率大,机械化、自动化程度较高,使设备成本较高、维修较困难,并且常用的大功率单相交流焊机不利于电网的平衡运行。

3)电渣焊

电渣焊(图4-36)是利用电流通过熔渣所产生的电阻热作为热源,将填充金属和母材熔化形成焊缝的垂直位置焊接方法。电渣焊主要有熔嘴电渣焊、非熔嘴电渣焊、丝极电渣焊、板极电渣焊等。

电渣焊的特点:①适用于垂直焊接;②不开坡口,仅留一定间隙;③加热均匀,冷却速度慢,有预热作用,冷裂倾向小,不易造成气孔、夹渣、裂纹等缺陷;④焊剂消耗量小,仅有埋弧焊的1/20~1/15;⑤焊缝和近缝区金属在高温停留时间过长,过热现象较严重,晶粒较粗大,需要焊后热处理。

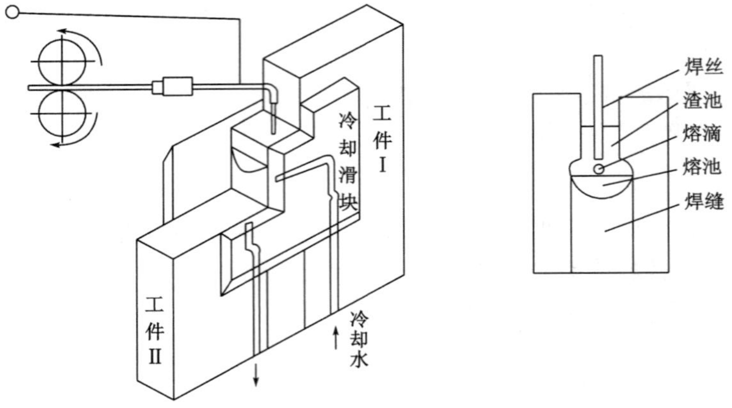

图 4-36　电渣焊示意图

4)栓钉焊

栓钉是一种特制的剪力连接件,广泛应用于组合梁桥和其他钢与混凝土组合结构中。栓钉由栓头、栓杆和焊熔端三部分组成。栓头直径比栓杆大一些,焊熔端有焊剂(焊药),采用专用的焊枪焊接。因此,栓钉也被称为焊钉或俗称为大头钉,如图 4-37 所示。焊接时将焊钉插入焊枪、焊熔端套入瓷环立于被焊钢板上,栓杆通电时,焊熔端自动离开钢板表面很小的一定距离并产生电弧使栓钉焊于钢板,焊完后将瓷环清除。栓钉焊也是电弧焊的一种,焊接瓷环的作用是保证栓钉焊缝挤出焊脚成形,虽然此焊脚不作为保证栓钉焊强度的条件,但却是焊缝内部是否熔合良好的标志。为此根据规范要求,栓钉焊缝四周 360°都应均布挤出焊脚。保证挤出焊脚成型的瓷环型腔尺寸是焊接瓷环的关键技术要求。另外,焊接瓷环还应具有保护焊缝金属不被氧化,控制飞溅和遮挡弧光等作用。为此,对瓷环的强度、抗电弧特性、线膨胀系数等也有一定要求。

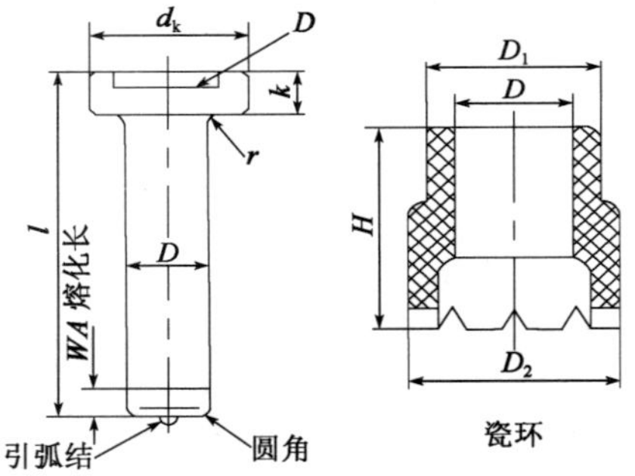

图 4-37　栓钉和栓钉焊接

4.4.2　焊缝连接缺陷

1)焊缝缺陷与控制

(1)焊缝缺陷

焊缝缺陷是指在焊接过程中产生于焊缝金属或邻近热影响区钢材表面或内部的缺陷。常见的缺陷有:①咬边,在焊缝边缘的母材上出现被电弧烧熔的凹槽;②弧坑,在起弧或落弧处形成低于焊缝高度的凹陷坑;③未熔合,指焊缝金属与母材金属之间未熔化结合;④非金属夹渣;⑤气孔;⑥母材被烧穿;⑦裂纹;⑧焊瘤;⑨未焊透(图 4-38)。以上缺陷一般都会引起应力集中,削弱焊缝有效截面,降低承载力。其中裂纹是焊缝连接中最危险的缺陷,它会产生严重的应力集中,并易于扩展形成断裂,按照规定不允许出现。若焊接后焊缝出现裂纹,应彻底铲除后进行补焊。

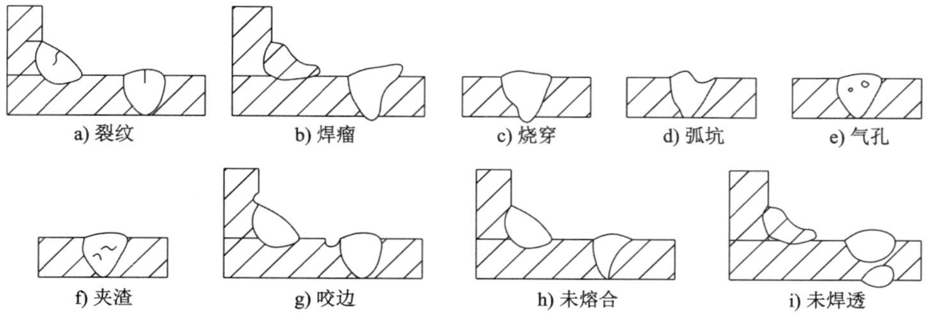

图 4-38　焊缝缺陷

(2)焊缝质量检验和焊缝级别

焊缝质量检验分为外观检查和无损检测,外观检查主要借助直尺、放大镜、焊缝检测尺等工具进行目视检查,并辅以磁粉探伤进行焊缝外观缺陷和几何尺寸的检查。无损检测是对焊缝内部缺陷进行检查,主要采用超声波探伤和射线探伤。

根据焊缝质量要求和检测方法,《钢结构工程施工质量验收规范》(GB 50205—2001)将其级别分为一级、二级和三级。三级焊缝只要求对全部焊缝做外观检查且符合三级质量标准;一级和二级焊缝还要求一定数量的超声波检验并符合相应级别的质量标准,当超声波探伤不能对缺陷作出判断时,应采用射线探伤。

三级焊缝不要求进行无损检测,焊接质量难以保证,《钢结构设计规范》(GB 50017—2017)规定,其设计值仅为母材的 85% 左右。钢桥需要承受很大的活载,对疲劳性能要求较高,除角焊缝外,很少采用三级焊缝,通常要求采用一级或二级焊缝。

(3)焊缝质量等级的选用

《公路钢结构桥梁设计规范》(JTG D64—2015)中,对焊缝质量等级的选用作如下规定:

①在需要进行疲劳计算的构件中,凡对接焊缝均应焊透,其质量等级为:

a. 作用力垂直于焊缝长度方向的横向对接焊缝或 T 形对接与角接组合焊缝,受拉时应为一级,受压时不应低于二级。

b. 作用力平行于焊缝长度方向的纵向对接焊缝不应低于二级。

②不需要进行疲劳计算的构件中,凡要求与母材等强的对接焊缝应予焊透,其质量等级当受拉时不应低于二级,受压时不宜低于二级。

③对承受动力荷载且需要验算疲劳的结构,部分焊透的对接与角接的组合焊缝、搭接连接采用的角焊缝以及不要求焊透的 T 形接头采用的角焊缝,焊缝质量等级不应低于二级。

2)焊接残余应力和焊接残余变形

在焊接过程中由局部高温而产生的不均匀温度场所引起焊接构件的内应力和变形称为焊接应力和变形。焊接过程的不均匀温度场以及由它引起的局部塑性变形和比容不同的组织是产生焊接应力和变形的根本原因。当焊接引起的不均匀温度场尚未消失时,焊件中的这种应力和变形称为焊接瞬态应力和变形;温度场消失后,残留在焊件中的应力和变形称为焊接残余应力和变形。焊接时若无外力作用,焊接应力可达到自平衡。焊接应力和变形将影响构件的制造质量和正常使用,并且是形成各种焊接裂纹的因素之一,应在设计、制造和焊接过程中加以控制和重视。

(1)焊接残余应力

①焊接残余应力的类型

焊接残余应力按照应力方向可以分为纵向残余应力、横向残余应力和沿焊缝厚度方向的残余应力三种。

施焊时,焊缝附近温度最高,在焊缝区以外,温度则急剧下降。焊缝区受热而纵向膨胀,但这种膨胀因变形的平截面规律(变形前的平截面,变形后仍保持平面)而受到其相邻较低温度区的约束,使焊缝区产生纵向压应力。由于钢材在高温时呈塑性状态(称为热塑状态),因而高温区这种压应力使焊缝区的钢材产生塑性压缩变形,这种塑性变形当温度下降、压应力消失时是不能恢复的。在焊后的冷却过程中,如假设焊缝区金属能自由变形,冷却后钢材因已有塑性变形而不能恢复其原来长度。事实上由于焊缝区与其邻近钢材是连续的,焊缝区因冷却产生的收缩变形又因平截面规律受到邻近低温区钢材的约束,使焊缝区产生残余拉应力。对于低合金钢材焊接后的残余应力常可达到其屈服点。又因截面上残余应力必须自相平衡,焊缝区以外的钢材截面内必然有残余压应力,如图4-39a)所示。用三块钢板焊接成的工字形截面的纵向残余应力分布如图4-39b)所示。

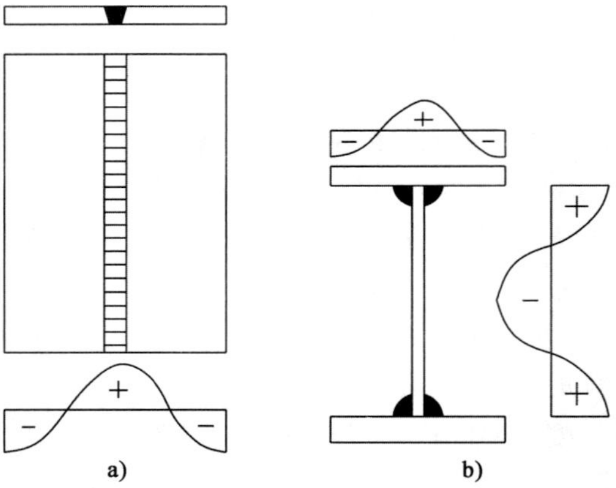

图4-39 纵向焊接残余应力

横向残余应力产生的原因有:①焊缝发生纵向收缩使两侧钢板趋向于形成相反方向的弯曲变形[图4-40a)],但实际上焊缝将两块钢板连成整体不能分开,于是在焊缝中部将产生横向拉应力,而在两端产生横向压应力[图4-40b)]。②焊缝在施焊过程中,冷却时间不同,先焊的焊缝已经凝固,具有一定的强度,会阻止后焊焊缝在横向的自由膨胀使其产生横向的塑性压缩变形。当焊缝冷却后,后焊焊缝的收缩受到已凝固焊缝的限制而产生横向拉应力,而先焊的焊缝内部产生横向压应力。横向收缩引起的横向应力与焊接顺序和方向有关,如图4-40c)、d)、e)所示。焊缝的横向残余应力是上述两种原因产生的应力的合成。图4-40f)是图4-40b)和c)的合成应力。

较厚钢材焊接时,会在厚度方向产生明显的非均匀温度场。在厚钢板的焊接连接中,焊缝往往需要多层施焊。焊缝与钢板接触面和空气接触面散热较快而先冷却凝固,而内部焊缝后冷却,后冷却的焊缝收缩变形受到外面已冷却焊缝的阻碍,因而形成中间受拉,四周受压的应力状态(图 4-41)。加上纵向、横向残余应力,厚焊件的焊缝内部有可能形成三向拉应力,将大大降低连接的塑性,对焊缝工作极为不利。

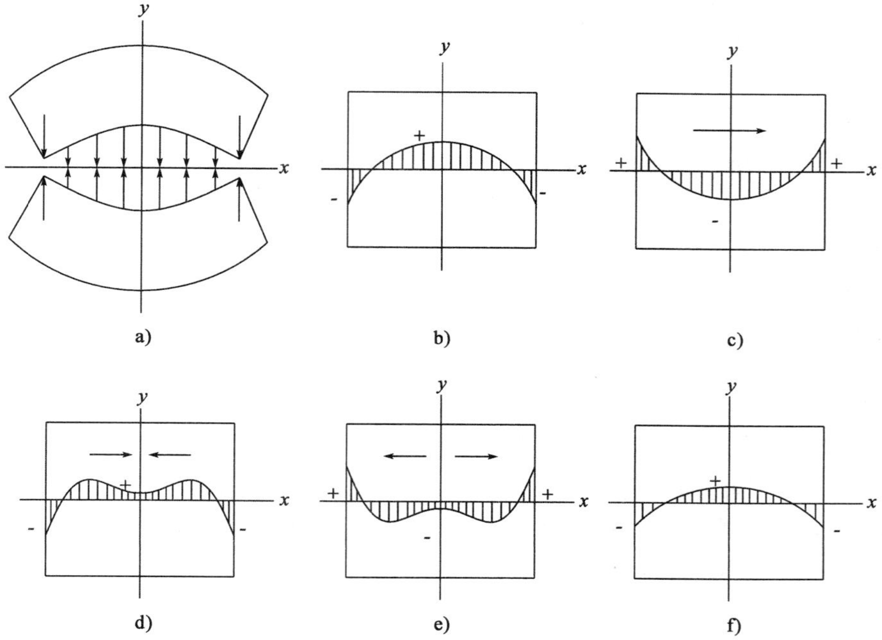

图 4-40　横向焊接残余应力

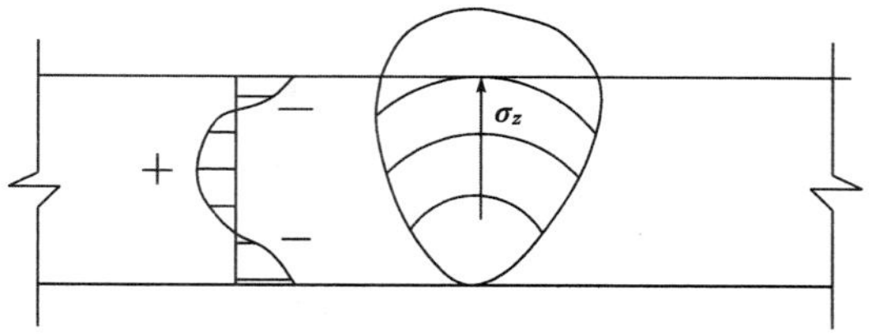

图 4-41　厚度方向的残余应力

②焊接残余应力的影响

结构构件通常以承受纵向应力为主,故纵向应力对结构构件的受力性能有很大的影响,而横向和厚度方向的残余应力引起构件的双轴或三轴复杂应力状态,也会使钢材变脆,对受力不利。

a. 静力强度。对于有一定塑性变形能力的钢材,残余应力将不会影响结构的静力强度。因为尽管外荷载作用下产生的拉应力与截面残余应力的叠加总应力达到其屈服强度,截面局部进入塑性阶段,但是塑性变形后截面会产生应力分布,破坏时仍为全截面屈服破坏。

b. 刚度。当外荷载引起的应力与残余应力的叠加总应力达到屈服强度时,该部分截面将进入塑性阶段,局部形成塑性区而刚度降低为零,继续增加的外荷载仅由弹性区承担,变形不断增大,刚度逐渐降低。

c. 构件的稳定性。焊接构件受压时,由外荷载引起的压应力与截面残余压应力叠加会使局部截面应力达到屈服强度而进入塑性阶段,这部分截面不能再承受荷载,结构构件刚度降低,变形增加,构件的整体稳定性降低。

d. 疲劳强度和低温冷脆。由于残余应力可能处于三向同号应力状态,材料容易转为脆性,易诱发裂纹的产生和开展,疲劳强度也因此降低。在低温动载作用下更易引发低温脆性断裂。

(2)焊接残余变形

如前文所述,焊接过程中的不均匀受热和冷却,除了会使构件产生残余应力外,还将产生残余变形。一般情况下,残余变形和残余应力的大小关系与约束条件有关。当允许焊件自由变形时,残余应力较小而残余变形较大;当对焊件进行约束时,残余变形较小而残余应力较大。

残余变形根据变形状态的形成原因分类如下:

①面内的收缩变形:横向收缩;纵向收缩;回转变形。

②面外的收缩变形:横向弯曲变形;纵向弯曲变形;屈曲形式的变形。

图 4-42 是这些变形的图示。图 4-42a)为横向收缩,随着焊缝的冷却,接头整体产生收缩,在对接接头中,在与焊缝垂直的方向上表现明显。此时,坡口断面面积越大,熔敷金属量越大,横向收缩也就越大。因此,在板的厚度相同时,焊根间隙越大横向收缩就越大;而且,V 形坡口比 X 形坡口的横向收缩大。此外贴角焊缝的横向收缩比对接焊缝小得多。

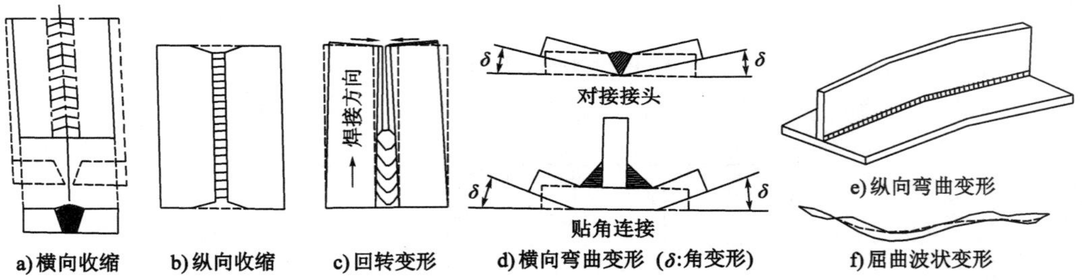

图 4-42　焊接残余变形

图 4-42b)为纵向收缩。焊缝收缩因受到周围母材的约束,一般它的收缩量比较小,大约是焊接长度的 1/1 000,但焊缝长时就成问题了。此外,例如贴脚焊接接头,焊缝的位置若偏离接头的形心,则由于纵向收缩产生纵向弯曲,这是必须注意的。

图 4-42c)为回转变形。在移动电弧时,尚未焊接的部分发生变形,因此要预先进行定位焊来防止。图中所示状态为手焊时出现的变形。埋弧焊与此相反,有坡口变宽的倾向。

焊接量在板厚方向不均时,收缩量在板厚方向也不同,所以在与焊缝成直角的面内产生如图 4-42d)的横向弯曲变形或角变形,如果包括焊缝平面在内就产生如图 4-42e)所示的纵向弯曲变形,这两者不是单独出现而是同时出现。一般,焊缝短时以横向弯曲为主,焊缝长时则主要是纵向弯曲。

薄板焊接时,由于面内产生残余压应力,板屈曲时则出现图 4-42f)的变形形式,它是从一种变形突然转化为另一种变形的突变。

(3)焊接残余应力和焊接残余变形的控制

焊接残余应力和残余变形是影响焊件几何精度和疲劳承载力的关键因素,也是形成各种焊接裂纹的因素之一,应对其加以控制和重视。而焊接残余应力和残余变形的产生多数是由于构造不当或焊接工艺欠妥,故应从焊缝设计和焊接工艺两方面采取适当措施。

①焊缝设计措施

a. 焊缝的数量和尺寸要适宜,焊脚尺寸不宜过大。在构造允许的范围内,为避免焊接热量过分集中,宜采用细长焊缝,不宜采用较粗短焊缝。

b. 焊缝不宜过分集中或多焊缝交于一点[图4-43a)]。当不可避免时,应采取相应措施加以改善[图4-43b)],也可使主要焊缝连续通过而使次要焊缝中断[图4-43c)]。

c. 焊缝尽可能对称布置,连接过渡尽可能平滑,尽量避免截面突变和应力集中。

d. 焊缝应布置在利于焊工施焊的位置,尽量避免仰焊。

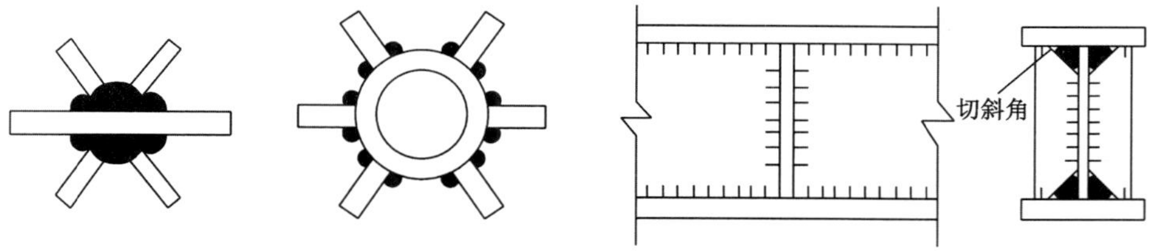

a)不合理　　b)合理　　c)合理

图4-43　减少焊接残余应力的设计措施

②焊接工艺措施

a. 采取合理的焊接顺序

对称焊接。如果焊接结构的焊缝是对称布置,应该采用对称焊接。这时应注意焊接顺序,采用分段、跳焊的对称焊接,通过调整先后焊缝的熔敷量来控制变形。

不对称焊接。如果焊接结构的焊缝是不对称布置,采用先焊焊缝少的一侧,使后焊的焊缝产生的变形足以抵消先前的变形,以使总变形减小。

采用不同的焊接顺序。结构中长焊缝若采用连续的直通焊,将会造成较大的变形,应采用分段退焊法、跳焊法和交替焊法等不同的焊接顺序来控制变形。

b. 反变形法

为了抵消焊接残余变形,焊接前预先使焊缝产生与焊接变形方向相反的变形。V形坡口对接焊中,均采用了反变形法来控制焊后的残余角变形,例如工字梁焊后产生的角变形,可在焊接前预先将翼板制成反变形,然后焊接以抵消焊后变形。

c. 预热法

预热法是指在焊前对焊件的全部进行加热的工艺措施。一般预热的温度在150~350℃之间,以减小焊接区和结构的温度差,以使焊缝区与结构整体尽可能的均匀冷却,从而减小焊接残余应力。

d. 高温回火

在施焊后进行高温回火,即加热至600~750℃,保持一段恒温后,以适当的速度冷却。较小焊件可进行整体高温回火,较大焊件有时可对焊缝附近或残余应力较大部位进行局部高温回火,以减小焊接残余应力。

e. 锤击法

用手锤轻击焊缝表面使其延伸,以减小焊缝中部的残余拉应力。

4.4.3 高强度螺栓连接施工方法

按照预拉力 P 的控制方法不同,高强度螺栓连接施工方法可分为扭矩法、转角法和扭剪法。

1)扭矩法

扭矩法是用直接显示扭矩的特制扳手,根据事先测定的预拉力和扭矩之间的关系施加扭矩的一种方法。为了防止预拉力的损失,进行必要的超张拉,一般按照超过规定预拉力值的5% ~10%施加扭矩。该方法在拧紧时,只对一个确定的扭矩进行控制,因此该方法操作简便,是一种常规的拧紧方法。但是由于紧固扭矩的90%左右作用于螺纹摩擦和接触面摩擦的消耗,真正作用在轴向预拉力方面仅10%左右,适合一般零件的紧固,不适合关键部位零件的连接。

2)转角法

转角法是在拧紧时将螺栓于螺母相对转动一个角度,称为紧固转角,把一个确定的紧固转角作为指标来对初始预拉力进行控制的一种方法。转角法分为初拧和终拧两步。初拧是先用普通扳手使被连接构件相互紧密贴合,终拧是以初拧的贴紧位置为起点,转动螺栓至预先确定的终拧角度。该拧紧方法在塑性区拧紧时会使螺栓的杆部以及螺纹杆部发生塑性变形,因此不宜用于塑性差的螺栓以及螺栓反复使用的结构中。

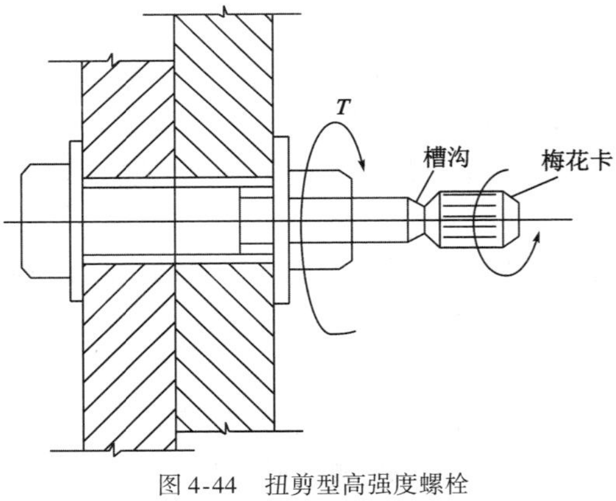

图4-44 扭剪型高强度螺栓

3)扭剪法

扭剪法适用于扭剪型高强度螺栓(图4-44)。扭剪型高强度螺栓的尾部连有一个截面较小的沟槽和梅花头,用特制电动扳手的两个套筒分别套住螺母和梅花卡头,操作时,大套筒正转施加紧固扭矩,小套筒则反转施加紧固反扭矩,将螺栓紧固后,进而沿尾部沟槽将梅花头拧掉,即可达到规定的预拉力值。这种螺栓施加预拉力简单、准确,曾在宝钢工程钢结构连接中广泛使用。

4.4.4 螺栓连接缺陷

螺栓连接缺陷主要有:螺栓孔引起构件截面削弱;在长期动力荷载作用下普通螺栓的松动;高强度螺栓连接预应力松弛引起的滑移变形;螺栓及附件钢材质量不合格;螺栓断裂(图4-45);孔径及孔位偏差;摩擦面处理达不到设计要求,尤其是摩擦系数达不到要求等。

高强度螺栓连接处一旦产生滑移变形,螺杆与孔壁抵触,使螺杆受剪,由于高强度螺栓抗剪能力很强,连接在滑移后仍能继续承载,只要板材与螺栓本身没有异常现象,整个连接并不危险,但对摩擦型高强度螺栓设计计算而言,连接已"破坏",应进行处理。对于承受静载的结构,如果连接滑移是由于螺栓漏拧或扭紧不足造成的,可以采用补拧并在盖板周边加焊来处理;对于承受动载的结构,应在连接卸荷状态下更换接头板和全部高强度螺栓,原母材连接表面须重新做接触面处理。

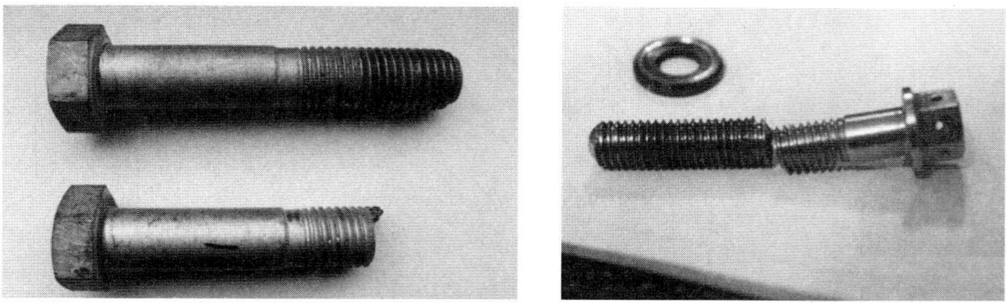

图4-45 断裂螺栓

螺栓断裂可发生在施工拧紧过程,也可发生在拧紧后一段时间内,拧紧过程中螺栓断裂往往是由于施加扭矩太大,使栓杆拉断,也有的是因为材质差造成的,如果是个别栓杆断裂,一般仅作个别替换处理,并要加强检查;如螺栓断裂发生在拧紧一段时间后,则断裂与材质密切相关,称为高强度螺栓延迟(滞后)断裂,这类断裂是材质问题,应拆换同一批号全部螺栓,拆换螺栓要严格遵守单个拆换和对重要受力部位按先加固(或卸荷)后拆换的原则进行。

思考题

4-1 钢桥连接常用的连接方法有哪几种?各有什么优缺点?

4-2 角焊缝的尺寸都有哪些要求?为什么?

4-3 当正面角焊缝与侧面角焊缝同时布置时,在轴心力作用下应如何计算?

4-4 螺栓的容许距离有哪些规定?是根据哪些要求规定的?

4-5 高强度摩擦型螺栓连接与高强度承压型螺栓连接有什么区别?

4-6 普通螺栓的受剪螺栓连接有哪几种破坏形式?

4-7 普通螺栓受偏心力作用时的受拉螺栓计算怎样区分大小偏心情况?它们的特点有何不同?

4-8 在受剪连接中使用普通螺栓连接和高强度摩擦型螺栓连接,对构件开孔截面进行净截面强度验算时有何不同?

4-9 简述高强度螺栓预拉力设计值 $P=0.9\times0.9\times0.9f_uA_e/1.2$ 中四个数字的意义。

4-10 焊缝连接的施工方法有哪些?各自优缺点是什么?

4-11 焊缝质量级别分哪几级?如何选用焊缝质量等级?

4-12 高强度螺栓连接的施工方法有哪些?

4-13 焊接残余应力与残余变形的成因是什么?如何减少焊接残余应力与残余变形?

第5章
钢板梁桥

5.1 结构形式

钢板梁桥是一种常见的钢桥形式，是指由钢板或型钢等通过焊接、螺栓或铆钉等连接而成的工字形或者箱形截面的实腹式钢梁作为主要承重结构的桥梁。通常情况下习惯将箱形截面钢板梁桥称为钢箱梁桥，将工字形截面钢板梁桥简称为钢板梁桥。钢板梁桥是中小跨径桥梁最常用的钢桥形式，同时也可作为构成其他形式钢桥构件的一部分。钢板梁桥的构造原理和设计方法是钢桥的最基本部分，也是其他形式钢桥设计的基础，因此可以说钢板梁桥是钢桥形式中最重要的组成部分。

简支钢板梁桥具有构造简单、自重轻、强度高、工厂生产化程度高以及施工方便等优点，早在20世纪50年代便在德国、日本等国家得到了较为广泛的运用。1948年西德的工程师利用一座被炸毁的旧悬索桥的桥墩建成了一座三跨连续的板梁桥，跨径为132.13m + 184.45m + 120.73m，成为一个轰动当时桥梁界的壮举。该桥的主梁截面是一个由两块很宽的上下翼缘板及两块腹板构成的箱形截面，并在上翼缘上铺设沥青以作桥面使用。该桥中间跨的跨中截面梁高为跨径的1/56，梁高较小，而在中间墩的上方梁高增大为8m，截面变化情况比较明显。1956年西德的工程人员又在贝尔格莱德建造了Save桥，该桥的跨径为75m + 261m + 75m，其截面形式为双主梁,并在主梁上方设置了钢桥面板。我国则由于钢材产量的限制,在20世纪90年代以前钢材的应用仅限制于铁路桥梁,公路桥梁中钢桥出现的极少。20世纪90年代以后,由于大跨度桥梁建设的需要,钢结构桥梁得到了较大的发展,在大跨度斜拉桥、悬索桥、拱桥等桥梁结构中得到了广泛的运用。钢板梁桥在国外得到了广泛应用,目前我国较多地将钢板梁桥运用于城市高架桥、立交桥等,对于其他中小跨径桥梁亦正在推广应用。

5.1.1 钢板梁桥的组成

钢板梁桥的上部结构主要由主梁、联结系和桥面系(图中未标出)组成,如图5-1所示。主梁是钢板梁桥的主要骨架,起到整个桥梁的支撑作用,承担由桥面系和联结系传递来的荷载并将其传递给支座。联结系包括横向联结系和纵向联结系。横向联结系有实腹式梁和空腹式桁架两种形式,前者称为横梁,后者称为横联。横向联结系的作用是把各个主梁连接成整体,起到荷载横向分布、防止主梁侧向失稳的作用。纵向联结系通常采用桁架式结构,其作用主要是加强桥梁的整体稳定性,并与横梁共同承担横向力和扭矩的作用。桥面系主要是为了提供桥梁的行车部分,把桥面荷载传递给主梁和横梁。

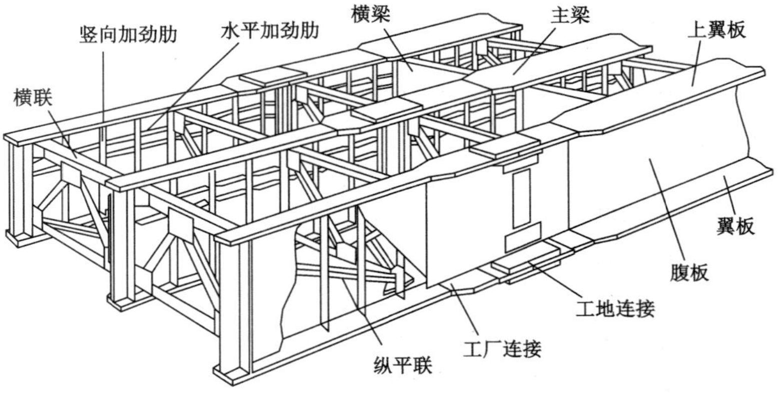

图5-1 上部结构示意图

钢板梁桥的主梁通常可采用工字钢、H型钢、焊接工形梁等结构形式,主梁与主梁之间采用横梁和纵梁相连以形成整体受力结构,如图5-2所示。主要受力结构的主梁和横梁在平面上形成格子形状的梁格,因此钢板梁桥通常也被称为格子梁桥。

工字钢和H型钢通常是由工厂轧制做成等截面的形式,其与焊接钢梁相比具有构造简单、造价低廉等优点。但是采用工字钢和H型钢作为钢板梁桥的主梁,截面尺寸往往受到工厂轧制能力的限制,跨越能力较小,通常不超过20m。为了提高钢板梁桥的跨越能力,可在上下翼缘板增加盖板,盖板通常采用焊接形式与型钢连接,如图5-2 d)、e)所示。此法虽然能在一定程度上增大钢板梁桥的跨径,但不是推荐的做法。《公路钢结构桥梁设计规范》(JTG D64—2015)中指出,普通焊接板梁应尽量用三块钢板焊接而成,除非当板厚不能用其他方法解决时才采用外贴翼缘钢板的形式,外贴翼缘板宜用一块钢板。焊接工字形梁是由上下翼缘和腹板焊接而成,具有结构灵活、构造简单、工地连接方便、单个构件质量轻等优点,适用跨径可以达到60m,是中小跨径钢梁桥最经济和适用最多的结构形式。由于焊接工形梁的抗扭刚度和横向抗弯刚度较小,在制作、运输、安装架设过程中应采取相关措施以防板梁出现过大变形和丧失稳定性,在运营阶段的板梁端部支承处也应阻止梁端部截面扭转。

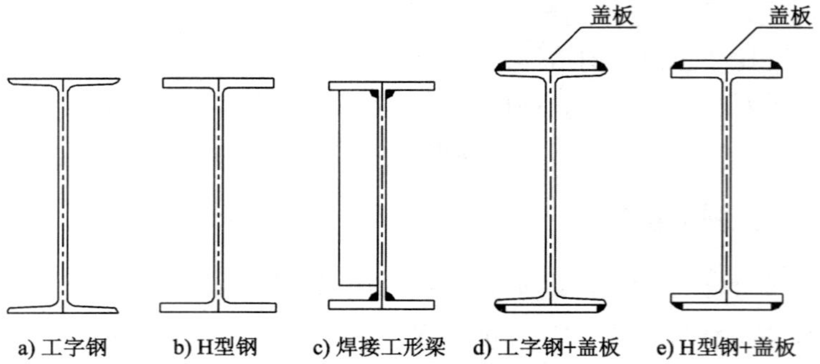

图 5-2　钢板梁桥截面形式

钢板梁由于横向抗弯及抗扭惯矩很小,在面内弯矩、扭矩及水平力的作用下容易发生弯扭失稳。因此,一般情况下,钢板梁单根主梁不能单独承担水平力和扭矩,主梁与主梁间必须连接在一起共同受力。在上下横撑处两主梁之间的平面内设置交叉杆与上梁的上部翼缘组成的水平桁架,称为上面水平纵向联结系,简称上平纵联,下面的水平桁架称为下平纵联。纵向联结系的主要作用是:①承担横向水平力,并将全桥横向水平力可靠的传于支座;②防止主梁下翼缘的侧向变形和横向振动;③与主梁及纵向联结系构成空间桁架抵抗水平荷载和扭矩作用;④桥梁安装架设时主梁的定位。纵向联结系承受的荷载较小,通常采用角钢和 T 形钢等型钢制作,通过节点板与主梁连接。

上承式板梁桥在两主梁之间设有上下横撑和斜撑。上下横撑、斜撑与主梁的加劲肋和一部分腹板组成一个横向平面结构,称为横向联结系,简称横联,位于中间者称为中横联,位于主梁两端者称为端横联。横向联结系的主要作用是:①防止主梁侧倾失稳;②起到分配荷载的作用,使得各主梁受力均匀,防止主梁间相对变形过大导致桥面板受力不均匀;③与主梁及纵向联结系构成空间桁架抵抗水平荷载;④桥梁安装架设时主梁的定位;⑤抵抗桥梁的扭矩,将扭矩和水平力传递到支座;⑥在桥面板端部起到横向支撑的作用。对于①~③而言,横向联结系设置在跨间位置较为有效;对于⑤和⑥而言,横向联结系设置在支承处较为有效。不论横向联结系设置在何处,都应尽量保证其与梁的翼缘直接相连。

随着预应力混凝土桥面板的应用、焊接技术的发展以及钢板质量的提高,主梁结构形式产生了较大的变化,即在加大主梁间距的同时减少主梁的根数,例如对于两车道或者三车道的桥梁,仅采用 2~3 根主梁。图 5-3 为双主梁钢板梁桥,桥宽为 11.2m。这种结构构造简单,大大减少了工厂钢结构制造的工作量,同时可以达到提高桥梁施工架设的速度和降低桥梁建设成本的目的。

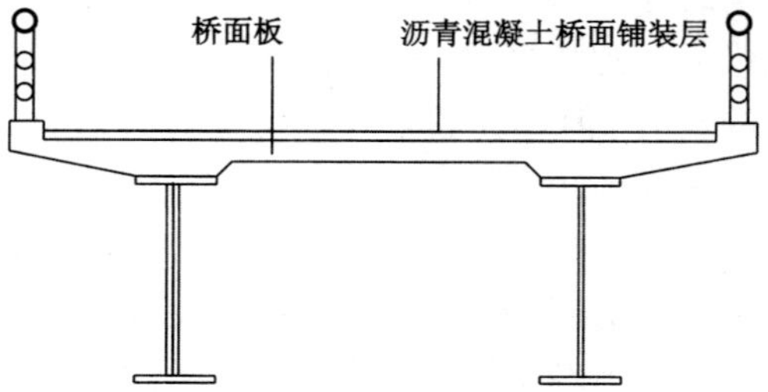

图 5-3　双主梁钢板梁桥示意图

5.1.2 钢板梁桥的分类

钢板梁桥通常可按钢桥面形式、钢桥面位置、结构体系等进行分类。

根据桥面板形式可以把钢板梁桥分为钢筋混凝土桥面板钢板梁桥和钢桥面板钢板梁桥。钢桥面由顶板和焊接于顶板上的纵向及横向加劲肋组成，其具有自重轻、极限承载能力大、桥面建筑高度小等优点，是大跨度钢桥和建筑高度受到限制时最常采用的结构形式。

根据桥面板的位置可以将钢板梁桥分为上承式钢板梁桥和下承式钢板梁桥两种。上承式钢板梁桥构造简单、节省钢材、可整孔运送、整孔架设，常用于小跨度的钢板梁桥。与上承式钢板梁桥相比，下承式钢板梁桥增加了桥面系，且制造费料、费工。同时，由于桥宽比较大，无法整孔运送，增加了装运与架桥的工作量，适用于线路高程不宜提高且桥下又要求一定净空及建筑高度受限的情况。

根据结构体系可以把钢板梁桥分为简支钢板梁桥、连续钢板梁桥和悬臂钢板梁桥 3 种，如图 5-4 所示。

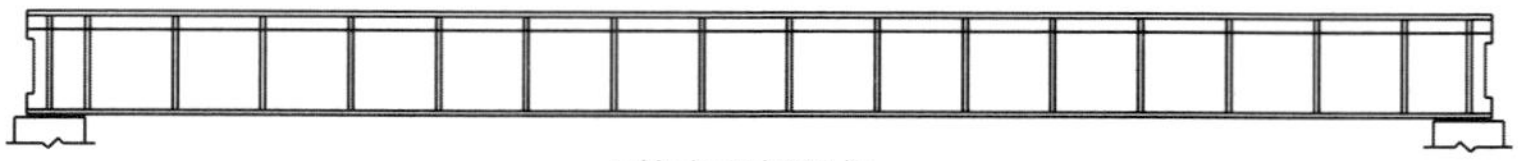

a) 简支钢板梁桥

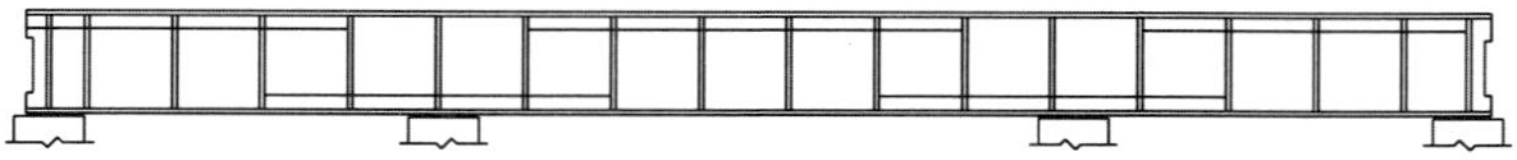

b) 连续钢板梁桥

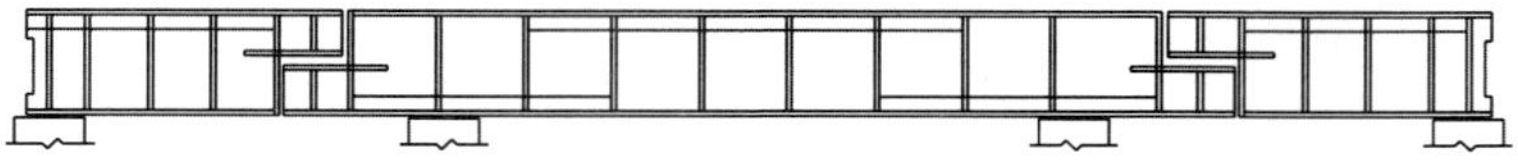

c) 悬臂钢板梁桥

图 5-4　钢板梁桥结构体系

简支钢板梁桥是最简单的结构形式，经济跨径一般在 40m 以下，当跨径较大时多采用连续钢板梁桥的结构形式。连续钢板梁桥的经济跨径可以达到 60m。与简支钢板梁桥相比，连续钢板梁桥具有伸缩缝少、噪声小、行车平稳、挠度小、截面经济等优点，目前有逐渐取代简支钢板梁桥的趋势。但是连续钢板梁桥对地基不均匀沉降较为敏感，软土地基的连续钢板梁桥的附加弯矩较大。悬臂钢板梁桥是静定结构，弯矩与连续梁桥比较接近，截面比简支梁桥经济，当地基产生不均匀沉降时不会产生附加弯矩，但是其伸缩缝较多，悬臂挠度较大，线形存在折角现象，对行车不利，且牛腿结构受力较为复杂，容易引起疲劳破坏，现已很少采用。

此外，根据桥面板参与主梁受力的情况还可分为结合梁桥和非结合梁桥。结合梁桥的桥面板参与主梁共同工作，钢板梁与桥面板结合后由组合截面承受外荷载；非结合梁桥的桥面板不参与主梁共同受力，外荷载由钢板梁单独承担。对于钢筋混凝土桥面板结合梁桥，桥面板与钢板梁间用剪力连接键连接。结合梁桥这一构造的实质是，剪力传递器使钢筋混凝土板与钢梁在竖向荷载的作用下共同受弯，钢梁的上翼缘或上弦杆所需的承压面积可大大减小，这样充分发挥了混凝土和钢材的受力特性。同时钢筋混凝土与钢梁结合成一整体，其截面刚度大，与同跨径非结合梁桥相比可减少钢材用量。结合梁桥在活载作用下比全钢梁桥的噪声小，在人口密集的城市中采用较合理。因此,结合梁桥在公路桥梁中得到了广泛的应用。

结合梁桥适用于承受正弯矩的简支体系,这样沿跨径全长的钢梁混凝土板均承受压力,但在有正、负弯矩区的连续梁或悬臂梁等桥梁体系中,也可以采用结合梁这一结构形式,只不过在负弯矩区应采用一定的结构形式加以处理。

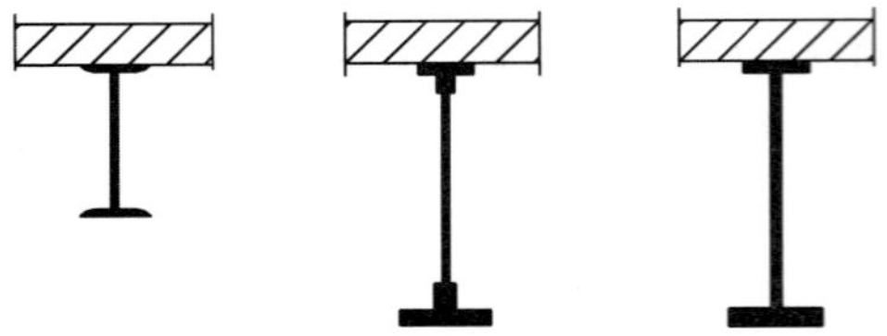

a) b) c)

图 5-5 钢梁组合截面形式

由于钢筋混凝土板参与钢梁上翼缘受压,可以大大减小钢梁上翼缘的截面面积,因此,除了工字钢做成的小跨径梁外,一般钢梁的面积都做成不对称的形式,上翼缘常常只设置一个翼缘板,如图 5-5b)所示,使上翼缘的截面面积比下翼缘要小很多。焊接结合梁上翼缘由尽可能最小的钢板组成,下翼缘通常采用很厚的翼缘板,如图 5-5c)所示。

采用钢梁与混凝土板共同受力这一结构形式可以减小所采用的钢梁的高度,一般情况下可以选定比同跨径普通钢梁的梁高小 15% ~25% 。

为了保证钢筋混凝土板与钢梁能够较好地连接在一起共同受力,形成结合梁的形式,必须设置可靠的剪力传递器,来传递在弯曲变形中的错动剪力。这种剪力传递器可用刚性钢支撑和突出的柔性钢筋来做成,如图 5-6 所示。

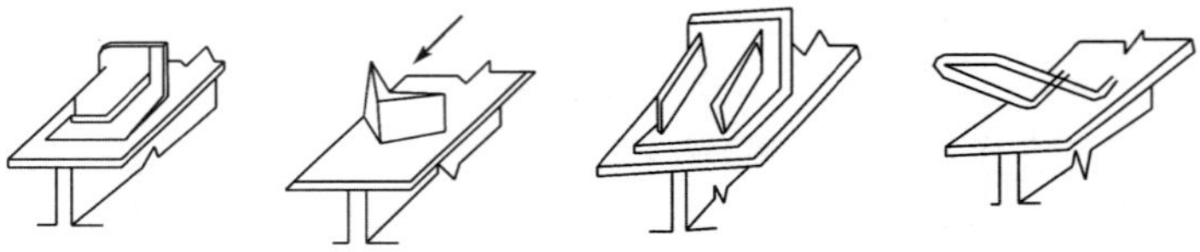

a) b) c) d)

图 5-6 剪力传递器形式

刚性支撑连接在钢梁上翼缘上,并伸入混凝土板中以阻止板对梁的剪移。刚性钢支撑通常由短型钢做成并铆接或焊接在钢梁上,如图 5-7 所示。某中角钢的刚性钢支撑,常为了增强角钢的支撑刚度,采用焊上斜板或刚性肋壁的加劲方式,此种结构安全可靠,是我国常采用的形式之一。

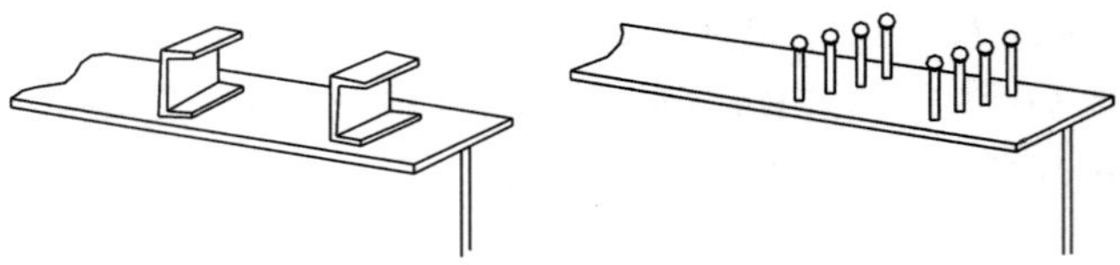

a) b)

图 5-7 刚性支撑

柔性突出钢筋的剪力传递器如图 5-6d)所示,这种形式是由斜向伸进板的混凝土中的环形钢筋构成,其重要作用是防止混凝土板向上脱开,但目前这种形式已很少采用。

虽然非结合钢板梁桥不考虑钢梁与混凝土桥面板的共同作用,允许钢板梁与混凝土桥面板间有微小的相对滑动。但是,如果钢板梁与混凝土桥面板没有任何连接,在车轮冲击、车辆加速与制动、地震等作用下,桥面板有可能产生过大的滑移,导致钢梁的磨耗和腐蚀。因此,需要限制桥面板的过大滑移。同时,钢梁翼板与桥面板的密贴和相对固定,对翼板的局部稳定和钢板梁的侧倾稳定很有利。图5-8是钢梁与混凝土桥面板的典型连接形式,图5-8a)中是将钢筋焊接于钢梁顶面,钢筋45°弯起且伸入混凝土面板内的长度不小于150mm,钢筋间距不大于1m。此外,也可以采用钢板代替钢筋,钢板宽度通常为50mm,如图5-8b)所示。

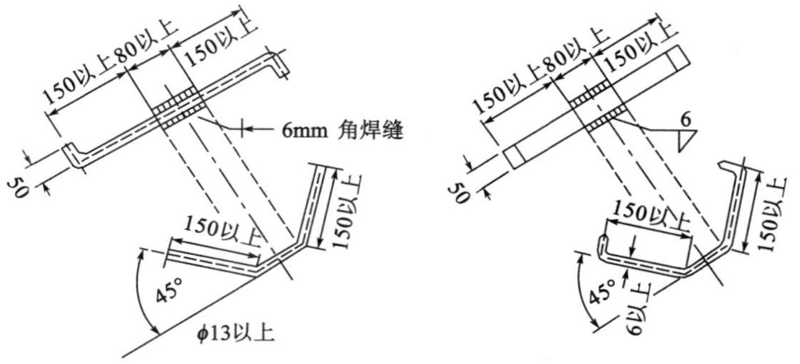

a) 焊接钢筋连接　　b) 焊接钢板连接

图5-8　梁与混凝土桥面板的连接(尺寸单位:mm)

5.2　构造与布置

5.2.1　主梁构造与布置

1)主梁翼缘

主梁翼缘板的构造设计,必须综合考虑翼缘板的局部稳定和主梁的弯扭屈曲(图5-9、图5-10),确保钢梁在制作、运输、安装和运营等各种工作状态下不出现翼板局部失稳和主梁的弯扭失稳。《公路钢结构桥梁设计规范》(JTG D64—2015)规定:

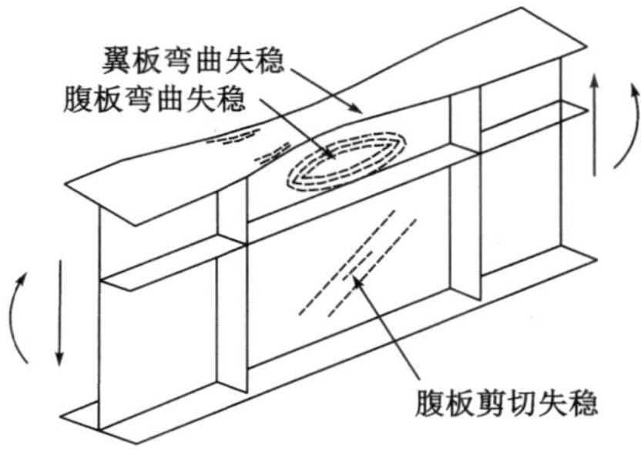

图5-9　钢板梁局部稳定

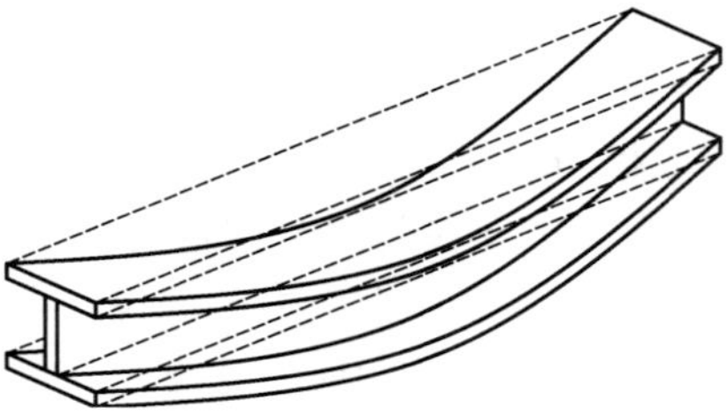

图5-10　钢板梁弯扭屈曲

(1)焊接板梁受压翼缘的伸出肢宽度不宜大于40cm,也不应大于其厚度的$12\sqrt{345/f_y}$倍。

(2)受拉翼缘的伸出肢宽度不应大于其厚度的$16\sqrt{345/f_y}$倍。

(3)翼板的面外惯性矩应满足下式的要求:

$$0.1 \leqslant \frac{I_{yc}}{I_{yt}} \leqslant 10 \tag{5-1}$$

式中:I_{yc}、I_{yt}——受压翼缘和受拉翼缘对竖轴的惯性矩。

当结构采用外贴翼缘钢板(盖板)时,为保证盖板传力的可靠性,应保证有一层盖板覆盖板梁的全长。板梁上、下翼缘的非全长盖板截断点的位置应伸出理论截断点以外。在焊缝强度计算时,延伸部分板件的焊缝长度按板截面强度的50%计算。为了保证焊缝质量能够满足要求,焊接板束的侧面角焊缝应尽量采用自动焊或者半自动焊,且较宽板件与较窄板件边缘之间的距离不能小于50mm。相互叠合的翼缘板的侧面角焊缝应采用相等尺寸的焊缝。外侧受压翼缘盖板厚度不宜小于内侧翼板宽度的1/24,也不宜大于内侧翼板厚度1.5倍。外侧受拉翼缘盖板厚度不宜小于内侧翼板宽度的1/32。外侧盖板的长度不应小于$(2H+1)$m,其中H为梁高。为保证板件截面的平缓过渡,应将板端沿板宽方向做成不大于1:2的斜角。在外层盖板中断后,应将板端沿板宽度方向加工成不陡于1:4的斜边,厚度方向加工成不陡于1:8的斜坡,末端宽度不宜小于20mm,厚度为$(h_{焊脚}+2)$mm,如图5-11所示。

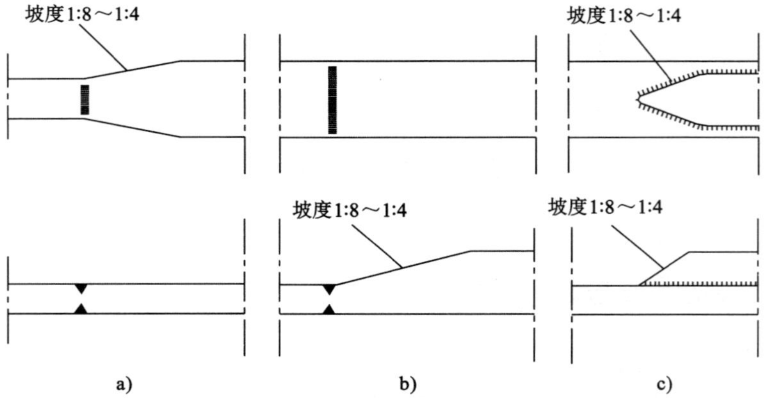

图5-11　变厚度翼缘板的处理方式

翼缘板与腹板之间采用焊接的方式连接,《公路钢结构桥梁设计规范》(JTG D64—2015)对焊缝作了如下要求:

(1)翼缘板与腹板的连接应采用角焊缝,腹板两侧焊缝厚度之和应大于腹板的厚度,此外也可以将翼缘板与腹板的连接采用全焊透焊缝;

(2)板梁翼缘的拼接焊缝与腹板的拼接焊缝之间的距离不宜小于10δ(δ为腹板厚度),且拼接的位置不应布置在最大应力的部位。

板梁翼缘板在支承处的应力状态比较复杂,为保证此处翼缘板的稳定,应在支承处及外力集中处设置成对的横向加劲肋(也可称之为竖向加劲肋)。由于该加劲肋位于支承处,通常称之为支承加劲肋或端加劲肋。支承加劲肋应尽量延伸到翼缘板的外边缘,在支承处应磨光并与下翼缘焊连,在外力集中处,支承加劲肋应与上翼缘焊连(焊接梁除外)。支承加劲肋按照压杆进行设计,对于有两块板或角钢组成的加劲肋,承压截面为加劲肋及填板的截面加每侧由加劲肋中轴算起不大于12倍板厚的腹板截面,如图5-12a)所示;对有四块板或角钢组成的加劲肋,承压截面为四块加劲肋及填板截面所包围的腹板面积(铆接梁仅为加劲角钢和填板)另加不大于 24 倍板厚的腹板截面，如图5-12b）~d）所示。验算过程中构件长度 l 应取加劲肋长度的 1/2，同时应验算伸出肢与贴紧翼缘部分的支承压力。

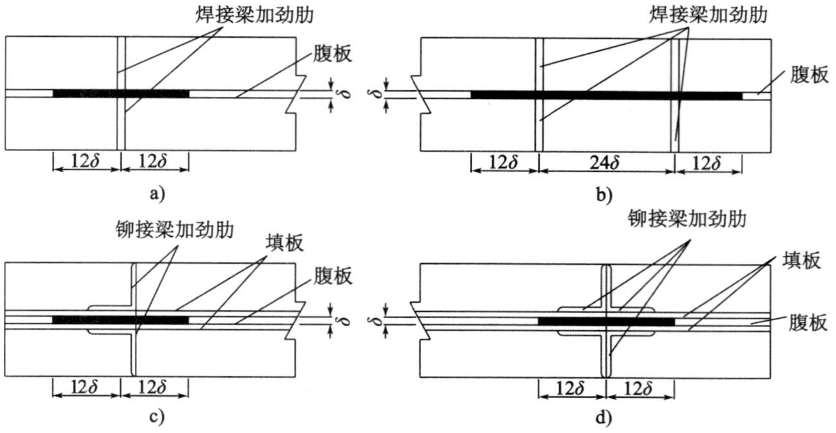

图 5-12　加劲肋按压杆设计计算的承压截面

对于端加劲肋，其设计应符合《公路钢结构桥梁设计规范》（JTG D64—2015）中的以下要求：

（1）端部加劲肋伸出的宽度应为厚度的 12.5 倍。

（2）在对端加劲肋受压状态的检算中，加劲肋与腹板为焊接连接构造的情况下，取腹板厚度的 24 倍的范围作为由腹板和端加劲肋组成的立柱的有效截面积，如图 5-13 所示。在验算中构建的长度 l 应取加劲肋长度的 1/2。

（3）对于有线支承的情况，由于梁的伸缩，导致线支承的中心与端加劲肋的中心可能存在不一致的情况，一般跨度在 35m 以下的梁其伸缩量较小，此时考虑到翼缘板、底板的刚度对应力分布的影响，及端加劲肋与下翼缘接触部分采用 K 形焊接（完全熔透焊）使之相互密贴，因此可取与下翼缘相接触部分的端加劲肋外边缘间的宽度 b 和它的厚度的乘积作为线支承的有效承压面积。

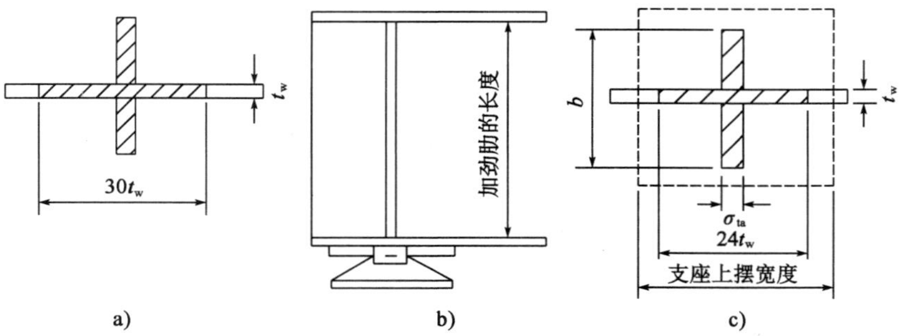

图 5-13　端加劲肋构造要求

2）主梁腹板

在弯矩和剪力作用下，腹板同时存在弯曲正应力和剪应力，此时腹板需满足强度和稳定的要求。此外，腹板还应满足一定的刚度要求，以避免在荷载作用下发生过度压曲，从而引起腹板—翼板连接处及其附近区域的疲劳。

为提高腹板的稳定临界应力,可采取增加板厚和设置加劲肋(即腹板加劲肋)两种方法,其中设置加劲肋方法效果更加显著,是减小腹板厚度、减轻钢重的最有效途径,也是钢桥设计中最为常用的方法。在焊接板梁中设置加劲肋时应满足《公路钢结构桥梁设计规范》(JTG D64—2015)中的下列要求:

(1)与腹板对接焊缝平行的加劲肋,其距离对接焊缝的距离应不小于10 t_w,或者不小于100mm的位置。

(2)与腹板对接焊缝相交的加劲肋,加劲肋及其焊缝应连续通过腹板焊缝。

(3)纵向加劲肋与横向加劲肋相交时,横向加劲肋宜连续通过。

(4)横向加劲肋与梁的翼缘板焊接时,应将加劲肋切出不大于5倍腹板厚度的斜角。

(5)纵向加劲肋与横向加劲肋的相交处,宜焊连或栓连。

横向加劲肋(也可叫作竖向加劲肋)除设置在主梁支承处及外力集中处的支承加劲肋外,还有一类是中间横向加劲肋,其主要作用是防止腹板剪切失稳,如图5-14所示。

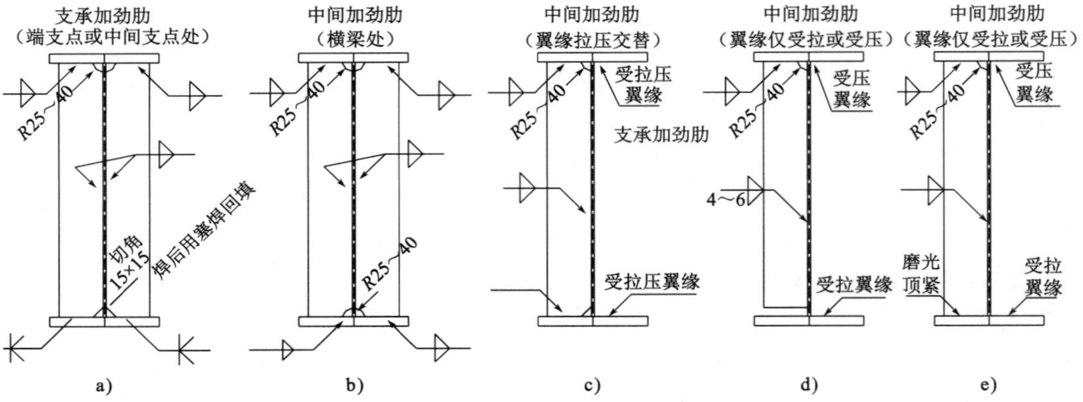

图5-14 典型横向加劲肋的结构形式与连接(尺寸单位:mm)

设置横向加劲肋和纵向加劲肋的腹板,在正应力和剪应力作用下,有可能出现两种失稳模态。当加劲肋的刚度相对腹板厚度较小时,失稳状态下随同腹板的面外变形加劲肋产生弯曲,加劲肋起到增加腹板面外刚度的作用。当加劲肋的刚度相对腹板厚度足够大时,加劲肋可以约束腹板的面外变形,失稳状态下,腹板在加劲肋处不出现面外变形,加劲肋对腹板起到支持作用,失稳模态在加劲肋处形成节线。横向加劲肋应该具有足够的刚度,当板梁达到极限承载状态时,其应能够成为腹板屈曲变形波的波节,否则腹板承载能力必须折减。

图5-14c) ~图5-14e)为中间横向加劲肋的标准设置方式,可以在腹板的一侧或者两侧设置。中间横向加劲肋的间距,与腹板的正应力、剪应力、宽厚比的大小、有无纵向加劲肋及其层数有关。

为了防止腹板在弯曲压应力作用下的弯压失稳,可在设置横向加劲肋的同时设置纵向加劲肋。纵向加劲肋可与横向加劲肋设置在腹板的同一侧,也可设置在不同侧,如图5-15a)、b)所示。纵向加劲肋与横向加劲肋不在腹板的同一侧时,加劲肋可以做得较长,便于进行自动焊接;如果与横向加劲肋设置在同一侧时,应该在其前后各空出70mm左右的间隙,如图5-15c)所示。纵向加劲肋需与横向加劲肋连接时,可选择用角焊缝连接,且横向加劲肋应较纵向加劲肋宽出 10mm 以上,如图 5-15d)所示。

纵向加劲肋与腹板宜用角焊缝连接,在与横向加劲肋交叉处宜留不小于 30mm 的间隙,但是当考虑纵向加劲肋与腹板共同承担轴向力时,纵向加劲肋应连续通过,承受压力时也可焊接于横向加劲肋。

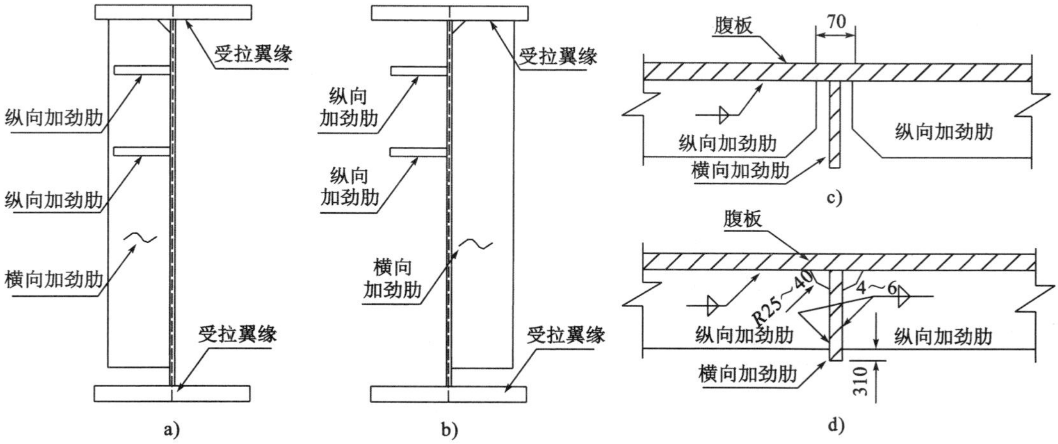

图 5-15　纵向加劲肋的设置(尺寸单位:mm)

依据腹板的稳定条件,纵向加劲肋刚度有两种确定方法:一种是要求腹板的失稳荷载要大于翼板的屈服荷载,要求纵向加劲肋有足够刚度,当腹板达到极限承载状态时,它应能成为腹板屈曲变形波的波节,以腹板加劲肋围成的局部失稳荷载作为腹板失稳判别标准;另一种是当腹板达到极限承载状态时,不要求加劲肋成为腹板屈曲变形波的波节,以腹板整体失稳荷载作为腹板失稳判别标准,加劲肋刚度换算为腹板的抗弯刚度计算。

3)主梁截面布置

主梁横截面布置的主要目的是确定主梁的根数与间距。主梁的根数与间距直接影响到主梁的受力大小和截面尺寸,同时影响桥面板的跨径和受力状态。当桥面板支撑于主梁上时,主梁的间距决定桥面板的跨径,主梁的横向布置还会影响桥面板的受力情况。当汽车荷载多位于主梁之间时,桥面板内产生的弯矩较大,当汽车作用主要集中在主梁中心附近时,桥面板弯矩减小,但剪力增加。如果主梁间距过大,往往需要设置内纵梁或较密的横隔板来减小桥面板的跨径。因此,横截面的布置不仅要考虑主梁受力,还要同时考虑桥面板的受力。当桥面板为钢桥面板时,因钢桥面板的自重较轻、跨越能力较大,特别是采用闭口加劲肋时,正交异性钢桥面板的跨径可以达到 4 ~6m。如果适当设置纵肋和横肋,则横梁就有可能成为钢桥面板的主要支撑结构,此时主梁间距设置较为灵活。

双主梁构造简单、制造工作量小,且有助于提高桥梁施工架设速度、降低桥梁建造成本,因此,当桥面板不是很宽时(一般不超过 13m),通常采用双主梁的结构形式。两个主梁之间的间距通常为桥面板宽度的一半,以平衡作用于桥面板上的横向弯矩。两主梁之间通过横梁(又称“小横梁”)连接[图 5-16a)],当横梁位于支点附近时,通常需要增大梁高以承受主梁传递的水平荷载。当桥面板较宽、桥面板重量显著增加时,可将横梁上移,并通过焊接连接件与桥面板连接形成共同受力结构[图 5-16b),此时为“大横梁”],但该结构形式施工较为复杂。

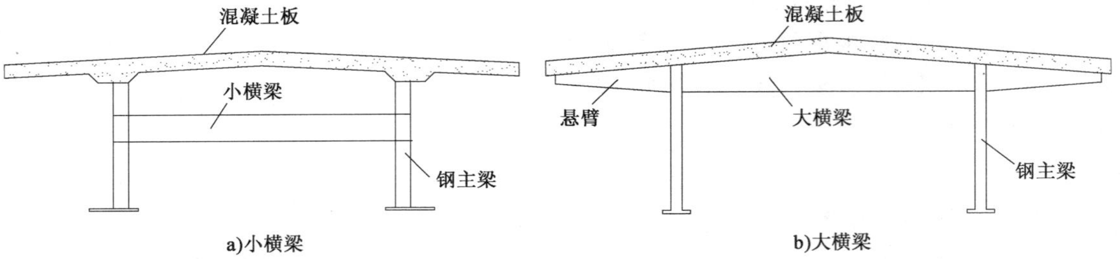

图 5-16　双主梁截面布置示意图

在主梁截面设计中可根据弯矩的大小来调整主梁截面以达到节省钢材的目的。调整主梁截面的方法有改变梁高、板厚和翼缘板宽度。增加梁高是增大截面抗弯惯性矩的最有效方法,在大中跨径混凝土桥梁中广泛应用。但是对于钢板梁桥,由于跨径不大(通常 <60m),且变梁高的钢板梁制作、运输和安装非常麻烦,特别是顶推法施工时要求采用等梁高。因此,钢板梁桥很少采用变梁高的设计和方法,而是采用改变翼缘板板厚和宽度的方法。

从减轻梁重的角度,截面变化多一些好,但是加工制作工作量大,而且对接焊缝多,对主梁受力不利。因此,截面变化的数量和位置的确定应该综合考虑主梁的弯矩变化大小、加工制作工作量和连接位置的受力等。当跨径较大、截面弯矩变化大时,截面变化的数量可以多一些。但是从加工制作的角度,同一截面的最小长度不宜太短。

从受力的角度,钢板梁桥翼缘板截面变化数量和位置可根据设计荷载分布确定。从加工制作的角度,截面变化位置应该尽可能设置在工地连接位置,不同板厚的翼缘板高强度螺栓连接采用填板调整,如图 5-17 所示。

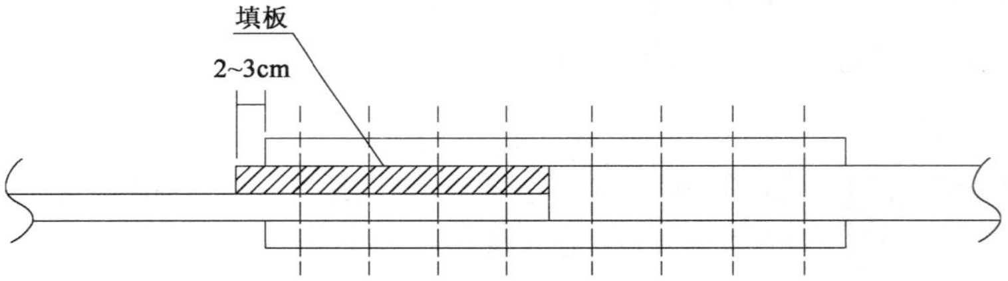

图 5-17　翼缘板高强度螺栓连接填板

5.2.2　联结系构造与布置

1)纵向联结系

《公路钢结构桥梁设计规范》(JTG D64—2015)中要求翼缘的上下平面内宜设纵向联结系,承受水平荷载和偏心荷载等产生的扭矩作用。纵向联结系通常通过采用节点板的结构形式实现与主梁间的连接。节点板位于纵向联结系平面,焊接于腹板。平联杆件通常是在工地拼装时与主梁连接,采用高强螺栓连接于节点板上。

图 5-18 为纵向联结系的连接构造示意图。图 5-18a)中表示出了平联杆件与节点板在竖直平面内的相对关系,为便于安装,通常将平联设置于节点板的上侧。此外,纵向联结系、横向联结系和腹板形心应尽可能交于一点,不出现偏心,如图 5-18b)、d)、e)所示。但是无偏心时有可能导致节点板尺寸过大,为了减小节点板的尺寸,有时不得不做成偏心的结构形式,如

图 5-18c)所示。

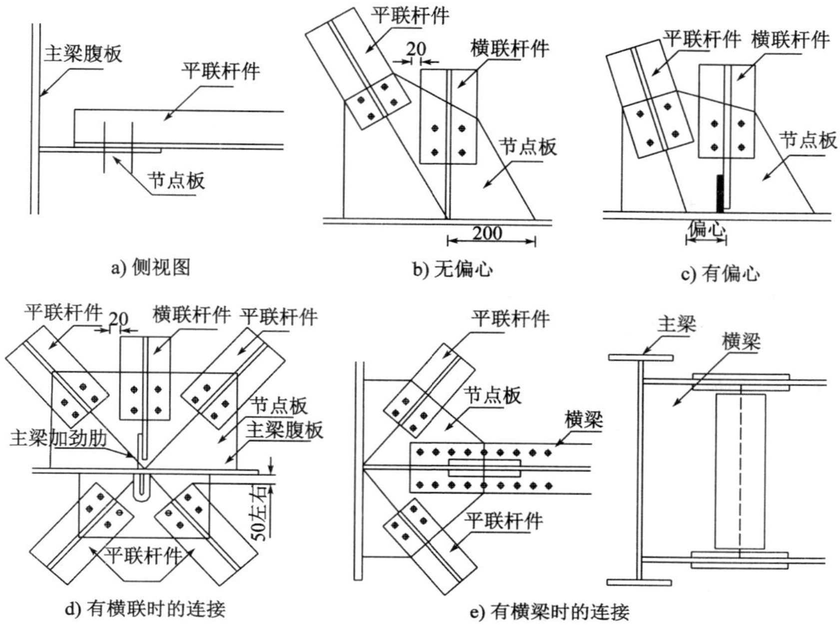

图 5-18　纵向联结系的连接(尺寸单位:mm)

图 5-19 为纵向联结系连接与主梁纵向加劲肋的关系。当节点板与纵向加劲肋在同一平面或很接近(距离 100mm 以下)时,通常将纵向加劲肋断开。节点板距离纵向加劲肋较远(距离 100mm 以上)时,可以平行设置。图 5-20 为纵向联结系连接与主梁横向加劲肋的关系,通常主梁腹板横向加劲肋连续通过。

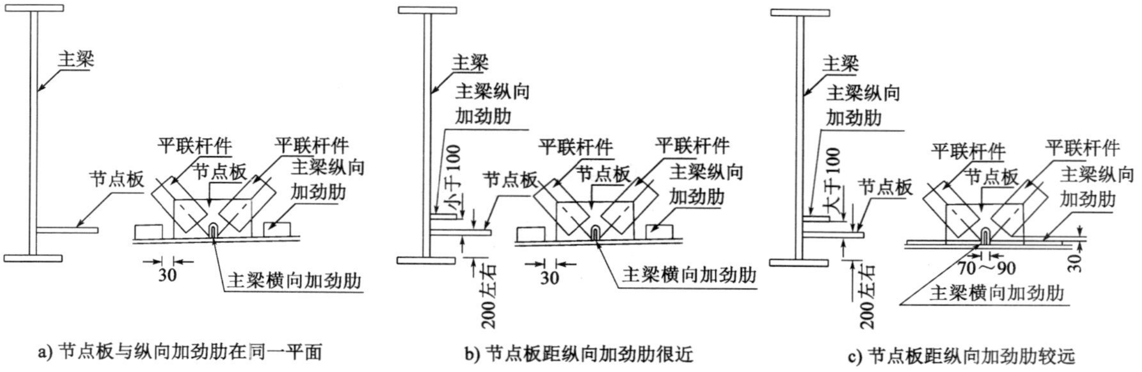

图 5-19　纵向联结系连接与主梁纵向加劲肋的关系(尺寸单位:mm)

纵向联结系杆件相互交叉时,交叉处一般做成相互连接的结构形式。图 5-21a)为角钢或 T 形钢的突出肢位于同一侧,将其中一根杆件在连接处截断,借助拼接板将相互交叉的杆件连接在一起。图 5-21b)为角钢或 T 形钢的突出肢位于异侧时,在杆件相互交叉处设置填板,使用螺栓连接在一起,杆件连续通过。

与腹板焊接的节点板,其另一边焊接于加劲肋上,节点板切去一块,这样使节点板边缘的焊缝至加劲肋与腹板相连的焊缝,保持一定的距离,如图 5-22 所示。斜杆端头的连接焊缝至节点板边缘的焊缝,也应保持一定的距离。为了减小应力集中,节点板还应做成圆弧形,并在焊接结束后用砂轮或风铲对焊缝表面进行加工,使表面平顺。

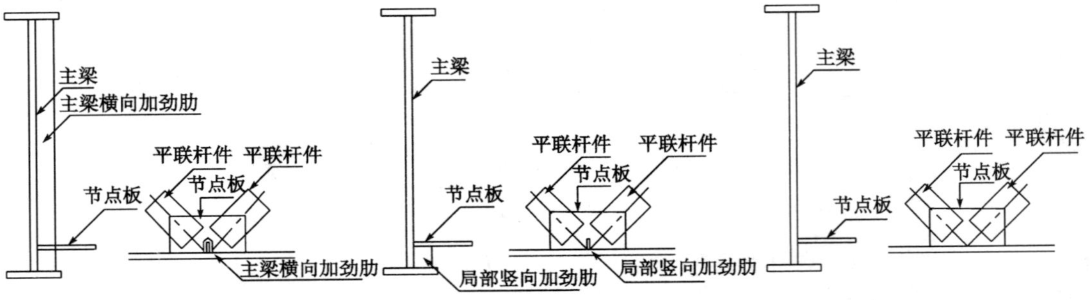

a) 有横向加劲肋　　b) 设置局部横向加劲肋　　c) 无横向加劲肋

图5-20　纵向联结系连接与主梁横向加劲肋的关系

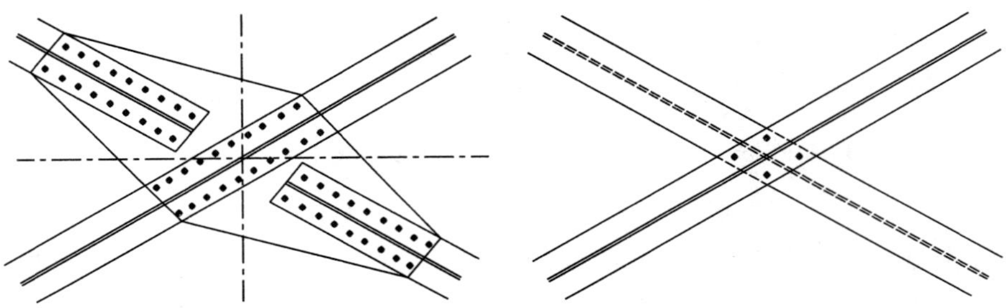

a) 同一平面内　　b) 不同平面内

图5-21　纵向联结系连接与主梁横向加劲肋的关系

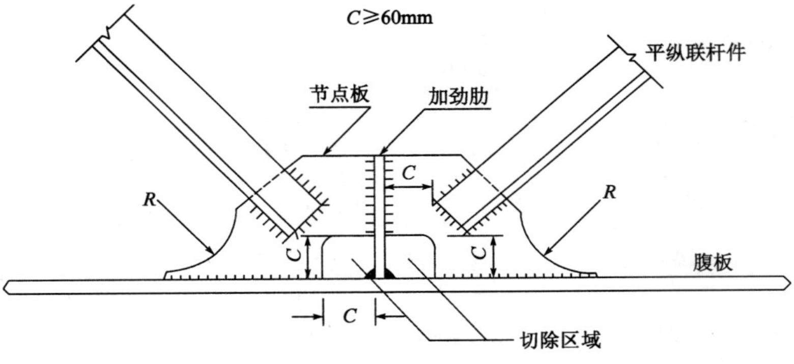

图5-22　纵向联结系与主梁的连接

2)横向联结系

横向联结系的连接方式取决于横梁与主梁的相对位置。当横梁与主梁顶面同高时腹板的连接形式如图5-23所示,横梁可搭接于主梁横向加劲肋[图5-23a)~e)]、对接于主梁横向加劲肋[图5-23f)]、焊接于主梁横向加劲肋[图5-23g)]和连续通过主梁[图5-23h)]等多种形式。图5-23a)和b)所示的结构仅传递剪力,其余结构形式既可以传递剪力也可传递弯矩。

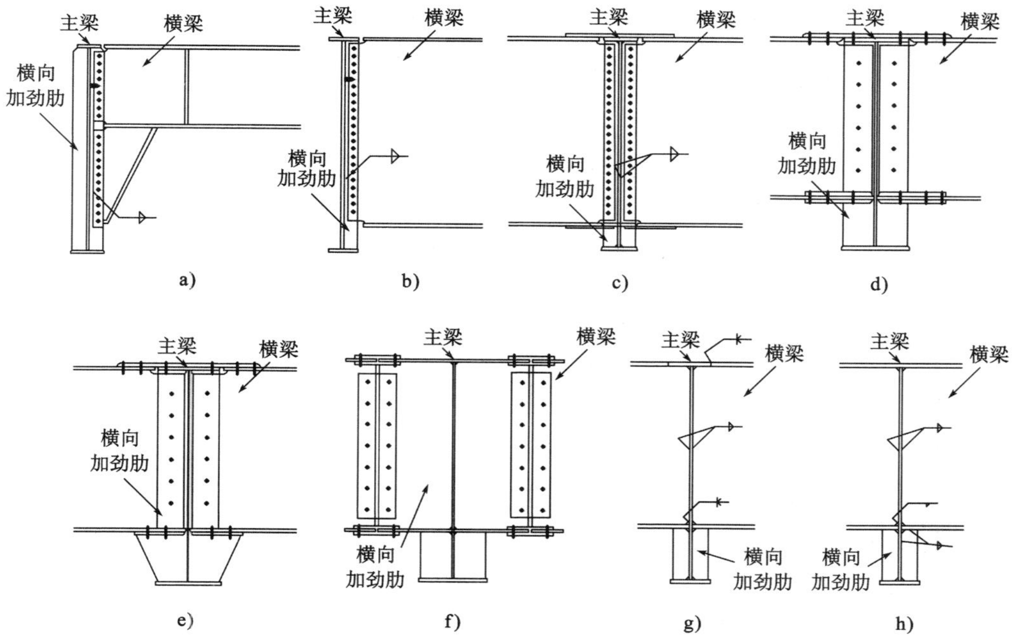

图 5-23　横梁与主梁顶面同高时腹板的连接方式

图 5-24 为横梁上翼缘与主梁的连接形式，其中 a）为连接板焊接于主梁的上翼板，b）为螺栓搭接于主梁上翼板。

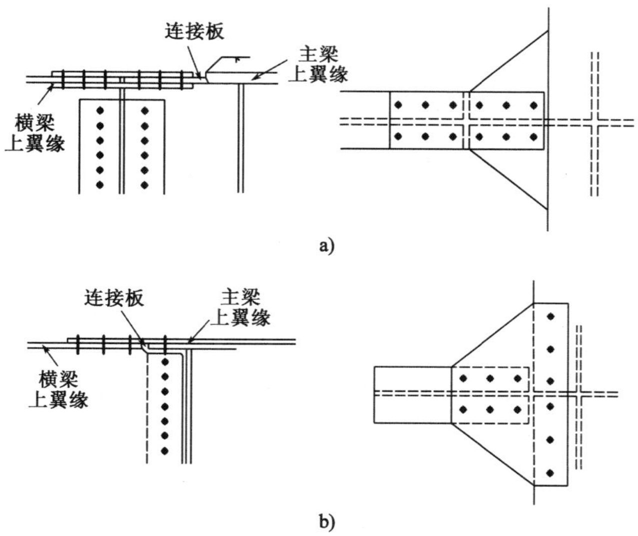

图 5-24　横梁与主梁上翼板的连接

图 5-25 为主梁间有高差或上翼倾斜横梁缘与主梁的连接形式。其中：a）为采用楔形填板的连接形式，b）在连接处将横梁翼缘板弯折，c）将主梁翼板做成倾斜形式。

图 5-26 为横梁与主梁顶面不同高时腹板的连接形式。其中 a）只传递剪力，b）、c）既传递剪力，也传递弯矩。

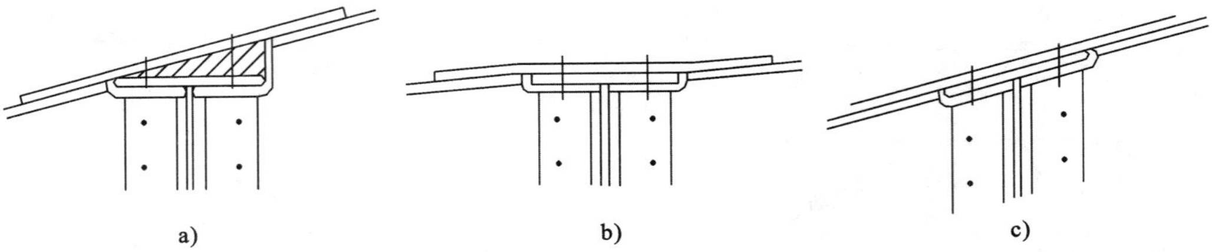

图 5-25　主梁间有高差或上翼倾斜横梁缘与主梁的连接形式

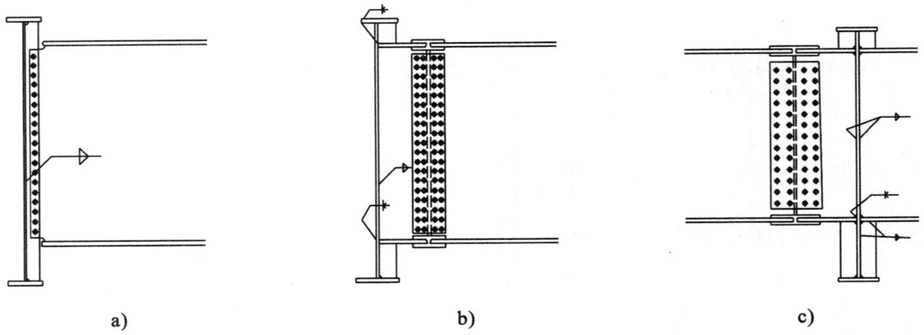

图 5-26　横梁与主梁顶面不同高时腹板的连接方式

图 5-27 为横梁上弦与主梁的连接方式,其中 a)为纵向加劲肋在节点板内的情况,b)为纵向加劲肋离开节点板 60mm 以上的情况,c)为左侧没有纵向加劲肋的情况,d)为 T 形钢有偏心的情况。

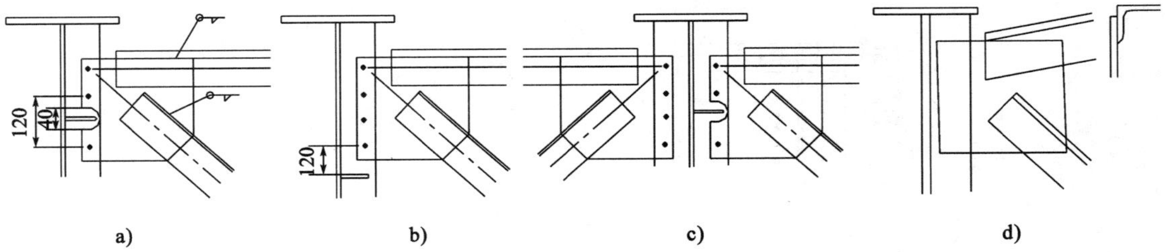

图 5-27　横联上弦与主梁的连接(尺寸单位:mm)

图 5-28 为横联下弦与主梁的连接,图中 a)为角钢有偏心的情况,b)为 T 形钢有偏心的情况,c)为 T 形钢无偏心的情况,d)为角钢无偏心的情况,e)为主梁有高差的情况。

平纵联杆件端部的节点板,可与上翼缘焊接连接,如图 5-28 所示,但不应与受拉的下翼缘焊连,这是由于受拉翼缘的疲劳强度受焊接影响较大的缘故。通常,平纵联斜杆端的节点板,常与腹板焊连,而横撑则焊在加劲肋上,以免降低翼缘的疲劳强度,如图 5-29 所示。

3)联结系布置

梁式上部构造应在其弦杆或翼缘的上下平面内设纵向联结系。但跨径较小的上承式梁桥,可不设下弦(或下翼缘)平面内的纵向联结系。跨径 25m 以下并且具有强大横向联结系的直桥可以省略下层纵向联结系。钢梁与钢筋混凝土板组成的组合梁,如在安装时没有特殊需要,可不设行车系平面内的纵向联结系。

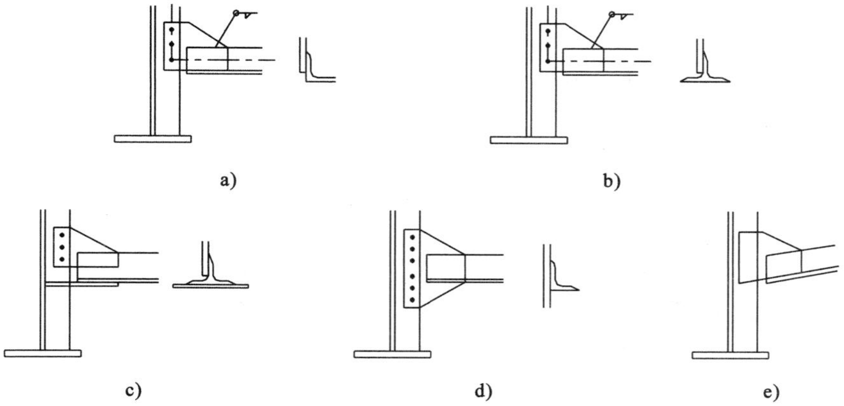

图 5-28　横梁下弦与主梁的连接

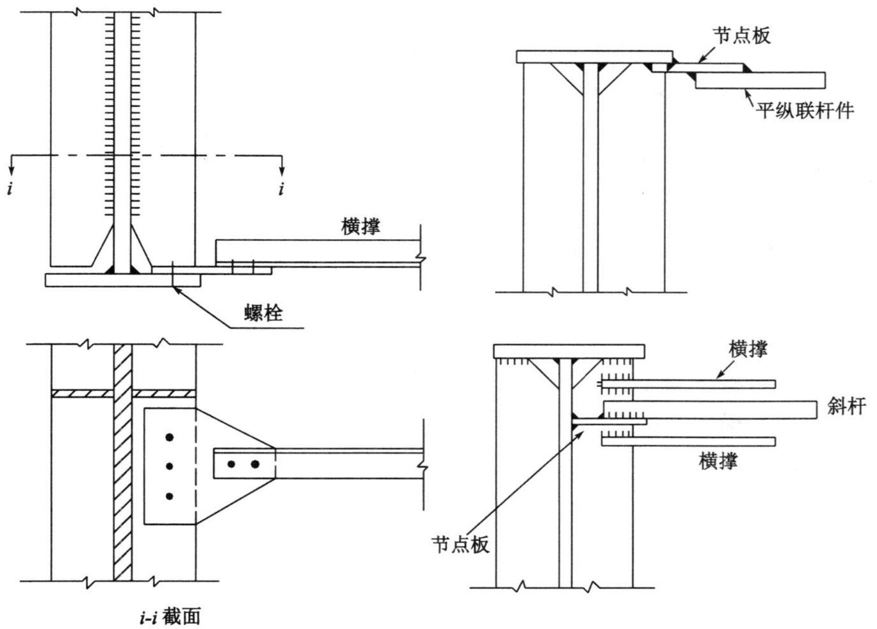

图 5-29　横向联结系与主梁的连接

纵向联结系有利于防止板梁桥施工时的失稳、抵抗横向力及扭矩的作用，因此必须保证其有足够的强度和刚度。对于直线桥，一般扭矩较小，纵向联结系主要由刚度控制设计；对于曲线梁桥，扭矩较大，纵向联结系的间距要求设置得小一些，此时横向联结系的间距也应适当减小。常用的纵向联结系布置形式如图 5-30 所示。

为了使横向荷载能够平顺地传递到支座，原则上工形钢板梁桥应设置上下层纵向联结系，但是当上承式钢板梁桥的桥面板与主梁固结并且可以抵抗主梁的侧倾弯扭失稳时，可以省略上层纵向联结系而只设置下层纵向联结系。当纵向联结系与主梁共同作用时也可不考虑各该构件不在同一高度的偏心影响。纵向联结系应该能够承受水平荷载和偏心荷载等产生的扭矩作用且纵向联结系杆件应考虑自身重力引起的弯矩,该弯矩按跨径等于杆件长度的简支梁计算。

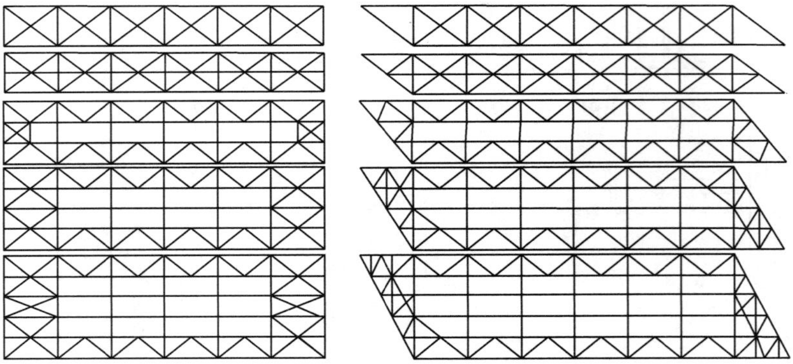

图 5-30　纵向联结系结构形式

横向联结系的结构形式及数量主要由桥梁的整体横向刚度和主梁的侧向失稳要求控制设计,为了确保桥梁结构的整体受力和板梁具有良好的横向分布,钢板梁桥应设置横向连接且中间横向连接间距不宜大于受压翼缘宽度的 30 倍。从荷载横向分配的角度来看,通常可以设置 2 道端横梁和在跨中附近设置 1 ~3 道中横梁,当桥梁的跨度和宽度特别大时,可设置 5 根中横梁。横梁设置过多不会明显提高桥梁的横向刚度,但是为防止主梁的侧向失稳,横向联结系的数量又不宜太少。因此横梁的间距一般不大于 6m。横向联结系应尽量与梁的上下翼缘连接。横向联结系如焊于竖向加劲肋时,则各该加劲肋应与梁的受压翼缘焊连。同时支承处必须设置端横梁以阻止梁端截面扭转。

横联要求具有足够的刚度,通常可以采用实腹式结构形式,如图 5-31a)所示。对于为防止主梁侧向失稳而布置的横梁,因其仅对主梁的侧向变形起到支承约束作用,故也可采用刚度相对小一些的桁架式横向联结系,如图 5-31b)所示;当在同一桥梁中采用多种不同结构形式的横向联结系时,构件种类多且构造复杂,制造与架设均较麻烦。因此在实际应用中,横梁多采用单一的结构形式。

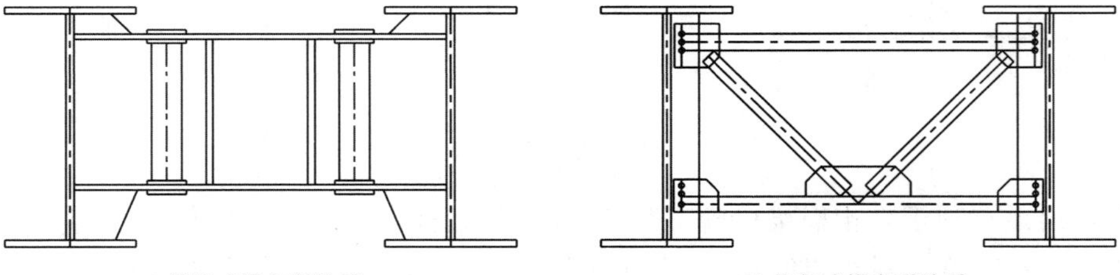

a) 横梁式横向联结系　　b) 桁架式横向联结系

图 5-31　横向联结系结构形式

下承式钢板梁桥的横梁应设置肱板与腹板加劲肋连接,肱板的自由边长度不得超过板厚的 60 倍。横向联结系的位置应与竖向加劲肋位置的布置一起考虑。在桥梁架设及后期的养护过程中,常需将梁端顶起,故梁端需设置顶梁。如果端横联的下横撑做顶梁用,则端横联的下横撑应适当加强。

5.2.3 支座布置

桥梁支座的布置形式主要和桥梁的结构形式有关。一般在布置支座时，既要便于传递支座反力，又要使支座能充分适应梁体的自由变形。具体的注意事项是：上部结构是空间结构时，支座应能同时适应桥梁顺桥向和横桥向的变形；支座必须保证能够可靠地传递垂直和水平反力；支座应使由梁体变形所产生的纵向位移，横向位移和纵、横向转角尽可能不受约束；固定支座宜设置在具有较大支座反力的地方；在同一桥墩上的几个支座应具有相近的转动刚度；支座应具有一定的刚性，以便将荷载较均匀地分布于支承垫石上；连续梁可能发生支座沉陷时，应考虑支座高度调整的可能性。

在支座安装前应对支座的安装位置进行测量检验，支座安装平面应和支座的滑动平面或滚动平面平行，且平行度的偏差不宜超过2‰。除此之外还应对活动支座顶、底板的相对位置进行检查。支座安装后，滚动和滑动平面应保持水平，与理论平面斜度相比不大于2‰。支座上下板中心应对中，其偏差不应大于2‰。为保证支座安装平整，一般应在支座底面与支承垫石顶面之间，捣筑20～50mm厚的干硬性无收缩混凝土砂浆垫层。

在使用年限内应定期对支座进行养护，养护工作包括：钢件的表面油漆、辊轴及摇轴转动部分定期擦洗并涂抹润滑油、滑动支座不锈钢表面的擦洗及检查支座的锚栓等。只有定期养护才能保证支座处于正常工作状态。不宜养护的支座必须四面用防护罩保护。

此外，为了后期的维修和更换支座方便，工形钢板梁桥应该设置支承千斤顶的临时支点加强结构，常用的临时支点布置形式如图5-32所示。

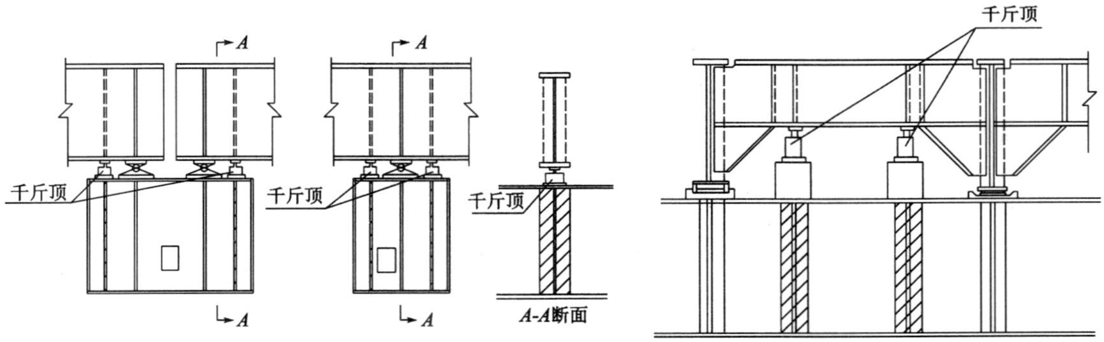

图5-32 临时支点布置形式

5.3 设计计算

5.3.1 主梁截面设计

1）主梁腹板设计

主梁要求有足够的强度和刚度，通常主梁以截面应力控制设计时的用钢量比刚度控制设计的用钢量要省，为了有效地发挥钢材的作用和节省钢材，主梁设计时应该尽可能地使用以截面应力控制设计。但我国相关公路钢桥设计规范对桥梁挠度要求较高,主梁截面设计时还应对主梁刚度进行验算,即主梁的活载挠度 f 必须满足相关规范的要求。

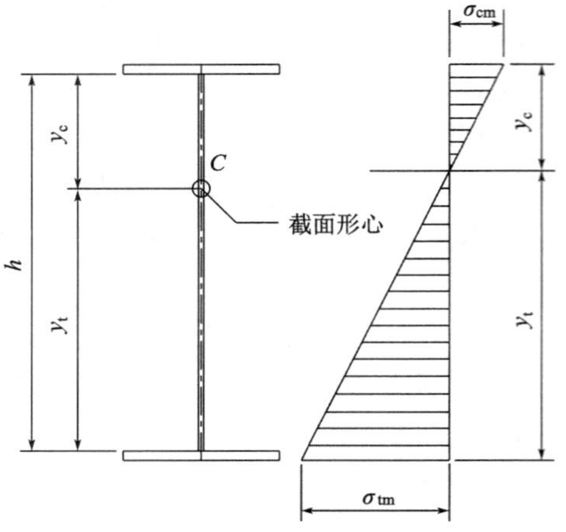

图 5-33 钢板梁截面

如图 5-33 所示,假设主梁以截面应力控制设计,截面控制设计最大拉应力和压应力分别为 σ_{tm} 和 σ_{cm},腹板高为 h,腹板厚为 t,受压翼缘面积为 A_c,受拉翼缘面积为 A_t。在理想设计状态下,截面中性轴位置和惯性矩 I 为:

$$I = A_c y_c^2 + \frac{1}{3} y_c^3 t + \frac{1}{3} y_t^3 t + A_t y_t^2 \tag{5-2}$$

式中:$y_c = \dfrac{\sigma_{cm}}{\sigma_{cm} + \sigma_{tm}} h$;

$y_t = \dfrac{\sigma_{tm}}{\sigma_{cm} + \sigma_{tm}} h$。

$$\delta = \frac{y_t - y_c}{2} = \frac{\sigma_{tm} - \sigma_{cm}}{\sigma_{cm} + \sigma_{tm}} \cdot \frac{h}{2}$$

$$A_t y_t + ht\delta - A_c y_c = 0$$

如果截面设计弯矩为 M,根据截面内力与外力平衡原理可以得到:

$$A_c \sigma_{cm} y_c + \frac{\sigma_{cm}}{2} y_c \frac{2}{3} y_c + \frac{\sigma_{tm}}{2} y_t \frac{2}{3} y_t + A_t \sigma_{tm} y_t = M \tag{5-3}$$

因此可近似求得翼缘板所需要的面积:

$$A_c = \frac{M}{\sigma_{cm} h} - \frac{2\sigma_{cm} - \sigma_{tm}}{\sigma_{cm}} \cdot \frac{ht}{6}; \quad A_t = \frac{M}{\sigma_{tm} h} - \frac{2\sigma_{tm} - \sigma_{cm}}{\sigma_{tm}} \cdot \frac{ht}{6} \tag{5-4}$$

将上式代入主梁全截面面积计算公式 $A = A_c + A_t + ht$,可以得到钢梁截面面积 A 与腹板高 h 的函数关系:

$$A = \frac{M}{\sigma_{cm} h} - \frac{2\sigma_{cm} - \sigma_{tm}}{\sigma_{cm}} \cdot \frac{ht}{6} + \frac{M}{\sigma_{tm} h} - \frac{2\sigma_{tm} - \sigma_{cm}}{\sigma_{tm}} \cdot \frac{ht}{6} + ht \tag{5-5}$$

令 $\mathrm{d}A/\mathrm{d}h = 0$,就可求得最小截面面积相应的腹板高(称为经济腹板高度)h 值:

$$h = \sqrt[3]{\frac{3\left(\dfrac{h}{t}\right)}{\sigma_{tm} + \sigma_{cm}} M} \tag{5-6}$$

式中:h/t——腹板宽厚比的限制值,可以根据腹板加劲肋多少和腹板的抗剪能力确定。

以上是根据截面应力控制设计得到的最佳梁高。但是,影响主梁高度的因素较多,通常钢板梁的梁高 h_w 为 $L/25 \sim L/12$(L 为跨径)。活载越大,要求的梁高越高,跨径越大,梁高与跨径之比 h_w/L 可以小一些。

当腹板高度确定后,腹板的厚度可以根据主梁的剪力大小和腹板高厚比 h/t 的限制值确定。其中,h/t 主要由腹板的局部稳定控制,采用不同的加劲肋设计时,腹板高厚比的限制也不相同。对于 Q345 钢材,腹板不设加劲肋时 $h/t \leqslant 60$;腹板设置横向加劲肋,但不设纵向加劲肋时 $h/t \leqslant 140$;腹板设置横向加劲肋,而且设置一段纵向加劲肋时 $h/t \leqslant 240$,纵向加劲肋宜布置在距受压翼缘 $0.2h_w$ 处;当 $h/t > 240$ 时,需要设置多段纵向加劲肋,若仅布置两根纵向加劲肋,宜布置在距受压翼缘 $0.14h_w$ 和 $0.36h_w$ 处。一般而言,腹板的厚度可取 14 ~ 16mm,可有效控制加劲肋等焊接引起的变形。

2)翼缘板设计

当主梁腹板高度h_w和厚度t_w确定后,受拉和受压翼缘板的最小截面面积A_t和A_c,可以由设计弯矩值 M 以及主梁的最大控制设计拉应力σ_t和压应力σ_c通过下式求得:

$$A_c = \frac{M}{\sigma_c h} - \frac{2\sigma_c - \sigma_t}{\sigma_c} \cdot \frac{ht}{6}; \quad A_t = \frac{M}{\sigma_t h} - \frac{2\sigma_t - \sigma_c}{\sigma_t} \cdot \frac{ht}{6} \tag{5-7}$$

翼板宽度b_f和厚度t_f的确定,必须综合考虑翼板的局部稳定和主梁的弯扭屈曲,确保钢梁在制作、运输、安装和运营等各种工作状态下不出现翼板局部失稳和主梁的弯扭失稳。

根据板的稳定理论,受压板件欧拉应力为:

$$\sigma_{xcr} = \frac{\chi k \pi^2 E}{12(1-\nu^2)}\left(\frac{t}{b}\right)^2 \tag{5-8}$$

式中:E——弹性模量;

ν——泊松比;

b、t——受压板件的宽度和厚度;

k——稳定系数;

χ——约束系数。

由$\sigma_{xcr} \geqslant f_y$($f_y$为钢板的屈服强度)可以得到由稳定控制设计的宽厚比 b/t 为:

$$\frac{b}{t} \leqslant \sqrt{\frac{\chi k \pi^2 E}{12(1-\nu^2) f_y}} \tag{5-9}$$

对于工形截面翼板的局部稳定分析,可以近似假设为由腹板和横向加劲肋支承的三边简支板一边自由的板件,当横向加劲肋间距远远大于翼板宽度时,稳定系数近似为 $k = 0.425$;工形钢板梁桥约束系数为$\chi = 1.0 \sim 1.2$。假设 $f_y = 345\text{MPa}$(Q345),$\chi = 1.1$,$k = 0.425$,代入上式可以得到 $b/t \leqslant 16.0$,如果取稳定安全系数为 1.7,则要求 $b/t \leqslant 12.3$。

同时,翼缘板应该有足够的宽度,以确保钢板梁不致产生整体弯扭失稳。当跨径不大(<60m)并且有足够的横向连接时,翼板宽度一般为 250~650mm,跨径大者可以取较大值。当采用高强度螺栓连接时,考虑到螺栓布置的需要,翼板宽度一般不小于 350mm。考虑到应尽量减小焊接变形,翼板宽度不宜太宽,一般 $b = (0.2 \sim 0.45)h < 600\text{mm}$(h 为梁高)。从弯扭屈曲角度考虑,受压翼缘宽度可以比受拉翼缘稍宽一些。

《公路钢结构桥梁设计规范》(JTG D64—2015)规定,工字形截面简支梁受压翼缘的自由长度 L_1 与其宽度 B_1 之比不超过表 3-1 规定的数值时(详见第 3 章),可不计算梁的整体稳定性。

5.3.2 加劲肋设计

钢板梁在支承处及外力集中处应设置成对的横向加劲肋。支承加劲肋直接承受支座反力的作用,不仅需要验算支承垫板处腹板和加劲肋的直接承压应力,还必须计算腹板和加劲肋中的竖向应力。支座反力的作用下,腹板和加劲肋中竖向应力的实际大小和分布非常复杂,通常要用空间有限元方法才能求得较为满意的结果。为了简化计算,对于跨径不大的钢板梁桥,支承加劲肋可以近似简化为等效压杆。翼缘板支承加劲肋可按不均匀受压构件计算,其应力应满足《公路钢结构桥梁设计规范》(JTG D64—2015)规定的式(5-10)、式(5-11)的要求:

$$\gamma_0 \frac{R_v}{A_s + B_{eb} t_w} \leqslant f_{cd} \tag{5-10}$$

$$\gamma_0 \frac{2R_v}{A_s + B_{ev} t_w} \leqslant f_d \tag{5-11}$$

式中:R_v——支座反力设计值;

A_s——支承加劲肋面积之和;

t_w——腹板厚度;

B_{eb}——腹板局部承压有效计算宽度,$B_{eb} = B + 2(t_f + t_b)$;

B——上支座宽度;

t_f——下翼板厚度;

t_b——支座垫板厚度;

B_{ev}——腹板有效宽度,如图5-34所示,按下式计算:

$$B_{ev} = (n_s - 1)b_s + 24t_w \quad (b_s < 24t_w)$$

$$B_{ev} = 24n_s t_w \quad (b_s \geqslant 24t_w)$$

n_s——支承加劲肋对数;

b_s——支承加劲肋间距。

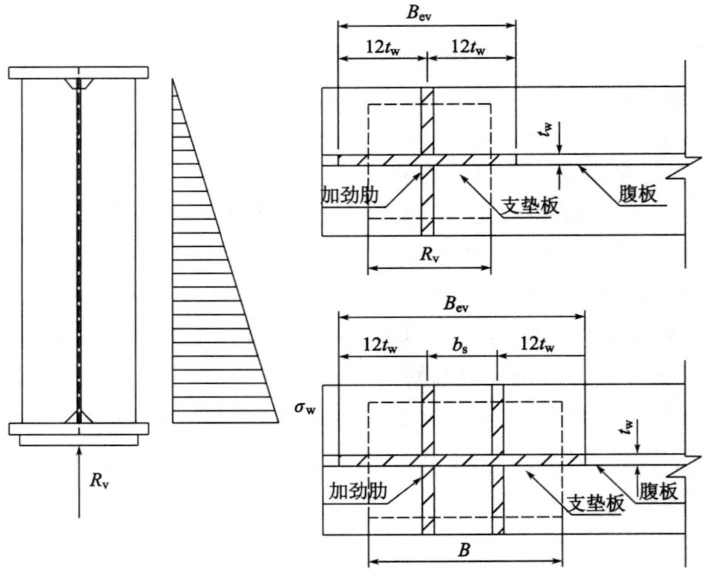

图5-34 支承加劲肋的腹板有效计算宽度

《公路钢结构桥梁设计规范》(JTG D64—2015)对腹板横向加劲肋的间距做了相应规定,要求腹板横向加劲肋的间距 a 不得大于腹板高度 h_w 的1.5倍,并应满足:

(1)不设置纵向加劲肋时:

$$\left(\frac{h_w}{100\,t_w}\right)^4\left(\frac{\sigma}{345}\right)^2+\left[\frac{\tau}{77+58\left(\frac{h_w}{a}\right)^2}\right]^2\leqslant 1\quad\left(\frac{a}{h_w}>1\right)\tag{5-12}$$

$$\left(\frac{h_w}{100\,t_w}\right)^4\left(\frac{\sigma}{345}\right)^2+\left[\frac{\tau}{58+77\left(\frac{h_w}{a}\right)^2}\right]^2\leqslant 1\quad\left(\frac{a}{h_w}\leqslant 1\right)\tag{5-13}$$

(2)设置一道纵向加劲肋时:

$$\left(\frac{h_w}{100\,t_w}\right)^4\left\{\left(\frac{\sigma}{900}\right)^2+\left[\frac{\tau}{120+58\left(\frac{h_w}{a}\right)^2}\right]^2\right\}\leqslant 1\quad\left(\frac{a}{h_w}>0.8\right)\tag{5-14}$$

$$\left(\frac{h_w}{100\,t_w}\right)^4\left\{\left(\frac{\sigma}{900}\right)^2+\left[\frac{\tau}{90+77\left(\frac{h_w}{a}\right)^2}\right]^2\right\}\leqslant 1\quad\left(\frac{a}{h_w}\leqslant 0.8\right)\tag{5-15}$$

(3)设置两道纵向加劲肋时:

$$\left(\frac{h_w}{100\,t_w}\right)^4\left\{\left(\frac{\sigma}{3\,000}\right)^2+\left[\frac{\tau}{187+58\left(\frac{h_w}{a}\right)^2}\right]^2\right\}\leqslant 1\quad\left(\frac{a}{h_w}>0.64\right)\tag{5-16}$$

$$\left(\frac{h_w}{100\,t_w}\right)^4\left\{\left(\frac{\sigma}{3\,000}\right)^2+\left[\frac{\tau}{140+77\left(\frac{h_w}{a}\right)^2}\right]^2\right\}\leqslant 1\quad\left(\frac{a}{h_w}\leqslant 0.64\right)\tag{5-17}$$

式中:t_w——腹板厚度;

σ——作用基本组合下的受压翼缘处腹板正应力(MPa);

τ——作用基本组合下的腹板剪应力(MPa)。

如前所述,横向加劲肋应能成为腹板屈曲变形的波节,其刚度应满足规范的要求。《公路钢结构桥梁设计规范》(JTG D64—2015)规定,腹板两侧对称设置横向加劲肋时,横向加劲肋截面对腹板中线的惯性矩,或者腹板单侧设置横向加劲肋时,横向加劲肋截面对腹板与加劲肋的焊接线的惯性矩,应满足下式要求:

$$I_t \geqslant 3\,h_w\,t_w^3\tag{5-18}$$

式中:t_w——腹板厚度;

h_w——腹板净高度。

同时,《公路钢结构桥梁设计规范》(JTG D64—2015)规定,腹板两侧对称设置纵向加劲肋时,纵向加劲肋截面对腹板中线的惯性矩,或者腹板单侧设置纵向加劲肋时,纵向加劲肋截面对腹板与加劲肋焊接线的惯性矩 I_l 应满足下式要求:

$$I_l \geqslant \xi_l\,h_w\,t_w^3\tag{5-19}$$

$$\xi_l=\left(\frac{a}{h_w}\right)^2\left[2.5-0.5\left(\frac{a}{h_w}\right)\right]\leqslant 1.5\tag{5-20}$$

式中:a——横向加劲肋间距。

5.3.3 联结系设计

1)横向联结系

对于一般钢板梁桥而言,其横向联结系承担的荷载主要由风荷载引起;对于组合钢板梁桥,横向联结系除承担由风荷载引起的作用力外,还受到约束负弯矩区受压翼缘侧向扭转屈曲产生的横向力作用;对于弯桥,除风荷载外,还承担由梁的曲率引起的扭矩作用。下面主要介绍由风荷载引起的水平作用及计算方法。

为了确定风荷载作用在横向联结系上的作用力,通常假定作用在上半腹板的风压直接传递给桥面板或上平纵联,作用在下半腹板的风压直接作用于下平纵联。因此,当纵联靠近支座时,由风荷载引起的作用力直接传递给支座,当纵联不在支座处时,该力通过横向联结系传递。跨中横向联结系受到的作用力为 $Q=0.5qhe$(e 为横向联结系的间距),如图 5-35 所示。

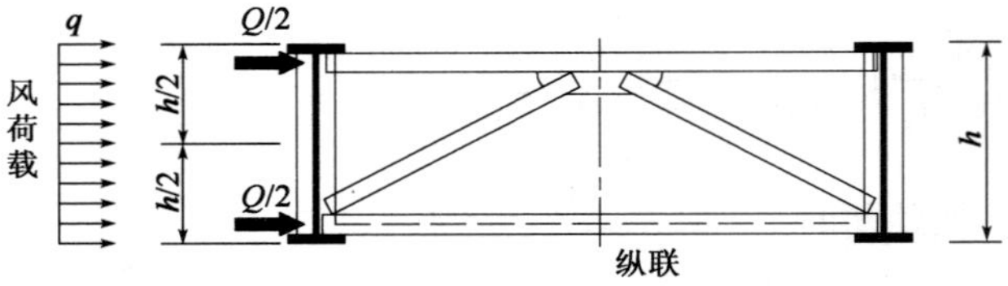

图 5-35　风荷载传递示意图

为了将来自纵联的作用力传递给支座和桥台,横向的两个支座必须至少有一个横向固定,以提供侧向支承。如图 5-36 所示,当采用一个固定支座和一个侧向活动支座时,由纵联传递的作用力将由固定支座承担;当同时采用两个(或多个)固定支座时,由纵联传递的作用力将会在这些固定支座间分配。

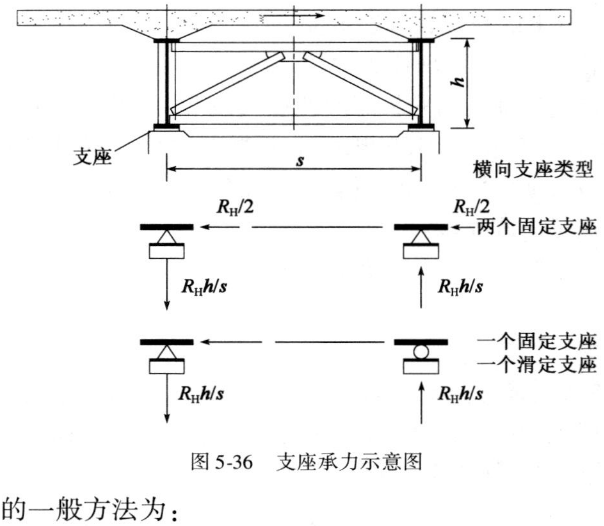

图 5-36　支座承力示意图

横向联结系设计的一般方法为:

(1)根据跨径和主梁布置初步拟定横向联结系的数量和位置;

(2)根据格子刚度 $Z=10\sim20$ 设定横向联结系需要的结构形式和最小断面尺寸;

(3)采用桥梁空间计算或平面简化计算分析横梁(横联)的内力;

(4)验算截面应力和构件的刚度。

横向联结系一般与主梁腹板相连，为了使得横梁（横联）传力可靠，横梁（横联）高度不宜过小，通常为主梁高度的3/4以上，不得已时不得小于主梁高度的1/2。横梁主要是保证桥梁的整体刚度，由刚度控制设计，所以横梁应力一般不大。

对于如图5-37所示的桁架式结构，桥梁空间分析时，其抗弯惯矩刚度I_s可以采用式(5-21)的换算公式计算：

$$I_s = \frac{4h^2A_1}{9} \cdot \frac{1}{1 + \frac{A_1}{3A_2\cos\theta}} \tag{5-21}$$

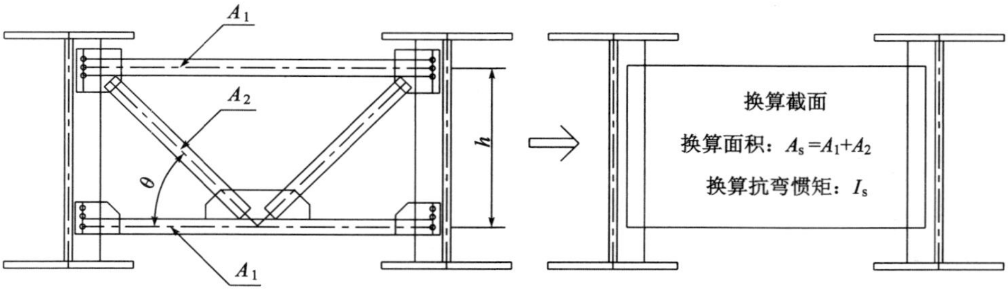

图5-37　桁架式横联整体计算模式

横向联结系除了验算结构整体受力外，还应该验算水平荷载作用下的应力和稳定性。对于支承处横联，杆件内力可以近似采用如图5-38所示的计算模型，杆件内力由表5-1求得。

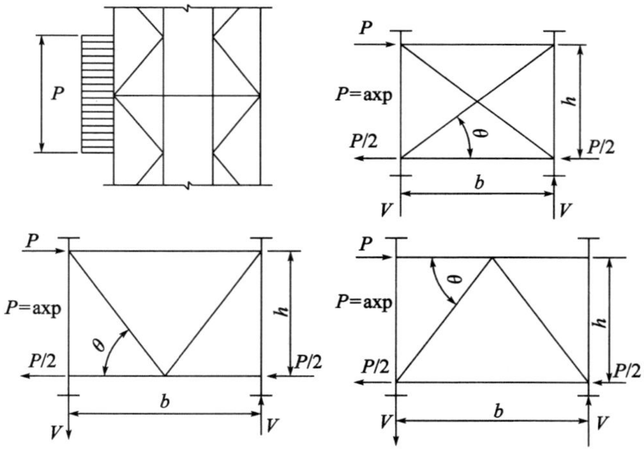

图5-38　水平荷载作用下横联计算模型

杆 件 内 力　　　表5-1

结构形式	V形桁架	倒V形桁架	X形桁架
上弦杆	$N_u = -P/2$	$N_u = -P$	$N_u = -P/2$
斜杆	$N_D = \pm(P/2)\sec\theta$	$N_D = \pm(P/2)\sec\theta$	$N_D = \pm(P/4)\sec\theta$
下弦杆	$N_u = \pm P$	$N_u = \pm P/2$	$N_u = \pm P/4$
竖向力	$V = (P/2)(h/b)$	$V = (P/2)(h/b)$	$V = (P/2)(h/b)$

注：P为地震荷载、风荷载等水平荷载作用下，分摊到一根横联的力。

2)纵向联结系

纵向联结系承担的作用力通常由风荷载、钢主梁翼缘和横梁的变形引起。纵向联结系的精确计算较为困难,工程设计中,通常可以近似地简化为由主梁翼缘和纵向联结系构成的桁架计算。对于图 5-39 所示的结构,桁架杆 ab 的内力为:

三角形纵联:

$$N_{ab} = \pm\frac{\omega(l-a)\eta}{2}\sec\alpha \tag{5-22}$$

X 形纵联:

$$N_{ab} = \pm\frac{\omega(l-a)\eta}{4}\sec\alpha \tag{5-23}$$

$$\omega = 0.5qh \tag{5-24}$$

式中:ω——单位长度的水平荷载;

α——纵向联结系斜杆与竖向的夹角;

q——风荷载集度;

h——钢主梁高度。

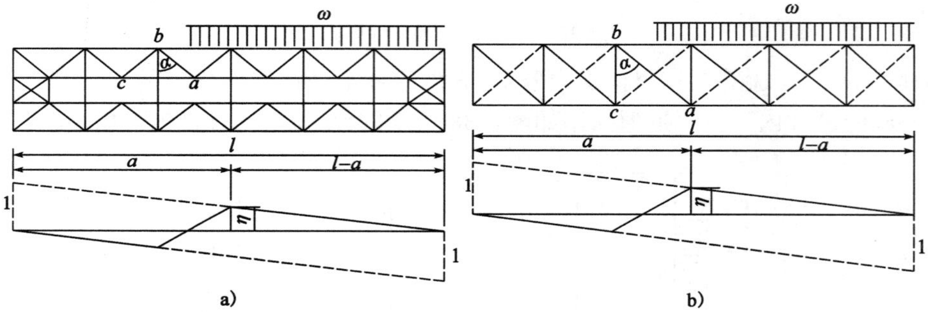

图 5-39 纵向联结系的计算简图

由钢主梁翼缘和横梁变形引起的纵向联结系斜杆内力可按下式计算(图 5-40):

X 形纵向联结系:

$$N_d = \frac{N}{A}\cdot\frac{A_d\cos^2\alpha}{1+\dfrac{A_d}{A}\cos^3\alpha+2\dfrac{A_d}{A_p}\sin^3\alpha} \tag{5-25}$$

菱形纵向联结系:

$$N_d = \frac{N}{A}\cdot\frac{A_d\cos^2\alpha}{1+\dfrac{A_d}{A}\cos^3\alpha+2\dfrac{A_d}{A_p}\sin^3\alpha+\dfrac{A_d\cdot s^2}{48I}\cos^3\alpha} \tag{5-26}$$

K 形纵向联结系:

$$N_d = \frac{N}{A}\cdot\frac{A_d\cos^2\alpha}{1+\dfrac{A_d}{A}\cos^3\alpha+2\dfrac{A_d}{A_P}\sin^3\alpha+\dfrac{A_d\cdot s^2}{3I_P}\sin\alpha\cos^2\alpha} \tag{5-27}$$

X 形、菱形和 K 形纵向联结系撑杆的内力可按下式计算:

$$N_d = (N_d^{左} + N_d^{右})\sin\alpha \tag{5-28}$$

式中：N、A——钢主梁翼缘的内力、毛截面积；

N_d、A_d——联结系斜杆的内力、毛截面积；

A_P——联结系撑杆的毛截面积；

I——钢主梁翼缘对竖轴的毛截面惯性矩；

I_P——联结系撑杆的毛截面惯性矩；

α——联结系斜杆与钢主梁翼缘的夹角；

s——钢主梁间距。

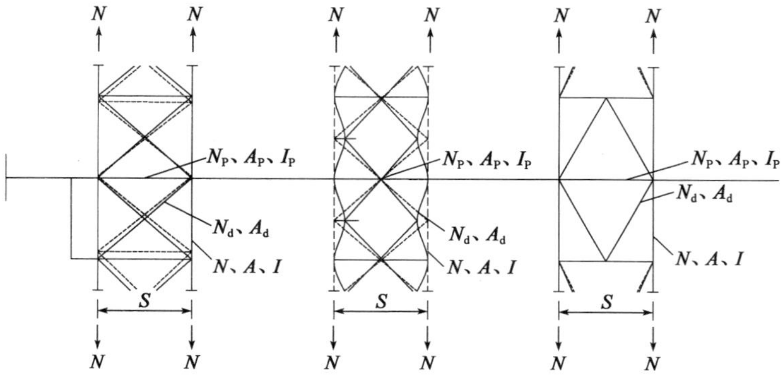

图5-40 钢主梁翼缘和横梁变形下纵向联结系的计算示意图

5.3.4 主梁连接设计

1）焊接连接

主梁焊接主要有翼缘板、腹板的接长，翼缘与腹板的焊接、加劲肋与腹板和翼缘的焊接。翼缘板、腹板的接长应该采用全熔透焊，坡口根据板厚确定。连接板梁的翼缘与腹板之间的焊缝应能抵抗由于弯曲和直接作用于翼缘的垂直荷载共同作用所产生的剪力。为了改善连接的受力，腹板和翼缘板的接长位置应该错开，工厂连接一般要求错开100mm以上，如图5-41a）所示，工地连接是由于需要设置过焊孔，最好错开200mm以上，如图5-41b）所示。翼板与腹板一般采用角焊缝连接，焊缝应该连续，与加劲肋交叉处，加劲肋需要开过焊孔。角焊缝应该对称布置，焊脚高度根据计算确定，一般为6～9mm。焊缝的计算可参考第3章焊缝连接相关计算内容。

2）高强螺栓连接

钢板梁桥主梁是较为典型的弯剪受力构件，通常采用高强度螺栓工地连接。主梁连接处在弯矩 M 作用下，弯矩可以近似地分解为作用于翼缘的一对力偶$M_f = N_f h$ 和作用于腹板的弯矩M_w，翼缘板主要承受轴力N_f。由于翼缘板承担的剪力较小，剪力 Q 主要由腹板承担，为简化计算，工程设计中通常假设主梁剪力全部由腹板承担。同时腹板还要承受腹板所分配到的部分弯矩M_w。因此，主梁连接的设计计算可以分解为翼缘板的连接计算和腹板的连接计算。

如图5-42所示，腹板高为h_w，腹板厚为t_w，受压翼缘面积为$A_{fc} = b_{fc}t_{fc}$，受拉翼缘面积为$A_{ft} = b_{ft}t_{ft}$，截面惯性矩 I 为：

$$I = I_{\mathrm{f}} + I_{\mathrm{w}}; I_{\mathrm{f}} \approx A_{\mathrm{fc}} y_{\mathrm{wc}}^2 + A_{\mathrm{ft}} y_{\mathrm{wt}}^2; I_{\mathrm{w}} = \frac{1}{3} y_{\mathrm{wc}}^3 t_{\mathrm{w}} + \frac{1}{3} y_{\mathrm{wt}}^3 t_{\mathrm{w}} \tag{5-29}$$

则翼缘板的力偶M_{f}和作用在腹板的弯矩M_{w}可以表达为：

$$M_{\mathrm{f}} = \frac{I_{\mathrm{f}}}{I} M; \quad M_{\mathrm{w}} = \frac{I_{\mathrm{w}}}{I} M \tag{5-30}$$

翼缘板承受轴力N_{f}为：

$$N_{\mathrm{f}} = \frac{M_{\mathrm{f}}}{h_{\mathrm{w}} + \frac{t_{\mathrm{fc}} + t_{\mathrm{ft}}}{2}} \approx \frac{M_{\mathrm{f}}}{h_{\mathrm{w}}} \tag{5-31}$$

假设主梁截面最大拉应力和压应力为σ_{uc}和σ_{ut}，主梁截面能够承担的最大弯矩M_{m}为：

$$M_{\mathrm{m}} = \min\left(\frac{I}{y_{\mathrm{wc}} + t_{\mathrm{fc}}} \sigma_{\mathrm{uc}}, \frac{I}{y_{\mathrm{wt}} + t_{\mathrm{ft}}} \sigma_{\mathrm{ut}}\right) \tag{5-32}$$

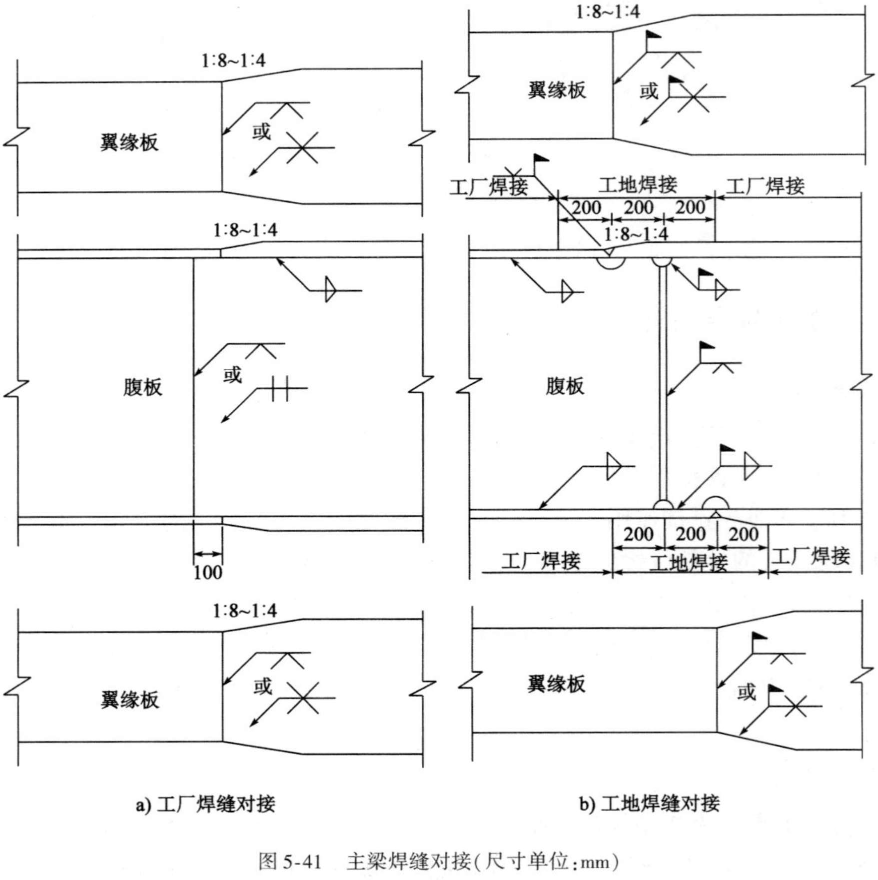

图 5-41　主梁焊缝对接(尺寸单位:mm)

采用全强设计时，将式(5-32)求得的最大弯矩M_{m}代入式(5-33)和式(5-34)可以求得翼缘板承受轴力N_{f}和腹板的弯矩M_{w}。

主梁翼缘板采用摩擦型高强度螺栓连接，翼缘板连接设计包括螺栓数量计算、螺栓的布置和拼接板板厚与尺寸的设计。高强度螺栓布置形式选择，应在满足受力要求的情况下，尽可能布置得紧凑、减小拼接板的尺寸。通常，翼缘板外侧采用一块拼接板，其宽度与翼板同宽；在腹板侧采用两块拼接板，两边缘与翼缘板同宽。

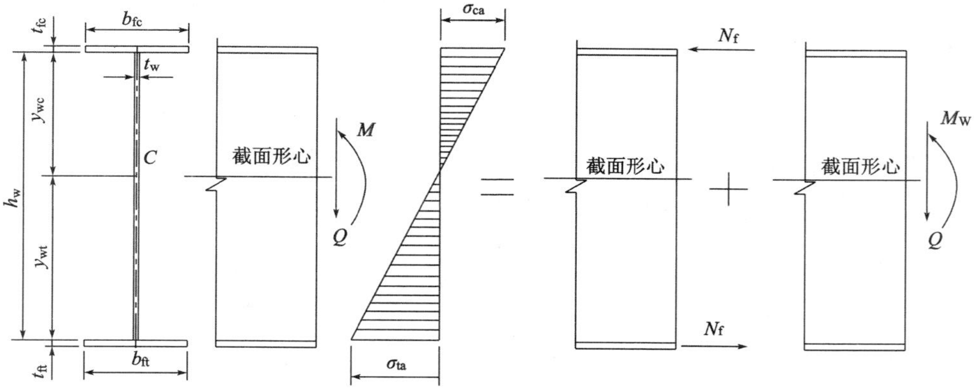

图5-42 主梁翼缘板连接和腹板连接的荷载分摊

接头一侧的翼缘板高强度螺栓最少数量 m 由下式计算：

$$m \geqslant \frac{N_f}{N_v^b} \tag{5-33}$$

式中：N_v^b——由式(3-52)求得的单个螺栓的抗剪承载力设计值。

主梁腹板通常采用摩擦型高强螺栓进行连接，腹板连接设计包括螺栓数量计算、螺栓的布置和拼接板板厚与尺寸的设计。图5-43为腹板常用的高强度螺栓连接的螺栓布置形式，当受弯拼接板与受剪拼接板分开设置时，此时的腹板为分离式腹板；当拼接板不分受弯与受剪时，此时的腹板为一体式腹板。

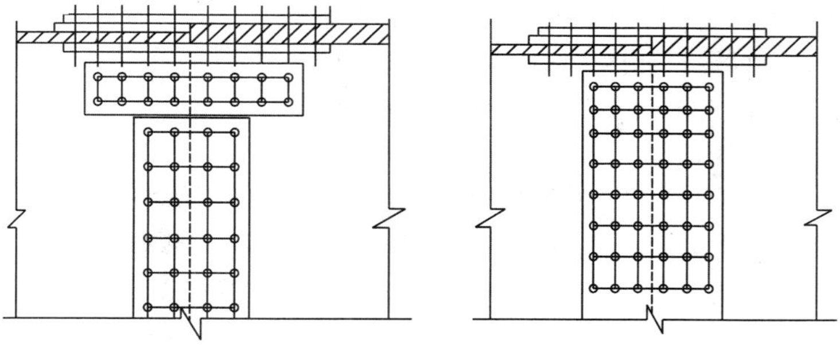

a) 分离式腹板连接　　b) 一体式腹板连接

图5-43 腹板高强度螺栓连接

分离式腹板连接的设计基本思想是，假设腹板的弯矩完全由靠近翼缘板的弯矩拼接板承担，剪力由中间部分的剪力拼接板承担。腹板的弯矩由弯矩拼接板的力偶 $M_{wm} = N_{wm}h_{wm}$ 承担。弯矩拼接板的合力 N_{wm} 可由下式求得：

$$N_{wm} = \frac{M_w}{h_{wm}} \tag{5-34}$$

1/2 弯矩拼接板的高强度螺栓最少数量 m_m 由下式计算：

$$m_m \geqslant \frac{N_{wm}}{N_v^b} \tag{5-35}$$

式中：N_v^b——由式(4-52)求得的单个螺栓的抗剪承载力设计值。

腹板剪力假设由剪力拼接板的高强度螺栓平均分推，1/2 剪力拼接板需要的高强度螺栓最少数量m_s为：

$$m_s \geqslant \frac{Q}{N_v^b} \tag{5-36}$$

对于腹板弯矩采用全强设计时，要求弯矩拼接板对于中性轴的抗弯惯性矩I_m大于腹板抗弯惯性矩I_w。对于腹板剪力采用全强设计时，要求剪力拼接板的厚度t_{ss}满足下式要求：

$$t_{ss} \geqslant \frac{t_w}{2} \cdot \frac{h_w}{h_{ss}} \tag{5-37}$$

式中：t_w——腹板的厚度；

h_w——腹板的高度；

h_{ss}——剪力拼接板的高度。

剪力拼接板的宽度，根据螺栓的列数由构造确定，在满足施工误差调整和板边最小边距要求的同时，尽可能减小拼接板尺寸。

对于拼接板最外缘的单根高强度螺栓，还要验算剪力和弯矩产生的合力N_b必须满足单根高强度螺栓承载力的要求：

$$N_b = \sqrt{N_{bx}^2 + N_{by}^2} \leqslant N_v^b \tag{5-38}$$

式中：N_{by}——剪力产生的单根螺栓竖向剪力；

N_{bx}——弯矩产生的单根螺栓水平剪力，由下式计算：

$$N_{by} = \frac{Q}{m_s}; \quad N_{bx} = \max\left(M_w \frac{y_1}{\sum y_i^2}, M_w \frac{y_n}{\sum y_i^2}\right) \tag{5-39}$$

式中，求和号是指对腹板 1/2 拼接板的螺栓数量求和。

采用一体式腹板连接时，如图 5-43b）所示，假设腹板剪力由拼接板的高强度螺栓平均分推，弯矩产生的单根螺栓水平剪力与螺栓至中和轴的距离成正比，即

$$N_{bx1} = N_{bxm}\frac{y_1}{y_m}, \quad \cdots, \quad N_{bxi} = N_{bxm}\frac{y_i}{y_m}, \quad \cdots, \quad N_{bxm} = N_{bxm}\frac{y_m}{y_m} \tag{5-40}$$

根据螺栓水平剪力产生的抵抗力矩必须大于等于腹板弯矩M_w的原理有：

$$\sum_i N_{bxi} y_i \geqslant M_w \tag{5-41}$$

将式(5-40)代入式(5-41)可以求得弯矩产生的最外缘单根螺栓水平剪力N_{bx}[（见式 5-39)]。当螺栓分摊的竖向剪力计算方法也与式(5-39)相同。

与分离式腹板连接一样，最外缘螺栓的最大剪力合力必须满足式(5-38)的要求。

对于腹板拼接板的宽度，根据螺栓的列数由构造确定，在满足翼缘板螺栓施工最小间距要求的同时，拼接板的高度尽可能高一些。拼接板的厚度，可以根据拼接板的抗弯惯矩和抗剪面积与腹板相同的原则确定。当拼接板对称布置时：

$$t_{ss} \geqslant \frac{t_w}{2}\left(\frac{h_w}{h_{ss}}\right)^3 \tag{5-42}$$

且

$$t_{ss} \geqslant \frac{t_w}{2} \cdot \frac{h_w}{h_{ss}} \tag{5-43}$$

实际上，由于$h_{ss} \leqslant h_w$，式(5-42)满足要求时，式(5-43)自然满足需求。

【例5-1】 已知某单线铁路桥为全焊上承式板梁桥，计算跨径为18m，桥跨结构恒载$P_1 = 18\text{kN/m}$，桥面重$P_2 = 10\text{kN/m}$。结构材料为Q345q。试计算恒载作用下1/8、1/4、3/8和1/2跨处的弯矩和剪力。

解 1/8、1/4、3/8和1/2跨处的内力影响线如图5-44所示。

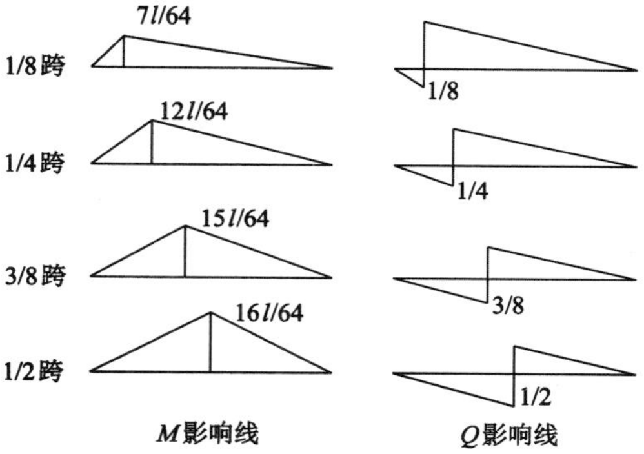

图5-44 内力影响线

由$P_1 = 18\ \text{kN/m}$，$P_2 = 10\text{kN/m}$可得每片主梁所受恒载为：

$$P = \frac{1}{2}(P_1 + P_2) = \frac{1}{2}(18 + 10) = 14(\text{kN} \cdot \text{m})$$

1/8跨径处弯矩为：

$$M_{1/8} = 14 \times \frac{1}{2} \times 18 \times 18 \times \frac{7}{64} = 248.06(\text{kN} \cdot \text{m})$$

剪力为：

$$F_{1/8} = 14 \times \frac{1}{2} \times \left(18 \times \frac{7}{8} \times \frac{7}{8} - 18 \times \frac{1}{8} \times \frac{1}{8}\right) = 94.5(\text{kN})$$

1/4跨径处弯矩为：

$$M_{1/4} = 14 \times \frac{1}{2} \times 18 \times 18 \times \frac{12}{64} = 425.25(\text{kN} \cdot \text{m})$$

剪力为：

$$F_{1/4} = 14 \times \frac{1}{2} \times \left(18 \times \frac{6}{8} \times \frac{6}{8} - 18 \times \frac{2}{8} \times \frac{2}{8}\right) = 63(\text{kN})$$

3/8跨径处弯矩为：

$$M_{3/8} = 14 \times \frac{1}{2} \times 18 \times 18 \times \frac{15}{64} = 531.56(\text{kN} \cdot \text{m})$$

剪力为：

$$F_{3/8} = 14 \times \frac{1}{2} \times \left(18 \times \frac{5}{8} \times \frac{5}{8} - 18 \times \frac{3}{8} \times \frac{3}{8}\right) = 31.5(\text{kN})$$

1/2跨径处弯矩为：

$$M_{1/2} = 14 \times \frac{1}{2} \times 18 \times 18 \times \frac{16}{64} = 567(\text{kN} \cdot \text{m})$$

剪力为：

$$F_{1/2}=0$$

【例5-2】 某计算跨径为16m的简支钢板梁桥,其截面尺寸如图5-45a)所示,上、下纵向联结系两相邻节点间距为2m,钢材采用Q235钢。主梁跨中截面的计算弯矩$M_{中}=1\ 657.62\ \mathrm{kN\cdot m}$,计算剪力$V_{中}=88.62\mathrm{kN}$,支座截面计算剪力$V_0=369.48\mathrm{kN}$。考虑剪力滞效应及局部稳定影响后主梁的有效截面及其尺寸如图5-45b)所示。试验算主梁强度是否满足要求。

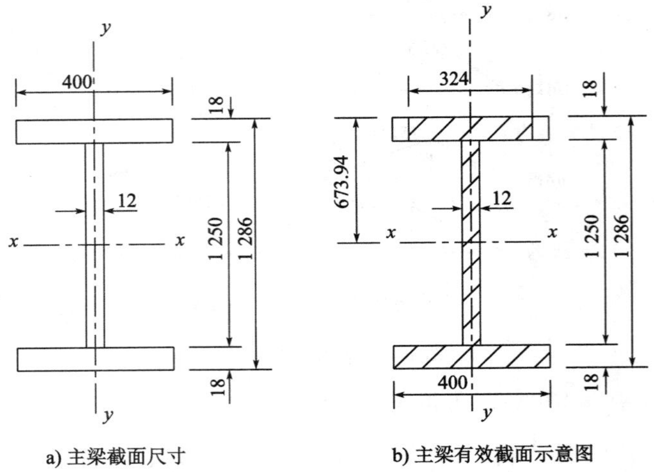

图5-45 主梁截面及有效截面(尺寸单位:mm)

解 主梁有效截面中和轴距离受压翼缘边缘的距离为:

$$y_1=\frac{324\times18\times9+1\ 250\times12\times(625+18)+400\times18\times(1286-9)}{324\times18+1\ 250\times12+400\times18}=673.94(\mathrm{mm})$$

有效截面中和轴毛截面惯性矩为:

$$I=324\times18\times(673.94-9)^2+\frac{1}{12}\times12\times1\ 250^3+12\times1\ 250\times(673.94-625-18)^2+400\times18\times(1286-9-673.94)^2=7.16\times10^9(\mathrm{mm}^4)$$

有效截面中和轴以上部分面积对中和轴的面积矩为:

$$S=324\times18\times(673.94-9)+\frac{673.94-18}{2}\times12\times(673.94-18)=6.46\times10^6(\mathrm{mm}^3)$$

有效截面受压翼缘与腹板交界处以下部分对中和轴的面积矩为:

$$S_1=324\times18\times(673.94-9)=3.88\times10^6(\mathrm{mm}^3)$$

(1)抗弯强度验算

取简支钢板梁的跨中截面为验算截面,则有:

$$\sigma=\frac{M_x}{W_{x,\mathrm{eff}}}=\frac{M_{中}}{I}y_1=\frac{1\ 657.62\times10^6\times673.94}{7.16\times10^9}=156.02(\mathrm{MPa})$$

厚度18mm的Q235钢板$f_\mathrm{d}=180\mathrm{MPa}$,因此满足抗弯强度要求。

(2)主梁截面剪应力验算

取简支钢板梁的支点截面为验算截面,腹板厚度为$t_\mathrm{w}=12\mathrm{mm}$,则:

$$\tau=\frac{VS}{It_\mathrm{w}}=\frac{369.48\times10^3\times6.46\times10^6}{7.16\times10^9\times12}=27.78(\mathrm{MPa})$$

厚度为12mm的Q235钢板,$f_\mathrm{vd}=110\mathrm{MPa}$,因此剪切强度满足要求。

(3)主梁截面折算应力验算

对于简支梁可取1/4跨处截面作为验算截面且取该截面最大剪力$V_{l/4}$和相应的弯矩$M_{l/4}$来进行计算,则:

$$M_{l/4}=M_{中}\left(1-\frac{4x^2}{l^2}\right)=M_{中}\left[1-4\left(\frac{l/4^2}{l}\right)\right]=1\ 657.62\times\left(1-\frac{1}{4}\right)=1\ 243.22(\mathrm{kN\cdot m})$$

$$V_{l/4}=\frac{1}{2}(V_0+V_{中})=\frac{1}{2}\times(369.48+88.62)=229.05(\mathrm{kN})$$

截面受压翼缘与腹板交界处的应力:

$$\sigma=\frac{M_x}{W_{x,\mathrm{eff}}}=\frac{M_{\frac{l}{4}}}{I}y=\frac{1\ 243.22\times10^6}{7.16\times10^9}\times(673.94-18)=113.89(\mathrm{MPa})$$

$$\tau=\frac{V_{\frac{l}{4}}S_1}{It_{\mathrm{w}}}=\frac{229.05\times10^3\times3.88\times10^6}{7.16\times10^9\times12}=10.34(\mathrm{MPa})$$

厚度为12mm的Q235钢板$f_{\mathrm{d}}=190\mathrm{MPa}$,$f_{\mathrm{vd}}=110\mathrm{MPa}$,则:

$$\sqrt{\left(\frac{\sigma}{f_{\mathrm{d}}}\right)^2+\left(\frac{\tau}{f_{\mathrm{vd}}}\right)^2}=\sqrt{\left(\frac{113.89}{190}\right)^2+\left(\frac{10.34}{110}\right)^2}=0.61\leqslant1.0$$

满足要求。

综上所述,该简支钢板梁的强度符合要求。

5.4 受力分析

5.4.1 钢板梁桥稳定理论

钢板梁桥构造简单,作为一种常见而基本的结构形式,其受力分析的典型问题往往并非独有,而在其他钢桥形式中同样存在,具有一定的普遍性。

失稳或屈曲是由于结构中的压力引起其几何形状突然改变而丧失承载能力的现象。由于结构失稳可能产生灾难性的后果,所以在结构设计中,必须在承载能力极限状态验算中把稳定验算作为一个区别于一般强度验算的特例加以考虑。

在经典的线性结构分析中,常假设结构的变形非常微小,甚至可以忽略,所以平衡方程可按变形前的几何位置建立,从而结构的荷载—位移关系为线性的。由于失稳将引起结构几何形状发生明显改变,所以在结构稳定分析时,必须考虑变形对结构内力的影响,平衡条件必须按变形后的位置建立,结构的荷载—位移关系为非线性的。

结构的稳定性能可以从非线性的荷载—位移关系曲线中得到完整的概念,因为曲线上的每一点都代表相应的平衡状态,曲线上的每一点均满足平衡方程、协调方程和本构方程,所以该曲线又称为平衡路径。在荷载—位移曲线上,若荷载随位移的增加而增加,则平衡状态是稳定的;若荷载随位移的增加而降低,则平衡状态是不稳定的。

钢结构的失稳是多种多样的,但就其性质而言,可以分为以下几类:

1)稳定的对称分岔失稳

图5-46为承受轴向压力的轴压杆。观察其荷载—位移曲线,可以发现当压应力达到临界

荷载P_{cr}时,平衡路径出现分岔,结构从未屈曲的直线平衡形式Ⅰ过渡到无限临近的屈曲后曲线平衡形式Ⅱ,原始的直线平衡形式Ⅰ由稳定变为不稳定,屈曲后变形的进一步增大,要求荷载增加,所以结构并未丧失继续承载的能力。由于屈曲后平衡路径Ⅱ关于竖轴对称,这种分岔失稳称为稳定的对称分岔失稳。轴压杆和中面受压的薄板的失稳就属于这一类。结构的实际屈曲方向取决于初始缺陷的方向。

2)不稳定的对称分岔失稳

图5-47为承受均匀压力圆柱壳。观察其荷载—位移曲线可以发现当压力达到临界荷载时,此平衡路径出现分叉,原始的直线平衡形式Ⅰ由稳定变为不稳定,屈曲后变形的进一步增大,要求荷载降低,所以结构丧失了继续承载的能力。由于屈曲后平衡路径Ⅱ关于竖轴对称,这种分叉失稳称为不稳定的对称分岔失稳。在达到理论上的屈曲荷载P_{cr}前,微小的干扰就可能使这类结构由屈曲前的稳定平衡状态(点A)跳跃到非临近的屈曲平衡状态(点B),而不经过理想的分叉点,所以这种屈曲又称为有限干扰屈曲。

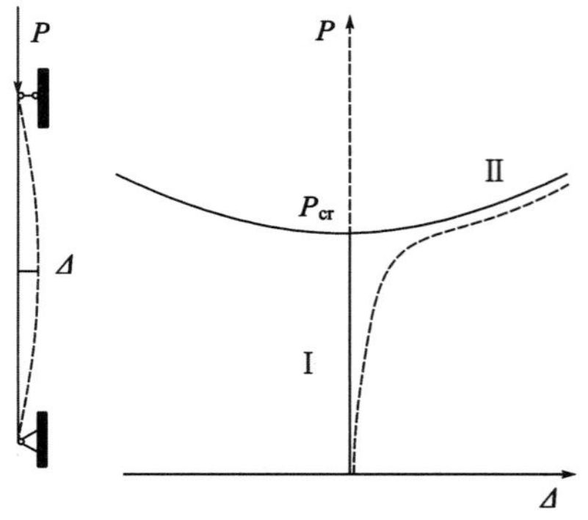

图5-46 稳定的对称分叉失稳

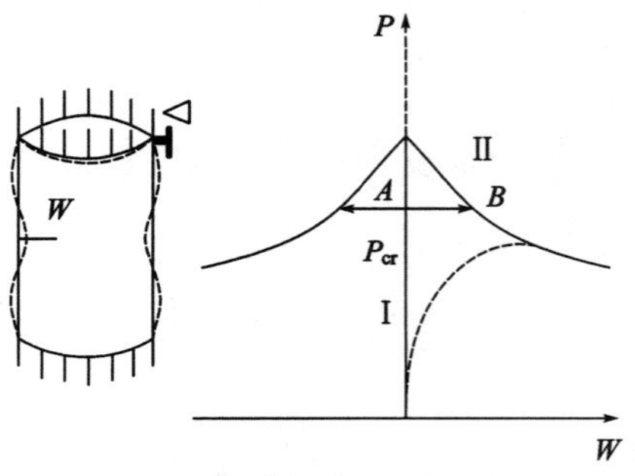

图5-47 不稳定的对称分岔失稳

3)不对称的分岔失稳

图5-48为承受节点集中荷载Γ形框架。观察其荷载—位移曲线,可以发现当压力达到屈曲(临界)荷载时平衡路径出现分岔,原始的直线平衡形式Ⅰ由稳定变为不稳定,屈曲后平衡路径Ⅱ由两肢组成,一肢稳定地上升;而另一肢不稳定地下降。所以,这种分岔失稳称为不对称分岔失稳。对于这种分岔失稳,虽然屈曲后平衡路径有一肢是稳定的,相应的荷载大于屈曲荷载,但平衡路径在沿这一稳定肢前进之前要先经过不稳定的分岔点,而在该点处结构也可能向相反的方向屈曲,所以,这类理想结构的不对称分岔失稳没有屈曲后强度。Γ形框架和平面桁架的整体失稳就属于这一类型。

4)跃越失稳

图5-49为承受节点集中荷载为一两杆扁桁架。观察其荷载—位移曲线,可以发现只有一条有极值点的非线性的平衡路径,荷载一开始施加,平衡路径就开始弯曲,在达到临界荷载以前,结构刚度随荷载的增加而降低。当荷载达到临界荷载时,结构会突然跳跃到另一具有较大位移的稳定平衡状态,这种失稳现象称为跃越失稳。跃越失稳虽然没有平衡分岔,却和不平衡分岔有某些相似之处:都是在丧失稳定平衡之后,经过很大的变形又跳跃到另一个稳定平衡状态。但实际工程中,不允许出现这样大的变形,所以,应该以临界荷载作为承载的极限。

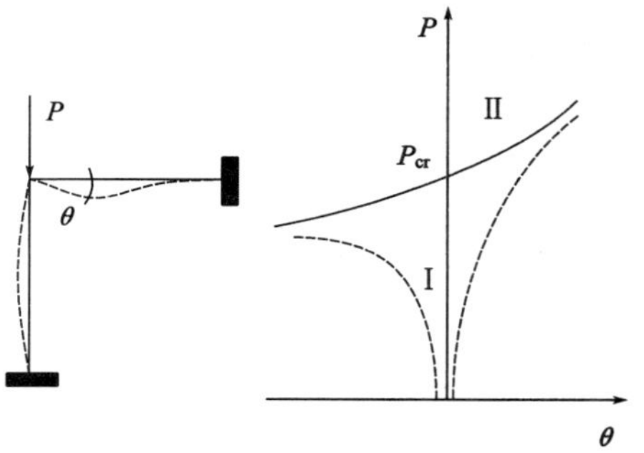

图5-48 不对称的分岔失稳

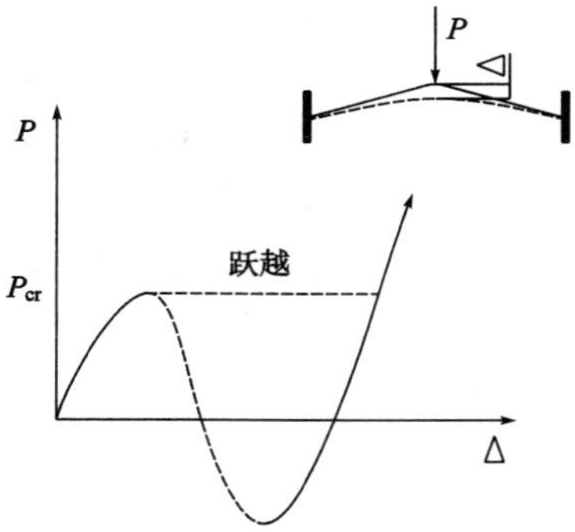

图5-49 跃越失稳

对于在实际工程中是否利用局部失稳后的曲后强度还存在不同的观点。第一种观点认为不宜利用,因为构件或板件失稳后会出现明显的变形,不利于继续使用。第二种观点认为不宜在承受动力荷载的结构或构件中利用。因为在这类结构中动力荷载每作用一次,局部构件和受压板件就会局部失稳一次,每一次局部失稳就会出现一次明显的变形。由于这类结构动力荷载作用频繁,使局部失稳和变形也频繁出现,形成一种"呼吸现象"。呼吸现象会使局部失稳的构件或板件不断受到损伤,当损伤积累到一定程度后就导致疲劳断裂。第三种观点认为可以利用,但有动力荷载时,局部失稳的临界荷载不能太小,以防止呼吸现象的出现。钢板梁桥主要的整体稳定问题是平面内稳定问题,腹板也有产生剪切失稳现象。当受到偏心荷载、地震作用等时,会使结构受到侧向力的作用,结构会产生扭转失稳现象。

5.4.2 钢板梁桥温度效应

桥梁结构长期暴露在自然环境中,受到自然界气温的变化与日照热辐射、寒冷骤降温等作用,温度对其的影响已经成为工程界的共识。均匀温度以及温度梯度作用是对桥梁结构影响较大的可变作用之一,会使桥梁产生温度次内力及挠度的变化。日照梯度温度是指因日辐射强度、桥梁方位以及桥梁上部结构布置形式等因素,使结构表面或内部温度因为对流、热辐射和热传导等传热方式而形成瞬间的不均匀分布,即结构温度场。钢材的导热性能好,温度膨胀系数大,对温度变化更加敏感。在日照温差影响下,钢梁截面温度分布复杂,和桥梁结构的几何线形、内力状态等均密切相关。

温度在时间域和空间域中的分布,称为温度场,其可以表示为:

$$T = T(x, y, z, t) \tag{5-44}$$

式中:x、y、z——空间坐标;

t——时间坐标。

温度场的确定是解决桥梁温度问题的关键,对桥梁结构的环境温度变化通常情况下可归结为3个方面,如表5-2所示。

温 度 作 用 分 类　　表5-2

温度作用	产 生 原 因	时间性	作用范围	分布状态	对结构影响	复杂性	发 生 特 点
日照温度	太阳辐射(主要);气温变化;风速	短时急变	局部	不均匀	局部应力大	最复杂	周期
骤然降温	强冷空气;夜间降温	短时变化	整体	较均匀	应力较大	较复杂	偶然
年温变化	季节更替	长期缓慢	整体	均匀	整体位移大	简单	周期

根据实测资料,钢梁无论受到日间太阳辐射导致梁体升温还是夜间受到反辐射及大气流动等因素导致梁体降温,除梁体端部极短范围内温度有明显变化外,其余沿桥梁轴线纵向上的温度分布比较均匀,沿该方向的温度变化可以忽略不计,故可将三维热传导问题简化为截面上的二维问题,只考虑截面上的二维温度场。在梁高较小时,垂直方向的热传导远远大于水平方向,往往可略去水平方向很小的热传导作用,近似用垂直方向的一维热传导状态来分析,因此简化计算可主要研究一维热传导问题。温度场简化为竖向坐标和时间坐标的函数,用公式表示为 $T=T(y,t)$。

根据温度场与时间的关系,可以把温度场分为两类:一类可以不考虑温度作用的时间效应,即物体中各点温度不随时间变化的温度场,称为稳态温度场。另一类是各点温度随时间变动的温度场,称为瞬态温度场。自然条件下的桥梁结构中的温度场即属于瞬态场。由式(4-43)可知,瞬态温度场可以分为两种情况:结构不同部位不均匀温度分布和构件的截面不均匀温度分布。钢材的容热性差,在太阳辐射作用下,钢梁腹板的温度不均匀变化会更加明显,也将产生更大的温差效应。日照引起的截面竖向温差由于环境的季节性变化,具有周期性,一般是在夏季最大,冬季最小。

日照引起的桥梁结构表面和内部温度变化,难以直接求得其解析解。在已知确定桥梁所在地的地理纬度、地形条件及方位角的情况下,影响桥梁结构日照温度变化的主要因素为太阳辐射、气温变化和风速。但当工程结构物达到最大表面温度时,风速几乎为零,所以为了求得结构的最大温度梯度,亦可忽略风速这个因素。如此影响工程日照温度分布的因素实际上可简化为太阳辐射与气温变化这两个方面,而其中太阳辐射的作用更为重要。

季节温度变化所引起的均匀温度作用和日照引起的温度梯度作用都会使桥梁结构产生较大的位移和变形,称为温度位移。在桥梁上部结构中,温度位移分为轴向位移和竖向位移两个部分。轴向位移是指由构件截面的整体温度变化引起的沿构件形心轴方向的均匀伸缩变形;竖向变形是指构件因截面上下缘纤维的不同伸缩而引起的截面转动,即截面绕形心轴的弯曲变形,此变形由构件截面非线性分布的温度梯度所引起。当变形被结构的内、外约束阻碍时,会产生温度应力。在桥梁结构中,由温度梯度作用而产生的应力,在某些情况下与恒载、活载所产生的应力同属于一个数量级。从工程分析的角度来讲,只需从各种复杂的温度分布中,找出对桥梁结构温度应力产生最不利影响的温度分布,即设计需要的控制温度模式。故对于结构受力而言,我们关心的是不同时刻竖向截面的温度梯度。

采用温度梯度曲线进行结构设计时,应根据桥梁所处的位置、日照条件等具体情况进行合理的选取。不同国家的地理位置不同,地形地貌迥异,其日照时间、日照辐射强度不尽相同;而且不同国家的民族习惯不同,梯度曲线形式也各异;再加上不同国家的国情不同,常采用的桥梁结构也不一样,因此梯度曲线的复杂度也不一样。对于钢桥而言,钢结构的导热系数好,因而钢桥的梯度曲线相对简单。目前针对钢梁桥,规范中提出钢板梁具体温度梯度曲线的有中国公路桥梁规范、美国 AASHTO 规范和英国 BS 5400 规范。

5.4.3 钢板梁桥振动问题

当车辆行驶在桥梁上时,一方面车辆会对桥梁结构产生动力冲击,使桥梁产生振动;而另一方面,桥梁结构的振动又会反过来对行驶在桥上的车辆产生激励,从而影响车辆的安全性与舒适性。车辆与桥梁结构的振动相互作用、影响,从而形成了一个复杂的多自由度耦合振动系统。

车桥耦合振动系统中的主要影响因素如下:

(1)车辆与桥梁的自身构造与参数:车辆的轴距、轴数、重心位置、车体质量、悬挂系统的弹簧刚度以及阻尼;桥梁的构造形式、长度、刚度、阻尼以及质量。车辆与桥梁的构造形式会直接影响车辆在桥梁上的加载情况,比如对于弯桥,由于离心力的作用,车桥系统会产生较大的横向或扭转振动,车辆与桥梁的自身参数则会决定车辆与桥梁各自的振动特征,从而影响整个车桥系统的振动过程。

(2)车辆的速度以及变速运动,车辆的运行方式:车辆运行速度会直接影响车辆荷载及其惯性力在桥梁上的分配,车辆在桥梁上做变速运动时,桥梁也将会承受到车辆在纵桥方向上的惯性力,双向行驶的桥梁上,往往出现车辆在桥梁上会车而导致的振动叠加从而影响整个车桥系统的振动。

(3)车辆序列的形式以及桥梁的长度:车辆序列的形式,比如车辆的间距以及车辆的数量,以及桥梁的长度会影响整个车桥耦合振动过程的长度,如果新的车辆在前一辆车离开桥梁之间或者桥梁的由于之前车辆引起的残余振动消失之前进入桥梁,则会产生新老振动的叠加。一般来说,火车与桥梁的耦合振动就可以理解为一个车辆序列与桥梁的相互作用,然而不同于火车拥有标准的车厢长度、车厢数量、速度以及较长的车次间的间距,车辆序列较火车过桥有着十分大的随机性,很难用统一的标准进行描述。

(4)路面不平顺:路面的情况、粗糙程度影响着车辆与桥梁的接触形式,以及会产生一种发自系统内部的激励,对系统造成强迫振动。由于路面的粗糙程度的随机性,由路面不平顺引起的振动是一种随机振动。

(5)偶发的强烈外荷载的影响:大风、地震或者爆破激励引起的车桥系统的振动、大风、地震以及爆破激励会引起车辆或者桥梁产生竖向、横向或者纵向振动,并且对车桥的相互作用产生放大效果,严重的影响桥梁以及车辆的安全性。

(6)对于火车与桥梁的耦合振动,还需要考虑轮轨间的耦合情况、轨道平顺等问题。

铁路钢板梁桥仅满足列车通行的需求,一般较窄。此外,铁路干线的全面提速,既有线上桥梁不同时期设计标准的差异,以及结构安全储备量的不同,使得其振动问题尤为突出。部分桥梁出现了横向振幅过大、某些关键构件的应力应变以及动力系数等不符合通行安全等问题。主要原因包括桥梁的横向刚度不足、存在准共振现象、转向架性能缺陷等。

影响钢板梁横向刚度的主要因素是主梁的中心距。《铁路桥梁检定规范》(铁运函〔2004〕120号)对梁的横向刚度提出了两个实测参考限值:实测跨中单峰值和自振频率。当列车对桥梁的激振频率与简支钢板梁的有载自振频率(即车—桥系统的自振频率)接近时,桥梁的振幅迅速增大,出现所谓的"准共振现象"。另外,桥上线路及轨道的不平顺、桥墩的刚度不足以及桥墩的基础不够稳固等因素也在一定程度上加剧了钢板梁的振动,增加了钢板梁跨中的位移。

思考题

5-1 钢板梁桥横、纵向联结系的作用是什么?

5-2 主梁截面布置时需要考虑哪些因素?

5-3　简述主梁与横梁的联结方式及高差的处理办法。

5-4　钢板梁加劲肋可分为几类？其各自所起的作用是什么？

5-5　为保证主梁翼缘和腹板满足刚度及稳定要求，设计时需考虑哪些因素？

5-6　试简述纵、横向联结系的构造及其作用。

5-7　试简述主梁截面设计的主要步骤。

5-8　在联结系计算时如何考虑风荷载的作用？

5-9　影响钢板梁整体稳定的因素有哪些？如何提高钢板梁的整体稳定？

第6章

钢箱梁桥

6.1 结构形式

1850年,George Stephenson第一次提出了薄壁闭口截面形式的桥梁,并建造了世界上第一座金属结构箱梁桥——Britania铁路桥,跨径142m。然而在此后的100年间,由于材料和施工水平的限制,此类型的桥很少被采用。直到第二次世界大战结束后,随着对莱茵河上桥梁的修复,德国陆续建造了若干座现代钢箱梁桥,打破了此前英国的Britania铁路桥的跨径纪录。随着德国钢箱梁桥的兴建,钢箱梁桥在世界各国也开始盛行。

与国外钢箱梁桥相比,中国钢箱梁桥发展较晚,直到20世纪80年代中国才开始建造钢箱梁桥。1982年年底建成的位于陕西省安康水电站铁路专用线上的安康汉江桥,为主跨176m的钢箱形斜腿刚构桥,是当时世界上跨径最大的钢斜腿刚构铁路桥。1984年建成通车的马房北江大桥,是一座跨径布置为14×64m的简支钢箱梁桥,位于广东省肇庆四会市马房镇,是中国第一座自行设计、自行施工的公路铁路两用桥。

2000年之后,钢箱梁桥得到了更大的发展。尤其在公路桥梁中,钢箱梁桥的身影越来越频繁地进入大家的视野,特别在城市立交桥和跨线桥中应用广泛。如位于哈尔滨市中心的尚志至海城的跨线桥,采用跨径布置为51m+55m+50m+51m连续钢箱梁;2006年年底通车的重庆石板坡长江大桥复线桥在跨中有 108m 采用的是钢箱梁；2008 年通车的杭州留石路上塘河桥，跨径布置为 57.5m + 85m + 56.6m，截面形式为单箱多室全焊连续钢箱梁桥。崇启大桥是中国第一座特大跨径变截面连续钢箱梁公路桥，桥跨布置为 102m + 4 × 185m + 102m，主桥总长 944m，其单跨跨径在中国同类桥梁中最大。而在超大跨径的缆索支承桥梁中，钢箱梁的应用则更为广泛，目前世界上，跨径前十的斜拉桥和悬索桥，大多采用的是钢箱梁主梁。

6.1.1 结构组成与类型

钢箱梁主要由顶板、底板和两个腹板焊接成闭口截面，箱内设置横隔板和纵横加劲肋，如图 6-1 所示。其中，顶板又兼作桥面之用，分为钢筋混凝土桥面板和钢桥面板两种。通常跨径小于 60m 时采用钢筋混凝土桥面板较为经济。随着跨径的增加，恒载弯矩增加较快，通常跨径大于 80m 时采用钢桥面板较为经济，一般为了减轻重量，增加箱梁刚度，往往采用正交异性钢桥面板。跨径在 60 ~ 80m 时，需要进行较为详细的技术与经济比较。

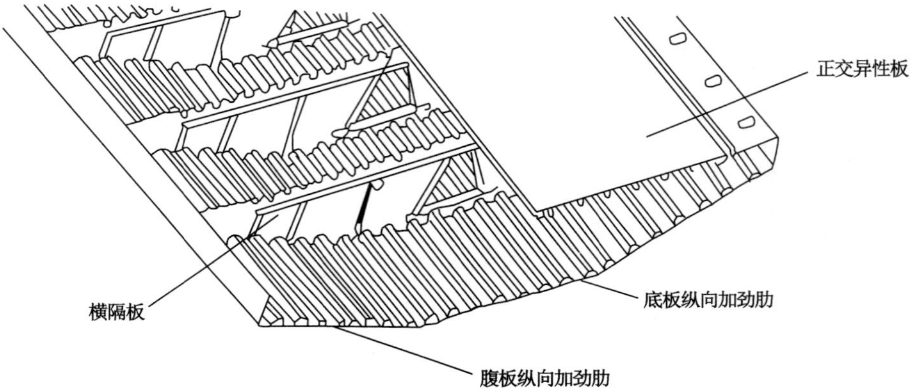

图 6-1　钢箱梁的构成

箱形截面梁桥的形式特点是主梁为薄壁闭合的截面形式。当跨径超过 60m 时，采用箱形梁桥的结构形式是较为合理的。图 6-2 所示为钢箱梁桥（steel box girder bridge）的常见结构形式。其中，a）为单箱单室箱梁桥，用于宽跨比（桥宽与跨径之比）较小的桥梁；b）、c）、d）为双箱单室箱梁桥，是钢箱梁中采用最多的结构形式，适用于桥宽相对较宽的桥梁；e）为倾斜腹板的倒梯形箱梁桥，底板宽度小，适用于桥墩宽度小的桥梁；f）为三箱单室箱梁桥；g）是具有 3 个以上腹板的单箱多室箱梁桥，此类箱梁制作安装不便，工程实践当中应用很少；h）为多箱单室结构形式，主要用于桥宽较大的桥梁；i）为扁平钢箱梁，梁高与桥宽之比很小，主要用作悬索桥、斜拉桥、拱桥等的加劲梁，梁式桥中极少采用。扁平钢箱梁与普通箱梁相比，不仅抗扭、抗弯惯性矩大，而且拥有更好的抗风性能。过去，扁平钢箱梁主要用于悬索桥中。20 世纪 90 年代以后，大跨度斜拉桥也开始大量采用扁平钢箱梁。目前，国内外现代大跨度斜拉桥、悬索桥加劲梁的截面形式大部分为扁平钢箱梁。扁平钢箱梁的详细构造将在第 5.2 节介绍。

6.1.2 钢箱梁受力特点

图 6-3a）为由顶板、底板和两个腹板构成的最简单钢箱梁。翼缘板的宽厚比 b/t 通常远远大于表 6-2 规定的最大值。因此，箱梁不设加劲肋时，在弯矩作用下，受压翼缘的应力在还远

远小于屈服应力的情况下产生局部失稳。截面完全失去抵抗能力,发生图 6-3c)所示的弯折破坏。在扭矩 T 作用下,随着扭矩的增长,扭转角急剧增加,当达到临界扭矩 T_{cr}时,由于箱梁畸变,也会使箱梁出现如图 6-3d)所示的扭转畸变。如图 6-3b)所示为垂直荷载作用下截面发生的变形,在集中荷载作用点附近的腹板将发生压皱破坏现象。

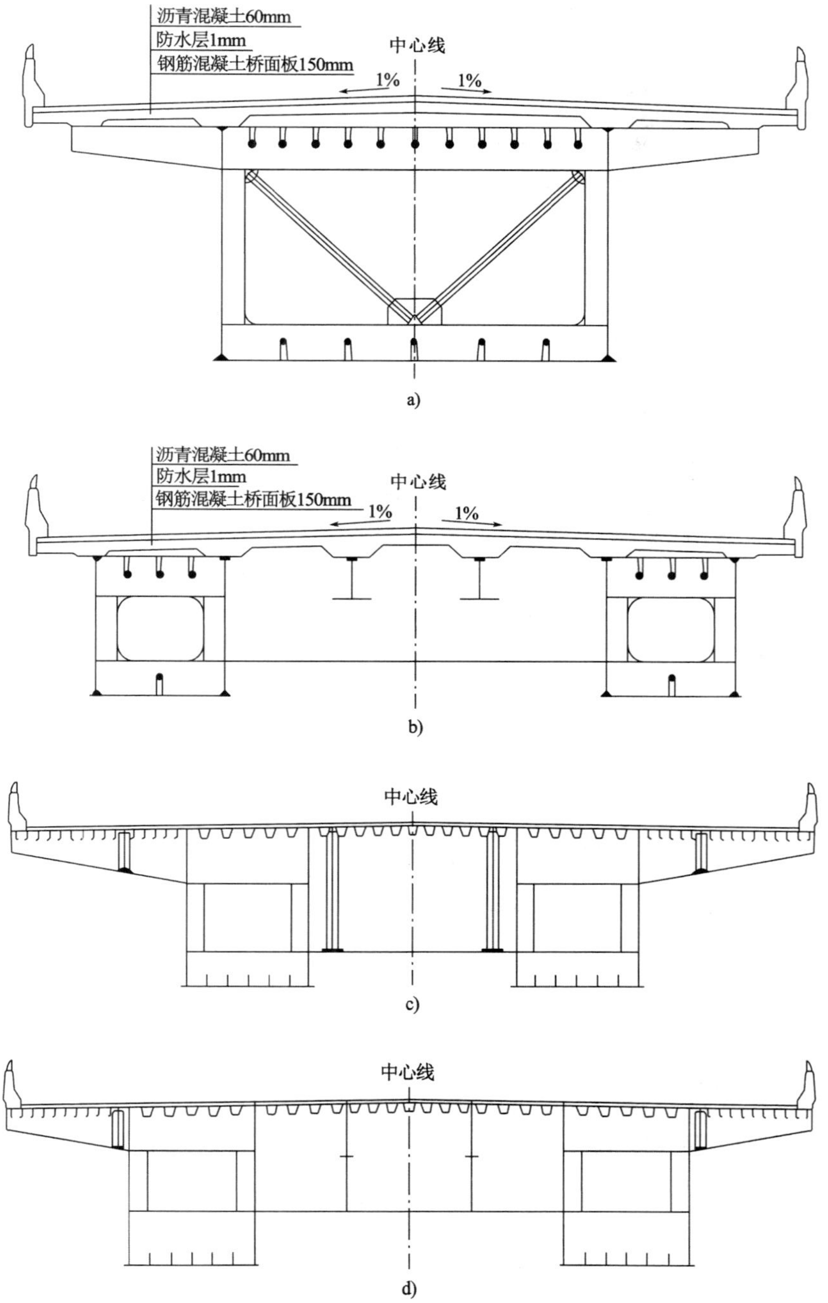

图 6-2

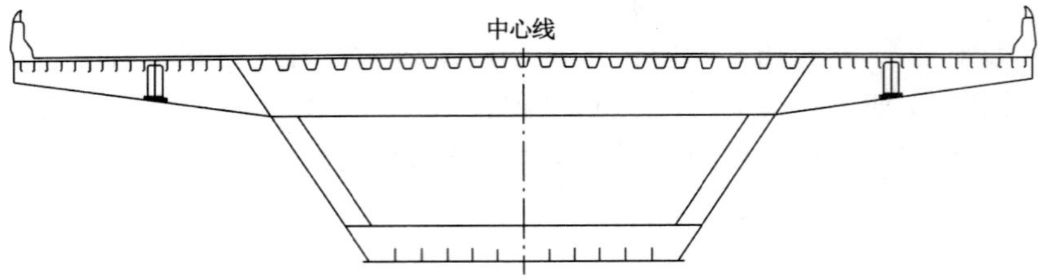

e)

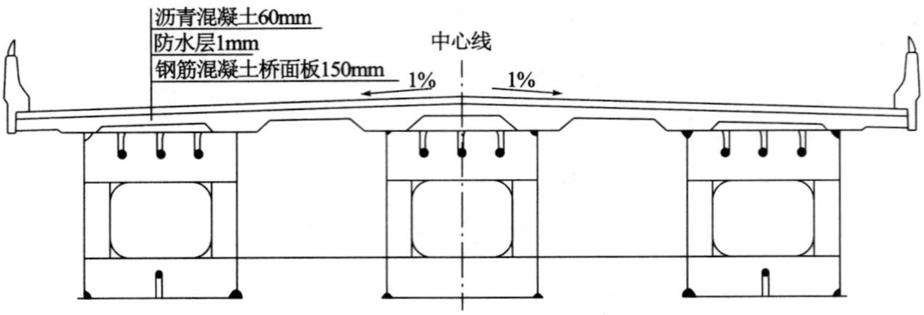

f)

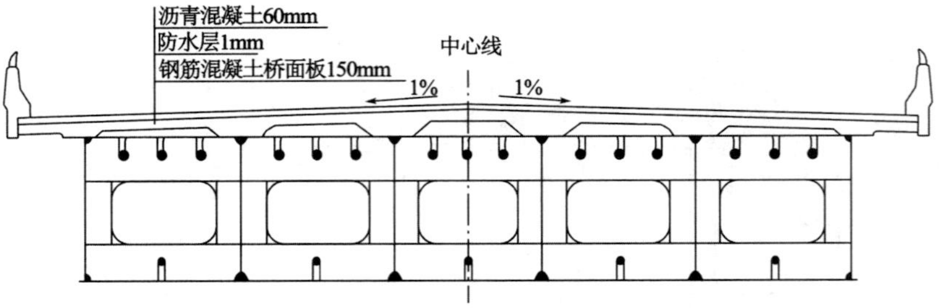

g)

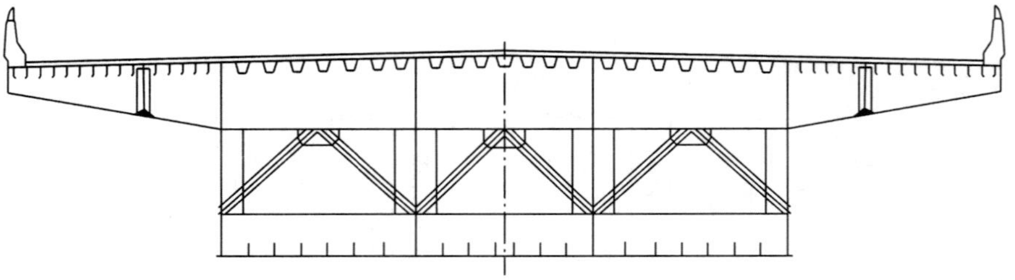

h)

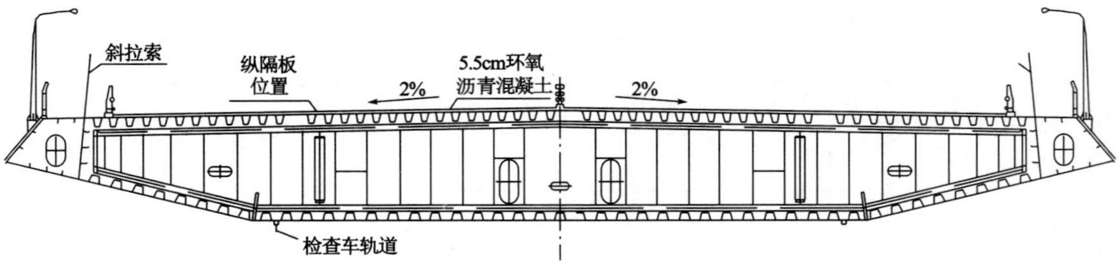

i)

图 6-2　钢箱梁桥结构形式

拥有足够的横隔板和纵横加劲肋的钢箱梁[图6-3e)、f)、g)]具有很好的受力特性，与钢板梁相比主要有以下优点：

(1)翼缘宽度大，具有很大的抗弯能力，跨越能力比工形钢板梁大得多，目前钢箱连续梁桥的最大跨径已经达到300m。

(2)具有很大的抗扭刚度，荷载横向分配均匀，即使采用单箱结构形式，两个腹板的弯矩也相差不大，而且适合于扭矩较大的弯桥等复杂桥梁。

(3)具有很大的横向抗弯刚度，横向稳定性好，可以抵抗很大的水平作用，省去纵向联结系，对于单箱结构不需要横向联结系。

(4)单根箱梁的整体稳定性好，便于吊装和无支架施工；并且构件数量比工形梁少，施工速度快。

(5)梁高小，适合于立交桥和建筑高度受到限制的桥梁等。采用较小的梁高可以有效地缩短引桥或引道的长度，降低整体工程造价。

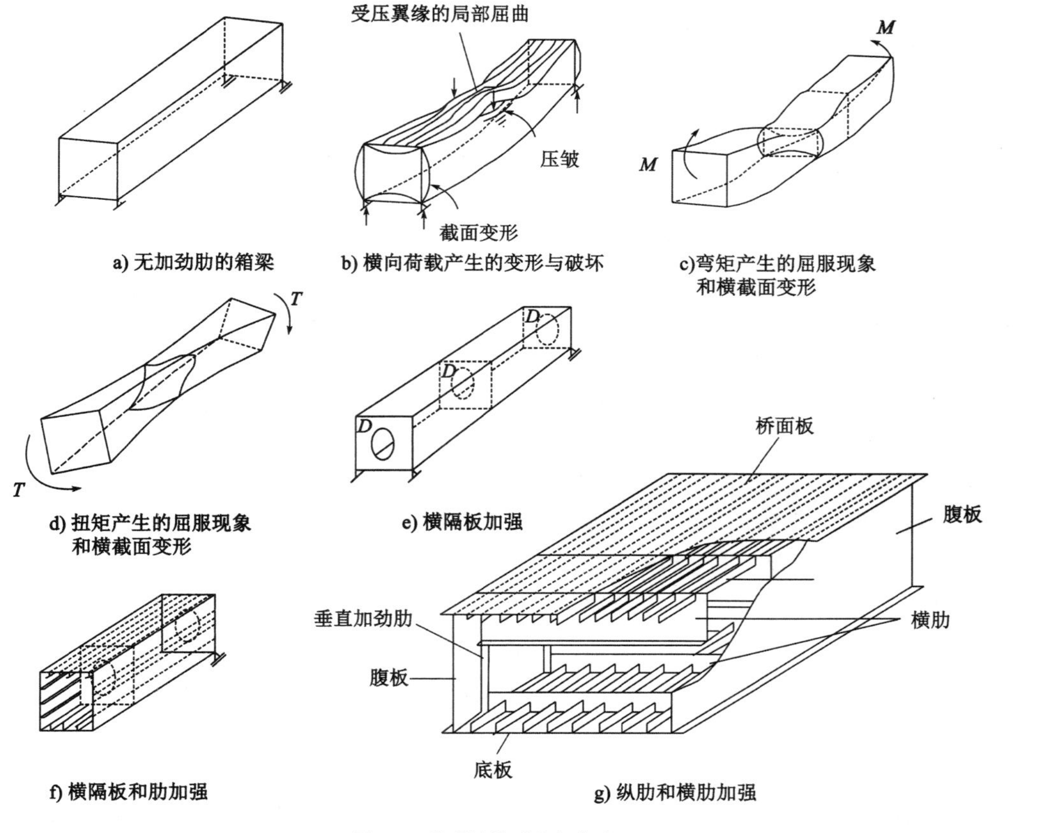

图6-3 箱形梁的受力与构成

(6)横隔和加劲结构等都在箱内，外形美观。

(7)箱内为中空结构，便于布置电缆、水管、煤气管等附属设施。箱内还可以作为检修和维护的通道。

此外，箱形梁桥与桁梁桥相比，箱形梁能够更好地发挥钢材的承载能力，重量轻，节省钢材；拥有更大的抗弯和抗扭刚度；安装速度快，养护方便；适合做成连续梁，因为其截面形式能提供几乎相等的承受正、负弯矩的能力；结构新颖，外形简洁、美观等。

为了充分发挥钢材的强度,不设加劲肋的受压板件最大宽厚比 b/t 应满足一定要求。目前国内《公路钢结构桥梁设计规范》(JTG D64—2015)尚未根据钢材板厚的不同对此做出明确规定。表 6-1 是日本规范所采用的规定,供读者参考。

不设加劲肋的受压板件最大宽厚比 b/t 表 6-1

钢材种类(日本标准)(中国标准 GB)		SS400,SM400(Q235)	SM490(Q345)	SM490Y,SM520(Q370)	SM570(Q420)
钢材板厚(mm)	$40 \geq t$	$56f$	$48f$	$46f$	$40f$
	$40 < t \leq 75$	$58f$	$50f$	$46f$	$40f$
	$75 < t \leq 100$	$58f$	$50f$	$48f$	$42f$

注:$f = 0.65\varphi^2 + 0.13\varphi + 1.0$;$\varphi = [\sigma_1 - \sigma_2]/\sigma_1$;$\sigma_1$、$\sigma_2$:板件边缘应力(压应力为正),$\sigma_1 \geq \sigma_2$,如图 6-4 所示。

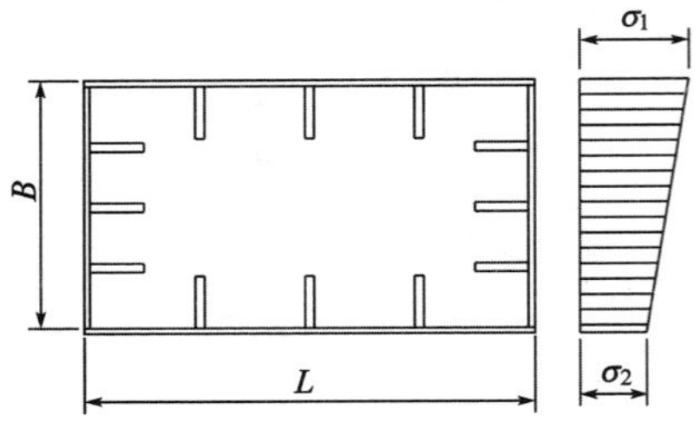

图 6-4 四边简支板受压应力

6.1.3 总体布置

1)主梁

(1)单箱钢箱梁

钢箱梁由于抗弯刚度和抗扭刚度较大,箱梁截面尺寸较大时,单梁具有较大的承载力。桥宽较小时(通常桥宽在 3 车道以内),可以采用单箱结构。桥梁的宽跨比(桥宽与跨径之比)不大(通常跨径是桥宽的 10 倍以上)时,采用单箱结构形式较为经济。对于桥宽在 4 ~ 6 车道时,也可以采用上下行线完全分离的双幅单箱梁桥。单箱钢梁桥通常采用单箱单室的结构形式。单箱多室结构的中间腹板对箱梁的抗扭刚度贡献不大、有效工作宽度不明确,而且会增加用钢量,所以采用较少,只有梁高受到限制不得已时才采用。

如图 6-2a)所示,单箱钢梁桥在钢箱两侧设置较大的悬臂,可以有效地减小钢箱的宽度。钢箱梁采用悬臂式钢桥面板还可以增加翼缘板的有效宽度。一般情况下,主梁腹板间距不大于等效跨径的 1/5 或者主梁悬臂长度不大于等效跨径的 1/10 时,箱梁全宽有效(注:简支梁的等效跨径与主梁计算跨径相同,连续梁的等效跨径为反弯点间的距离)。为了减小挑梁的悬臂长度,还常常将箱梁做成倒梯形的结构形式,如图 6-2e)所示。

对于钢筋混凝土桥面板钢箱梁桥,当悬臂长度较大时,通常需要设置挑梁和边纵梁支承桥面板。为了减轻桥面板的重量,挑梁不宜过大,通常不大于 3m。挑梁处箱内需要设置横隔板或横肋将荷载均衡的传递到箱梁,防止应力集中。

对于钢桥面结构,挑梁主要是为了提高桥面板的刚度,采用开口加劲肋时的挑梁间距一般为 1.5 ~ 3m,闭口加劲肋时挑梁间距可以适当增加,一般为 2 ~ 4m。通常挑梁高度较小,闭口截面形式的加工制作困难,一般做成工形截面。

(2)双箱钢梁桥

当桥宽较大,或者单箱结构尺寸过大,以致在制作、运输和安装与架设有困难,或者单箱有效宽度很小、不经济时,采用双箱结构较为合理。双箱钢箱梁应根据实桥工程要求,综合考虑桥墩形状、车辆轨迹线位置、排水、景观以及与相邻桥跨的连接情况等因素确定是否设置挑梁。

设置挑梁的结构形式主要有以下优点:

①可以通过调整悬臂长度适应桥宽的变化使得主梁间距不变；

②减小下部结构的宽度；

③增加组合梁桥顶板的有效宽度；

④可以使得桥面板相对于主梁接近于对称，减小主梁偏心受力。

不设挑梁的结构形式主要有以下优点：

①简化了结构，可以减少工厂加工量；

②与工形钢板梁桥相连接时可以使得两者的桥面板悬臂长度相同，结构更加美观。

采用钢桥面板时，通常采用有悬臂的结构形式。双箱钢梁桥的挑梁布置和结构形式与单箱梁基本相同。

(3)多箱钢梁桥

多箱钢梁桥的布置与双箱钢梁桥基本相同。由于多箱结构的用钢量较大，只有跨径较小且桥宽很大时才采用。为了使得各主梁受力均匀和改善桥面板的受力，多箱钢梁桥的主梁尽可能等间距布置。

2)纵梁

箱梁在制作、运输和吊装架设过程中为开口截面时，应该设置足够的临时纵向联结系防止结构产生过大的变形和侧倾弯扭失稳。闭口箱梁一般具有较大的横向抗弯刚度和抗扭刚度，通常可以省略永久纵向联结系。

当主梁间距较大时，为了减小钢筋混凝土桥面板的跨径或者提高钢桥面板的刚度，钢箱之间可以设置纵梁，如图6-5所示。从钢筋混凝土桥面板的厚度考虑，纵梁间距不宜太大，一般不大于3m，并且支承于横梁之上。图6-6与图6-7为纵梁与横梁的常用连接构造，在连接处纵梁一般做成可以传递弯矩的结构形式。箱梁外侧设置挑梁时，在挑梁端部需要设置边纵梁（俗称耳梁）支承桥面板，图6-8为边纵梁与挑梁的常用连接构造，也有腹板搭接对接两种结构形式。

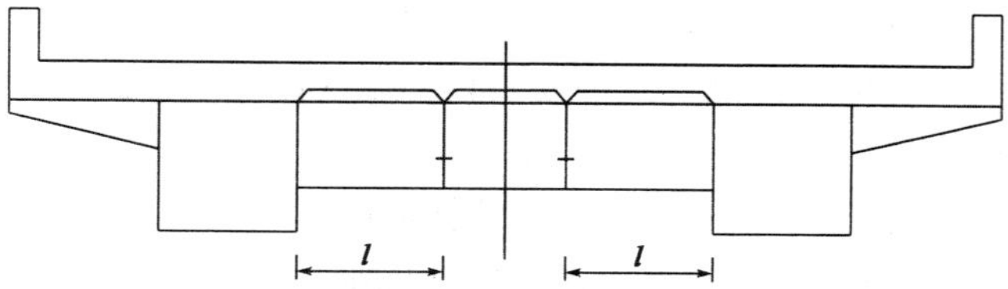

图6-5　纵梁布置

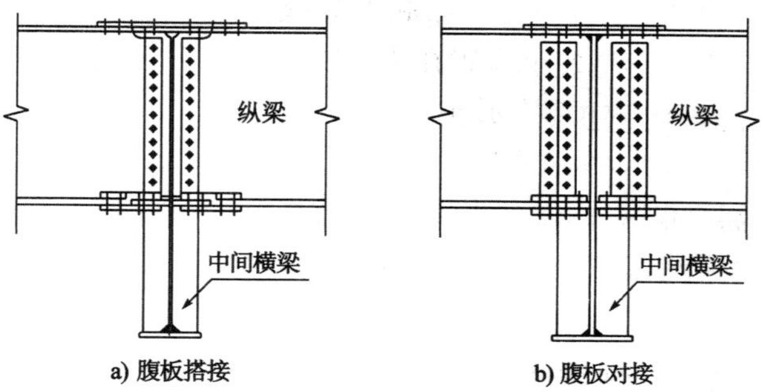

图6-6　纵梁与中间横梁的连接形式

对于钢桥面板,通常横梁或横肋间距较小,可以不设纵梁。但桥宽较大时,横梁刚度相对较小时,为了提高桥面结构刚度,也可以设置纵梁。

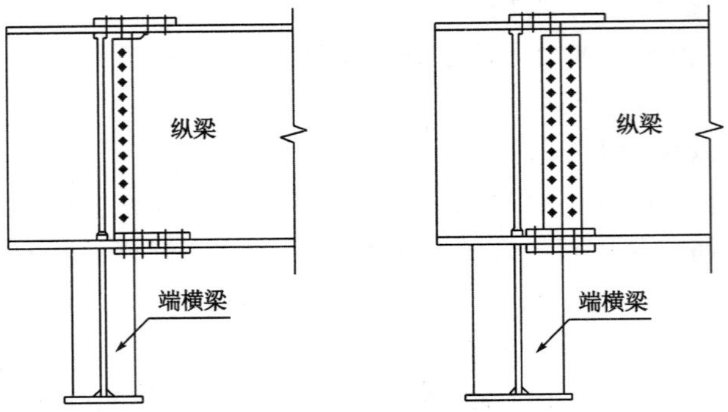

图6-7　纵梁与端横梁的连接形式

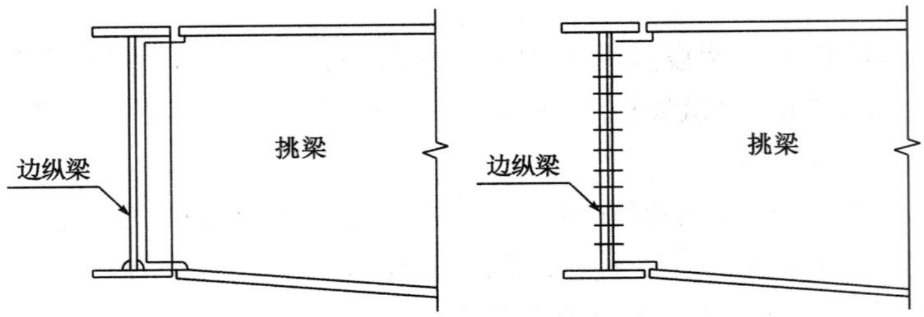

图6-8　边纵梁与挑梁的连接形式

3)横梁

当采用双箱或者多箱结构形式的钢箱梁桥时,为了使各个主梁受力均匀、支承各纵梁和桥面板,往往在箱梁之间设置中间横梁。两端或中间支撑处设置横梁,还可以有效提高桥梁整体抗扭能力和分散支点反力。为了保证桥梁的整体受力和抵抗偏心荷载和风荷载等产生的扭矩,除了分离式双箱梁桥之外,多箱梁桥应该设置横向联结系确保桥梁结构的整体受力和箱梁具有良好的横向分布。支承处应该设置端横梁来抵抗水平荷载和偏心荷载的扭转作用。

主梁之间设置纵梁并且支承于横梁之上时,为了减小纵梁的跨径,横梁的间距不宜过大,通常不宜大于6m。没有纵梁时,横梁主要是起到荷载横向分配的作用,横梁间距可以适当放宽,最大间距20m左右,其中一道应该设置在主梁跨中。

钢箱梁桥的横向联结系,与主梁组成箱梁桥梁格系结构。为了使得横梁有较好的横向分配效果和支承纵梁,横梁要有足够的刚度。所以钢箱梁桥通常采用图6-9所示的实腹式结构形式,梁高通常为主梁高度的3/4~4/5,除特殊情况之外不得小于主梁高度的1/2。横梁还兼作桥面板的横向支承结构,横梁顶面一般与主梁同高。

4)支座及临时支点

单箱钢梁桥的梁段必须设置两个支座才能保证结构的稳定性和抵抗扭矩的作用。对于连续弯箱梁桥,中间支座偏离主梁形心,偏心设置在曲率半径较大的一侧可以减小主梁恒载偏心扭矩,为了便于控制支座的偏心矩,中间支点可以采用单个支座的结构形式。但是,单支座结构形式抵抗活载扭矩的能力比双支座结构小,采用中间支点单支座结构形式时,箱梁整体必须具有足够的抵抗外扭矩能力。

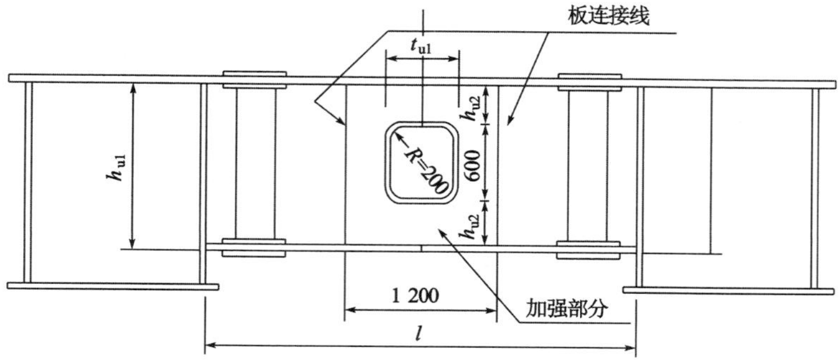

图6-9　横梁(尺寸单位:cm)

多箱钢箱梁桥,往往一个钢箱梁设置一个支座,箱梁之间用横梁相连。当一个钢箱梁设置多个支座时,由于支座高度的设置误差会导致支座受力的不均匀,会对箱梁产生不利的影响。

为了维修和更换支座方便,箱梁桥应该设置支承千斤顶的临时支点加强结构,图6-10是常用的临时支点布置形式。

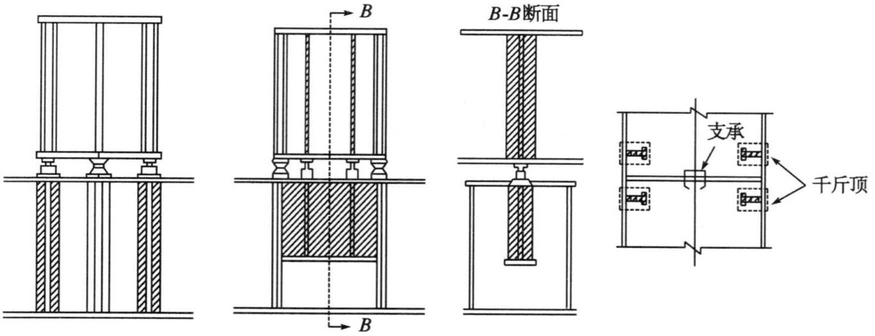

图6-10　支座及临时支点布置

6.1.4　钢材的选择与用量

在钢箱梁桥的设计中,钢材的选用应满足强度、加工制造、使用气候条件等因素的要求。在钢材的用量方面,钢箱梁桥与跨径、结构形式、桥宽等多种因素有关,图6-11为日本箱梁桥的一些工程实际的每平方米的用钢量与跨径的关系。图中 W 为桥宽。

由图6-11a)与6-11b)可以看出,在简支组合钢箱梁桥与混凝土桥面简支钢箱梁桥中,当跨径在40m以内时,随着跨径的增加,用钢量增加不快。但当跨径超过60m后,随着跨径的增加,用钢量迅速增加,并且桥宽越小,每平方米钢重越重。由图6-11c)可知,在连续钢箱梁桥(RC桥面)中,当跨径超过80m后,用钢量迅速攀升,而与前两者比较,在一定的跨径内,三者跨径相同的情况下,连续钢箱梁桥(RC桥面)比简支组合钢箱梁桥与简支钢箱梁桥(RC桥面)更能节省用钢量。而由图6-11d)可明显看出,钢桥面连续钢箱梁桥比简支钢箱梁桥更加节省钢材,并且在20~140m的跨径内,用钢量随着跨径的增长而稳定增长。在钢桥设计过程中,应考虑用钢量选取不同的结构形式。

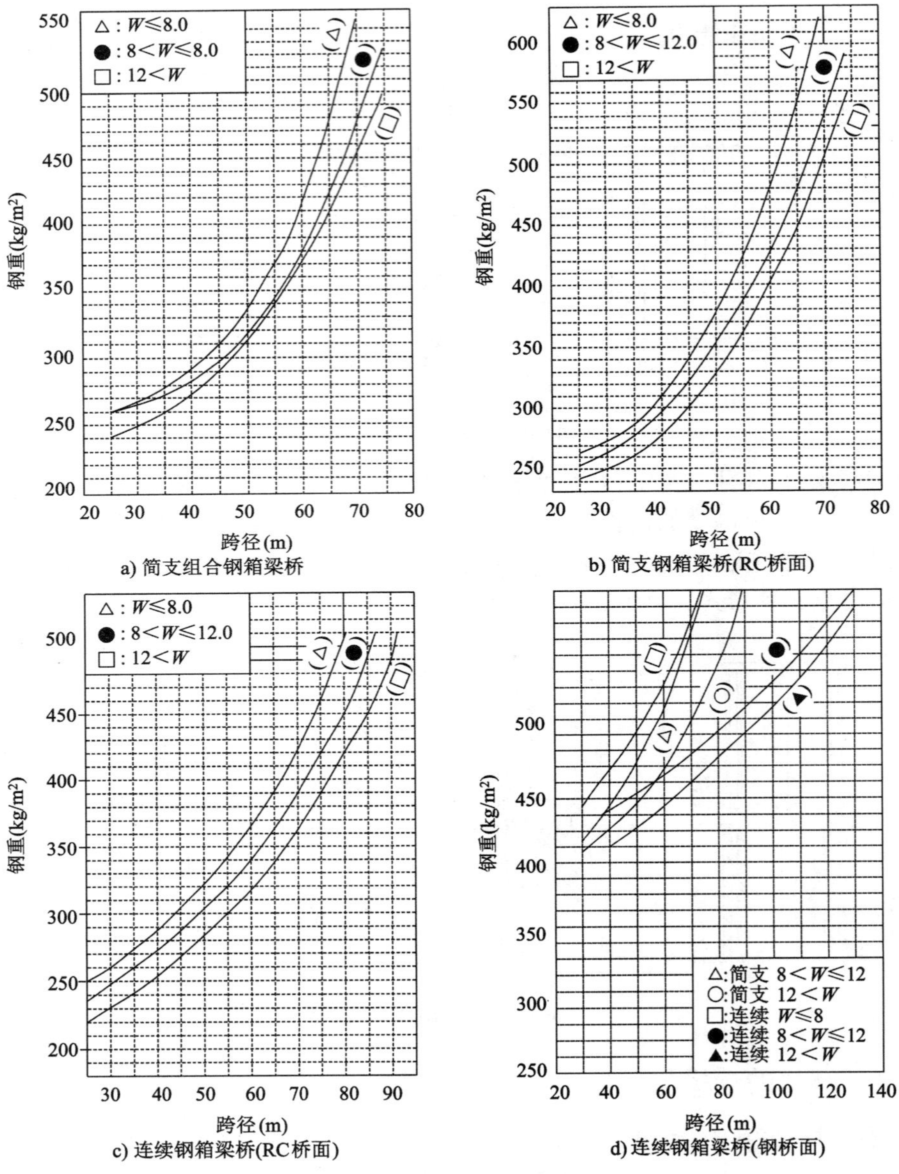

a) 简支组合钢箱梁桥　b) 简支钢箱梁桥(RC桥面)　c) 连续钢箱梁桥(RC桥面)　d) 连续钢箱梁桥(钢桥面)

图 6-11　钢箱梁桥用钢量与跨径的关系

6.2　构造与布置

6.2.1　主梁整体构造

钢箱梁主梁的高度应考虑强度和刚度的要求,通常主梁以截面应力控制设计时的用钢量比刚度控制设计的用钢量要省，为了有效地发挥钢材的作用和节省钢材，主梁设计应尽可能地使得截面以应力控制设计。梁高对主梁抗弯强度和刚度的影响较大，根据日本的工程实际，梁高为跨径的1/30～1/20（图6-12）。

主梁梁宽的确定，必须综合考虑箱梁的受力、维修管理、制作、运输、安装与架设等。从受力的角度，箱梁的高度与宽度之比（高宽比）很大时，侧向稳定性能较差；高宽比过大与过小都会使得畸变与翘曲的影响较大；箱梁的宽跨比太大时，顶底板的有效宽度减小，截面不经济。从维修管理和制作角度，箱梁高度和宽度不宜过小，应该使得人员可以比较方便地进入箱内进行焊接、检查与防腐处理等工作，一般情况下，横隔板的人孔宽度和高度不小于400mm×600mm。从运输、安装角度，钢箱梁采用陆路运输时，截面宽度和高度最好控制在3 200～3 600mm以内，否则需要将箱梁划分为可以运输与安装的板件或构件单元，在工地安装和连接。图6-13为日本部分钢箱梁桥使用的梁高与梁宽的工程实际，单箱结构的宽度在3～6m居多，最大宽度在8m左右；双箱和多箱结构的钢箱梁宽度在1.5～4m居多，最大宽度在5m左右；两者的箱梁最小尺寸都在1m左右，箱梁的高宽比在0.5～2之间。对于铁路钢箱梁桥，单线铁路的梁宽为2.0～2.2m，复线铁路可以做成单箱双室的结构形式。

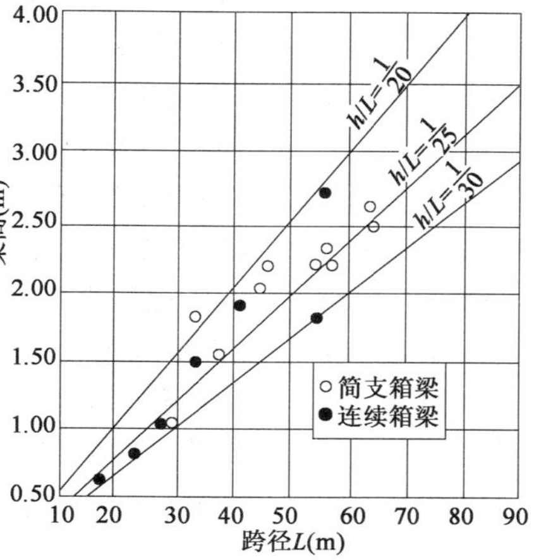

图6-12 主梁梁高与跨径

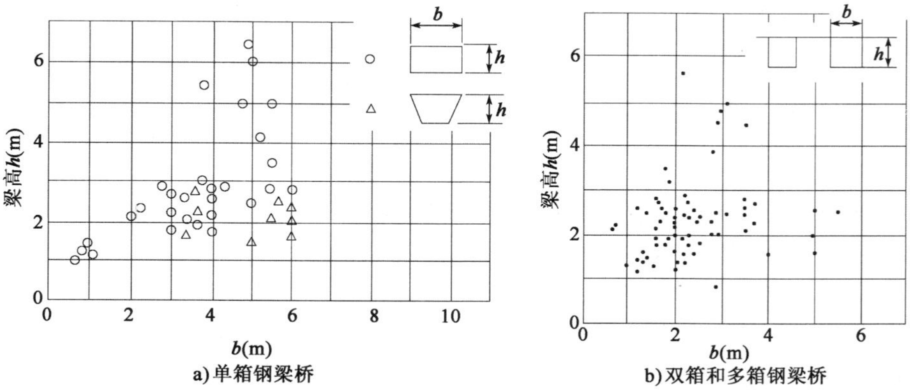

图6-13 主梁梁高与梁宽

钢箱梁设计中，为了减少用钢量，应根据弯矩的大小调整主梁截面。连续钢箱梁桥支点位置的钢箱梁截面变化最为常见，因连续梁桥在中间支座处会出现较大的负弯矩，钢箱梁底板会承受较大的局部应力。因此，在钢箱梁支座处通常通过改变梁高和板厚来调整主梁截面。当跨径较小时，采用改变顶底板厚度而梁高与梁宽保持不变的方法，对钢箱梁制作、运输和安装较为方便；当跨径较大时，采用改变梁高的方法更有效。

6.2.2 正交异性钢桥面板构造

钢箱梁是典型的闭口型薄壁结构，在无加劲构件的情况下常会出现如6.1.2节中所述的畸变屈服等问题。因此,为了提高钢箱梁承载能力并保持良好的工作性能,需要沿顶、底板纵向设置足够的加劲肋,横向要设置横隔板。箱形截面梁的顶板又兼做桥面板之用。为了减轻重量和增加箱梁的整体性,正交异性钢桥面板的应用愈来愈广泛。

在桥梁工程中,由相互垂直的纵肋和横肋加强的钢板做成的桥面板,由于加劲钢板的纵、横方向的刚度不同,弹性性能也不同,因此通常就称这种具有"正交异性"的桥面板为正交异性桥面板。可近似按正交异性板理论对正交异性钢桥面板进行力学分析。试验和理论研究表明,正交异性板具有很高的承载能力,可以显著地减轻钢梁的自重。随着桥梁向大跨度发展,在钢桥中越来越多地使用重量较轻的正交异性钢桥面板来代替过去常用的混凝土桥面板。钢桥面板除了有桥面和桥面系的作用外,还作为主梁的一部分发挥作用。钢板之上则用沥青铺装、环氧树脂铺装或橡胶铺装等。

钢桥面板纵肋截面形式可分为开口式和闭口式两种(图 6-14)。开口式中有平钢板,正、偏球头钢板,不等边角钢和 T 形组合截面;闭口式中有梯形、U 形、V 形和 Y 形。开口纵肋易于工厂制造和养护,肋与肋之间的连接也较方便;闭口纵肋具有较大的抗扭刚度,屈曲稳定性也较好。为了提高闭口加劲肋的抗腐蚀能力,纵向加劲肋应完全封闭。规范规定加劲肋的最小板厚不应小于 8mm。

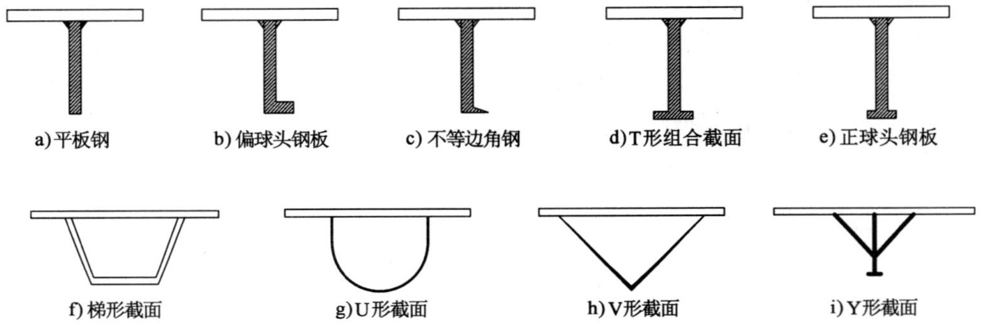

图 6-14　钢桥面纵肋截面的基本形式

纵肋的间距 b 与顶板的厚度 t 有关,一般在 300mm 左右。德国规范规定行车道部分的间距 $b \leqslant 25t$,人行道部分为 $b < 10t$;日本则规定 $t \geqslant 12\text{mm}$ 时,行车道部分 $b < 28.5t$。纵肋跨径则与截面形式有关,开口式纵肋的跨径通常比闭口式的小一些。为了减小应力集中,避免采用疲劳等级过低的构造细节和避免过大的刚度差,我国《公路钢结构桥梁设计规范》(JTG D64—2015)规定纵向加劲肋宜等间距布置,不等间距布置时,最大间距不宜超过最小间距的 1.2 倍。当纵向加劲肋与横向加劲肋或横隔板交叉时,应保证纵向加劲肋连续通过,且加劲肋与顶板焊缝的过焊孔宜采用堆焊填实,使焊缝平顺。

而闭口纵向加劲肋的几何尺寸应满足:

$$\frac{t_r a^3}{t_f^3 h'} \leqslant 400$$

式中:t_f——顶板厚度(mm);

t_r——加劲肋腹板厚度(mm);

h'——加劲肋腹板斜向高度(mm);

a——加劲肋腹板最大间距(mm)。

横向加劲肋通常采用倒T形截面形式,其间距即是纵肋的跨径。为使纵肋能连续穿过,横肋上应设置槽口,如图6-15所示。在计算主梁截面时,这种连续贯通的纵肋可作为顶板截面的一部分予以计入。为了提高桥面板的刚度和抗压承载力,根据经验,对于闭口纵向加劲肋,横向加劲肋的间距不宜大于4m;对于开口纵向加劲肋,横向加劲肋的间距不宜大于3m。当横隔板间距很大时,应进行精确的详细分析或试验验证,以确保钢桥面板的强度、刚度和疲劳寿命。

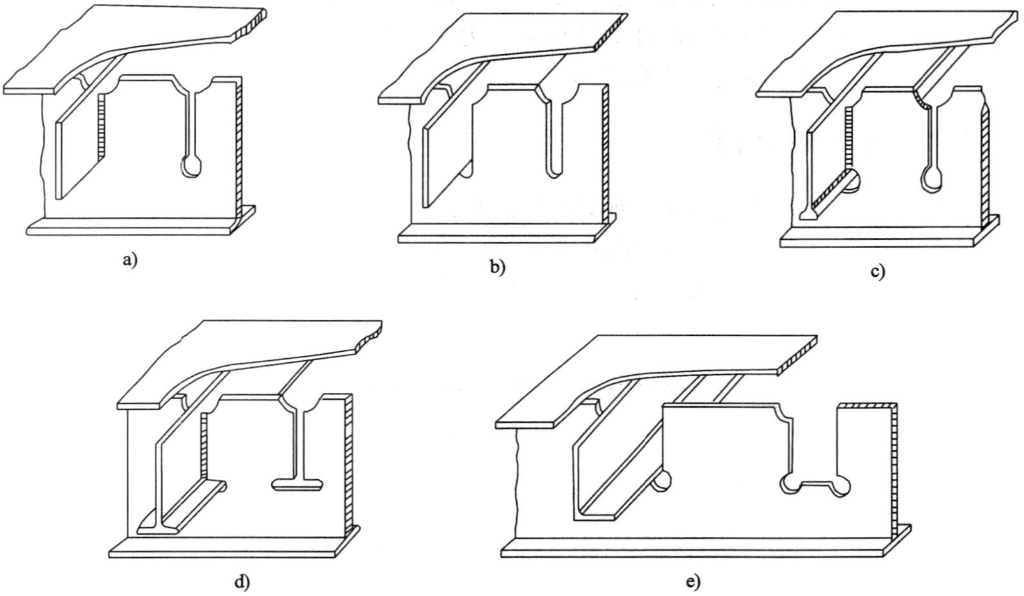

图6-15 纵、横肋构造

6.2.3 翼缘板、腹板、底板构造

箱梁的顶板、底板和腹板,其板厚与高度和宽度的比值都非常小,是典型的闭口薄壁结构,所以必须有一定数量的加劲肋等加劲构件和横隔板来保证其受力性能。

《公路钢结构桥梁设计规范》(JTG D64—2015)规定:当腹板间距大于顶板厚度的80倍时,翼缘板必须设置纵向加劲肋。受压翼缘加劲肋间距过大时,翼缘板的抗压承载力很低,浪费材料。因此,其间距宜小于顶板厚度的40倍,应力很小和由构造控制设计的情况下可以放宽到80倍。为了防止制作、运输和安装过程中发生失稳和过大的面外变形,受拉翼缘也应该设置加劲肋,其加劲肋间距和刚度可以适当放宽,但宜小于翼缘板厚度的80倍。此外,箱梁受压翼缘的伸出肢宽不宜大于其厚度的12倍,而受拉翼缘的伸出肢宽则不宜大于其厚度的16倍。

钢箱梁的腹板不仅承受弯曲正应力的作用,而且承受弯曲剪应力和扭转剪应力的作用。腹板的构造与板梁腹板相同,但加劲肋仅设在内侧。腹板沿长度方向需要设置焊接或栓接的竖向接头;沿高度方向则随尺寸而定,如有可能就用整块钢板,不然则设水平接头。腹板按强度要求的厚度是不大的,一般根据桥型、跨径和梁高在10~30mm之间变化。为保证腹板局部屈曲的安全性、防止出现弯剪耦合失稳，需要设置一定的水平加劲肋和竖向加劲肋。在支点处及横肋与腹板连接处应设置竖向加劲肋。水平加劲肋的数量与腹板高度和厚度有关，可以设置到 3 层以上。

箱梁底板一般也设有纵、横肋，横肋与桥面板上的横肋位置一致，以组成横向联结系，纵肋布置间距较顶板间距大。底板的作用有：

（1）在对称的竖向荷载作用下，作为主梁的下翼缘，承受弯矩；

（2）在偏心竖向荷载作用下，作为钢箱截面的组成部分，抵抗弯曲和扭转；

（3）在横向水平荷载作用下，作为平纵联，传递横向水平力等。

研究表明，加劲肋的间距和高度对结构的受力影响很大，选用 $d/4$（d 为两腹板之间的距离）间距的加劲肋时对结构的受力最有利。

6.2.4 横隔板的构造

在钢箱梁桥中，由于活载的偏心加载作用以及轮载直接作用在箱梁的顶板上，使得箱梁断面发生如图 6-16 所示的畸变和横向弯曲变形，为了减少钢箱梁的这种变形，增加整体刚度，防止过大的局部应力，需要在箱梁的支点处和跨间设置横隔板。

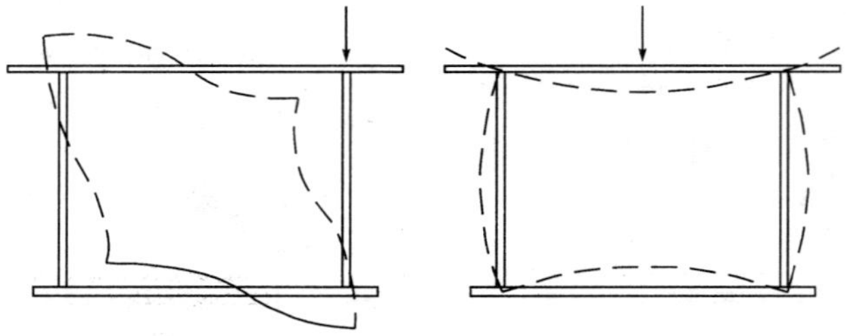

a）畸变　　b）横向弯曲变形

图 6-16　箱梁畸变及横向弯曲变形

钢桥中横隔板分为中间横隔板和支点横隔板，作用是限制钢箱梁的畸变和横向弯曲变形，保持一定的横截面形式，对于支点横隔板还将承受支座处的局部荷载，起到分散支座反力的作用。作为箱梁的重要组成部分，横隔板必须满足一定的刚度要求。由表 6-2 可知，多数横隔板厚度在 10 ~ 20mm 之间；支点处的横隔板厚度相对其他截面处的横隔板厚度要大，当刚度满足要求，也可与其他截面处横隔板厚度一样。由于两种横隔板作用不同，构造形式也不同，从而采用的设计方法也不一样。

已建钢箱梁桥横隔板厚度概况　　表 6-2

桥　　名	横隔板厚度（mm）		
	边支点	中支点	其他
九圩港大桥	16	28	12
卢浦大桥引桥	10	10	10
广佛高速公路跨线桥	16	20	10
宣城市日新路高架桥	20	20	12

续上表

桥　　名	横隔板厚度(mm)		
	边支点	中支点	其他
里花水立交桥钢箱梁	16	16	16
人民路跨沪宁高速桥	20	16	12
风情大桥高架桥	20	20	10
后海二桥	16	16	16
峭岐枢纽互通式立交主线桥	10	10	10、12
句容互通1号桥	16	16	12
江浦路跨高速公路桥	20	20	32
同集路东安桥	10	10	10
沪宁高速公路杨家圩桥	12	12	12

中间横隔板按开口率可分为实腹式、框架式和桁架式,如图6-17所示。

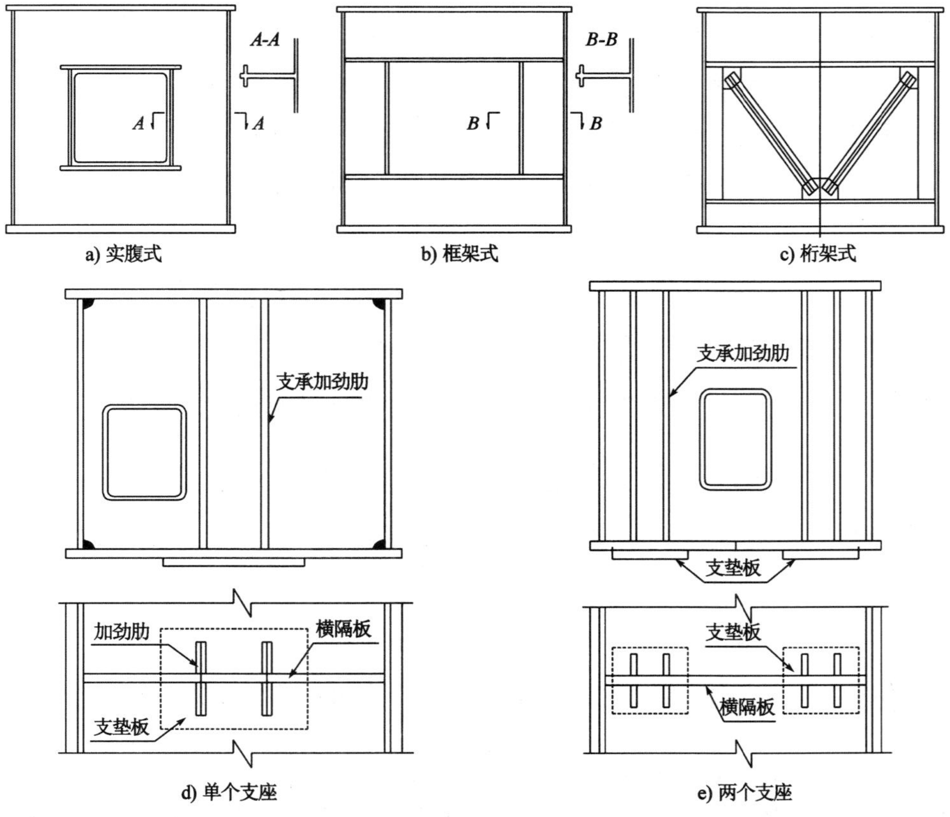

图6-17　横隔板结构形式

定义开口率$\rho=\sqrt{A'/A}=\sqrt{bh/BH}$(图6-18)。当$\rho\leq 0.4$时,横隔板可视为实腹式,主要

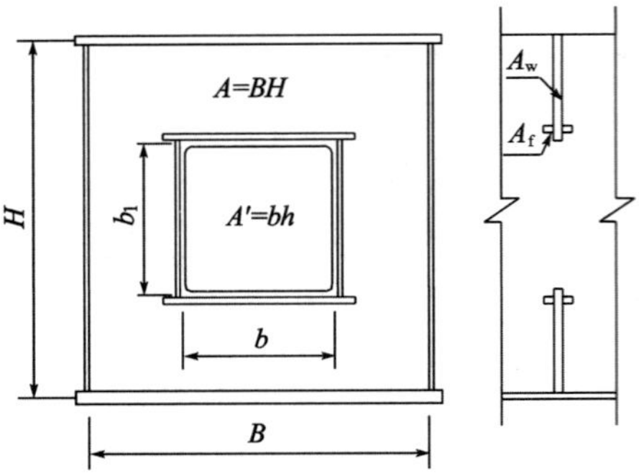

图 6-18 横隔板开口率

考虑剪应力;当 $\rho \geq 0.8$ 时,视为桁架式,可简化为仅受轴力的杆件;当 $0.4 < \rho < 0.8$ 时,横隔板受力性质介于实腹式和桁架式之间,视为框架处理,主要考虑轴力和弯矩。实腹式横隔板适用于尺寸较小的钢箱梁,制作简单,应用最广。桁架式适用于截面较大的箱梁,可以减轻横隔板的自重。

图 6-19 为横隔板开口处的加强结构形式。图 6-19中 a)、b) 为外贴式结构,在开口处焊接钢板增加板厚;c) 为加劲肋式结构,在开口周边焊接加劲肋;d) 为包边式结构,在开口边缘焊接翼缘形成 T 形截面。其中,加劲肋式结构简单,加工制作方便,是实腹式横隔板最常用的结构形式。包边式结构,焊接时翼缘焊接变形大,加工制作困难,主要用于框架式横隔板。

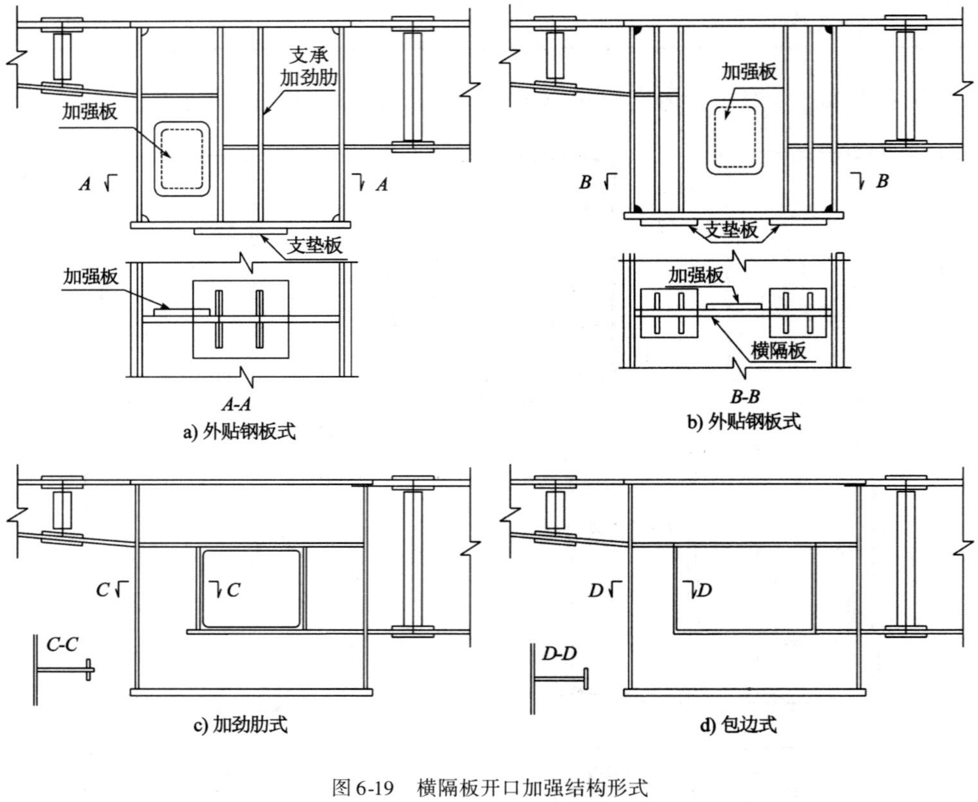

图 6-19 横隔板开口加强结构形式

《公路钢结构桥梁设计规范》(JTG D64—2015)要求钢箱梁支点处横隔板应符合下列规定:

(1)钢箱梁支点处必须设置横隔板,形心宜通过支座反力的合力作用点。

(2)横隔板支座处应该成对设置竖向加劲肋;加劲肋的强度计算可参考本章支点横隔板部分。

(3)横隔板与底板的焊缝应该完全熔透。

(4)人孔宜设置在制作范围以外的部分。

(5)支点横隔板必须验算横隔板与加劲肋的强度。

非支点横隔板应符合下列规定:

(1)横隔板应有足够的刚度和强度。

(2)横隔板与顶底板和腹板可采用角焊缝连接。

6.2.5 扁平钢箱梁的构造

图6-20为苏通大桥主梁截面,图6-21为西堠门大桥主梁截面,两者都是典型的扁平钢箱梁截面。其主要由顶板、底板、腹板、横隔板、风嘴和U形肋等各种加劲构件组成,板件通过全焊接的方式连接而成。钢箱的顶板通常按桥面横向坡度要求设置,底板多采用平底板的构造形式。扁平钢箱梁顶、底板宽厚比较大,必须设置纵横向加劲肋来防止顶底板在弯曲压应力作用下的局部失稳。扁平钢箱梁顶、底板加劲肋通常采用U形闭口加劲肋,这种加劲肋具有较大的抗扭惯性矩,受力性能良好,并且易于工厂化生产,现场施工方便。纵横相互垂直的顶底板加劲肋与箱梁顶板一起组成了正交异性桥面板,共同承受车轮荷载作用。扁平钢箱梁的顶板、底板通过横隔板、纵隔板等连成整体受力体系,增加了截面面积和抗弯惯性矩,提高了主梁的刚度,而且也大大提高了顶底板的稳定性,因此扁平钢箱梁有时也称为正交异性钢箱梁。

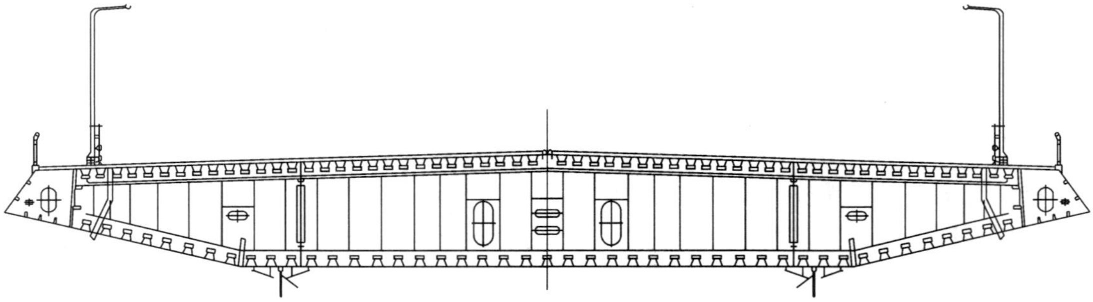

图6-20 苏通大桥主梁截面

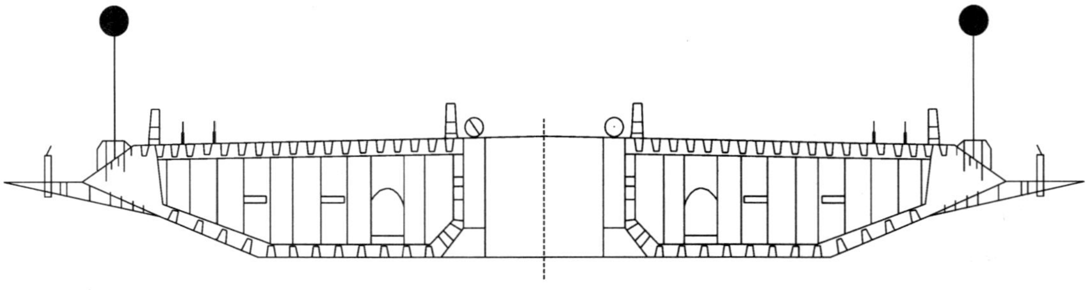

图6-21 西堠门大桥主梁截面

横隔板的作用是限制箱梁畸变和梁段横向变形,同时作为桥面板的纵向支承,以减少桥面板自由长度,增加稳定性。而纵隔板的设置不仅可以提高箱梁整体刚度,还改善了箱梁的受力性能。横隔板、纵隔板可采用实腹式和桁架式两种构造形式。在国内扁平钢箱梁通常采用实腹式横隔板,如苏通长江大桥。该类隔板的钢箱梁具有截面抵抗畸变变形能力强、整体性能好、在集中荷载作用下应力扩散性能较好的优点,但其通透性稍差,需要在隔板上开孔设置人孔、电缆孔等。《公路钢结构桥梁设计规范》(JTG D64—2015)规定,扁平钢箱梁等横隔板不仅承受扭矩作用,而且承受弯矩和剪力作用时,横隔板应符合下列规定:

(1)横隔板的板厚、加劲肋应该满足《公路钢结构桥梁设计规范》(JTG D64—2015)的要求。

(2)在斜拉索或吊杆锚固点等应力集中处,横隔板与腹板或顶板的焊缝应该熔透。

(3)不受集中荷载作用的横隔板与底板可以采用角焊缝连接。

箱梁两侧风嘴的作用是使截面呈流线型,减少风阻,使得扁平钢箱梁具有优越的抗风性能,它使通过主梁的气流上下分离,并顺着光滑的顶底板流过,减少了涡流的产生,风嘴良好的绕流特性解决了大跨度桥梁加劲梁的空气动力稳定性问题。

腹板的构造与钢板梁腹板相同,为保证局部屈曲的安全,需设置一定的水平加劲肋和竖向加劲肋,但加劲肋只设在内侧。

另外,扁平钢箱梁不仅主梁本身采用自重轻的钢材,而且正交异性钢桥面板代替了钢筋混凝土桥面板,大大减轻了桥梁上部结构的恒载重量,该类钢箱梁不仅具有良好的经济效果,也可适用于在不良地质基础的桥位上建造大跨度桥梁。

6.3 设计计算

6.3.1 钢桥面板计算体系

钢箱梁多以钢桥面板作为顶板结构,直接承受车轮荷载作用,而且还作为主梁一部分参与主梁共同受力,其力学行为十分复杂,传统的分析方法一般将其分为三个结构体系来计算。

第一结构体系:主梁体系,将桥面板作为箱梁的顶板,作为主梁的一部分参与主梁工作,按闭口薄壁杆件分析应力。

第二结构体系:桥面体系,由桥面盖板、纵肋、横梁组成桥面体系,顶板被看成纵肋、横肋上翼缘的一部分。第二结构体系起到了桥面系结构的作用,把桥面上的荷载传递到主梁和刚度较大的横梁。

第三结构体系:盖板体系,将单纯的桥面板作为支撑在肋上的盖板,按连续各向同性板计算,盖板承受肋间局部荷载并传给加劲肋,其应力影响较小,通常可略去。

钢桥面板任意点的应力可由上述三个基本体系的应力适当叠加而近似求出。钢桥面板验算时,主要进行第二结构体系应力的计算,即桥面体系的验算。

下面分析钢桥面板三种结构体系的力学性能。

在第一结构体系中,钢桥面板通过顶板与腹板的连接,使桥面板成为主梁的一部分而共同工作。如果把参与主梁共同工作的有效宽范围内的加劲板看作主梁截面中的一部分,钢桥面板的内力计算与一般梁桥的内力计算相同,可利用影响线求出。因此,采用第一体系计算钢桥面板的内力要解决的仅仅是钢桥面板有效宽度如何确定的问题。钢桥面板有效宽度的计算将在6.3.2节中进行介绍。

在第二结构体系中，钢桥面板可以看作支承于主梁和横梁上的桥面系结构，它把桥面板自重和桥面板上的外力传递到主梁和横梁。由于第二结构体系包括纵肋、横梁等加劲板，计算方法复杂，因此针对第二结构体系通常需要借助有限元计算软件，考虑主梁体系的整体受力和桥面系的局部受力的耦合关系进行计算。

第三结构体系指的是直接承受轮重并将轮重传递到加劲肋上的顶板。当顶板上的轮重逐渐加大时，顶板的弯曲应力便逐步地进入薄膜应力状态，平板的承载力变得比用一次弯曲理论求出的计算值大得多，这个问题已被实验所证实。所以，在设计钢桥面板时，第三结构体系的应力可以忽略不计。

此外，桥面板承受很大的活载作用，桥面板的设计必须考虑疲劳强度问题。

6.3.2 主梁截面有效宽度与应力计算

钢箱梁计算结构应力时应考虑剪力滞的影响。按照初等梁理论，箱梁弯曲时翼缘板和底板正应力均匀分布，但实际上，薄壁箱梁弯曲时，翼缘板的正应力沿宽度分布并非如此，通常情况下是靠近腹板的翼缘板正应力要大些，而远离腹板的翼缘板正应力逐渐减小，如图6-22所示。

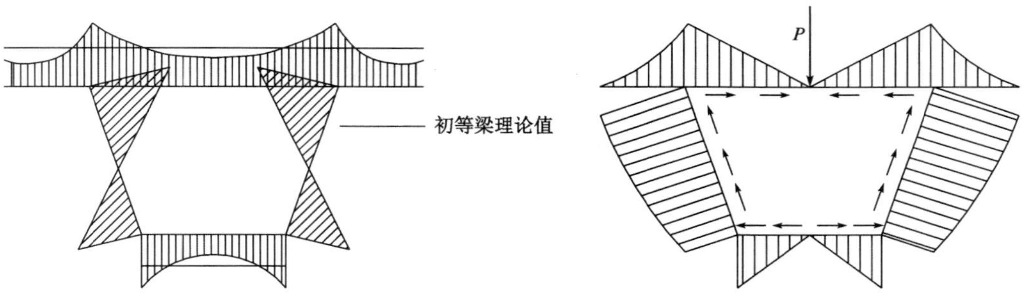

a）考虑剪力滞截面正应力分布　　b）截面弯曲剪应力分布

图6-22　截面应力分布

造成这种不相符合的原因是翼缘板上剪应力分布的不均匀。箱梁弯曲剪应力沿翼缘板的分布见图6-22b），可以看出，肋板处翼缘剪应力最大，远离肋板的翼缘剪应力逐渐减小，剪应力沿翼缘板分布的不均匀引起翼缘板纵向的剪切变形也是不均匀的，通常远离腹板的翼缘板其纵向位移滞后于靠近肋板翼缘板的纵向位移，由此造成翼缘板弯曲正应力分布呈曲线形状。这种由于翼缘板的剪切变形不均匀，造成弯曲正应力沿梁宽方向不均匀分布的现象称为剪力滞。

在工程设计计算中为了简化计算，通常假设顶板或翼缘板应力按最大应力均匀分布，并且按力的等效原则，由下式确定其计算宽度，即有效宽度，如图6-23所示。

$$b_e = \frac{\int_0^b \sigma_x \mathrm{d}y}{\sigma_{max}} \tag{6-1}$$

式中：b_e——翼缘有效宽度；

σ_{max}——翼缘最大应力。

如果用有效分布宽度代替顶板或翼缘板的实际宽度，可以把肋板式结构简化为由单个或多个梁肋和具有相应有效分布宽度的顶板或翼缘板组成的初等梁或杆系结构,按材料力学中学过的初等梁理论计算。

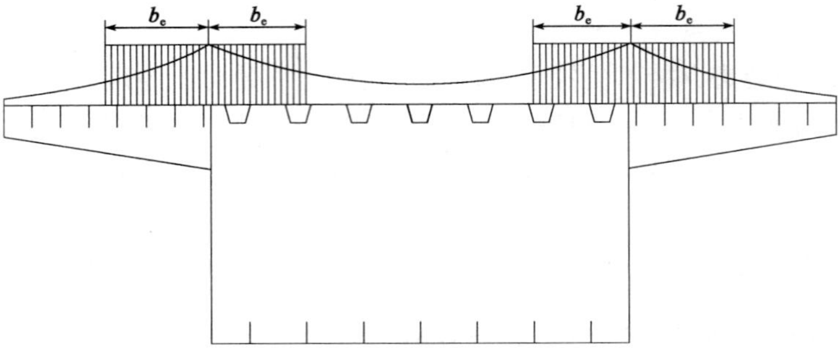

图 6-23　钢桥面板有效宽度示意图

钢桥面板的有效宽度一般与跨度、支承条件以及荷载形式等许多因素有关。对于不同受力体系分析,结构的跨度、支承条件以及荷载形式等需要根据其结构的传力途径确定,有效宽度的分布和大小有所不同。主梁体系和桥面体系的传力途径不同,它们的有效宽度也不同。由于钢桥面板的构造和受力均很复杂,精确计算比较困难。钢箱梁设计计算中,有效计算宽度根据《公路钢结构桥梁设计规范》(JTG D64—2015)进行计算。

对于受弯加劲板翼缘的计算,为了简化计算,一般假设截面符合平面变形假定,但是由于剪力滞的影响,截面实际应力分布不均匀,计算时应考虑剪力滞的影响。计算考虑剪力滞影响的截面有效宽度和有效面积时,可在腹板处将翼板分割为若干板段分别计算,截面有效宽度和面积分别为各板段有效宽度和面积之和:

$$b_e^s = \sum_{i=1}^{n_s^P} b_{e,i}^s \tag{6-2}$$

$$A_{eff,s} = \sum_{i=1}^{n_s^P} b_{e,i}^s t_i + \sum_{j=1}^{n_s} A_{s,j} \tag{6-3}$$

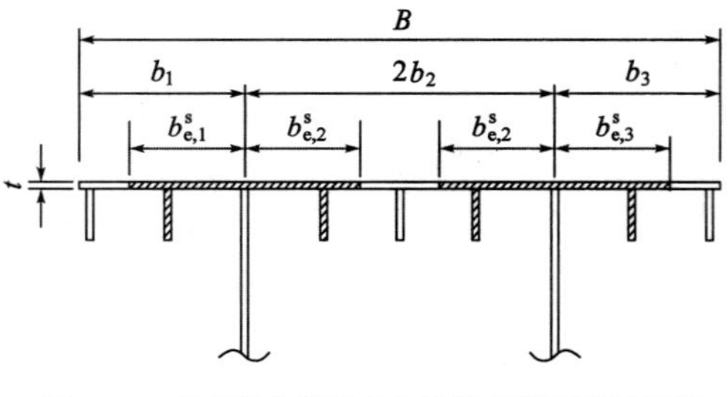

图 6-24　考虑剪力滞影响的翼缘有效宽度示意图

式中:$b_{e,i}^s$——考虑剪力滞影响的第 i 块板段的翼缘有效宽度,如图 6-24 所示;

t_i——第 i 块板段的厚度;

$A_{s,j}$——有效宽度内第 i 根加劲肋的面积;

n_s^P——翼缘被腹板分割后的板段数;

n_s——有效宽度内的加劲肋数量。

I 形、Π形和箱形梁桥的翼缘有效宽度 $b_{e,i}^s$ 按式(6-4)和式(6-5)计算,其使用条件见表 6-3。

$$\left.\begin{aligned} b_{e,i}^s &= b_i && \left(\frac{b_i}{l} \leqslant 0.05\right) \\ b_{e,i}^s &= \left(1.1 - 2\frac{b_i}{l}\right) b_i && \left(0.05 < \frac{b_i}{l} < 0.30\right) \\ b_{e,i}^s &= 0.15l && \left(\frac{b_i}{l} \geqslant 0.30\right) \end{aligned}\right\} \tag{6-4}$$

$$\left.\begin{aligned}
&b_{e,i}^{s}=b_i && \left(\frac{b_i}{l}\leqslant 0.02\right)\\
&b_{e,i}^{s}=\left[1.06-3.2\frac{b_i}{l}+4.5\left(\frac{b_i}{l}\right)^2\right]b && \left(0.02<\frac{b_i}{l}<0.30\right)\\
&b_{e,i}^{s}=0.15l && \left(\frac{b_i}{l}\geqslant 0.30\right)
\end{aligned}\right\}\tag{6-5}$$

式中：$b_{e,i}^{s}$——翼缘有效宽度；

b_i——腹板间距的 1/2，或翼缘外伸肢为伸臂部分的宽度，如图 6-24 所示；

l——等效跨径，见表 6-3。

翼缘有效宽度计算的等效跨径 表 6-3

类别	梁段号	腹板单侧翼缘有效宽度计算			计 算 图 式
		符号	适用公式	等效跨径 l	
简支梁	①	$b_{e,i,L}^{s}$	式(5-4)	L	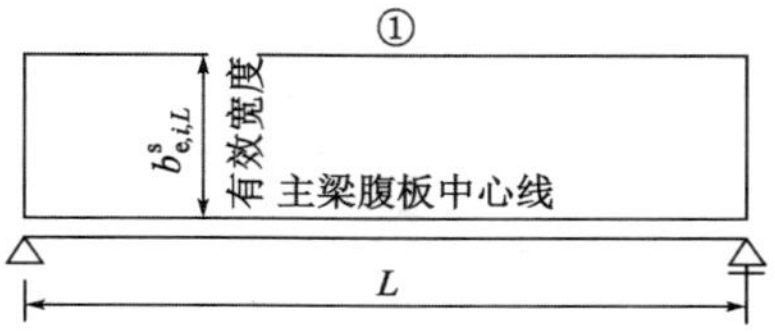
连续梁	①	b_{e,i,L_1}^{s}	式(5-4)	$0.8L_1$	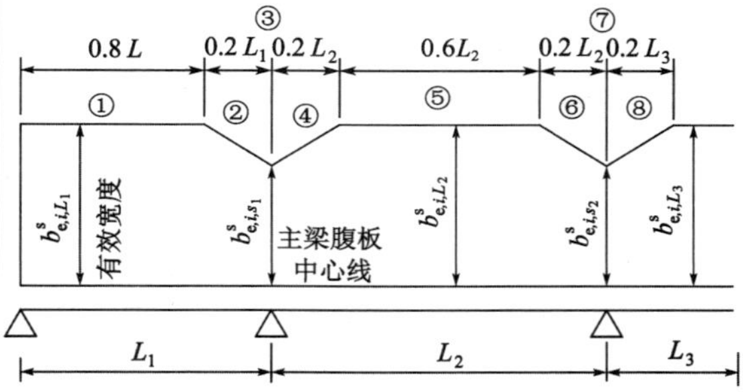
	⑤	b_{e,i,L_2}^{s}		$0.6L_1$	
	③	b_{e,i,s_1}^{s}	式(5-5)	$0.2(L_1+L_2)$	
	⑦	b_{e,i,s_2}^{s}		$0.2(L_2+L_3)$	
	② ④ ⑥ ⑧	线性插值			
悬臂梁	①	b_{e,i,L_1}^{s}	式(5-4)	$2L_1$	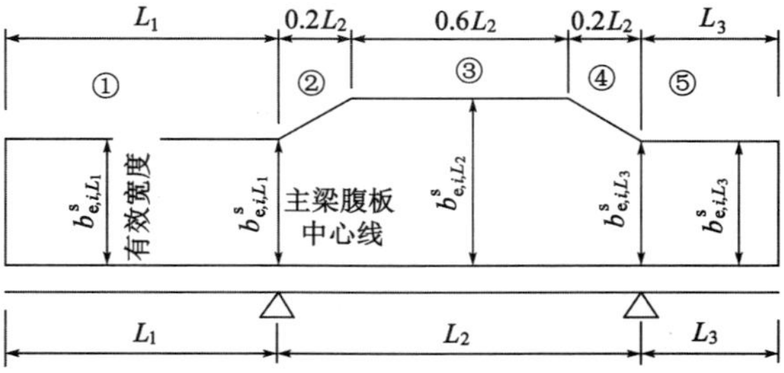
	③	b_{e,i,L_1}^{s}	式(5-4)	$0.6L_2$	
	⑤	b_{e,i,L_1}^{s}	式(5-4)	$2L_3$	
	② ④	线性插值			

当同时考虑剪力滞和局部稳定影响时，受压翼缘有效截面宽度 b_e 和有效截面面积 A_{eff} 按下式计算：

$$A_{eff}=\sum_{k=1}^{n_p}b_{e,k}t_k+\sum_{i=1}^{n_s}A_{s,i}\tag{6-6}$$

$$b_e=\sum_{k=1}^{n_p}b_{e,k}\tag{6-7}$$

$$b_{e,k}=\rho_k^s b_{e,k}^p \tag{6-8}$$

$$\rho_k^s=\frac{\sum b_{e,j}^s}{b_k} \tag{6-9}$$

式中：n_p——受压翼缘被腹板分割后的板段数；

t_k——第 k 块受压板段的厚度；

b_k——第 k 块受压板段的宽度，如图 6-25 所示；

$b_{e,k}^p$——考虑局部稳定影响的第 k 块受压板段的有效宽度；

$\sum b_{e,j}^s$——考虑剪力滞影响的第 k 块受压板段的有效宽度之和，按式(6-2)～式(6-5)计算；

$b_{e,k}$——考虑剪力滞和局部稳定影响的第 k 块受压板段的有效宽度；

ρ_k^s——考虑剪力滞影响的第 k 块受压板段的有效宽度折减系数；

$A_{s,i}$——有效宽度范围内第 i 根加劲肋的面积；

n_s——有效宽度范围内的加劲肋数量。

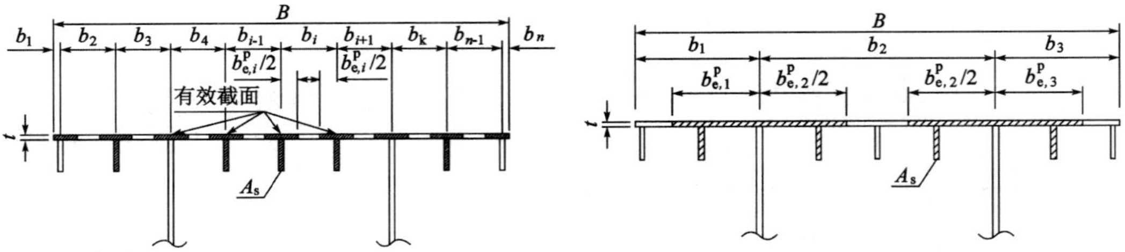

a) 刚性加劲肋加劲板的板元分割和有效截面

b) 柔性加劲肋加劲板的板段分割和有效截面

图 6-25　考虑局部稳定影响的受压加劲板有效宽度示意图

计算出钢箱梁翼缘有效宽度和有效截面积之后，可以根据材料力学与钢结构的内容对钢箱梁截面上下翼缘的压应力与拉应力进行计算：

$$\tau=\frac{V}{A_{\text{eff}}} \tag{6-10}$$

$$\sigma=\frac{M_y}{I_{\text{eff}}} \tag{6-11}$$

进行承载能力极限状态设计时，结构重要性系数 γ_0 应符合现行《公路桥涵设计通用规范》(JTG D60—2015)的相关规定。

6.3.3　加劲板的设计计算

对于设置加劲肋的受压加劲板，失稳模态与加劲板的相对宽厚比和长宽比、加劲肋构造、形式、间距、刚度等许多因素有关。根据加劲肋的尺寸与刚度不同，受压加劲板的失稳模态可以分为以下几类：

(1)母板连同纵、横加劲肋发生整体失稳：纵、横加劲肋的相对刚度比均匀较小时，加劲肋会随着母板一起发生平面外的屈曲。

(2)母板连同纵向加劲肋在横向加劲构件间发生整体失稳:纵向加劲肋的相对刚度比较小而横向加劲构件的相对刚度较大时,纵向加劲肋会随着母板一起发生以横向加劲肋构件为波节的屈曲。

(3)加劲肋之间的母板发生局部失稳:当纵、横向加劲肋的相对刚度比较大时,加劲肋之间的母板发生以纵、横加劲肋为波节的屈曲。

(4)纵向加劲肋的失稳:纵向加劲肋有两种常见失稳模态,即加劲肋腹板的局部失稳、加劲肋的整体弯扭失稳。当加劲肋的翼缘和母板均较厚实、加劲肋腹板较薄柔时,加劲肋的腹板发生局部失稳;当纵向加劲肋的侧弯刚度和扭转刚度很小时,加劲肋发生弯扭屈曲,其波节出现在加劲肋与母板的连接处。

(5)横向加劲肋失稳:横向加劲肋的失稳模态与纵向加劲肋失稳模态较为类似。当加劲肋的翼缘和母板均较厚实、加劲肋腹板较薄柔时,加劲肋的腹板发生局部失稳;当加劲肋的侧弯刚度和扭转刚度很小时,加劲肋发生弯扭屈曲,其波节出现在加劲肋的连接处。

受压板件加劲肋的几何尺寸(图6-26)应符合一定的要求。《公路钢结构桥梁设计规范》(JTG D64—2015)规定:板肋的宽厚比应满足式(6-12)的要求。

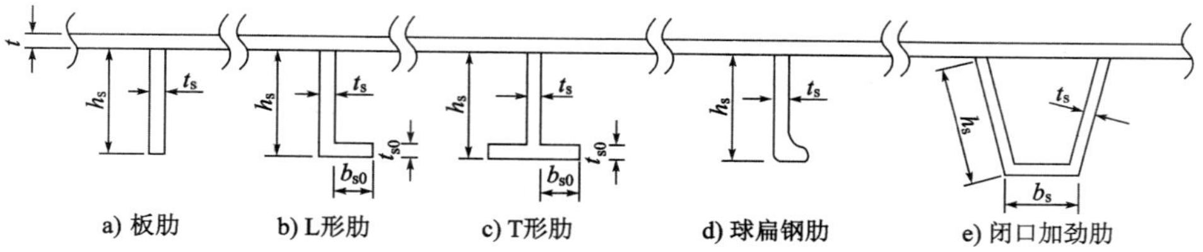

图6-26 加劲肋尺寸符号

$$\frac{h_s}{t_s} \leqslant 12\sqrt{\frac{345}{f_y}} \tag{6-12}$$

L形、T形钢加劲肋的尺寸比例应满足式(6-13)的要求:

$$\frac{b_{s0}}{t_{s0}} \leqslant 12\sqrt{\frac{345}{f_y}} \tag{6-13a}$$

$$\frac{h_s}{t_s} \leqslant 30\sqrt{\frac{345}{f_y}} \tag{6-13b}$$

符合《热轧球扁钢》(GB/T 9945—2012)的球扁钢加劲肋的尺寸比例应满足式(6-14)的要求:

$$\frac{h_s}{t_s} \leqslant 18\sqrt{\frac{345}{f_y}} \tag{6-14}$$

闭口加劲肋的尺寸比例应满足式(6-15)的要求:

$$\frac{b_{s0}}{t_{s0}} \leqslant 30\sqrt{\frac{345}{f_y}} \tag{6-15a}$$

$$\frac{h_s}{t_s} \leqslant 40\sqrt{\frac{345}{f_y}} \tag{6-15b}$$

加劲肋根据刚度可分为刚性加劲肋和柔性加劲肋两种形式。两加劲肋的失稳模态存在差异,刚性加劲肋刚度加大。

试验研究分析表明,加劲板的承载力与加劲肋的刚度有密切关系,为了充分发挥钢材的强度和简化设计计算,工程设计中通常采用刚性加劲肋设计,使加劲肋的相对刚度比 $\gamma > \gamma_l^*$。构造布置困难或受力较小时可用柔性加劲肋。

纵向加劲肋的相对刚度 γ_l 定义为:

$$\gamma_l = \frac{EI_l}{bD} \tag{6-16}$$

横向加劲肋的相对刚度 γ_t 定义为:

$$\gamma_t = \frac{EI_t}{aD} \tag{6-17}$$

式中:E——弹性模量;

I_l——单根纵向加劲肋对被加劲板的抗弯惯性矩;

I_t——单根横向加劲肋对被加劲板的抗弯惯性矩;

a——加劲板的计算长度(横隔板或刚性横向加劲肋的间距),如图 6-27 所示;

b——加劲板的计算宽度(腹板或刚性纵向加劲肋的间距),如图 6-27 所示;

D——被加劲板的抗弯刚度,

$$D = \frac{Et^3}{[12(1-\nu^2)]}$$

其中,t——被加劲板板厚;

ν——泊松比。

根据正交异性板的稳定理论,加劲肋的临界刚度比 γ_l^* 为:

$$\gamma_l^* = \frac{1}{n}[4n^2(1+n\delta_l)\alpha^2 - (\alpha^2+1)^2] \quad (\alpha \leqslant \alpha_0) \tag{6-18a}$$

$$\gamma_l^* = \frac{1}{n}\{[2n^2(1+n\delta_l)-1]-1\} \quad (\alpha > \alpha_0) \tag{6-18b}$$

$$\alpha_0 = \sqrt[4]{1+n\gamma_l} \tag{6-19}$$

$$n = n_l + 1 \tag{6-20}$$

式中:α——加劲板的长宽比,$\alpha = a/b$;

n——受压板被加劲肋分割的子板元数;

n_l——等间距布置加劲肋根数;

δ_l——单根加劲肋的截面面积与被加劲板的面积之比 $\delta_l = A_l/bt$,A_l 为单根加劲肋的截面面积;

α_0——加劲板的临界长宽比。

受压加劲板的刚性加劲肋,其纵、横向加劲肋的相对刚度应满足下列要求:

$$\gamma_l > \gamma_l^* \tag{6-21}$$

$$\gamma_t \geqslant \frac{1+n\gamma_l^*}{4\left(\dfrac{a_t}{b}\right)^3} \tag{6-22}$$

$$A_{s,l} \geqslant \frac{bt}{10n} \tag{6-23}$$

式中：$A_{s,l}$——单根纵向加劲肋的截面面积；

t——母板厚度；

a_t——横向加劲肋的间距，如图6-27所示。

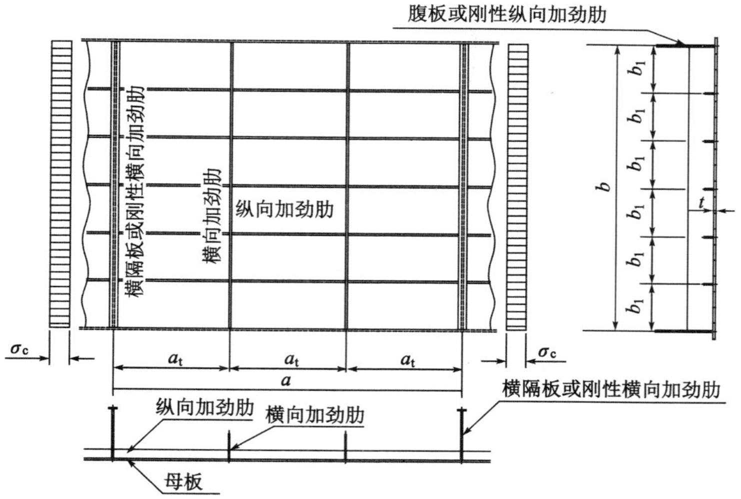

图6-27 加劲板示意图

纵、横向加劲肋几何尺寸满足式(6-12)～式(6-15)要求，并且其刚度满足式(6-21)～式(6-23)时，加劲肋刚度较大，为刚性加劲肋。可以近似认为加劲板件弹性失稳时加劲肋处不发生变形，加劲肋可以简化为简支边计算加劲板的弹性屈曲。纵、横向加劲肋的刚度不满足式(6-21)～式(6-23)时，加劲肋刚度较小，为柔性加劲肋。加劲肋会随着母板一起发生平面外的屈曲，母板连同纵、横加劲肋发生整体失稳，会降低抗压承载力。对于构造控制设计的情况，往往压应力很小，为减少钢材用量可以适当放宽对加劲肋刚度的要求，但应按正交异性板理论或其他更精确的方法计算加劲板的弹性稳定和局部失稳对加劲板承载力的影响。受拉翼缘加劲肋的作用主要是为了防止结构在加工制作和运输安装过程中可能出现过大局部变形和损伤，为了减少钢材用量可以适当放宽对加劲肋刚度的要求，可以不必满足式(6-16)～式(6-23)的规定。

式(6-16)～式(6-23)的规定是基于加劲板弹性稳定理论的分析结果，没有考虑其他不利因素影响的安全系数，仅用于判别加劲肋是否属于刚性加劲肋或柔性加劲肋。

当考虑局部稳定的影响时，受压加劲板有效截面宽度 b_e^p 和有效截面面积 $A_{eff,c}$ 按下式计算：

$$b_e^p = \sum_{i=1}^{n_p} b_{e,i}^p = \sum_{i=1}^{n_p} \rho_i b_i \tag{6-24}$$

$$A_{eff,c} = \sum_{i=1}^{n_p} b_{e,i}^p t_i + \sum A_{s,j} \tag{6-25}$$

式中：$b_{e,i}^p$——第 i 块受压板段考虑局部稳定影响的有效宽度，如图6-25所示；

b_i、t_i——第 i 块受压板段或板元的宽度和厚度，如图6-25所示；

n_p——被腹板或刚性加劲肋分割后的受压板段或板元数；

$\sum A_{s,j}$——有效宽度范围内的加劲肋的面积之和；

ρ_i——第 i 块受压板段或板元的局部稳定折减系数。

轴心受压板段或板元的局部稳定折减系数 ρ 按下列规定计算：

$$\begin{cases}\bar{\lambda}_{\mathrm{p}} \leqslant 0.4 \text{ 时}, \rho = 1 \\ \bar{\lambda}_{\mathrm{p}} > 0.4 \text{ 时}, \rho = \dfrac{1}{2}\left\{1 + \dfrac{1}{\bar{\lambda}_{\mathrm{p}}^2}(1+\varepsilon_0) - \sqrt{\left[1 + \dfrac{1}{\bar{\lambda}_{\mathrm{p}}^2}(1+\varepsilon_0)\right]^2 - \dfrac{4}{\bar{\lambda}_{\mathrm{p}}^2}}\right\}\end{cases} \tag{6-26}$$

$$\varepsilon_0 = 0.8(\bar{\lambda}_{\mathrm{p}} - 0.4) \tag{6-27}$$

$$\bar{\lambda}_{\mathrm{p}} = \sqrt{\frac{f_{\mathrm{y}}}{\sigma_{\mathrm{cr}}}} = 1.05\left(\frac{b_{\mathrm{p}}}{t}\right)\sqrt{\frac{f_{\mathrm{y}}}{E}\left(\frac{1}{k}\right)} \tag{6-28}$$

式中：$\bar{\lambda}_{\mathrm{p}}$——相对宽厚比；

t——加劲板的母板厚度；

f_{y}——屈服强度；

E——弹性模量；

σ_{cr}——加劲板弹性屈曲欧拉应力；

b_{p}——加劲板局部稳定计算宽度，对开口刚性加劲肋，按加劲肋的间距 b_i 计算[图 6-27a)]；对闭口加劲肋，按腹板间距或腹板至悬臂端的宽度 b_i 计算[图 6-27b)]；

k——加劲板的弹性屈曲系数，参照规范计算。

6.3.4 横隔板的设计计算

1)横隔板间距

对于横隔板间距，我国《公路钢结构桥梁设计规范》(JTG D64—2015)采用日本公路钢结构桥梁设计指南中的方法对跨径不大于 100m 的普通钢箱梁的横隔板间距提出了计算方法，当横隔板间距 L_{D} 满足以下要求时，在偏心活载作用下，箱梁的翘曲应力与容许应力的比值在 0.02 ~ 0.06 之间。

$$L_{\mathrm{D}} \leqslant 6\mathrm{m} \quad (L \leqslant 50\mathrm{m}) \tag{6-29a}$$

$$L_{\mathrm{D}} \leqslant 0.14L - 1 \quad \text{且} \quad \leqslant 20\mathrm{m} \quad (L > 50\mathrm{m}) \tag{6-29b}$$

式中：L——桥梁等效跨径(m)。

对于横隔板刚度及近似应力验算方法，我国《公路钢结构桥梁设计规范》(JTG D64—2015)采用日本公路钢结构桥梁设计指南中的方法。其刚度及近似应力验算方法如下。

2)横隔板刚度计算

为了抵抗箱梁的畸变，横隔板(图 6-28)必须具有足够的刚度。横隔板的最小刚度 K 应该满足下式要求：

$$K \geqslant 20\frac{EI_{\mathrm{dw}}}{L_{\mathrm{d}}^3} \tag{6-30}$$

式中：L_{d}——两横隔板之间的距离，由下式求得：

$$\begin{cases} 当 L \leqslant 50 时, & L_d \leqslant 6 \\ 当 L > 50 时, & L_d \leqslant 0.14L - 1 且 \leqslant 20 \end{cases} \quad (6\text{-}31)$$

E——钢材弹性模量；

I_{dw}——箱梁截面主扇性惯性矩，根据箱梁的截面尺寸形式由下式求得：

$$I_{dw} = \left\{ \alpha_1^2 A_u \left(1 + \frac{2b_1}{B_u}\right)^2 + \alpha_2^2 A_l \left(1 + \frac{2b_2}{B_l}\right)^2 + 2A_h(\alpha_1^2 - \alpha_1\alpha_2 + \alpha_2^2) \right\} \quad (6\text{-}32)$$

式中：A_u——箱梁上顶板截面积(包括加劲肋)；

A_l——箱梁下底板截面积(包括加劲肋)；

A_h——一个腹板的截面积；

α_1、α_2——由下式确定：

$$\alpha_1 = \frac{e}{e+f} \frac{B_u + B_l}{4} H, \quad \alpha_2 = \frac{f}{e+f} \frac{B_u + B_l}{4} H \quad (6\text{-}33)$$

其中，e、f 由下式确定：

$$e = \frac{I_{fl}}{B_1} \frac{B_u + 2B_l}{12} A_h, \quad f = \frac{I_{fu}}{B_u} \frac{2B_u + B_l}{12} F_h \quad (6\text{-}34)$$

式中：I_{fu}——顶板对箱梁对称轴的惯性矩；

I_{fl}——底板对箱梁对称轴的惯性矩；

H——腹板长度。

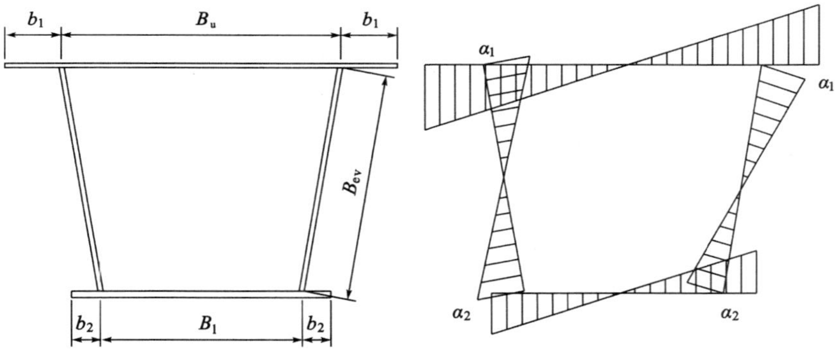

图 6-28 横隔板截面符号

(1)实腹式横隔板刚度计算

$$K = 4GAt_D \quad (6\text{-}35)$$

式中：G——钢材的剪切模量；

t_D——横隔板的板厚；

A——箱梁面积(箱梁板壁中心线围成的面积)。

(2)桁架式横隔板刚度计算

X 形桁架，如图 6-29a)所示：

$$K = 8EA^2 \frac{A_b}{L_b^3} \quad (6\text{-}36)$$

V 形桁架，如图 6-29b)所示：

$$K = 2EA^2 \frac{A_b}{L_b^3} \tag{6-37}$$

式中:E——弹性模量;

A——箱梁面积(箱梁板壁中心线围成的面积);

A_b——单个斜撑的截面积;

L_b——斜撑的长度。

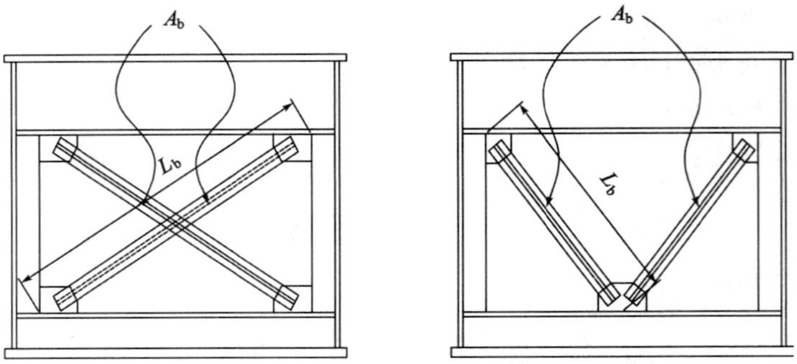

图 6-29 桁架式横隔板

(3)矩形框架式横隔板的刚度计算

对于矩形框架式横隔板的刚度,常常将横隔板简化为框架计算,如图 6-30a)、b)所示。其中,横隔板的加强翼缘或者加强加劲肋简化为框架截面的翼板;横隔板简化为框架截面的腹板;分别取顶板、底板和腹板厚度的 24 倍宽度作为框架截面的翼板有效宽度,如图 6-30c)所示。

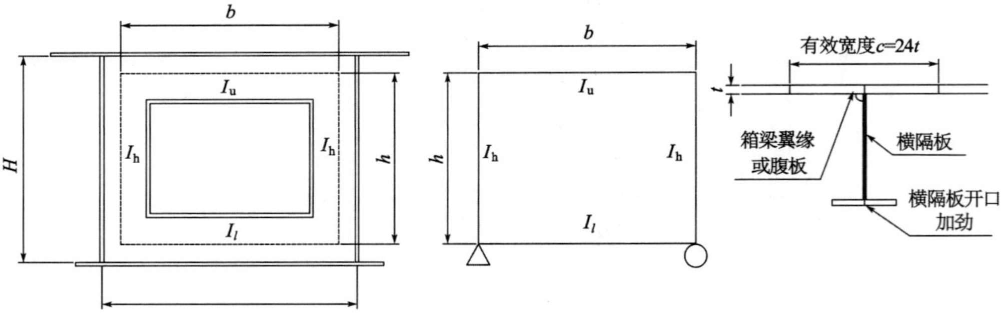

图 6-30 框架式横隔板

日本《公路钢桥设计指南》推荐,矩形框架式横隔板的刚度 K 可由下式近似求得:

$$K' = \frac{48E\left(\frac{b}{I_u} + \frac{b}{I_l} + \frac{b}{I_h}\right)}{\frac{b^2}{I_u I_l} + \frac{2bh}{I_u I_h} + \frac{2bh}{I_l I_h} + \frac{3h^2}{I_h^2}} \tag{6-38}$$

$$K = \beta K' \tag{6-39}$$

式中:E——弹性模量;

b——框架的宽度;

h——框架的高度;

I_u、I_l、I_h——顶板、底板和腹板处横隔板简化为框架截面的惯性矩，如图6-30所示；

β——开口率修正系数，可由图6-31查得，图中B、H分别为箱梁的宽度和高度。

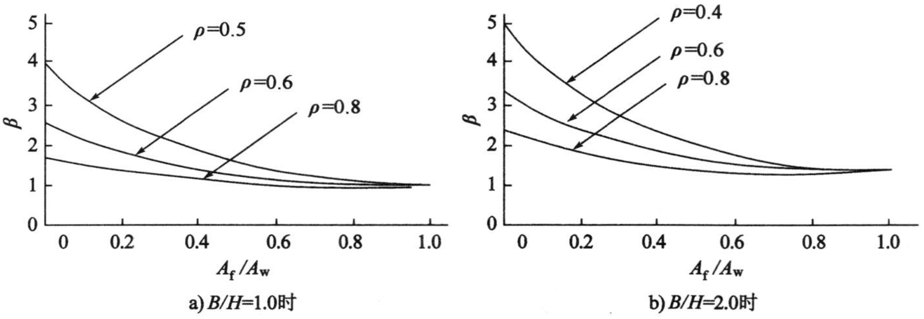

图6-31 横隔板刚度修正系数

3）横隔板应力验算

（1）中间横隔板

①实腹式横隔板

如图6-32所示的实腹式横隔板主要考虑剪应力，其剪应力按下式计算：

$$\tau_u=\frac{B_l}{B_u}\frac{T_d}{24t_D};\quad \tau_h=\frac{T_d}{2At_D};\quad \tau_l=\frac{B_u}{B_l}\frac{T_d}{2At_D}\tag{6-40}$$

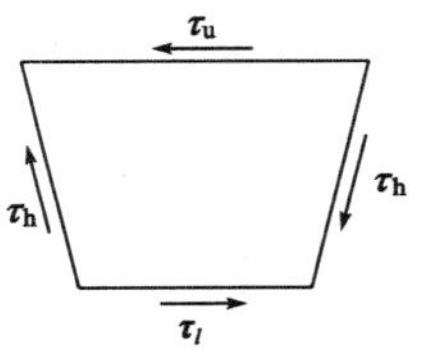

图6-32 实腹式横隔板应力

式中：T_d——箱梁扭矩。

②框架式横隔板

如图6-33所示，将横隔板简化为框架计算。当钢箱梁为分离式，箱梁间有横向联系时，框架杆件必须考虑集中力产生的附加弯矩影响。

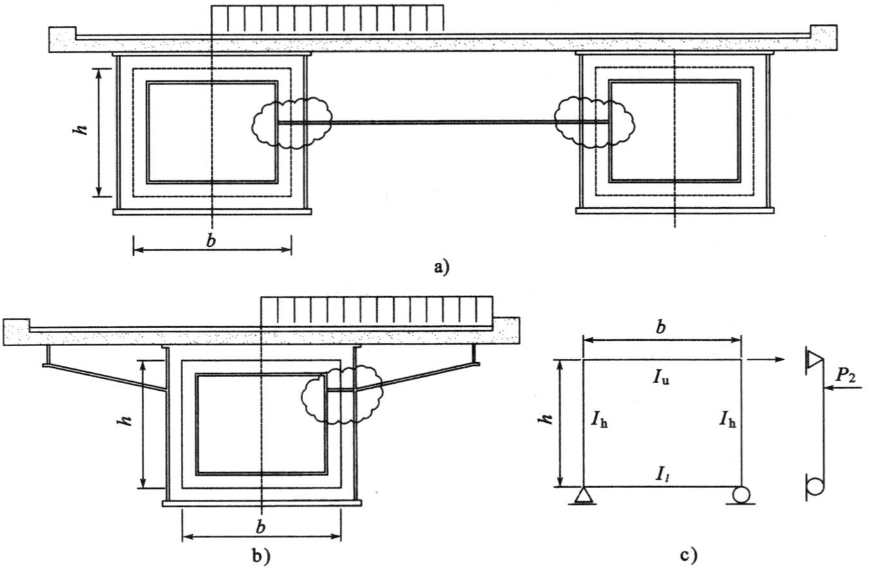

图6-33 框架式横隔板计算模型

③对称桁架式横隔板

对称桁架式横隔板简化为轴心拉压杆件计算,桁架斜腹杆内力按下式近似计算:

X 形桁架:

$$N_b = \frac{L_b}{4A} T_d \tag{6-41}$$

V 形桁架:

$$N_b = \frac{L_b}{2A} T_d \tag{6-42}$$

(2)支点横隔板

规范中要求,钢箱梁横隔板支座处应该成对设置竖向加劲肋,支点横隔板的计算与钢板梁桥支点加劲肋的计算方法相同,需要验算横隔板和支点加劲肋的局部承压应力和竖向应力。

【例 6-1】 某钢桥面板结构,箱梁截面尺寸如图 6-34 所示。顶板纵向加劲肋面积为 6 124mm²,底板纵向加劲肋面积为 2 280mm²。计算当横隔板厚度为 12mm 时,横隔板的最小间距为多少?

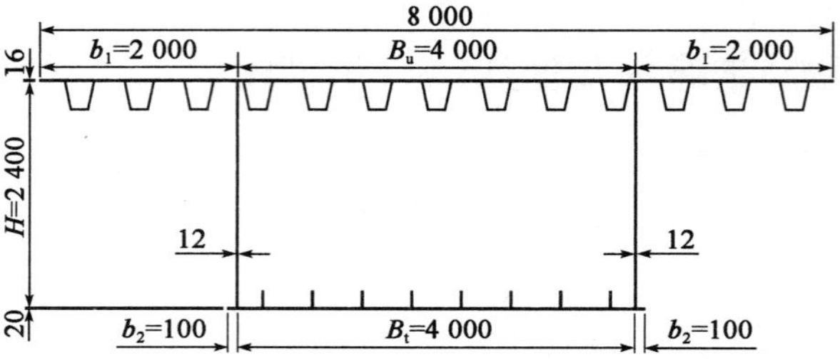

图 6-34 横隔板计算截面(尺寸单位:mm)

解 如图可知箱梁面积(箱梁板壁中心线围成的面积):

$$A = 4\ 000 \times 2\ 400 = 9.6 \times 10^6 (\text{mm}^2)$$

为简便计算,本例横隔板视为实腹式横隔板,横隔板刚度:

$$K = 4GAt_D = 4 \times 0.79 \times 10^5 \times 9.6 \times 10^6 \times 12 = 3.64 \times 10^{13} (\text{N} \cdot \text{mm})$$

横隔板最小间距 L_d 应满足:

$$L_d \geqslant \sqrt[3]{20 \frac{EI_{dw}}{K}}$$

箱梁上顶板截面积(包括加劲肋):

$$F_u = 8\ 000 \times 16 + 6\ 124 \times 13 = 207\ 612 (\text{mm}^2)$$

箱梁下顶板截面积(包括加劲肋):

$$F_l = 4\ 200 \times 20 + 2\ 280 \times 8 = 107\ 040 (\text{mm}^2)$$

一个腹板的截面积:

$$F_h = 2\ 400 \times 12 = 29\ 800 (\text{mm}^2)$$

箱梁截面主扇性惯性矩 I_{dw} 计算:

$$e = \frac{I_{fl}}{B_l} \frac{B_u + 2B_l}{12} F_h = \frac{20 \times 4\ 200^3}{12 \times 4\ 000} \times \frac{4\ 000 + 2 \times 4\ 000}{12} \times 28\ 800 = 8.89 \times 10^{14} (\text{mm}^6)$$

$$f=\frac{I_{fu}}{B_u}\frac{2B_u+B_l}{12}F_h=\frac{16\times 8\ 000^3}{12\times 4\ 000}\times\frac{2\times 4\ 000+4\ 000}{12}\times 28\ 800=4.92\times 10^{15}(mm^6)$$

$$\alpha_1=\frac{e}{e+f}\frac{B_u+B_l}{4}H=\frac{8.89\times 10^{14}}{8.89\times 10^{14}+4.92\times 10^{15}}\times\frac{4\ 000+4\ 000}{4}\times 2\ 400=7.35\times 10^5(mm^2)$$

$$\alpha_2=\frac{f}{e+f}\frac{B_u+B_l}{4}H=\frac{4.92\times 10^{15}}{8.89\times 10^{14}+4.92\times 10^{15}}\times\frac{4\ 000+4\ 000}{4}\times 2\ 400=4.06\times 10^6(mm^2)$$

$$I_{dw}=\left\{\alpha_1^2A_u\left(1+\frac{2b_1}{B_u}\right)^2+\alpha_2^2A_l\left(1+\frac{2b_2}{B_l}\right)^2+2A_h(\alpha_1^2-\alpha_1\alpha_2+\alpha_2^2)\right\}=3.21\times 10^{18}(mm^6)$$

横隔板最小间距 L_d 计算：

$$L_d\geqslant\sqrt[3]{20\frac{EI_{dw}}{K}}=\sqrt[3]{20\times\frac{2.06\times 10^5\times 3.21\times 10^{18}}{3.64\times 10^{13}}}=7\ 135(mm)=7.135m$$

即当横隔板厚度为 12mm 时，横隔板的最小间距为 7.135m。

6.3.5 格子梁法计算钢桥面板

带有加劲肋的钢桥面板不仅作为桥面系直接承受车轮荷载作用，而且还作为主梁的一部分共同受力，其力学行为十分复杂。荷载通过钢桥面板传递到主梁和刚度较大的横梁时，根据作用位置不同，分为两种传递方式：①当荷载直接在横肋之间时，荷载的传递途径为：钢桥面铺装—盖板—纵肋—横肋—主梁腹板；②当荷载直接作用于横肋时，荷载的传递途径为：钢桥面铺装—盖板—纵肋—主梁腹板—横肋。因此纵肋可以看作弹性支承于横肋，横肋由主梁腹板支承。由于主梁和横梁刚度远远大于纵肋和横肋，主梁腹板和横梁可以近似假设为刚性支承。钢桥面板第二体系可以采用上述假设进行计算，桥面系中纵肋和横肋的有效宽度的计算方法也可按照 6.3.4 节中主梁翼缘的有效宽度计算方法进行计算，如图 6-35 所示。

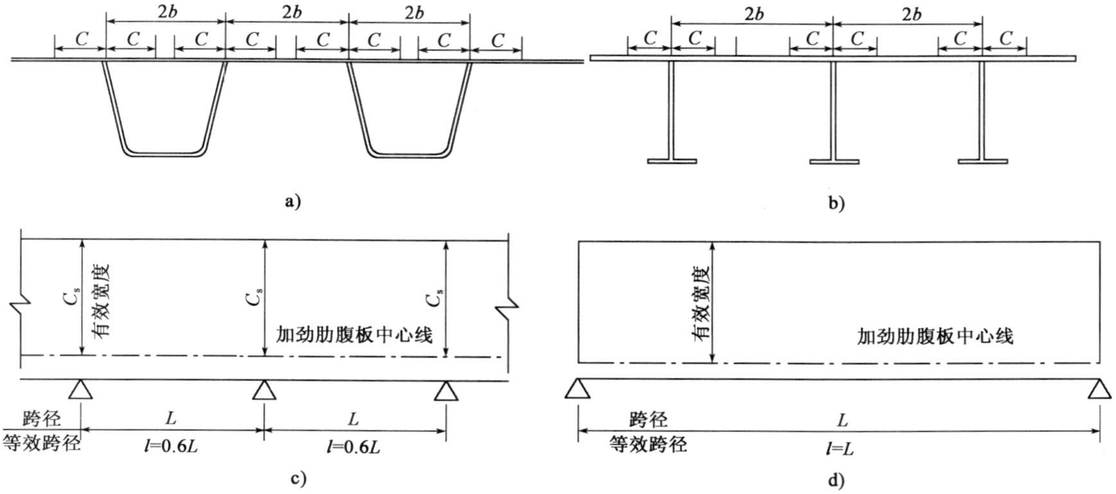

图 6-35

由于钢桥面板第二体系考虑纵横肋，其构造与受力较为复杂，分析方法多种。其中最为著名的方法是基于正交异性板理论的 Pelikan-Esslinger 法（P-E 法）。该方法是将纵肋平均分摊到盖板上，将横肋作为刚性支承，求解后再将横肋的弹性支承计入。由于 P-E 法通过图表等采用手工计算可以完成,在计算机还不发达的年代得到了广泛的应用。但是该方法计算繁杂,仅适用于等间距布置的等刚度的纵横肋加劲钢桥面板计算,而且对于悬臂板没有相应的图表,计算极其困难。随着计算机技术与数值计算方法的发展,钢桥面板的内力计算有了更多的求解方法,其中格子梁法是最有效的计算方法。格子梁法是将横肋和纵肋简化为支撑于主梁腹板和横梁的梁格,考虑纵横肋处顶板剪力滞的影响,将顶板切开时,横纵肋的顶板计算宽度通常采用有效分布宽度的方法计算,计算方法见6.3.2。

下面举例说明梁格法的计算原理。

【例6-2】 钢桥面板结构及尺寸如图6-36所示,根据梁格法的计算原理,计算钢桥面板纵横肋的有效计算截面。

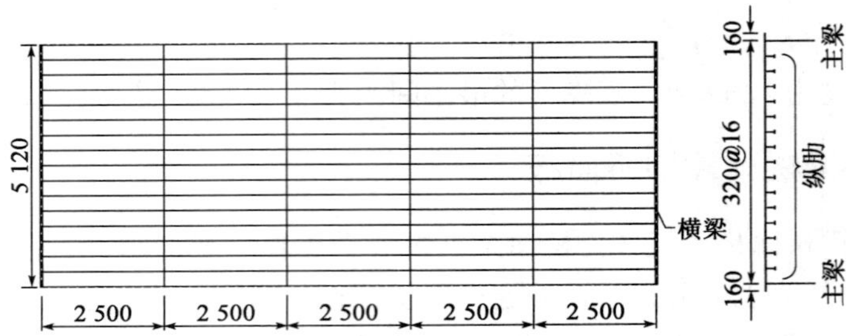

图6-36 钢桥面板结构图(尺寸单位:mm)

解 (1)纵肋盖板有效宽度:

等效跨径计算:

$$L=2\ 500\text{mm};l=0.6L=0.6\times 2\ 500=1\ 500(\text{mm})$$

纵肋间距:

$$2b=320\text{mm};b=160\text{mm}$$

$$b/l=160/1\ 500=0.107$$

有效宽度:

$$c_s=\left[1.06-3.2\left(\frac{b}{l}\right)+4.5\left(\frac{b}{l}\right)^2\right]b=[1.06-3.2\times 0.107+4.5\times 0.107^2]\times 160=123(\text{mm})$$

(2)横肋盖板有效宽度:

等效跨径计算:

$$L=5\ 120\text{mm};l=L=5\ 120\text{mm}$$

纵肋间距:

$$2b=2\ 500\text{mm};b=1\ 250\text{mm}$$

$$b/l=1\ 250/5\ 120=0.244$$

有效宽度:

$$c_s=\left[1.06-3.2\left(\frac{b}{l}\right)+4.5\left(\frac{b}{l}\right)^2\right]b=[1.06-3.2\times 0.244+4.5\times 0.244^2]\times 1\ 250=684(\text{mm})$$

纵肋和横肋的计算截面如图6-37所示。

钢桥面板的纵横肋布置较密,格子梁的超静定次数很高,直接进行计算较为繁琐。因此,针对带有纵横肋加劲的钢箱梁顶板结构一般借助有限元计算软件计算钢桥面板的内力。

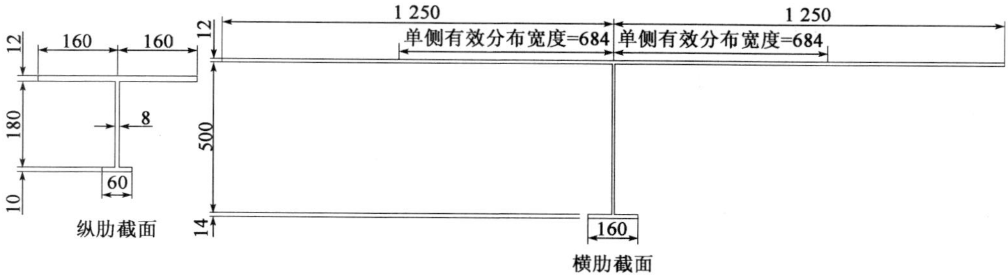

图 6-37 纵肋和横肋的计算截面(尺寸单位:mm)

6.4 受 力 分 析

6.4.1 箱梁截面受力特性

如图 6-38 所示,钢箱梁属于弹性薄壁杆件,在偏心荷载作用下会产生纵向弯曲、横向挠曲、扭转及畸变 4 种基本变形状态。

箱梁在偏心荷载作用下,因弯扭作用在横截面上将产生纵向正应力和剪应力,因横向弯曲和扭转变形将在箱梁各板中产生横向弯曲正应力与剪应力。

箱梁的横向弯曲,可以按图 6-38a)所示计算图式进行计算。图示单箱梁可作为超静定框架解析各板内的横向弯曲应力 σ_{0t},其弯矩图如图 6-39b)所示。同时可求出假设支点上的反力 P_1、P_2、P_3、P_4,P_1 与 P_2 可分成对称荷载 $P_w=(P_1+P_2)/2$ 与反对称荷载 $P'_w=(P_1-P_2)/2$,P_3 与 P_4 在箱梁截面上产生纵向弯曲正应力 σ_M 及弯曲剪应力 τ_M。反对称荷载作用下将引起刚性转动(自由扭转与约束扭转)与畸变(弯扭变形)。自由扭转假定箱梁无纵向约束,截面沿桥纵轴方向可自由凹凸,但保持截面周边投影不变形,截面产生自由扭转剪应力 τ_ω。约束扭转假定箱梁有强大横隔板,扭转时截面沿桥纵轴方向自由凹凸受到约束,而使纵向纤维受到拉伸或压缩,截面产生约束扭转正应力 σ_ω 和剪应力 τ_ω。弯扭变形除产生截面上的畸变剪应力 $\tau_{\omega d}$ 与畸变翘曲正应力 $\sigma_{\omega d}$ 外,还将引起箱梁各板的横向弯曲而产生横向弯曲应力 σ_{dt}。因而,综合箱梁在偏心荷载作用下,4 种基本变形与位移状态引起的应力状态为:

(1)在横截面上:

纵向弯曲应力

$$\sigma_x=\sigma_M+\sigma_\omega+\sigma_{\omega d} \tag{6-43}$$

剪应力

$$\tau=\tau_M+\tau_s+\tau_\omega+\tau_{\omega d} \tag{6-44}$$

(2)在箱梁各板内即纵截面上:

横向弯曲应力

$$\sigma_s=\sigma_{0t}+\sigma_{dt} \tag{6-45}$$

在钢箱梁桥梁中,跨度越大,恒载占总荷载的比值越大。因此,一般来说钢箱梁对称挠曲的纵向弯曲应力(包括弯曲正应力和弯曲剪应力)是主要的,偏心荷载引起的扭转和畸变应力是次要的。如果箱壁较厚并沿梁的纵向布置足够数量横隔板而限制箱梁的歪扭变形,则畸变应力也不大。而横向弯曲应力状态,对验算桥面板(箱梁顶板)与横隔板,以及腹板与顶底板焊缝疲劳强度还是需要注意,特别是在横隔板间距较大的情况下。此外,箱梁在对称挠曲时,顶、底板中的剪力滞效应,在宽跨比较小的情况下,特别是连续梁的中间支点处,在设计时也应予以重视。

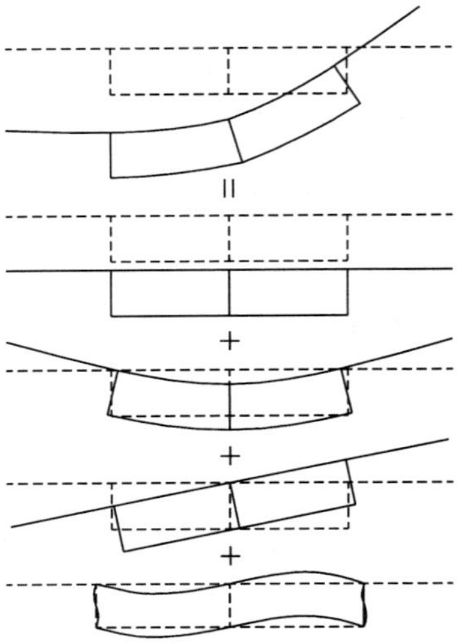

图6-38　箱梁变形的基本状态

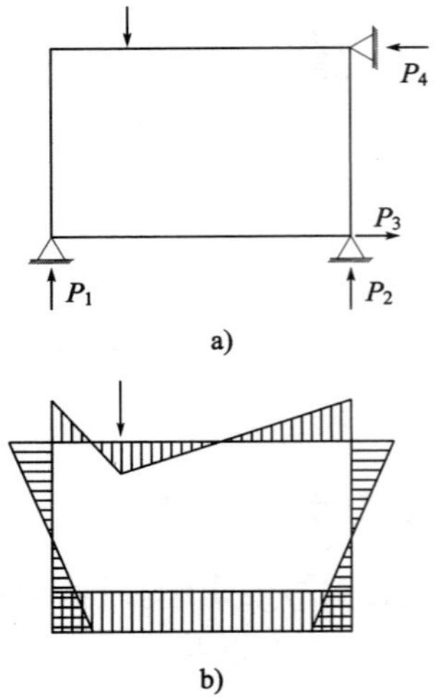

图6-39　箱梁横向弯曲的计算图式与内力图

6.4.2　箱梁弯剪分析

1)弯曲正应力

钢箱梁桥的顶、底板宽度一般较大,由于剪力滞的影响,顶、底板上的应力分布也是不均匀的。但是我国现行桥梁设计规范中缺乏关于确定箱梁剪力滞效应的具体规定,所以在一般工程设计中忽视了这一问题。但忽视剪力滞效应,会低估腹板和翼缘连接处的挠度和应力,造成结构的不安全。因此,钢箱梁桥弯曲正应力计算时应该考虑剪力滞影响。剪力滞的影响,通常可以用剪力滞系数和有效分布宽度两种方法加以考虑。

采用剪力滞系数的方法,拉压轴向应力和弯曲正应力可以表示为:

$$\sigma_x = \beta_y \frac{\bar{M}_y z}{I_y} + \beta_z \frac{\bar{M}_z y}{I_z} \tag{6-46}$$

$$\bar{M}_z = \frac{M_z I_y I_z - M_y I_z I_{yz}}{I_y I_z - I_{yz}^2};\quad \bar{M}_y = \frac{M_y I_y I_z - M_z I_y I_{yz}}{I_y I_z - I_{yz}^2} \tag{6-47}$$

式中:I_y——截面对 y 轴的惯性矩;

I_z——截面对 z 轴的惯性矩;

I_{yz}——截面对 yz 轴的极惯性矩;

β_y——对 y 轴弯曲时的剪力滞系数;

β_z——对 z 轴弯曲时的剪力滞系数;

M_y——对 y 的弯矩;

M_z——对 z 的弯矩。

当坐标轴 y、z 为截面形心主轴时，$I_{yz}=0$，式(6-45)可以简化为 $\bar{M}_z=M_z$ 和 $\bar{M}_y=M_y$。

2）弯曲剪应力

（1）薄壁单室闭口截面的弯曲剪应力

为了求得薄壁单室闭口截面在剪力作用下的剪力流（图6-40），可在闭口截面的任一点切开，将切口处的未知剪力流用 q_1 代替。

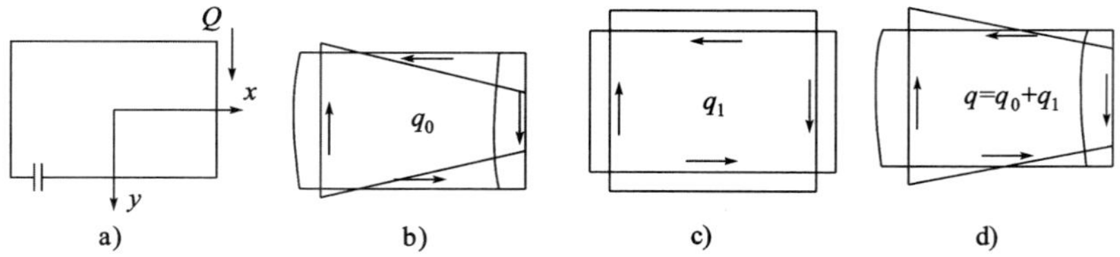

图6-40　单箱截面上弯曲剪应力分析

截面上任意一点 s 处剪力流 q 为 q_0 与 q_1 之和：

$$q=q_0+q_1 \tag{6-48}$$

q_0 为切开的开口截面在剪力作用下的剪力流，由式(6-48)求得：

$$q_0=\frac{QS_y}{I} \tag{6-49}$$

式中：Q——计算剪力；

S_y——切口至计算点的截面对中心轴的截面静矩；

I——截面惯性矩。

式(6-48)中，q_1 为未知剪力流，这是一个内部超静定问题，必须应用补充的变形协调条件才能求解。

根据在截面切开处的相对剪切变形为零的变形协调条件：

$$\oint_s \gamma \mathrm{d}s=\int_s \frac{\tau}{G}\mathrm{d}s=\oint_s \frac{q}{Gt}\mathrm{d}s=0 \tag{6-50}$$

并且将式(6-49)代入上式，可得：

$$q_1=\frac{\oint_s \frac{q_0}{t}\mathrm{d}s}{\oint_s \frac{\mathrm{d}s}{t}} \tag{6-51}$$

求得剪力流 q 以后，剪应力 τ 可由下式求得：

$$\tau=\frac{q}{t}=\frac{q_0+q_1}{t} \tag{6-52}$$

对于对称截面，当仅在其对称轴方向作用有剪力 Q_z 时，依对称关系，在此对称轴上必有 $q=q_0+q_1=0$。若切口和静矩 $S_y=\int_0^s zt\mathrm{d}s$ 的积分起点 $s=0$ 取在对称轴处，可以直接得到 $q_1=0$、$q=q_0$，这样求解更为方便。

（2）薄壁多室闭口截面的弯曲剪应力

对于多室截面，则应将各室都切开（图6-41），将各切口处的未知剪力流用 q_{1i} 代替，对各已切开的箱梁截面可利用式(6-48)计算开口截面上各点的剪力流 q_0。对于第 i 室的闭口剪力流 q_i 为:

$$q_i = q_0 + q_{1i} \tag{6-53}$$

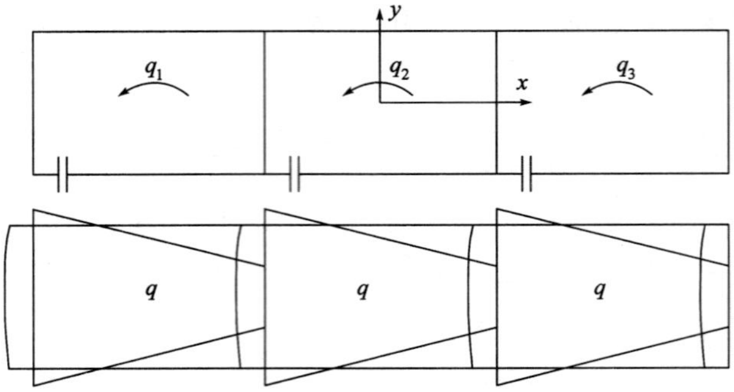

图 6-41　薄壁多室闭口截面上弯曲剪应力分析

其中,对于没有公共边部分,箱壁的剪力流等于闭合剪力流 q_i;对于有公共边部分,箱壁的剪力流等于相邻的箱室闭合剪力流的代数和。例如设第 i 室与第 j 室具有公共边部分,并且闭合剪力流分别为 q_i 和 q_j,则对于第 i 室的箱壁的剪力流 q_{ij} 可以表示为:

非公共边部分箱壁:

$$q_{ij} = q_i \tag{6-54}$$

公共边部分箱壁:

$$q_{ij} = q_i \pm q_j \tag{6-55}$$

式中,当公共箱壁处剪力流方向相同时取正号,相反时取负号。

对各室应用变形协调方程,可求得各室的剪力流和剪应力。求得各室的剪力流后,箱壁 i、j 的剪力流 $q_{i,j}$ 和剪应力 $\tau_{i,j}$ 可由式(6-54)、式(6-55)和下式求得:

$$\tau_{i,j} = \frac{q_{i,j}}{t} \tag{6-56}$$

采用剪力滞系数的方法,概念清楚并且比较直观。但是,由于剪力滞系数的影响因素较多,剪力滞系数很难用简单直观的数学公式表达。因此,工程设计中往往用有效分布宽度的方法,近似地考虑剪力滞的影响。因篇幅所限,关于有效分布宽度的计算,具体方法与规定可以参考相关规范与专著,这里不再赘述。

6.4.3　箱梁自由扭转分析

1)单箱单室箱梁自由扭转

(1)单室箱梁截面自由扭转的剪应力

箱梁在无纵向约束,截面沿桥纵轴方向可自由凹凸时的扭转称为自由扭转,也称圣·维南扭转。当箱梁截面因板壁厚度较大,或有桁架式横隔板等使截面在扭转时保持截面周边投影不变形时,自由扭转即是无纵向约束的刚性转动,可以认为,在扭矩作用下截面只产生自由扭转剪应力 τ_ω,而不引起纵向正应力。

如图 6-42 所示,单箱梁在外扭矩 M_k 作用下,剪力流 $q = \tau t$,沿箱壁为常数,建立内外扭转平衡方程可得：

$$M_k = \oint_s qh\mathrm{d}s = q\oint_s h\mathrm{d}s = q\Omega = 2qA \qquad (6\text{-}57)$$

扭转剪应力：

$$\tau = \frac{q}{t} = \frac{M_k}{t\Omega} = \frac{M_k}{2At} \qquad (6\text{-}58)$$

式中：A——箱梁薄壁中线所围面积，$\Omega=2A$；

h——扭转中心至箱壁任一点的切线垂直距离。

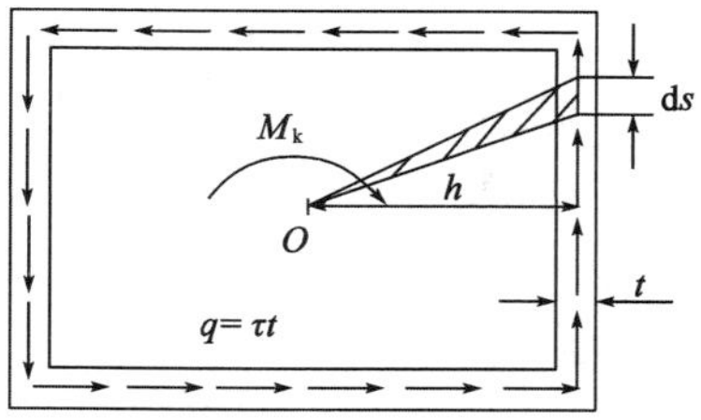

图6-42 箱梁自由扭转

(2)箱梁截面扭转角 θ 和外扭矩之间的关系

如图6-43所示为箱梁自由扭转时，截面纵向位移变形图，呈反对称形状。设直线坐标 z 为梁轴方向，用于确定箱梁各截面位置；s 为曲线坐标，用于确定截面上各点的位置。则 $\mu(z,s)$ 为梁截面上各点的纵向位移，$\nu(z,s)$ 为各点沿箱梁周边切线方向的位移。箱梁上任意点 A [图6-43a)]的剪应变，根据图6-43b)可以表示为：

$$\gamma = \frac{\tau}{G} = \frac{\partial\mu}{\partial s} + \frac{\partial\nu}{\partial z}; \quad \nu = h\theta(z) \qquad (6\text{-}59)$$

式中：$\theta(z)$——截面扭转角；

G——剪切弹性模量。

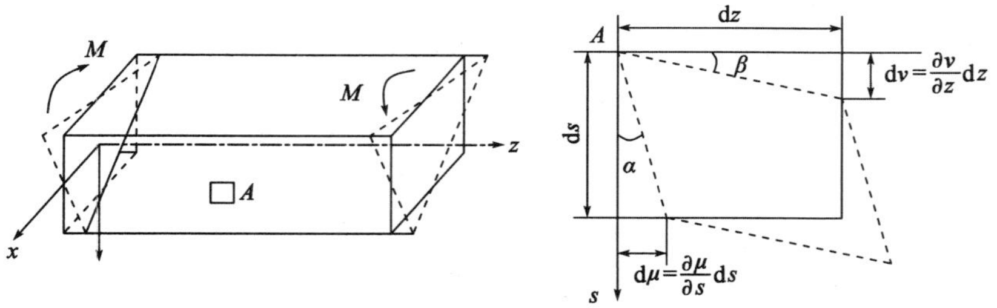

a) 箱梁承受扭矩荷载后翘曲变形　b) 箱梁剪切变形

图6-43 单箱梁自由扭转的截面凹凸

对式(6-59)进行积分，即可得截面纵向位移计算式：

$$\mu(z,s) = \int_0^s\left(\gamma - \frac{\partial\nu}{\partial z}\right)\mathrm{d}s = \mu_0(z,0) + \int_0^s \frac{\tau}{G}\mathrm{d}s - \theta'(z)\int_0^s h\mathrm{d}s \qquad (6\text{-}60)$$

式中：$\mu_0(z,0)$——积分常数，即起始点纵向位移值。

如果积分路径沿着箱梁周边一周，由于始点与终点的位移 μ 是相同的，则式(6-60)可写为：

$$\oint_s \frac{\tau}{G}\mathrm{d}s = \theta'(z)\oint_s h\mathrm{d}s = 2\theta'(z)A \qquad (6\text{-}61)$$

式(6-61)表示箱壁剪切变形与截面扭率 $\theta'(z)$ 的关系。

将式(6-58)代入上式，可得箱梁截面扭率 $\theta'(z)$ 与扭矩的关系式：

$$\oint_s \frac{M_k}{2AtG}\mathrm{d}s = 2\theta'(z)A \qquad (6\text{-}62)$$

整理得：

$$\theta'(z) = \frac{M_k}{4A^2G}\oint_s \frac{1}{t}\mathrm{d}s = \frac{M_k}{GI_d} \qquad (6\text{-}63)$$

式中：GI_d—— 箱梁自由扭转时的抗扭刚度，其大小与箱梁剪切模量、箱壁中线所围的面积以及壁厚大小有关，$GI_d = \dfrac{4GA^2}{\oint_s \dfrac{ds}{t}}$。

(3)箱梁截面的纵向位移

式(6-60)已导出箱梁截面纵向位移的表达式。现将式(6-58)、式(6-63)代入，消去剪应力 τ，整理后得：

$$\mu(z,s) = \mu_0(z,0) - \theta'(z)\bar{\omega} \tag{6-64}$$

式中：$\bar{\omega}$——广义扇性坐标。$\bar{\omega} = \int_0^s h ds - \dfrac{\Omega \int_0^s \dfrac{ds}{t}}{\oint_s \dfrac{ds}{t}}$。

式(6-64)表明箱梁截面纵向位移和积分初始点位移 μ_0、扭率 $\theta'(z)$ 以及广义扇性坐标有关。广义扇性坐标是反映箱梁截面的一个集合特征的物理量，其单位为 m^2。它是计算截面纵向位移的关键，其大小与截面扭转中心位置、积分起始点位置的选择等有关，关于其计算过程，可参阅有关薄壁杆结构力学书籍。

2)薄壁多室箱梁自由扭转

多室箱梁自由扭转的剪应力求解属于超静定问题，需要找出各室剪应力和扭矩之间的关系，联立方程进行求解。根据刚周边假定，多室箱梁自由扭转时，各室具有相同的扭率 θ'，各室承担的扭矩和截面的扭率均满足式(6-63)，即对于每个室，均有：

$$\oint_s \frac{\tau_i}{G} ds = \theta' \Omega_i \tag{6-65}$$

于是，一箱 n 室的箱形截面就可以列出 n 个方程。这里必须注意，对于各室中具有多室共用的腹板，该腹板不仅作用本室闭合回路作用的剪力流，同时还作用相邻室作用的剪力流。因此，对于一箱多室的截面，每一室剪力流与扭矩的关系应为：

第 1 室：

$$q_1 \oint \frac{ds}{t} - q_2 \oint_{1,2} \frac{ds}{t} = G\theta' \Omega_1 \tag{6-66}$$

第 i 室：

$$q_1 \oint \frac{ds}{t} - \left(q_{i-1} \int_{i,i-1} \frac{ds}{t} + q_{i+1} \int_{i,i+1} \frac{ds}{t} \right) = G\theta' \Omega_i$$

式中：$\oint_i$——绕 i 室积分一周；

$\int_{i,i-1}$ —— 第 i 室和第 $i-1$ 室共用腹板范围内积分。

每一个室均有一个未知量，n 室具有 n 个未知量，此外，还有一个扭率 θ' 未知量，因此需要再增加一个方程，才能求解。这个方程可由各室剪力流产生的扭矩之和和截面总扭矩相等获得：

$$\sum_{i=1}^{n} q_i \Omega_i = M_k \tag{6-67}$$

联立式(6-66)和式(6-67)就可以求出一箱多室各室的剪力流 q_i 和扭率 θ'。根据扭矩和截面扭率的关系式：

$$\sum_{i=1}^{n} q_i \Omega_i = GI_d \theta' \tag{6-68}$$

可以求出箱梁截面总抗扭惯性矩 I_d，即

$$I_d = \sum_{i=1}^{n} \frac{q_i \Omega_i}{(G\theta')} \tag{6-69}$$

6.4.4 箱梁约束扭转分析

1)基本假定

当箱梁有强大的横隔板，扭转时截面自由凹凸收到约束，而使纵向纤维收到拉伸或压缩，从而产生约束扭转正应力与约束扭转剪应力。在箱梁截面比较扁平或狭长，或在变截面箱梁中，都有这种应力状态存在。

箱梁截面约束扭转的使用理论建立在以下假设的基础上：

(1)箱梁扭转时，周边假设不变形，切线方向位移 $\nu(z)$ 为：

$$\nu(z) = h\theta(z); \quad \frac{\partial \nu}{\partial x} = h\theta'(z) \tag{6-70}$$

式中：h——由扭转中心到壁厚中线上的点 s 的切线的距离；

θ——扭转角。

(2)假定箱壁上的剪应力与正应力均沿壁厚方向均匀分布。

(3)假定约束扭转时沿梁纵轴方向的纵向位移(截面的凹凸)满足关系式：

$$\mu(z) = \mu_0(z) + \beta'(z)\overline{\omega} \tag{6-71}$$

式中：$\mu_0(z)$——初始位移，为一积分常数；

$\beta'(z)$——$\beta'(z) = \dfrac{\mathrm{d}\beta(z)}{\mathrm{d}z}$，$\beta(z)$是一个关于 z 的待求函数，函数 $\beta(z)$ 的求解请参考其他相关著作；

$\overline{\omega}$——广义扇性坐标；

z——主梁轴线方向坐标。

2)约束扭转正应力

约束扭转正应力为：

$$\sigma_\omega = E\overline{\omega}\frac{\mathrm{d}^2\beta}{\mathrm{d}z^2} \tag{6-72}$$

式中：E——弹性模量。

定义：$M_{\overline{\omega}} = \int_A \sigma_{\overline{\omega}} \overline{\omega} \mathrm{d}A = EI_{\overline{\omega}} \dfrac{\mathrm{d}^2\beta}{\mathrm{d}z^2}$，则：

$$\sigma_\omega = \frac{M_{\overline{\omega}}\overline{\omega}}{I_{\overline{\omega}}} \tag{6-73}$$

上式与弯曲正应力计算公式的形式相同，不同的是用广义扇性坐标代替扇性坐标，用函数 $\beta(z)$ 代替扭转角。这里，σ_ω 也称为扭转正应力或扇性正应力，相应的 $M_{\overline{\omega}}$ 称为弯曲扭转双力

矩,$I_{\bar{\omega}}$ 为广义扇性惯性矩,$I_{\bar{\omega}} = \oint_s \bar{\omega}^2(s)t\mathrm{d}s$。

3)约束扭转剪应力

箱梁扭转变形受到约束时,与薄壁开口截面杆件约束扭转相同,扭转产生的剪应力 τ_T 可以分为自由扭转剪应力 τ_s 和约束扭转剪应力 τ_ω 两部分,即

$$\tau_T = \tau_s + \tau_\omega \tag{6-74}$$

类似于薄壁开口截面杆件约束扭转,约束扭转剪应力 τ_ω 可以表达为:

$$\tau_\omega = \frac{T_{\bar{\omega}} S_{\bar{\omega}}}{I_{\bar{\omega}} t} \tag{6-75}$$

上式与弯曲剪应力计算公式的形式相同,t 为壁厚;$I_{\bar{\omega}}$ 为广义主扇性惯性矩,$I_{\bar{\omega}} = \oint_s \bar{\omega}^2(s)t\mathrm{d}s$;$S_{\bar{\omega}}$ 为广义主扇性静矩,$S_{\bar{\omega}} = \int_0^s \bar{\omega}(s)t\mathrm{d}s$;$T_\omega$ 为弯曲扭转力矩,定义为:

$$T_\omega = -EI_\omega \frac{\mathrm{d}^3\beta}{\mathrm{d}z^3} = -\frac{\mathrm{d}M_\omega}{\mathrm{d}z} \tag{6-76}$$

4)约束扭转微分方程

弯曲扭转双力矩 M_ω 与扭转角 θ 的关系如下:

$$M_\omega = EI_\omega \frac{\partial^2\theta}{\partial z^2} \tag{6-77}$$

类似于弯矩和挠度的关系,弯曲扭转双力矩 M_ω 和弯曲扭转力矩 T_ω 的求解也与弯矩和剪力的计算方法相同,两者不同的是,截面几何特性要用扇性坐标表示,变形边界条件为扭转变形和截面翘曲变形。如果能够求得结构在扭矩作用下的扭转角,约束扭转正应力与剪应力的计算方法和弯曲正应力与剪应力的计算方法完全相同。

类似于薄壁开口截面杆件,杆件在分布扭矩 $m_t(z)$ 作用下的薄壁闭口截面杆件的约束扭转微分方程可以近似地表达为:

$$EI_\omega \frac{\partial^4\beta}{\partial z^4} - GI_T \frac{\partial^2\theta}{\partial z^2} = m_t(z) \tag{6-78}$$

式中:G——剪切弹性模量;

I_T——自由扭转惯性矩;

θ——扭转角。

根据内外扭转的平衡,$M_T = \oint_A \tau h t\mathrm{d}s$,可以得到:

$$M_T = G[(I_T - I_P)\beta' + I_P\theta'] \tag{6-79}$$

式中:M_T——外扭矩;

I_P——极惯性矩,$I_P = \oint_A ht\mathrm{d}s$;

t——壁厚;

h——由点剪力中心到壁厚中线积分点 s 的切线的距离。

引入翘曲系数:

$$\mu = 1 - \frac{I_T}{I_P} \tag{6-80}$$

并且注意到 $m_{\mathrm{t}}(z)=\dfrac{\mathrm{d}M_{\mathrm{T}}}{\mathrm{d}z}$,可得:

$$\beta''(z)=\frac{\theta''(z)}{\mu}+\frac{m_{\mathrm{t}}(z)}{\mu GI_{\mathrm{P}}} \tag{6-81}$$

并且引入约束扭转的弯扭特征系数 α,可以得到箱梁约束扭转微分方程:

$$\frac{\mathrm{d}^4\theta}{\mathrm{d}z^4}-\alpha^2\frac{\mathrm{d}^2\theta}{\mathrm{d}z^2}=\frac{\mu m_{\mathrm{t}}(z)}{EI_{\omega}},\quad \alpha=\sqrt{\frac{\mu GI_{\mathrm{T}}}{EI_{\omega}}} \tag{6-82}$$

思考题

6-1 钢箱梁桥由哪些结构与构件组成?各结构与构件的作用是什么?

6-2 什么是正交异性钢桥面板?为什么规范要规定最小厚度?

6-3 与钢板梁相比,带有横隔板和纵横加劲肋的钢箱梁有哪些优点?

6-4 钢桥面板加劲肋有哪些形式?各有什么受力特点?

6-5 简述扁平钢箱梁的特点。

6-6 主梁有哪些结构形式?适用范围是什么?

6-7 主梁梁高是如何确定的?应考虑哪些因素?

6-8 钢箱梁为什么要设置横隔板?横隔板的布置有什么要求?

6-9 横隔板有哪些结构形式?有何特点?

6-10 什么是剪力滞效应?

6-11 钢桥面板的三种结构体系分别是什么?有什么受力特征?

第 7 章

钢桁梁桥

7.1 结构形式

在早期桥梁工程中,工程师开始尝试使用受拉和受压金属杆件系统组成的桁架结构来跨越江河。1840 年,美国在巴尔的摩到俄亥俄的铁路线上,建成了一批全铁铆接铁路简支桁梁桥。19 世纪中叶以后,由于锻铁和初级钢材的出现,逐步改变了铁路桥的面貌,并将大跨度桁梁桥向多跨多腹杆体系发展推进。早期桁梁桥另一种受人关注的体系是悬臂桁梁桥,为避免软土地基不利沉降的影响,静定的悬臂桁梁桥是当时工程师的良好选择,如 1918 年建成的加拿大魁北克桥。随着现代桥梁建造技术的提高,工程师开始大量修建变截面连续桁梁桥,如日本的大岛大桥、天门大桥等。

钱塘江大桥是我国第一座自行承担设计和施工的钢桁梁桥,也是当时施工条件最复杂、建设过程最为艰险的桥梁。1957 年 10 月,武汉长江大桥建成通车,该桥为公铁两用桥,是新中国桥梁工程技术发展史上的一座里程碑。1968 年我国又建成了南京长江大桥,南京长江大桥的建成是我国完全自主建设长江大桥的一座里程碑。改革开放后我国于 1993 年建成跨越长江的第三座双层公铁两用特大桥——九江长江大桥,为我国当时跨径最大的铁路钢桥。至此,九江长江大桥、武汉长江大桥和南京长江大桥集中标志着我国大跨度钢桁梁桥建设的非凡成就,也为今后钢桁梁桥的建设和发展打下了坚实的基础。近年来我国陆续建造了一批钢桁梁桥,如西成高铁跨西宝高铁特大桥、黄大铁路黄河特大桥、新白沙沱长江特大桥(钢桁梁斜拉桥)等,且仍有一批正在建造中,如三官堂大桥等。

7.1.1 钢桁梁桥的组成

1)主桁的结构组成

钢板梁桥及结合梁桥的用钢量随着跨度的增加而增大,而在跨度较大时使用钢桁梁结构体系桥梁则显得更为经济。钢桁梁桥使用钢桁架组成的空间结构作为主梁的截面形式,其具有自重小、刚度大、用钢量少、制作简便、运输施工方便等特点。桁梁桥由主桁、联结系、桥面系及桥面组成。下承式桁梁桥的主要结构组成如图7-1所示。

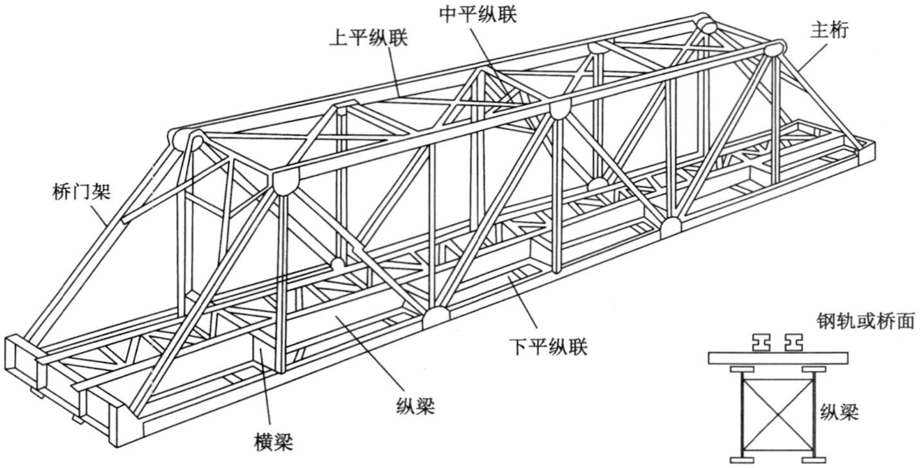

图7-1 下承式钢桁梁桥主要结构组成

(1)主桁

主桁架是钢桁梁桥的主要承重结构,它由上弦杆、下弦杆和腹杆(两弦杆之间的斜杆、竖杆)组成,其主要作用是承受竖向荷载并将荷载可靠地传递给支座。主桁各杆件之间通过节点板连接形成节点,其中有斜杆交汇的节点,由于其受力、构造比较复杂,节点板尺寸往往较大,因此通常称其为大节点。而仅有竖杆及上、下弦杆交汇的节点,受力、构造简单,节点板尺寸也较小,通常称其为小节点。由结构力学知识可知,对于大节点,其左右弦杆的内力不等,因此截面也不同,通常在节点中或节点旁将弦杆断开;对于小节点,由于其左右弦杆的内力相等,截面也相同,因此弦杆在小节点处不必断开。由于杆件交汇处节点具有一定的刚性,因此当主桁架受弯时,杆件将引起端部弯矩,由此会产生较大的二次应力,在设计中需加以注意。两节点之间的距离为节间,节间的长度一般为钢桁梁桥面系横梁的间距及纵梁的跨度。

(2)联结系

联结系分为纵向联结系和横向联结系两种,其作用是将主桁架连接成一个能够承受横向荷载并具有较好稳定性的空间结构。

为使主桁架形成空间稳定的受力结构,必须在上、下弦杆平面内设置水平桁架,把两片或多片桁架连接成空间受力结构,在上、下弦杆平面内设置的桁架统称为纵向联结系。其中,位于主桁上弦杆平面内的联结系为上部水平纵向联结系,简称为上平纵联;位于主桁下弦杆平面内的纵向联结系为下部水平纵向联结系,简称为下平纵联。平纵联的主要作用是承受作用于桥跨结构上的横向水平荷载,其还可以作为横向支撑弦杆,以减小弦杆,平面以外的自由长度。

横向联结系设在桥跨结构的横向平面内,主要作用是增加桁梁桥的抗扭刚度,提高横断面的稳定性,确保各片主桁架共同受力。其中位于主梁端部的横向联结系叫端横联(在下承式桁梁桥中为桥门架),位于主梁中部的横向联结系叫中横联。桥门架设在主桁架端斜杆平面内;中横联设在主桁架竖杆平面内,主桁架没有竖杆时,可设在主桁架斜杆平面内。

(3)桥面系

桥面系指纵梁、横梁以及它们之间的联结系统。桥面传来的荷载先作用于纵梁之上,再由纵梁传递给横梁,然后由横梁传至主桁架节点并最终传递给基础。

(4)桥面

桥面是直接与车辆荷载接触的部分,保证桥面车辆及行人的行走。

2)主桁的几何图式及截面类型

(1)主桁的几何图式

主桁架是钢桁梁桥的重要组成部分,其形式选择的合理与否对桁梁桥的设计质量起着非常重要的作用。在拟定主桁架的形式时,应根据桥位的具体情况(如地形地貌、水文地质条件、气象条件等),选择一个较为经济合理的方案,使之在满足桥上行车及桥下净空要求的同时满足经济要求。

根据腹杆几何图形的不同,主桁架常见的几何图式主要分为图7-2所示的5种基本类型:a)、c)、d)、e)为三角式;b)为斜杆式;f)为K形桁架;g)为再分式;h)为双重腹杆式。

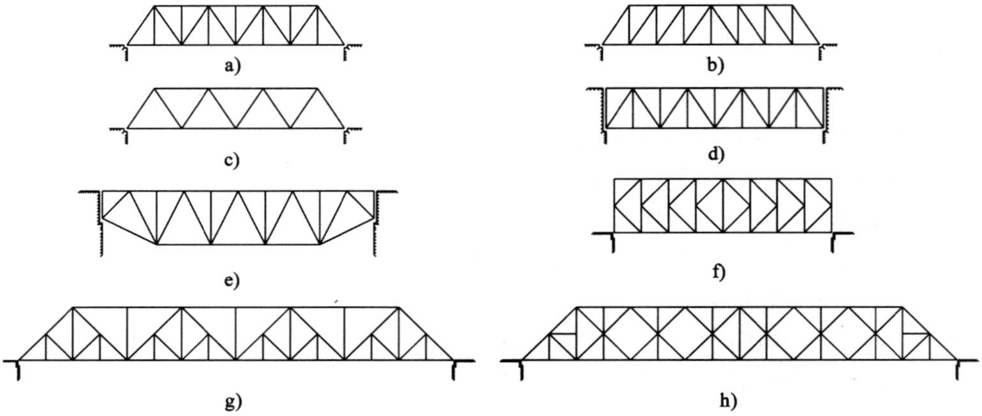

图7-2 简支桁梁桥的基本形式

①三角式

三角式桁架又称华伦式桁架,它是目前世界上应用最广的一种桁架式样,可适用于大、中、小各种跨度。与其他类型的桁架相比,其主要优点是:斜杆成等腰三角形布置,弦杆的规格和有斜杆交汇的大节点的个数较少;受压斜杆数量较少;支撑横梁的竖杆只承受局部荷载,内力很小且截面相同。为配合桥道纵梁的布置,当节间不大时可去掉竖杆形成不带竖杆的纯三角体系;而当节间过大,为了把横梁上的竖向荷载传递到主桁上弦杆和斜杆交汇的节点上,常采用带竖杆的三角形体系。现代桁梁桥均采用整体式钢桥面,对原来的纵横梁桥面体系进行了彻底的改造,已基本采用不带竖杆的纯三角形体系。

根据主桁梁上下弦杆之间是否平行可以将三角式桁架分为曲弦桁架和平弦桁架两类。对于大跨径的下(上)承式桁架桥,为了节约钢材,国内外过去将桁高做成随弯矩变化的形式,此时的上(下)弦杆为折线形,使弦杆的截面设计更为合理,如图7-2e)所示。从理论上说,此种形式的桁架桥要节省钢材3%左右,但是由于其腹杆长度多变,带来了诸如节点构造复杂、工厂制造困难、施工架设不便等一系列问题,因此现代钢桁梁桥摒弃了这种曲弦形式,均采用平行弦杆这一结构形式。

②斜杆式

相邻斜杆互相平行的桁架叫作斜杆式桁架。与三角式桁架相比,斜杆式桁架具有以下特点:弦杆规格较多;竖杆不仅规格多,而且内力大;结构中不存在小节点,所有节点均为有斜杆交汇的大节点。斜杆式桁架的构造及用钢量均逊色于三角式桁架,因此目前已很少采用这种桁式。

③K形桁架

当斜杆与腹杆构成K字形时称之为K形桁架,如图7-2f)所示。与三角式及斜杆式桁架相比,其主桁架同一节间的剪力由两根斜杆承担,因此其斜杆截面较小。但是这种桁架的杆件规格品种较多,节点多,节间较短,纵、横梁的件数和连接较多,用于中小跨度时构造比较复杂,在大跨度钢桁梁桥上偶尔采用。但由于K形桁架具有杆件短小、轻便的优点,故适用于装拆式桥梁的架设。

④再分式及双重腹杆式

如果需要减小斜杆及腹杆的长度,可采用再分式腹杆体系,如图7-2g)所示。再分式腹杆体系使腹杆和节点数增多,但是各组再分式腹杆体系只在局部范围的荷载作用下受较小的内力,其截面规格常常较小,故当桁架跨度和高度较大导致主要腹杆较长及截面较大时,采用再分式腹杆体系要比加密主要腹杆更加节省钢材。

双重腹杆式桁架又可以称之为米字形桁架,如图7-2h)所示。由于其斜杆只承受节间剪力的一半,杆件短、截面小,如果用于大跨度梁,则受压斜杆短,对压屈稳定有利。由于其斜杆截面小,则在节点板上的连接栓钉数也少,有助于解决大跨度桁架节点板尺寸过大与钢板供货尺寸之间的矛盾。

我国中等跨径钢桁梁标准设计的节间长度为8m,由于国内条件的限制,在特大跨径三角形腹杆体系桁梁中采用8m节间长度难以满足高度要求(由于斜杆与竖直线之间的交角宜大于30°,使得桁高难以超过14m)。当跨径超过160m时,14m的桁高由于桁高太小使得经济性难以满足要求,且桁梁桥的竖向刚度也难以满足。为了适应桥梁厂现有的设备条件,节间长度仍取8m,但为了使斜杆保持一定的倾角,采用图7-2g)和图7-2h)所示的再分式体系和米字形体系。众所周知的武汉长江大桥和南京长江大桥均为采用米字形腹杆体系的连续桁梁桥。

随着生产设备的改进以及钢厂生产的钢材的板件长度的增加,目前已经设计建造了节间长度大于 8m 的钢桁梁桥,如 2000 年建成的芜湖长江大桥,其连续钢桁梁(最大跨度 144m)采用了无竖杆的三角形桁架体系,节间长度为 12m,桁高为 14.02m。

(2)主桁的截面类型

桁梁桥的杆件截面分为单壁式截面和双壁式截面两种。单壁式截面只用于次要或内力较小的杆件上,截面尺寸较小。桥梁的主桁为重型桁架,截面尺寸较大,因此一般采用双壁式截面形式。相邻双壁式截面的两竖肢通过两块平行的节点板相连接,与单壁式截面相比,双壁式截面的节点板可以做得很大,在节点板上可以布置更多的螺栓,同时可以保证在桁架平面外具有较大的刚性。双壁式截面主要分为 H 形截面和箱形截面两种形式,如图 7-3 所示。

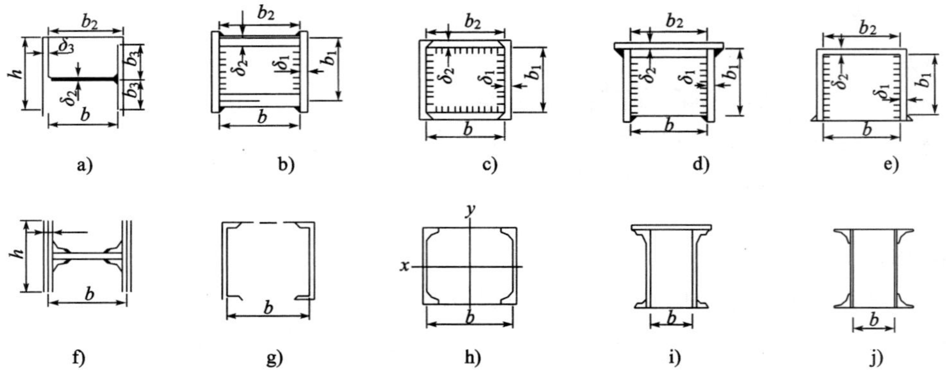

图 7-3 桁梁杆件截面形式

H 形截面由两块竖板(也称翼板)和一块横板(也称腹板)组成,翼板和腹板通过焊接连接。这种截面的优点为:构造简单易于组装;焊接过程中采用的焊缝为组合焊缝(由对接焊缝和角焊缝组合而成),不用开坡口易于使用自动电焊机施焊,焊接变形易于控制和修整。H 形截面不仅制造简便,工地安装也较箱形截面方便,因此在我国桁梁桥的设计建造中得到了广泛的运用。H 形截面也具有一定的缺点,其对 x 轴的回转半径要小于对 y 轴的回转半径,即截面绕 x 轴的刚度较小,因此只适用于内力和长度不太大的压杆。

箱形截面由两块竖板和两块平板焊接而成。箱形截面对 x 轴和 y 轴都具有较大的回转刚度,因此在承受纵向压力方面要优于 H 形截面,且板厚也可略小于 H 形截面。箱形截面通常用于内力较大和长度较大的压杆及拉—压杆件,因此为保证竖板和水平板的局部稳定性,增强组合杆件的整体性,保证截面具有一定的抵抗弯扭变形的能力,需在杆件内设置横隔板,设置间距不超过 3m。为防止箱形截面内壁在运营期间发生锈蚀,端隔板必须密封焊接。箱形截面虽然在力学性能上要优于 H 形截面,但是箱形截面在工厂制造时的组装、焊接、矫正焊接变形、安装等均费时费力,因此一般运用于 H 形截面不能满足要求的个别杆件。

箱形截面也可由两块竖板和两块平板加角钢铆接形成,但是随着近年来焊接技术的提高,铆接杆件已很少采用,这样可以节省较多的组合铆钉且使杆件更轻。

对于主桁上下平面的纵向联结系、横向联结系杆件,《公路钢结构桥梁设计规范》(JTG D64—2015)中要求其截面应采用 I 形、L 形或 T 形的形式。

7.1.2 钢桁梁桥的分类

按照桥面相对于主桁架的位置可以将桁梁桥分为上承式桁梁桥、中承式桁梁桥和双层桁梁桥三类;按照施加于主桁梁上荷载的性质可将其分为铁路桁梁桥和公路桁梁桥两类;按照桁梁桥的结构特点可以将其分为简支桁梁桥、连续桁梁桥和悬臂桁梁桥3类,本章主要对这3类钢桁梁桥作简要介绍。

1)简支钢桁梁桥

简支钢桁梁桥是钢桁梁桥中的最基本的形式,其由主桁架、联结系、制动撑架、桥面系、桥面和支座等组成。其桥面荷载通过桥面传递给纵梁,由纵梁传递给横梁,再由横梁传递给主桁节点,然后通过主桁的受力传递给支座,最后通过支座传递给墩台及基础。简支钢桁梁桥因其受力明确、结构高度低、自重轻以及施工周期短等优点,在铁路桥梁建设中得到了广泛的运用。图7-2所示即为简支钢桁梁桥常用的几何形式。

2)连续钢桁梁桥

连续钢桁梁桥为两跨及两跨以上的连续桁梁桥,对于跨度在100~200m之间的多孔桥,采用连续桁梁桥较为合理。由于相同荷载作用下连续梁的最大弯矩要小于同等跨径的简支梁,因此采用连续梁可比采用简支梁节省8.8%~10%的钢材。此外,和简支钢桁梁桥相比,连续钢桁梁桥还具有以下优点:

(1)在荷载作用下,连续梁在支点处产生负弯矩而在跨中产生正弯矩,较简支桁梁内力分布更为均匀,因此可以减少桁高,增大桥下净空。

(2)连续桁梁桥竖曲线较为匀顺连续,车辆荷载的冲击作用小,有利于车辆高速行驶。

(3)连续桁梁桥在施工过程中可以采用悬臂法架设钢架或者采用纵向拖拉及顶推方法安装就位。另外,由于连续桁梁桥为非静定结构,施工过程中可以通过调整支座高程来调整杆件内力,使其内力分布更趋合理。

和简支桁梁桥一样,连续桁梁桥最简单的几何图式为平行弦桁式,在连续桁梁桥的设计中也较常采用,图7-4a)所示的武汉长江大桥即采用这种形式,这是因为连续梁中存在正负弯矩高峰,采用平行弦桁架有利于连续梁中的内力分布,同时也使得构造和安装更为方便。但是由于连续梁中间支点处的内力变化较大,从经济角度出发,常采取在支点处将桁架加高的方式,即采用曲线弦桁图式或加设第三弦,达到使弦杆内力变化更为均匀的目的。曲线弦桁式中杆件长度变化较多,如图7-4b)所示,制造和施工均较复杂,因此较好的方法是采用第三弦的形式,即在下弦设第三弦杆,如图7-4c)所示,南京长江大桥即采用了这种形式。近代钢桁梁桥设计为了满足美观及制造标准化的要求,且在施工过程中方便架桥机在上弦行走,常将钢桁梁桥做成平行弦的形式。

3)悬臂钢桁梁桥

悬臂钢桁梁由锚跨、伸臂或悬挂跨组成,其中悬挂跨和两端伸臂组成的部分叫组合跨,如图7-5所示。悬臂钢桁梁桥与连续钢桁梁桥具有许多相似的优点,比如说临孔荷载可以减小跨中弯矩,可以节省8%~10%的钢材等。但是悬臂钢桁梁桥也具有一些缺点,比如说挂孔与悬臂的连接处的较大转角对行车不利,在组合跨中设置的铰构造复杂、养护维修困难等。

悬臂桁梁的类型和连续桁梁类似,有平行弦桁架和阶梯形悬臂桁架两种形式。阶梯形桁架的外形与弯矩图相符合,且桁架制作方便,比平行弦桁架要好,如图 7-6 所示。

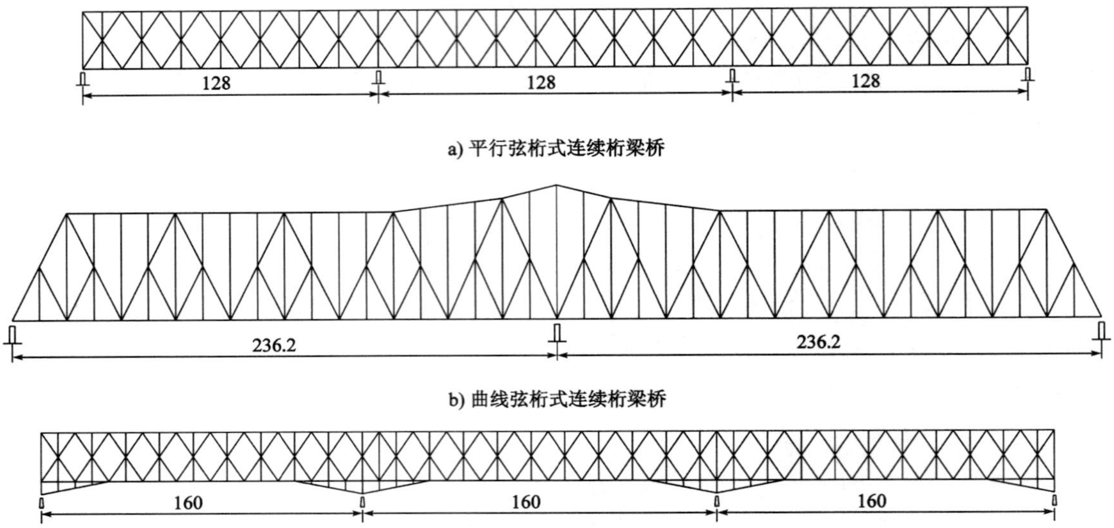

a) 平行弦桁式连续桁梁桥

b) 曲线弦桁式连续桁梁桥

c) 加劲弦桁式连续桁梁桥

图 7-4　连续桁梁桥的几种形式(尺寸单位:m)

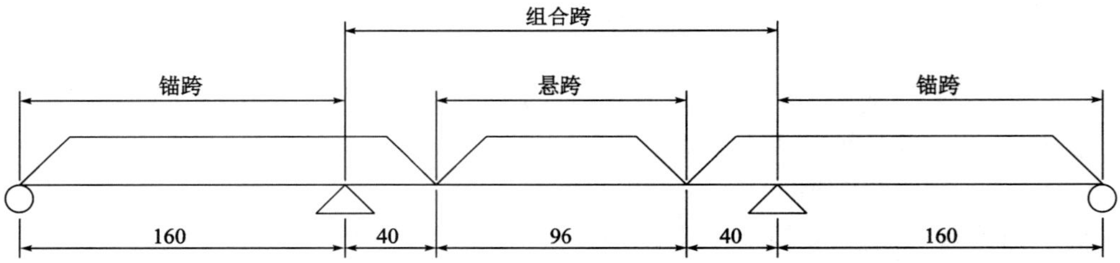

图 7-5　悬臂桁梁桥(尺寸单位:m)

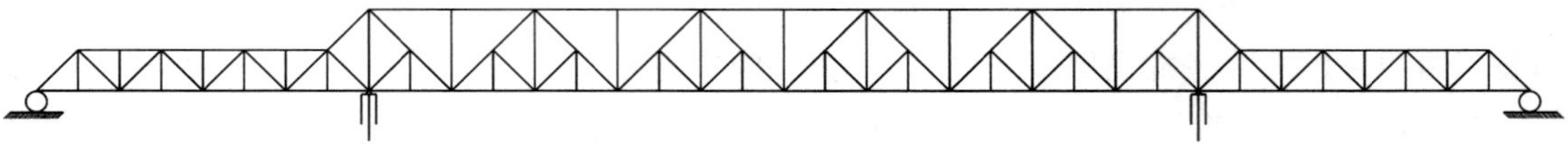

图 7-6　阶梯形桁架

大跨径的悬臂桁梁桥往往要增大悬臂支点处的桁高以承受较大的负弯矩。对于上承式悬臂梁桥,一般仅增加下弦支点处的桁高,做成凹形的外形,跨中部分仍采用平行弦的形式,如图 7-7a)所示。对于下承式悬臂桁梁桥,只要把支点处的上弦做成凹形的外形以增加桁高,如图 7-7b)所示。当悬臂过长时需同时在上下弦的支点处采用凹形加高的形式,最为著名的是加拿大的魁北克桥,该桥于 1917 年建成,悬挂跨径为 195.2m,组合跨达 549m,悬臂长达 176.9m,该桥在施工、吊装悬挂梁时曾发生两次重大事故,因此对于长悬臂桁梁桥,在施工过程中应特别注意。

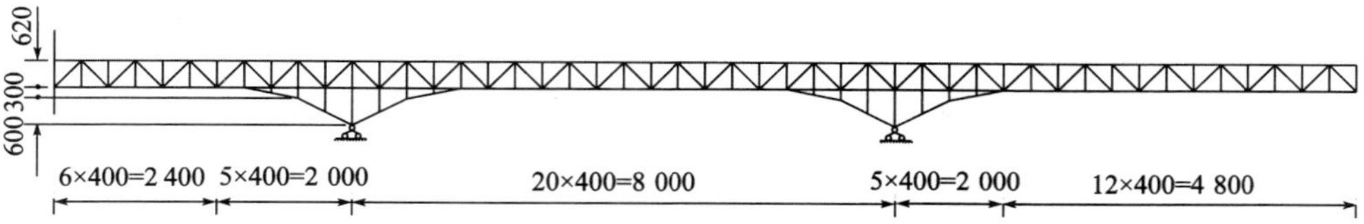

a) 上承式悬梁桥

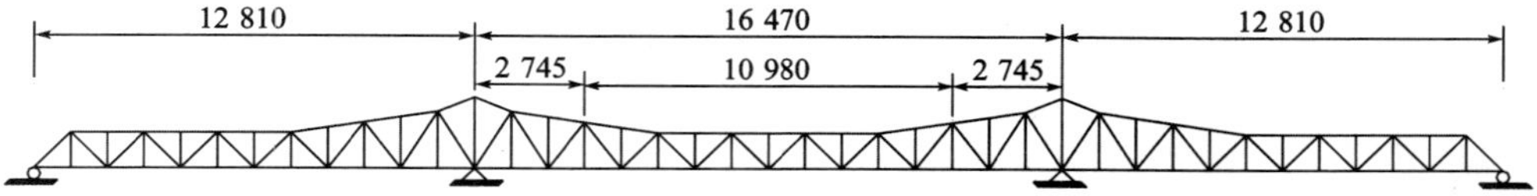

b) 下承式悬梁桥

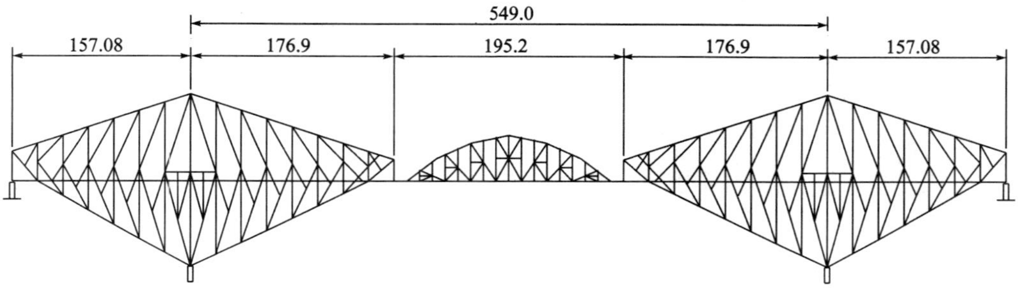

c) 魁北克桥

图 7-7　大跨径悬臂钢桁梁桥(尺寸单位:m)

7.2　构造与布置

7.2.1　主桁节点构造

主桁杆件交汇于主桁节点,同时纵、横联杆件及横梁通过节点实现与主桁连接。主桁节点连接位于主桁、纵联、横联三个正交平面内的杆件,把各杆件组成一个完整的桁架,因此节点构造一般比较复杂。目前常见的节点形式有外贴式节点、整体式节点和内插式节点,如图7-8a) ~ c)所示。

外贴式节点的杆件全部采用焊接连接,通过在杆件两侧放置节点板并采用铆钉或高强螺栓使节点板与杆件紧密地贴合在一起以实现杆件之间的连接。由于弦杆截面尺寸一般较小,其可以连续不断地通过节点,这类节点构造简单、拼装方便,应用范围较广,铁路钢桥的标准设计均采用这种方式。随着焊接技术的不断提高,栓—焊桁梁和全焊桁梁也逐步在采用,栓—焊桁梁在铁路桥梁中已有各种不同跨径的标准设计,其节点构造基本上与铆接桁梁结构形式相同,不同之处在于其杆件采用焊接杆件,节点处多采用外贴式节点板,且常采用高强螺栓把各杆件连接起来。

内插式节点是先将弦杆在节点范围内的腹板切除,把节点板插到弦杆腹板的位置(与弦杆腹板平齐),并采用连接盖板实现节点板与弦杆的连接,此时节点板起到了弦杆腹板的作用,轴向力产生的正应力通过对接焊缝传递。对于重型桁梁的大节点采用内插式要比外贴式节省钢材,但是其制造要比外贴式节点板困难。当前,国外多把节点板预先在工厂用坡口焊缝和弦杆的腹板焊成整体,在两块节点板中间插入腹杆,并用螺栓把两者连接起来。斜杆和另一端弦杆仍采用高强螺栓连接,连接时仅用拼装板连接,大跨径桁梁可考虑采用。

a) 外贴式节点

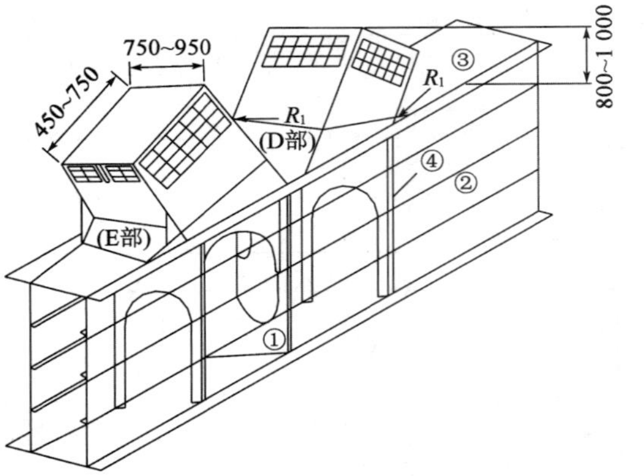

b) 整体式节点

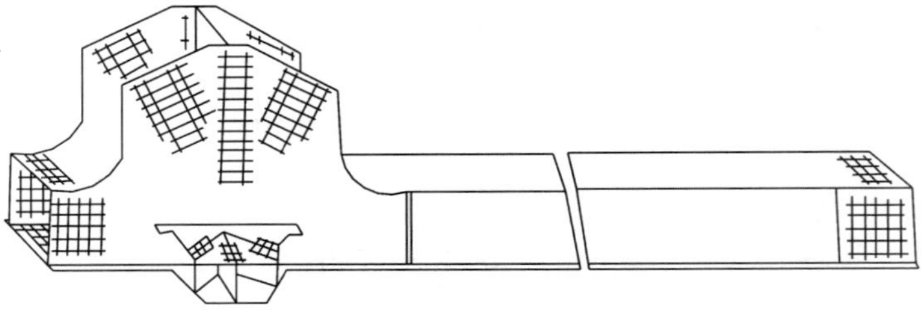

c) 内插式节点

图 7-8　常见节点构造(尺寸单位:mm)

整体式节点在节点处进行各连接杆件的拼接,其施工方便、受力较好,应用前景广阔。整体式节点的节点板与相邻的弦杆竖板预先在工厂焊接成整体,相邻弦杆在工地用高强度螺栓在节点范围外拼接,桁架的斜杆、竖杆在节点范围内拼接。这样一方面可以减少工地的预拼工作量及高强度螺栓的用量,另一方面由于弦杆的整体密封性好,对后期的防腐较为有利。整体式节点也有一定的缺点,一方面,工厂的焊接工作量大,制孔工件大,使工厂的加工成本有所增加;另一方面,厚板节点板在焊接时产生的不可矫正的残余变形会使插入式斜杆、竖杆在现场拼装时高强度螺栓夹紧困难。

除此之外还有全焊节点构造,但是全焊节点由于工地焊缝太多,焊接变形不易控制,目前应用还不够广泛。

7.2.2　联结系构造

联结系有纵向联结系和横向联结系两种。纵、横向联结系与主桁一起形成空间稳定的桥跨结构,可承受纵、横向荷载。

1) 纵向联结系

为了使桁架形成空间稳定结构，并能承受水平荷载（横向风力、车辆摇摆力等），必须在两桁架间设置纵向桁架，即纵向联结系。《公路钢结构桥梁设计规范》（JTG D64—2015）指出，钢桁梁应设置上、下平面纵向联结系，当桥面系置于纵、横梁体系上时，平面内可不设置纵向联结系。纵向联结系由主桁架弦杆及水平腹杆组成。纵联杆件内力不是很大，因此截面尺寸较小，设计时常常根据刚度要求进行选择。在选择其腹杆体系的图式时，应确保杆件不能过长，以保证杆件有较大的刚度。纵向联结系的腹杆体系很多，有三角式体系、菱形体系、交叉式体系和K形体系等，如图7-9所示。

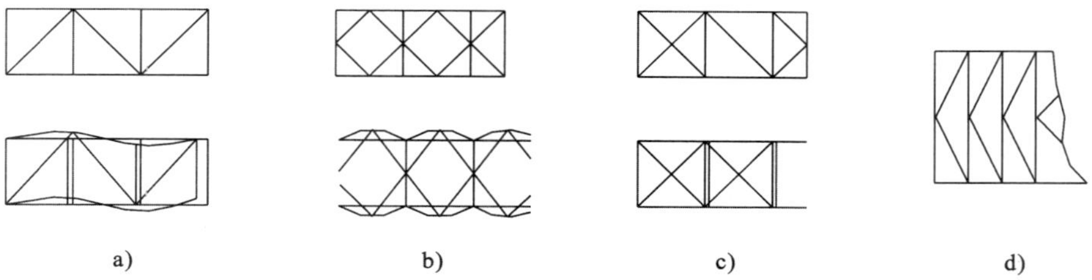

图7-9 几种常用纵联图式

图7-9a）为有横撑的三角形腹杆体系，在横向风力作用下这种形式的弦杆变形并不均匀，弦杆受到弯曲且自由长度较大，但构造简单，一般只适用于小跨度桥梁。图7-9b）为菱形体系，虽然是几何可变体系，但是由于腹杆位于强劲的弦杆之间，不需增加附加杆件。它的斜杆中点固着在刚度较大的横向联结系之上，自由长度变为原来的一半，在竖向荷载作用下，弦杆变形时因横撑和斜杆及弦杆的长度变化不均匀，弦杆因而产生弯曲。由于三角形及菱形腹杆体系具有较多的缺点，在《公路钢结构桥梁设计规范》（JTG D64—2015）中已不建议采用。图7-9c）为交叉式体系，由于和弦杆联结的节点相同，这种体系中的弦杆变形均匀，不会产生弯曲，我国铁路桁梁桥标准设计图均采用这种形式。图7-9d）为K形体系，在竖向荷载作用下该体系弦杆变形所引起的腹杆附加内力很小，使弦杆变形均匀，同时自由长度较小，适用于宽桥。

2) 横向联结系及桥门架

为保证桁梁桥的整体性，增加抗扭刚度，除端横向联结系（桥门架）外，至少应每隔两个节间设置一个中间横向联结系。对于上承式桁架，应在桁架两端及跨间设横向联结系；对于下承式桁架，应在桁架两端设置桥门架，跨间设门架式横向联结系，横向联结系间距不宜超过两个节间。横向联结系可做成交叉式、三角式、菱形等体系。图7-10a）为上承式桁梁桥的横向联结形式，主要按斜杆交角30°～50°的范围来选用不同的形式。对于下承式桁梁桥，为了保证行车净空要求，横向联结系应设置在行车净空以上，如图7-10b）所示。

桥门架通常采用与横向联结系相同的形式。为使上平联所受的风力有效地经由桥门架直接传给支座，下承式桁梁桥的桥门架一般设置在端斜杆平面内。联结系杆件多采用单壁式截面。

3) 制动联结系

由于钢桁梁桥较多地运用于铁路，列车在桥上行驶时因变速所引起的制动力或牵引力经由钢轨和桥枕传给纵梁,由纵梁传给横梁,此时横梁将在纵向水平力的作用下产生较大的水平挠曲,不利于结构的安全稳定。为了降低横梁受到的水平弯矩的作用,使纵向水平力能够直接传递给主桁节点并通过主桁弦杆传递给固定支座,需在主桁上设置制动联结系,如图 7-11 所示。制动联结系一般宜设在跨中,如有纵梁断开,则设置在纵梁断开点与桥梁支点间的中部,因为该处横梁在弦杆变形时不发生弯曲,其相邻节间的纵梁与纵向联结系斜杆的纵向相对位移也较小,在该处设置制动联结系,可以减少制动联结系参与桥面系与弦杆的共同作用。

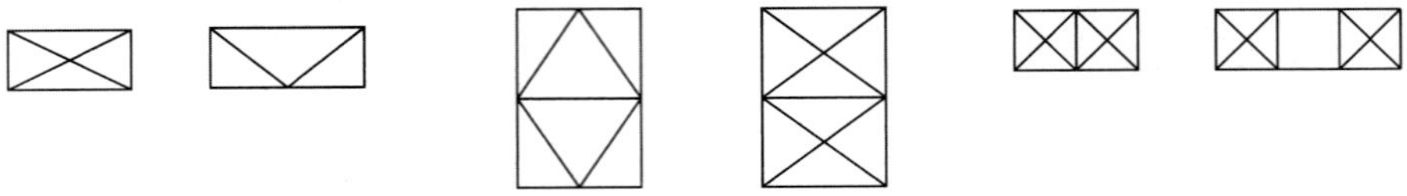

a) 横向联结系的形式

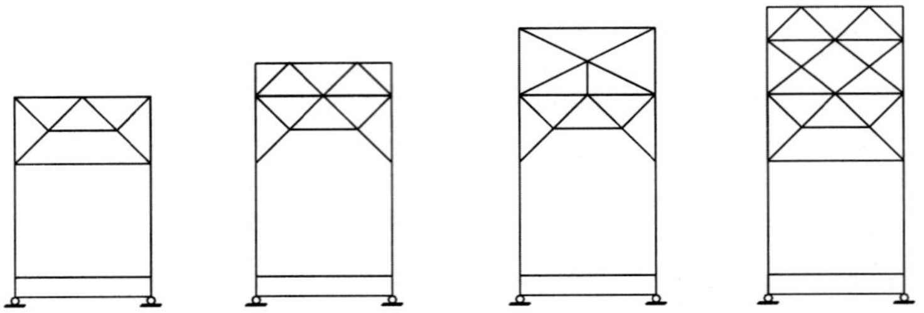

b) 桥门架的形式

图 7-10　横向联结系及桥门架形式

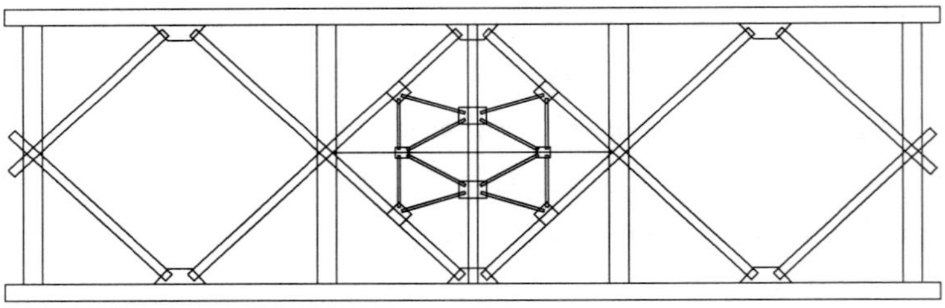

图 7-11　制动联结系示意图

制动联结系构造较简单,在纵横梁交点及纵向联结系斜杆交点间加设四根短斜杆即可形成制动联结系。公路钢桥考虑到车辆在桥上制动的纵向力比起列车的制动纵向力要小得多,一般不需设置制动联结系。

7.2.3　桥面系构造

桥面系由桥面板和桥面系梁组成。桥面板直接承受可变作用,而桥面系梁具有把桥面板上的荷载传给主梁的作用。桥面系梁格一般由纵梁、横梁及纵梁之间的联结系组成,主要应用在铁路钢桁梁中。

1) 纵、横梁构造

纵、横梁的连接在建筑高度容许范围内常采用重叠式,即将纵梁直接搁放在横梁上连续通过,纵梁借牛腿钢板和角钢在支承处用铆钉或高强螺栓结合。为了防止纵梁倾倒并能抵抗横向力作用,可以在横梁支承处设置可以纵向移动而不能发生横向位移的槽形弧面支座,或用系杆把两片纵梁连成整体,然后和横梁连接。

当建筑高度受到限制时,需把纵梁与横梁等高布置,即使纵梁与横梁上翼缘具有相同的高程,此时纵梁也不能连续通过,需在横梁处截断。当纵梁与横梁杆件的截面高度相同时,为了保证纵梁仍为连续梁的形式,可使纵梁上、下翼缘通过横梁的"鱼形板"连接,以传递支承弯矩并避免铆钉受拉,如图7-12a)所示。纵梁腹板用角钢与横梁腹板相连,以传递支反力。纵梁的腹板和翼缘在横梁交汇处切成斜口让横梁翼缘通过。当纵、横梁杆件截面高度不同时,上翼缘仍用鱼形板连接,下翼缘用刚劲的牛腿加高后用鱼形板连接,如图7-12b)所示。

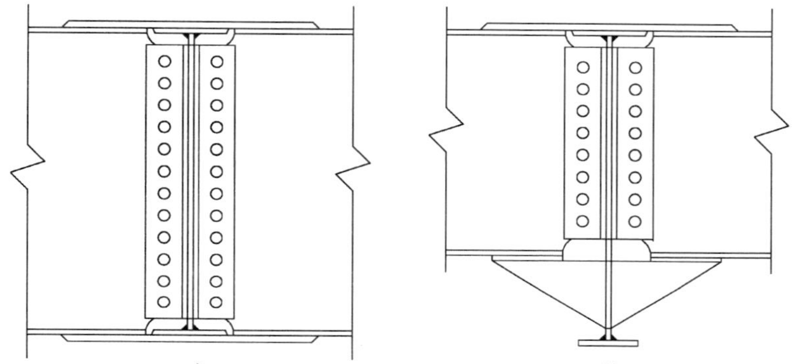

图7-12 纵横梁联结

横梁与主梁的联结有三种方式,如图7-13所示。当纵、横梁截面等高时,一般将横梁下翼缘与主桁下弦中心平齐,如图7-13a)所示。如不等高,应使纵梁下翼缘与主桁下弦中心平齐,使主桁下平纵联的斜撑得以从纵梁下方通过,由于此时横梁下翼缘降至下弦中心平面以下,故下平纵联的水平节点板要被横梁腹板隔开,如图7-13b)所示。当连接角钢上排不计算所需的连接螺栓时,可在横梁的端部加接肱板,使连接角钢得以加长,如图7-13c)所示。

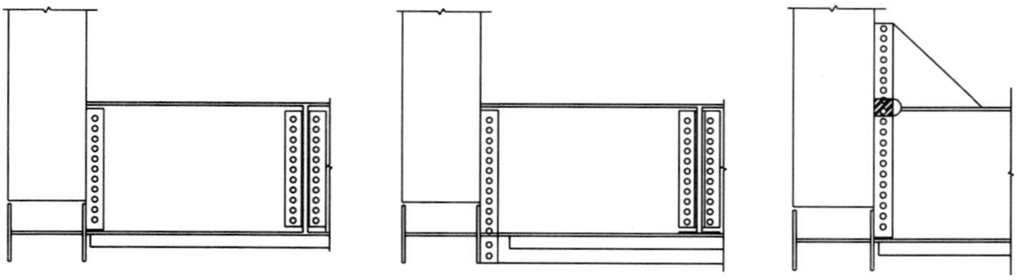

图7-13 横梁与主梁的三种联结方式

2)桥面系构造

钢桥面系与钢筋混凝土桥面系构造不同,其用平钢板作为盖板,下面焊有纵向和横向的加劲肋,盖板上铺设铺装层,如图7-14所示。由纵、横肋与钢板组成的正交异性板具有自重轻、易与主梁结合共同受力、极限承载力大等优点,是目前国内外应用较广泛的桥面之一。

纵梁与横梁一般均为板梁。当跨度小于6m时,纵梁也可用大号工字钢做成。纵、横梁的截面构造按板梁桥尺寸确定,由于公路可变作用小,纵梁常采用工字形钢梁,其高跨比一般采用1/12~1/8。跨径较大时,用铆接或焊接的方式制作成板梁,高跨比为1/10~1/7。横梁的截面刚度在大多数情况下比纵梁大,当主桁架间距和节间长度较大时,采用桁架式横梁较经济。

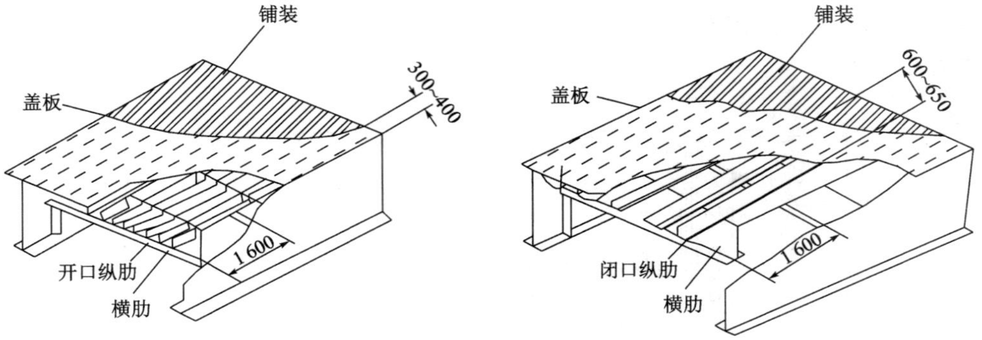

图7-14 钢桥面板构造图(尺寸单位:mm)

7.2.4 结构布置

1)桥跨布置

连续梁桥通常做成两跨或三跨的形式,极少超过三跨,因为三跨以上的连续梁桥由于其温差位移过大,常常造成伸缩缝构造过于复杂。两跨连续梁应布置成等跨形式,三跨连续梁一般做成不等跨形式,跨度比例常采用7:8:7,这样可以使正、负弯矩大致相等,在用料的经济性上也较等跨径有利,九江长江大桥即采用这种形式,如图7-15所示。但是对于那些两联以上的长桥,出于美观的考虑常采用等跨布置的形式,我国的武汉长江大桥和南京长江大桥均采用等跨布置的形式。

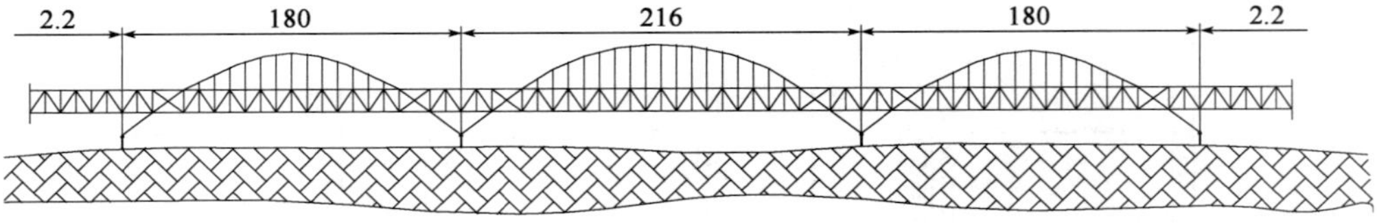

图7-15 九江长江大桥(尺寸单位:m)

连续钢桁梁桥的竖向刚度要大于简支钢桁梁桥,在设计时为节省用料,其梁高可略小于简支钢桁梁桥。对于下承式连续钢桁梁,其梁高通常为跨长的1/8~1/7,上承式钢桁梁的宽跨比及高跨比应通过结构整体稳定分析确定。我国设计的连续钢桁梁桥的主桁节间长度一般采用8m。但是对于大跨度的连续钢桁梁桥,由于其杆件截面较大,若仍采用8m的节间长度,则由节点刚性产生的次内力较大,不利于结构安全,因此可采用8m以上的节间长度。如图7-4所示的双线铁路连续钢桁梁桥,主桁为三角形桁架梁形式,桁高15m,节间长度为9.5m。

在悬臂钢桁梁桥中,铰的布置显得尤为重要。当悬臂钢桁梁桥的跨数为奇数时,铰的位置易布置成对称的形式，而当跨数为偶数跨时，铰的位置的布置比较困难，因此在设计中一般采用奇数跨的悬臂桁梁桥。铰的位置决定了其伸臂的长度，而伸臂长度与用钢量及竖向刚度有关。一般伸臂长度与锚跨之比为1/4～1/3。为了使悬臂钢桁梁桥的弦杆内力分布较为均匀，即正、负弯矩处的弦杆内力值接近，且节省用钢量，组合跨一般比锚跨要大，组合跨与锚跨之比按1.1～1.4为宜。当然在具体拟定时还应综合考虑地形、地质、水文、通航等条件。当伸臂过长时，应在锚跨的端支座处设置拉力支座，以承担负的支反力。

悬臂钢桁梁桥的桁高可与连续钢桁梁桥类似，对于锚跨梁和悬跨梁的跨中部分，其桁高可略低于简支梁，为其跨长的1/7～1/6.5。由于悬臂钢桁梁桥的竖向刚度常由伸臂端的挠度控制，因此其在支点处的桁高要大于跨中的桁高，不宜小于$1.2h$～$1.5h$，一般取为臂长的2/3左右。对于小跨径的悬臂桁梁桥，为了制造和安装的方便，其主桁可以考虑采用平行弦的形式，但这样会增大用钢量，一般很少采用。

主桁架的横向间距取决于横向刚度和稳定性，对于下承式钢桁梁桥，在其满足桥下净空的要求后，应保证横向刚度，一般不宜小于(1/20～1/17)L，对于上承式钢桁梁桥，其主桁间距不宜小于(1/16～1/14)L。

2）主桁杆件布置

（1）桁高的布置

桁架高度主要根据用钢量、刚度及容许建筑高度这三个因素来确定，对于下承式钢桁梁桥还应满足桥下净空的要求。

主桁架高度受到弦杆、腹杆与桁高之间关系的影响。当桁高取值较大时，弦杆受力减小，从而弦杆的截面面积减少，弦杆用钢量减少，但此时腹杆较长，腹杆的用钢量将增加；反之，当桁高取值较小时，弦杆的用钢量将增加，而腹杆的用钢量将减少。从理论上看，当总的弦杆用钢量与腹杆的用钢量相等时，桁架的用钢量最省。对于一定跨度的桁梁桥，可按主桁用钢量最省这一条件来确定主桁的高度，这个高度通常称之为经济桁高。根据以往的设计经验，对单线铁路下承式简支桁架桥，其经济桁高为跨长的1/10～1/5；对双线铁路桥而言，其经济桁高可增大20%左右。此外，由于公路桥的设计荷载要小于铁路桥的设计荷载，其经济桁高要略小于铁路桥的经济桁高。

为了使桁架桥的竖向变形满足设计要求，必须保证其具有合适的竖向刚度。设计中一般把主桁挠度作为竖向刚度的衡量指标，挠度过大，梁端转角也过大，使得行车的平顺性和乘客的舒适度受到影响，同时，节点的刚度次应力和活载动力作用也增大，对结构安全产生不利影响。主梁高度易对桁梁桥的刚度产生较大影响，因此拟定主桁高度时，应对其挠度进行初步验算。根据过去的统计资料，并考虑到经济梁高的要求，简支钢桁梁桥的梁高可参考表7-1中所列的高跨比的范围选用。

简支钢桁梁桥高跨比选用范围（l为简支钢桁梁跨径） 表7-1

桥　型	铁路桥		公路桥	
	平行弦桁架	多边形弦桁架	平行弦桁架	多边形弦桁架
下承式	$\frac{1}{7}l$	$\left(\frac{1}{6.5}\sim\frac{1}{5}\right)l$	$\left(\frac{1}{10}\sim\frac{1}{7}\right)l$	$\left(\frac{1}{8}\sim\frac{1}{5.5}\right)l$
上承式	$\left(\frac{1}{8}\sim\frac{1}{7}\right)l$		$\left(\frac{1}{10}\sim\frac{1}{8}\right)l$	

(2)主桁节间长度的布置

主桁架的节间长度直接影响到主桁架斜腹杆的倾角和桥道梁跨径的大小。节间长,则腹杆数量较少,纵梁跨度大,纵梁用钢较多,而横梁的用钢量减少;节间短,则腹杆数量增多,纵梁跨度小,横梁数量增多,横梁的用钢量增加。但纵梁占桥道梁用钢量的比值较大,因此要求纵梁跨度(节间长度)不宜过大。

设计中可以通过适当压缩主桁节间长度和加大纵梁跨度来解决主桁节间长度和纵梁跨度之间的矛盾。但是对于大跨径桥梁而言,过多的增大纵梁跨径,势必导致桥道梁自重的增加,从而增加主桁架的自重。在这种情况下,必须从腹杆体系或主桁体系上来解决这一问题。例如可以采用再分式腹杆体系或劲性梁来代替主桁弦杆,允许横梁连接在节点范围以内。我国大跨径的武汉长江大桥、南京长江大桥、枝江长江大桥等均采用再分式米字形腹杆体系来解决节间长度与纵梁跨度之间的矛盾。

对于中、小跨径的桁架,其上承式桁架的节间长度一般取3~6m,下承式桁架的节间长度一般取6~10m,对于跨径较大的下承式桁架,其节间长度可达12~15m。此外,由于公路桁梁桥桥面较轻,适当增大纵梁跨度对桥面总重量的影响不大,因此可适当增大公路桥的节间长度。

日本学者小崛为雄、吉田博曾对平行弦桁架桥进行了反复的试算设计,得出的结论是:在有效桁宽、跨度已知的条件下,若采用表7-2列出的节间数与桁高的最佳组合,则用钢量最少。实践中较为经济的节间长度为6~8m,标准设计取8m,我国的多座桁梁桥在确定节间长度时,考虑到桥梁厂设备条件的限制,节间长度均取为8m或16m(8m的2倍),桁高通常确定为11m。

节间数与桁高的最佳组合 表7-2

桁架节间距(m)	跨径 l(m)	最佳节间数	最佳桁高 h(m)	跨径/桁高(l/h)
6	50	7	7.0	7.1
6	60	7	9.5	6.3
6	70	7	10.5	6.6
6	80	8	13.0	6.2
6	90	9	15.0	6.0
6	100	10	16.0	6.2
9	60	6	12.0	5.0
9	80	8	14.5	5.2
9	100	10	17.0	5.9

(3)斜杆倾角的布置

斜杆倾角的大小取决于桁高与节间长度的比值,其直接影响腹杆的用钢量和节间构造。桁架的剪力靠斜杆承受,倾角的大小也会影响腹杆内力的大小。倾角过小,则腹杆数较少,但腹杆长度会增大且腹杆的内力此时很大;倾角过大,虽然腹杆的内力较小但此时腹杆的数量较多。从构造角度出发,过小或过大的倾角均使得斜杆难以伸入节点的中心位置,导致节点板过高或过长,降低节点板的面外刚度。因此在有竖杆的桁架桥中其合理倾角为50°左右,在无竖杆的桁架桥中其合理倾角为60°左右。

(4)主桁中心距的布置

钢桁梁桥的主桁中心距与桁架桥的横向刚度和稳定性有关。主桁中心距过小会导致钢桁梁的横向刚度不足,列车过桥时易引起桥跨结构剧烈的横向振动,影响旅客的舒适性甚至导致灾难的发生。目前我国主要根据钢桁桥的横向刚度控制其主桁间距,同时对特殊类型桥梁必须进行桥梁结构动力分析。此外,对于下承式钢桁梁桥,其主桁中心距还应满足桥梁建筑界限的要求。对于单线铁路桥而言,其桥面上的净空宽度为4.88m,考虑到主桁构件的宽度,其主桁中心距不大于5.5m。

我国对于单线铁路简支钢桁梁桥共有三组标准设计图式、六种跨度,如图7-16所示。

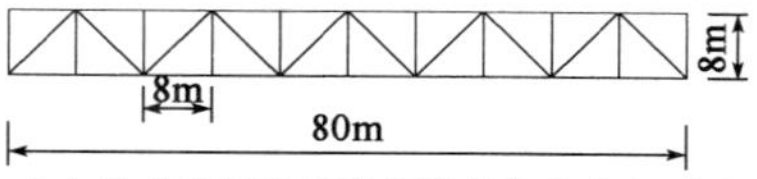

a)上承式钢桁梁标准设计的主桁几何形式

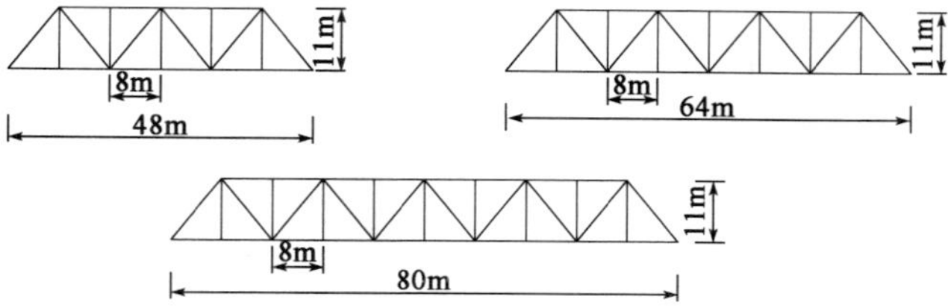

b)下承式钢桁梁标准设计的主桁几何形式(三角形腹杆体系)

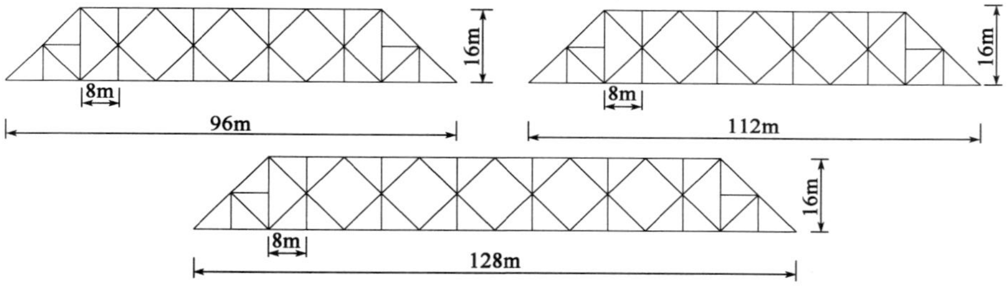

c)大跨度铁路下承式钢桁梁标准设计的主桁几何形式(三角形飘杆体系)

图7-16 单线铁路主桁几何图式

第一组为上承式钢桁梁,三种跨度分别为48m、64m和80m,如图7-16a)所示,其主桁几何图式均为带竖杆的三角形腹杆体系,主桁高度和节间长度均为8m,主桁中心距为4m。

第二组为下承式钢桁梁,其跨度与第一组上承式钢桁梁的跨度相同,分别为48m、64m和80m,如图7-16b)所示。其主桁几何图式也为带竖杆的三角形腹杆体系,主桁高度为11m,节间长度为8m,主桁中心距为5.75m。

第三组也是下承式钢桁梁,其跨度有96m、112m、128m三种,如图7-16c)所示,由于其跨度较大,主桁几何图式采用了米字形腹杆体系,主桁高度为16m,节间高度为8m,主桁中心距也为5.75m。

为了保证组合杆件各肢翼的共同作用和保证它有足够的刚度,以便在运输、工地安装和使用时不致歪曲,它的各肢翼将用缀件连接在一起。缀件有缀条(采用角钢)和缀板(采用钢板)两种,一般设置在分肢翼缘两侧平面内,其作用是将各分肢连接成一个整体,达到使其共同受力的目的,并承受绕虚轴弯曲时产生的剪力。缀条、缀板和隔板连接,它们在压杆中的布置应按计算确定,在拉杆中的布置要符合构造要求。缀条常采用简单的三角式和斜撑式,如图7-17

所示,一般可用不小于⌊45mm×5mm 的角钢或厚度不小于6mm 的扁钢做成。缀条尺寸一般按构造要求确定。

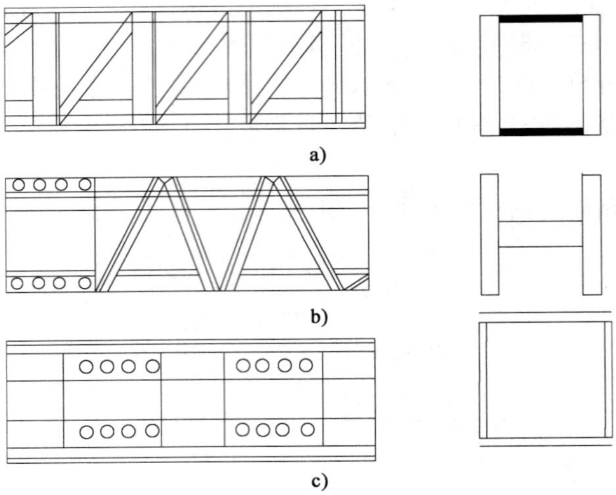

图7-17　缀条形式

7.3　设计计算

7.3.1　桁架杆件尺寸设计

1)主桁杆件截面设计

主桁杆件的外廓尺寸对桁梁的技术经济指标有重要影响,因此拟定主桁杆件外廓尺寸时,应考虑以下因素:

(1)外廓尺寸拟定过小,杆件的刚度较小,如果此时用作压杆,则总体稳定性较差;外廓尺寸设计过大,虽然总体稳定性得到一定的改善,但由于分肢板较薄,局部稳定性较差。因此在尺寸拟定时应综合两者要求考虑。

(2)为使各杆件在节点处能用节点板相连,要求同一主桁中各杆件的宽度 b(两节点板内壁间距)必须一致。标准设计中跨度相近的主桁,其杆件应采用相同的宽度 b,以便于工厂成批生产制造,同时使得不同跨度间尺寸完全相同的杆件可以互换使用。

(3)上、下弦杆在各节点间的高度应尽可能保持一致。杆件高度过小,杆端在节点板上的连接螺栓的纵向行数少,横向列数增多,此时必然要加大节点板的尺寸;杆件高度过大,则主桁节点刚性次应力较大,影响结构安全。《公路钢结构桥梁设计规范》(JTG D64—2015)规定:若非整体节点简支桁梁的主桁杆件截面高度与节点中心距之比大于1/10,连续梁支点附近的杆件及整体节点钢桁梁杆件的主桁杆件截面高度与节点中心距之比大于1/15时,应计算其节点刚性的影响。

(4)拟定H形截面的宽度与高度时,应保证自动电焊机小车能够在竖板形成的槽形空间内行车,同时还应考虑节点铆钉或螺栓连接时所需的工作宽度。

(5)主桁受拉杆件的拼接无论在节点内或节点外进行,其净截面积应较被拼接部分的净截面面积大10%,且主桁受压杆件拼接板的计算截面积不得小于被拼接部分的计算面积。

受弯构件的腹板的最小厚度还应满足《公路钢结构桥梁设计规范》(JTG D64—2015)中的规定,如表7-3所示。

腹板最小厚度 表7-3

构造形式	钢材品种		备注
	Q235	Q345	
不设横向加劲肋及纵向加劲肋时	$\frac{\eta h_w}{70}$	$\frac{\eta h_w}{60}$	—
仅设横向加劲肋,但不设纵向加劲肋时	$\frac{\eta h_w}{160}$	$\frac{\eta h_w}{140}$	—
设横向加劲肋及一道纵向加劲肋时	$\frac{\eta h_w}{280}$	$\frac{\eta h_w}{240}$	纵向加劲肋位于距受压翼缘0.2 h_w附近
设横向加劲肋和两道纵向加劲肋时	$\frac{\eta h_w}{310}$	$\frac{\eta h_w}{310}$	纵向加劲肋位于距受压翼缘0.14h_w 和0.36h_w附近

2)主桁杆件各截面分肢尺寸设计

杆件分肢板厚度的确定应满足以下要求:

(1)过薄的钢板在制造、运输、安装过程中容易产生变形,且在桥梁服役期间易受到锈蚀的影响,因此规范对结构各部分截面的最小尺寸也有要求。《铁路桥梁钢结构设计规范》(TB 10091—2017)规定的构件各部分截面最小容许尺寸如表7-4所示。主桁杆件板厚不得小于10mm;由于挂杆受力比较复杂,其应力分布很不均匀,翼板厚度不得小于12mm;板梁腹板较高,焊接时产生的焊接变形不易控制,因此当跨度超过16m时,其厚度不得小于12mm。

结构各杆件截面的最小容许尺寸 表7-4

构件		最小厚度或尺寸(mm)
钢板	挂杆翼板跨长≥16m焊接板梁的腹板	12
	填板	4
	其他	10
联结系角钢肢厚度		10
纵梁与横梁及横梁与主桁的连接角钢		100×100×12

(2)对于H形截面杆杆端节点部位,只有翼缘板与节点板连接在一起,腹板的应力靠翼缘板间接地传递给节点板,在节点附近,其应力低于整个截面应力,材料利用率较低,因此杆件截面应尽量集中在翼板。但如果腹板与翼板厚度相差过大,易导致腹板的临界应力远低于翼板的临界应力,腹板和翼板不能很好地共同工作。《铁路桥梁钢结构设计规范》(TB 10091—2017)对腹板和翼板的厚度的规定如下:

焊接杆件翼板厚$\delta \geq 24$mm时,腹板厚$\geq 0.5\delta$;

焊接杆件翼板厚$\delta < 24$mm时,腹板厚$\geq 0.6\delta$;

铆接杆件翼板厚 δ 在任何情况下,腹板厚 $\geqslant 0.4\delta$。

同时规范还规定,在主桁中不宜采用由缀板组合的焊接杆件。

(3)焊接杆件的最大板厚应考虑工厂的生产制造条件。铆接杆件的板束总厚度应考虑铆钉的容许握距。

(4)对于压杆中的钢板应该有足够的稳定性,避免杆件的部分板件发生翘曲而丧失局部稳定。受压杆件中的单板或板束的宽度 b 与其厚度 δ 应满足相关规范中的要求,以保证压杆在丧失总体稳定之前不致出现局部失稳现象。

《铁路桥梁钢结构设计规范》(TB 10091—2017)对压杆板束宽度与厚度的最大比值做了相应的规定,如表7-5所示。

组合压杆板板束宽度与厚度最大比值 表7-5

序号	板件类型		钢材牌号							
			Q235q		Q345q、Q370q		Q420q		Q500q	
			λ	b/δ	λ	b/δ	λ	b/δ	λ	b/δ
1	H形截面中的腹板		<60	34	<50	30	<45	28	<40	26
			$\geqslant 60$	$0.4\lambda+10$	$\geqslant 50$	$0.4\lambda+10$	$\geqslant 45$	$0.4\lambda+10$	$\geqslant 40$	$0.4\lambda+10$
2	箱形截面中无加劲肋的两边支承板		<60	33	<50	30	<45	28	<40	26
			$\geqslant 60$	$0.3\lambda+15$	$\geqslant 50$	$0.3\lambda+15$	$\geqslant 45$	$0.3\lambda+14.5$	$\geqslant 40$	$0.3\lambda+14$
3	H形或T形截面无加劲肋的伸出肢	铆接杆	—	$\leqslant 12$	—	$\leqslant 10$	—	—	—	—
		焊接杆	<60	13.5	<50	12	<45	11	<40	10
			$\geqslant 60$	$0.15\lambda+4.5$	$\geqslant 50$	$0.14\lambda+5$	$\geqslant 45$	$0.14\lambda+4.7$	$\geqslant 40$	$0.14\lambda+4.5$
4	铆接杆角钢伸出肢	受轴向力的主要杆件	—	$\leqslant 12$	—	$\leqslant 12$	—	—	—	—
		支撑及次要杆件	—	$\leqslant 16$	—	$\leqslant 16$	—	—	—	—
5	箱形截面中 n 等分线附近各设一条加劲肋的两边支承板		<60	$28n$	<50	$24n$	<45	$22n$	<40	$20n$
			$\geqslant 60$	$(0.3\lambda+10)n$	$\geqslant 50$	$(0.3\lambda+9)n$	$\geqslant 45$	$(0.3\lambda+8.5)n$	$\geqslant 40$	$(0.3\lambda+8)n$

注:1. b、δ 见图7-18,图中 b_1、δ_1、b_2、δ_2、b_3、δ_3、b_4、δ_4、b_5、δ_5 分别对应表7-5中序号1、2、3、4、5项中的 b、δ。

2. 计算压应力 σ 小于容许应力 $\varphi_1[\sigma]$ 时(φ_1 为中心受压杆件轴向容许应力折减系数),表中 b/δ 值除序号4外,可按规定放宽,即根据该杆件计算压应力与基本容许应力之比查出相应的 λ 值,再根据此 λ 值算出该杆容许的 b/δ 值。

3)主桁杆件的刚度要求

在决定桁架杆件截面尺寸时,必须注意使杆件的长细比不超过规范的规定,过于柔细的杆件在搬运和拼装时容易弯曲,当桥上通过活载时也将遭受很大的振动,《公路钢结构桥梁设计规范》(JTG D64—2015)对于杆件最大长细比的要求见表7-6。对于铁路钢桁梁桥,杆件的最大长细比应满足《铁路桥梁钢结构设计规范》(TB 10091—2017)的要求。

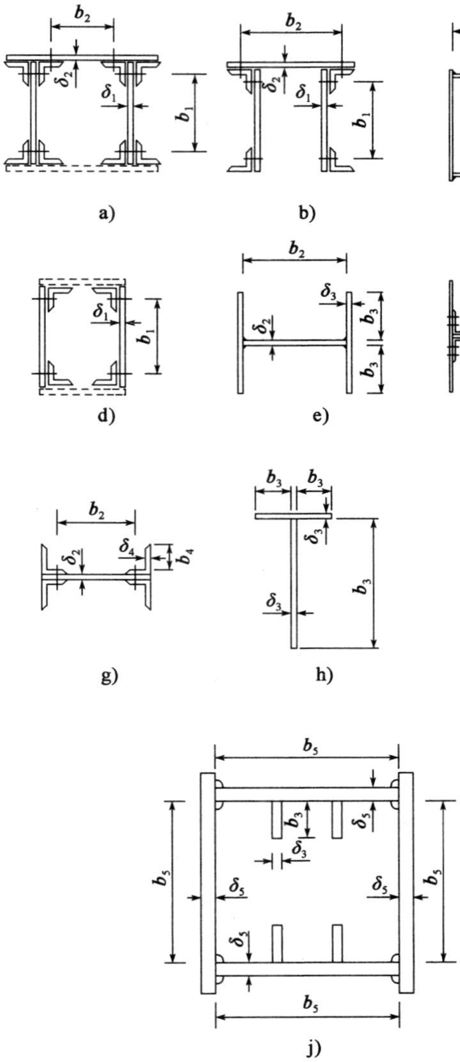

图7-18 板(板束)位置简图

杆件最大长细比 表7-6

类 别	杆 件	长 细 比
主桁架	受压弦杆 受压或受拉—压腹杆	100
	仅受拉力的弦杆	130
	仅受拉力的腹杆	180
联结系构件	纵向联结系、支点处横向联结系和制动联结系的受压或受压—拉构件	130
	中间横向联结系的受压或受压—拉构件	150
	各种联结系的受拉构件	200

4)节点设计

节点设计时,不仅要满足受力方面的要求,同时也要考虑制造、安装和养护的需要,具体要求如下:

(1)受力方面的要求

①各构件截面重心线应尽量在节点处交于一点,避免节点偏心的附加应力。如有偏心,应计算偏心影响;杆端连接螺栓群的合力线也应尽量与构件的截面重心线重合。以上要求对于联结系构件较难做到,由于其节点偏心与连接偏心对结构影响不大,一般可不予考虑。

②主桁杆件所需的连接螺栓个数应按杆件的承载力计算。联结系杆件内力受活载影响不大,其所需连接螺栓个数,可按杆件内力计算。

③整体节点钢桁梁及连续梁支点附近的杆件高长比大于1/15时,应计算其节点刚性的影响,同时应验算强度和稳定性。

④杆件在节点中心中断时,单靠节点板来连接弦杆,多半强度不够,一般均需添设弦杆拼接板。

⑤所有杆件应尽量向节点中心靠拢,连接螺栓应布置紧凑,这样可使节点板平面尺寸小些,也有利于降低节点刚性次应力和增加节点板在面外的刚度。

⑥为了加强节点板在面外的刚度、屈曲稳定和抗撞击能力,必要时需在节点板的自由地段设置加劲角钢或隔板。用缀条连接的组合杆件,端缀板应尽量伸入节点板。

(2)制造、安装和养护方面的要求

①节点板的尺寸与外形应尽量做到小巧、简单,并避免出现曲线边。

②标准设计的节点板,螺栓位置必须按机器样板的固定栓线网格布置。

③同一杆件两端的螺栓排列应尽量要求一致,以减少部件的类型和便于安装时互换。

④节点板与杆件的接触面必须保证全部密贴,不致因产生缝隙使水渗入或进入污垢腐蚀栓(钉),影响结构的承载能力。

⑤在支撑处,节点板宜低于桁梁下弦10~15mm,下缘应磨光并与支承垫板顶紧,保证支承反力能够均匀地传给节点板,从而能通过节点板再传递给桁架。

⑥立柱与上弦杆的连接要考虑拼装吊机在上弦工作时的荷载,端节点的构造要考虑悬臂拼装和连续拖拉多孔钢桁梁时,相邻两孔钢桁梁之间临时连接杆件的设置。

⑦考虑到受拉构件的破坏发生在净截面处,且受压构件节点板可能产生局部偏心,受力比较复杂,因此主桁拼接板的总净截面面积应较被拼接杆件的截面面积大10%。

《公路钢结构桥梁设计规范》(JTG D64—2015)中指出,对于受压斜腹杆作用下的节点板,其不设加劲肋的自由边长度b_g与厚度t之比不应大于$50\sqrt{345/f_y}$(f_y为节点板的屈服强度)。节点板自由边长度如图7-19所示。

5)预拱度设计

对横梁挠度的限制可以改善线路的运行质量,但挠度限制过严会给桁梁设计带来困难,同时也会使高强度钢材的使用受到限制。如果在限制挠度的同时,把桁梁做成预先向上拱的曲线,则可使车辆过桥时线路转折角小,线路平顺,旅客舒适。预拱度的设置应满足以下要求:

(1)桥纵轴线应避免下垂的视线效果。

(2)桥面刚度不影响排水系统的顺畅。

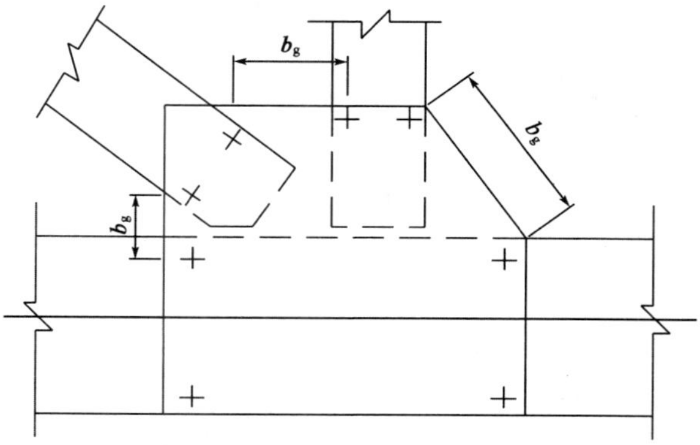

图7-19　节点板自由边长度

(3)桥面板刚度应与钢板上铺装刚度相适应。

(4)计算预拱度时,要考虑连接的剪切变形和滑移。起拱应做成光滑平顺曲线;对于中小跨度桥梁,起拱值可按照结构自重和1/2静活载所产生的竖向挠度考虑,对大跨度和超大跨度桥梁,只按结构自重考虑;如桥面在竖曲线上,预拱度应与竖曲线纵坡一致。

$$f = f_q + \frac{1}{2} f_p \tag{7-1}$$

式中:f_q——恒载产生的跨中挠度值;

f_p——静活载产生的跨中挠度值。

显然,在钢桁梁架设后,恒载预拱度与恒载产生的挠度相抵消,则钢梁在无活载和满跨活载时跨中的挠度均为$f_p/2$,但前者是上拱,后者是下挠。

预拱度可以做成圆弧形。在铁路的下承式栓焊梁标准设计中,为了简化制造和安装工作,并照顾到不同跨径桁梁桥需设的理论预拱度,设计时让下弦杆和腹杆的长度保持不变,而只让上弦杆的理论长度每两个节长$2d$均伸长2Δ,如图7-20所示。

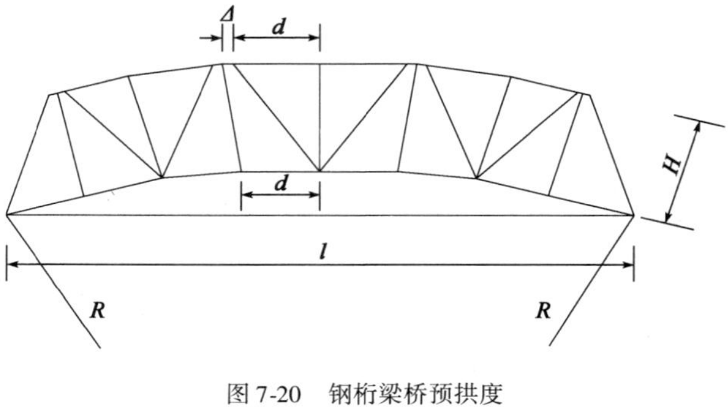

图7-20　钢桁梁桥预拱度

由图中几何关系可知:

$$\frac{R}{d} = \frac{R + H}{d + \Delta} \tag{7-2}$$

故:

$$R = \frac{d \cdot H}{\Delta} \tag{7-3}$$

在确定曲线半径 R 后,不同桁架桥跨中的实设预拱度 f 可根据下式求得:

$$f=\frac{l^2}{8R} \tag{7-4}$$

下弦任一节点 m 的预拱度为:

$$f_m=f-(R-\sqrt{R^2-X^2}) \tag{7-5}$$

以上计算值由上弦杆节点板第一排螺栓孔的起线至竖杆中线的距离较未设预拱度时增大 Δ 来达到。

此外,对于与横梁、横联或者横撑构成闭合框架的挂杆或者立柱,应计算其当横梁承受竖向设计荷载时所产生的轴向力和弯矩,使其满足规范的要求;对于作为桥门架腿杆的主桁斜杆或者竖杆,将桥门架视作下端固定的框架,计桥门架受横向力时产生的轴向力和弯矩,且将风力作用在桥门架斜腿内产生轴向力的水平分力计入下弦杆杆力之内。

7.3.2 常用计算方法

1)空间桁架的计算方法

桁梁桥是由主桁架、平纵联、横联和桥面系组成的空间结构。随着计算机的普及和有限元技术的发展,目前桁梁桥的计算技术发展趋势是利用电子计算机进行结构的空间计算,以促进结构的合理化,使主桁架,中间横联和上、下平纵联都能得到比较合理的设计。采用有限元通用程序进行空间桁架的结构分析时,常将空间桁架内各杆件轴线形成的几何图形作为该桁架的计算图式,并假定各节点为固结,按实际支座情况加上边界条件。利用通用程序不仅能计算空间桁架结构,而且也能计算薄板结构和梁、薄板的混合结构。

对构造复杂的桁架结构,宜采用更精细的平面或空间计算模型进行内力或应力分析。空间桁架的结构分析主要分为两类:第一类是把桁架作为空间杆(梁)系结构,按结构矩阵分析的方法进行;第二类是把空间桁架转换成具有等价板厚的薄壁闭口截面梁,按弯曲扭转理论进行计算。

(1)空间杆(梁)系结构的计算

空间结构的桁梁桥具有主桁架以及上下平联产生的四个平面,在外界荷载作用下,横联容易发生弹性变形,同时产生的剪切变形会引起结构错动,因此在桁架桥的空间结构分析计算中,需引入横联弹性变形的解。

(2)换算薄壁箱形截面法

具有闭合截面的桁梁在进行受力分析时可以简化成薄壁箱梁模型进行分析计算,简化的主要特点为:

①薄壁箱梁模型的箱壁由原桁梁的腹杆系统组成,其只承受剪应力,不承受截面的法向应力,而且它的抗剪刚度要小于实体板结构。

②在桁梁的水平横向挠曲扭转中,桥门架端为弹性支撑。将箱梁的挠曲扭转理论进行引申,即可得到桁梁桥的挠曲扭转理论,从而可以进一步分析桁梁桥的强度、刚度以及稳定性,还可以对桁梁桥进行动力分析。

2)平面桁架计算方法

该方法是桁梁桥的一种简化的计算方法,将空间桁架拆分成不同的结构分别进行计算,再考虑节点和空间结构作用的影响。

首先,将空间桁架分成若干个平面,按纵梁、横梁、主桁架、上下平联、横向联结系等结构分别进行计算。将平面桁架内各杆件轴线形成的几何图形作为该桁架的计算图式,并假定各节点为铰接,如图7-21所示。各平面结构只承受作用于该平面结构内的荷载,并按照结构力学的平面铰接桁架的计算方法进行计算分析。当杆件同属于两个平面时,先将它在各个平面内的内力求出,然后将计算出的内力叠加作为它的计算内力。

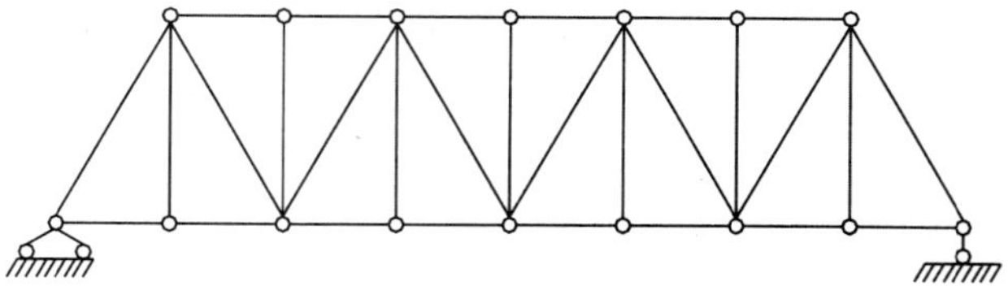

图7-21 平面铰接桁架计算图式

其次,采用近似方法计算在第一步中没有考虑的节点刚性和结构空间作用的影响。在设计杆件截面尺寸时,根据杆件影响大小的不同有区别地考虑截面的设计。一般把第一步按铰接平面结构计算出的应力称为主要应力,把第二步中考虑节点刚性和结构空间作用影响算出的应力称为次要应力。

在简化计算中将桁架刚性节点假设为铰接是为了方便计算,实际结构在荷载作用下,桁架的变形受到节点约束会产生附加弯矩,该附加弯矩的大小与交汇杆件的刚度大小有关。对于空间桁架结构,在荷载作用下的相互影响应予以考虑,如主桁架弦杆变形对平联内力的影响等。本节主要介绍桁梁桥的简化计算方法。

7.3.3 桁架的简化计算

1)整体设计计算

(1)桁架挠度验算

桥梁必须具有一定的竖向刚度,以确保行车的安全平稳。挠度是衡量钢梁竖向刚度的指标。简支桁梁的跨中挠度可用下式确定:

$$f_1 = \Sigma \frac{N_1 N_0 l}{EA} \tag{7-6}$$

式中:N_1——单位荷载作用在跨中时各杆件产生的内力;

N_0——沿全跨有10kN/m的均布荷载时,各杆件所产生的内力;

l、A——桁架各杆件的长度和毛截面面积;

E——钢材的弹性模量。

(2)横向刚度验算

桥跨结构应具有必要的横向刚度,以防止在风力作用下产生较大的摆动,横向刚度与两片主桁的中心距有关,根据以往钢梁运营的经验,《铁路桥梁钢结构设计规范》(TB 10091—2017)要求,对于下承式简支桁梁及连续桁梁的边跨,其宽度与跨度之比不宜小于1/20,连续梁中跨的宽跨比不宜小于1/25。

2)恒载计算

自重的计算比较困难,因此常采用一些近似的方法,即先给出一个自重的估算值,然后根据此估值进桁梁杆件的截面设计,再根据设计出的截面计算出桁梁桥的实际自重,并且要求实际自重与估算的自重较为接近(相差一般在5%以内),否则要按照实际的自重重新计算杆件内力并进行截面设计。钢桥的自重计算主要有以下两种方法:

(1)根据已有设计资料估算桁梁自重

如果设计中采用的活载等级、钢材的强度与原设计不同,则主桁和联结系自重P_1可近似地按其与活载强度成正比而与材料强度成反比的方法推算。

桥面自重P_2可根据经验恒载和实际活载初步求出杆件截面积,所求出的杆件截面积乘以钢材的重量和建筑系数$\varphi_{梁}$($\varphi_{梁} \approx 1.1 \sim 1.25$),便可得到纵梁和横梁每米的重量(加上桥面板及铺装层的重量)。

每片桁架的总恒载为(当为两片桁架时):

$$P = \frac{1}{2}(P_1 + P_2) \qquad (\mathrm{kN/m}) \tag{7-7}$$

(2)用理论公式计算桁架自重

如果设计的桁架没有现成的资料可参考,则可以采用理论公式求得其自重。任一杆件的理论截面积可通过杆件内力与材料强度的比值求得,并将单位长度桁架内各杆件的重量作为桁架单位长度的重量,即桁架的自重。简支、悬臂及连续桁梁的自重均可由此法进行计算。

3)活载计算

对于公路钢桁梁桥,其计算活载可参考《公路桥涵设计通用规范》(JTG D60—2015);对于铁路钢桁梁桥,其计算活载可参考《铁路桥涵设计规范》(TB 10002—2017)和《铁路列车荷载图式》(TB/T 3466—2016)。在铁路钢桥中,为了保证在较长时期内适应机车车辆载重增大的需要,设计计算时需在现有列车活载的基础上预留一个发展系数,通常可采取两种方法:①采用大于现行运行列车活载等级的计算活载等级;②使设计容许应力低于实际容许应力。现行《铁路桥涵设计规范》(TB 10002—2017)采用了第二种方法。同时,《铁路列车荷载图式》(TB/T 3466—2016)中给出的列车荷载图式,在制定时根据不同类型铁路运输移动设备情况,已考虑了一定的储备和发展系数。

4)主桁内力计算

对于空间桁架的内力计算,可根据各杆件影响线的面积求得桁架在恒载及活载作用下各杆件的内力,同时还应考虑车辆的冲击作用、空间桁架整体作用、节点刚性对杆件内力的影响。计算得到相应杆件内力后,即可参考《公路钢结构桥梁设计规范》(JTG D64—2015)、《铁路桥梁钢结构设计规范》(TB 10091—2017)依次进行刚度验算、强度验算、稳定性验算(针对受压杆件)及疲劳验算。

(1)影响线面积计算

桁架各杆件的内力影响线在工程力学中有详细的介绍,本节仅列举下承式桁架内力影响线面积计算公式。

①上、下弦杆内力影响线[图7-22a)]

影响线面积:

$$\Omega_{弦} = \frac{1}{2} \cdot \frac{l_1 \cdot l_2}{l} \cdot \frac{l}{H} = \frac{1}{2} \cdot \frac{l_1 \cdot l_2}{H} \tag{7-8}$$

②斜杆内力(包括端斜杆)影响线[图7-22b)]

影响线面积：

$$\Omega_{斜}=\frac{1}{2}\cdot\frac{mnd}{n-1}\cdot\frac{m}{n\cdot\sin\theta}=\frac{1}{2}\cdot\frac{m^2d}{n-1}\cdot\frac{1}{\sin\theta} \tag{7-9}$$

$$\Omega'_{斜}=-\frac{1}{2}\left(nd-\frac{mnd}{n-1}\right)\cdot\frac{n-m-1}{n\sin\theta}=-\frac{1}{2}\cdot\frac{(n-m-1)^2}{n-1}\cdot\frac{d}{\sin\theta} \tag{7-10}$$

式中：θ——斜杆与弦杆间夹角；

d——节间长度；

n——全跨节间总数。

③竖杆内力影响线[图 7-22c)]

影响线面积：

$$\Omega_{竖}=\frac{1}{2}\times1\times2d=d \tag{7-11}$$

④支点反力影响线[图 7-22d)]

影响线面积：

$$\Omega_{支}=\frac{1}{2}\times1\times l=\frac{l}{2} \tag{7-12}$$

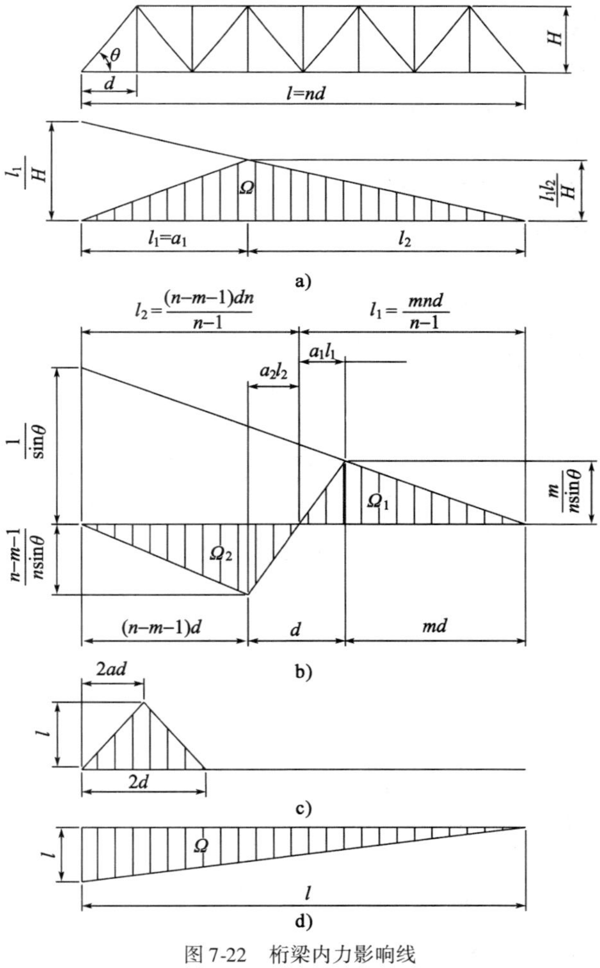

图 7-22　桁梁内力影响线

(2)横向分布系数及冲击系数

对于两片桁架的桁梁桥,在偏载最不利的情况下,可按杠杆原理计算车辆及人群荷载的横向分布系数m_c和$m_人$,考虑车辆活载对桥梁的冲击作用,计算杆件内力时应乘以一个大于1的冲击影响系数$1+\mu$,其值可参考《铁路桥涵设计规范》(TB 10002—2017)。

钢桥、钢筋混凝土桥及预应力混凝土桥、圬工拱桥等上部结构和钢支座、板式橡胶支座、盆式橡胶支座及钢筋混凝土柱式墩台,应按相关公式计算冲击作用。

(3)荷载作用下的主桁架杆件内力

恒载产生的内力:

$$N_g = g\sum\Omega \tag{7-13}$$

式中:g——均布荷载强度(每片主桁);

$\sum\Omega$——杆件内力影响线面积的代数和。

活载所产生的内力(例如荷载组合Ⅰ时):

$$N_p = (1+\mu)m_c k\Omega + m_人 g_人 \Omega \tag{7-14}$$

式中:$1+\mu$——活载冲击系数;

k——均布荷载;

m_c——汽车荷载横向分布系数;

Ω——杆件内力影响线中面积最大者;

$m_人$——人群荷载横向分布系数;

$g_人$——人群荷载强度。

杆件内力:

$$N = N_g + N_p \tag{7-15}$$

(4)空间桁架整体作用对竖杆内力的影响

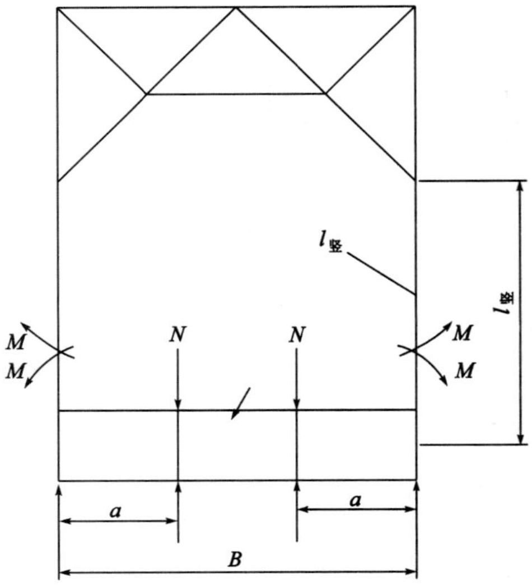

图7-23 空间作用对竖杆的影响

由横梁、主桁架竖杆和横向联结系组成的框架,在竖向荷载的作用下,竖杆的下端将产生力矩,竖杆受拉并受挠曲,应按拉-弯杆件设计,如图7-23所示。横向框架作用所产生的竖杆下端的弯矩可近似地按下式计算:

$$M = \frac{2I_竖}{I_横}\cdot\frac{a(B-a)}{l_竖}\cdot N \tag{7-16}$$

式中:$I_竖$、$I_横$——竖杆及横梁的毛截面惯性矩;

B——主桁中心距;

a——主桁与纵梁的中心距;

$l_竖$——竖杆在主桁平面外的自由长度,可取横联节点至横梁的中心距;

N——每片纵梁作用于横梁的竖向反力。

(5)节点刚性产生的二次内力

当荷载作用时，由于节点刚性，杆件在节点处不能自由转动，因此便产生了弯矩。对个别杆件而言，由附加弯矩产生的二次应力甚至要大于主应力，因此由节点刚性产生的二次弯矩不容忽视。对二次应力的计算可采用手算的方法，但需对计算模型进行简化，即忽略桁架的水平位移和竖向位移，为了获得精确的计算结果也可以采用机算的方法。

二次应力随荷载的增加呈非线性的变化，因此在变化的动荷载作用下，二次应力加快了材料的疲劳，常常会引起材料的脆性破坏。因此为了降低二次应力，除了设计时尽可能减少节点数（避免采用再分式）、减小杆件宽度、节点布置尽量紧凑以外，还应在施工设计和架设阶段，在杆件中设置与二次应力相反的预加力，达到抵消或减小二次应力的目的。

《公路钢结构桥梁设计规范》（JTG D64—2015）指出，构件节点可假定为铰接进行计算，但当需考虑由节点刚性产生的次应力时，由该节点刚性产生的次力矩应乘以0.8，与轴向力一并进行承载能力极限状态的强度检算。

5）节点板强度验算

主桁架大节点是位于几根杆件交汇的地方，腹杆弦杆的内力是通过节点板来平衡的，因此节点板的应力状态比较复杂，同时存在压应力、拉应力和剪应力，且应力分布极不均匀。现在节点板的计算可以采用空间有限元方法进行，但是工作量较大。目前设计节点板常采用一种比较简单的近似方法：首先按照经验数据来确定节点板的厚度，然后根据螺栓的布置情况确定节点板的外形和尺寸，最后采用近似的验算公式进行验算。对于节点板的近似验算主要包括三个部分：

（1）验算主应力作用下节点中心处节点板竖向截面上的法向应力。

（2）验算主应力作用下弦杆与腹杆之间的节点板水平截面的剪应力。

（3）验算斜杆与节点板联结处节点板的撕裂应力。

当撕裂截面与斜杆内力垂直时，采用钢材强度设计值f_d；当撕裂截面与斜杆内力交角小于90°或平行时，采用$0.75f_d$。

当计算节点板上的水平剪力时，应按下式计算：

$$\gamma_0\tau = \gamma_0 \frac{3}{2}\frac{Z}{a\delta} \leqslant 0.75f_d \tag{7-17}$$

$$Z = (S_1 + S_2)\cos\theta \tag{7-18}$$

式中：a——水平截面上节点板长度；

δ——节点板厚度；

Z——相邻腹杆水平力的代数和；

S_1、S_2——相邻腹杆的轴力；

θ——腹杆与斜杆的夹角。

节点板上、下缘的法向应力应按下列公式计算：

①节点板上边缘法向应力：

$$\gamma_0\sigma_1 = \gamma_0\left(\frac{N}{A_j} - \frac{Ne}{I_j}y_1\right) < f_d \tag{7-19}$$

②节点板下边缘法向应力：

$$\gamma_0\sigma_2 = \gamma_0\left(\frac{N}{A_j} + \frac{Ne}{I_j}y_2\right) < f_d \tag{7-20}$$

式中:A_j——节点板和拼接板的净截面面积(mm^2);

I_j——节点板和拼接板的净截面惯性矩(mm^4);

N——竖向截面上的力的设计值;

y_1、y_2——截面下、上缘距节点板和拼接板所组成的截面中心轴的距离(mm)。

6)联结系计算

桥梁除承受竖向荷载外,还要承受风力、列车的摇摆力和离心力等横向力的作用。纵向联结系是主要承受这些横向力作用的结构。计算纵向联结系杆件的内力时,可以将简支桁梁桥的纵向联结系当作水平放置的简支铰接桁架计算。同理,在连续或悬臂桁梁中,纵向联结系也可当作连续或悬臂桁架计算。图 7-24 为下承式简支桁梁桥的纵向联结系的计算简图。

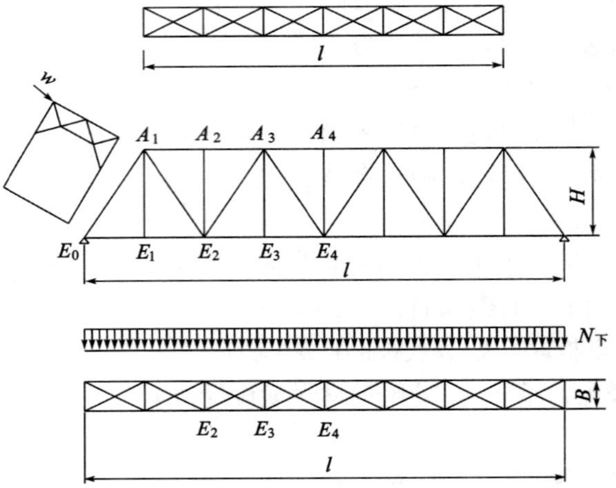

图 7-24　下承式简支桁梁桥纵向联结系计算简图

(1)横向力的计算

栏杆上每米风压力:

$$W_1 = K_1 h_1 W \tag{7-21}$$

桥面系上每米风压力:

$$W_2 = h_2 W \tag{7-22}$$

主桁架上每米风压力:

$$W_3 = K_3 h_3 W \tag{7-23}$$

式中:W——风压力计算强度;

h_1——栏杆高度;

h_2——高出桁架弦杆部分的桥面系高度;

h_3——主桁架的高度;

K_1、K_3——栏杆和主桁架的迎风面积系数。

公路桥梁的风荷载计算可参考《公路桥梁抗风设计规范》(JTG/T 3360-01—2018),铁路桥梁可参考《铁路桥涵设计规范》(TB 10002—2017)中的相关规定。

当主桁架同时设置上、下平联时,应考虑对主桁架上的横向风力进行分配。《公路钢结构桥梁设计规范》(JTG D64—2015)中对横向风力的分配没有明确的规定,但《铁路桥涵设计规范》(TB 10002—2017)中规定,上、下平联各承受主桁风力的一半,即横向风力分配系数取0.5。因此,当上、下弦杆处设有纵向联结系时,下纵联上的风力强度为:

$$W_{下} = W_1 + W_2 + 0.5\ W_3 \tag{7-24}$$

上纵联上的风力强度为:

$$W_{上} = 0.5\ W_3 \tag{7-25}$$

根据以上公式即可计算出横向风力强度,然后根据主桁架内力计算公式按铰接桁架计算出斜杆和弦杆的内力。在下承式桥梁中,如仅设置行车系平面内的纵向联结系,则所有水平荷载均由其承担。

对于铁路桥梁,除横向风力外,横向力作用还应计入列车离心力及摇摆力。《铁路桥梁钢结构设计规范》(TB 10091—2017)规定,列车离心力、摇摆力主要由桥面所在平面附近的纵联承担(分配系数取1.0),另一纵联的分配系数取0.2。

(2)桥门架的内力计算

对于下承式桁梁桥,端横联一般布置在端斜杆平面内,称为桥门架。其上平纵联承受的横向力由两端的桥门架传至下弦端节点,使端斜杆和下弦杆产生附加内力,通常把这一效应称为桥门架效应。桥门架效应的简化计算方法是:把桥门架视为框架,首先求出端斜杆反弯点的位置,再以反弯点以上的框架结构为隔离体,按静定结构根据平衡条件计算出各个杆件的内力。

计算时把上平联当作简支桁架,其跨度等于上弦两端点之间的距离l_1,在均布的横向荷载$W_{上}$(即上平联承受的风力强度)的作用下,其支座反力$H_w = \frac{1}{2} l_1 W_{上}$,即作用在桥门架上的水平力,如图7-25所示。

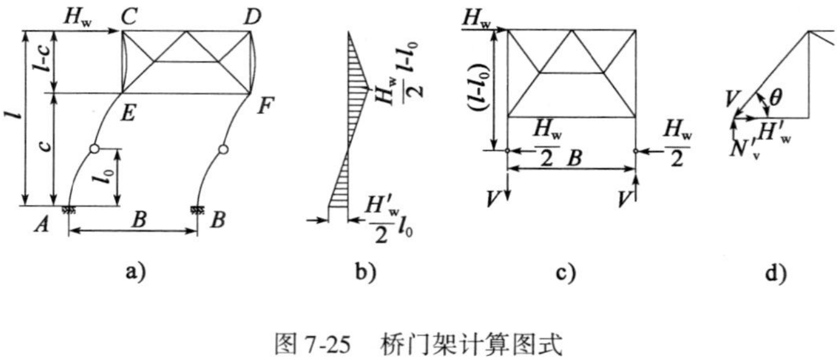

图7-25 桥门架计算图式

桥门架的计算图式是刚架,主桁架端斜杆(腿杆)下端可假定为嵌固在下弦端节点上。在水平力H_w的作用下,刚架产生水平位移,如图7-25a)所示。刚架腿杆的反弯点位置可由下式求得:

$$l_0 = \frac{c + 2l}{2c + l} \cdot \frac{c}{2} \tag{7-26}$$

式中:l——可近似地取端斜杆的理论长度;

c——图7-25a)所示的未布置横向联结系的端斜杆长度。

确定端斜杆的反弯点位置后,可取桥门架在反弯点以上的部分作为分离体来考虑,如图 7-25c)所示。在水平力H_w的作用下,两端斜杆的反弯点处将产生水平反力和数值相等而方向相反的竖直反力 V。对任一反弯点取矩即可求得竖直反力,计算式为:

$$V = \frac{H_w(l - l_0)}{B} \tag{7-27}$$

当端斜杆产生这一轴向力时,在下弦杆端节点将产生两个附加内力和它平衡,如图6-25d)所示。两个附加内力分别为支座承受的竖直力N_v'和由下弦杆承受的纵向水平力H_w',其中下弦杆增加的附加力H_w'值为:

$$H_w' = V\cos\theta \tag{7-28}$$

此外,在水平力H_w的作用下,端斜杆将承受附加弯矩,其值见图 7-25b)。对于桥门架内斜杆(楣杆),由于其内力很小,常以刚度λ控制设计。其内力可根据结构力学相关公式求解。

对于下承式钢桁梁桥,钢桁梁中的竖杆、横梁、横联构成一个闭合框架,横梁在竖向荷载作用下产生挠曲,其所在的横向刚架所有杆件也将发生挠曲,此时主桁腹杆内将产生附加弯矩,通常称此效应为平面框架效应。《公路钢结构桥梁设计规范》(JTG D64—2015)建议,对节点或竖杆截面进行加强以抵抗平面框架效应,《铁路桥梁钢结构设计规范》(TB 10091—2017)中则给出了相应的计算方法,具体可参考相关条文。需注意的是,当桥门架与横梁不在同一平面内时,横梁在竖向荷载作用下发生的挠曲对桥门架的影响不大,此时一般不考虑平面框架效应的影响。

7)空间桁架整体作用附加内力计算

对于纵向联结系杆件,除了主力外,还有杆件本身自重、弦杆变形及杆件偏心连接而引起的附加力。

(1)杆件自重的影响

对于自重引起的荷载计算,等同于对均布荷载作用下的跨径为 l 的简支梁的内力计算,其计算跨径为杆件在水平投影上的长度。由自重引起的弯矩为:

$$m_g = \frac{gl^2}{8} \quad (g\ \text{为杆件的自重}) \tag{7-29}$$

(2)杆件为偏心连接

杆件对节点板偏心 e 的附加弯矩:

$$m_e = Ne \tag{7-30}$$

由上两项引起的附加应力,与轴向杆力 N 所引起的主应力相加后得:

$$\sigma = \frac{N}{F} + \frac{m_g + m_e}{W} \tag{7-31}$$

(3)弦杆变形产生的附加内力

由于弦杆与平纵联腹杆的共同作用,弦杆在竖向荷载作用下产生变形时,平纵联腹杆会产生相当大的内力,在设计时需予以考虑。交叉式斜杆由于弦杆变形而产生的内力,可近似而偏于安全地用下式确定:如图 7-26 所示,当节长为 S 的弦杆拉伸 ΔS 时,长度为 d 的平纵联斜杆相应地拉伸 Δd。近似地:

$$\Delta d = \Delta S \cdot \cos\alpha \tag{7-32}$$

根据虎克定律，斜杆截面的平均应力为：

$$\sigma_d = \frac{E\Delta d}{d} = \frac{E\Delta S \cdot \cos\alpha}{d} \tag{7-33}$$

将 $d = \dfrac{S}{\cos\alpha}$ 代入，并考虑到在竖向荷载作用下弦杆截面平均应力 $\sigma_s = \dfrac{E\Delta S}{S}$，于是得：

$$\sigma_d = \sigma_s \cdot \cos^2\alpha \tag{7-34}$$

以 N_d 表示斜杆内力，N_s 表示弦杆内力。注意到 $\sigma_d = N_d/A_d$，$\sigma_s = N_s/A_s$，则上式可以写成：

$$N_d = N_s \frac{A_d}{A_s} \cos^2\alpha \tag{7-35}$$

式中：A_d、A_s——纵联斜杆、弦杆的毛截面面积。

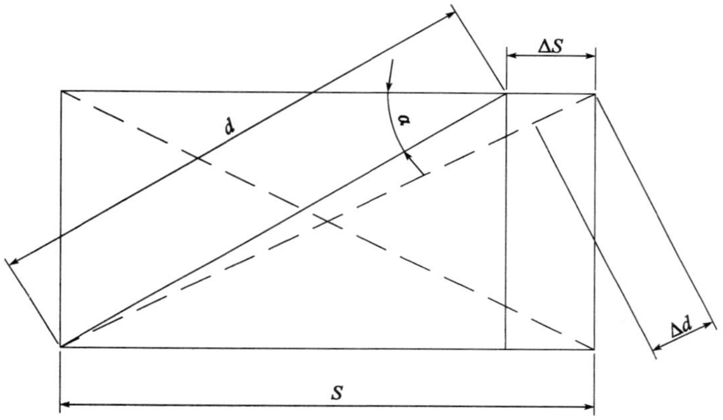

图 7-26　弦杆变形

《铁路桥梁钢结构设计规范》（TB 10091—2017）则采用了更为精确的计算公式，其公式为：

①交叉形纵向联结系斜杆内力可按下式计算：

$$N_d = \frac{N}{A} \cdot \frac{A_d \cos^2\alpha}{1 + 2\dfrac{A_d}{A_p}\sin^3\alpha + \dfrac{A_d}{A}\cos^3\alpha} \tag{7-36}$$

②交叉形且横梁兼作撑杆时联结系斜杆内力可按下式计算：

$$N_d = \frac{A_d\left(\dfrac{N}{A}\cos^2\alpha + 0.6\sigma_b \sin^2\alpha\right)}{1 + 4\dfrac{A_d}{A_b}\sin^3\alpha + \dfrac{A_d}{A}\cos^3\alpha} \tag{7-37}$$

③菱形纵向联结系斜杆内力可按下式计算：

$$N_d = \frac{N}{A} \cdot \frac{A_d \cos^2\alpha}{1 + 2\dfrac{A_d}{A_p}\sin^3\alpha + \dfrac{A_d}{48I}B^2\cos^3\alpha + \dfrac{A_d}{A}\cos^3\alpha} \tag{7-38}$$

④交叉形、菱形纵向联结系撑杆内力可按下式计算：

$$N_p = (N_d^{左} + N_d^{右})\sin\alpha \tag{7-39}$$

计算荷载组合时，可先算出恒载及恒载加活载作用下因弦杆变形所产生的斜杆内力，若用脚手架安装钢梁,而在脚手架拆离桥跨后才拧紧纵向联结系节点螺栓或打铆钉,则该恒载所引起的弦杆变形对平联斜杆内力的影响就不应计入。

8)杆件截面验算

《公路钢结构桥梁设计规范》(JTG D64—2015)、《铁路桥梁钢结构设计规范》(TB 10091—2017)均对杆件截面的强度、刚度验算进行了规定,这里仅介绍公路钢桁梁桥的杆件验算方法。

(1)受轴向力的杆件

①受拉杆件的强度和刚度验算

轴心受拉构件承载力应满足下式要求(高强度螺栓摩擦型连接处除外):

$$\gamma_0 N_d \leqslant A_0 f_d \tag{7-40}$$

式中:N_d——轴心拉力设计值;

A_0——净截面面积。

高强度螺栓摩擦型连接处承载力应满足下式要求:

$$\left(1-0.5\frac{n_1}{n}\right)\gamma_0 N_d \leqslant A_0 f_d \tag{7-41}$$

式中:n——在节点或拼接处,构件一端连接的高强度螺栓数目;

n_1——所计算截面(最外列螺栓处)上的高强度螺栓数目。

另外,对于桥梁结构中承受拉拉循环应力或拉压循环应力作用的构件,都应对其进行疲劳验算,且在抗疲劳设计时,仅考虑可变荷载的作用。验算时涉及的三种疲劳荷载模型Ⅰ~Ⅲ可参照《公路钢结构桥梁设计规范》(JTG D64—2015)。

除强度验算外,杆件还应具有一定的刚度,以减小杆件自重引起的挠曲,以免在运输和安装过程中偶然碰撞发生弯曲。此外,如果杆件刚度过大,在活载作用下也易发生较大的振动。设计中对于杆件刚度的控制一般通过限制杆件的长细比来实现。

②受压杆件强度及刚度验算

轴心受压构件的强度应满足下式要求:

$$\gamma_0 N_d \leqslant A_{eff,c} f_d \tag{7-42}$$

式中:N_d——最不利截面轴心压力设计值;

$A_{eff,c}$——考虑局部稳定影响的有效截面面积。

此外,对于轴心受压构件还应考虑其稳定性,轴心受压构件的整体稳定应满足下式的要求:

$$\gamma_0\left(\frac{N_d}{\chi A_{eff,c}}+\frac{N e_z}{W_{y,eff}}+\frac{N e_y}{W_{z,eff}}\right)\leqslant f_d \tag{7-43}$$

式中: N_d——轴心压力设计值,当压力沿轴向变化时取构件件中间1/3部分的最大值;

χ——轴心受压构件整体稳定折减系数;

$A_{eff,c}$——考虑局部稳定影响的有效截面面积;

e_y、e_z——有效截面形心在z轴、y轴方向距离毛截面形心的偏心距;

$W_{y,eff}$、$W_{z,eff}$——考虑局部稳定影响的有效截面相对于y轴和z轴的截面模量。

(2)拉弯、压弯杆件

对于实腹式构件,其拉弯、压弯构件强度应满足下式要求:

$$\gamma_0\left(\frac{N_d}{N_{Rd}}+\frac{M_y+N_d e_z}{M_{Rd,y}}+\frac{M_z+N_d e_y}{M_{Rd,z}}\right)\leqslant 1 \tag{7-44}$$

$$N_{Rd}=A_{eff}f_d \tag{7-45}$$

$$M_{Rd,y}=W_{y,eff}f_d \tag{7-46}$$

$$M_{Rd,z}=W_{z,eff}f_d \tag{7-47}$$

式中：N_d——轴心力设计值；

M_y、M_z——绕 y 轴和 z 轴的弯矩设计值；

A_{eff}——有效截面面积，其中受拉翼缘仅考虑剪力滞影响，受压翼缘同时考虑剪力滞和局部稳定的影响；

$W_{y,eff}$、$W_{z,eff}$——有效截面相对于 y 轴和 z 轴的截面模量，其中受拉翼缘仅考虑剪力滞影响，受压翼缘同时考虑剪力滞和局部稳定影响。

此外，对于实腹式压弯构件，其整体稳定性还应满足《公路钢结构桥梁设计规范》(JTG D64—2015)中的相关规定：

①压弯构件所受弯矩作用在一个对称轴平面内

$$\gamma_0\left[\frac{N_d}{\chi_y N_{Rd}}+\beta_{m,y}\frac{M_y+N_d e_z}{M_{Rd,y}\left(1-\frac{N_d}{N_{cr,y}}\right)}\right]\leqslant 1 \tag{7-48}$$

$$\gamma_0\left[\frac{N_d}{\chi_z N_{Rd}}+\beta_{m,y}\frac{M_y+N_d e_z}{\chi_{LT,y}M_{Rd,y}\left(1-\frac{N_d}{N_{cr,z}}\right)}\right]\leqslant 1 \tag{7-49}$$

式中：N_d——构件中间1/3范围内的最大轴力设计值；

χ_y、χ_z——轴心受压构件绕 y 轴和 z 轴弯曲失稳模态的整体稳定折减系数；

$\chi_{LT,y}$——x-y 平面内的弯矩作用下，构件弯扭失稳模态的整体稳定折减系数；

$N_{cr,y}$、$N_{cr,z}$——轴心受压构件绕 y 轴和 z 轴弯曲失稳模态的整体稳定欧拉荷载；

$\beta_{m,y}$——相对M_y的等效弯矩系数，参照《公路钢结构桥梁设计规范》(JTG D64—2015)。

②压弯构件所受弯矩作用在两个主平面内

$$\gamma_0\left[\frac{N_d}{\chi_y N_{Rd}}+\beta_{m,y}\frac{M_y+N_d e_z}{M_{Rd,y}\left(1-\frac{N_d}{N_{cr,y}}\right)}+\beta_{m,y}\frac{M_z+N_d e_y}{\chi_{LT,z}M_{Rd,z}\left(1-\frac{N_d}{N_{cr,z}}\right)}\right]\leqslant 1 \tag{7-50}$$

$$\gamma_0\left[\frac{N_d}{\chi_z N_{Rd}}+\beta_{m,y}\frac{M_y+N_d e_z}{\chi_{LT,y}M_{Rd,y}\left(1-\frac{N_d}{N_{cr,y}}\right)}+\beta_{m,z}\frac{M_z+N_d e_y}{M_{Rd,z}\left(1-\frac{N_d}{N_{cr,z}}\right)}\right]\leqslant 1 \tag{7-51}$$

式中：N_d——所计算构件中间1/3范围内的最大轴力设计值；

M_y、M_z——所计算构件段范围内的最大弯矩设计值；

$\chi_{LT,z}$——x-z 平面内的弯矩作用下，构件弯扭失稳模态的整体稳定折减系数；

$\beta_{m,z}$——相对M_z的等效弯矩系数。

9)算例

某下承式简支钢桁梁桥，计算跨径 $L=64\text{m}$。主桁为带竖杆的三角形桁架结构，桁高 $H=11\text{m}$，主桁间距 $B=11.2\text{m}$，节间长度 $d=8\text{m}$。上下纵平联均采用交叉腹杆桁架，每两个节间设置一道横向联结系,在简支钢桁梁的两端设置有桥门架,如图7-27所示。假设每片主桁所承受的恒载为 $p = 25\text{kN}$,活载采用《公路桥涵设计通用规范》(JTG D60—2015)中的公路—Ⅰ级车道荷载,主桁架受到的横向风荷载为 $F_H = 12.0\text{kN/m}$,活载冲击系数 $\mu = 0.284$。若忽略桥门架效应,试对下弦杆 E_2E_4 进行验算。

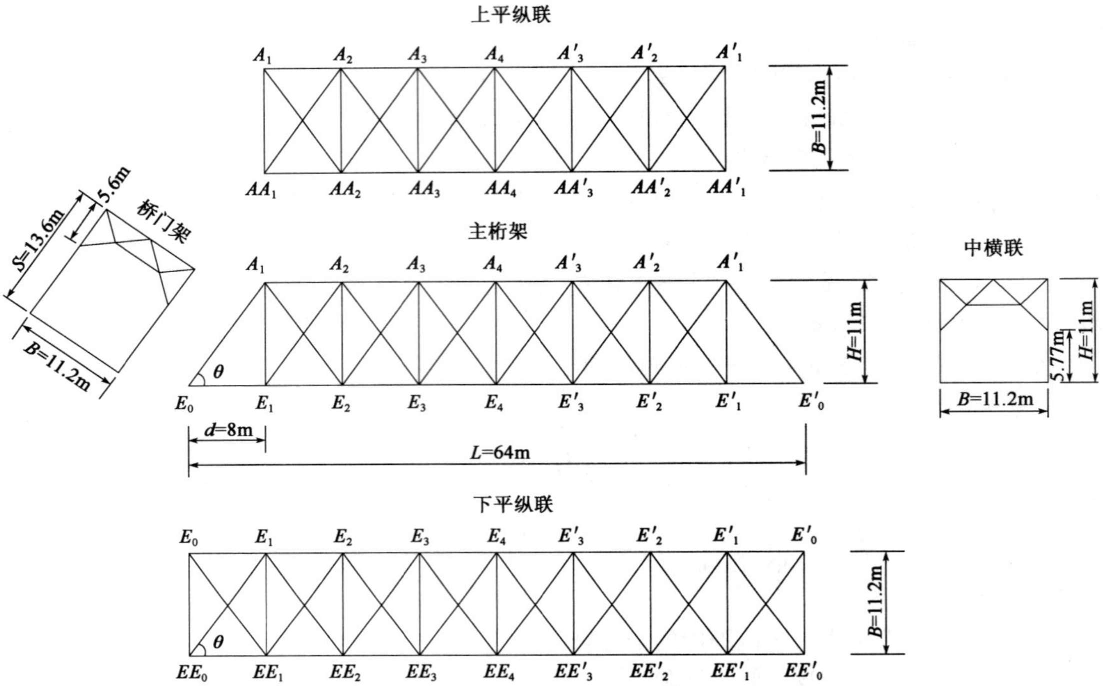

图7-27 桁架总体布置图

解 (1)作用效应计算

①竖向荷载作用效应

a. 恒载效应

恒载作用下杆件 E_2E_4 的内力影响线如图7-28所示。

因此下弦杆 E_2E_4 的恒载内力为:$N_p = p\sum\Omega = 25 \times 43.64 = 1\ 091(\text{kN})$

b. 活载效应

根据杠杆法,按最不利位置进行布置得到两车道对应的荷载横向分布系数为 $m = 1.28$。

活载作用下下弦杆 E_2E_4 的轴力为:$N_k = 360 \times 1.363 + 10.5 \times 43.64 = 948.9(\text{kN})$

因此,考虑荷载横向分布与冲击系数时的活载内力为:

$$N_l = m(1+\mu)N_k = 1.28 \times 1.284 \times 948.9 = 1\ 559.53(\text{kN})$$

②横向作用效应

分配至下平纵联的横向风力为:$k' = 0.5F_H = 0.5 \times 12 = 6(\text{kN/m})$

此时下弦杆 E_2E_4 由横向作用引起的内力为:$N_w = k'\sum\Omega = 6.0 \times 45.0 = 270(\text{kN})$

③作用效应组合

恒载效应:$N_p = 1\ 091\text{kN}$

活载效应:$N_l = 1\ 559.53\text{kN}$

风荷载效应：$N_w = 270\text{kN}$

作用效应组合：$\gamma_0 S_{ud} = 1.0(1.2N_p + 1.4N_l + 0.75 \times 1.0 \times 1.1N_w) = 3\ 715.292(\text{kN})$

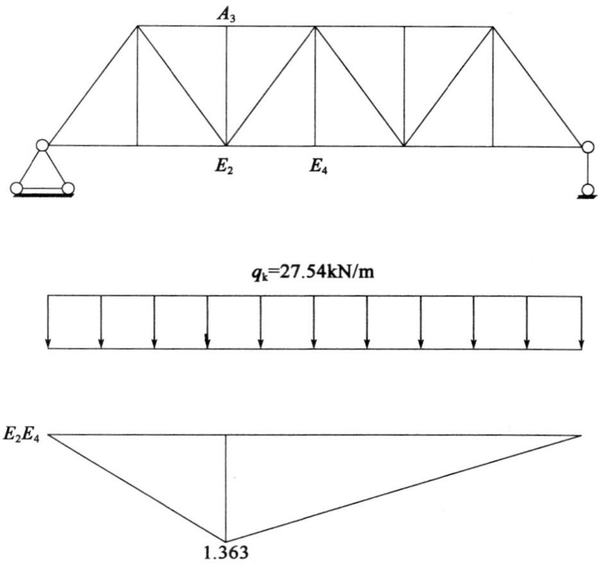

图 7-28　荷载和影响线

(2)杆件验算

因下弦杆 E_2E_4 为受拉杆件，因此仅对其刚度、强度及疲劳进行验算。

①刚度验算

下弦杆 E_2E_4 的长细比：

$$\lambda_x = 67.99, \lambda_y = 39.42, \lambda_{max} = 67.99 < [\lambda] = 130$$

故杆件的刚度满足要求。

②强度验算

基本荷载组合作用下的杆件内力为 3 715.292kN，下弦杆 E_2E_4 的净截面面积 $A_j = 192.5\text{cm}^2$，则：

$$\gamma_0 N_d = 3\ 715.292\text{kN} \leqslant A_j f_d = 192.5 \times 10^{-1} \times 270 = 5\ 197.5(\text{kN})$$

杆件的强度满足规范要求。

③疲劳验算

依据《公路钢结构桥梁设计规范》(JTG D64—2015)，公路钢桥中除桥面系以外的构件优先采用疲劳荷载计算模型Ⅰ验算，当计算结果不满足要求时，应按模型Ⅱ验算。疲劳荷载计算模型Ⅰ中集中荷载为 $0.7P_k$，均布荷载为 $0.3q_k$。

疲劳荷载计算模型Ⅰ作用下的杆件内力为：$N_{max} = 615.61\text{kN}, N_{min} = 0\text{kN}$，则：

$$\sigma_{max} = \frac{N_{max}}{A_j} = 31.98\text{MPa}, \sigma_{min} = 0\text{MPa}$$

对于采用对接方式焊接的板材，其疲劳强度为 $\Delta\sigma_D = 110\text{MPa}$，则依据《公路钢结构桥梁设计规范》(JTG D64—2015)可进行疲劳验算，其中疲劳荷载分项系数 γ_{Ff} 取 1.0，对重要构件 γ_{Mf} 取 1.35，尺寸效应折减系数 k_s 取 1.0：

$$\gamma_{\mathrm{Ff}}\Delta\sigma_{\mathrm{p}}=31.98\mathrm{MPa}\leqslant\frac{k_{\mathrm{s}}\Delta\sigma_{\mathrm{D}}}{\gamma_{\mathrm{Mf}}}=81.48\mathrm{MPa}$$

因此,杆件的疲劳强度满足规范要求。

7.4 受力分析

7.4.1 桁梁结构二次应力

实际桁架结构除了受到轴向力作用外,还受到弯矩、剪力及扭矩这些次内力的作用,由次内力产生的应力称为次应力。在桁架的简化计算中是将桁架的连接假定为铰接,即采用理想桁架进行计算。而在实际结构中,桁架杆件交汇处的节点难以实现"铰"接的形式,杆件端部均受到不同程度的约束,呈现出半刚性或刚性。现今的钢桁梁桥设计中,普遍采用焊接或高强螺栓实现桁架各杆件之间的连接,这种桁架结构中的杆件难免会受到弯矩的作用,并在杆件中产生二次应力。

在钢桁架结构的设计中,节点板的半刚性连接、轴向力对杆件重心的偏心、杆件自重的影响、横向连接杆件变形的影响等均会产生二次应力。二次应力是由与构造原因造成的,当二次应力较小时在设计中可不予考虑,但当二次应力较大时,在设计中必须同时考虑一次应力和二次应力。

在杆件长细比或高长比较大的杆件中必须考虑由节点刚性产生的二次应力,计算方法有近似计算和精确计算两种方法。近似计算法先假定桁架为铰接结构,计算铰接结构中各杆件的一次内力,然后根据一次应力产生的变形来计算节点刚性产生的二次应力。若将桁架杆件在节点范围内的弯曲刚度视为无穷大,可得到图 7-29 所示的计算简图。

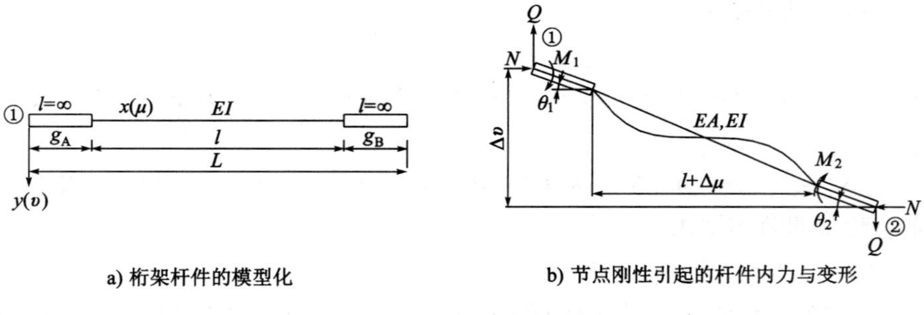

图 7-29 刚臂组合单元

节点位移:

$$\boldsymbol{q}^{\mathrm{e}}=[\Delta\mu\Delta\nu\ \theta_1\theta_2]^{\mathrm{T}} \tag{7-52}$$

杆端力:

$$\boldsymbol{F}^{\mathrm{e}}=[NQ\ M_1M_2]^{\mathrm{T}} \tag{7-53}$$

可以导出刚度矩阵为:

$$
\boldsymbol{K}_{\mathrm{m}}^{\mathrm{e}}=\begin{bmatrix}\frac{EA}{l} & 0 & 0 & 0\\ 0 & \frac{2S(1+C)k}{nL^2} & -\frac{S(1+C)k}{L} & -\frac{S(1+C)k}{L}\\ 0 & -\frac{S(1+C)k}{L} & Sk & SCk\\ 0 & -\frac{S(1+C)k}{L} & SCk & Sk\end{bmatrix} \tag{7-54}
$$

$$
k=\frac{EI}{l};\quad S=s+\frac{2a\,g_{\mathrm{A}}(1+g_{\mathrm{A}})}{l^2};\quad a=s(1+c)-\frac{Nl^2}{2EI}
$$

$$
SC=sc+\frac{s(1+c)(g_{\mathrm{A}}+g_{\mathrm{B}})}{l}+\frac{2a\,g_{\mathrm{A}}g_{\mathrm{B}}}{l^2};\quad n=\frac{2S(1+C)k}{2S(1+C)k+Nl}
$$

其中,当 $N>0$(压力)时,s、c 为:

$$
s=\frac{\alpha(1-2\alpha\cot2\alpha)}{\tan\alpha-\alpha}\quad c=\frac{2\alpha-\sin2\alpha}{\sin2\alpha-2\alpha\cos2\alpha}\quad \alpha=\frac{l}{2}\sqrt{\frac{N}{EI}}
$$

当 $N<0$(拉力)时,s、c 为:

$$
s=\frac{\beta(1-2\beta\coth2\beta)}{\tanh\beta-\beta}\quad c=\frac{2\beta-\sinh2\beta}{\sinh2\beta-2\beta\cosh2\beta}\quad \beta=\frac{l}{2}\sqrt{\frac{-N}{EI}}
$$

在不考虑节点板刚性的情况下,刚度矩阵$\boldsymbol{K}^{\mathrm{e}}$的计算只需将 l、S、C 分别换成 L、s、c。

按照变位法把刚性节点的桁架作为非线性结构来分析,可按照以下步骤进行:

(1)假定所有杆件的轴向力均为零;

(2)计算各杆件的刚度矩阵并集成总体刚度矩阵;

(3)解全部节点平衡方程,求得节点在荷载作用下的位移;

(4)计算所有杆件的内力;

(5)按照计算所得的杆件内力重新计算杆件刚度。

重复步骤(2)~(5),直至所求杆件内力收敛。按照此种方法不仅可以求得内力,还可以求得位移。

二次应力的手算可采用上述计算方法,随着有限元分析软件的应用,可以通过有限元分析软件同时计算出桁架结构轴向力产生的正应力及弯矩产生的二次应力。在分析中可结合实际的钢桁架结构建立梁单元模型,并对桁架结构作有限元整体结构分析,提取荷载作用下各杆件的一次应力及二次应力的大小。与手算方法相比,有限元方法分析次应力效应很方便,避免了某些计算假定带来的分析误差,通过对结构建立简单的梁、杆系有限元模型,计算分析杆件中轴力、弯矩大小,并得到轴力产生的应力与弯矩产生的次应力大小,从而对次应力影响大小有一个量化比较。

7.4.2 整体式节点焊接残余应力分析

相比较于其他节点形式,采用整体式节点具有加快钢梁的制造、改善现场施工条件、方便施工现场组装架设等优势,因此越来越多的大跨度钢桁架桥采用整体式节点。整体节点的各主要部件均采用焊接连接,节点内焊缝密集、构造复杂、内部应力状态也较复杂。《公路钢结构桥梁设计规范》(JTG D64—2015)提出,节点板与弦杆竖板对接焊缝宜在弧端以外 100mm

以上,该对接焊缝与相邻横隔板的间距也应该在100mm以上。

整体式节点各构件采用焊接的方式连接,由于焊接时的不均匀温度场,使得施焊点及周围钢材在膨胀的同时受到周围材料的约束,从而在焊缝位置产生较大的温度应力。随着时间的推移,焊缝周围钢材的温度不断降低,焊件内的应力也在不断发生变化,即焊接应力不断变化。由于材料塑性变形和相变应变的发生,焊件冷却后会产生一定的焊接残余应力和残余变形。对于众多的实际结构而言,影响残余应力和残余变形的因素比较复杂,难以采用解析的方法求得问题的解,因此需要采用合适的焊接数值模拟的技术对焊接引起的残余应力及变形问题进行详细的分析求解。

焊接残余应力和残余变形产生的根本原因是焊接过程中产生的不均匀温度场,因此需对温度场的计算进行精确的模拟。焊接温度场有限元求解时常用的理论为非线性瞬态传导有限元理论,其有限元分析过程是先将实体对象进行分解,得到不同大小、种类的区域,再根据不同区域的要求推导出各个元素的作用力方程,整合系统的所有元素构成系统方程组,最后将系统方程组求解。目前进行残余应力有限元分析的理论有残余塑变理论、固有应变理论和热弹塑性理论,随着大型有限元软件的开发应用,热弹塑性法得到了学者的认可并得到了较多的采用。热塑性理论有全量理论(形变理论)和增量理论(流动理论)。全量理论认为材料塑性状态下仍是应变和应力全量之间的关系,直接建立与加载路径无关的用全量形式表示的本构关系,适用于小变形简单加载;增量理论认为在塑性状态下是塑性应变增量或应变率和应力及应力增量或应力率之间的关系,适用于简单加载及复杂加载。焊接过程中的焊接热应力应变过程非常复杂,不适合采用全量理论进行分析,应采用增量理论进行非线性分析计算。增量塑性理论包括三个基本准则,分别是屈服准则、流动准则和强化准则,对于这三个准则本节不作过多介绍,具体定义可参考相关书籍文献。

焊接过程中焊件存在弹性区和塑性区。对于弹性区,其全应变增量可表示为:

$$\mathrm{d}\boldsymbol{\varepsilon} = (\mathrm{d}\boldsymbol{\varepsilon})_{\mathrm{e}} + (\mathrm{d}\boldsymbol{\varepsilon})_{\mathrm{T}} \tag{7-55}$$

式中:$(\mathrm{d}\boldsymbol{\varepsilon})_{\mathrm{e}}$——满足相容方程而产生的弹性应变增量;

$(\mathrm{d}\boldsymbol{\varepsilon})_{\mathrm{T}}$——热应变增量。

对于塑性区,其全应变增量可以表示为:

$$\mathrm{d}\boldsymbol{\varepsilon} = (\mathrm{d}\boldsymbol{\varepsilon})_{\mathrm{p}} + (\mathrm{d}\boldsymbol{\varepsilon})_{\mathrm{e}} + (\mathrm{d}\boldsymbol{\varepsilon})_{\mathrm{T}} \tag{7-56}$$

式中:$(\mathrm{d}\boldsymbol{\varepsilon})_{\mathrm{p}}$——塑性应变增量。

进行热弹塑性有限元分析时,首先要离散化研究对象,然后将温度增量逐渐施加在有限元模型上,求得各节点的位移增量,然后根据单元应变增量与单元位移增量之间的关系以及应力应变关系求出各单元应力增量,最终求得焊接过程的应力变化和残余应力。

7.4.3 几何初始偏心受压构件的弹性屈曲

对于结构中的受压构件,若其存在几何初始偏心,则构件的平衡微分方程可以表示为:

$$EI\frac{\mathrm{d}^2 \boldsymbol{v}}{\mathrm{d}x^2} = -N(\boldsymbol{v} + \boldsymbol{v}_0) \tag{7-57}$$

假设构件的初始偏心为:

$$\boldsymbol{v}_0 = \frac{\delta_0 \sin\pi x}{L} \tag{7-58}$$

则满足式(7-57)和边界条件 $v(0)=v(L)=0$ 的解为:

$$v=\frac{\delta\sin\pi x}{L} \tag{7-59}$$

其中:

$$\delta=\delta_0\frac{\dfrac{N}{N_{cr}}}{1-\dfrac{N}{N_{cr}}} \tag{7-60}$$

受压构件在轴向力 N 和二次弯矩 $N(\delta+\delta_0)$ 的作用下,其截面应力为:

$$\sigma_{max}=\frac{N}{A}+\frac{N\delta_0}{W_{el}}\cdot\frac{1}{1-\dfrac{N}{N_{cr}}} \tag{7-61}$$

式中:W_{el}——截面模量;

N_{cr}——理想轴心受压构件的欧拉荷载。

设最大应力σ_{max}达到材料屈服应力 f_y 时构件能够承受的最大极限轴力为N_L,则由以上两式可得:

$$f_y=\frac{N_L}{A}+\frac{N_L(\delta+\delta_0)}{W_{el}}=\frac{N_L}{A}\left(1+\frac{A\delta_0}{W_{el}}\cdot\frac{1}{1-\dfrac{N_L}{N_{cr}}}\right) \tag{7-62}$$

设构件的偏心率 η 为:

$$\eta=\frac{\delta_0}{W_{el}/A} \tag{7-63}$$

将$\sigma_{cr}=N_{cr}/A$ 和式(7-63)代入式(7-62)可得:

$$\frac{N_L}{f_yA}=\frac{1+\dfrac{(1+\eta)\sigma_{cr}}{f_y}}{2}-\sqrt{\left[\frac{1+\dfrac{(1+\eta)\sigma_{cr}}{f_y}}{2}\right]^2-\frac{\sigma_{cr}}{f_y}} \tag{7-64}$$

将$\sigma_{cr}=f_y/\overline{\lambda}^2$代入式(7-64)并假设:

$$\chi=\frac{1}{2}\left[1+\frac{1}{\overline{\lambda}^2}(1+\eta)\right]-\frac{1}{2}\sqrt{\left[1+\frac{1}{\overline{\lambda}^2}(1+\eta)\right]^2-\frac{4}{\overline{\lambda}^2}} \tag{7-65}$$

可得:

$$N_L=\chi f_yA \tag{7-66}$$

$$\sigma_L=\chi f_y \tag{7-67}$$

式(7-65)即为 Perry 公式,χ 为几何初始偏心受压构件考虑二次弯矩影响的弹性屈曲承载力折减系数,也可称之为压杆稳定系数。我国《公路钢结构桥梁设计规范》(JTG D64—2015)的整体稳定承载力折减系数即采用了 Perry 公式进行计算。

思考题

7-1 钢桁梁桥主桁有哪几种基本形式？试简述各形式的适用性。

7-2 试简述钢桁梁桥节点类型及其优缺点。

7-3 钢桁梁桥为何要设置制动联结系？制动联结系该如何设置？

7-4 钢桁梁桥主桁节点设计时应考虑哪些因素？

7-5 钢桁梁主桁高度和节间长度取值对其他杆件的影响有哪些？

7-6 钢桁梁桥的结构验算需要验算哪些方面的内容？如何验算？

7-7 为何要对钢桁梁桥的挠度进行限制？设置预拱度的目的是什么？

7-8 如何考虑整体式节点的焊接残余应力？

7-9 何为二次应力？在桁架简化计算中对二次应力是如何考虑的？

7-10 试分析考虑节点及空间结构作用时需注意哪几方面的内容。

第 8 章

组合梁桥

8.1 组合梁桥形式

8.1.1 组合结构概述

广义地说,由不同种类或不同性质材料组成的受力构件就是组合构件,而由这些组合构件所组成的结构就是组合结构。例如,在航空、化工等工业中,由复合材料制作的各种类型的构件或结构,或由板及夹层材料组成的构件等都属于组合结构。在土木工程中,最常用的材料为混凝土材料与钢材,这里指的组合结构为钢材和混凝土这两种材料通过黏结、机械咬合或连接件相互接合,形成能够共同承担作用力的构件或结构。

钢—混凝土组合结构具有多种结构形式,且应用范围广泛。当采用一定的机械连接装置将混凝土与钢构件连接在一起,或利用混凝土本身的握裹力使混凝土与钢构件形成单一的受力构件,则可作为结构工程的组合梁、组合柱、组合板等。组合结构构件的断面组成形式(图 8-1)主要包括以下几类:

(1)型钢混凝土构件:是指在混凝土中配置以型钢为主的结构,可作为柱构件或梁构件,型钢混凝土构件可以提高结构的整体稳定性和局部稳定性,能够更好地发挥钢构件的受力性能。另外,由于型钢混凝土将钢构件包裹在混凝土内,因此具有较好的抗火与抗腐蚀能力。

(2)钢管混凝土构件:在钢管内填入混凝土,使得钢管与混凝土共同受力的构件。此类构件由于钢管对混凝土的约束,在受轴压力时,钢管内的混凝土为三向受压状态,能充分发挥混凝土的受压能力,而钢管主要承受环向拉力,可以充分发挥混凝土抗压能力强、钢管抗拉能力强的特点。

(3)外包钢构件:在混凝土构件外包型钢而使其共同工作的构件。该类构件可以大大减少结构中的预埋件,常作为柱子或支撑构件。

(4)钢—混凝土组合构件:通过一定的连接装置将混凝土板与钢梁组合在一起共同受力的构件。当这种组合梁用于简支梁中时,混凝土板主要承受弯曲压应力,而钢梁主要承受拉应力,能充分发挥混凝土的受压性能及钢材的受拉性能。该类结构具有较好的受力性能与稳定性。

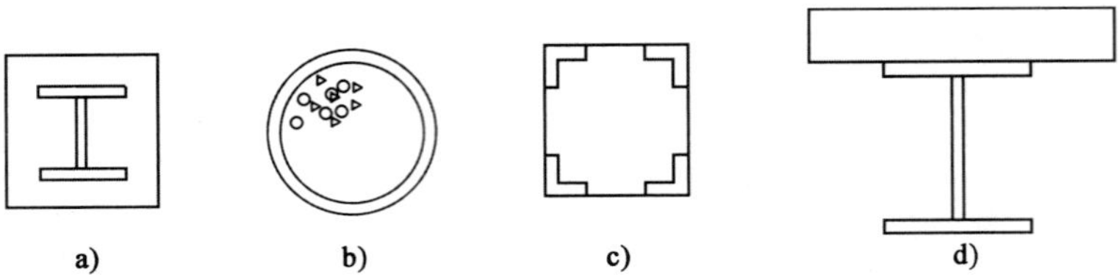

图 8-1 结构构件断面形式

钢—混凝土组合结构具有多种结构形式,伴随着桥梁建设的快速发展,其结构形式也不断变化创新,除了上述几种组合形式外,还出现了组合脊骨梁、钢纤维混凝土组合梁、波形钢腹板组合箱梁等新的结构形式。

桥梁结构中常用组合结构为钢—混凝土组合结构。组合梁将型钢和混凝土板分别作为梁的腹板和翼缘板组合在一起,形成共同工作的T形或者倒L形梁。混凝土与型钢之间通常采用剪切连接件实现可靠的连接。钢—混凝土组合结构充分发挥了钢和混凝土两种材料的力学性能优势,优化了结构的设计。混凝土板处于受压区,型钢处于受拉区或大部分受拉区,能充分发挥混凝土的受压性能及钢材的受拉性能。因此同传统结构形式相比,钢—混凝土组合结构主要具有以下优点:

(1)与钢筋混凝土相比,组合结构可以减轻自重、减小地震作用、减小构件截面尺寸、增加有效使用空间、降低基础造价、节省支模工序和模板、缩短施工周期、增加构件和结构的延性等。

(2)与钢结构相比,其可以减小用钢量、增大刚度、增加稳定性和整体性、增强结构抗火性和耐久性等。

8.1.2 组合梁桥结构形式

1)组合钢板梁桥

对于中、小跨径组合梁桥,为降低制作安装成本,通常采用工字形截面的钢梁,也称为组合板梁桥,如图8-2所示。简支组合板梁桥的高跨比一般可取为1/25~1/18,其钢梁可适用轧制型钢或焊接钢梁。轧制钢梁的间距一般取2~4m,焊接钢梁的间距可更大一些。为满足使用阶段特别是施工阶段的稳定性需求,有可能需要在各主梁间设置支撑。桥梁工程中的组合梁由于钢梁的上翼缘往往接近中和轴，受力中不能充分发挥其作用，所以经常采用焊接的不对称工字钢梁，即上翼缘的宽度较小（但应满足布置连接件的构造要求），同时混凝土桥面板可作为主梁翼缘发挥作用，因此采用上下不对称的钢梁截面形式还可节省钢材。对于焊接钢梁，这种不对称截面并不会增加焊接工作量。对于轧制钢梁，如需采用不对称截面，则可在下翼缘下侧再贴焊一层钢板，但这种构造方式增加了焊接工作量，同时带来例如疲劳强度降低等一系列问题。

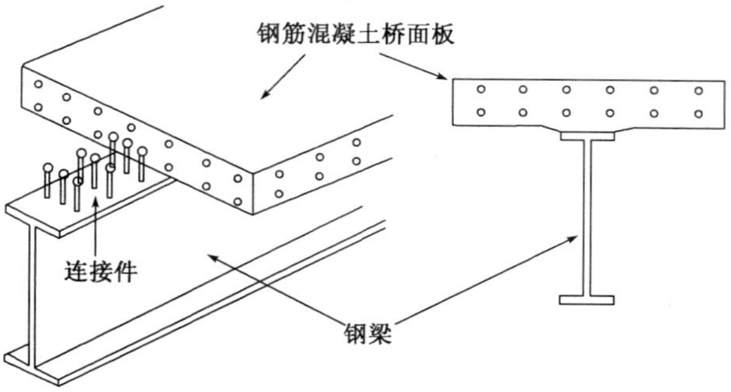

图 8-2　组合钢板梁桥截面

早期的组合钢板梁桥在并排的钢主梁上折减设置很多横梁、水平及竖向支撑，在腹板上焊接很多横向加劲肋，纵梁间距很小。近年来，组合钢板梁桥构造通过探索、研究与试验得到了很大的简化，减少了许多钢板梁间的连接构件，采用框架式连接系取代从前的 K 形联结系，使得组合梁桥在施工性能上得到了较大的提升，因此得到了比较广泛的应用。目前，组合钢板梁桥多采用双主梁或少主梁形式，在 20 ~ 150m 跨度范围内有很强的竞争力。对于 25 ~ 45m 跨度的中小跨径组合钢板梁桥，可不设置横联梁，只依靠混凝土桥面板来分配荷载。在混凝土桥面板能满足横向传力荷载的前提下，为减少施工费用，钢梁的数量可尽量减少。当桥面宽度不是很大时，目前常用的做法是只使用两根纵向钢梁，使得现场工作量大大降低。目前常用的双主梁组合钢板梁桥截面如图 8-3 所示。

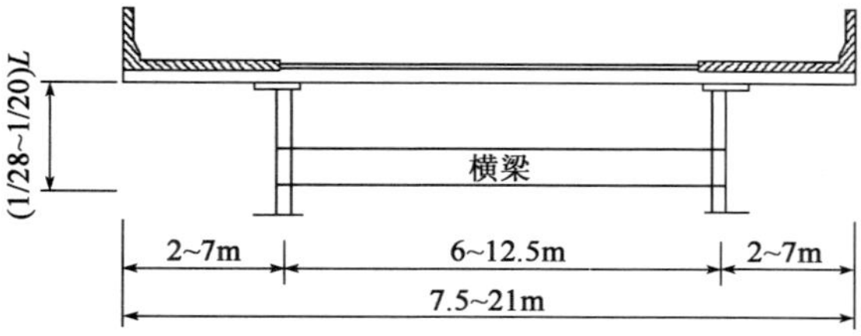

图 8-3　组合板梁桥截面

2）组合箱梁桥

箱形组合梁的抗扭刚度比较大，因此适合建造跨高比较大及扭转作用较大的跨线桥和曲线梁桥，如城市立交中的匝道桥。钢箱梁的制作费用较钢板梁桥高，因此从降低造价的角度出发，对于跨径较小的组合梁桥不宜采用箱形截面。钢箱梁底板宽度较大，因此使用的钢板厚度可相应减小，同时钢箱梁内部密封性较好，有利于提高钢梁的抗腐蚀性。

箱形截面的组合梁通常有两种截面形式，即闭口截面钢箱梁与开口截面钢箱梁，如图 8-4

所示。其中开口的钢箱梁由腹板、底板以及宽度较小的顶板组成,制作比较方便,同时用钢量较小。开口钢箱梁的上翼缘必须保持一定的宽度,用于支撑混凝土桥面板并具有组合的空间来布置抗剪连接件。开口钢箱梁主梁与混凝土桥面板形成组合截面之前,主梁抗扭刚度较小,顶板稳定性也较差,因此在施工过程中需要采取增加横隔板或斜撑的措施以保证结构的稳定性。与钢箱梁桥相同,组合钢箱梁桥的主梁既可以采用直腹板,也可采用斜腹板,斜腹板可减少底板的宽度,外形较为美观。

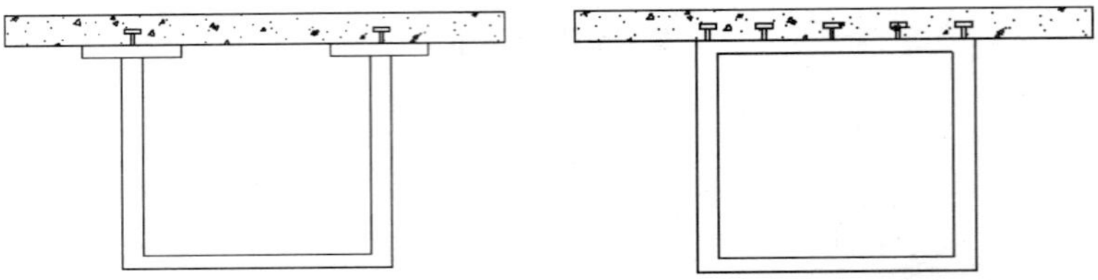

a) 开口箱形钢梁截面　　b) 闭口箱形钢梁截面

图 8-4　箱形钢梁截面示意图

组合箱梁桥适用于25m跨度以上的简支梁桥或35m跨度以上的连续梁桥,多应用于城市立交桥及高速公路的跨线桥,可增大跨越能力、解决桥下净空不足问题及避免施工时中断交通。组合钢箱梁桥根据桥面跨度的不同,钢主梁可采用单箱单室、单箱多室和多箱多室等钢主梁形式(图8-5),并与混凝土桥面板组合成整体。主梁形式的选择应重点考虑桥面的高宽比以及支座、吊装能力。多箱多室截面能减少桥面板的厚度,但与单箱单室相比,腹板的用钢量偏大且支座较复杂。对于桥面系结构高度较大且跨度大于100m的桥梁,很少采用多室箱梁。为减小上部结构的自重以达到增加跨度、减少下部结构工程量和提高截面抗扭刚度的目的,当桥面宽度较小时,可采用单室箱。当桥面宽度较大时,则可考虑采用单箱多室、多箱多室或设置横向支撑构件的单箱多室截面。

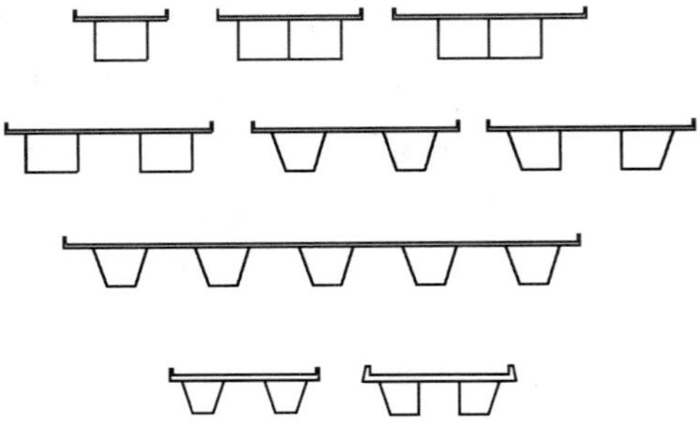

图 8-5　组合箱梁桥的截面形式

组合箱梁桥具有很多优势。相对于开口截面的板梁桥,其抗扭刚度更大,承载能力高,适用于曲线桥梁。且组合钢箱梁桥为封闭结构,避免了内表面与外界不利环境的直接接触,耐久性好,维护保养的工作量也相应降低。

3)组合桁架梁桥

组合桁架梁桥是采用钢桁架代替实腹钢梁并与混凝土桥面板结合的主梁形式。组合桁架梁桥是在钢桁架桥的基础上发展起来的混凝土面板组合桁架桥,可提高60m跨度以上的桁架桥梁的整体刚度和空间稳定性,具有较好的通透性与美观性。

组合桁架梁桥是以混凝土桥面板作为主桁受压弦杆的一部分参与受力,可以节省钢材,并有利于提高主桁的刚度和降低桁高。同时,混凝土桥面板起到主桁平纵联的作用,并部分参与主桁的受剪,改善主桁的受力状况。但是,组合桁梁桥的梁高通常比实腹梁桥大,节点设计比较复杂,特别对桥面板与腹板连接节点的构造要求较高。

组合桁架梁桥在结构形式上可分为上承式组合桁架桥、桁腹式组合桁架桥与下承式组合桁架桥。其中最常用的结构形式为上承式组合桁架桥，在造价上较混凝土桥梁具有优势，并可以避免预应力的施加，具有很好的适用性。同时还可以跟大跨度斜拉桥相结合，形成大跨度组合桁架斜拉桥。目前该类型桥梁在公路和铁路桥梁中均有应用。该类桥梁结构形式在国内外都有很多成功应用实例，并具有诸多优越性和实际的竞争力，国内具有代表性的组合桁架梁桥有芜湖长江大桥和天兴洲大桥，如图 8-6 所示。

a)芜湖长江大桥　　b)天兴洲大桥

图 8-6　组合桁架梁桥

4）波形钢腹板组合梁桥

波形钢腹板组合梁桥是一种新型的钢—混凝土组合结构，这种结构以波形钢板代替混凝土作为箱梁的腹板，并采用了箱内体外预应力技术，实现了主梁的轻型化，进而减少了下部结构的工程量。波形钢腹板具有较强的抗剪和抗屈曲能力，而纵向抗压能力较低，作为混凝土箱梁腹板时几乎不对纵向预应力产生抵抗，从而大大提高了预应力导入效果，使得上下混凝土翼板在横载作用下均处于体外预应力状态。波形钢腹板组合梁提高了结构的稳定性、强度及材料的使用效率，如图 8-7、图 8-8 所示。

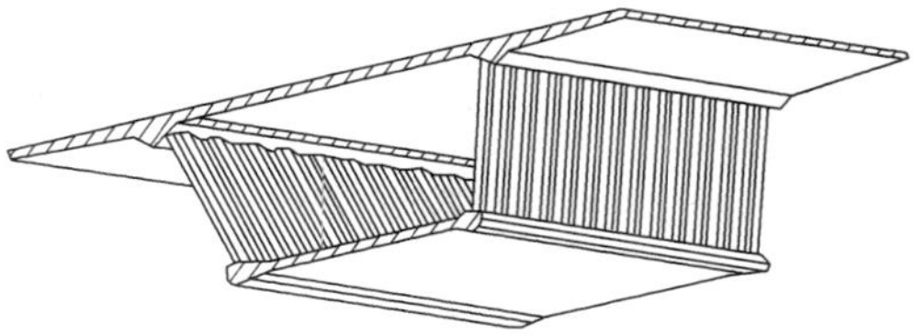

图 8-7　波形钢腹板组合箱梁

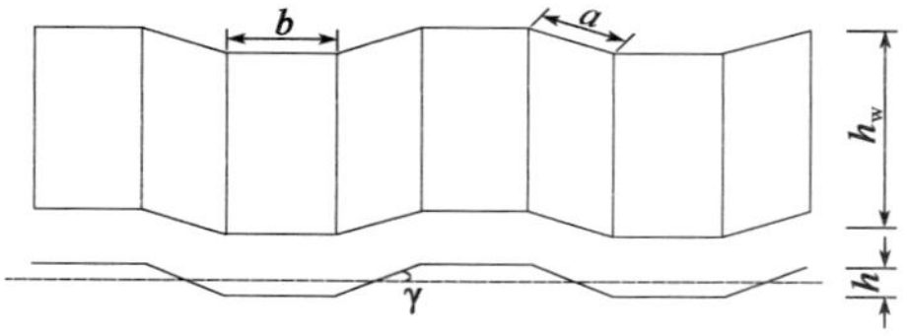

图 8-8　波形钢板的几何参数

5）混合梁桥

混合结构是指钢、混凝土等不同材料的构件用接头连接成整体的结构体系，是复合结构桥梁的一种结构形式。与钢—混凝土组合梁不同，钢—混凝土混合梁是通过钢梁和混凝土梁（钢筋混凝土梁或预应力混凝土梁）在纵向恰当的位置利用接头构造连接成整体梁的结构体系，如图 8-9 所示。

现代大跨度桥梁上部结构设计中，为了减轻结构自重、增大跨越能力，主跨采用钢梁，边跨往往采用混凝土梁以增加结构整体刚度、合理平衡各跨自重和整体内力，钢梁与混凝土梁之间设置结合段，从而在纵向上由钢材和混凝土两种材料构成了钢—混凝土混合梁。混合梁可以合理地利用钢材和混凝土两种材料的特性，很好地发挥它们的优势，使得整个混合梁的受力性能、跨越能力、结构布局、经济效益均优于单一材料的钢结构或混凝土结构。钢—混凝土混合梁由钢梁段、混凝土梁段以及该两段之间的结合段构成,桥跨结构的受力性能既不同于钢梁,也不同于混凝土梁,其接头部分(接合段)是保证它们共同工作的关键。

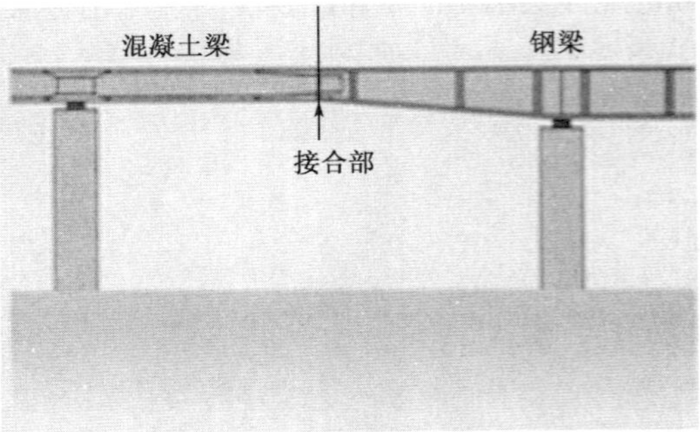

a)混合梁桥接头构造

b)混合梁桥结构

图 8-9　混合梁桥示意图

钢—混凝土混合梁结合段是钢和混凝土两种材料的过渡段,不同的物理力学特性必然导致受力传力的差异,所以要通过一定的构造措施弱化这种差异,使钢与混凝土成为一个协调工作的整体,保证内力的顺畅传递,目前,结合段钢与混凝土之间主要有纵向预应力、开孔钢板连接件和焊钉连接件等连接措施。

钢—混凝土混合梁接合段主要具有如下几个特点:

(1)钢—混凝土混合梁接合段是结构刚度的突变段,较大的混凝土梁刚度在接合段很快减小到钢梁的刚度,往往会导致变形的突变,应从构造上实现刚度较为匀顺的过渡。

(2)钢—混凝土混合梁接合段是局部应力的集中段,此处截面形状变化、材料变化、刚度变化都会使局部应力集中或突变,可能导致局部应力超限甚至局部破坏,应采取措施使局部应力处于较低的水平。

(3)钢—混凝土混合梁接合段是整体受力的薄弱段,由于构造和受力均较为复杂,往往很难精确地计算接合段各个截面、各个构件的受力状况,因而要研究接合段设计的基本准则,界定基本的设计参数,以利于实践应用。

6)钢管混凝土结构梁桥

钢管混凝土具有优越的经济性及抗疲劳性能,可应用于斜拉桥和梁式桥。目前,我国在已建成的广东南海区紫洞大桥、湖北秭归县向家坝大桥和四川万县万州大桥上采用了钢管混凝土组合梁式结构,减轻了结构恒载,提高了结构承载力利用系数。

钢管混凝土可与钢筋混凝土桥面板形成组合梁,可充分利用钢筋混凝土桥面板的抗压性能及圆钢管混凝土的抗压性能和抗疲劳性能,而钢管混凝土梁可减轻上部结构自重,减轻基础负担,具有明显的经济效益。目前在国内和日本已有将钢管混凝土用作梁的实例,如图 8-10、图 8-11 所示。

8.1.3　组合梁结构特点与构造

1)受力特点

对于常见的钢筋混凝土梁、钢梁、钢—混凝土组合梁,其受力特点可以由图说明。混凝土材料抗压强度较好，但其抗拉强度较低。钢筋混凝土梁在正常使用状态下，受拉区混凝土容易开裂。而受压区混凝土不仅无法发挥抵抗外力的作用，其自重还作为恒载的一部分增加了结构的负担，如图8-12a）所示。钢材具有强度高、抗拉性能好、韧性好等优点，但是为了减轻结构自重，节省材料，通常将钢结构设计为薄壁构件，其稳定性较差，在缺少侧向约束条件下易发生失稳破坏，如图8-12b）所示。钢—混凝土组合梁则分别利用了钢和混凝土两种材料的力学性能优势，采用连接件将混凝土桥面板与钢梁结合起来共同受力，混凝土材料主要分布在受压区，而钢梁主要集中在受拉区，避免了混凝土受拉开裂与钢梁侧向刚度较弱导致的失稳，同时具备了较高的刚度与较轻的自重，如图8-12c）所示。

图8-10 干海子特大桥

图8-11 钢管混凝土结构梁桥

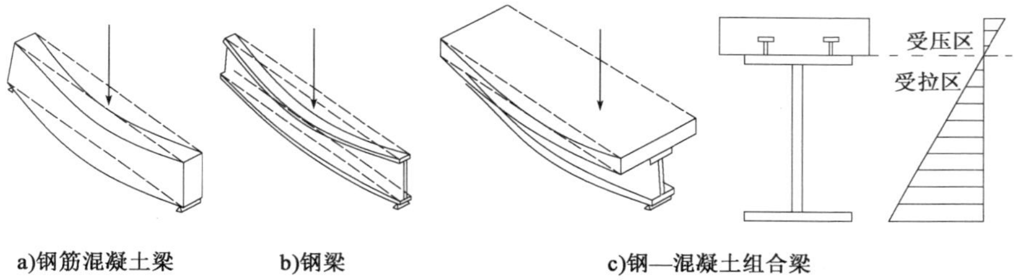

图8-12 各类梁截面受力特征

2）施工特点

钢—混凝土组合梁的施工，可将钢主梁作为混凝土桥面板施工的支撑平台，采用钢主梁与混凝土分步施工的方式。钢主梁采用吊装或顶推的方式架设，由于其自重轻，对运输、架设设备要求低，可提高施工效率，降低施工成本。钢主梁架设完成后，以钢主梁为支撑平台进行混凝土桥面板的现浇作业或预制混凝土桥面板的架设。

由于钢—混凝土组合梁是由钢主梁和混凝土桥面板通过连接件形成整体受力的结构，在形成组合截面的过程中，不同的施工方法和过程，会导致钢主梁与混凝土桥面板内力分配方式的差异。由于钢—混凝土组合梁中的钢主梁多为开口构件，因此在单梁架设时需要设置临时支撑，或通过纵向联结系将多个主梁连接起来共同受力，保证主梁施工的稳定性。

8.1.4 组合梁构造要求

1）钢梁

钢—混凝土组合梁的钢梁可采用工字形、闭口或开口箱梁等截面形式。钢梁的板件应具有一定的厚度、强度与刚度。如果焊接板梁的腹板太薄,容易产生焊接变形,甚至会引起腹板的局部稳定问题。《钢—混凝土组合桥梁设计规范》(GB 50917—2013)规定钢梁的翼板厚度不应小于16mm,腹板厚度不应小于12mm,所用填板厚度不应小于4mm。

此外,简支钢梁的上翼缘宽度太小时,不容易保证梁的整体稳定,太大时则翼缘中的应力分布不均匀。同时,上翼缘宽度尚应满足混凝土桥面板的局部承压强度的要求。因此规定与混凝土结合的钢梁上翼缘宽度不得小于250mm,并不应大于其厚度的24倍。上翼缘与腹板的焊接宜采用熔透T字角焊缝。

与钢板梁、钢箱梁相同,组合梁需要在梁的梁段和跨中布置横隔板或横撑架,横隔板(横撑架)以及加劲肋的数量、规格和具体布置应根据实际受力情况进行确定。

2)混凝土桥面板

对于桥梁结构的组合梁,支承在钢梁顶面的钢筋混凝土板除了作为组合梁的上翼缘与钢筋共同承担弯矩之外,同时作为桥面板还要承担由局部荷载引起的横桥方向的内力。组合梁桥的翼板通常采用现浇混凝土板、装配式预制混凝土板和装配整体式组合板三种形式。

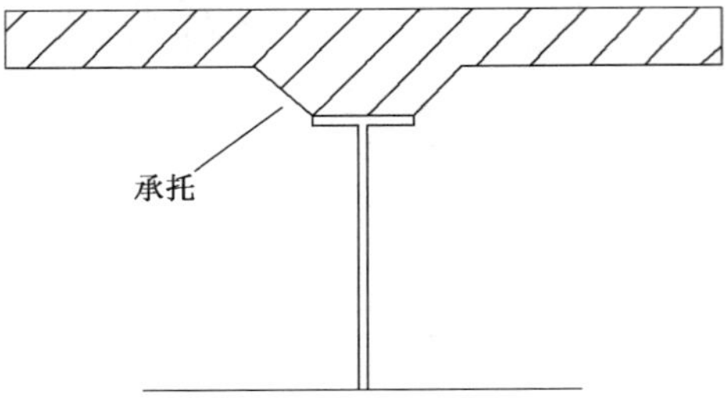

图8-13　混凝土板承托

《钢—混凝土组合桥梁设计规范》(GB 50917—2013)规定混凝土桥面板板厚不宜小于180mm。混凝土板下部根据需要可在混凝土翼缘与钢梁上翼缘之间设置混凝土过渡段,称为承托,如图8-13所示。

混凝土板负弯矩区混凝土桥面板受拉钢筋截面配筋率不应小于1.5%,板下层钢筋截面积不小于截面总钢筋截面积的50%。桥面板采用预制钢筋混凝土桥面板时,应采取措施使预制板与钢梁间密贴,满足防水要求。

3)抗剪连接件

当混凝土板与钢梁间无任何连接装置时,混凝土板与钢梁相当于两个构件。当荷载作用在梁上时,混凝土板与钢梁间会出现滑动。此外,由于混凝土板与钢梁的刚度不同,两者在受弯过程中的曲率也是不同的,这样在混凝土板与钢梁间会出现垂直分离的变形,即混凝土板掀起。因此,在组合梁的混凝土板与钢梁之间应设置一定的连接装置,减少两者之间的相对滑移与掀起,该连接构造是保证组合梁受力性能的关键与特殊构件,将在8.2节中进行详细的讲解。

8.2　组合梁连接

8.2.1　组合梁连接构造

为了使得钢筋混凝土桥面板与钢梁共同工作,两者之间必须设置连接构造,即抗剪连接件。抗剪连接件是用于连接钢梁与混凝土桥面板并承受二者之间的水平剪力,能抵抗二者相对滑移、竖向分离,保证二者共同工作的部件。

为了能够发挥组合梁中两种材料的组合作用,组合梁连接构造的选取应符合以下要求:

(1)连接件的选用应保证钢和混凝土有效组合并共同承担作用。

(2)由于钢梁与混凝土板结合面上的连接件所受剪力并不均匀,当每个连接件具有一定的剪切变形能力时,作用剪力就随着连接件的剪切变形重新分配,不会使个别连接件承受的剪力过大,即具有一定剪切变形能力的连接件有利于其受力均匀,不易使混凝土应力局部集中,因此连接件应具有一定的剪切变形能力。

(3)由于不同类型的连接件其受力性能差异较大,抗剪刚度各有不同,当不同类型连接件混合使用时,需考虑因连接件抗剪刚度差异引起的局部应力集中和剪力分布不均匀现象,因此在实际工程中,在同一截面处抗剪刚度差异较大的连接件不宜混合使用,尤其是刚性连接件和柔性连接件在同一截面处不宜混合布置。

组合梁连接构造的设计应满足以下要求:

(1)连接件是保证组合梁中两种不同材料共同工作的最为关键的受力部件,其不仅要能够抵抗钢梁和混凝土板结合面间的水平剪力及两者之间的相对滑移,还应能抵抗钢梁和混凝土板之间的水平剪力和掀起作用。

(2)当相邻主梁间距较大且横向联系较弱时,钢与混凝土结合面上可能产生较大的横桥向剪力和拉拔力,此时连接件将可能处于三向应力状态,须验算钢和混凝土结合面上的纵横向水平剪力,必要时可建立三维有限元模型进行受力分析。

8.2.2 抗剪连接件分类

1)按接合面受力特点分类

钢与混凝土组合结构的力学性能不仅受到自身材料性质的影响,而且与接合面的连接形式有很大关系。选择连接形式时要考虑结构性能要求及施工条件,同时要充分考虑接合面受力特点。连接形式多种多样,各细部构造也不相同,按照接合面大致可分成黏结型、胶结型、摩擦型以及连接件型。

(1)黏结型

黏结型连接是连接构造最简单的形式之一,它是依靠水泥砂浆的自然黏结作用把钢板与混凝土接合在一起,型钢混凝土就是一个典型的实例之一。为了进一步扩大两者间的接合面积,增大咬合力,有时要在钢板上设置突起部,表面突起部压延工字钢与混凝土间的作用机理,与螺纹钢筋在混凝土中的作用相似,突起部的支压力与翼缘下所产生的摩擦力提高了钢与混凝土间的组合效果。如图8-14所示。

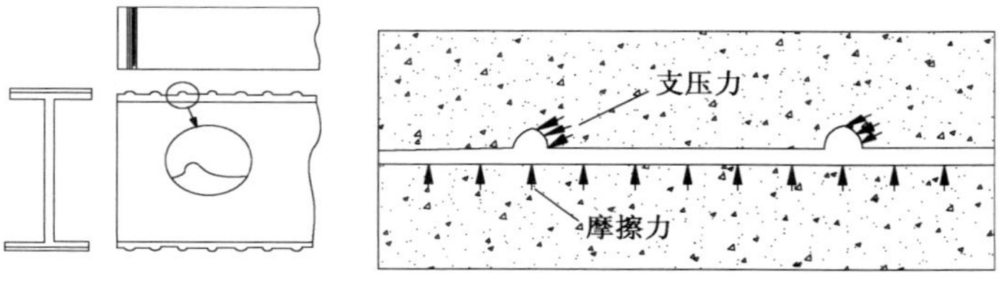

a) 表面突起部压延工字钢　　b) 黏结型连接件作用机理

图8-14　黏结型连接件

(2)胶结型

胶结型连接是指利用环氧树脂等有机材料把钢材与混凝土组合在一起的一种连接方式,钢筋混凝土梁的受拉表面贴钢板补强通常用的就是环氧树脂,它是胶结型连接的一种。确保环氧树脂与钢板及混凝土充分接合,是保证黏结力能有效发挥的重要因素。但是由于胶结剂一般不会渗透到混凝土内部,钢板与混凝土间抗分离能力较弱。如图8-15所示为胶结型连接的作用机理。

(3)摩擦型

为了保证工程质量,推进工厂化施工,预制构件的使用逐渐增多。摩擦型连接为预制混凝土构件与钢材的接合方法之一,即利用摩擦力使两者接合在一起。摩擦力的增大必须依靠作用在接合面上的压力,增大两者间的压力是摩擦型连接的关键问题。解决办法之一是采用高强螺栓,在摩擦力增大的同时抗拉拔力也增强,摩擦型连接的作用机理如图8-16所示。但伴随着高轴力的施加,轴力会因收缩变形、徐变的影响而降低。

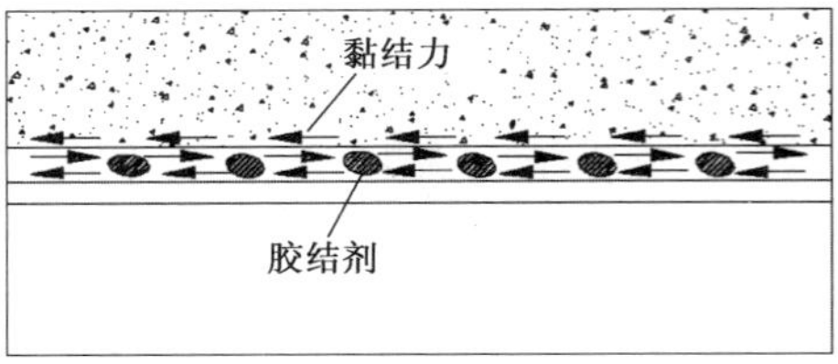

图8-15　胶结型连接的作用机理

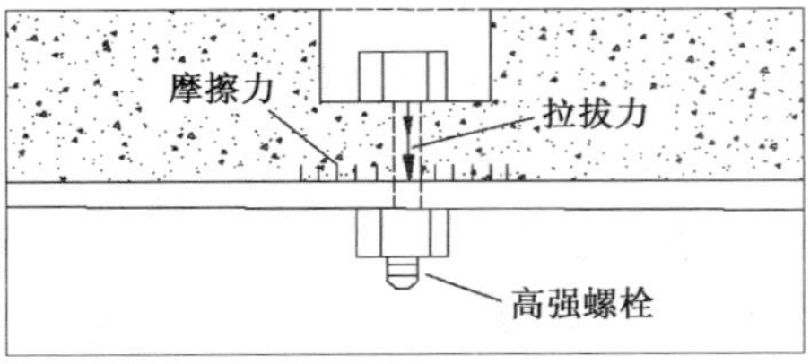

图8-16　摩擦型连接的作用机理

2)按结构形式分类

在钢与混凝土组合结构中,常常使用连接件把两者接合在一起,最常见的是圆柱头焊钉。起始的应用形式非常简单,主要用于承担钢梁与混凝土桥面板间的剪力,有时称为剪力钉、剪力键、剪力连接件等。现在应用范围已逐渐扩大,不仅要求能够承担剪力,而且也要求能够承担拉拔力。因此,将用于钢材与混凝土两者间接合的部件通称为连接件。

在钢与混凝土组合结构中,连接件结构形式的应用范围拓宽后,其相应形式也呈多样化。其分类大致有钢筋连接件、型钢连接件、圆柱头焊钉连接件、开孔钢板连接件及其钢与有机材料组合连接件。

(1)钢筋连接件

焊接在钢板上的螺纹钢筋能够承担钢与混凝土间的剪力,把这种形式的接合称为钢筋连接件。如图8-17所示钢筋连接件的各种形式,分别是用弯起钢筋、轮形钢筋及其螺旋钢筋的连接件。

(2)型钢连接件

型钢各种形式的连接件,通常采用贴角焊缝焊接到钢板上,焊接量很大,钢板上会产生较大的应变。另外,型钢连接件的抗剪强度很大,但在极限状态下存在钢板与混凝土发生完全分离的可能性。把钢筋焊在型钢上应用面较多,这样可以增大延性,加强两者间的接合。马蹄形连接件是比较常用的将钢筋焊接型钢上的连接件之一,如图8-18所示。

(3)焊钉连接件

焊钉连接件如图8-19所示,它的力学性能不具有方向性,不像钢筋连接件及型钢连接件那样要考虑受力方向进行设置,因此在组合结构中被广泛使用。另外,焊钉连接件使用的是专用焊接机,不需要很高的操作技术,焊接方便,质量容易保证。通过在焊接时使用瓷环控制焊缝的尺寸及形状,降低焊缝的冷却速度,减少了焊缝出现裂纹的可能性,大大提高了焊缝质量。

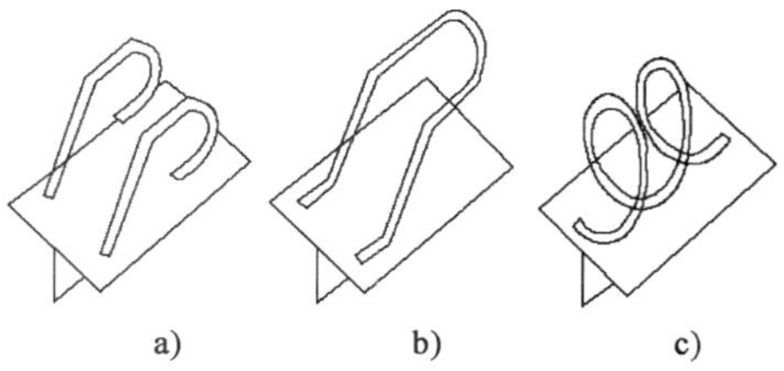

图8-17　钢筋连接件

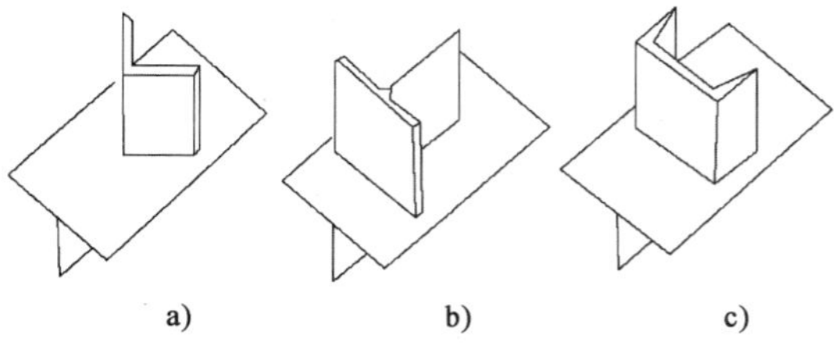

图8-18　型钢连接件

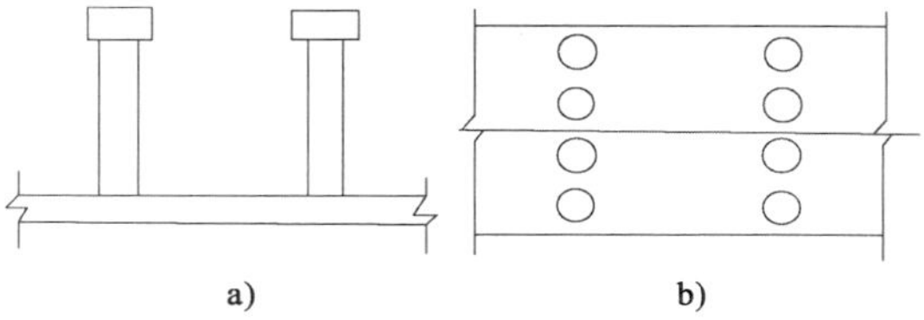

图8-19　焊钉连接件

(4)开孔钢板连接件

开孔钢板连接件是指依靠钢板圆孔中的混凝土承担钢与混凝土间作用力的新型连接件。与焊钉连接件相比,其抗剪刚度与抗疲劳性能都得以提高。如图8-20所示为开孔钢板连接件。钢板的圆孔可以贯通主钢筋,不影响钢筋的布置。没有主钢筋需要贯通时,如果设置贯通钢筋,可以进一步增大抗剪刚度、强度及其变形能力。

(5)钢与有机材料组合连接件

在焊钉根部、型钢腹板等处设置树脂海绵或泡沫塑料的新型连接件。这种连接件是用钢与有机材料组合在一起的,本书称之为组合连接件。根据需要将组合连接件设置在不同部位,能够极大地提高组合结构的力学性能。如图8-21所示。

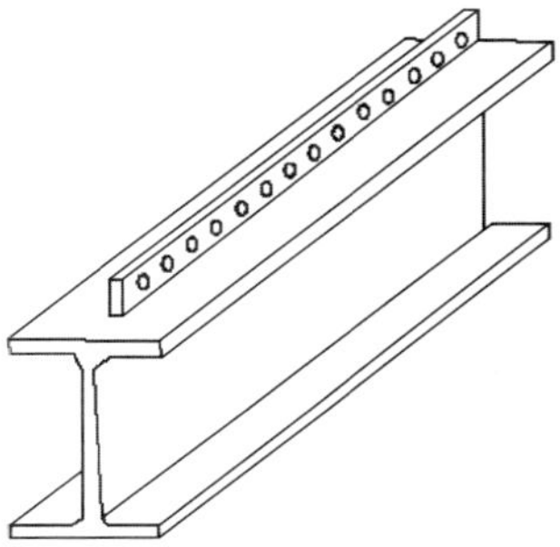

图8-20　开孔钢板连接件

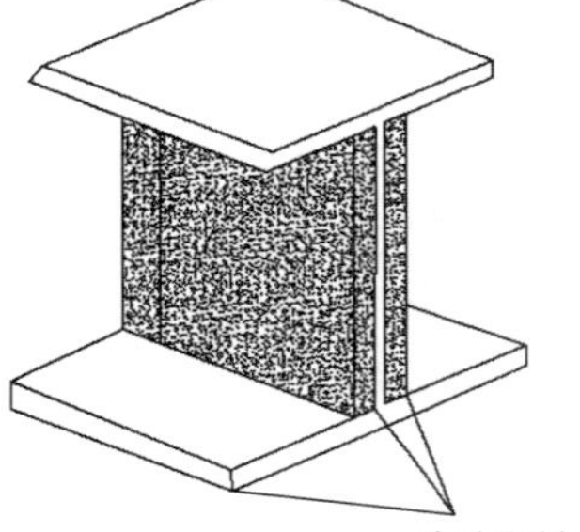

图8-21　组合连接件

3)按刚度分类

连接件的形式不断呈现多样化,不仅是为了满足结构的要求,更重要的是满足对抗剪刚度等不同力学性能的要求。将连接件按刚度进行分类,可分成刚性连接件、柔性连接件及其刚度滞后型连接件,它们的刚度、延性及破坏性能各不相同。

(1)刚性连接件

型钢连接件本身水平刚度大,滑移很小可以忽略,故称之为刚性连接件。该类连接件抗剪刚度很大,作用在混凝土上的支压应力为均匀分布,如图 8-22 所示。刚性连接件通常用于不考虑剪力重分布的结构,且易在周围的混凝土中引起较高的应力集中,导致混凝土发生压碎或剪切破坏,甚至在连接件与钢梁间的焊接处发生破坏,该类连接件一旦达到强度后,承载能力将完全丧失,往往导致脆性破坏,目前刚性连接件已很少使用。

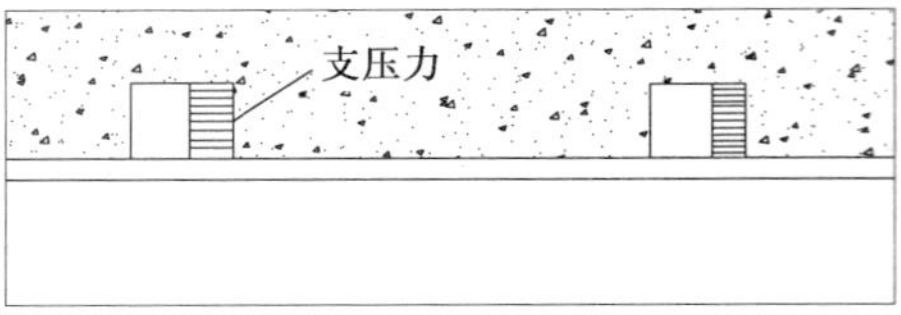

图 8-22 刚性连接件支压应力分布

刚性连接件中的型钢的主要形式是方钢连接件,以及 T 形钢和马蹄形钢等形式,其中环形斜钢筋是为了防止钢筋混凝土桥面从钢梁脱离,如图 8-23 所示。开孔钢板连接件也属于刚性连接件,通常因贯通圆孔的混凝土发生剪切破坏而丧失承载力。

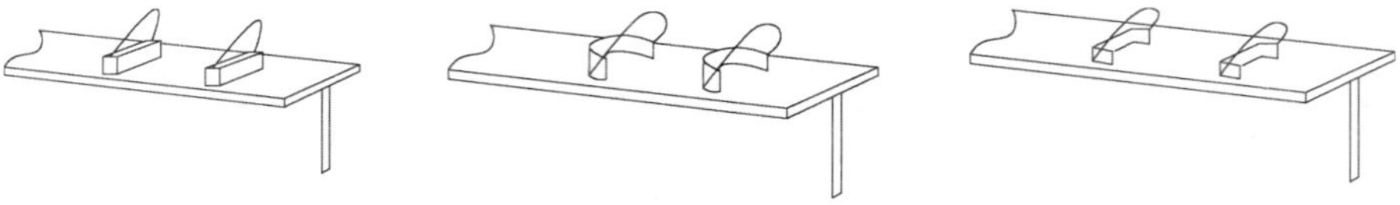

图 8-23 带环形斜钢筋的方钢连接件

(2)柔性连接件

栓钉、钢筋等连接件由于本身的弯曲会使混凝土板与型钢梁之间产生一定的滑移,故称之为柔性连接件。该类连接件的抗弯刚度相对较小,纵向剪力会使连接件变形,连接件将产生弯曲应力,混凝土产生不均匀压应力,靠近连接件分布的混凝土发生剪压破坏,如图 8-24 所示。由于柔性连接件刚度较小,当混凝土板与钢梁之间产生一定的滑移时,其抗剪承载力则不会降低。利用这一点可以使组合梁内的剪力发生重分布,减少抗剪连接件的数量,使抗剪连接件分段均匀布置,有利于方便设计和施工。

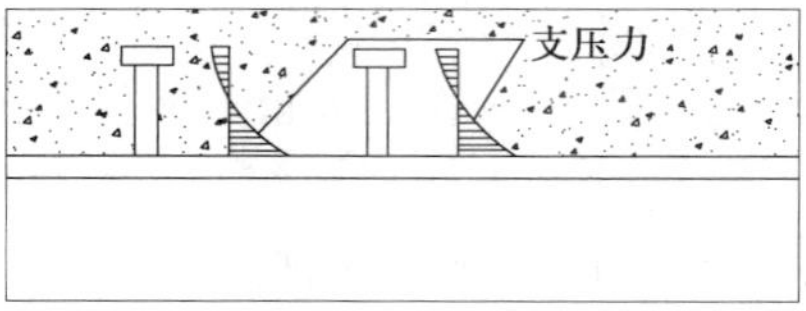

图 8-24 柔性连接件支压应力分布

柔性连接件广泛应用于组合结构桥梁中,包括栓钉、槽钢、弯筋、角钢、L 形钢、锚环、摩擦型高强螺栓等多种类型。

(3)刚度滞后型连接件

前述柔性连接件在施工阶段与使用阶段都处在刚度很低的状态,通常用在非组合结构中。在给混凝土施加预应力的施工阶段,为减少预应力对钢材的影响,不希望连接件具有抗剪刚度,但在使用阶段又希望连接件具备很大刚度,成为完全组合结构。刚度滞后型连接件就是为适应这样的需要而开发,是通过在焊钉根部用硬化型环氧树脂取代柔性连接件中的海绵或泡沫塑料,调整硬化剂的加入量来控制硬化时间,可以达到使刚度滞后的目的。进一步在环氧树脂中添加硅砂,可以使硬化后的连接件的刚度及强度与普通焊钉连接件几乎相同。

8.2.3 抗剪连接件的应用与构造要求

钢—混凝土组合梁抗剪连接件宜采用栓钉,其综合受力性能与施工性能优越,具有各向同性,即沿任意方向的强度和刚度相同、抗剪承载力高、抗掀起能力好、施工快速方便、焊接质量容易保证等优点，其通过杆自身根部受压承担结合面的剪力作用，并依靠圆柱头的锚固作用承担结合面的抗拔力。此外，也可采用开孔板、槽钢连接件（图8-25），或有可靠依据的其他类型连接件。

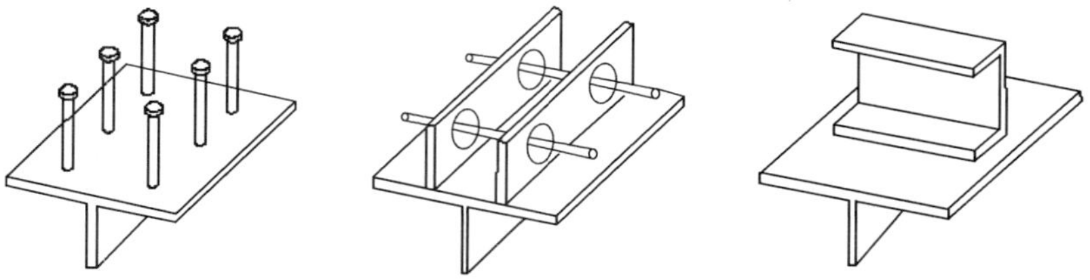

a)焊钉连接件　　b)开孔板连接件　　c)型钢连接件

图8-25　连接件的种类和设置方向

常用的三种抗剪连接件的作用方式如下：

焊钉连接通过杆身根部受压承担结合面的剪力作用，并依靠圆柱头的锚固作用承担结合面的拉拔力。

开孔板连接件是指沿着受力方向布置，并在侧面设有开孔的钢板，利用钢板孔中混凝土及孔中贯通钢筋的销栓作用，承担结合面的剪力及抗拔力。

型钢连接是指焊接到钢构件上的槽钢、角钢等短小节段的型钢块体，依据型钢板面受压承担接合面的剪力作用。型钢块体上的可焊接钢筋，以承担抗拔力并提高变形能力。但是，型钢连接件抗拉拔性能较弱，容易发生钢筋与混凝土的分离，一般不用于组合梁。

各抗剪连接件的受力特征、施工方法各不相同，抗剪连接件的选用参考下列原则：

①当钢梁与混凝土桥面板结合面剪力作用方向不明确时，应选用栓钉连接件。

②当栓钉连接件布置过密，或对抗剪刚度、抗疲劳性能有较高要求时，宜选用开孔板连接件。

③当对抗剪刚度要求很高且抗拔力作用较小时，可选用槽钢连接件。

需要注意的是，不同形式的连接件不宜在同一截面混合使用。

《钢—混凝土组合桥梁设计规范》（GB 50917—2013）对抗剪连接件提出了构造要求。栓钉的构造如图8-26所示。为了保证连接件能够抵抗混凝土桥面板与钢梁之间的掀起作用，栓钉连接件钉头下表面或槽钢连接件上翼缘下表面高出桥面板底部钢筋顶面不宜小于30mm。为了防止混凝土桥面板与钢梁接触面间产生过大的裂纹，影响组合梁的整体性能，连接件沿梁跨度方向的最大间距不宜大于混凝土桥面板（包括承托）厚度的4倍，且不应大于400mm。连接件的外侧边缘与钢梁翼缘边缘、混凝土桥面板边缘间的距离不应小于30mm与100mm。连接件顶面的混凝土保护层厚度不应小于15mm。

此外，栓钉连接件除满足上述要求外，还应符合以下规定：

（1）当栓钉位置不正对钢梁腹板时，如钢梁上翼缘承受拉力，则栓杆杆径不应大于钢梁上翼缘厚度的1.5倍；如钢梁上翼缘不承受拉力，则栓钉杆径不应大于钢梁上翼缘厚度的2.5倍。

（2）栓钉长度不应小于其杆径的4倍，并不宜超过其杆径的6倍。

（3）栓钉沿梁轴线方向的间距不应小于杆径的6倍；垂直于梁轴线方向的间距不应小于杆径的4倍；当栓钉间距较小时，应计入群钉效应。

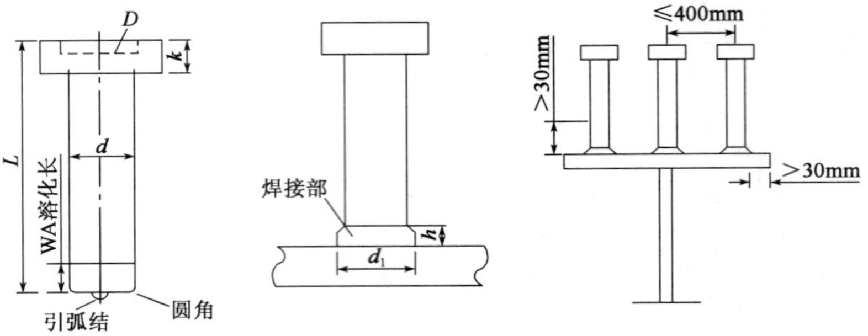

图 8-26　栓钉构造要求

开孔连接件尚应符合下列规定：

(1)开孔间距应大于 2.25 倍开孔直径。

(2)开孔板间距大于 1.25 倍开孔板高度时,开孔板连接件的抗剪承载力可按实际开孔数量乘以单孔承载力。横向贯通钢筋直径不应大于开孔直径的 1/2。开孔板与钢梁之间的焊接应采用双面角焊缝。

槽钢连接件可采用 Q235 钢,截面不宜大于[12.6。

8.2.4　抗剪连接件的计算

针对抗剪连接件应考虑不同的连接件形式,可对其进行连接件的抗剪刚度计算、抗剪承载力计算及疲劳验算。抗剪刚度的计算目前研究较少,验算方法可参考《公路钢混组合桥梁设计与施工规范》(JTG/T D64-01—2015);针对剪力连接件的抗剪承载力计算,《公路钢混组合桥梁设计与施工规范》(JTG/T D64-01—2015)与《钢—混凝土组合桥梁设计规范》(GB 50917—2013)中的规定存在差异,本书以《钢—混凝土组合桥梁设计规范》(GB 50917—2013)为例,介绍抗剪连接件抗剪承载力的计算方法。考虑到抗剪连接件承受车轮荷载的循环作用,会产生疲劳损伤,本书按照《钢—混凝土组合桥梁设计规范》(GB 50917—2013)的规定介绍抗剪连接件的疲劳验算方法。

1)抗剪承载力计算

《钢—混凝土组合桥梁设计规范》(GB 50917—2013)中给出了栓钉、开孔板与槽钢三类连接件的抗剪承载力设计计算方法,若采用上述三种以外的连接件,宜通过试验与分析论证后使用。以下分别介绍各连接件的抗剪承载力设计值计算方法。

(1)栓钉连接件

《钢—混凝土组合桥梁设计规范》(GB 50917—2013)中指出,栓钉抗剪承载力设计值主要受混凝土强度等级、弹性模量、栓钉的材料强度等因素的影响。

单个栓钉连接件的抗剪承载力设计值取式(8-1)、式(8-2)中的较小值：

当发生栓钉剪断破坏时：

$$N_{\mathrm{v}}^{\mathrm{c}} = 1.19 A_{\mathrm{std}} f_{\mathrm{std}} \left(\frac{E_{\mathrm{c}}}{E_{\mathrm{s}}}\right)^{0.2} \left(\frac{f_{\mathrm{cu}}}{f_{\mathrm{std}}}\right)^{0.1} \tag{8-1}$$

当发生混凝土压碎破坏时：

$$N_{\mathrm{v}}^{\mathrm{c}} = 0.43 \eta A_{\mathrm{std}} \sqrt{f_{\mathrm{cd}} E_{\mathrm{c}}} \tag{8-2}$$

式中：N_v^c——栓钉抗剪承载力（N）；

A_{std}——栓杆的截面面积（mm^2）；

E_c、E_s——混凝土和栓钉的弹性模量（MPa）；

f_{cu}——边长为150mm的混凝土立方体抗压强度（MPa）；

f_{cd}——混凝土的轴心抗压强度设计值（MPa）；

f_{std}——栓钉的抗拉强度（MPa），当栓钉材料性能等级为4.6级时，取400MPa；

η——群钉效应折减系数，当$6 < l_d/d < 13$时，对于C30～C40混凝土，$\eta = 0.021l_d/d + 0.73$（l_d为栓钉纵向间距，d为栓钉直径，均以mm计）；对于C45、C50混凝土，$\eta = 0.016l_d/d + 0.80$；对于C55、C60混凝土，$\eta = 0.013l_d/d + 0.84$。当$l_d/d \geqslant 13$时，不考虑群钉效应，取1.0。

（2）开孔板连接件

开孔板连接件的抗剪承载力主要由开孔板中混凝土部分抗剪及横向贯通钢筋抗剪这两部分组成，因此开孔板连接件的单孔抗剪承载力设计值应根据下式计算：

$$N_v^c = 2\alpha\left(\frac{\pi}{4}d_1^2 - \frac{\pi}{4}d_2^2\right)f_{td} + 2 \cdot \frac{\pi}{4}d_2^2 \cdot f_{vd} \tag{8-3}$$

式中：N_v^c——开孔板连接件的单孔抗剪承载力设计值（N）；

d_1——开孔直径（mm）；

d_2——横向贯通钢筋直径（mm）；

f_{td}——混凝土轴心抗拉强度设计值（MPa）；

f_{vd}——钢筋抗剪强度设计值（MPa），$f_{vd} = 0.577f_{sd}$，其中f_{sd}为钢筋抗拉强度设计值（MPa）；

α——提高系数，取6.1。

（3）槽钢连接件

槽钢连接件的抗剪承载力设计值应根据下式确定：

$$N_v^c = 0.26(t + 0.5t_w)l_c\sqrt{E_c f_{cd}} \tag{8-4}$$

式中：N_v^c——槽钢连接件的抗剪承载力设计值（N）；

t——槽钢翼缘的平均厚度（mm）；

t_w——槽钢腹板的厚度（mm）；

l_c——槽钢的长度（mm）。

2）抗剪连接件的数量与布置计算

抗剪连接件的数量保证了塑性设计极限状态下混凝土桥面板与钢梁之间的剪力传递。一个剪跨区段内，连接件的承载能力大于混凝土桥面板或钢梁的纵向受压或受拉承载能力。剪跨区的划分以弯矩绝对值最大点及零弯矩点为界限逐段进行，如图8-27所示。负弯矩区段内，混凝土桥面板处于受拉状态，连接的纵向剪力仅考虑大于混凝土体内的纵向钢筋受拉承载能力。

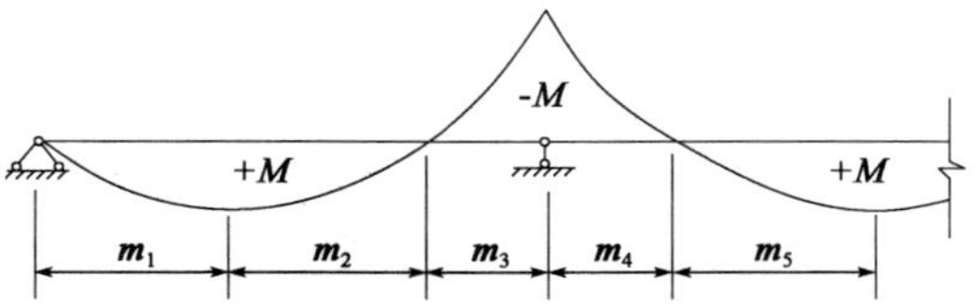

图8-27 连续梁剪跨区划分图

剪力件数目的确定,对于永久作用,可采用弯矩分布图进行剪跨分区,并确定剪力件个数;对于活载作用,需要分别采用弯矩的最大值和最小值的包络图进行分区,分别计算各个区域内所需的剪力件个数,最终取不同包络分区剪力件个数的较大值。《公路钢结构桥梁设计规范》(JTG D64—2015)及《钢—混凝土组合桥梁设计规范》(GB 50917—2013)中对抗剪连接件数目的计算方法基本一致,以《钢—混凝土组合桥梁设计规范》(GB 50917—2013)中计算方法为例,每个剪跨区段内抗剪连接件的数目 n_f 应满足下式要求:

$$n_f \geqslant \frac{V_s}{N_v^c} \tag{8-5}$$

式中:V_s——每个剪跨区段内钢梁与混凝土桥面板交界面的纵向剪力(N);

N_v^c——单个连接件的抗剪承载力设计值(N)。

每个剪跨区段内钢梁与混凝土桥面板交界面的纵向剪力 V_s 应按以下方法确定:

(1)位于正弯矩区的剪跨:

$$V_s = \min\{A_s f_d, A_c f_{cd}\} \tag{8-6}$$

式中:A_s——钢材的截面面积(mm^2);

f_d——钢材的抗拉强度设计值(MPa);

A_c——混凝土桥面板的截面面积(mm^2);

f_{cd}——混凝土轴心抗压强度设计值(MPa)。

(2)位于负弯矩区段的剪跨:

$$V_s = A_{rt} f_{sd} \tag{8-7}$$

式中:A_{rt}——负弯矩区混凝土桥面板有效宽度范围内的纵向钢筋截面面积(mm^2);

f_{sd}——钢筋抗拉强度设计值(MPa)。

(3)当采用栓钉和槽钢抗剪件时,可将剪跨区 m_2 和 m_3、m_4 和 m_5 分别合并为一个区配置抗剪连接件,合并为一个区段后的纵向剪力应符合下列规定:

$$V_s = A_c f_{cd} + A_{rt} f_{sd} \tag{8-8}$$

在负弯矩区段内,考虑连接件周围的混凝土约束程度由于开裂而降低,连接件的抗剪承载能力应予以折减,即中间支座两侧的抗剪连接件的抗剪承载力设计值应乘以折减系数0.9,悬臂部分的抗剪连接件的抗剪承载力设计值应乘以折减系数0.8。

考虑连接件存在滑移及一定的变形能力,且具有一定的纵向剪力重分布能力,抗剪连接件可在对应的剪跨区段内均匀布置。当在此剪跨区段内有较大集中荷载作用时,应将连接件个数 n_f 按剪力图面积比例分配后再各自均匀布置。

混凝土桥面板与钢梁连接的端部,在收缩、温度等作用下,通常有较大的纵向剪力,这些位置的纵向连接应进行加强。因此抗剪连接件在结合面端部的布置,应计入由于预应力束集中锚固力、混凝土收缩变形和温差引起的纵向剪力的叠加。

【例8-1】 某钢与混凝土简支组合梁,其跨度为32m。钢主梁钢材等级为Q345C级,弹性模量 $E_s = 2.06 \times 10^5$MPa,设计强度为210MPa。混凝土强度等级为C50级,弹性模量 $E_c = 3.45 \times 10^4$MPa,抗压强度标准值为32.4MPa。现采用 ϕ22 圆柱头栓钉连接件,栓钉抗拉强度 $f_{std} = 400$MPa,取栓钉间距为125mm,试求所需剪力连接件数量。

解 (1)确定栓钉连接件抗剪承载力:

对于直径为22mm的圆柱头焊钉连接件,其截面面积:

$$A_{std} = \pi d^2/4 = \pi \times 22^2/4 = 379.9(mm^2)$$

当发生栓钉剪断破坏时:

$$N_v^c = 1.19A_{std}f_{std}\left(\frac{E_c}{E_s}\right)^{0.2}\left(\frac{f_{cu}}{f_{std}}\right)^{0.1} = 1.19 \times 379.9 \times 400 \times 10^{-3} \times \left(\frac{3.45 \times 10^4}{2.06 \times 10^5}\right)^{0.2}\left(\frac{50}{400}\right)^{0.1}$$
$$= 102.8(kN)$$

当发生混凝土压碎破坏时:

$$N_v^c = 0.43\eta A_{std}\sqrt{f_{cd}E_c} = 0.43 \times 0.89 \times 379.9 \times \sqrt{32.4 \times 3.45 \times 10^4} \times 10^{-3}$$
$$= 153.9(kN)$$

式中群钉效应折减系数 η 计算,栓钉纵向间距 l_d 为125mm。

$$\eta = 0.016l_d/d + 0.80 = 0.016 \times 125/22 + 0.80 = 0.89$$

取得较小值,得 $N_v^c = 102.8kN$。

(2)确定所需栓钉连接件数目:

以跨中平分,将简支梁全梁分为两个正弯矩剪跨区段,每个剪跨区段内钢梁与混凝土桥面板交界面的纵向剪力 V_s 为:

$$V_s = \min\{A_s f_d, A_c f_{cd}\}$$

$$A_s f_d = 92\ 256 \times 210 \times 10^{-3} = 19\ 373.8(kN), A_c f_{cd} = 700\ 000 \times 32.4 \times 10^{-3} = 22\ 680(kN)$$

取较小值得 $V_s = 19\ 373.8kN$。

每个剪跨区段所需栓钉连接件数目:

$$n_f = V_s/N_v^c = 19\ 373.8/102.8 = 188.5(个)$$

简支梁桥可划分为两个剪跨区,选用 $n_f = 200$ 个,全跨布置400个。

3)抗剪连接件的疲劳验算

《公路钢结构桥梁设计规范》(JTG D64—2015)中规定组合梁中的连接件应进行疲劳验算。

疲劳荷载模型一般分为三类。荷载模型Ⅰ用于整体构件的无限疲劳寿命验算,即当荷载作用下产生的应力变化的循环次数能满足 $n \geqslant 1 \times 10^8$,荷载模型Ⅱ用于整体构件的设计使用期疲劳验算,即当荷载作用下产生的应力变化的循环次数能满足 $2 \times 10^6 \leqslant n \leqslant 5 \times 10^6$,荷载模型Ⅲ用于局部构件的疲劳验算。

抗剪连接件的受力属于整体构件的受力,应采用疲劳荷载模型Ⅰ进行无限疲劳寿命验算,或采用疲劳荷载模型Ⅱ进行设计使用期的疲劳寿命验算。

根据《钢—混凝土组合桥梁设计规范》(GB 50917—2013),抗剪连接件的疲劳计算可按照下式进行计算:

$$\gamma_{Ff}\Delta N_P \leqslant \Delta N_L/\gamma_{Mf} \tag{8-9}$$

$$\Delta N_P = N_{P,max} - N_{P,min} \tag{8-10}$$

式中: γ_{Ff}——疲劳荷载分项系数,取1.0;

γ_{Mf}——疲劳抗力分项系数,对重要构件取1.35,对次要构件取1.15;

ΔN_P——抗剪连接件按疲劳荷载模型计算得到的剪力幅(N);

ΔN_L——连接件疲劳容许剪力幅(N);

$N_{P,max}$、$N_{P,min}$——无限疲劳寿命验算的疲劳荷载模型按最不利情况加载于影响线得出的最大和最小剪力(N)。

采用疲劳荷载模型Ⅰ进行连接件的无限疲劳寿命验算时应采用现行行业标准:

抗剪连接件的疲劳荷载模型,采用现行行业标准规定的车道荷载形式,其集中荷载为0.7P,均布荷载为0.3q,计算时应计入多车道的影响,多车道系数按现行行业标准的相关规定计算。

对于栓钉连接件,其剪应力幅应满足:

$$\gamma_{Ff}\Delta\tau_P \leqslant \Delta\tau_L/\gamma_{Mf} \tag{8-11}$$

$$\Delta\tau_P \leqslant \tau_{P,max} - \tau_{P,min} \tag{8-12}$$

式中: γ_{Ff}——疲劳荷载分项系数,取1.0;

γ_{Mf}——疲劳抗力分项系数,对重要构件取1.35,对次要构件取1.15(重要构件是指失效会对结构受力产生较大影响的构件,次要构件是指失效对结构受力产生影响较小的构件);

$\Delta\tau_P$——按疲劳荷载模型Ⅰ计算得到的剪应力幅;

$\Delta\tau_L$——剪应力幅疲劳截止限;

$\tau_{P,max}$、$\tau_{P,min}$——将疲劳荷载模型Ⅰ按最不利情况加载于影响线得出的最大和最小剪应力(MPa)。

疲劳强度可按下式计算:$\Delta\tau_R^m N_R = \Delta\tau_C^m \times 2\times10^6$。$N\leqslant1\times10^8$时,截止限$\Delta\tau_L = \left(\frac{2}{100}\right)^{\frac{1}{8}}\Delta\tau_C = 0.613\Delta\tau_C$。

根据《钢—混凝土组合桥梁设计规范》(GB 50917—2013),参考欧洲标准4,用于组合梁的焊接剪力钉,疲劳细节类别可取为$\Delta\tau_C = 90$,$m = 8$。

8.3 组合梁设计计算

8.3.1 组合梁设计计算要求

针对组合梁桥结构,应对其进行承载能力极限状态计算、正常使用极限状态计算、持久状况及短暂状况应力验算、倾覆稳定计算及疲劳计算。

1)承载能力极限状态计算

按承载能力极限状态的要求进行持久状况及偶然状况的承载力、整体稳定计算。对应于桥梁构件达到最大承载能力或出现不适于继续承载的变形。其验算主要包括:

(1)抗弯承载力计算。

(2)抗剪承载力计算。

(3)混凝土板的纵向抗剪验算。

(4)钢梁与连接件的疲劳验算。

(5)整体稳定性验算。

2)正常使用极限状态计算

正常使用极限状态对应于桥梁及其构件达到正常使用或耐久性的某项限值的状态,应进行持久状况的抗裂性、应力、挠度、局部稳定验算以及耐久性设计。

组合梁应按照下列规定进行结构整体分析:

(1)组合梁的内力分应采用线弹性分析方法,考虑温度收缩徐变、施工方法及顺序等因素的影响。

(2)计算组合梁性时,宜采用换算截面法。按混凝土是否开裂,组合梁截面的抗弯刚度分为未开裂截面刚度 EI_{un} 和开裂截面刚度 EI_{cr}。计算不应计受拉区混凝土对刚度的影响,但应计入混凝土板内纵向钢筋的作用。

(3)组合梁的温度效应应按《公路桥涵设计通用规范》(JTG D60—2015)的相关规定计算。

(4)混凝土收缩产生的效应按《公路钢筋混凝土及预应力混凝土桥涵设计规范》(JTG 3362—2018)的相关规定计算。

(5)在进行组合梁整体分析时可根据钢材与混凝土的有效弹性模量比考虑混凝土徐变的影响。

(6)超静定结构中混凝土收缩徐变引起的效应宜采用有限元方法计算。

考虑混凝土徐变效应的计算方法在8.4节中进行详细的介绍。

开展钢—混组合梁桥设计的关键是确定梁截面的极限承载力,目前钢—混组合梁承载力计算主要分为弹性计算理论与塑性计算理论,其计算前提是均假定组合梁截面的变形符合平截面假定。本书主要介绍考虑两种材料的截面特性计算方法、弹性设计计算方法与塑性设计计算方法理论。考虑体外预应力筋的应力计算、挠度验算、局部稳定验算、抗裂验算等内容,可参考《钢—混凝土组合桥梁设计规范》(GB 50917—2013)与《公路钢混组合桥梁设计与施工规范》(JTG/T D64-01—2015)。

8.3.2 组合梁截面特性计算

根据《公路钢混组合桥梁设计与施工规范》(JTG/T D64-01—2015)的规定,计算组合梁截面特性时,应采用换算截面法,其中混凝土板取有效宽度范围内的截面。

下面分别介绍混凝土板有效宽度与组合梁换算截面法的定义与计算方法。

1)混凝土板翼缘的有效宽度

与混凝土梁桥类似,组合梁的混凝土桥面板由于剪切变形,混凝土板的弯曲应力并非为均匀分布,而是由腹板向两侧翼缘逐渐减小,存在明显的剪力滞后效应。因此,距钢梁较远的混凝土板不能有效起到承受纵向压力的作用。弯矩作用下混凝土无法有效起到承受纵向压力的作用,为了在计算分析中反映剪力滞效应的影响,引入了有效宽度的定义,即用一个较小的混凝土桥面板等效宽度代替实际宽度进行计算,混凝土板的剪力滞效应与有效宽度定义如图8-28所示。

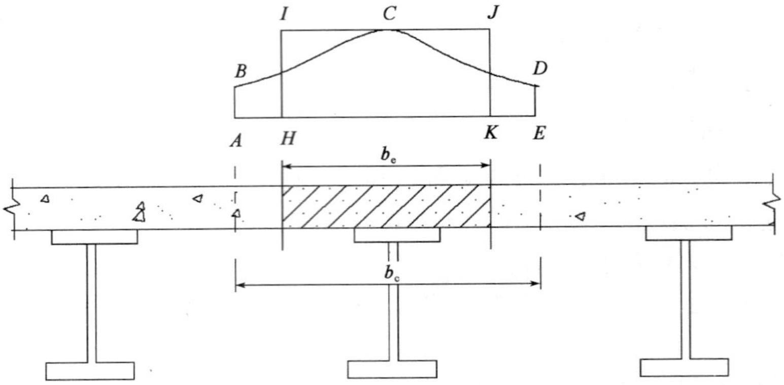

图 8-28 混凝土桥面板有效宽度的定义

《公路钢结构桥梁设计规范》(JTG D64—2015)中规定,在进行组合梁桥整体分析及截面验算时,采用混凝土翼板的有效宽度来考虑剪力滞后的影响。组合梁各跨跨中及中间支座处的混凝土板有效宽度 b_{eff} 按下式计算,且不应大于混凝土板实际宽度:

$$b_{eff} = b_0 + \sum b_{ef,i} \tag{8-13}$$

2)换算截面法

计算组合梁截面特性时,应采用换算截面法,即假定钢材与混凝土为理想线弹性材料。换算截面法是基于弹性理论的对组合梁进行弹性分析和设计的基本方法。这种方法假设钢材与混凝土均为理想弹性体,两者连接可靠,完全共同变形,组合梁弯曲时,截面符合平截面变形假定,材料服从虎克定律。通过钢与混凝土的弹性模量比 n_0 将两种材料换算成一种材料进行计算,弹性模量比由下式计算:

$$n_0 = \frac{E_s}{E_c} \tag{8-14}$$

式中:E_s——钢的弹性模量;

E_c——混凝土的弹性模量。

组合梁受力状态表现为混凝土桥面板与钢梁结合的共同体。根据换算截面法,计算结合截面的特征值,将钢筋混凝土换算为钢的截面,将组合梁截面当作弹性均质梁来验算。钢筋混凝土的换算面积为 A_b/n_0,组合梁的总面积为:

$$A = A_g + \frac{A_b}{n_0} \tag{8-15}$$

式中:A_g——钢梁截面面积;

A_b——钢筋混凝土板的截面面积。

采用换算截面法进行计算时,混凝土板取有效宽度范围内的截面。截面抗弯刚度分为未开裂截面刚度 EI_{un} 和开裂截面刚度 EI_{cr},计算开裂截面惯性矩 I_{cr} 时,应计入混凝土板有效宽度内纵向钢筋的作用,不考虑受拉区混凝土刚度的影响。

计算时,在相同位置上混凝土截面换算成 $1/n_0$ 倍的等价钢梁换算截面,并据此计算换算截面的几何特性。换算截面的几何特性可由下式求得(图 8-29):

$$A_0 = A_s + \frac{A_c}{n_0} \tag{8-16}$$

$$a_c = \frac{A_s}{A_0}a; \quad a_s = \frac{A}{\Delta x} \tag{8-17}$$

$$I_o = I_s + \frac{I_c}{n_o} + Aa_s^2 + \frac{A_c}{n_o}a_s^2 = I_s + \frac{I_c}{n_o} + A_0 a_s a_c$$
$$\approx I_s + A_0 a_s a_c \tag{8-18}$$

式中：A_0——组合梁的换算面积；

A_c——混凝土板的截面积；

A_s——钢梁截面积；

a_c、a_s——组合梁换算截面形心至混凝土板和钢梁两个形心的距离；

a——混凝土板和钢梁形心间的距离；

I_o——组合梁的截面换算惯性矩；

I_c、I_s——混凝土板和钢梁对自身截面形心的惯性矩。

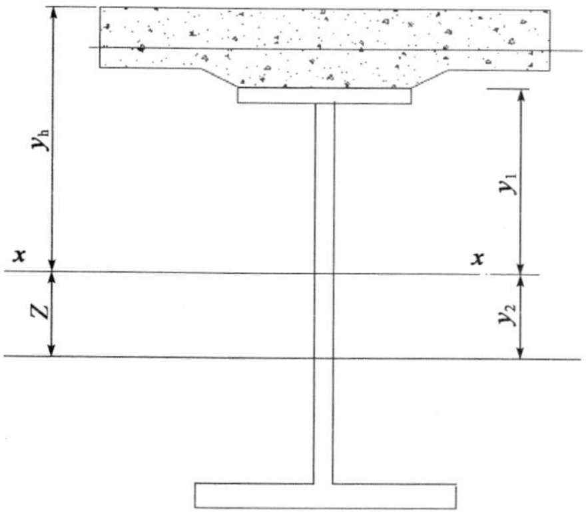

图8-29 组合梁截面计算特性

8.3.3 弹性设计计算方法

组合梁的内力分析应采用弹性设计计算方法，基于换算截面法对混凝土的弹性模量折减，计算时将材料均视为弹性，采用简便的初等材料力学方法进行梁截面的计算。计算时需要充分考虑施工顺序对结构受力状态的影响。承载力极限状态以计算截面的边缘应力达到材料强度设计值为标志。

此外，混凝土徐变、收缩及温度等作用在截面内会产生自应力，对于超静定结构还会有二次效应的应力。在正常使用阶段设计验算时，应计入这些作用的效应，徐变、收缩及温度作用的影响将在8.4节中进行介绍。

采用弹性设计计算方法时，应考虑组合梁的施工顺序，组合梁的验算可分为两个阶段：

(1)施工阶段：组合梁桥为施工方便，多数情况下，施工期间不采用支架法，直接利用钢梁来支撑模板和混凝土，此时组合梁尚未形成组合截面，钢梁单独承担钢梁自重、湿混凝土重量、模板与施工设备重量(施工阶段荷载)。若采用有临时支撑的施工方法时，可不进行施工阶段的钢梁应力验算。

(2)使用阶段：当混凝土硬化达到设计强度后，钢梁与混凝土桥面板可形成组合截面共同承担后续施加的荷载。该阶段荷载包括混凝土硬化后结构上新增的荷载(包括桥面铺装层、防水层等荷载)以及活载。为了计算第二阶段结合梁的应力，首先应采用换算截面法将钢筋混凝土换算为钢截面，并进行截面特征参数的计算。然后将这个截面当作弹性均质钢梁来验算。

根据《公路钢结构桥梁设计规范》(JTG D64—2015)，组合梁抗弯承载力应采用弹性方法计算，并符合下列规定：

$$\sigma = \sum_{i=\mathrm{I}}^{\mathrm{II}} \frac{M_{\mathrm{d},i}}{W_{\mathrm{eff},i}} \tag{8-19}$$

$$\gamma_o \sigma \leqslant f \tag{8-20}$$

式中:i——变量,表示不同的应力计算阶段。其中,i = Ⅰ表示未形成组合梁截面(钢梁)的应力计算阶段;i = Ⅱ表示形成组合梁截面之后的应力计算阶段。

$M_{d,i}$——对应不同应力计算阶段,作用于钢梁或组合梁截面的弯矩设计值(N·mm)。

$W_{eff,i}$——对应不同应力计算阶段,钢梁或组合梁截面的抗弯模量(mm^3)。

f——钢筋、钢梁或混凝土的强度设计值(MPa)。

组合梁抗弯承载力的计算应考虑剪力滞效应的影响。计算组合梁负弯矩区抗弯承载力时,如考虑混凝土开裂的影响,应不计负弯矩区混凝土的抗拉贡献,但应计入混凝土板翼缘有效宽度内纵向钢筋的作用。

对于同时存在弯矩及预应力的钢—混凝土组合梁,其法向力可按照《钢—混凝土组合桥梁设计规范》(GB 50917—2013)进行计算。

混凝土桥面板板顶应力:

$$\sigma_c = -\frac{M_k}{n_0 I_0} y_c - \frac{\sigma_e A_p}{n_0 A_0} + \frac{\sigma_e A_p e}{n_0 I_0} y_c \tag{8-21}$$

钢梁下翼缘应力:

$$\sigma_s = \frac{M_k}{I_0} y_s - \frac{\sigma_e A_p}{A_0} - \frac{\sigma_e A_p e}{I_0} y_s \tag{8-22}$$

式中:σ_c——混凝土桥面板板顶应力(MPa);

M_k——截面弯矩值(N·mm);

n_0——钢材弹性模量与混凝土弹性模量的比值,$n_0 = E_s/E_c$;

I_0——混凝土桥面板与钢梁组合截面的换算惯性矩(mm^4);

y_c——混凝土桥面板顶至组合梁弹性中和轴的距离(mm);

σ_e——体外预应力筋的弹性应力(MPa);

A_p——体外预应力筋的截面面积(mm^2);

A_0——混凝土桥面板与钢梁组合截面的换算面积(mm^2);

e——预应力筋形心位置至换算截面中性轴的偏心距(向下为正,mm);

σ_s——钢梁下翼缘应力(MPa);

y_s——钢梁下翼缘至组合梁弹性中和轴的距离(mm)。

【例8-2】 某简支钢—混组合钢板梁桥,跨径为32m,采用工字形钢主梁与混凝土桥面板。钢主梁钢材等级为Q345C级,重度为$\rho_s = 78.5\text{kN/m}^3$,弹性模量$E_s = 2.06 \times 10^5\text{MPa}$。混凝土强度等级为C50级,配筋后重度取为$\rho_c = 26.5\text{kN/m}^3$,弹性模量$E_c = 3.45 \times 10^4\text{MPa}$。组合梁截面尺寸如图8-30所示,采用弹性设计方法计算主梁截面几何特性以及恒载作用下(一期恒载与二期恒载)的主梁跨中的正应力与剪应力。

解 (1)截面几何特性计算

混凝土板有效宽度计算: $b_{eff} = b_0 + \sum b_{ef,i}$

$$b_{ef1} = \frac{L_e}{6} = \frac{32\,000}{6} = 5\,333(\text{mm}) > b_1 = 1\,160\text{mm}$$

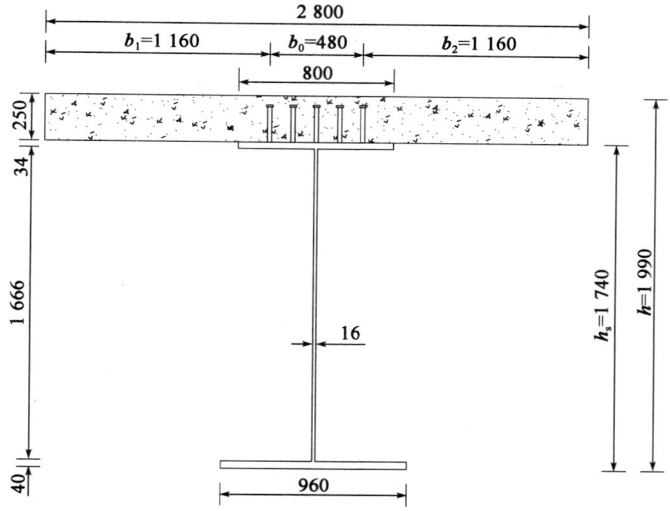

图 8-30　组合梁横断面图(尺寸单位:mm)

$$b_{ef2}=\frac{L_e}{6}=\frac{32\ 000}{6}=5\ 333(\mathrm{mm})>b_2=1\ 160\mathrm{mm}$$

所以混凝土板全截面有效宽度:$b_{eff}=480+1\ 160+1\ 160=2\ 800(\mathrm{mm})$。

混凝土桥面板几何特性:

混凝土桥面板面积 $A_c=2\ 800\times250=700\ 000(\mathrm{mm}^2)$;

混凝土桥面板中和轴距梁底距离 $y_c=125+1\ 740=1\ 865(\mathrm{mm})$;

混凝土桥面板截面惯性矩 $I_c=2\ 800\times250^3/12=3.646\times10^9(\mathrm{mm}^4)$。

钢梁截面几何特性:

钢梁面积 $A_s=800\times34+1\ 666\times16+960\times40=92\ 256(\mathrm{mm}^2)$;

钢梁截面中和轴距梁底距离

$$y_s=\frac{250\times2\ 800\times1\ 865+1\ 666\times16\times873+40\times960\times20}{92\ 256}=768.56(\mathrm{mm})$$

钢梁截面惯性矩 $I_s=5.276\times10^{10}\mathrm{mm}^4$。

组合梁截面几何特性:

弹性模量比 $n=E_s/E_c=2.06\times10^5/3.45\times10^4=5.971$;

组合梁面积 $A_0=A_c/n+A_s=209\ 489.3\mathrm{mm}^2$;

组合梁中和轴距梁底距离 $y_b=\dfrac{A_cy_c/n+A_sy_s}{A_0}=1\ 044.1\mathrm{mm}$;

组合梁截面惯性矩 $I_0=I_c/n+I_s+\dfrac{A_cA_s}{nA_s+A_c}(y_c-y_s)^2=1.154\times10^{11}\mathrm{mm}^4$。

(2)应力计算

恒载计算:

钢梁自重 $q_s=78.5\times92\ 256\times10^{-6}=7.24(\mathrm{kN/m})$;

混凝土桥面板自重 $q_c=26.5\times700\ 000\times10^{-6}=18.55(\mathrm{kN/m})$;

二期恒载(包括桥面铺装和防撞护栏)$q_{sec}=10.5\text{kN/m}$。

恒载(一期恒载、二期恒载)产生二阶段应力：

跨中弯矩 $M_g=(q_s+q_c+q_{sec})l^2/8=(7.24+18.55+10.5)\times 32^2/8=4\ 645.39(\text{kN}\cdot\text{m})$；

支座剪力 $Q_{g1}=(q_s+q_c+q_{sec})l/2=(7.24+18.55+10.5)\times 32/2=580.67(\text{kN})$；

$$\sigma_{sb}=\frac{M_g}{I_0}y_b=\frac{4\ 645.39\times 10^6}{1.154\times 10^{11}}\times 768.56=42.02(\text{MPa})$$

$$\sigma_{su}=\frac{M_g}{I_0}(h_s-y_b)=\frac{4\ 645.39\times 10^6}{1.154\times 10^{11}}\times(1\ 740-768.56)=28.00(\text{MPa})$$

$$\sigma_{cb}=\frac{M_g}{nI_0}(h_s-y_b)=\frac{4\ 645.39\times 10^6}{5.971\times 1.154\times 10^{11}}\times(1\ 740-768.56)=4.69(\text{MPa})$$

$$\sigma_{cu}=\frac{M_g}{nI_0}(h-y_b)=\frac{4\ 645.39\times 10^6}{5.971\times 1.154\times 10^{11}}\times(1\ 990-768.56)=6.37(\text{MPa})$$

$$\tau_{sw}=\frac{Q_g}{A_w}=\frac{580.67\times 10^3}{1\ 666\times 16}=10.89(\text{MPa})$$

$$\tau_{su}=\frac{Q_gS}{I_0b}=\frac{580.67\times 10^3\times(700\ 000/5.971)\times(1\ 865-768.56)}{1.154\times 10^{11}\times 800}=0.61(\text{MPa})$$

8.3.4 塑性设计计算方法

按塑性理论计算钢—混凝土组合梁截面的抗弯承载力时，要求构件的稳定问题不能先于截面塑性前发生，故对钢梁板件的宽厚比做出了严格的限制，以避免由于板件局部失稳而降低构件的承载力。用塑性设计方法计算截面承载力，其最终的极限状态可不考虑施工过程及徐变、收缩、温度作用的影响。

《钢—混凝土组合桥梁设计规范》(GB 50917—2013)中规定了采用塑形设计方法计算截面抗弯承载力的条件，并根据塑性中性轴位置将截面形式划分为3类，如表8-1所示。当截面不符合时，应采用弹性设计方法。

板件宽厚比 表8-1

	翼缘	腹板
截面形式	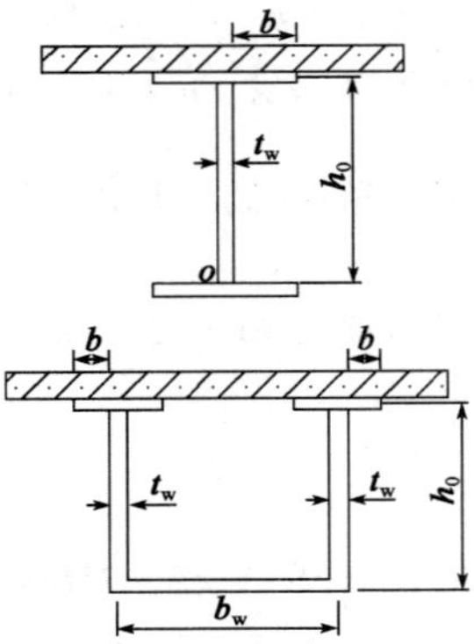	

续上表

正弯矩作用区	塑性中和轴在钢梁截面： 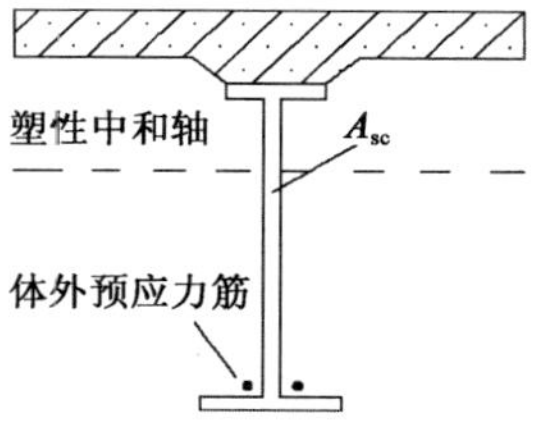	符合构造要求	当 $a>0.5$ 时： $\frac{h_0}{t_w}\leqslant\frac{376}{13a-1}\sqrt{\frac{345}{f_y}}$ 当 $a\leqslant0.5$ 时： $\frac{h_0}{t_w}\leqslant\frac{34}{a}\sqrt{\frac{345}{f_y}}$
	塑性中和轴在混凝土桥面板内： 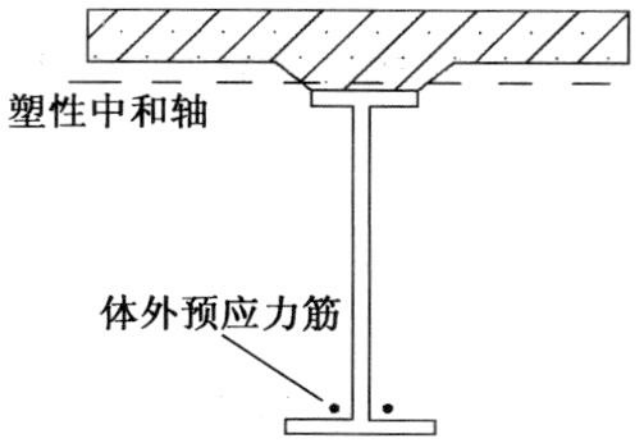	符合构造要求	符合构造要求
负弯矩作用区	钢梁的下翼缘受压： 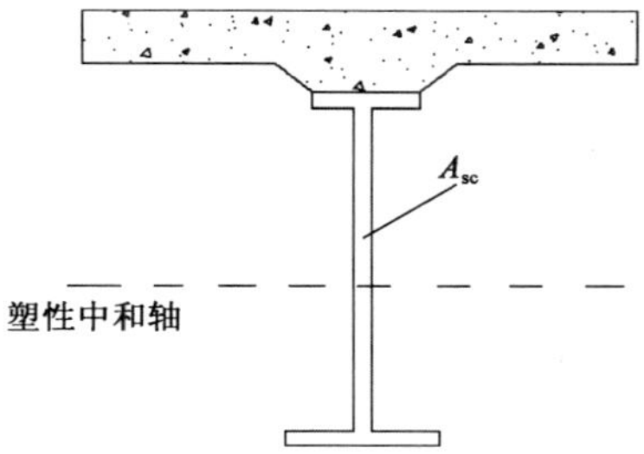	下翼缘： $\frac{b}{t}\leqslant8\sqrt{\frac{345}{f_y}}$ $\frac{b_0}{t}\leqslant31\sqrt{\frac{345}{f_y}}$	当 $a>0.5$ 时： $\frac{h_0}{t_w}\leqslant\frac{376}{13a-1}\sqrt{\frac{345}{f_y}}$ 当 $a\leqslant0.5$ 时： $\frac{h_0}{t_w}\leqslant\frac{34}{a}\sqrt{\frac{345}{f_y}}$

注：表中 a 为钢梁受压高度的比例系数，可近似采用下列各式计算：

正弯矩作用区段，塑性中和轴在钢梁截面内时：

$$A_{sc}=\frac{A_s f_d+A_p\sigma_{pe,d}-A_c f_{cd}-A_r f_{sd}}{2f_d} \tag{8-23}$$

$$a=\frac{A_{sc}-A_{st}}{h_0 t_w} \tag{8-24}$$

负弯矩作用区段：

$$A_{sc}=\frac{A_s f_d+A_r f_{sd}}{2f_d} \tag{8-25}$$

$$a=\frac{A_{sc}-A_{sb}}{h_0 t_w} \tag{8-26}$$

式中：A_{st}、A_{sb}——钢梁上翼缘和下翼缘的面积；

A_{sc}——钢梁受压区的截面面积。

采用塑性设计方法计算钢—混凝土组合梁强度时，在受正弯矩作用的组合梁截面、受负弯矩作用且 $A_n f_{sd}$ 不小于 $0.15A_s f_{sd}$ 的组合梁截面（A_n 为负弯矩区混凝土桥面板有效宽度范围内纵向钢筋的截面面积）部位可不计及弯矩与剪力的相互影响。

采用塑性设计方法进行计算前,应先判断塑性中和轴的位置,塑性中和轴位置与截面应力分布的关系如图 8-31 所示。

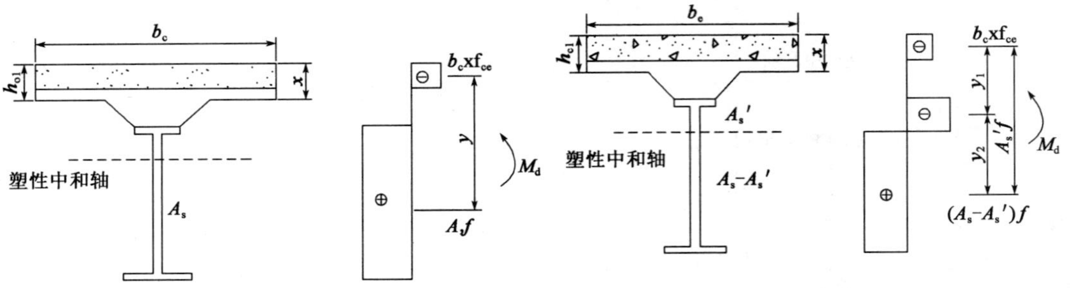

a) 塑性中和轴在钢梁内　　b) 塑性中和轴在混凝土桥面板截面内

图 8-31　组合梁截面及应力图形

当满足式 $A_s f \leqslant b_e x f_{cd} y$ 时,塑性中和轴在钢梁截面内。当满足式 $A_s f > b_e x f_{cd} y$ 时,塑性中和轴在混凝土桥面板截面内。

判断塑性中和轴位置后,可对组合梁截面的抗弯承载力进行验算:

(1)塑性中和轴在钢梁内

$$M_d \leqslant b_0 x f_{cd} y \tag{8-27}$$

$$x = \frac{A_s f}{b_c f_{cd}} \tag{8-28}$$

式中:M_d——全部荷载引起的弯矩设计值;

A_s——钢梁的截面面积;

x——混凝土桥面板受压区高度;

f_{cd}——混凝土抗压强度设计值;

y——钢梁截面应力合力至混凝土受压区截面应力合力间的距离。

(2)塑性中和轴在混凝土桥面板截面内

$$M_d \leqslant b_c h_{c1} f_{cd} y_1 + A_s' f y_2 \tag{8-29}$$

$$A_s' = 0.5\left(A_s - \frac{b_c h_{c1} f_{cd}}{f}\right) \tag{8-30}$$

式中:A_s'——梁受压区截面面积;

y_1——钢梁受拉区截面应力合力至混凝土桥面板截面应力合力间的距离;

y_2——钢梁受拉区截面应力合力至钢梁受压区截面应力合力间的距离。

(3)抗剪承载力计算

《钢—混凝土组合桥梁设计规范》(GB 50917—2013)、《公路钢结构桥梁设计规范》(JTG D64—2015)及《公路钢混组合桥梁设计与施工规范》(JTG/T D64-01—2015)中对于抗剪承载力计算要求相同,即偏于安全考虑,钢—混凝土组合梁截面的剪力视作全部由钢梁腹板承担,不考虑混凝土板的抗剪作用,此时其抗剪承载力应满足下式要求:

$$\gamma_0 V_d \leqslant V_u \tag{8-31}$$

$$V_u = f_{vd} \cdot A_w \tag{8-32}$$

式中：V_d——组合梁截面的剪力设计值(N)；

V_u——组合梁截面的抗剪承载力(N)；

f_{vd}——钢材的抗剪强度设计值(MPa)；

A_w——钢梁腹板的截面面积(mm^2)。

当组合梁承受弯、剪共同作用时，组合梁的抗剪承载力随截面所承受的弯矩增大而减小，由于截面抗力计算采用线弹性分析方法，因而以验算最大折算应力的方法考虑组合梁弯、剪耦合作用，即：

$$\sqrt{\sigma^2 + 3\tau^2} \leqslant 1.1 f_d \tag{8-33}$$

式中：σ、τ——钢梁腹板计算高度边缘同一点上同时产生的正应力、剪应力(MPa)；

f_d——钢材抗拉强度设计值(MPa)。

此外，当混凝土板内横向钢筋配置较少时，组合梁的混凝土板存在纵向剪切破坏的风险，因而有必要对组合梁的混凝土板进行纵向抗剪验算。

体外预应力组合梁是在普通组合梁基础上，合理布置高强度预应力钢索，并对其进行张拉，使梁在承受全部外荷载前建立起预应力，该预应力能减小或抵消梁在外荷载作用下产生的应力，达到改善梁的受力性能、提高梁的刚度的效果。布置了体外预应力筋的组合梁应力计算方法可参考《钢—混凝土组合桥梁设计规范》(GB 50917—2013)。

8.4　钢与混凝土作用效应

8.4.1　组合连续梁负弯矩区内力变形控制

在组合连续梁中间支座附近为负弯矩区，由于上部的混凝土桥面板受拉而下部的钢梁受压，受力较为不利。采用合理的施工方法是控制桥面板拉应力的重要途径，一般可分为施加预应力和不施加预应力两类方法。不施加预应力的方法主要有：混凝土板与钢梁，以及混凝土板与板之间设置接缝；受拉区采用正交异性钢板代替混凝土板、高配筋现浇混凝土法等。目前采用高配筋现浇混凝土法应用最为普遍，该法不对负弯矩区混凝土施加预应力，而采用配筋率高达3%～5%高配筋混凝土工地现浇，施工非常方便。

施加预应力方法是指通过各种手段使组合梁负弯矩区混凝土板中产生一定的预压应力，以抵消或部分抵消二期恒载和活载引起的拉应力。对钢—混凝土组合梁桥主要有两个目的，即预压钢梁提高钢结构的弹性范围或承载力和预压混凝土提高桥面板的抗裂性。

在设计计算中，根据《公路钢结构桥梁设计规范》(JTG D64—2015)规定，组合梁钢梁与混凝土桥面板结合面纵桥向剪力作用按未开裂分析方法计算，不考虑负弯矩区混凝土开裂影响。

(1)张拉预应力钢束

对于连续组合梁桥，可采用全桥布置曲线或折线预应力束，或仅对负弯矩区的混凝土桥面板施加预应力，具体可采用体外预应力和体内预应力两种形式。

根据预应力作用结构不同，可分为仅对钢梁施加预应力、仅对桥面板施加预应力和仅对组合结构施加预应力三种类型。张拉预应力钢束可增加梁的刚度，有效地降低负弯矩区拉应力；

但同时会增加施工工期,且存在控制预应力钢束偏心量的问题等。

(2)静载预压

首先架设钢梁并浇筑受压区的混凝土,待其硬化后在受压区预加静荷载。在该荷载状态下,浇筑受拉区的混凝土。待受拉区混凝土硬化后去除预加荷载。由于浇筑受拉区混凝土前后梁体截面刚度发生了重分布,在大多数截面内的应力并不为零,而在受拉区混凝土内的压力就是所期望的预应力。施工顺序如图 8-32a)所示,静载引起的弯矩如图 8-32b)所示。

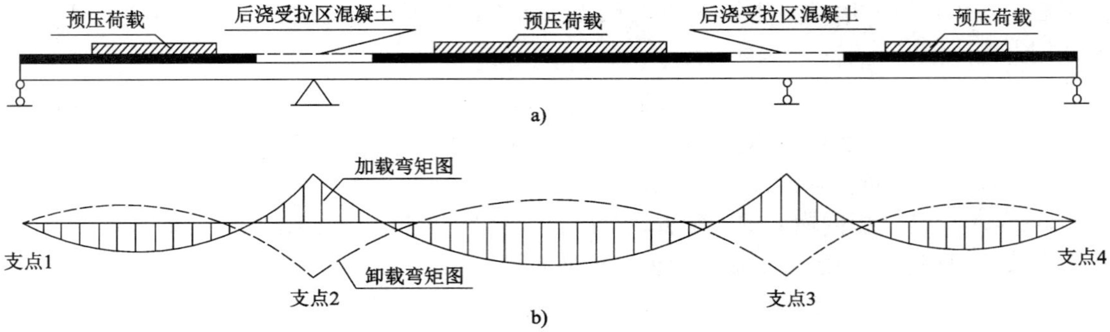

图 8-32 静载预压施工顺序及弯矩图

由于必须将压重加于结构上,且需采取有效措施控制桥面板压重值,故采用预加静荷法施加预应力施工时较为不便,工作量大。

(3)支点强迫位移

在浇筑桥面板混凝土之前或之后,通过调整连续组合梁桥各支点的相对高度,可改变结构的内力分布,在负弯矩区内形成预压力。支点的竖向位移值对结构的应力分布有很大影响,其调整的高度通常与梁跨度成正比,对于跨度较大的组合梁,顶升或降低支点的工程量可能太大而无法实施。此外,支点强迫位移法在混凝土桥面板内产生的预压力会随混凝土收缩徐变的发展而有一定损失,同时采用此法会对正负弯矩区混凝土桥面板交界面处钢梁顶板焊钉中产生很大的顺桥向剪力,设计中应特别注意。采用该方法后支点强迫位移弯矩图如图 8-33 所示。

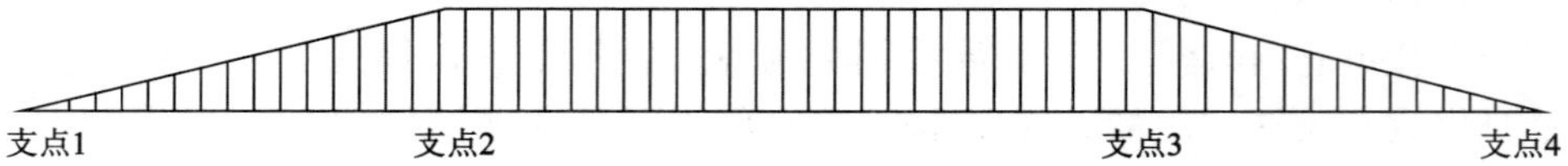

图 8-33 支点强迫位移弯矩图

8.4.2 混凝土徐变、收缩、温度效应

由于钢材与混凝土材料特性存在较大差异,当两者组合形成共同受力体后,其中任意一种材料的自由变形都会受到另一种材料的约束,从而引起截面应力重分布,并使结构产生附加变形。组合梁的混凝土收缩徐变、温度作用,在静定结构中不产生截面弯矩,但在截面内产生约束自应力;在超静定结构中,这些作用引起的变形会产生二次应力。温度梯度产生截面自应力,整体升降温由于材料的线膨胀率的差异也产生截面自应力。在组合梁截面应力验算时,应考虑收缩徐变及温度等作用在截面产生的自应力或应力重分布。

在实际结构中,混凝土的徐变、收缩和温度效应是混杂在一起的,应变变化往往是它们综合影响的结果。在计算分析中,为简化计算可以将三者分别考虑,也可以将混凝土的徐变、收缩一起考虑。

1)徐变效应

在一定的温度、湿度下,一个固定的荷载持续地作用于混凝土上,则混凝土的应变随时间而逐渐增加,而且在卸载后,增加的应变成为塑性变形残留下来,把这种外荷载不变、塑性变形随时间增加的性质称为混凝土的徐变。混凝土徐变将引起混凝土桥面板产生随时间而增长的附加变形,使其与不发生收缩徐变的钢梁之间产生相互的约束作用。混凝土的徐变变形方向与混凝土初应力方向相关。影响徐变的因素有材料性质、构件几何性质、制造养护条件、工作环境条件、加载历史和荷载性质等。混凝土徐变示意图如图8-34所示。

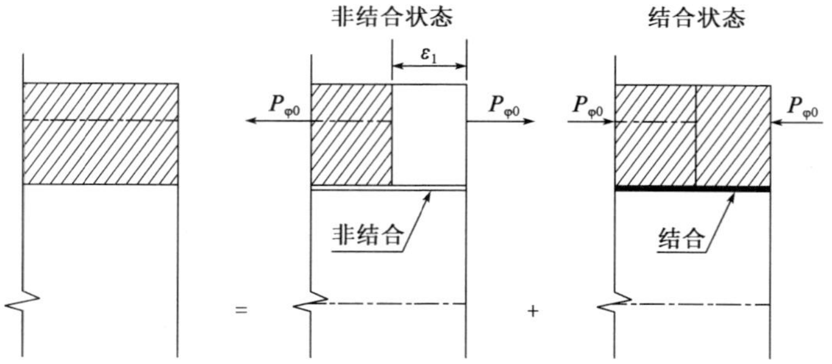

图8-34 混凝土徐变示意图

混凝土徐变将引起混凝土桥面板产生随时间而增长的附加变形,使其与不发生收缩徐变的钢梁之间产生相互的约束作用。混凝土的徐变变形方向与混凝土初应力方向相关。

根据《公路钢结构桥梁设计规范》(JTG D64—2015)相关规定,在进行组合梁桥变形计算及截面验算时,可采用修正钢材与混凝土弹性模量比的方法考虑混凝土徐变的影响。同时在考虑超静定结构中混凝土徐变收缩所引起的内力时,宜用较精确的方法计算。

$$n_L = n_0[1 + \psi_L \phi(t,t_0)] \tag{8-34}$$

式中:n_L——长期荷载作用下钢与混凝土的有效弹性模量比;

n_0——短期荷载作用下钢与混凝土的模量比 $n_0 = \frac{E}{E_c}$;

$\phi(t,t_0)$——加载龄期为 t_0、计算龄期为 t 时的混凝土徐变系数,根据现行《公路钢筋混凝土及预应力混凝土桥涵设计规范》(JTG 3362—2018)的相关规定取值;

ψ_L——根据荷载类型确定的徐变因子,永久作用取1.1,由强迫变形引起的预应力作用取0.55,混凝土收缩作用取0.55,由于强迫变形引起的预应力作用取1.5。

2)收缩效应

混凝土收缩是指混凝土硬固过程中由于所含水分的蒸发及其他物理化学的原因产生的体积缩小。混凝土的收缩与应力无关,混凝土的收缩变形表现为自身在长度方向上的缩短。收缩与徐变对组合梁受力性能的影响不完全相同。根据《公路钢结构桥梁设计规范》(JTG D64—2015)相关规定,混凝土板收缩产生的内力可按《公路钢筋混凝土及预应力混凝土桥涵设计规范》(JTG 3362—2018)第C.1条的规定,计算得到混凝土收缩应变转化为等效温度荷载;简化分析方法中,组合梁钢梁与混凝土板之间的温差按±15℃计算。混凝土收缩应变计算方法如下:

计算从 t_s 到 t、t_s 到 t_0 的收缩应变发展系数 $\beta_s(t-t_s)$、$\beta_s(t_0-t_s)$，当计算 $\beta_s(t_0-t_s)$ 时，公式中的 t 均改用 t_0。其中 t 为计算收缩应变考虑时刻的混凝土龄期(d)，t_0 为桥梁结构开始受收缩影响时刻或预应力钢筋传力锚固时刻的混凝土龄期(d)，t_s 为收缩开始时(养护期结束时)的混凝土龄期，设计时可取 3～7d，$t>t_0\geqslant t_s$。

$$\varepsilon_{cs}(t,t_s)=\varepsilon_{cs0}\cdot\beta_s(t-t_s) \tag{8-35}$$

$$\varepsilon_{cs}(t_0,t_s)=\varepsilon_{cs0}\cdot\beta_s(t_0-t_s) \tag{8-36}$$

$$\varepsilon_s(f_{cm})=\left[160+10\beta_{sc}\left(9-\frac{f_{cm}}{f_{cms0}}\right)\right]\cdot 10^{-6} \tag{8-37}$$

$$\beta_{RH}=1.55\left[1-\left(\frac{RH}{RH_0}\right)^3\right] \tag{8-38}$$

$$\beta_s(t-t_s)=\left[\frac{\dfrac{t-t_s}{t_l}}{350\left(\dfrac{h}{h_0}\right)^2+\dfrac{t-t_s}{t_l}}\right]^{0.5} \tag{8-39}$$

式中：t——计算考虑时刻的混凝土龄期(d)；

t_s——收缩开始时的混凝土龄期(d)，可假定为 3～7d；

$\varepsilon_{cs}(t,t_s)$——收缩开始时的龄期为 t_s、计算考虑时的龄期为 t 时的收缩应变；

ε_{cs0}——名义收缩系数；

β_s——收缩随时间发展的系数；

f_{cm}——强度等级 C20～C50 混凝土 28d 龄期时的平均立方体抗压强度(MPa)，$f_{cm}=0.8f_{cu,k}+8\text{MPa}$；

$f_{cu,k}$——龄期为 28d、具有 95% 保证率的混凝土立方体抗压强度标准值(MPa)；

β_{RH}——与年平均相对湿度相关的系数，式(8-41)适用于 $40\%\leqslant RH<99\%$；

RH——环境年平均相对湿度(%)；

β_{sc}——依水泥种类而定的系数，对一般的硅酸盐类水泥或快硬水泥，$\beta_{sc}=5.0$；

h——构件理论厚度(mm)，$h=2A/\mu$，A 为构件截面面积，μ 为构件与大气接触的周边长度；

$RH_0=100\%$

$h_0=100\text{mm}$；

$t_1=1\text{d}$；

$f_{cms0}=10\text{MPa}$。

按下列公式计算自 t_0 至 t 时的收缩应变值 $\varepsilon_{cs}(t,t_0)$：

$$\varepsilon_{cs}(t,t_0)=\varepsilon_{cs0}[\beta_s(t-t_s)-\beta_s(t_0-t_s)] \tag{8-40}$$

式中的名义收缩系数 ε_{cs0}，对于强度等级 C25～C50 混凝土，按表 8-2 采用。

混凝土名义收缩系数 ε_{cs0} ($\times10^3$) 表 8-2

$40\%\leqslant RH<70\%$	$70\%\leqslant RH<99\%$
0.529	0.310

注：1. 本表适用于一般硅酸盐类水泥或快硬水泥配置而成的混凝土。

2. 本表适用于季节性变化的平均温度 −20～40℃。

3. 对于强度等级为 C50 及以上混凝土，表列数值应乘以 $\sqrt{\dfrac{32.4}{f_{ck}}}$，$f_{ck}$ 为混凝土轴心抗压强度标准值(MPa)。

3）温度效应

钢与混凝土材料的温度线膨胀系数大致相同，当混合梁桥的温度随环境温度变化而整体改变时，钢和混凝土土的温度变形基本协调，可以不计由此产生的温度应力。但当环境温度发生剧烈变化时，由于钢材的导热率大于混凝土的导热率，会造成混凝土和钢梁的温度差，由于材料之间的相互约束，组合梁截面产生应力重分布和结构附加变形。组合梁桥的温度应力主要由钢梁和混凝土板之间的温度差所引起的。对于简支组合梁桥温度应力会引起梁的挠曲变形；对于连续组合梁桥或其他具有多余外部约束的超静定结构，温度应力还会进一步引起结构的次内力和次挠度，即内力重分布。

计算组合梁由于均匀温度引起的效应时，应从受到约束时的结构温度开始，计算环境最高和最低有效温度的作用效应。当缺乏实际调查资料时，最高和最低有效温度标准值可按照现行行业标准《公路桥涵设计通用规范》（JTG D60—2015）取值。计算组合梁由于梯度温度引起的效应时，宜采用表 8-3 所示的温度梯度分布形式。

钢—混凝土组合梁的梯度温度分布 表 8-3

组合形式		竖向梯度温度分布					
		温升			温降		
组合截面：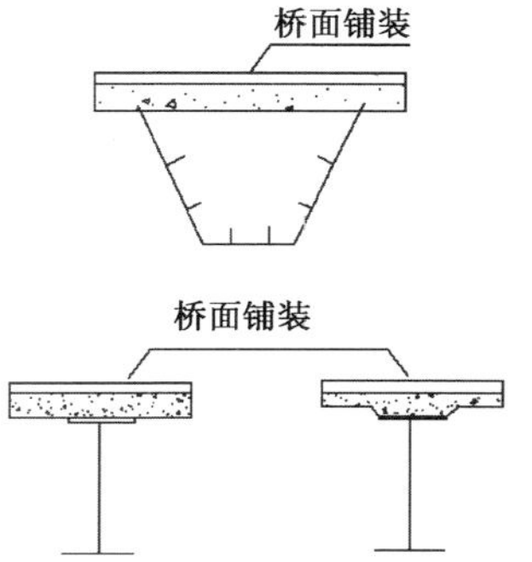 h_c 是混凝土桥面板厚度，H 是组合梁高度，单位 mm	分布形式	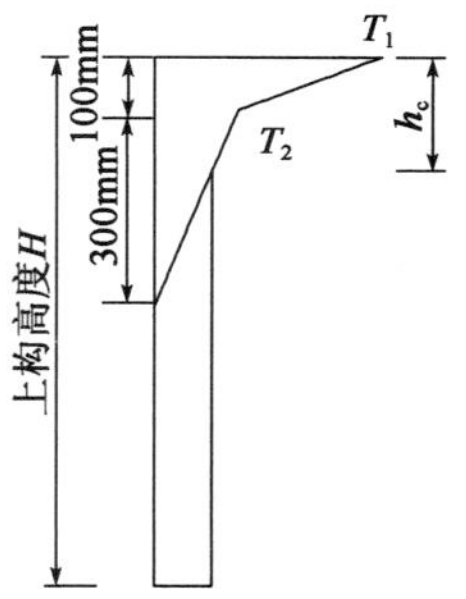			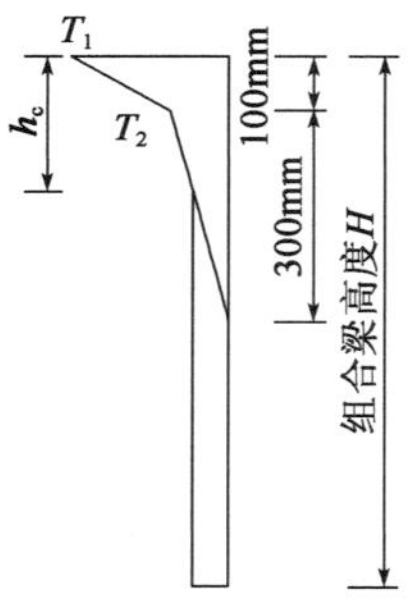		
		铺装类型	T_1（℃）	T_2（℃）	铺装类型	T_1（℃）	T_2（℃）
		混凝土铺装	25	6.7	混凝土铺装	−12.5	−3.3
		50mm 沥青混凝土	20	6.7	50mm 沥青混凝土	−10	−3.3
		100mm 沥青混凝土	14	5.5	100mm 沥青混凝土	−7	−2.7

混凝土的温度效应按现行《公路桥涵设计通用规范》（JTG D60—2015）的相关规定计算，应考虑均匀温度作用及竖向梯度温度作用的影响。对于简支组合梁桥，根据《公路钢结构桥梁设计规范》（JTG D64—2015）相关规定进行计算。对于超静定结构组合梁桥，温差应力计算采用通用有限元方法、弹性荷载法等较为方便。

思考题

8-1 简述组合梁工作原理及优缺点。

8-2 常见的组合梁桥有哪几种结构形式?

8-3 简述钢梁连接构造的作用。

8-4 抗剪连接件按照刚度可分为哪几类?受力特点与破坏模式有何不同?

8-5 组合梁中刚度滞后型连接键设置原理和方法是什么?

8-6 简述换算截面法的含义。

8-7 简述弹性设计计算方法中两个计算阶段的受力特点。

8-8 简述组合梁桥的徐变、收缩与温度效应的产生机理。

第9章

桥梁钢部件

9.1 钢 拱 肋

9.1.1 钢拱肋的形式与分类

钢拱肋是钢拱桥的主要承重构件,一般需要承受较大的轴向压力,在荷载变化情况下,还承受一部分弯矩,因此弯矩较小而轴力很大,故拱肋是以受压为主的偏心受压构件。

钢拱的截面形式与混凝土拱有较大区别,按照其截面形式,钢拱可以分为桁架式、管形和箱形三种形式。其中应用最多的是桁架式拱肋。

1)桁架式钢拱肋

桁架式拱肋的特点在于能够采用较小的材料截面取得较大的纵横向抗弯刚度,且杆件以受轴向力为主,能够发挥材料的特性,重载交通的公路桥和活载较大的铁路钢拱桥多采用这种拱肋形式。与箱形拱肋相比,桁架式拱肋减轻了自重,使拱桥具有更强的跨越能力,而且桁架式拱肋具有每个节间杆件能够灵活地改变截面和钢种的特点。

桁架式拱肋可分为柏式桁架(P式桁架)、华伦桁架(W式桁架)、K式桁架、再分式桁架等多种,如图9-1所示。构造方面,K式桁架比P式桁架多出K式节点,W式桁架的节点处为5

杆相交,对节点板的受力极为不利,容易产生疲劳问题。力学性能方面,K 式桁架受力最为合理。W 式桁架由于部分斜杆存在很大的轴向压力,不利于稳定。经济性能方面,W 式桁架用钢量最小,P 式桁架用钢量最大。

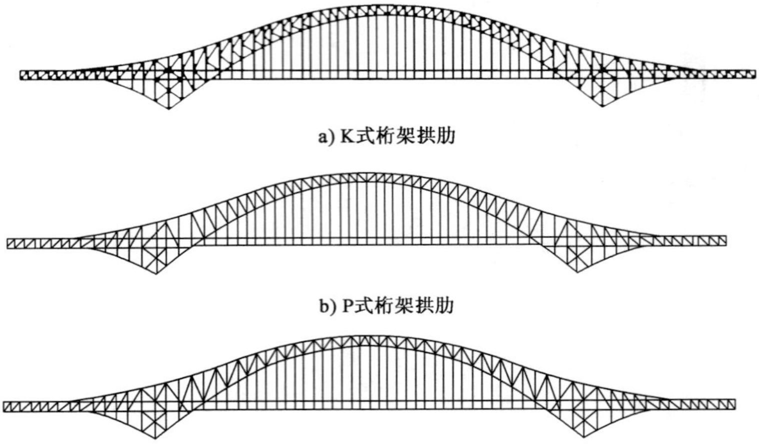

a) K式桁架拱肋

b) P式桁架拱肋

c) W式桁架拱肋

图 9-1　三种不同桁架布置形式的钢桁拱桥

力学性能方面,当钢拱桥的跨度、布置形式、桁杆截面、桥面系及吊杆完全相同时,采用不同的桁架拱肋,施加相同的荷载,其力学性能也存在差异。三种桁架布置对上弦杆与下弦杆的受力性能基本没有影响,对桁架拱的力学性能的影响主要为竖杆与斜杆的受力差异。

主桁杆件的截面形式主要有:H 形截面、箱形截面以及圆管截面。我国近几年修建了几座钢桁拱桥,跨径均较大,因此多采用箱形截面作为桁肋的构件,而采用 H 形和圆管截面的较少。H 形截面具有构造简单、易于施焊、焊接变形易控制和调整、工地安装方便等优点,其缺点是两个主轴的回转半径相差较大,当压杆采用 H 形截面时,基本容许应力的折减较大,因此适用于内力较小和长度较小的压杆。圆管截面的优点在于其两个主轴的回转半径相同,回转半径与面积之比较大,抗扭刚度大,缺点是靠近中性轴附近的面积比重较大,因此其截面惯性矩不如 H 形截面。箱形截面的优点在于两个主轴的回转半径相近,抗扭刚度大,缺点是工厂制造比较费工,焊接变形较难控制和调整。箱形杆件节点连接构造如图 9-2 所示。

2)箱形钢拱肋

箱形钢拱肋具有杆件数量少、线条简洁、造型优美、可加工性强等特点,给桥梁造型的塑造提供了便利。如上海卢浦大桥采用了拱肋内倾的提篮式造型,南宁大桥采用了不对称的外倾拱肋。与混凝土拱肋相比,钢箱拱质量较轻,为节段拼装施工提供了便利。但与钢管混凝土拱肋相比,箱拱刚度大,使得拱肋拼装阶段的高程调整比较困难。因此,虽然采用扣塔、扣索等施工辅助结构形成的扣挂施工方法是钢箱拱比较理想的施工方案,但拱肋节段的拼装精度问题是钢箱拱桥施工中必须重视的关键问题。我国的箱形拱肋以矩形箱为主,个别采用了八边形(西安市浐灞河 1 号桥)和椭圆形(中山市长江大桥、拉萨市柳梧大桥),跨径更大的有时采用双室箱,如上海卢浦大桥(跨径 550m)、宁波市东外甬江大桥(跨径 450m)。

卢浦大桥为目前世界主跨跨径第二大的钢拱桥,也是世界上首座完全采用焊接工艺连接的大型拱桥。以卢浦大桥为例,对其箱形钢拱肋的构造进行说明。如图 9-3 所示,拱肋截面形

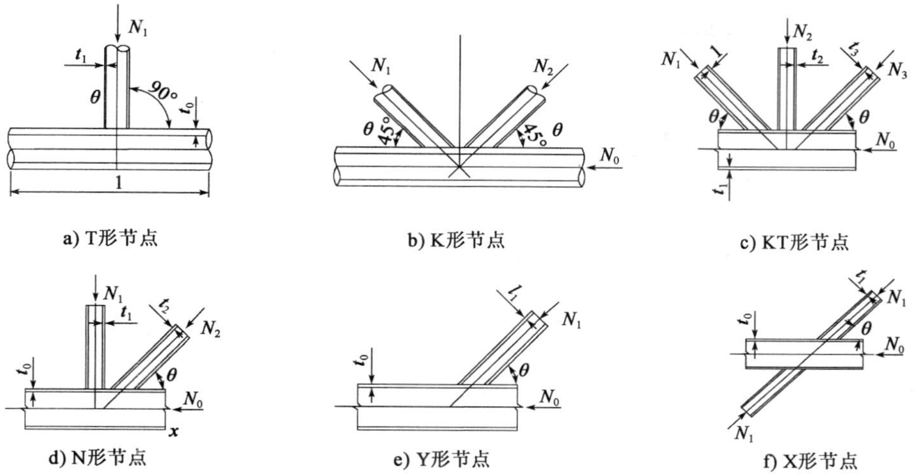

图 9-2 箱形杆件节点连接构造

状为陀螺形，中拱截面总高 6～9m，边拱截面总高 7～9m。拱肋上半箱为矩形截面：宽 5m，中跨部分从拱脚 6m 高渐变至拱顶的 3m 高，边跨部分则为高 4～6m。下半箱为倒梯形截面：顶宽 5m，底宽 3m，高 3m。中拱顶板厚 30～32mm，拱梁结合段加厚至 65mm，底板厚 42～45mm，拱梁结合段加厚至 65mm；腹板厚 22mm，拱梁结合段加厚至 32mm；中板厚 20mm，拱梁结合段加厚至 30mm，边拱顶板厚 30mm，底板厚 40mm，腹板厚 20mm，中板厚 20mm。拱肋加劲采用 T 形加劲。

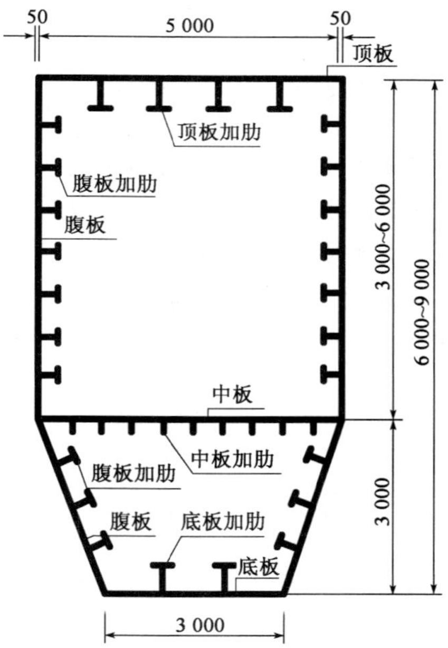

图 9-3 上海卢浦大桥箱形主拱肋断面图（尺寸单位：mm）

3）管形拱肋

采用管形拱肋的拱桥称为钢管拱桥。拱以受压为主，面内面外均存在着稳定的问题，圆钢管截面各向抗弯惯矩大，相对的长细比减小，有助于结构稳定性的提高。同时，圆钢管截面相对于箱形截面抵抗局部屈曲的性能要好。此外，对于宽跨比较小且处于风力较大的沿海或者山谷地区的拱桥，圆形拱肋承受的横向风力较小，有利于提高拱的横向稳定性。

管形拱肋常采用钢管混凝土构件，在拱桥结构中，钢管混凝土构件一般作为主拱肋承受很大的轴向压力。此外，钢管还可作为桥梁安装架设阶段的劲性骨架和灌注混凝土的模板。钢管混凝土拱肋截面形式多样，包括以下四种，拱肋截面如图 9-4 所示。

（1）单肢圆管适用于小跨径 80m 的钢管混凝土拱桥。

（2）双肢哑铃截面常用于 80～150m 的钢管混凝土拱桥，其拱圈的出平面刚度较小。

（3）三肢桁式适用的跨径在 80～120m，但可以考虑取消横桥向风撑。

（4）四肢格构式、四肢梯形单哑铃形及四肢双哑铃形断面常用于 100～500m 跨径的钢管混凝土拱桥。

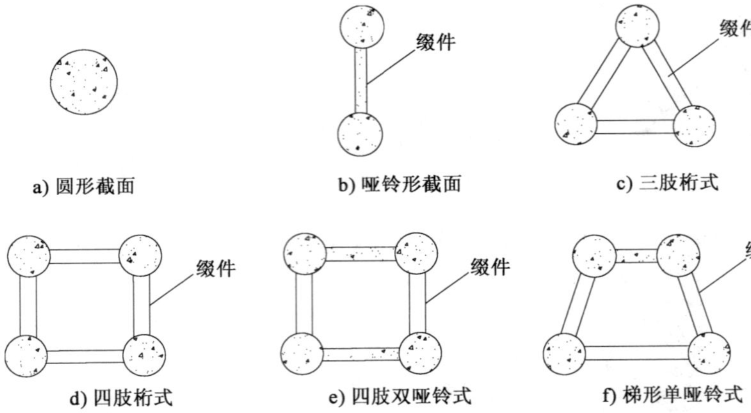

图 9-4 钢管混凝土拱桥的主拱截面形式

9.1.2 钢拱肋的设计参数

1) 矢跨比

拱肋的净矢高与净跨径之比,或计算矢高与计算跨径的比值为矢跨比。拱桥的矢跨比是拱桥的关键设计参数之一,直接影响拱肋的内力与施工方法的选择。矢跨比的确定主要根据桥址的地形、地质条件及桥下净空要求等,通过技术经济比来确定。当地质较差时,则在地形及桥下净空允许的条件下,可采用较大的矢跨比来减少水平推力。相反,对于地形平坦、跨径较大或地质较好的单孔桥,宜取较小的矢跨比。

混凝土拱桥的矢跨比多在 1/8 ~ 1/5 之间,以 1/6 居多。而钢拱桥矢跨比范围更大,在 1/8 ~ 1/2 之间,钢桁架拱桥与钢管混凝土拱桥的矢跨比多为 1/5 ~ 1/4。相比较而言,钢拱桥的矢跨比较混凝土的矢跨比略高些。表 9-1 为国内外钢拱桥对应的矢跨比。

钢拱桥的矢跨比 表 9-1

桥名	主拱肋形式	矢跨比
中国重庆朝天门大桥	钢桁架拱肋	1/4.3
中国重庆万州长江铁路大桥	钢桁架拱肋	1/4.8
中国南京大胜关大桥	钢桁架拱肋	1/4.0
悉尼港大桥	钢桁架拱肋	1/4.7
中国上海卢浦大桥	箱形钢拱肋	1/5.5
中国宁波东外环明洲大桥	箱形钢拱肋	1/5
中国佛山东平大桥	箱形钢拱肋	1/4.55
日本松岛大桥	钢管拱肋	1/4.1
中国巫峡长江大桥	钢管拱肋	1/3.8
中国丫髻沙大桥	钢管拱肋	1/4.5

2) 拱肋的拱轴线

拱轴线是钢拱桥设计的关键参数之一,直接影响拱肋截面的内力分布和大小。最理想的拱轴线是与拱上各种荷载的压力线相吻合,使拱肋截面只有轴向压力而无弯矩作用,这样可使界面受力均匀,使材料充分利用。

在大跨径钢拱桥中,常用的拱轴线线性包括:圆弧线、二次抛物线、悬链线和多次抛物线等,这些多是对应特定恒载分布模式的合理拱轴线。对于石拱桥或钢筋混凝土拱桥来说,合理的拱轴线可以使拱肋断面均匀受压,充分发挥材料良好的抗压性能。然而,由于钢材具有良好的各向同性性能,能够抵抗很大的拉应力,因此钢桁架拱桥对拱轴线的要求相对降低。目前钢拱桥的拱轴线主要采用的是抛物线和悬链线,如采用箱形拱肋的万州长江大桥、甬江大桥的主拱轴线为悬链线,广西南宁永和大桥、浙江三门健跳大桥的主拱轴线为抛物线。两种拱轴线类型对结构的受力和用钢量影响均不大。此外,钢拱桥拱轴线的选择还应考虑外形美观、与环境的协调、制作和施工方便。

3)拱顶和拱脚的高度

拱顶和拱脚的高度是钢拱桥中的重要设计参数。对于钢拱桥来说,拱肋的拱脚高度选择通常是由施工过程中的最大内力来控制,尤其是悬臂拼装的施工方法。拱顶高度应考虑内力和稳定相互平衡的结果,多是在成桥后运营状态产生的内力决定的。拱顶高度不宜过高,避免影响桥梁的建筑高度,对于桁架拱肋,还会增加竖杆特别是斜腹杆的自由长度,不利于受压杆件的稳定。

此外,拱脚和拱肋高度的设计除了要满足受力要求外,还应考虑全桥整体架构的和谐。根据拱肋高度的变化,可分为等高度拱肋和变高度拱肋。当跨径较小时,一般采用等高度拱肋,而当拱桥跨径较大时,拱肋高度倾向于采用变高度以适应拱肋内力分布并节省工程量。

9.1.3 钢拱稳定性验算方法

《铁路桥涵设计规范》(TB 10002—2017)规定:拱圈(拱肋)应验算其在拱平面内的稳定性。该项稳定性是将拱肋等效成相当长度的压杆,按压杆的稳定性进行验算。其等效长度为:

$$L_0 = \pi \sqrt{\frac{8f}{KL}} \cdot L \tag{9-1}$$

由下列过程推导而来:根据二次抛物线拱的均布荷载临界值 $q_{cr} = K\frac{EI}{L^3}$,相应于临界荷载的拱的面内临界水平推力为:

$$H_{cr} = \frac{q_{cr}L^2}{8f} = K\frac{EI}{8L^2 f} \tag{9-2}$$

按欧拉公式 $N_{cr} = \frac{\pi^2 EI}{L_0^2}$,令 $H_{cr} = N_{cr}$,则有:

$$L_0 = \pi \sqrt{\frac{8f}{KL}} \cdot L$$

式中:L——拱的跨度;

f——拱的矢高;

K——等截面抛物线拱在竖向均布荷载作用下的等效长度系数(表 9-2),中间数值按直线插入。

K 值 表 表 9-2

$\frac{f}{L}$	0.1	0.2	0.3	0.4	0.5	0.6	0.8	1.0
无铰拱	60.7	101.0	115.0	111.0	97.4	83.8	59.1	43.7
两铰拱	28.5	45.5	46.5	43.9	38.4	30.5	20.0	14.1
三铰拱	22.5	39.6	46.5	43.9	38.4	30.5	20.0	14.1

对变截面拱,可采用拱的换算等量截面惯性矩及相应的截面积进行检算。换算等量截面惯性矩的计算,可按如下方法:将半个拱圈取直为一简支梁,再取一跨度相同的等截面简支梁,在两者跨度中央作用一单位集中荷载,当该点挠度彼此相等时,后者的截面惯性矩即视为该拱的换算等量截面惯性矩。换算等量截面面积按宽度为拱宽、惯性矩等于换算等量截面惯性矩的矩形截面推算。当拱截面惯性矩变化不大时,可直接采用跨度 1/4 处的截面惯性矩及截面积进行检算。

按此法计算的稳定安全系数不得小于 4.0 ~ 5.0。必要时还应检算拱肋在拱平面外的稳定,可近似地将其视为长度等于拱轴长度的组合直杆进行检算。

9.2 钢 塔

9.2.1 结构形式与构造

钢塔与混凝土塔相比,具有重量轻、抗震性能良好、施工快速等优点,因而在斜拉桥与悬索桥中均有应用。斜拉桥的桥塔大多采用混凝土桥塔,日本因钢材生产较多且考虑地震因素而修建了较多的钢塔斜拉桥,近些年我国也开始修建钢塔斜拉桥,如南京长江三桥,为我国首座采用钢塔的斜拉桥。美国的大跨度悬索桥基本都采用钢塔,日本悬索桥也一直沿用钢塔结构。我国大跨度悬索桥中的泰州长江大桥和马鞍山长江大桥的中塔也采用了钢塔。

对于悬索桥,其主塔在顺桥方向,按照力学性质可以分为刚性塔、摇柱塔和柔性塔三种结构形式,其顺桥向塔顶变形如图 9-5 所示。

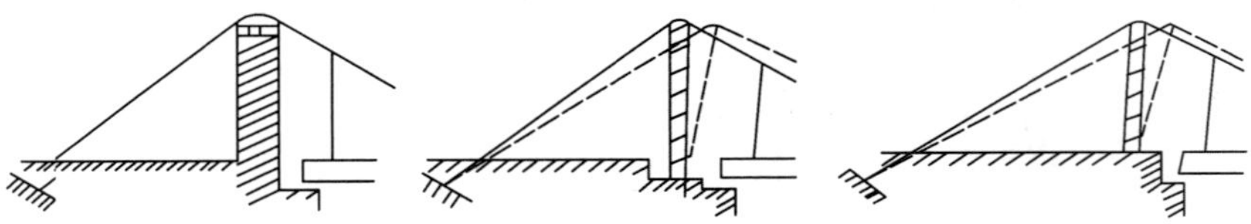

a) 刚性塔　b) 摇柱塔　c) 柔性塔

图 9-5 桥塔结构体系

1) 刚性塔

刚性塔是指塔顶水平变位量相对较小的桥塔。一般为单柱或者 A 形,为满足主缆纵向移位,索鞍容许有相对于塔顶的纵向位移。

2) 摇柱塔

摇柱塔为下端做成铰接的单柱形式。当塔顶产生纵向位移时,塔身必然要承受弯矩,在塔的下端设铰可以减轻塔身所受的弯矩,并让塔顶鞍座固结于塔。这样,主缆在塔顶的纵向位移,就可借塔的摆动来实现。且塔身所受的弯矩减小了,塔的用钢量减少了。

3) 柔性塔

柔性塔是相对于刚性塔而言的,指塔顶水平变位量相对较大的桥塔。一般在施工中主缆鞍下设辊轴,有控制地作相对于塔顶的纵向移动,成桥后再将塔顶主索鞍固定于塔顶,依靠塔柱的柔性来适应主缆在可变作用下的纵、横向水平位移。

斜拉桥大多数钢塔柱的截面为矩形空心箱式,箱室四周的各主壁板上均布置有竖向加劲肋,箱室内上下相隔一定的距离设有水平横隔板。少数钢塔柱的截面为 T 形或准十字形的空心箱式。图 9-6 所示为一些斜拉桥的钢塔柱截面示意图。

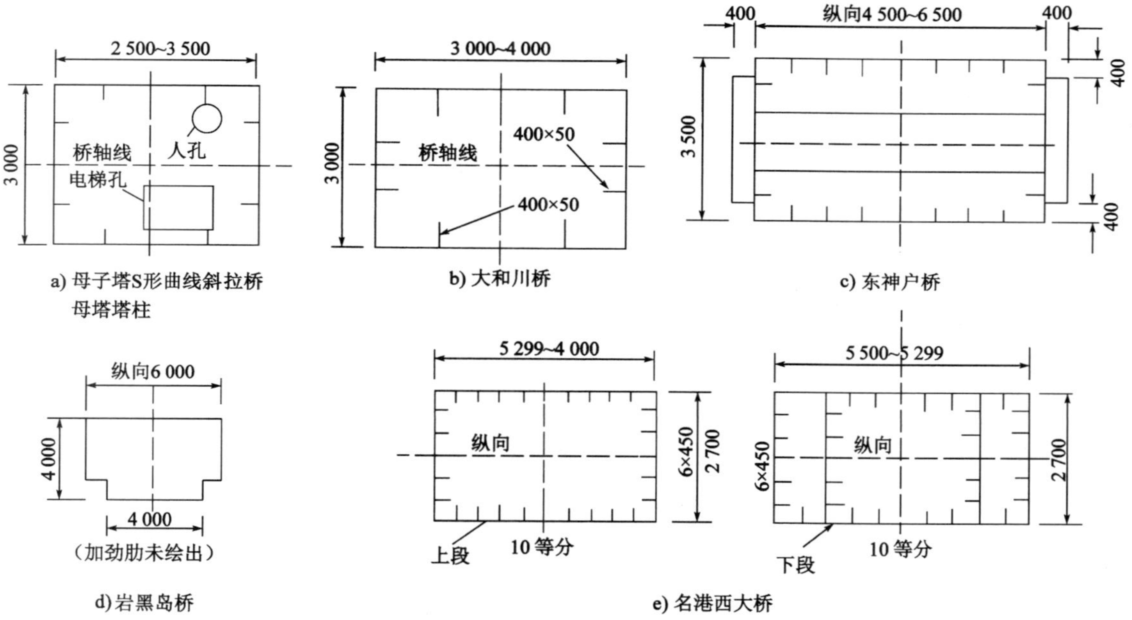

图 9-6 钢塔柱截面示意图(尺寸单位:mm)

目前悬索桥的钢桥塔一般均采用带有加劲肋条的大钢板来组成大格室的截面。图 9-7 所示为日本本四连络桥中 6 座悬索桥的塔柱截面图,它们总体是十字形或 T 形截面,每根塔柱的格室较大且数量很少(有的只有一室),围成格室的四周钢板上均带有加劲肋条(图中未示出)。

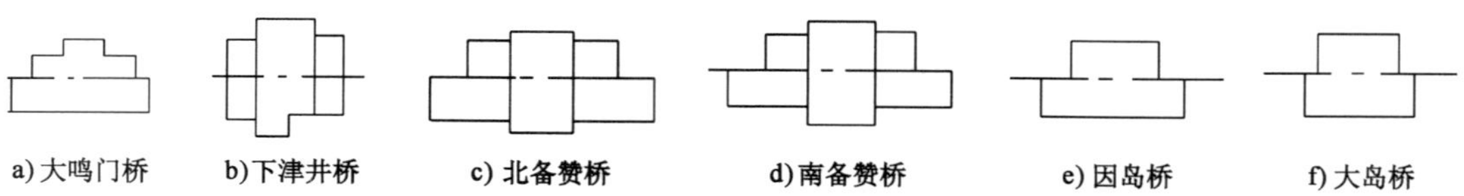

图 9-7 日本本四连络桥中一些悬索桥的钢塔柱截面示意图

对于钢塔构造要求,应符合《公路钢结构桥梁设计规范》(JTG D64—2015)的相关规定,具

体如下:

(1)截面选型

钢塔宜采用单室结构,截面形式多采用矩形箱形截面,少数采用 T 形或准十字形等其他箱形截面。当塔柱截面较大时,可在钢塔内布置横桥向和顺桥向竖隔板,将塔柱截面分为多室。考虑抗风需要,也可采用带切角的截面,或根据受力需要选用其他截面形式。例如,南京长江三桥钢塔采用了带切角的矩形截面,进行了 10 种尺寸的切角形式气动外形比选,发现切角长宽比增大时,涡振响应也有增大的趋势。最终选用了涡振响应最小的 0.8m×0.7m 的切角断面。

(2)截面构造

①根据钢塔在施工中与成桥后的受力状况,确定截面高度方向上壁板的厚度。壁板可采用相同的材质不同的厚度,也可采用不同的材质相同的厚度。

②加劲肋的尺寸与间距应满足结构局部稳定的要求。根据截面受力需要和横隔板的约束情况,以壁板不发生局部屈曲为原则,尽可能使截面各个部分不产生应力折减。

③壁板间、壁板与加劲肋间焊缝根据受力和构造要求确定,对机加工的节段,离端面600 ~ 1 000mm 范围内需要加大焊缝尺寸。

(3)横隔板

设置横隔板的目的是对壁板提供足够的支撑刚度,防止壁板失稳,为塔柱内升降机提供平台,为节段连接时提供工作平台等。在满足对壁板加劲刚度要求的情况下,也可采用中间大部分挖空的横肋结构。

依据国内钢塔研究成果,并参考日本的相关资料,横隔板的间距一般不大于4m,南京三桥横隔板的间距为4m。

(4)连接构造

钢塔节段间的连接一般有三种形式:一是焊接连接(适用于较矮的钢塔节段);二是普遍采用的钢塔节段端面金属接触与高强度螺栓共同受力(适用于较高的钢塔);三是钢塔节段端面金属接触与高强度对拉螺杆共同传力。

另外,钢塔节段划分应充分考虑节段运输的方便与节段安装时的设备吊装能力。考虑端面接触共同受力时,应在高强度螺栓拼接板上开设金属接触率检查孔。

(5)拉索、索鞍布置

拉索或索鞍在钢塔上的布置应尽量避免使桥塔受扭。

9.2.2 选型原则

对于钢塔结构的选型,应符合下列原则:

(1)桥塔自承台以上可采用全钢结构,也可以采用部分钢结构,钢结构部分均称为钢塔柱。

(2)钢桥塔的选型应根据桥面的线形、缆索的布置、主梁的断面形状、下部构造等因素进行综合考虑后确定。

(3)根据构造需要,钢塔柱按塔柱的数量可分为一肢、两肢、四肢等类型,两肢、四肢钢塔柱应设置若干道横系梁,以保证各肢共同受力。

对于斜拉桥的横桥向结构形式,单柱形、倒 V 形或 A 形、倒 Y 形适用于单索面。双柱式、门式(两根塔柱可以竖直,也可以略带倾斜)、H 形(两根塔柱可以是折线形,也可以布置成竖直形或倾斜形)、倒 V 形、倒 Y 形适用于双索面。

对于斜拉桥的纵桥向结构形式,单柱形桥塔构造简洁,轻盈美观,施工方便,是常用的塔形。A 形和倒 Y 形在顺桥向的刚度大,有利于抵抗桥塔两侧拉索的不平衡力,抗震能力强,但施工复杂,在需要将桥塔的纵桥向刚度做得更大,或者需要有 4 根塔柱来分散塔架的内力时可以采用。

对于悬索桥的横桥向形式,应综合各影响因素进行合理考虑。表 9-3 为日本本四连络桥中的因岛大桥(主跨 770m)对三种横向桥塔形式的比较。从比较结果来看,桁架式在耗钢量及塔顶水平变位方面都是有利的。但选定桥塔形式的主要因素除了上述的耗钢量、变形量、功能性及造价之外,对景观的考虑有时也是一个重要因素。在众多的本四连络桥的悬索桥中,只有一座悬索桥,即 940m 跨度的下津井大桥,采用刚构式桥塔,其他均采用桁架式,这是由于下津井大桥位于国家公园地区,其景观问题比较重要。

因岛大桥桥塔形式的比较 表 9-3

构架形式 / 比较项目	桁架式 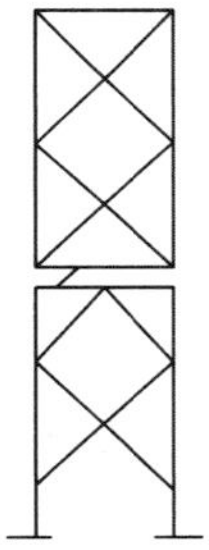	刚构式 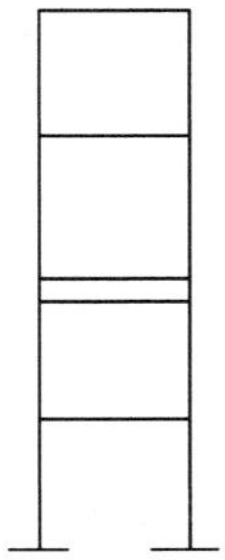	混合式 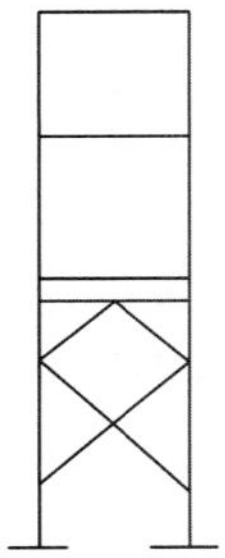
钢料质量(t/个)	2 486(100%)	2 885(116%)	2 739(110%)
塔顶水平变位(m)	0.384(100%)	0.681(177%)	0.641(167%)

对于悬索桥桥塔的纵向形式,刚性塔一般用于多塔悬索桥(桥塔数量为 3 个或 3 个以上),特别是位于中间的桥塔,通过提高桥塔的纵向刚度,减小塔顶纵向位移,从而减小梁内的应力。摇柱塔一般只用于小跨径悬索桥。柔性塔因塔顶水平变位量相对较大,适用于大跨悬索桥,是现代大跨悬索桥常常选择的塔柱形式。

9.2.3 设计计算原则

1)桥塔的设计计算

作用于桥塔上的荷载主要有:直接作用于桥塔的自重、风力、地震、温度等作用;通过主缆、加劲梁的支座等传递过来的竖向荷载;由主缆的纵向位移引起的塔顶水平位移。

桥塔一般被当作独立结构,在桥轴向及横向分别计算分析。对于纵向荷载,将塔按底部固定而顶部铰接于可压缩的支点(主缆的压力)的竖直梁来计算。

对于横向荷载,将塔视为底部固定的桁架、框架或者柱式结构,一般塔柱的横向刚度较主缆大很多，所以此时主缆的约束可以忽略不计。对于常用的柔性塔，因其较小的塔柱刚度，必须计算其屈曲临界荷载。

一般悬索桥桥塔设计计算，可以按照以下步骤进行：

（1）计算作用于塔的外力及塔的水平位移。

（2）截面的拟定。以刚度为大致标准拟定各构件截面及尺寸。

（3）塔顶和塔基的加劲。以计算得到的最大荷载组合结构为依据。

（4）对应力和屈曲进行验算。分别计算顺桥向和横桥向的轴向压应力和弯曲应力，组合后验算各顺桥向、横桥向截面应力及屈曲。

（5）顺桥向荷载作用下的计算。纵向荷载是指顺桥向的风荷载、地震荷载、加劲梁和主缆传到主塔的活载；在活载作用下，桥塔将发生水平位移，由于主塔纵向抗推刚度相对较小，塔顶水平位移的大小，主要是由主缆重力刚度的水平分量决定，而与塔的抗弯刚度关系不大；活载计算中常忽略塔的弯曲刚度，先求出主塔水平位移，再将它作为已知条件计算主塔内力；在计算中，必须考虑两种加载状态、最大竖向荷载与相应塔顶位移状态、最大塔顶位移与相应竖向荷载状态，一般来说，后一种状态可能更为不利。

（6）承载力验算。

（7）横桥向构件主要控制截面验算。在横桥向荷载作用下，塔顶作用着主缆的竖向分力，主缆传来的横向水平力 H_c 下横梁上作用着加劲梁传来的竖向力 R 和横向水平力 H_s，塔上还承受横向风载 w 等广义荷载和主塔自重。

2）相关计算规定

（1）钢桥塔整体静力计算。钢桥塔整体静力分析宜采用空间板壳单元来建立有限元模型，对于大型或复杂的钢桥塔亦可先采用空间杆系有限元方法进行整体静力计算，再对局部进行试验验证。应分别在施工与成桥状态选取最不利荷载工况，对钢桥塔最大主压应力、最大主拉应力、最大纵向位移、塔底最大内力进行计算与验算。

（2）钢桥塔稳定性能计算。钢桥塔必须进行整体稳定性能和局部稳定性能计算，并保证整体失稳先于局部失稳发生。钢桥塔进行局部稳定分析时必须同时考虑几何非线性、材料非线性和结构构件初始缺陷的影响。

（3）钢桥塔应进行动力分析，必要时也应做风洞试验。风速计算、风荷载计算、动力特性分析、抗风稳定性验算可按现行规范《公路桥梁抗风设计规范》（JTG/T D60-01—2018）进行。可通过塔柱断面切角或附加气动装置改善钢桥塔的弛振稳定性或抑制涡激共振。气动措施不能满足抗风要求时，可采用阻尼装置或主动控制措施控制钢桥塔施工过程中和成桥后的风致振动。

（4）钢桥塔应进行抗震分析，确保主塔的抗震安全。钢桥抗震分析时必须同时考虑钢塔柱与混凝土墩身的影响。一般跨径桥梁钢桥塔的地震荷载计算、抗震强度和稳定性验算、抗震措施可按《公路工程抗震规范》（JTG B02—2013）进行；大跨径、特大跨径桥梁的钢桥塔抗震计算，应进行专题的研究和分析。若桥址地震的烈度为6度或7度，钢桥塔一般不由抗震控制设计，仅在关键部位进行局部加强处理。

钢桥塔与混凝土墩身（基础）的连接计算可参照《公路钢结构桥梁设计规范》（JTG D64—2015）的连接件设计计算进行，必要时可通过试验确定连接承载力。

局部分析规定：①塔身的焊接或高强度螺栓连接计算应按《公路钢结构桥梁设计规范》

(JTG D64—2015)的连接构造和计算的相关规定进行;②面板板块及加劲肋设计与局部稳定计算分析应按《公路钢结构桥梁设计规范》(JTG D64—2015)的构件设计的规定进行;③锚固区分析应考虑相邻锚固构件之间的相互影响,并验算各板件的应力和变形。对于结构构造复杂的锚固构件,必要时应作试验分析。

9.2.4 钢塔实例

1)泰州长江大桥

泰州长江大桥中塔采用钢结构如图 9-8 所示,纵向呈人字形,塔柱高 192.0m。斜腿段倾斜度为 1:4。

塔柱纵向从下到上共分为三个区段,下端斜腿段、交点附近的曲线过渡段及上端直线段。直线段与斜腿段按圆曲线过渡,曲线半径为 100m,其中曲线过渡段的高度约为 22.587m。索塔横向为门式框架结构,两人字形塔柱间的横向中心距:在塔顶处为 34.8m,塔底处为 42.6m,坡度为 3.9:192。共设置两道横梁,上横梁顶高程为 +197.0m,下横梁顶高程为 +65.9m。

塔柱为单箱多室布置,断面由四周壁板和纵桥向的两道腹板构成,断面中间按受力要求,位于塔顶段和斜腿交叉点以上局部范围内增加了一块中腹板。为了减小塔柱截面风阻系数,改善涡振性能,把塔柱外侧角点处切去四个 0.6m×0.6m 矩形面积,将截面钝化。

塔柱横桥向尺寸自塔顶至塔底等宽为 5.0m,纵桥向尺寸:直线段从塔顶的 6.6m 变化到 10.6m,曲线过渡段从 10.6m 变化到 15.54m;斜腿段(垂直塔柱)距离为 6.0m。

塔柱壁板厚度为 44~60mm,腹板厚度为 44~60mm;均采用板式加劲肋,加劲肋板厚为 40mm 与 48mm;横隔板的间距为 3m 与 2.5m 两种,横隔板厚一般为 16mm,特殊受力部位为 20mm 或 24mm。

上横梁外形为 K 形,连于塔柱顶部的直线段内,为与塔柱截面相协调,上横梁横截面呈梯形。下横梁连于塔柱曲线过渡段内,截面呈梯形高 5m。

2)南京长江第三大桥

我国首座桥梁钢塔——南京第三长江大桥主塔为人字形钢塔柱,高 215m,塔柱外侧圆曲线部分的半径为 720m,设 4 道横梁,其中下塔及下横梁为钢筋混凝土结构,其他部分为钢结构。钢塔柱高约 178.7m。钢混结合段位于桥塔上部钢结构、下部混凝土结构及下横梁的结合部位,属特殊部位。钢混结合段位置如图 9-9 所示。

钢混结合段的设计,钢混结合段由锚固箱、节段、底座三部分组成,锚固箱断面结构形式与钢塔柱节段的断面结构形式基本一致,如图 9-10 所示。竖向设置了 3 道横隔板,为方便与底座的连接增设了 6 块纵隔板单元,如图 9-10 所示中黑色部件。只在底部腹板、纵隔板处设置了连接法兰板,锚固箱各壁板、腹板和纵隔板均布置了剪力钉、过筋孔。

底座结构立面呈板式楔形如图 9-10 所示,平面为井形构造,其纵横隔板、立板的布置与锚固箱的腹板、纵隔板布置相一致,同时在顶部设置了连接法兰板。

锚固箱与底座通过高强螺栓连接构成整体结构;锚固箱与混凝土接触的部位布有剪力钉、60 的孔洞、穿过的钢筋和混凝土共同形成 PBL 剪力键。主塔的荷载主要通过锚固箱的 PBL 剪力键和底座逐步传递于下部混凝土部分。

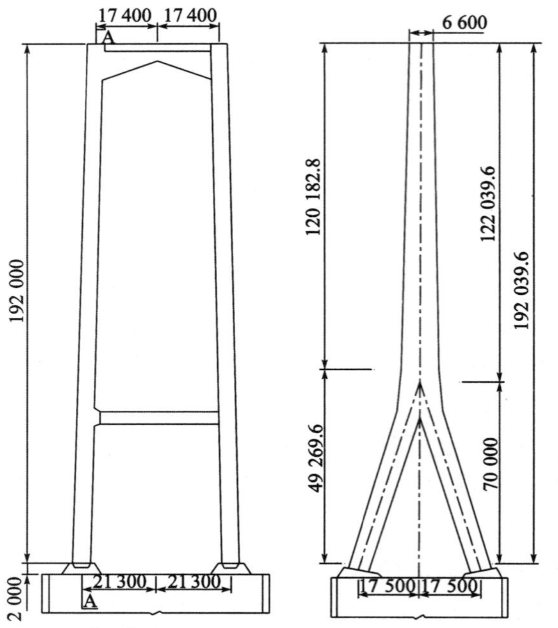

图 9-8　泰州长江大桥中塔(尺寸单位:mm)

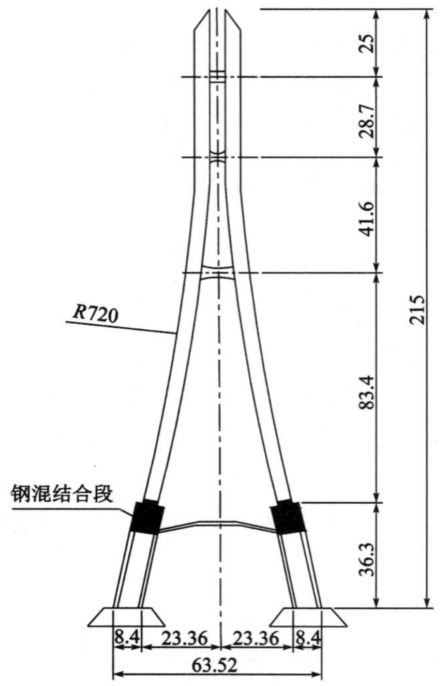

图 9-9　钢混结合段位置(尺寸单位:m)

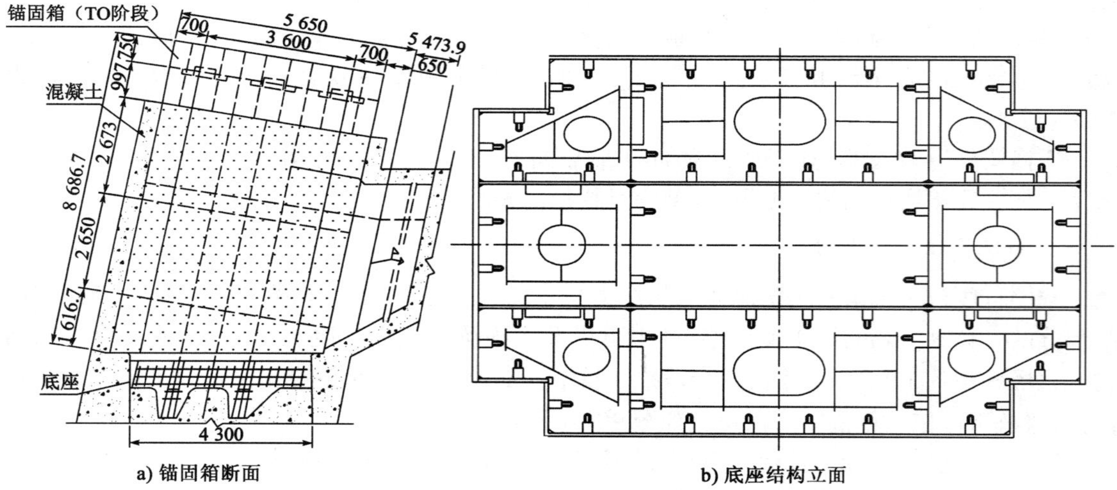

图 9-10　钢混结合段构造(尺寸单位:mm)

3)马鞍山长江大桥

马鞍山长江大桥中塔为门式结构,结构形式采用钢—混叠合塔,即上塔柱、塔顶装饰及上下横梁为钢结构,下塔柱为预应力混凝土结构。塔高(从塔座顶面起)175.8m。钢塔部分高127.8m(从钢—混叠合面算至鞍座底),横桥向宽度6.0m,顺桥向宽度7.0~11.0m。塔顶装饰10.5m。塔柱间中心距:在塔顶处35m,承台顶处43.5m。其结构示意图如图9-11所示。

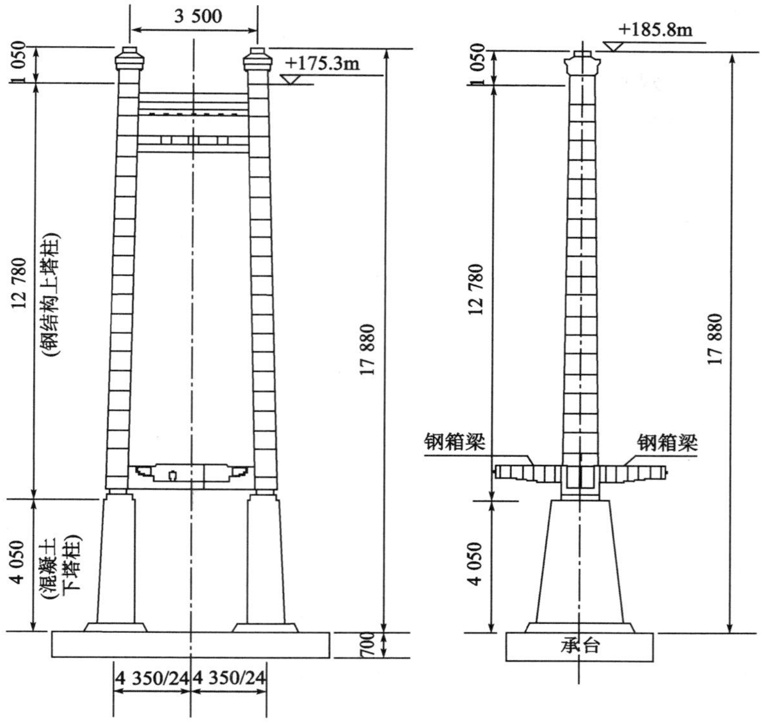

a) 中塔立面　　　　b) 中塔侧面

图 9-11　马鞍山长江大桥中塔(尺寸单位:cm)

塔柱断面为单箱多室布置,由四周壁板和两道腹板构成。在塔顶断面上,局部范围内增加了多条腹板,以满足受力要求;并将塔柱截面进行钝化(截面四角切割 4 个 0.7m × 0.7m 矩形)以减小塔柱截面风阻系数,提高塔柱涡振性能。上横梁由上、中、下梁三部分组成,上梁与中梁之间的连接构件由 5 个圆柱钢构件连接,中梁与下梁之间则是 3 个灯笼造型的钢构件连接。

9.3　钢　桥　墩

9.3.1　钢桥墩的特点与应用

由于钢材具有强度高、材质均匀、塑性及韧性良好以及可焊性好等诸多优点,钢结构具有施工方便、抗震性能良好等优势,使得钢结构代替钢筋混凝土结构物的发展趋势越发明显。

钢桥墩始于 1879 年,英国赛文(Severn)铁路桥采用了钢管混凝土桥墩,但其在钢管灌注混凝土仅仅是为了防锈。为了提高桥梁的抗震性能,钢桥墩在日本得到了广泛应用,成为日本桥墩的一种主流结构形式。

根据钢桥墩内部是否填充混凝土,可将其分为不填充混凝土、全填充混凝土和部分填充混凝土三种。早期的钢桥墩一般采用宽厚比较大的钢板焊接而成,阪神地震中,由于强大的地震水平力在桥墩底部产生巨大的弯矩,使桥墩底部发生局部屈曲而导致桥梁变形扩大。阪神地震后日本学者提出了部分填充混凝土的补强方法,利用内填的混凝土阻止钢板的局部屈曲。全部填充混凝土钢桥墩具有很高的抗压强度及良好的抗震性能,国外针对钢桥墩的研究,最先始于全部填充混凝土钢桥墩。随着研究的深入及理论水平发展,又进行了部分填充混凝土钢桥墩力学性能的研究。考虑到水平力作用下,桥墩底部受弯较大而上部受弯较小,实际工程应用中,通常部分填充混凝土钢桥墩应用较广泛。

与传统的钢筋混凝土桥墩相比,部分填充混凝土钢桥墩具有以下优点:

(1)改善材料受力状态。钢材具有强度高,延性好等优点,而在受压时,容易产生局部屈曲。混凝土则具有较好的抗压性能,但其延性较差。填充混凝土后,钢桥墩在钢材和混凝土的相互作用下,其组合效应要远远高于各自产生效应的简单累加。一方面,可以有效地延缓钢材产生局部屈曲;另一方面,使混凝土处于三向受压状态,发挥其抗压性能好的优点。

(2)良好的延性及耗能性能。由于钢管的套箍作用,混凝土延性得到明显改善。在使用阶段,混凝土表现出良好的弹性,而在破坏时,混凝土的塑性也得到了一定程度的改善。另外,钢材的局部屈曲得到了抑制,保证了钢材的局部屈曲发生在桥墩整体破坏之后,有效地提高了桥墩承载力。

(3)节约桥下空间。在相同的荷载条件下,钢桥墩截面远远小于混凝土桥墩截面。随着高强钢材研究和发展,钢桥墩的截面可以更小,这样可以节约桥下空间。特别是对有严格占地要求的桥梁,钢桥墩优势更加明显。

(4)施工操作方便。钢管一方面可以作为纵筋和环向箍筋,另一方面可以作为填充混凝土浇筑的模板,省去钢筋混凝土结构整个支模与拆模过程,从而节约了大量人力,大大提高了施工速度。此外,钢桥墩可以实现工厂化生产,直接运到施工现场实施拼装。工厂化生产的钢桥墩不受施工条件的影响,质量可以得到保证,同时大大减少现场工作量,提高施工效率,降低工程造价。

(5)经济美观。钢桥墩截面一般较小,相对于纯钢结构的桥墩,用钢量相对较少;相对于钢筋混凝土桥墩,其相对轻巧、灵便。在钢桥墩表面涂刷与环境相协调的颜色的防腐漆,一方面防止钢板腐蚀,另一方面美化了环境,符合桥梁设计的理念。

图9-12　箱形截面钢桥墩

部分填充混凝土钢桥墩除具有上述优点外,也存在一些缺点。首先是腐蚀问题,虽然在钢桥墩表面涂防腐材料,但防腐材料有使用寿命,为了避免钢材腐蚀,必须定期对桥墩表面进行检查和维护;其次是耐火性能差,部分填充混凝土钢桥墩,上部是纯钢结构,钢结构的耐高温性能较差,需采用耐高温材料对其进行防护。箱形截面钢桥墩如图9-12所示。

我国在钢桥墩抗震方面的研究起步比较晚,随着经济的发展、钢桥墩研究的深入,近些年钢桥墩已应用于我国的桥梁、人行天桥及城市高架中,表9-4列出了我国部分钢桥墩的工程应用实例。

我国部分钢桥墩工程应用实例 表 9-4

桥　名	跨径(m)	钢管尺寸(mm)	建成时间(年)
深圳北站大桥	150	ϕ2 800 ~ 3 400	2000
赵康枢纽跨线桥	126	ϕ1 040	2002
海南琼州大桥	480	ϕ1 100 × 16	2003
兰州雁盐黄河桥	85 + 127 + 85	ϕ3 500 × 20	2003
三大动力路某人行天桥	66	ϕ700/ϕ400	2010
深圳兴海月亮湾立交桥	—	—	2010
腊八斤特大桥	610	ϕ1 320	2012

9.3.2 钢桥墩的构造

钢箱形桥墩的主要影响参数包括:轴压比、翼缘宽厚比、长细比、混凝土填充率、上部结构重量偏心比、加劲肋宽厚比和腹板宽厚比等。

其中,轴压比参数:

$$u = \frac{P}{P_u} \tag{9-3}$$

式中:P——上部结构重量相等的垂直荷载;

P_u——全钢桥墩轴心受压时的全截面屈服荷载。

翼缘宽厚比参数:

$$R_f = \frac{b}{t} \cdot \sqrt{\frac{12(1-\upsilon^2)}{4n^2\pi^2}} \cdot \sqrt{\frac{\sigma_y}{E}} \tag{9-4}$$

式中:b——翼缘板宽;

t——板厚;

σ_y——钢材的屈服强度;

E——弹性模量;

υ——泊松比;

n——分隔数。

长细比参数:

$$\bar{\lambda} = \frac{2h}{r} \cdot \frac{1}{\pi} \cdot \sqrt{\frac{\sigma_y}{E}} \tag{9-5}$$

式中:h——钢桥墩高度;

r——箱形截面的回转半径。

加劲肋长细比参数:

$$\overline{\lambda_s} = \frac{1}{\sqrt{Q}} \cdot \frac{a}{r_s} \cdot \frac{1}{\pi} \cdot \sqrt{\frac{\sigma_y}{E}} \tag{9-6}$$

$$Q=\frac{1}{2R_{\mathrm{f}}}\left(\beta-\sqrt{\beta^{2}-4R_{\mathrm{f}}}\right)\leqslant 1.0 \tag{9-7}$$

$$\beta=1.33R_{\mathrm{f}}+0.868 \tag{9-8}$$

式中:a——横向加劲板间隔;

r_{s}——由加劲肋与宽 $\frac{b}{n}$ 的板形成的 T 形截面中,绕与板平行主轴的截面回转半径。

混凝土填充率 $=\frac{l_{\mathrm{c}}}{h}$。其中 l_{c} 为混凝土填充高度;h 为桥墩高度。

墩柱填充混凝土后,显著地增加了桥墩的极限承载能力。如果其强度超过下部基础,会使塑性铰出现在不易检查的桩基础上,并且增加了柱脚处的锚固构件脆性破坏的风险。同时,由于混凝土的填充,增加了桥梁结构的自重,对于某些地基土体承载力不佳的滩涂地区,其适用性有待进一步研究。

对已建桥梁钢箱桥墩是否需要进行加劲肋补强,《已建钢桥墩抗震加固方法指导方针》中作出表 9-5 所述规定。

《已建钢桥墩抗震加固方法指导方针》对钢箱是否需加固的判别参数 表 9-5

各参数示意图	设 计 参 数	表达式及限值
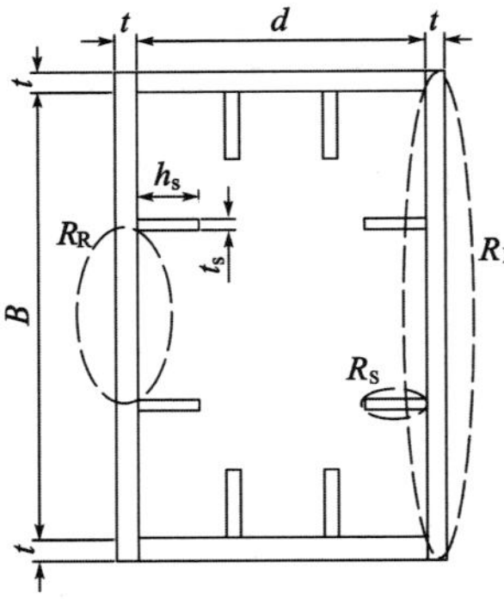	R_{R}:纵向加劲肋之间箱体壁板长细比参数	$R_{\mathrm{R}}=\frac{b}{t}\sqrt{\frac{\sigma_{y}12(1-\mu^{2})}{4E\pi^{2}}}<0.4$
	R_{F}:箱体壁板长细比参数	$R_{\mathrm{F}}=\frac{B}{t}\sqrt{\frac{\sigma_{y}12(1-\mu^{2})}{4E\pi^{2}k_{\mathrm{F}}}}<0.4$
	R_{S}:纵向加劲肋长细比参数	$R_{\mathrm{S}}=\frac{h_{\mathrm{s}}}{t_{\mathrm{s}}}\sqrt{\frac{\sigma_{y}12(1-\mu^{2})}{0.425E\pi^{2}}}<0.5$

注:$k_{\mathrm{F}}=(1+\alpha_{\mathrm{t}}^{2})^{2}n\gamma_{\mathrm{s}}/\alpha_{\mathrm{t}}^{2}(1+n\delta_{\mathrm{s}})$,$\alpha_{\mathrm{t}}\leqslant\alpha_{\mathrm{o}}$ 时;$k_{\mathrm{F}}=2(1+\sqrt{1+n\gamma_{\mathrm{s}}})/(1+n\delta_{\mathrm{s}})$,$\alpha_{\mathrm{t}}>\alpha_{\mathrm{o}}$ 时;其中,$\alpha_{\mathrm{t}}=a/B$,为箱体壁板高宽比,a 为箱体隔板间距;$\delta_{\mathrm{s}}=\frac{A_{\mathrm{s}}}{Bt}$,为纵向加劲肋与箱体壁板截面面积比;$\alpha_{\mathrm{o}}=\sqrt[4]{1+n\gamma_{\mathrm{s}}}$,为箱体壁板高宽比限值;$\gamma_{\mathrm{s}}$ 为纵向加劲肋与纵向加劲肋之间箱体壁板刚度比。

对于需改造的钢箱桥墩,其加固方法具体为:原有纵向加劲肋之间的箱体壁板上焊接不贯通的短板和纵向短加劲肋,以防止其局部失稳;在原有纵向加劲肋上通过高强螺栓连接翼缘板来防止纵向加劲肋的失稳;在箱体壁板角隅区增加角板以减小焊缝开裂的危险,如图 9-13a)所示。新增加的加劲构件在纵向均是断开的,其与隔板间留有一定的距离,如图 9-13b)所示。这一距离保证了钢桥墩在大震下的塑性变形仍按照原先设计时的预想,而不会使塑性变形率先出现在桥墩的其他位置。这样的加固设计能够增加箱体抵抗局部失稳能力,同时并不显著增加其极限承载能力。

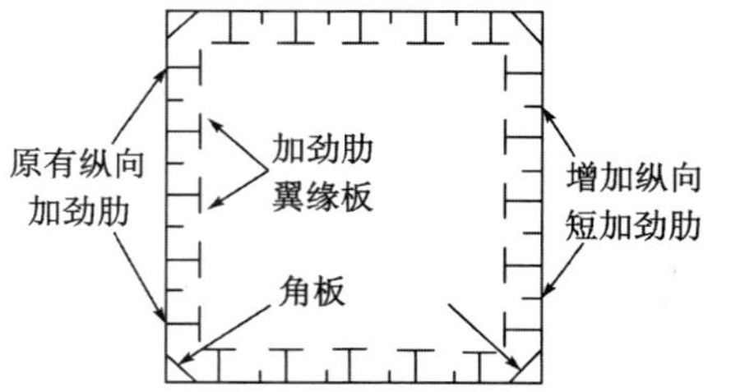

a) 加劲补强构件横截面布置图

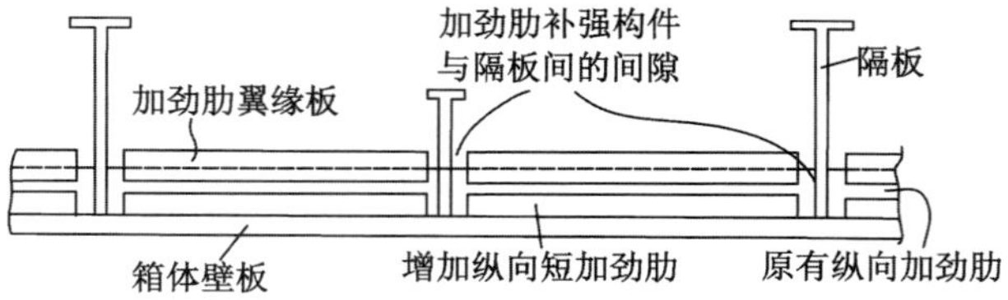

b) 加劲补强构件纵向布置图

图 9-13　已建桥梁墩柱的加劲肋补强法示意图

9.3.3　钢桥墩受力特点

空心薄壁型钢桥墩易发生局部屈曲，导致整体失稳破坏。当桥墩高度较高，截面较小时，其临界承载力不稳定，局部破坏容易导致整体破坏。钢桥墩填充混凝土后，钢板和填充混凝土两种材料相互作用，共同工作，可以有效地抑制钢截面内侧产生局部屈曲，从而能够提高钢桥墩的变形性能。目前钢桥墩内部填充的混凝土，对其强度没有特别的要求，仅用于防护车辆对桥墩的碰撞。考虑到填充混凝土对钢桥墩的抗震性能的增强效果，同时能以较低成本设计具有较高抗震性能的钢桥墩，可以采用部分填充混凝土，既可以减轻结构自重，也使钢桥墩抗震性能达到最优，如图 9-14 所示。混凝土填充在横隔板之间，根据材料力学的理论对微单元进行受力分析，混凝土处于三向受力状态，微单元受力状态如图 9-15 所示。

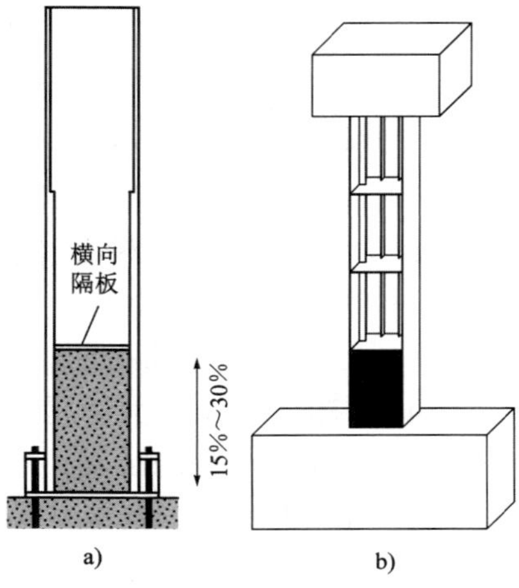

图 9-14　钢桥墩示意图

钢桥墩截面通常有箱形截面桥墩和圆形截面桥墩两种。箱形截面的桥墩，因加劲板的局部屈曲变形扩大导致转角处焊缝沿竖向断裂，桥墩丧失对垂直荷载的承载力。而圆形截面的桥墩，则是由于变形集中在最初出现局部屈曲位置处，沿圆周方向形成断裂，如图 9-16 所示。阪神地震中，钢桥墩出现因局部变形过大导致的破坏，如图 9-17 所示。

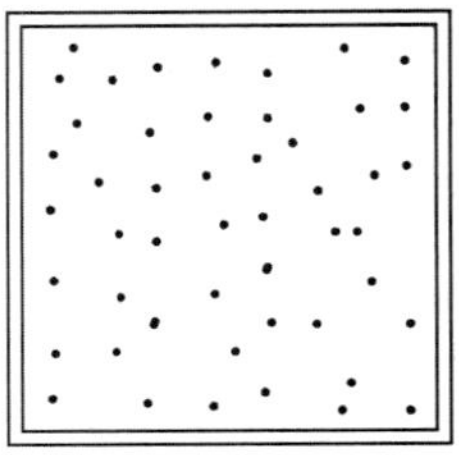

a) 钢桥墩截面

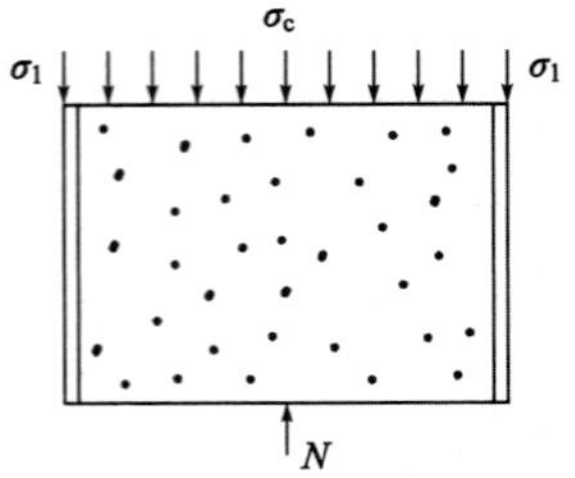

b) 截面受力图

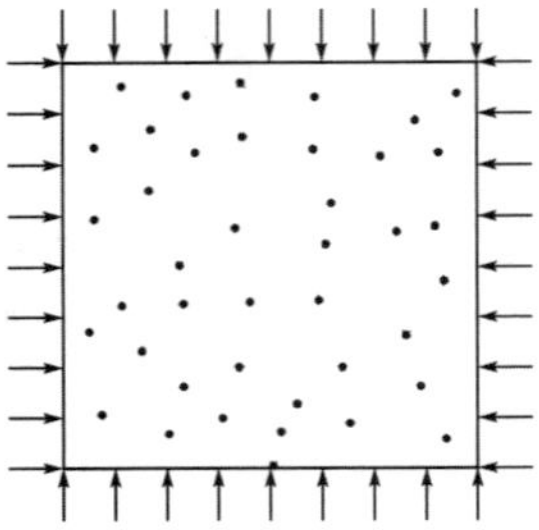

c) 径向套箍力

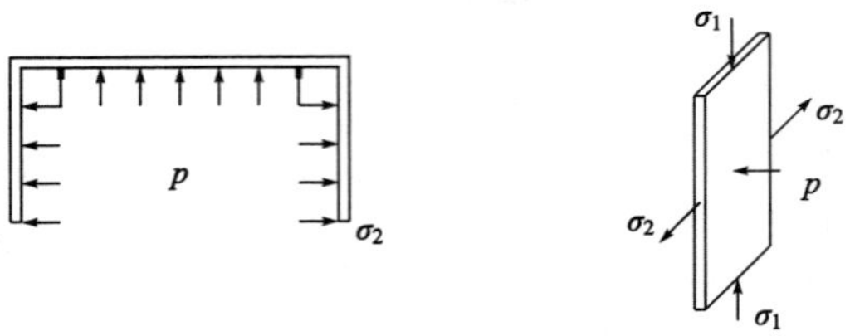

d) 钢材应力图

图 9-15　材料受力状态

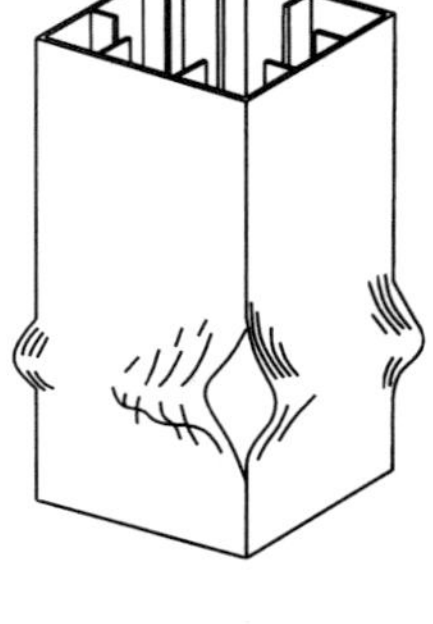

a) 箱形截面破坏形态

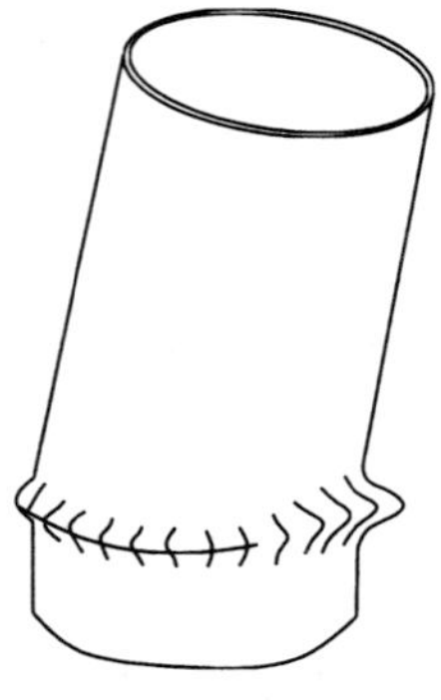

b) 圆形截面破坏形态

图 9-16　箱形截面破坏形式

图 9-17　钢桥墩的局部变形过大

对于钢桥墩的研究,其抗震设计是重要的组成部分。钢结构受到的损伤主要包括屈曲、低周疲劳、由拉伸或者剪切造成的断裂等。由阪神地震或者试验室中试施的反复荷载试验所观察到的钢桥墩损伤和破坏模态,概括起来主要有以下几种:

(1)桥墩部位的局部屈曲。

(2)桥墩部位的局部屈曲与整体屈曲的耦合。

(3)刚构桥墩横梁的剪切屈曲。

(4)桥墩部位母材的断裂。

(5)桥墩部位腹板与翼缘交界处的焊缝断裂。

以单柱式钢桥墩为例,简要描述承受反复荷载作用下的钢结构从初始屈服至最终破坏为止的相关特性,其描述图如图 9-18 所示(详见《钢桥抗震与损伤控制设计指南》,宇佐美勉编著,吉伯海、高圣彬译)。

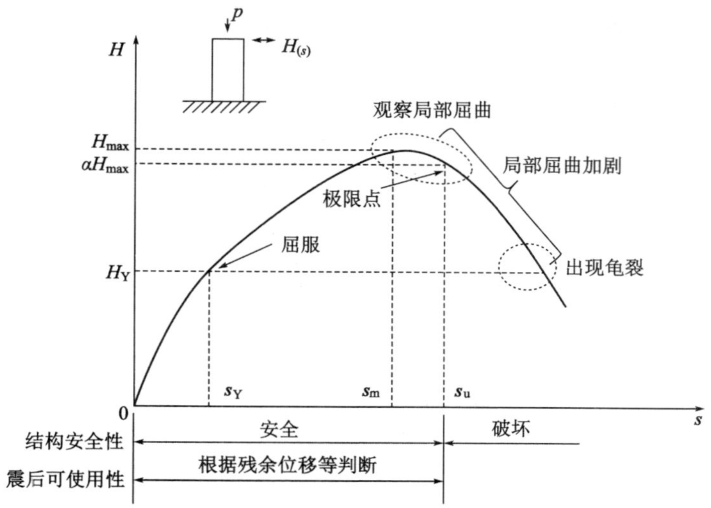

图 9-18　反复荷载作用下钢桥墩的水平荷载—水平位移滞回曲线包络线

9.4　钢管混凝土构件

9.4.1　钢管混凝土的结构特点

混凝土具有抗压强度高的特点,但其抗弯拉能力低;而钢材具有较强的抗弯拉能力和良好的弹塑性,但在受压时容易失稳而丧失轴向抗压能力。钢管混凝土在结构上能够将两者的优点结合在一起,钢管对其内部混凝土的约束作用使混凝土处于三向受压状态,提高了混凝土的抗压强度;钢管内部的混凝土又可以有效地防止钢管发生局部屈曲,从而大大提高了钢管混凝土构件的承载能力。研究表明,钢管混凝土柱的承载力高于相应的钢管柱承载力和混凝土柱承载力之和。钢管混凝土作为目前应用较为广泛的组合结构,主要以轴心受压和作用荷载偏心较小的受压构件为主,在桥梁领域被广泛应用于钢管混凝土拱桥拱肋和桥墩等以受压为主的桥梁部件上。

钢管混凝土的工作性能是:核心混凝土开始为单向受压,随紧箍力产生而变成三向受压,如图 9-19 所示,在钢材屈服后,混凝土达到轴向受力的强度极限。随着紧箍力的继续增长,混凝土的承载力也随之提高,并沿三向受压时的强度包络线发展,历经钢材屈服和强化,只是包络线的斜率有所变化,承载力始终上升。最后,在钢材应力强度进入破坏面后,钢管混凝土试件随之破坏。因此,实心钢管混凝土轴心受压破坏时的钢材出现很大的塑性变形,并形成褶皱和筒鼓形,其纵向应变达到 20% ~ 30%。其中方钢管混凝土的压力—应变关系如图 9-20 所示。

钢管混凝土结构施工时,钢管可以作为劲性骨架承担施工阶段的施工荷载和结构重量,施工不受混凝土养护时间的影响;由于钢管混凝土内部没有钢筋,便于混凝土的浇注和捣实;钢管混凝土结构施工时,不需要模板,既节省了支模、拆模的材料和人工费用,也节省了时间。

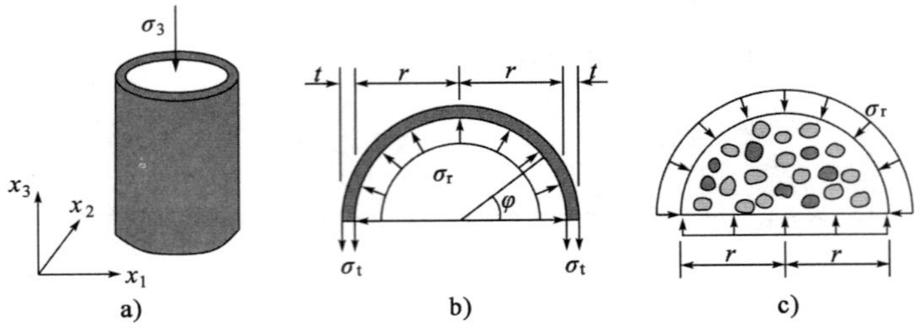

图 9-19 钢管混凝土工作性能图

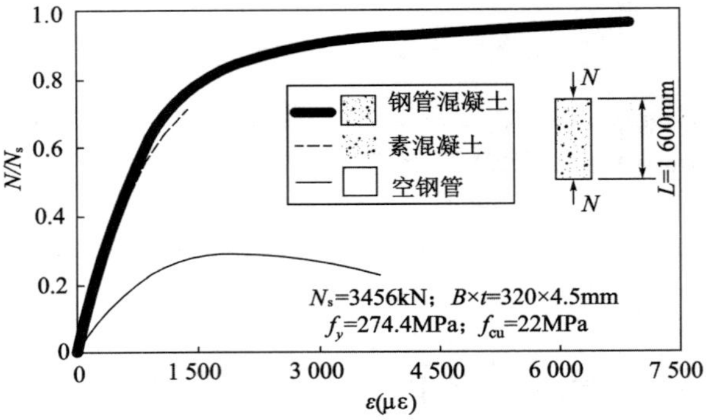

图 9-20 方钢管混凝土压力—应变关系

钢管混凝土结构的迅速发展和应用,不仅由于它良好的承载能力和施工性能,同时也具有如下方面的优势:

(1)钢管混凝土构件延性好、抗震性能优越。由于钢管和混凝土之间的相互作用使钢管内部混凝土的破坏由脆性破坏转变为塑性破坏,构件的延性性能明显改善,耗能能力大大提高,钢管混凝土构件具有优越的抗震性能。

(2)钢管混凝土构件耐腐蚀与耐火性能优于钢结构。钢管中浇注混凝土使钢管的外露面积减少,受外界气体腐蚀面积比钢结构少得多,抗腐和防腐所需费用也比钢结构节省。目前相关研究中,有学者认为钢管混凝土的耐火性能,由于钢管内填有混凝土,能吸收大量的热能,有利于钢管的抗火和防火。

9.4.2 钢管混凝土在钢桥中的应用

由于钢管混凝土构件的上述特点,钢管混凝土能适应现代工程结构向大跨、高耸、重荷发展和承受恶劣条件的需要,因而也备受工程界的重视和青睐。钢管混凝土结构在工程中应用广泛。在桥梁工程中,可以作为拱桥结构中的拱肋,也可以作为斜拉桥中的桥塔、桥墩等。因此钢管混凝土结构已经成为桥梁工程中一个重要发展方向。

一般把混凝土强度等级在 C50 以下的钢管混凝土称为普通钢管混凝土;把混凝土强度等级在 C50 以上的钢管混凝土称为钢管高强混凝土;把混凝土强度等级在 C100 以上的钢管混凝土称为钢管超高强混凝土。近 20 年来,钢管高强混凝土和钢管超高强混凝土结构的应用逐步得到快速发展。

在大跨度桥梁工程中,随着经济的迅速发展,需要建造能够跨越江河、海湾和山谷,安全、经济且轻盈美观的大跨度桥梁。如在拱桥结构中,钢管混凝土构件一般作为主拱肋承受很大的轴向压力。此外,钢管还可作为桥梁安装架设阶段的劲性骨架和灌注混凝土的模板。钢管混凝土拱肋截面可见9.1节。

钢管混凝土可应用于桥梁主梁上,其优点在于抗震性能好,造价低于钢结构,且主梁高度小,相关应用如图9-21所示。

a) b)

图9-21 钢管混凝土在桥梁主梁的应用

钢管混凝土也可应用于桥梁索塔,具有受压性能好,抗震性能好,截面面积小的优点,其相关应用如图9-22所示。钢管混凝土在桥墩上也有应用,具有受压性能好,施工方便,与风景协调等优点。目前应用于桥墩的实例有:日本秋田新干线某高架、日本京川桥、深圳北站大桥、兰州雁盐黄河桥以及南京龙池立交桥等。

a) b)

图9-22 钢管混凝土在索塔应用

9.4.3 钢管混凝土的截面形式与制作

钢管混凝土按其截面形式可分为圆钢管混凝土,方、矩形钢管混凝土和多边形钢管混凝土等,如图9-23所示。其中圆钢管混凝土结构和矩形钢管混凝土结构应用较广。比较不同截面的钢管混凝土,圆钢管混凝土结构的施工难度大,施工成本较高。相比之下,方钢管混凝土结构的施工较为方便,但方钢管混凝土受到的约束作用较小,结构的承载力较低。

近年来我国广泛使用高位抛落不振捣混凝土的施工方法,简化了现场灌注混凝土的工序,方便施工。也有在管柱下部开临时浇灌孔,用混凝土泵自下而上灌注混凝土的方法。在浇筑后,钢管内处于稳定的湿度条件,水分不易蒸发,省去了浇水养护工序,简化了混凝土的养护工艺。

钢管混凝土结构在施工中需要充分考虑结构构件的连接构造方面的要点,当钢管混凝土柱与混凝土梁连接时,须借助于柱上的牛腿和加强板。如果用暗牛腿,会给浇注混凝土带来不便,影响施工进度;当钢管混凝土柱与无梁盖连接时,尤其是采用升板法施工时,板与柱的连接构造是相当复杂的,会直接影响到施工的进度;为了能够充分发挥钢管混凝土的承载力,钢管混凝土的连接应尽可能地将连接力可靠地传递到核心混凝土上。通常采用柱顶盖板、柱脚底板和层间隔板、穿心板等方式来实现,其前提条件是必须保证管内混凝土的密实。横隔板和上、下柱的连接比较烦琐,尤其对于小直径管,施工不便。穿心板的制作较复杂,而且会妨碍管内混凝土的浇注和振捣,一般仅在大直径钢管混凝土中使用。其相关连接方式如图9-24所示。

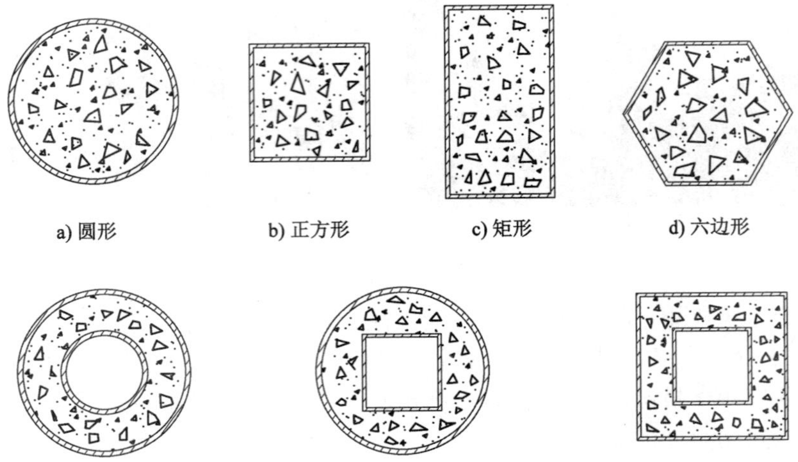

a) 圆形　b) 正方形　c) 矩形　d) 六边形

e) 圆套圆　f) 圆套方　g) 方套方

图9-23　常见的钢管混凝土构件截面形式

a)　b)

图9-24　钢管混凝土构件连接方式

钢管混凝土结构的构造大都参考钢结构的构造要求,但它也有自身的构造特点。一般而言,钢管混凝土结构的构造必须满足构造简单、传力明确、安全可靠、节约材料和施工方便的要求。以下是钢管混凝土结构构造与制作的一般要求:

(1)钢管可采用直缝焊接管、螺旋形缝焊接管和无缝钢管。焊缝必须采用对接焊缝,并达到与母材等强的要求。

(2)钢管材料可选用Q235(A3)钢、Q345(16Mn)钢或Q390(15MnV)钢,有可靠依据时,可采用其他钢材。

(3)混凝土采用普通混凝土,其强度等级不宜低于C30。Q235(A3)钢宜配C30或C40级混凝土，Q345（16Mn）钢宜配 C40、C50 或 C60 级混凝土，Q390（15MnV）钢宜配 C50 或 C60 级混凝土。

（4）钢管接长时，如管径不变，宜采用等强度的坡口焊缝；如管径改变，可采用法兰盘和螺栓连接。法兰盘采用带孔板，使管内混凝土保持连续。

（5）为保证混凝土的浇筑质量，钢管外径不宜小于 100mm；为了满足焊接所需的最小厚度要求，钢管壁厚不宜小于 4mm。

（6）为了防止空钢管在施工过程中受力时发生管壁局部失稳，钢管的外径与壁厚之比，宜限制在 20 至 $\sqrt{235/f_y}$（f_y 为钢材牌号所指屈服点）之间。

（7）为了防止混凝土强度等级较高时钢管的套箍作用不够而导致脆性破坏，套箍指标 θ 不宜太小；为了防止混凝土因混凝土强度等级过低而使构件在使用荷载下产生塑性变形，套箍指标 θ 又不宜太大。大量的试验结果表明，钢管混凝土的套箍指标 θ 宜限制在 0.3 ~ 3.0 之间。套箍指标满足此要求的构件，在使用荷载作用下处于弹性工作阶段，而在最终破坏前又具有良好的延性。

钢管混凝土除应用于柱结构中，还广泛应用于拱桥的拱肋结构及其他结构构件中，其具体构造要求可参考《钢管混凝土拱桥技术规范》（GB 50923—2013）及《钢管混凝土结构设计规范》（GB 50936—2014）。本节仅介绍钢管混凝土轴心受压承载力计算，其他承载力的计算可参考《钢管混凝土结构技术规范》（GB 50936—2014）。

9.4.4 钢管混凝土轴心受压承载力计算

（1）单肢钢管混凝土轴心受压构件的承载力按下式计算：

$$N \leqslant \varphi f_{sc} A_{sc} \tag{9-9}$$

式中：N ——轴向压力组合设计值；

f_{sc}——钢管混凝土的组合轴心受压强度设计值；

A_{sc}——钢管混凝土构件的截面面积，$A_{sc}=\pi d^2/4$；

d——钢管的外直径；

φ——轴心受压稳定系数，按表 9-6 采用。

稳定系数 φ 值　　表 9-6

构件长细比 λ		10	20	30	40	50	60	70	80
钢材	Q235	1.0	0.998	0.989	0.972	0.946	0.912	0.860	0.819
	Q345	1.0	0.997	0.987	0.966	0.935	0.895	0.844	0.783
构件长细比 λ		90	100	110	120	130	140	150	
钢材	Q235	0.760	0.692	0.617	0.521	0.444	0.383	0.333	
	Q345	0.712	0.632	0.541	0.455	0.387	0.334	0.291	

注：表内中间值可采用插入法求得；构件长细比 $\lambda=4l_0/d$，l_0——构件的计算长度，按表 9-7 的规定确定。

主拱计算长度　　表 9-7

两端结合情况	计算长度 L_0	两端结合情况	计算长度 L_0
三铰拱	0.58s	无铰拱	0.36s
两铰拱	0.54s		

注：s 为拱轴线长度。

(2)格构式钢管混凝土轴心受压构件的整体承载力应按式(9-9)计算,其受压稳定系数 φ 根据构件的换算长细比可查表 9-6。构件的换算长细比按表 9-8 的规定确定。

格构式构件的换算长细比　　表 9-8

项　目	截 面 形 式	腹杆类别	计 算 公 式
双肢构件	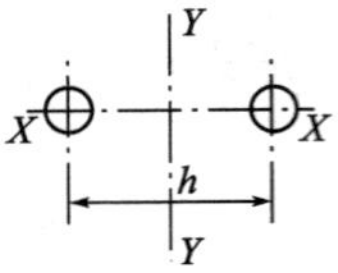	平腹杆 斜腹杆	$\lambda_{0y}=\sqrt{\lambda_y^2+17\lambda_l^2}$ $\lambda_{0y}=\sqrt{\lambda_y^2+67.5A_s/A_w}$
三肢构件	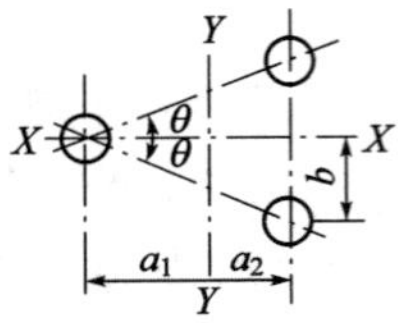	斜腹杆	$\lambda_{0y}=\sqrt{\lambda_y^2+200A_s/A_w}$
四肢构件	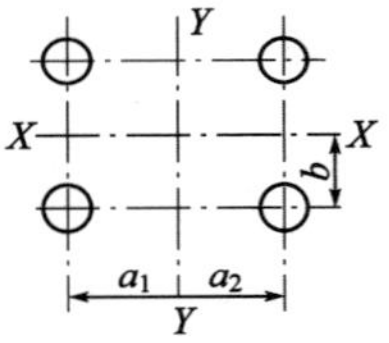	斜腹杆	$\lambda_{0y}=\sqrt{\lambda_y^2+135A_s/A_w}$ $\lambda_{0x}=\sqrt{\lambda_x^2+135A_s/A_w}$

$$\lambda_y=\frac{l_{0y}}{\sqrt{\dfrac{\sum(I_{sc}+a^2A_{sc})}{\sum A_{sc}}}}$$

$$\lambda_x=\frac{l_{0x}}{\sqrt{\dfrac{\sum(I_{sc}+b^2A_{sc})}{\sum A_{sc}}}} \tag{9-10}$$

$$\lambda_1=\frac{l_1}{\sqrt{\dfrac{I_{sc}}{A_{sc}}}} \tag{9-11}$$

图中及式中:λ_y、λ_x——整个构件对 Y 轴、X 轴的长细比;

l_{0y}、l_{0x}——构件对 Y 轴、X 轴的计算长度;

A_{sc}、I_{sc}——单肢的截面面积和惯性矩;

A_s——单肢的钢管截面积;

A_w——一根斜腹杆空钢管的截面积;

a、b——单肢中心到虚轴 y-y 和 x-x 的距离；
λ_1——单肢一个节间的长细比；
l_1——单肢节间距离。

(3)格构式钢管混凝土轴心受压构件除验算整体稳定承载力外，尚应按式(8-9)验算单肢稳定承载力。当单肢的节间长细比 λ_1 符合下列条件时，可不再验算单肢稳定承载力。

平腹杆格构式构件：

$$\lambda_1 \leqslant 40 \quad 且 \quad \lambda_1 \leqslant 0.5\lambda_{max}$$

斜腹杆格构式构件：

$$\lambda_1 \leqslant 0.7\lambda_{max}$$

式中：λ_{max}——构件在 x-x 和 y-y 方向换算长细比的较大值。

(4)格构式钢管混凝土轴心受压构件腹杆所受剪力可按式(9-12)计算：

$$V = \frac{\sum_{1}^{n} f_{sc} A_{sc}}{85} \tag{9-12}$$

式中：A_{sc}——格构式构件单肢截面积；
n——肢数。

9.5 缆　　索

9.5.1 缆索的类型

悬索桥、斜拉桥和拱吊桥是目前现代大跨度桥梁的代表。由高强度钢丝制品为主体组成的桥梁缆索系统是其主要承重传力结构，包括悬索桥的主缆与吊索，斜拉桥中的斜拉索以及拱吊桥的吊索。根据断面布置形式，可将其划分为螺旋索股、平行钢丝索股、平行钢绞线索、封闭式钢索、粗钢筋和钢丝绳。

1)螺旋索股

多丝螺旋钢绞线是从一根直的核心钢丝开始，通常以相反螺旋方向逐层编制而成(图9-25)。由于多丝钢绞线采用的螺距较小，刚度减小较7丝索股更为显著。多丝钢绞线的标称弹性模量往往比直钢丝的低15%～25%。钢绞线的标称弹性模量的典型值为 $E = 170\text{GPa}$。

图9-25　螺旋索股

钢丝的扭转也导致其强度比直钢丝有所下降。通常螺旋钢绞线的强度比单根钢丝的断裂强度之和低约10%。因此，螺旋钢绞线的设计应力通常选取 $0.9f_{chd}$，其中 f_{chd} 是由同样钢丝制成的平行钢丝索股的设计强度。

当螺旋钢绞线初次承受荷载作用时，不仅钢丝内的弹性应变引起伸长,而且由于索股压紧还引起不能恢复的伸长。为了消除钢索这种非弹性伸长,经常对钢索进行预张拉,使之在最终结构中接近于理想弹性状态。这就需要预拉力超过最终使用状态的最大拉应力。因此,预张拉时通常采用10% ~ 20%的超载。由于钢丝层的扭转,螺旋钢绞线会发生自身压缩,因此不需要捆扎或用箍带把钢丝缠绕在一起。

在斜拉桥的领域内,在一段时间里较大斜拉索的所有螺旋索股都优先组合在一起形成单一的压紧截面。例如,在现代首座斜拉桥斯特洛姆桑特桥上,每一根斜拉索是由4根螺旋索股分开布置的。由于锚固细节太复杂以及更换等情况,现代斜拉索已不再使用。

在具有用螺旋索股制造主缆的悬索桥中,曾使用完整的六边形索,如坦克维尔桥的主缆,其单独的索股保持定位在每一根索束之中并排除单股索的单独振动,形成紧密的螺旋索股。

在小带桥中,主缆也是由螺旋索股组成,但是,这里专门采用比通常索股有较小直径的特殊角索股而获取一准圆形截面的主缆。在索股安装以后,添加聚乙烯填充料获得一完整的圆柱形。然后用软金属丝缠绕整个缆索。这样的缆索和用空中纺线法安装,压紧后的缆索很相似,且能增强防腐保护。

2)平行钢丝索股

平行钢丝索股是将一定根数的镀锌钢丝平行地捆扎成股,索股的截面一般呈六角形,所以,每股的钢丝根数是一定的,为19、37、61、91、127。主缆一般由多股包含5.0~5.5mm钢丝的平行钢丝索股组成。

日本是较早采用平行索股作为悬索桥主缆的国家,并倾向于采用较粗的钢丝和较大尺寸的索股。图9-26所示为应用在关门桥、大鸣门桥和明石海峡大桥的平行钢丝索股。在关门桥中,钢丝直径是5.04mm和91丝的,而大鸣门桥相应的数值是5.17mm和127丝。明石大桥也选择127丝的,但钢丝直径却是5.12mm,稍小于大鸣门桥的。由于这些差别和钢丝长度的增大,平行索股的重量(包括卷轴重)从17.5t到41t,直到明石海峡大桥增大到81t。

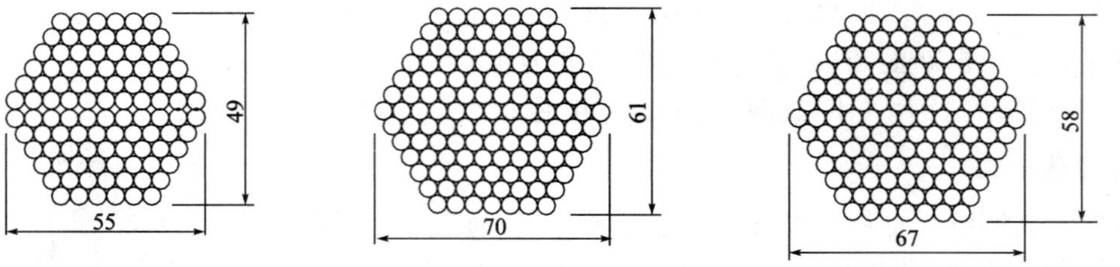

a) 关门桥的索股(91丝,5.04mm钢丝)　b) 大鸣门桥的索股(127丝,5.17mm钢丝)　c) 明石海峡大桥的索股(127丝,5.12mm钢丝)

图9-26　平行钢丝索股(尺寸单位:mm)

现代大跨度悬索桥的主缆基本上都采用平行钢丝索股,一般是先由直径5mm左右的钢丝组成钢丝束股,然后再由若干钢丝束股组成。钢丝束股的组成方法有空中编丝组缆(AS)法和预制平行钢丝束股(PS)法。而斜拉索中更普遍地采用7mm钢丝的索股,且其所需的钢丝数量要比悬索桥主缆采用的平行钢丝索股的钢丝数量多。

现代斜拉桥中出现新预制平行索股(新PWS)斜拉索。其特征是将聚乙烯保护层直接挤压到钢丝束中,以致钢丝之间和钢丝与包裹管之间没有空隙存在。取消螺旋绳和水泥浆填充空隙的新 PWS 索,要比传统的 PWS 索更加紧密。悬索桥中的吊索以及拱桥中的吊杆也常采用平行钢丝束。

3)平行钢绞线索

将7丝钢绞线按平行钢丝股索中的钢丝排列方法布置成正六角形截面,即为平行钢绞线索,也可进行轻度扭绞,其标准强度已达到1 860MPa,因此用钢绞线制作的钢索可以进一步减轻钢索的重量。钢绞线索可以平行成束,也可以扭绞一定的角度成为半平行钢绞线索。如图9-27所示。

平行钢绞线索一般在现场制作,配用夹片锚具,类似于后张法预应力筋,钢绞线逐根穿入预先安装在斜拉索位置处的套管内单根张拉,安装时起吊重量小、张拉力也小,可以采用小千斤顶张拉大斜拉索,因此平行钢绞线索比较适用于超长斜拉索。单根张拉钢绞线斜拉索时索力控制难度较大,有时在单根张拉形成初应力后,再用大千斤顶调整索力。由于上述原因,在小跨度斜拉桥中应用时不如半平行钢丝成品索好。

我国福州青州闽江605m 跨度斜拉桥即使用平行钢绞线索,采用自带 PE 包皮钢绞线穿入 PE 套筒内,张拉后套筒内灌注油脂进行多重防腐。由于钢绞线拉索安装方便,张拉机具小,所以钢绞线在拱桥的吊杆上也有所应用。

4)封闭式钢索

封闭式钢索是由两种类型的绞扭钢丝构成:以标准的圆钢丝组成的标准螺旋钢绞线为核心,在其外层用特殊的 Z 形钢丝(图9-28)。Z 形钢丝能够闭锁,再结合螺旋布置达到自我压紧的效果,保证密封的表面。Z 形钢丝的紧密配合,导致钢索内部的空隙比很小。因此封闭式钢索比其他类型钢索更加紧密。用作封闭式钢索的钢丝的抗拉强度通常为1 370 ~1 570MPa。

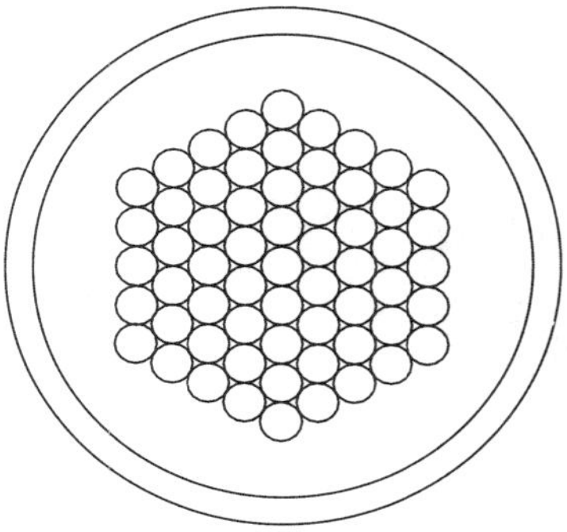

图9-27 平行钢绞线索

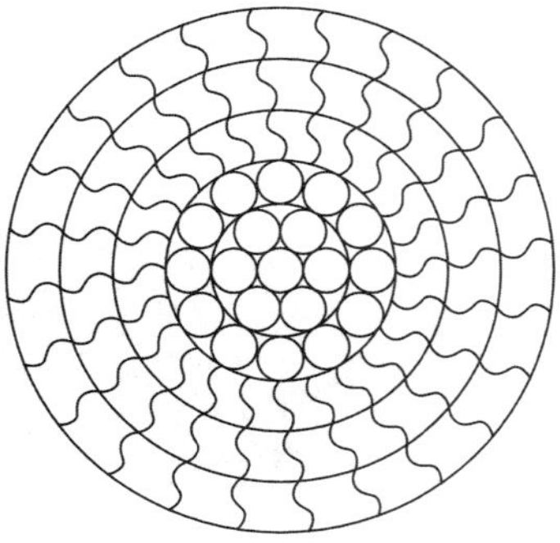

图9-28 封闭式钢索

桥用封闭式钢索经常制造成整体和具有大卷轴座运送。最长封闭式钢索(曾用于悬索桥主缆)的长度约为1 250m。其直径为40 ~180mm,已制成最粗的索的直径达到174mm(曾在泰国湄南河桥上使用过)。通常最粗的封闭式钢索以单股斜拉索形式出现,用在具有密索体系的斜拉桥中,而具有直径60 ~80mm 的小尺寸封闭式钢索,用于几股组成的最终索的情况。这通常在早期的斜拉桥中有所应用,但现在已几乎不再使用。

5)粗钢筋

标准钢筋斜拉索包含7 ~10根圆钢筋,每一根直径为26.5mm、32mm 或36mm,由屈服应力为1 080MPa和拉伸强度为1 230MPa的钢材制成。粗钢筋运送的标准长度是12m,用丝扣耦合连接。钢筋束放置在钢管中最后用水泥浆填充。在钢筋束中,钢筋全部以平行方式安排,所以其弹性模量也就是钢筋本身的。钢筋束的特征是相对于同量平行钢丝索,有较大的空隙比。如图9-29所示。

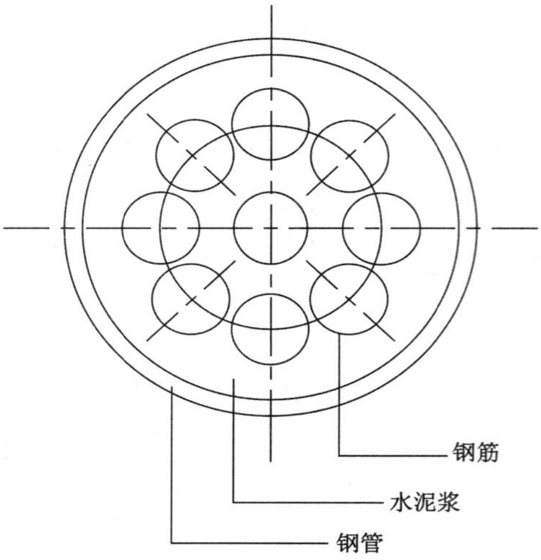

图9-29　粗钢筋

粗钢筋一般用于截断并锚固在桥塔上的斜拉索中。由于粗钢筋索不能满足索鞍处的弯曲要求,所以不能用于悬索桥和使用鞍座的斜拉桥。

国内第一座钢管混凝土拱桥——四川旺苍东河桥,采用精轧螺纹粗钢筋作为吊杆,端头设螺纹,以螺母锚固。由于精轧螺纹粗钢筋呈脆性,受碰撞易断裂,后来的中、下承式拱桥并没有继续采用精轧螺纹粗钢筋。还有一些承重较小的桥梁结构,也采用过热轧光圆钢筋作为吊杆。

6)钢丝绳

钢丝绳一般有两种类型,一种是绳心式钢丝绳,它是由位于中央的一股钢丝作绳心,在其外围再用6股由7丝或19丝或37丝组成的钢丝束股扭绞而成。另一种是股心式钢丝绳,它是由7股19丝钢丝束股扭绞而成,位于中央的一股为股心。两种钢丝绳中的钢丝束股的扭绞方向与钢丝束股的钢丝的扭转方向均相反。如无特别规定,钢丝绳的钢丝束股应作右捻,而钢丝束股的钢丝应作左捻。其公称直径一般为60mm、80mm、88mm,对应的公称强度级别为1 770MPa、1 870MPa、1 960MPa。另外,内层金属芯与外股绳之间的捻距、捻角以及内外层股间距对钢丝绳性能都有影响。常用结构钢丝绳如图9-30所示。由于其操作方便,钢丝绳一般用于悬索桥的吊索。

图9-30　钢丝绳

9.5.2　缆索的特性

1)材料性质

大跨度桥梁的缆索系统大部分都是柔性承载结构,最大的特点是结构的变形较大,为了满足桥梁结构的刚度要求,在缆索的材料选择上,注意选用强度高而变形小的钢丝。

缆索材料要求可按以下条件考虑:强度高、延伸率低、弹性模量大、截面密度大、疲劳强度高和徐变小,同时还要求缆索制作方便,成缆后锚固、防锈容易等。

2）断面形状

（1）圆形封闭式

主缆断面首先排列成尖顶六边形或平顶六边形，再通过紧缆机紧缆，缠丝机缠丝，形成圆形断面。

尖顶形六边形截面主要特点是在列间插放隔片，这有助于通风和保持真圆度较高的截面形状，截面温度均匀，但主缆施工之初的钢丝定位较难。平顶六边形主缆，施工中下层的钢丝索股会受到较大的挤压力，使线性变化较大，截面水平直径较竖向直径大。

在制作和架设钢丝束过程中为了观察，辨别钢丝束是否扭转，通常在主缆索股截面的右上角设有一根喷有红色油漆的观察钢丝。而在左上角设有一根标准长度钢丝（预先将钢丝展开伸直并通过精密测量刻记后而制成的），它是每股预制平行钢丝束下料长度和标涂各标记点（如塔顶鞍座中心、跨中中点等部位）的依据。根据国外的有关规定，标准长度钢丝的长度误差应不小于 $L/36\,000$。

（2）开口矩形式

开口索股布置与圆形主缆相比，在安装索股过程中，可校核每一索股的几何线形，可以省去紧缆及防护的工期和时间。由于索股抗弯刚度低，减小了索股在索夹和索鞍处的弯曲次应力，且索夹、索鞍布置很简单。桥梁建成后易于检查，必要时可修补索股外表面。但是增加了主缆暴露的表面积，主缆中部的索股涂装较困难，而且加大了主缆风荷载，同时使得主缆积累冰雪的危险性增加。

3）结构特性

为了使索股和钢丝绳接近真实的弹性状态，常对其进行预拉。预拉也可以消除生产过程中引起的内部变形。预拉的方法是在指定荷载下，精确测量螺旋索股、钢丝绳长度并标出特定点，在允许公差范围内进行预拉。预拉时，厂家对索股施加预定荷载并保持足够长时间，以保证各成分有充分的变形。预拉荷载一般不超过索股名义极限强度的55%。

由于不同生产型号的索的弹性模量不同，所以在桥梁设计中，要特别注意所用索的弹性模量。索的弹性模量可以由标距长度（至少2.54m）和索股或钢丝绳的毛截面面积确定。如果表面镀锌，还应包括锌层的面积。在读取伸长量时，要保证索股或钢丝绳的应力至少为标定的极限应力的10%或大于预应力的90%，以此计算的弹性模量为有效值。

在斜拉桥的设计中，特别是安装时拉索的拉力很小，张紧的拉索由于长度很大会在自重下产生下垂，引起刚度减小，所以有必要对弹性模量进行等效折减。

在索的设计中，应当考虑索的徐变产生的影响。徐变是索长期受较大且连续荷载时产生的，如桥梁横载。这一影响可以通过修正挠度理论下的拉索公式进行反映。科隆—慕尼黑悬索桥的调查结果给出了徐变可能变化的程度，在100年里，索的徐变相当于设计时降温引起变化的1/4。

索的静力计算中，假定索是完全柔性且不可伸长，但要考虑对弹性伸长的修正。公式由索的基本微分方程推出。

$$y'' = -\frac{w}{H} \tag{9-13}$$

式中:y''——索的纵坐标对 x 的两阶导数;

H ——引起的索拉力的水平分力;

w——分布荷载,可以随 x 变化;

x——与索纵坐标的方向的垂距,从坐标轴原点到取点的距离。

在计算时,应该分别考虑以下两种情况:当索受到沿索长均匀分布的荷载时,索的曲线为悬链线;当索受到沿索跨度方向均匀分布的荷载时,索的曲线为抛物线。

9.5.3 缆索的设计

1)缆索的设计计算

悬索桥主缆设计的主要内容为:先拟定悬索桥的形式,根据桥位处的地形及地质条件,初步决定主缆的垂跨比,即确定主缆几何线形。然后可参考类似跨度、规模、形式与垂跨比的悬索桥,假定主缆截面及预制平行钢丝束的参数。在尺寸、恒载、截面及刚度等假定后即可选择合适的计算理论初步计算主缆钢丝束成桥状态下的长度,一、二期恒载作用下的弹性伸长量,自由悬挂状态下的长度,进而得出主缆钢丝束无应力长度等。经过初步计算之后,即可根据计算结果确定主缆的必要截面,并由此算出恒载与刚度。将计算所得的截面、刚度及恒载等数据与原先假设的进行比较。如果原先假设有较大的富余或不足,则应重新进行假设并再次进行计算,直到假设与计算结果比较吻合为止。在以上的计算要求得到满足之后,就可以进行振动计算与风洞试验。

斜拉桥的拉索计算是采用杆系结构有限单元法将结构离散化,即对斜拉桥空间效应进行简化和近似,考虑拉索垂度引起的单元刚度变化,采用杆单元模拟斜拉索。具体计算过程:

(1)初步选择主梁、索塔的形式和构造尺寸,确定恒载大小。

(2)确定成桥的理想状态,即确定成桥阶段索力、主梁的内力、位移等。通过比较恒载弯矩和各个控制截面所能承受的正、负弯矩,调整索塔等结构尺寸,得出修正后的最大、最小弯矩曲线。

(3)按照施工过程、方法和计算的需要划分施工阶段,确定计算图式。

(4)计算确定施工阶段的理想状态,经过多次反复试算,确定斜拉索的初始张拉力(斜拉索初张力直接影响斜拉桥结构最终的受力状态,为使结构达到合理的受力状态,减小索塔的内力和位移、主梁弯矩,并使拉索的索力变化均匀,需要多次试算确定最佳的拉索初张力)。

2)相关计算规定

(1)一般规定

以钢制受拉构件为主的缆索系统,包括平行钢丝、钢丝绳或钢绞线等制成的主缆、拉索、吊杆和系杆等构件。《公路钢结构桥梁设计规范》(JTG D64—2015)对缆索系统的一般规定如下:

①缆索构件及附属设施的设计应考虑安全性、实用性和耐久性,斜拉索、吊索尚应考虑可调节、可检查、可检测、可维修和可更换性。

②缆索构件往往细长而刚度小,在风、车辆等动荷载作用下容易产生振动而造成疲劳问

题，同时也导致舒适感降低。所以缆索设计应设置合理的缆索气动外形、阻尼装置或稳定索，控制振动对缆索构件及其附属设施的影响。

③索构件设计除了应考虑《公路桥涵设计通用规范》(JTG D60—2015)中规定的永久作用、可变作用和偶然作用以外，尚应考虑裹冰荷载、更换与断裂等偶然工况的影响。

④缆索构件及其附属设施应考虑单根钢丝的防护、钢丝间的防护、构件外表面的防护和构件连接处的防护。

⑤缆索构件的计算应考虑垂度效应和构件长度的变化。

⑥缆索系统的二阶分析中，可变作用的效应应基于给定温度、给定永久作用下的结构初始几何位置。

(2)结构设计

①缆索构件的受拉承载能力极限状态应满足式(9-14)要求：

$$\frac{\gamma_0 N_d}{A} \leqslant f_d \quad 或 \quad \gamma_0 N_d \leqslant N_R \tag{9-14}$$

式中：N_d——轴向拉力组合设计值；

A——缆索构件的截面面积；

f_d——缆索构件的抗拉强度设计值；

N_R——缆索构件的抗拉承载力设计值。

其中，$\gamma_0 N_d / A \leqslant f_d$ 适用于采用高强平行钢丝、钢绞线、普通钢材等制成的受拉构件计算，$\gamma_0 N_d \leqslant N_R$ 适用于钢丝绳构件计算。

②缆索的抗疲劳设计应按《公路钢结构桥梁设计规范》(JTG D64—2015)的抗疲劳设计进行，疲劳抗力根据缆索的疲劳强度曲线和疲劳细节构造分类分别从图 9-31 和表 9-9 中查取，然后选用合适的验算公式验算疲劳强度。

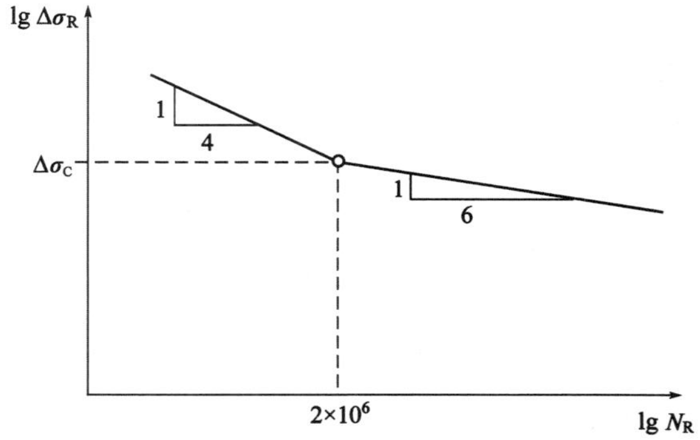

图 9-31 受拉构件的疲劳强度曲线

疲劳强度的构造分类 表 9-9

受拉构件类型	构造分类 $\Delta\sigma_C$(MPa)	受拉构件类型	构造分类 $\Delta\sigma_C$(MPa)
钢丝绳	150	平行钢丝束	160
平行钢绞线束	160		

注：采用疲劳荷载模型 I 时，常幅疲劳极限 $\Delta\sigma_D = (2/5)^{1/6}\Delta\sigma_C = 0.858\Delta\sigma_C$。

(3)锚头验算

①锚头锚杯内钢丝锚固长度应满足锚固强度的要求,铸锚可按式(9-15)计算:

$$l_{sae} \geqslant \frac{0.625 f_k}{v} d_w \tag{9-15}$$

式中:l_{sae}——钢丝在锚杯内的锚固长度(mm),如图 9-32 所示;

f_k——钢丝抗拉强度标准值(MPa);

v——单根钢丝与合金在单位面积上的附着强度,无试验资料时,铸体材料为热铸料,可取 $v=25$MPa;铸体材料为冷铸料,可取 $v=18$MPa;

d_w——钢丝直径(mm)。

②锚杯的承载能力极限状态应满足式(9-10)的要求,锚杯与铸体材料相互作用示意图见图 9-32。

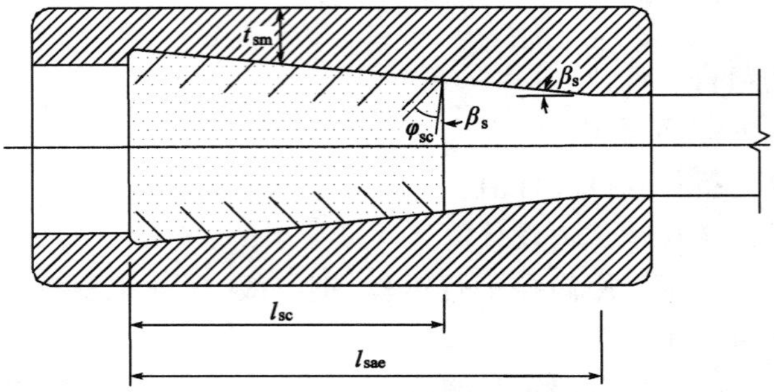

图 9-32　锚杯与铸体材料相互作用示意图

$$\gamma_0 \sigma_t \leqslant f_d \tag{9-16}$$

式中:σ_t——锚杯的环向应力;

f_d——锚杯材料的抗拉强度设计值。

锚杯的环向应力可按式(9-17)、式(9-18)计算:

$$\sigma_t = \frac{F_t}{l_{sc} t_{sm}} \tag{9-17}$$

$$F_t = \frac{N_s}{2\pi \cdot \tan(\varphi_{sc} + \beta_s)} \tag{9-18}$$

式中:l_{sc}——铸体材料的有效长度,$l_{sc}=2/3 l_{sae}$;

F_t——锚杯环向拉力,可按式(9-18)计算;

t_{sm}——铸体材料有效长度内锚杯的平均壁厚;

N_s——索股拉力组合设计值;

φ_{sc}——锚杯内铸体上压力线与锚杯内锥面母线的夹角;铸体材料为热铸料时,可取 $\tan\varphi_{sc}=0.2$;铸体材料为冷铸料时,可取 $\tan\varphi_{sc}=0.45$;

β_s——锚杯内锥面母线与轴线的夹角,$\tan\beta_s=1/12\sim1/8$;铸体材料为热铸料时,斜度宜取高值;铸体材料为冷铸料时,斜度宜取低值。

思考题

9-1 简述钢拱桥拱肋截面形式类型及特点?

9-2 简述钢拱肋的关键设计参数及确定方法。

9-3 桥塔的选型原则是什么?

9-4 钢桥塔在中国有哪些实际工程应用?呈现出的受力特点分别有何不同?

9-5 简述钢桥墩类型,是否填充混凝土对其受力性能有何影响?

9-6 钢桥墩地震破坏的主要部位及其原理是什么?

9-7 钢管混凝土工作性能和原理是什么?

9-8 钢管混凝土在桥梁哪些部位得到应用?

9-9 缆索的类型有哪些?分别在哪些桥型中进行应用?

9-10 缆索的结构特型有哪些?

9-11 简述缆索疲劳性能计算方法和内容。

第10章

钢桥结构体系

10.1 钢 梁 桥

10.1.1 钢梁桥发展概述

钢梁桥多由型钢拼接而成，我国早期的钢梁桥主要应用在铁路中，1881 年修建的唐胥铁路是我国铁路钢梁桥的开端。20 世纪 30 年代，我国修建过一些钢桁架梁桥，如著名的钱塘江大桥。随着铁路交通运输系统的建设，我国的铁路钢桥也随之得到了发展。然而，由于我国早期钢材匮乏，公路钢梁桥的数量十分有限。1972 年建成的山东北镇光和公路桥采用铆接连续钢桁梁结构，最大跨度为 112m。1980 年广东省建成了跨度 64m 的简支钢箱梁桥马房北江公路桥。对于中小跨度，为了便于运输，多采用上承式钢板梁桥，但随着预应力混凝土梁桥的发展与广泛应用，中小跨度的钢板梁桥的应用逐步减少。

近三十年来，随着我国综合实力的提升与钢产量的增加，钢桥的建设日新月异，我国的钢桥技术在钢桥材料的开发利用、设计理论、设计手段和施工、制造水平等方面有了很大的提高，我国开始推进公路钢结构桥梁的建设，包括钢箱梁、钢桁架及钢混组合梁等桥梁，钢梁桥将会得到更广泛的应用。

钢桥具有强度高、材质均匀、塑性及韧性良好和可焊性好等诸多优点，因此，用钢材建造的桥梁——钢桥具有如下特点：

（1）跨越能力大。由于钢材的强度高，在相同的承载能力条件下，与钢筋混凝土相比，钢桥构件的截面较小，所以钢桥的自重较轻，最适合于建造大跨度的桥梁。

（2）工业化制造程度高。钢桥构件一般都是在专业化的工厂由专业设备加工制作，不受季节的限制，加工制造速度快、精度高，质量容易得到控制，因而工业化制造程度高。

（3）便于运输。由于钢桥构件的自重较轻，特别是在交通不便的山区便于汽车运输。

（4）安装速度快。钢桥构件便于用悬臂施工法拼装，有成套的设备可用，拼装工艺成熟，安装速度快，工期短。

（5）钢桥构件易于修复和更换。

（6）钢材易锈蚀，故钢桥的养护费用高。

10.1.2 钢梁桥结构特点与分类

采用以受弯为主的钢梁作为桥跨结构的桥，称为钢梁桥。钢梁桥在竖向荷载作用下，支承处（支座）不产生水平反力，竖向荷载与承重结构轴线接近垂直，为主要受弯结构，在相同跨径的其他体系桥梁相比，主梁内产生的弯矩是最大的。

钢梁桥根据结构体系可分为简支梁、悬臂梁或连续梁等形式，多孔梁桥的梁在桥墩上不连续成为简支梁桥；在桥墩上连续的成为连续梁；在桥墩上连续，在桥孔内中断，线路在桥孔内不过到另一根梁上的成为悬臂梁。不同结构体系的梁桥其力学图示如图 10-1 所示。

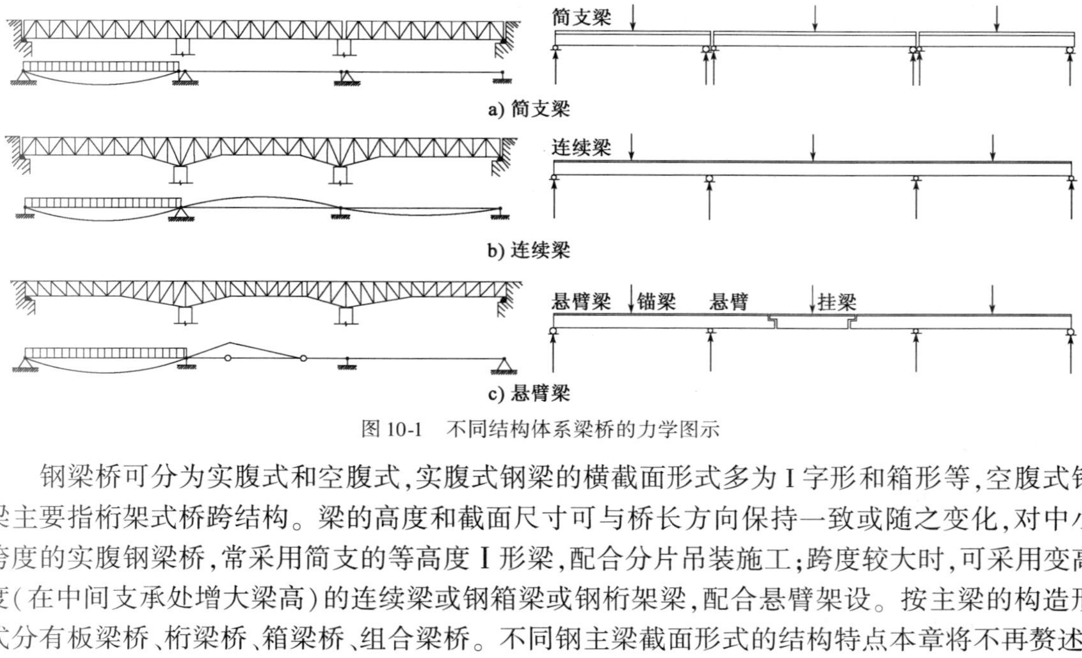

图 10-1 不同结构体系梁桥的力学图示

钢梁桥可分为实腹式和空腹式，实腹式钢梁的横截面形式多为 I 字形和箱形等，空腹式钢梁主要指桁架式桥跨结构。梁的高度和截面尺寸可与桥长方向保持一致或随之变化，对中小跨度的实腹钢梁桥，常采用简支的等高度 I 形梁，配合分片吊装施工；跨度较大时，可采用变高度（在中间支承处增大梁高）的连续梁或钢箱梁或钢桁架梁，配合悬臂架设。按主梁的构造形式分有板梁桥、桁梁桥、箱梁桥、组合梁桥。不同钢主梁截面形式的结构特点本章将不再赘述，可见第 5、6、7、8 章。

钢梁桥类型众多，在设计前期需要进行桥型的比选，汲取国内外钢结构桥梁设计、建造、养护经验，并结合项目实际科学合理地选择钢梁桥的结构形式。通常来说 70m 以下跨径的钢结构桥梁宜采用钢混组合梁桥，其中，三车道以内的平直路段可选择少主梁结构，变宽段、曲线段以及对建筑高度较为敏感的路段宜采用多主梁结构,小半径曲线和保通要求高的桥梁可采用钢箱组合梁或钢箱梁;70m 及以上跨径钢结构梁桥宜选择钢箱—混凝土组合梁,在经验丰富、施工条件便利的情况下也可采用波形钢腹板或钢箱梁结构。

钢结构梁桥通常跨径较大,受载重和温度变化影响也大,使桥梁产生较大的转角和纵向位移。为了克服较大的摩阻力,保证梁有足够的角变位和线变位,一般采用辊轴式支座或摇轴式支座。经过多年的工程实践,橡胶支座也可用作钢桥支座。钢梁桥支座选定时应考虑支承条件、反力大小和作用方向、移动量、转动量、移动方向和转动方向的关系、组成全桥体系的上部结构形式和下部结构形式等结构特征、经济耐久性等因素。在支座形式选择过程中,应综合考虑上述因素决定。

10.2 钢 拱 桥

10.2.1 钢拱桥发展概述

钢拱桥具有自重轻、水平推力相对较小、结构表现力丰富、结构形式多样等优点,且适用跨径比钢梁桥大,在国外发展较早。在 19 世纪 70 年代,美国修建了 Eads 桥,为三跨 158.5m 的钢管桁拱桥。进入 20 世纪后,钢拱桥的跨径已逼近 300m,20 世纪 30 年代初,钢拱桥的跨径已经超过 500m。

然而 21 世纪以前,由于受到钢材产量的制约,我国的钢拱桥数量相对较少。我国最早的大跨径钢拱桥是四川攀枝花跨越金沙江的 3002 桥与 3003 桥,跨径均为 180m,分别为钢箱拱与钢桁拱桥,修建于 20 世纪 60、70 年代。后期拱桥得到了发展,但主要是钢筋混凝土箱形拱桥。20 世纪 90 年代,钢管混凝土拱桥得到了迅速的发展,直至 21 世纪初,钢拱桥才得到了发展。2003 年建成的主跨为 550m 的钢箱拱桥上海卢浦大桥,建成时居同类桥梁之首,标志着我国桥梁技术的重大突破。2008 年建成的重庆朝天门大桥,主跨为 552m,是目前世界最大跨度的钢拱桥。

钢拱主要承受压应力,为了避免拱肋压屈,需要设置加劲件维持拱肋的刚度,从而增加用钢量。同时在钢斜拉桥发展的背景下,钢拱桥的发展受到了一定制约,在 250 ~ 500m 主跨范围内,钢拱桥的用钢量比斜拉桥大,采用钢拱桥经济性相对较低,因此该主跨范围内的钢拱桥数量较少。然而,随着建桥材料及桥梁结构形式的研究与经验积累,发展出了各种组合结构体系拱桥。当桥址处于风俗或地震烈度较大的地区,或桥梁承受铁路荷载且地质条件良好时,钢拱桥不失为一种可考虑的方案。

10.2.2 钢拱桥结构体系特点

钢拱桥的主要承重体系是拱肋,钢拱桥的分类方法有很多,按照结构体系可以分为简单体系拱桥和组合体系拱桥。

1)简单体系拱桥

拱圈作为主要受力构件,桥面系不参与主拱一起受力,主拱作为主要承重结构的简单体系拱桥。简体体系拱桥均为有推力结构。拱的推力直接由墩台或基础承受。简单体系拱桥根据主拱的静力体系还可分为三铰拱、双铰拱和无铰拱，其静力图示如图 10-2 所示。

图 10-2 钢拱的静力图式

三铰拱在跨中有铰，拱顶的下沉会加剧桥梁在车辆冲击下的损坏，而且跨中铰构造复杂，维修困难，国外少有修建，我国则没有修建。国外钢拱桥较常见的是双铰拱和无铰拱，其中二铰拱修建的年代一般较早。我国由于钢拱桥起步较晚，除了较早的几座小跨径人行桥和管道桥采用双铰拱外，基本上均采用无铰拱。无铰拱桥也称固端拱桥，是钢拱桥最经济的结构形式，其结构刚度大、挠度小；拱脚弯矩很大，对地基要求较高。大跨度无铰拱在设计时，通常需考虑因结构非线性因素引起的附加应力。

2）拱梁组合体系拱桥

在现代钢拱桥中，拱肋通常与桥面系组合，共同受力，形成拱梁组合体系桥。拱梁组合体系桥可以分为有推力拱和无推力拱桥，如图 10-3 所示。

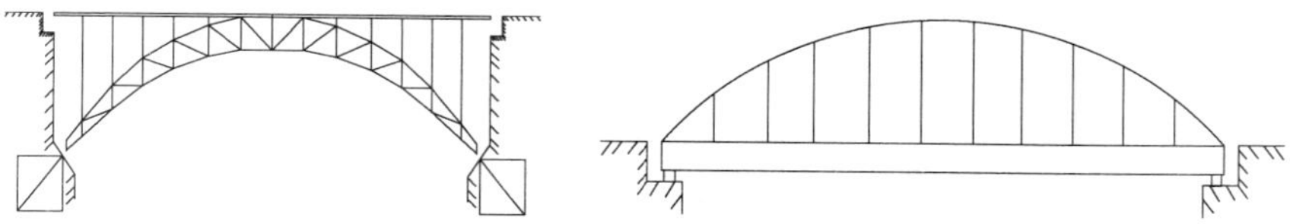

图 10-3 拱梁组合体系拱桥

（1）有推力拱

有推力组合体系主要用于上承式拱桥，由拱和主梁共同受力，由于没有系杆，拱的推力仍由墩台承受。有推力的拱梁组合体系是国外大跨径拱桥常用的结构形式。

（2）无推力拱

拱梁组合体系中，桥面系与拱组合，拱的推力由行车道（系杆、系梁）承受，对外表现为静定结构，墩台不受水平推力，此类体系通常称为无推力系杆拱桥。

拱梁组合体系桥将拱和两种基本结构组合在一起，共同承受荷载，充分发挥了梁受弯、拱受压的结构性能。因体系是外部静定结构，兼有拱桥跨越能力大和梁桥对地基适应能力强的两大特点，故应用范围较广。我国的钢拱桥多属此类体系。

钢架系杆拱桥中，拱与桥墩固结，但又有系杆承受推力，对外表现为少推力结构，一般也被归入无推力体系。因此，无推力组合体系拱桥又可分为完全无推力的拱梁组合体系和少推力的钢架系杆拱桥。

10.2.3 钢拱桥的分类

1）按照主拱圈截面形式分类

钢拱桥根据拱肋结构形式可分为钢箱拱、钢管拱和桁架式拱桥。目前，应用较多的是钢桁架式拱桥。不同拱肋其结构形式与特点各不相同，可见 9.1 节钢拱肋。本节介绍采用不同主拱肋形式的具有代表性的钢拱桥。

(1)重庆朝天门大桥为190m+552m+190m中承式三跨连续钢桁系杆拱桥(图10-4),公轨两用,双层交通,上层为双向六车道,下层则是双向地铁轨道,是目前世界跨径最大的拱桥。朝天门大桥中跨设上、下两层系杆构成无推力拱,在支点处设支座,整体呈现三跨连续梁受力体系,其中主跨552m中的488m呈现系杆拱的受力特征。

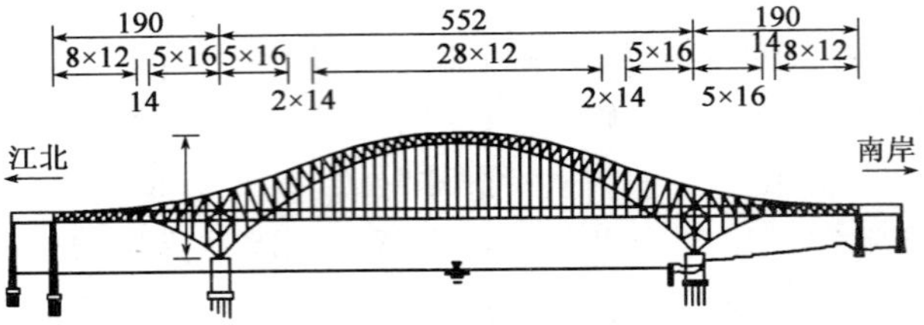

图10-4 重庆朝天门长江大桥(尺寸单位:m)

(2)采用箱形钢拱肋的上海卢浦大桥(图10-5),是我国具有里程碑意义的钢拱桥,卢浦大桥的建成将中国钢拱桥跨径的记录跃升到世界第一。卢浦大桥的主桥为中承式全钢结构的系杆拱桥,其主拱肋采用箱形截面形式,线条简洁,造型优美。

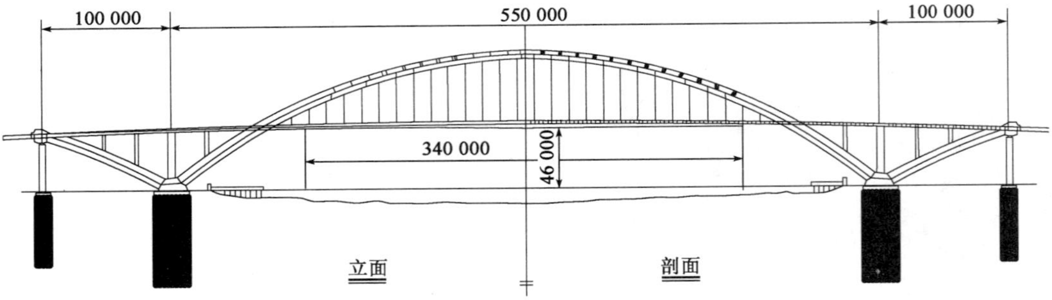

图10-5 上海卢浦大桥(尺寸单位:mm)

(3)丫髻沙大桥是三跨连续自锚中承式钢管混凝土拱桥(图10-6),主跨达到360m,建成时为世界上钢管混凝土拱桥中主跨度最长。其边跨、主跨拱脚均固结于拱座,边跨曲梁与边墩之间设置轴向活动盆式橡胶支座,在两边跨端部之间设置钢绞线系杆,通过边拱拱肋平衡主拱拱肋产生的水平推力。

图10-6 丫髻沙大桥

2）按行车道所处位置分类

根据桥面系与主拱结构的相对位置，钢拱桥可分成上承式、下承式、中承式以及双层式（双层桥面）。

（1）上承式拱桥

上承式拱桥一般是有推力结构，上承式拱由主拱圈（肋）和拱上建筑（拱上立柱和桥面系）组成。为了与钢主拱的轻型高强相适应，钢拱桥的拱上建筑以钢结构为主，桥面系有时也采用钢—混凝土组合结构。上承式拱桥对地基要求较高，一般适合于山区等基地条件较好的桥位。上承式拱肋常采用多肋形式（多于两肋），横向联结系较多。通常来说，若不考虑施工条件及工期等的影响，都会采用更为经济的钢筋混凝土拱桥或钢管混凝土拱桥形式，因此，在中国已建的钢拱桥中，上承式钢拱桥较少。

（2）下承式拱桥

下承式拱桥一般均设置系杆（系梁），为无推力或少推力结构。系杆常采用柔性系杆，主要靠风撑将拱肋联成整体，因此横撑间距较密，刚度也较大。若要取消风撑，须改用刚性系梁，或加大拱肋刚度。下承式钢拱桥主要用于建筑高度受限制、通航要求高和地基条件较差的情况。跨径布置常采用单跨形式，多跨时，边孔一般采用梁式结构。

（3）中承式拱桥

中承式拱桥的构造介于上承式与下承式之间，其建筑造型优美。中承式拱桥依据是否设置系杆，可能是有推力结构，也可能是无推力或少推力结构。

统计资料显示，平原地区修建的拱桥多采用中下承式，钢拱桥由于自重轻，相比于混凝土拱有较大的优势，因此修建得较多。中国钢拱桥中的中承式和下承式占钢拱桥总量超 80%，其中中承式钢拱桥数量最多。上承式与双层式钢拱桥数量较少。而混凝土拱桥中，上承式占了半数以上。

10.2.4 钢拱桥的总体布置

钢拱桥由拱肋、吊杆、系杆、横撑、拱上立柱与桥面系组成。拱肋是钢拱桥的主要承重构件，一般承受较大的轴向压力。

1）拱肋

已建钢拱桥大多属于拱肋桥，拱肋是钢拱桥的主要承重构件，钢拱肋的截面形式有桁架式、箱形和管形，拱肋构件的构造特点可见 9.1 节。

2）吊杆

吊杆是钢拱桥的传力构件，它把桥面系荷载传递至承重构件拱肋，吊杆主要为轴心受拉构件。在钢拱桥中，吊杆按照结构特点一般可分为刚性吊杆或柔性吊杆两种形式。刚性吊杆多采用钢管或型钢，通常以受拉应力为主。使用刚性吊杆对增强拱肋的横向刚度有利，但钢材用量多，工艺较复杂。柔性吊杆采用高强平行钢丝束或钢绞线制成，只能承受拉力。使用柔性吊杆可以部分消除拱肋和桥面系之间的相互影响，施工方便，外形较好，节省钢材。

3）系杆（梁）

对于无推力拱桥，拱的推力全部由系杆承担，因此系杆将承受较大的轴向拉力。系杆按照结构特点可分为刚性系杆和柔性系杆。

刚性系杆可以采用钢、预应力混凝土或无黏结预应力混凝土材料。刚性系杆常用型钢制成,并通常作为桁式加劲梁的弦杆,此种形式与主桁拱间的连接构造简单,受力明确,主要承受弯曲内力。在铁路桥中多采用桁架式的刚性系杆,可以减少拱脚的水平变位,增加结构的竖向刚度;在公路桥中多采用箱形截面。有吊杆和立柱的支承,刚性系杆更多地体现出弹性地基梁的受力特点,无论在恒载还是活载作用下都承担一定的弯矩,是以受拉为主的偏心受拉构件,所以刚性系杆通常被称为系梁。

传统意义的系杆拱桥(柔性系杆刚性拱)的系杆为柔性系杆,其主要材料为拉索或预应力钢束,属于轴心受拉构件。柔性系杆可采用平行钢丝束制成,便于施工安装,但在主桁上的锚固构造设计难度大。

4)横撑

为了保证两片拱肋的横向刚度和稳定,以承受作用在拱肋、桥面及吊杆上的横向水平力,必须在两片肋之间设置横撑。

横撑的数量及布置形式对全桥侧倾、扭转及梁拱肋独立侧倾振型的影响较大,而对面内竖弯基频影响很小。横撑的存在可以大大提高全桥的面外刚度与扭转刚度,但基本不提高面内刚度的大小。横撑使两拱肋之间的联系更为紧密,大大提高了两拱肋独立振动的基频,而且它的布置形式对两拱肋独立侧倾振动的形式有很大的影响。拱顶处设置横撑对提高全桥刚度的效果比拱脚处设置横撑的效果要好,但是对于地震多发区,拱顶处设置横撑却增加了全桥的横向地震反应,所以最好将横撑设在拱脚处,以减小震害影响。

横向联结系可做成横撑、对角撑或空格式构造等形式。横向联结系的主要形式有“一字撑”“K 形撑”“X 形撑”及“米形撑”等。

5)拱上立柱

立柱(图 10-7)用于上承式拱桥和中承式拱桥上承部分,是桥面系与主拱肋之间的传力结构。对于长立柱,因其柔度较大,立柱本身能产生一定的变形以适应桥面系与拱肋变形不协调的问题。对于短立柱,特别是宽桥、长桥的短立柱,因其刚度较大,需要采取一定的构造措施来适应桥面系与拱肋之间不协调的变形。一种做法是将立柱与拱肋相接处的截面削弱,以产生类似铰的作用。另一种做法是立柱横梁(或称盖梁)与立柱不采用刚接(不做成门式刚架),而是在立柱上安放支座,然后在其上放置立柱横梁。这种做法对于结构的抗震不利,应在构造上采取一定的防震措施。另外,对于中承式拱桥,当桥面纵梁存在固定与活动两种支座时,固定支座一般不设在拱上门式刚架上,以减小刚架的纵向水平力。

6)桥面系

下承式拱桥的桥跨结构由拱肋、悬吊结构和横向联结系三部分构成。由于车辆在两片拱肋之间行驶,所以需要用吊杆将纵、横梁系统悬挂在拱肋下,在纵、横梁系统上支撑车道板,组成桥面系(行车道、人行道、栏杆等)。桥面系与其传力构件统称为悬吊结构。

中承式拱桥的行车平面位于肋拱矢高的中部。桥面系一部分用吊杆悬挂在拱肋下,另一部分用刚架立柱支撑在拱肋上。

在布置行车道时,必须注意在适当位置设横向断缝,以避免由于拱肋的变形桥面被拉坏。行车道系的断缝可设于跨度中部,也可设于边上。断缝设于跨度中部时,可采用双吊杆和双横梁的形式，将行车道系在横向完全断开，行车道系在水平面内，在断缝处做成企口。这种方法在构造上最简单，但双吊杆不太美观。另一种方法，是将中央节间的行车道纵梁做成简支梁或一个小的挂梁形式，其两端分别用活动支座和固定支座直接支撑在两边横梁上或特设的托臂上，即在桥面中设置了两条断缝。采用这种方式，桥的外观优于前一种。断缝设在跨度边上时，往往可以设在固定横梁上。

a)上承式拱桥立柱

b)中承式拱桥立柱

图 10-7　拱上立柱

10.2.5　钢拱桥的内力分析要点

1）钢桁拱桥的静力分析

（1）按位移法分析钢拱桥

①弹性理论（微小位移理论）

在普通的结构中，由于外力作用产生的变形，与结构的截面尺寸相比是微小的，往往认为变形后的结构平衡状态与变形前相同。弹性理论作如下基本假定：

a. 各杆件的弹性模量是一定的，与应力无关；

b. 杆件的截面变形可以忽略，在杆件端部，杆轴力与位移是线性关系；

c. 由于荷载所产生的结构位移是微小的，在考虑外力作用状态下力的平衡时，结构的尺寸保持与变形前相同。

去掉上述弹性理论基本假设中的任意一条假设，都将形成非线性理论。

②挠度理论

由于弹性理论的假设，按照弹性理论算得的弯矩及挠度值往往比实际值要小。基于结构设计安全的考虑，并且由于跨度的长大化和高强材料的使用等因素，应考虑在荷载作用下，结构竖向位移的影响。挠度理论的基本原理近似于悬索桥计算的挠度理论。

③有限位移理论

关于大跨径钢桁拱桥的静力计算，在实际设计中多采用以利用计算机为前提的分析法。由于钢桁拱桥的结构跨度大，杆件截面尺寸相对较小，同时结构在外力作用下的变形也不能忽略，因此必须考虑结构非线性的影响。而目前普遍采用的是有限位移理论。

（2）结构的稳定性与极限承载力

在对稳定性的研究中，主要从局部杆件失稳和结构整体失稳两方面进行。

①局部杆件失稳

结构的破坏往往是由于杆件局部失稳引起的。在大跨度钢桁架拱桥中,有许多大型受压弦杆和腹杆,是影响局部稳定的关键。

②结构整体失稳

对结构进行极限承载能力分析的目的在于准确地确定结构的安全性,为设计提供合理的安全系数。通常进行桥梁极限承载力分析的内容为在考虑几何、材料非线性的基础上,确定大跨度钢桁架拱桥从加载至达到极限承载力时失稳过程的受力特性、失稳类别及失稳模态,同时,确定影响钢桁架拱桥极限承载力的各种参数。

2)大跨径拱桥的动力分析要点

大跨度钢桁架拱桥的动力分析,主要包括自振特性分析、移动车辆荷载下的强迫振动、桥梁的抗风与抗震分析。

要分析大跨度钢桁架拱桥在外荷载作用下其动力响应程度,首先要分析其结构自身的固有频率。目前通用的方法为将结构作为弹性体,建立空间有限元模型来计算其自振频率和固有振型。

研究车辆荷载的强迫振动时,列车作用下的车桥耦合现象最为突出。因此对于铁路桥梁移动荷载动力作用,主要研究以下两项内容:

(1)以车辆、轮轨和桥梁三者综合的动力系数为对象,研究当列车高速过桥时的车桥耦合竖向振动。

(2)与现场测试相配合,用随机振动理论研究列车高速通过桥梁时由于轨面不平和轮轨间蛇行运动等随机因素引起的横向振动,最终确定桁架桥的竖向和横向刚度是否满足设计要求。

10.3 钢斜拉桥

10.3.1 钢斜拉桥发展概述

所谓钢斜拉桥,就是主梁为钢结构的斜拉桥。常见的斜拉桥还有混凝土梁斜拉桥(主梁为钢筋混凝土或预应力混凝土结构的斜拉桥)、组合梁斜拉桥(主梁为钢结构,桥面板为混凝土结构,主梁与桥面板组合共同承载的斜拉桥)和混合梁斜拉桥(边跨的一部分或全部采用混凝土梁,主跨的大部分或全部采用钢梁或组合梁的斜拉桥)。

在现代斜拉桥中出现最早的是钢斜拉桥,即1955年瑞典建成的第一座现代钢斜拉桥——主跨为182.6m的斯特罗姆海峡桥(Stromsumd)。20世纪60年代又有一批世界著名的桥梁建成,如德国的Leverkussen桥、Friedrich-Ebert桥、Knie桥,英国的Wye桥,日本的摩耶桥与尾道桥等都是钢斜拉桥。目前,世界上最大跨度的钢斜拉桥是俄罗斯的俄罗斯岛大桥,主跨1 104m。钢斜拉桥由于自重轻,在大跨度斜拉桥中有着良好的发展前景。

20世纪80年代以前,由于我国钢材产量低,质量相对不高,所以很少建造钢斜拉桥,因此在这方面的发展起步较晚。当时已建的斜拉桥有20余座,唯有东营黄河公路桥为钢斜拉桥,跨度288m,其余全部为混凝土斜拉桥,且跨度均小于300m。20世纪90年代以后,随着钢材产量及质量的提高,钢斜拉桥得到了飞速发展,斜拉桥跨度直接进入了 400 ~ 500m 时代;1993 年建成的杨浦大桥,主跨达 602m,为双塔双索面组合梁斜拉桥,其跨度在当时同类型斜拉桥中居世界第一;1999 年建成的汕头宕石公路斜拉桥,主跨 518m;2008 年,我国又建成了苏通长江大桥,主跨达 1 088m,是当时世界上最大跨度的斜拉桥,也是世界上首座跨径超过 1 000m 的斜拉桥。现在中国已成为世界上修建斜拉桥最多的国家之一,并积累了丰富的经验。我国斜拉桥整体水平居国际先进行列,无论数量还是规模都处于世界前列。

10.3.2 钢斜拉桥的结构设计特点

1)结构特点

斜拉桥是由主梁、索塔、斜拉索及基础等构成的组合体系。在竖向荷载作用下,主梁受压、弯作用,索塔以受压为主,而斜拉索承受拉力。采用钢梁(钢板梁、组合梁、钢桁梁、钢箱梁等)作为主梁则成为钢斜拉桥。斜拉桥主梁受力模式上可以理解为多点弹性支承连续梁,斜拉桥是具有较高超静定次数的复杂结构。与预应力混凝土斜拉桥相比,钢斜拉桥高跨比小,自重轻,可以实现较大的跨越能力,是目前大跨径桥梁主要采用的结构体系。

与其他类型斜拉桥相比,钢斜拉桥又有着自身特有的一些受力特点,主要有:

(1)在设计计算方面,钢材的材质比较均匀,极限抗拉应力、容许应力、计算应力与实测应力之间的关系比较明确且易于掌握;弹性模量较固定,因此变形计算也比较精确;不像混凝土桥梁那样需要考虑收缩、徐变等不确定性因素,计算与实际比较接近。

(2)在结构细节方面,钢结构易于栓接、焊接与挖补,机械处理比较容易。斜拉索在钢塔端与钢梁端的锚固细节与补强也较易设计。

(3)在构件制造方面,钢梁、钢塔等构件可以在工厂内精确地制造,并且通过各种检查与模拟组拼,可使尺寸误差降到最低限度。

(4)在施工架设方面,由于构件重量较轻,适用于吊机分块、分节段,甚至大件整体吊装。施工工期短,现场工作量也较少。

(5)在运营性能方面,由于桥梁自重与刚度较小,变形、振动等均较大,对抗震较有利。

(6)在养护管理方面,必须经常检查并且定期更新防护用的涂层,后期维护费用较高。

2)设计要求

斜拉桥构造较多,各构造间相互关联与制约。在设计之初应对全桥进行总体的综合设计,除了受力性能外还应针对具体桥梁考虑其经济性、安全性、设计、施工、材料、机具、时间进度、空间布置、后期维修养护等问题进行多方面分析。

首先,确定斜拉桥的主跨度,需要考虑经济性和适用性以及边跨与主跨的比例问题,同时根据实际交通特征确定行车道数量、人行道数目和宽度等,确定桥面的总宽,接着就是决定索面数目及锚固方式等。

塔的结构形式、高度、断面面积会随着拉索的布置形式而有所不同,要考虑塔的刚度对整个桥跨结构变形的影响。

主梁的高度不仅与主跨有关,还随着桥宽、主梁截面面积、主梁截面形式的变化而变化,同时它在结构上还必须满足风动力稳定性的要求。主梁的刚度对主跨的弯矩影响很大,要配合索、塔的刚度进行多层次比选。

拉索在塔和主梁上的索距应配合塔和梁的高度、刚度、材料及整个斜拉桥的桥型综合考虑,每根斜缆的面积应随其倾斜角度以及所处位置有所不同。另外,斜拉索的非线性弹性模量除决定它本身的刚度外,还影响全桥的刚度,计算时应该注意。

关于梁、塔、墩的相互连接形式,主梁是否飘浮,支点如何设置,需要从力学角度与结构的安全可靠性共同分析。

10.3.3 斜拉桥总体布置

1)孔跨布置

斜拉桥按孔跨布置常见的有双塔三跨式和独塔双跨式,如图10-8所示。特殊情况下也有独塔单跨、双塔单跨、多塔多跨式等。

双塔三跨式斜拉桥,如图10-8a)所示,是一种常见的孔跨布置方式。由于其主跨较大,故一般适用于跨越较大的河流。这类桥式中,边跨与主跨的比例非常重要,边跨较小时,边跨主梁的刚度较大,边跨拉索较短,刚度也就相对较大,因而此时边跨对桥塔的锚固作用就大,主梁的刚度也就相应增大。

独塔斜拉桥也是一种较常见的孔跨布置方式,由于它的主孔跨径一般比双塔三跨式的主孔跨径小,适用于跨越中小河流和城市通道。

三塔四跨和多塔多跨式斜拉桥应用较少主要是因为多塔多跨式斜拉桥中的中间塔顶没有端锚索来有效地限制它的变位[图10-8c)]。因此,已经是柔性结构的斜拉桥或悬索桥采用多塔多跨式,将使结构柔性进一步增大,随之而来的是变形过大。

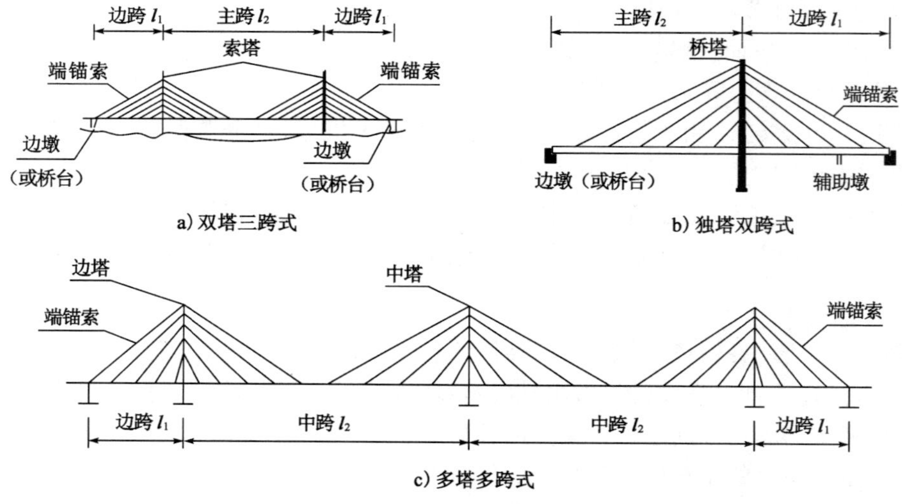

图10-8 孔跨布置

2)索塔布置

斜拉桥的柔细感与直线感虽基本上来自梁体与斜索,但索塔的形状对全桥的景观是至关重要的,它在美学方面几乎起决定性的作用。索塔设计必须适合于拉索的布置,传力应简单明确,在恒载作用下,拉索应尽可能处于轴向受拉状态。索塔高度与中跨的比例在0.25左右。索塔在顺桥向有单柱、A形及倒Y形等形式,如图10-9所示。单柱形索塔构造简单,轻盈美观，施工方便，是常用的索塔；A 形和倒 Y 形索塔在顺桥向的刚度大，有利于抵抗索塔两侧拉索的不平衡力，抵抗能力强，但施工复杂，这类索塔的应用不多。

桥塔在横桥向的形式有单柱形、双柱形、门形、H 形、A 形、倒 V 形、倒 Y 形、菱形（包括宝石花形）等，如图 10-10 所示。

索塔纵横向均呈独柱形的索塔，仅适用于单索面斜拉桥。当需要加强横桥向抗风刚度时，则可以配合采用图 10-10g）或图 10-10h）的形式。图 10-10b）～d）所示索塔形式一般适用于双平面索的斜拉桥；图 10-10e）、f）和 i）所示索塔形式一般适用于双斜索面的斜拉桥。

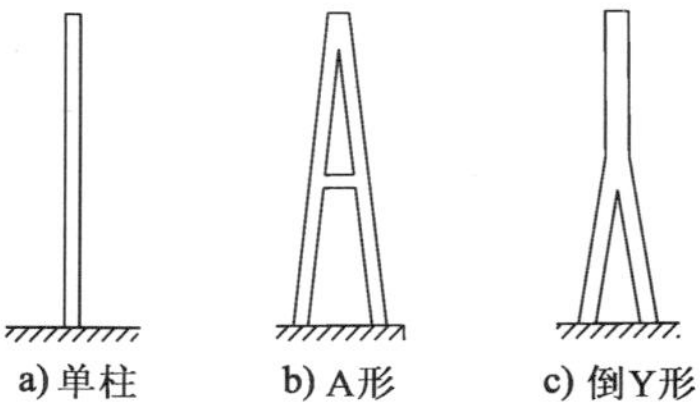

图 10-9　索塔在顺桥向的结构形式

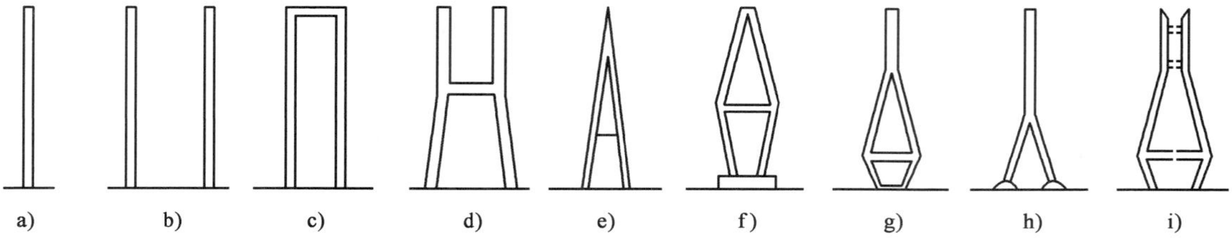

图 10-10　索塔在横桥向的结构形式

3）拉索布置

斜拉桥的拉索是斜拉桥的三大部件之一。斜拉索的两端分别锚固在主梁和索塔上，将主梁的恒载和车辆荷载传递至索塔，再通过索塔传至地基。因而主梁在斜拉索的各点支承作用下，像多跨弹性支承的连续梁一样，使弯矩值得以大大地降低，这不但可以使主梁尺寸大大地减小，而且由于结构自重显著减轻，既节省了结构材料，又能大幅度地增加桥梁的跨越能力。需要指出的是，斜拉索对主梁的多点弹性支承作用，只有在拉索处于拉紧状态时才能得到充分发挥。因此在主梁承受荷载之前要对斜拉索进行预张拉。

斜拉桥按空间布置形式分，有单索面斜拉桥和双索面（包括竖向双索面和空间双索面）斜拉桥，如图 10-11 所示。单索面斜拉桥，拉索对抗扭不起作用，因此，主梁应采用抗扭刚度较大的截面。单索面的优点是桥面上视野开阔。双索面斜拉桥，作用于桥梁上的扭矩可由拉索的轴力来抵抗，主梁可采用抗扭刚度较小的截面。至于斜向双索面，它对桥面梁体抵抗风力扭振特别有利（斜向双索面限制了主梁的横向摆动）。

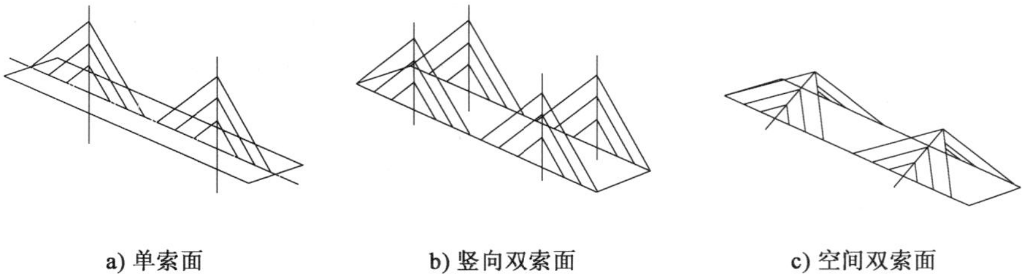

图 10-11　索面布置

斜拉索的索面形状有主要如图 10-12 所示的四种基本类型，即竖琴形、辐射形、扇形和星形。

辐射形布置的斜拉索沿主梁为均匀分布，而在索塔上则集中于塔顶一点。由于其斜拉索与水平面的平均交角较大,故斜拉索的垂直分力对主梁的支承效果也大,与竖琴形布置相比,可节省钢材15% ~20%,但塔顶上的锚固点构造过于复杂。竖琴形布置中的斜拉索呈平行排列,在索数少时显得比较简洁,并可简化斜拉索与索塔的连接构造,塔上锚固点分散,对索塔的受力有利,缺点是斜拉索的倾角较小,索的总拉力大,故钢索用量较多。扇形布置的斜拉索是不相互平行的,他兼有上面两种布置方式的优点,故在设计中获得广泛应用。星形的布置形式目前没有实桥采用,因其与设置斜拉索的初衷不符,不能为主梁提供多点弹性支承。

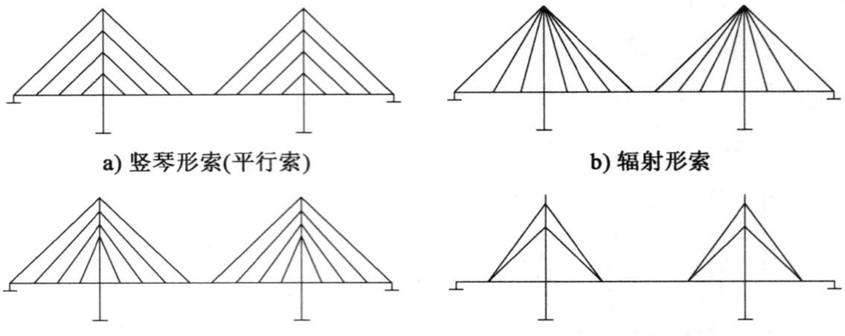

a) 竖琴形索(平行索)　b) 辐射形索

c) 扇形索　d) 星形索

图 10-12　斜拉索立面布置形式

在索距的布置方面,有稀索布置和密索布置,如图 10-13 所示。

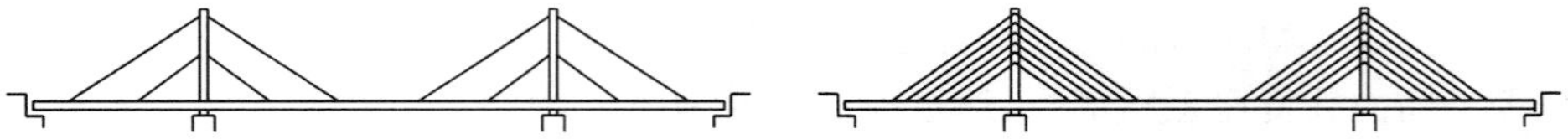

a) 稀索　b) 密索

图 10-13　拉索的稀密布置

早期斜拉桥大多采用稀索体系(超静定次数少),拉索根数少且刚性大,相应的斜拉桥跨径也不大。稀索布置的优点是拉索索力易于调整到设计预期值。但由于索距大,主梁的弯矩和剪力也较大,因而需要较大的主梁高度,拉索索力相对也较大,使架设和施工困难,拉索锚固构造也较复杂。

现代的斜拉桥多采用密索体系,密索体系必须利用电子计算机计算。这是计算技术进步的结果,也是自平衡悬臂施工方法的要求。密索体系索距小,主梁弯矩小;索力较小,锚固点构造简单;锚固点附近应力流变化小,补强范围小;利于伸臂架设;易于换索。但是密索也存在一些缺点,如端锚索刚度较小,边跨主梁可能产生较大的负弯矩,每根斜索的刚度相对较小,可能会产生风振问题等。

一般来讲,采用密索体系时,钢主梁索距常采用8 ~24m。由于混凝土自重大,索距一般取4 ~12m。另外,索距的选择还取决于施工设备。

4)斜拉桥主要结构体系

斜拉桥的结构体系,主要有以下几种不同的划分方式:

①按照塔、梁、墩相互结合方式,可划分为飘浮体系、半飘浮体系、塔梁固结体系和刚构体系。钢斜拉桥中常采用飘浮体系和半飘浮体系。

②按照斜拉索锚固张拉体系不同,有自锚体系、地锚体系和部分地锚体系。

(1)飘浮体系

飘浮体系(图 10-14)的特点是塔墩固结、塔梁分离。主梁除两端有支承外,其余全部用拉索悬吊,属于一种在纵向可稍作浮动的多跨弹性支承连续梁。

飘浮体系的主要优点是主跨满载时,塔柱处的主梁截面无负弯矩峰值。目前,大跨度斜拉桥(主跨 400m 以上)多采用此种体系。

飘浮体系的缺点是当采用悬臂施工时,塔柱处主梁需临时固结,以抵抗施工过程中的不平衡弯矩和纵向剪力,由于施工不可能做到完全对称,成桥后解除临时固结时,主梁会发生纵向摆动,施工时应注意安全。

(2)半飘浮体系

半飘浮体系(图 10-15)的特点是塔墩固结,主梁在塔墩上设置竖向支承,成为具有多点弹性支承的三跨连续梁。可以设一个固定支座,三个活动支座;也可以设四个活动支座,但一般均设活动支座,以避免由于不对称约束而导致不均衡温度变位,水平位移将由斜拉索制约。

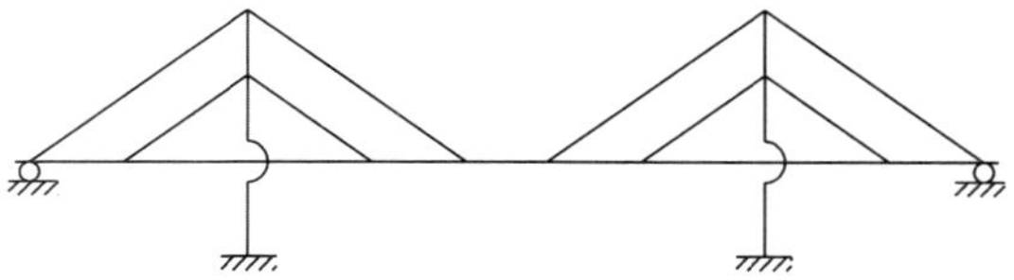

图 10-14 飘浮体系斜拉桥

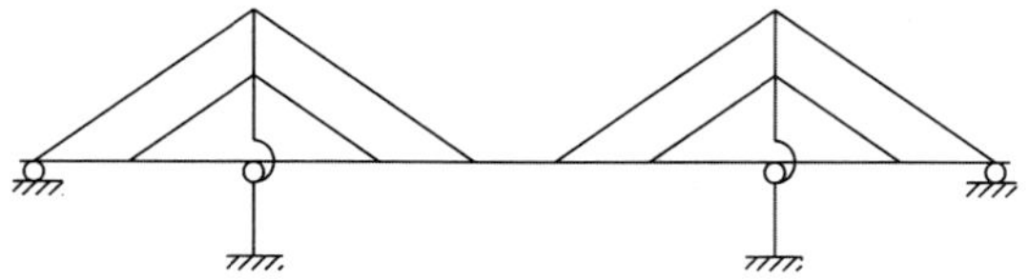

图 10-15 半飘浮体系斜拉桥

半飘浮体系的缺点是当两跨满载时,塔柱处主梁有负弯矩尖峰,主梁内力仍然较大。因此若采用一般支座来处理则不能发挥出半飘浮体系的优点。为了发挥出半飘浮体系的优点,可以在墩顶设置一种可以用来调节高度的支座或弹簧支承来代替从塔柱中心悬吊下来的拉索(称"零号索"),并在成桥时调整支座反力,这样就可以与飘浮体系相媲美,并且在经济和减小纵向漂移方面有一定好处。

(3)自锚体系

绝大多数斜拉桥是自锚体系。自锚式斜拉桥的塔前侧斜索分散锚固在主跨梁体上,而塔后侧的斜索除最后的锚固在端支点处之外,其余均分散锚固在边跨梁体上,或集中一部分斜索锚固在端支点附近的梁体上。锚固在端支点处的最后一根(组)斜索一般具有较大的截面,它被称为端锚索或尾索,是斜索体系中最重要的一根(组)斜索。它的索力最大,对控制塔顶变位起重大作用。在自锚体系中,斜索的水平分力由梁体的轴力来平衡。

(4)地锚体系

地锚体系是岸跨的斜拉索或部分斜拉索锚固在地锚上的结构体系,如图 10-16 所示。在地锚体系中,塔前斜索的水平分力一般必须由梁体传递给下部结构。一般只有在如主跨很大、边跨很小等特殊情况下,才采用这种体系以及部分地锚式的锚拉体系。

10.3.4 斜拉桥的主要构造

与混凝土斜拉桥相比,钢斜拉桥的构造主要在主梁与拉索锚固方面不同。因篇幅限制,本部分内容仅对钢斜拉桥的主梁及拉索锚固做重点介绍。对于索塔的构造,请读者参考相关专著与规范。

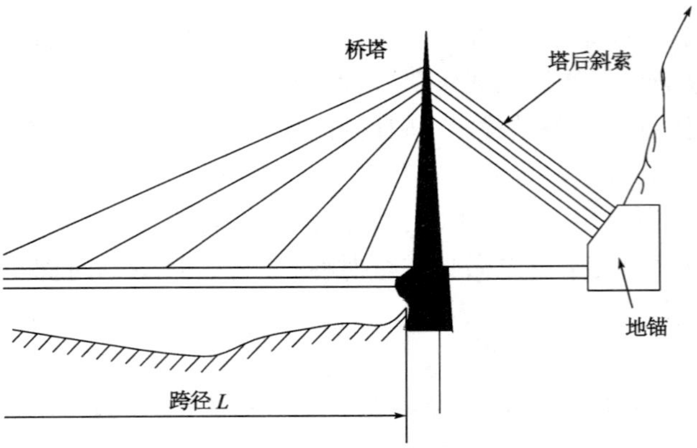

图 10-16　地锚体系

1)主梁构造

钢斜拉桥中,主梁采用实腹钢梁,其构造简单,制造、架设和养护都较方便,特别是扁平钢箱梁,其抗风动力性能良好,近年来在公路钢斜拉桥中得到广泛应用;主梁采用钢桁梁,可以适应布置双层桥面的需要,因其抗弯刚度大,常用于大跨度公铁两用桥。

对于双索面体系,主梁的横截面形式有多种,包括双主梁形式、单箱单室中的矩形、倒梯形梁,多室钢梁及流线型扁平钢箱梁等。由于篇幅限制,本段内容仅介绍双主梁、单箱单室钢箱梁及流线型扁平钢箱梁的构造,其他截面形式请读者参考相关规范与专著。

(1)双主梁

双主梁形式一般采用两根工字形钢主梁,钢主梁之间由钢横梁及钢桥面板连接,钢横梁及桥面板以伸臂托架的形式向主梁外侧延伸,如图 10-17a)所示。采用这种形式的桥例有德国的 Knie 桥[图 10-17b)]、路德维希港桥,英国的 Kessock 桥等。

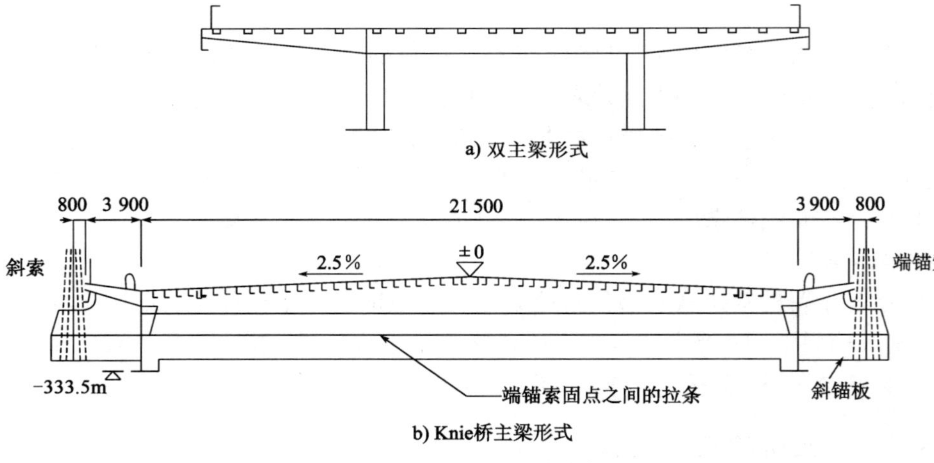

图 10-17　双主梁截面(尺寸单位:cm)

(2)单箱单室钢箱梁

单箱单室钢箱梁的截面形式有矩形钢箱梁与倒梯形钢箱梁。其顶板、底板、腹板及伸臂桥面板上均带有纵横加劲肋,箱室内可设加劲斜杆与箱梁形成横向联结系。这类桥例有瑞典焦恩桥[图 10-18a)]和原联邦德国的科尔勃兰特桥[图 10-18b)]。此外,还有无伸臂桥面板的钢箱梁,外形实际上是六边形,利用两侧上部的斜腹板锚固斜拉索。图 10-18c)所示为主跨 280m 的突山大桥(韩国)的钢箱梁截面。单箱单室钢箱梁截面的桥面宽度一般较小,均在 20m 以下。

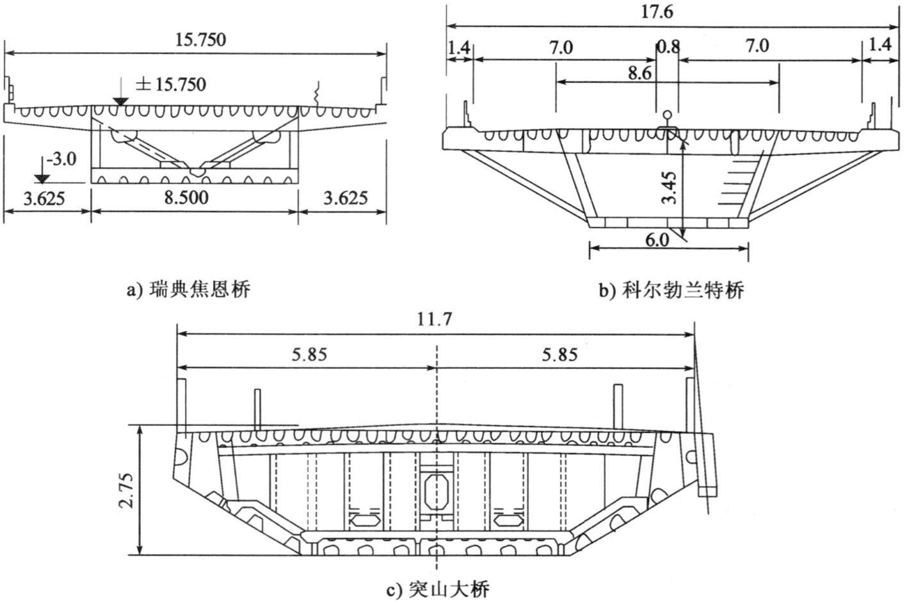

图 10-18 单箱单室钢箱梁截面(尺寸单位:m)

(3)扁平钢箱梁

如图 10-19 所示为主跨 856m 的法国诺曼底大桥钢箱梁部分的梁体截面。六角形扁平钢箱梁内不设腹板,只有弥补的横隔板加劲。横隔板的中部都开有三角形人孔。箱梁两侧略带倾斜的厚腹板延伸到桥面以上,供斜索锚固用。

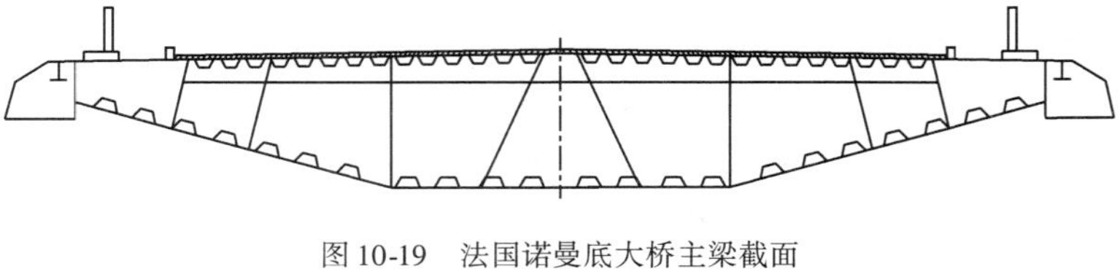

图 10-19 法国诺曼底大桥主梁截面

对于单索面体系,由于单索面斜拉桥的拉索对桥梁抗扭不起作用,因此,其主梁的横截面形式绝大多数采用抗扭刚度较大的钢箱梁。单索面斜拉桥中采用的钢箱梁,无论是单室或者多室,既有矩形箱梁,也有倒梯形箱梁。从目前的发展趋势来看,以倒梯形箱梁为主。

在公、铁两用钢斜拉桥中,主梁常采用钢桁梁以适应布置双层桥面的需要。典型的钢桁梁截面为主跨 420m 的日本公铁两用的岩黑桥的主梁截面,如图 10-20 所示。

2)拉索锚固构造

斜拉索的强大拉力斜向并集中地作用于斜拉桥的桥塔与主梁锚固点。斜拉索锚固结构必须能顺畅地将索力传递给整个桥塔与主梁。斜索的锚固结构应根据各种因素有所变化,这些因素主要有:斜索的布置、梁体与塔柱的截面形状、横梁与隔板的布置、锚头的形状、索力的大小、张力工具、张拉方法以及塔与梁的结构材料等。斜索锚固结构不仅要设计得易于安装,还要设计得方便养护与斜索更换。

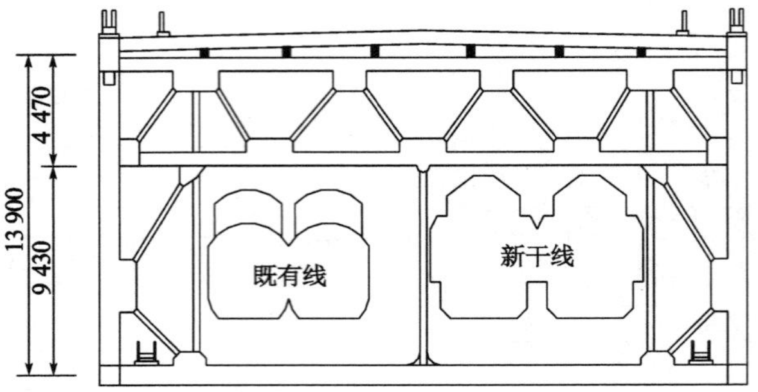

图 10-20 日本岩黑岛桥主梁截面(尺寸单位:cm)

(1)拉索与主梁的锚固构造

斜拉索在主梁上锚固的梁段,习惯地称为锚固梁段。拉索在锚固梁段的锚固方式,根据索面和主梁截面形状的不同几乎各桥皆异。斜拉索与钢梁之间的锚固连接(通常称为索梁锚固区)处理是斜拉桥设计中的关键问题之一。这是因为索梁锚固区结构复杂,受力集中,局部应力大,巨大的索力由索梁锚固区传给主梁,成为控制设计的重要部位。同时,锚固区受索力的直接作用,特别是在活载作用下由于索力变化而容易产生疲劳裂纹。锚固构造的设计要确保连接可靠,传力明确,具有足够的张拉操作空间(如需在梁端张拉时),并便于拉索的养护和更换。

斜拉索有大截面斜拉索和小截面斜拉索。大截面斜拉索一般由多股组成,常用于稀索,其锚固构造由散索鞍座和锚固梁组成,其构造要点是斜拉索在散索鞍上分股,每股用一锚头及一锚块锚固在锚固梁上,索力以剪力的方式由锚固梁传向主梁腹板,腹板上设有纵、横向板,用以分布索力。小截面斜拉索又分单股或少股斜索,用于密索斜拉桥,其锚固采用锚固梁或锚固块的形式,锚固梁用焊接或高强螺栓与主梁连接,斜索固定在锚固梁上,索力以剪力的方式由锚固梁传向主梁腹板。另外也可采用支架或牛腿的锚固形式,这种锚固形式是为双索面斜索而设计的,主梁每侧伸出一个牛腿,斜索锚固在牛腿上,索力由伸臂牛腿传至主梁,但需在主梁内作内部补强处理。如图 10-21 所示为大截面斜拉索与主梁锚固构造。

目前,大跨度钢斜拉桥中常见的索梁锚固形式主要有锚箱式连接、耳板式连接、锚管式连接、锚拉板连接四种。其中锚箱式连接按其外挂锚箱的形状又可分为梁式锚箱和柱式锚箱两种。

锚箱式锚固结构[图 10-22a)]的构造特点是,采用楔形承压锚垫板适应各斜拉索横向倾角的不同;斜拉索减振可以使用内置式阻尼器,并能保证阻尼器牢固地连接在主梁上,能充分发挥阻尼器的作用;对结构材质没有特殊的要求;拉索锚头置于风嘴内,景观效果好,但检查维修不便;拉索在塔端和梁端张拉皆可。其传力途径为斜拉索→锚垫板→锚箱承压板→锚箱顶底板→钢箱梁。锚箱式锚固结构的索力主要以剪力的形式传递到主梁腹板和顶板上,焊缝应采用熔透焊,并保证焊缝的质量。承压板内既有弯曲应力,又有挤压应力,为保证焊缝的质量,承压板的厚度不应太大。利用锚垫板的刚度能直接将索力传递给锚箱的两块顶板、底板和加劲板,使承压板的设计要求降低。索力与腹板之间的偏心距使腹板受到一个面外的弯矩。考虑风嘴参与受力时,这个弯矩由承压板和桥面板所组成的力偶来分担[多多罗大桥,如图 10-22b)所示];不考虑风嘴参与受力时,这个弯矩由腹板内侧补强板来承受。

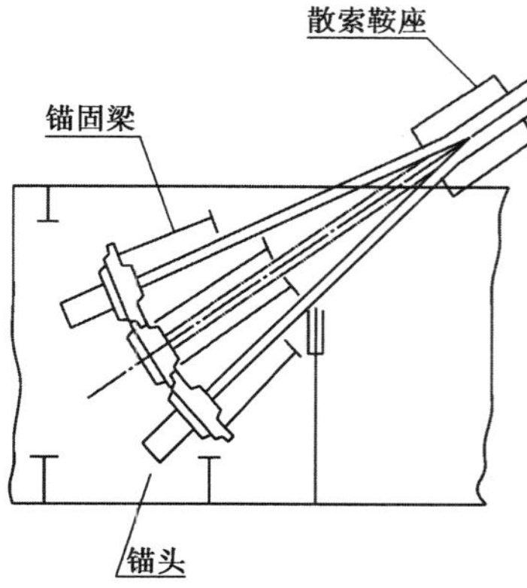

a) 散索鞍座+锚固梁(末广桥)

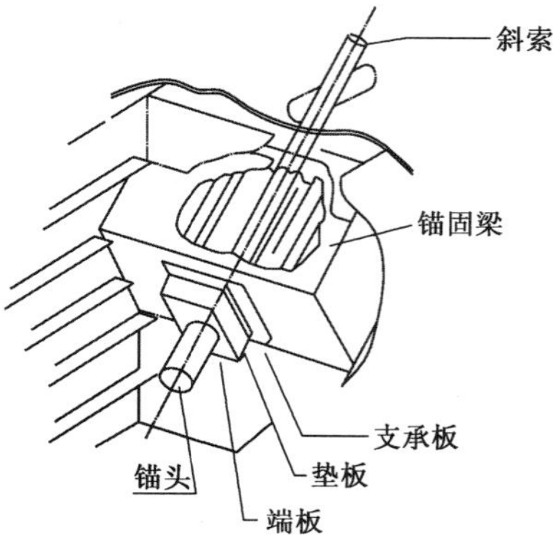

b) 锚固梁(Sakitama桥)

图 10-21 大截面斜拉索与主梁锚固构造

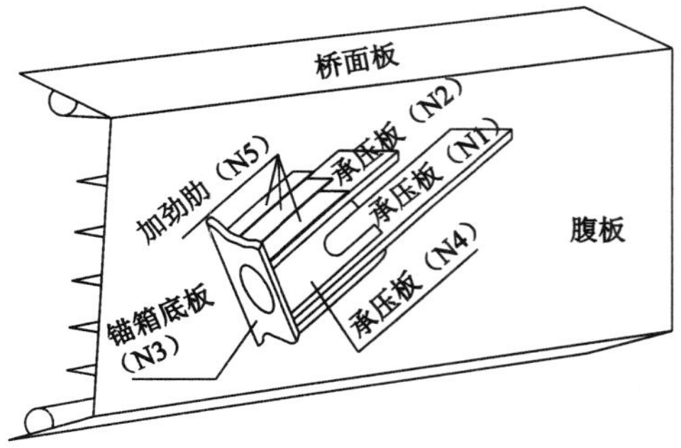

a) 柱式锚箱的索梁锚固构造

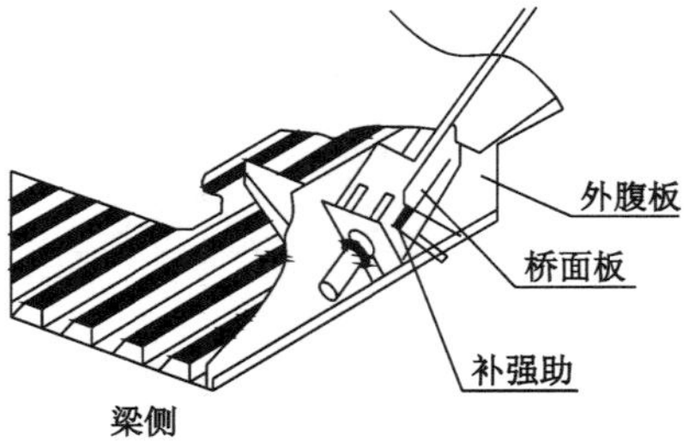

b) 多多罗大桥锚箱式索梁锚固构造

图 10-22 锚箱式锚固构造

耳板式连接也称为销铰式连接。它由主梁的腹板向上伸出一块耳板,斜拉索通过铰接连接在耳板上;索力直接由耳板传给主梁的腹板。主要有两种连接方式:①耳板与腹板通过摩擦型高强螺栓连接[图 10-23a)],南京长江二桥采用此种形式;②腹板在拉索处局部加厚,并向上延伸[图 10-23b)],法国的诺曼底大桥采用此种形式。螺栓连接式是将索力通过销子以压应力的形式传递给耳板,由高强螺栓以摩擦力的形式直接传递到主梁的腹板。腹板延伸式是将索力直接传递到腹板,传力非常明确、顺畅、简洁。

锚管式连接即在主梁或纵梁的腹板上安装一根钢管,斜拉索锚固于钢管,索力通过钢管传递给主梁或纵梁的腹板。日本的名港西大桥、生口大桥以及我国的广东汕头宕石大桥均采用了这种连接。如图 10-24 所示为日本生口大桥锚管式连接的示意图。

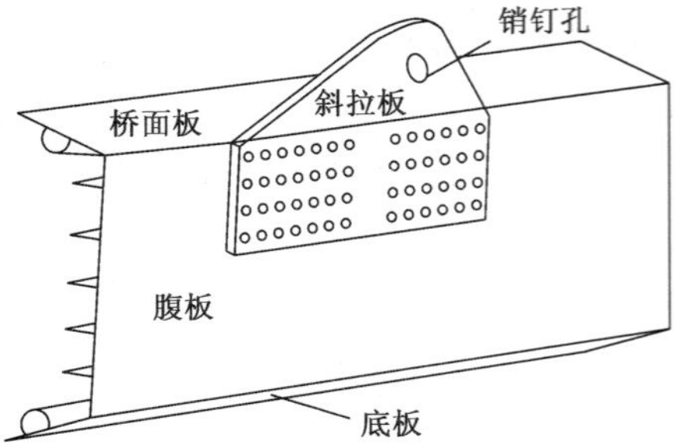

a)螺栓连接式

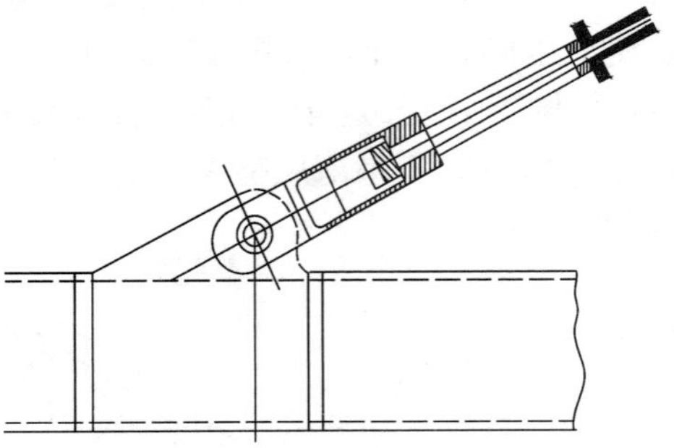

b)腹板延伸式

图 10-23　耳板式锚固构造

锚拉板连接是将钢板作为锚拉板,锚拉板由上、中、下三部分组成:锚拉板上部开槽,槽口内侧焊于锚管外侧,斜拉索穿过锚管并用锚具锚固在锚管底部;锚拉板下部直接用焊缝与主梁上翼板焊接;锚板中部除了满足安装锚具的空间需要之外,还需连接上、下两部分。采用这种连接方式的有加拿大的安纳西斯桥,我国的福建青州闽江大桥、湛江海湾大桥等。锚拉板式锚固构造如图 10-25 所示。

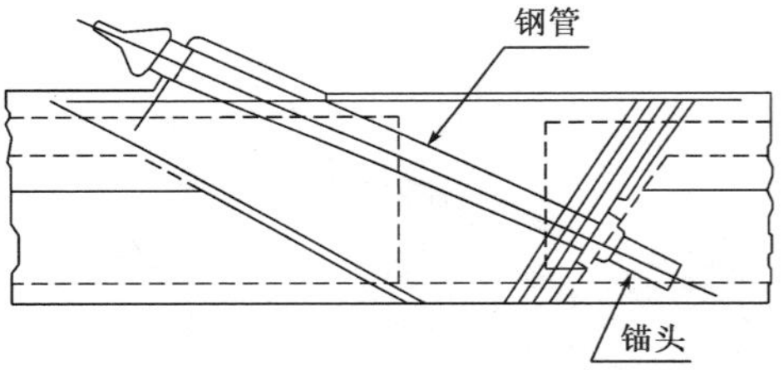

图 10-24　锚管式锚固构造

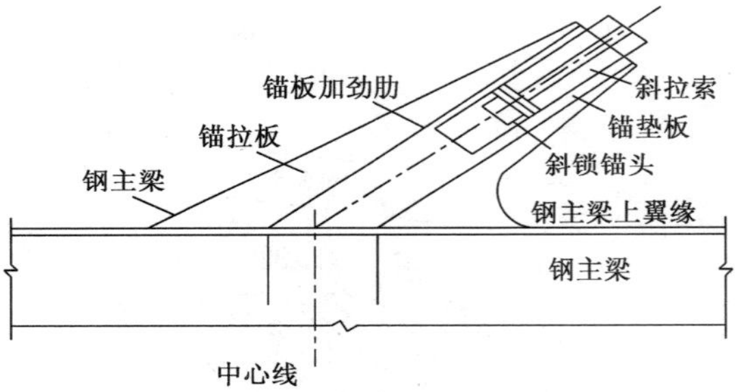

图 10-25　锚拉板式锚固构造

(2)拉索与索塔的锚固构造

索塔的拉索锚固,是将一个拉索的局部集中力安全、均匀地传递到塔柱的重要受力构造。拉索锚固部位的构造与拉索的布置、拉索的根数和形状、塔形和构造,以及拉索的牵引和张拉等多种因素有关,故应从设计、施工、养护维修及拉索的更换等各个方面来综合考虑拉索锚固段的合理构造。

拉索在桥塔上有两种联结方式:一种是直接锚固,另一种是通过塔顶索鞍而延伸到桥塔的另一侧主梁上锚固。塔上设置索鞍时,桥塔主要承受压力,结构受力简单;但索鞍的构造复杂,造价昂贵,且由于拉索容许弯曲半径的限制,使索塔顶部在顺桥方向的宽度增加,特别对辐射索形,内索的倾角很大,索鞍的构造设计难于处理。拉索直接锚固在桥塔上时,桥塔构造简单,不需要索鞍与索座,架设容易,便于养护和更换拉索;但由于桥塔两侧的索力不相等,使桥塔和桥墩的设计要考虑弯矩的影响。

如图 10-26 所示为拉索与索塔锚固构造的几种类型。

如图 10-26a)所示为 Suigo 桥大截面斜拉索的鞍座形式。该桥为早期斜拉桥,其大截面斜拉索与悬索桥的主缆相似,由若干股钢索组成,因此,斜拉索在桥塔中的鞍座上连续通过。鞍座在塔上则用辊轴或铰来支承,或者固定在塔上。

如图 10-26b)所示为横滨海湾桥小截面斜拉索的鞍座形锚固结构。斜拉索锚头固定在 U 形鞍座的双壁之间,鞍座则安装在支承梁(构架)上。这种锚固结构非常简单,但必须防止鞍座的倾倒及滑动。除横滨海湾桥之外,日本的六甲大桥也采用这种形式。

如图 10-26c)所示为日本名港西大桥采用的锚固梁形式。斜拉索的锚头用一个锚固块固定在锚固梁上,锚固梁则安装在桥塔的竖壁之间。虽然这种形式可用于任何大小的斜拉索角度,但必须研究锚固梁与塔柱的加劲肋在位置上是否冲突,以及将锚固梁连接(焊或栓)在塔柱竖壁上有无问题。

如图 10-26d)所示为日本大阪海鸥桥采用的支承板型的锚固结构。斜拉索的锚头用一个块件固定在支承板上,支承板则安装于塔壁或加劲壁上,其索力直接由支承板传给塔壁或加劲壁,但应注意支承板的固定部分有较大的应力集中。

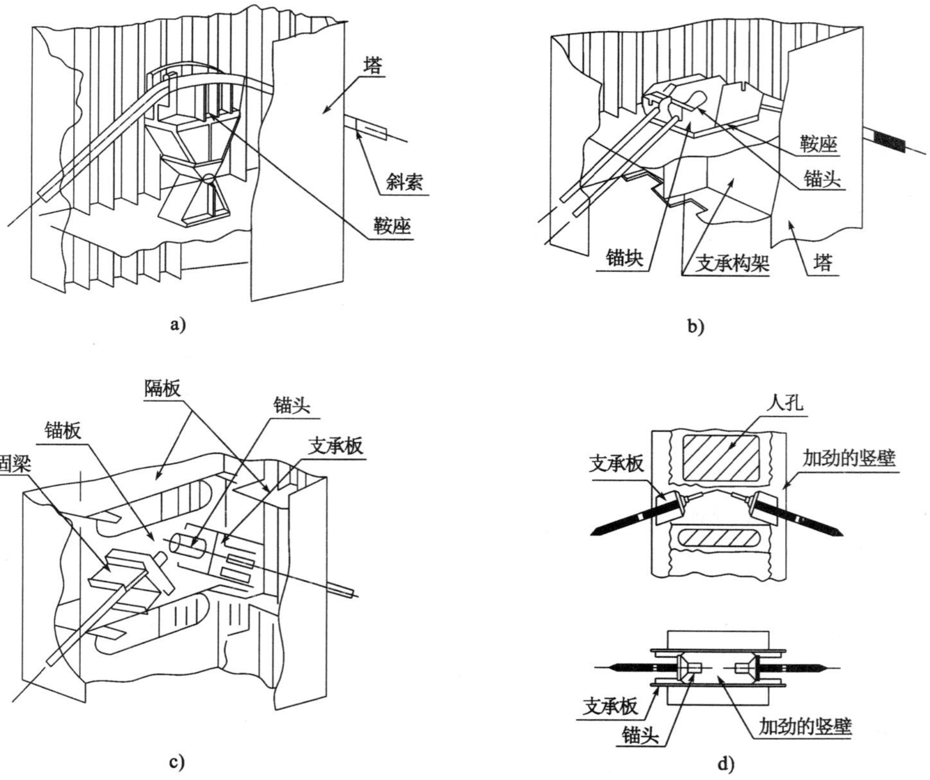

图 10-26　拉索与索塔锚固构造的几种类型

10.3.5　斜拉桥的设计计算简介

1)设计计算理论

斜拉桥是由梁、索、塔构成的支承在塔墩上的组合体。它们相互关联,相互制约,在设计中首先应总体把握,进行全桥的综合设计。

在斜拉桥的内力与变形计算中,一般把空间结构简化为平面结构的计算图式进行分析计算,确定其内力和变形后再乘以荷载横向分布系数,即考虑其空间效应。其设计计算要根据结构形式、计算阶段及目的、施工方法来选择相应的力学模式和计算理论。早期的古典结构力学方法(力法、位移法、能量法等),也就是采用杆件结构力学中通常用的基本方法,在现代斜拉桥的精细设计计算中已较少采用,但在概念设计阶段仍不失为一种选择。这些方法可以对斜拉桥结构进行线性分析,也可以通过反复迭代计算一些非线性问题。古典方法一般通过人工手算的办法来完成,工作量十分繁杂。对于跨度大的密索体系的斜拉桥而言,就不宜用手算来实现。

随着有限元理论和计算机技术的发展与应用,斜拉桥的计算得到发展。目前,斜拉桥最有效的结构分析方法是有限元法。杆系结构有限元法对斜拉桥空间效应的简化和近似,是一种行之有效的计算方法。它将结构离散化,把索以直杆代替,垂度对变形的影响采用换算弹性模量的方法使之线性化,按小挠度理论进行计算。

把斜拉桥作为空间结构来分析,可以采用有限元法将梁、塔作为空间受力构件,按空间梁、板(壳)、实体结构的有限元法进行计算。空间静力分析是比较精确的计算手段,其缺点是计算量大。

对于大跨度的斜拉桥尚应考虑几何非线性的影响。以杆系结构有限元理论为基础,在建立大跨度斜拉桥几何非线性分析平衡方程时,一般要考虑三个方面的几何非线性效应,即

(1)单元初始内力对刚度矩阵的影响(梁—柱效应)。

(2)大位移对建立结构平衡方程的影响。

(3)考虑由于拉索垂度引起的单元刚度变化,采用杆单元模拟斜拉索。

对斜拉桥结构中的特殊部位,如拉索锚固区、塔梁固结区等应力集中现象,以及钢箱梁桥面板的局部受力,应进行局部应力有限元分析,必要时可考虑塑性重分布的影响。分析方法是从整体结构中取出需要计算的块件,将整体结构在分离断面处的内力、位移作为边界条件,细分结构网格进行二次分析。但是,计算图式必须取足够的计算区域,确保计算分析点的荷载效应能反映实际结构的荷载效应。

斜拉桥的计算理论经历了从静力分析到动力分析、从线性分析到非线性分析、从平面分析到空间分析、从局部分析到全桥模拟分析的过渡和发展历程。随着计算机技术的发展,斜拉桥的分析手段逐步得以进步和完善。目前,以发展到全桥结构仿真分析技术,运用组合的数学模型可以建立全桥所有的承载构件的计算模型,准确模拟各构件空间位置、尺寸、材料特性、连接方式和作用荷载等。仿真分析可以更精确地反映结构的实际受力状态。

2)设计计算内容与流程

斜拉桥的计算分析一般包括静力计算分析和动力计算分析两部分。斜拉桥是一种高次超静定结构,其静力和动力结构行为与一般桥梁有所不同。

(1)静力计算分析

对于静力分析,实际的斜拉桥结构行为具有明显的空间静力特性,但通常在计算斜拉桥的内力和变形时把空间结构简化成平面结构进行分析,待完成斜拉桥的索力调整和恒载、活载的内力与变形分析,以及其他作用引起的效应分析后,再依据其计算结果乘以荷载横向分布系数来进行空间静力分析,全面了解结构的内力与应力分布、变形情况。钢斜拉桥静力分析的主要内容包括斜拉桥恒载内力计算和活载内力计算。

对于恒载内力的计算,首先是确定其合理的成桥状态,其中最主要的是斜拉索的初张力(对于斜拉索初张力的计算方法比较多,目前使用较多的主要有刚性支承连续梁法、零位移

法、倒拆和正装法、无应力状态控制法、内力平衡法和影响矩阵法等），然后通过施工计算的结构分析，使结构在施工阶段和运营阶段均达到合理状态。

对于活载内力的计算，常用内力影响线来求解最不利组合活载所产生的最大内力。在求解最大内力时，应对属于同一截面的弯矩、轴力和剪力三条影响线中的任一条施加最不利活载，其余的箱梁则施加相应的活载。

对于斜拉桥静力分析，大致可以分为以下几步：

首先，选择主梁、索塔的形式以及构造尺寸，确定恒载的大小。

其次，确定成桥的理想状态，即确定成桥阶段索力、主梁的内力、位移和索塔的内力。

再次，按照施工过程、方法和计算的需要划分施工计算，确定计算图式。

最后，确定施工计算的理想状态，经过多次反复试算，确定斜拉索的初始张拉力，才可以达到成桥阶段的理想状态。

（2）动力计算分析

斜拉桥动力分析主要包括抗震和抗风两方面。斜拉桥的动力特性分析主要是研究其自振特性。由于空间斜拉索的存在，斜拉桥的侧向弯曲和扭转相耦合，几乎不存在单纯的扭转振型，而只有以侧向弯曲为主兼有扭转的振型，或者以扭转为主兼有侧向弯曲的振型，因此对斜拉桥的动力分析必须采用三维空间模型。

10.3.6 钢斜拉桥实例——苏通长江公路大桥

1）概况

苏通长江公路大桥（简称“苏通大桥”）位于江苏省东南部长江口南通河段，连接苏州（常熟）和南通两市，上游距江阴长江公路大桥约 82km，下游离长江入海口约 108km，是国家高速公路沈阳至海口通道和江苏省公路主骨架的重要组成部分。主桥为主跨 1 088m 的双塔双索面斜拉桥，边跨设置三个桥墩，其跨径布置为 100m + 100m + 300m + 1 088m + 300m + 100m + 100m，全长 2 088m。建成当年，荣获国际桥梁大会乔治·理查德森奖。这是我国桥梁工程获得的最高国际奖项。截至 2015 年，此桥是世界上跨径第二的斜拉桥。苏通长江公路大桥总体布置见图 10-27。

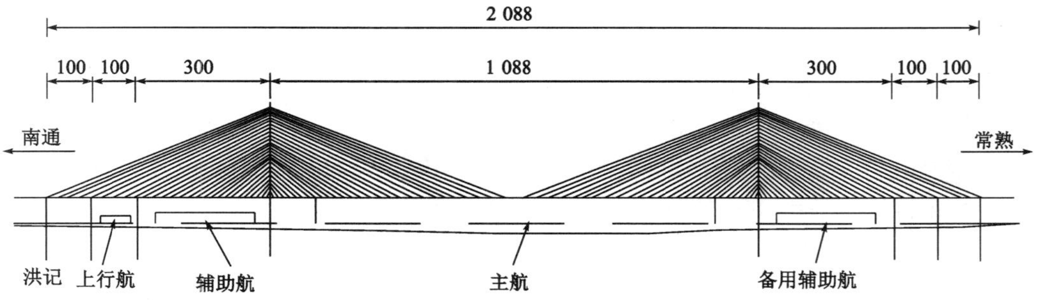

图 10-27　苏通长江公路大桥总体布置图（尺寸单位：m）

2）设计标准

公路等级：平原微丘区全封闭双向六车道高速公路。

计算行车速度：100km/h。

设计基准期：主桥100年，副桥和引桥60年。

车辆荷载等级：汽车—超20级，挂车—120。

桥面净空及标准横断面：桥梁标准宽度34m。

桥面纵坡：≤3%。

桥面横坡：2%。

抗震设防标准：桥位区地震基本烈度Ⅵ度，采用100年10%、100年4%两种水平抗震设防标准。主桥正常使用极限状态的抗震设计重现期为950年，承载能力极限状态的抗震设计重现期为2 450年。

抗风设防标准：运营阶段设计重现期为100年，施工阶段设计重现期为30年。桥位10m高处100年一遇基本风速为38.9m/s，30年一遇基本风速为35.4m/s；与汽车荷载组合的风力按桥面风速25m/s计算，超过25m/s不与汽车荷载组合。

设计洪水频率：1/300。

设计水位：300年一遇设计洪水位5.29m(1985国家高程系统)。

通航标准：主通航孔的通航类型为单孔双航道，净宽891m，净高62m。

船舶撞击力标准：主桥索塔基础采用的船舶撞击力标准为横桥向约130MN，纵桥向约65MN。

3)设计要点

(1)结构体系

采用纵向弹性约束的半飘浮体系，塔墩固结，索塔与主梁之间设置横向抗风支座和纵向具有限位功能的黏滞阻尼器，不设竖向支座。黏滞阻尼器设置于塔、梁之间，每个索塔处设置4个，全桥共8个。主梁与过渡墩及辅助墩之间设置纵向滑动支座，并限制横向相对位移。

(2)主梁

主梁采用全焊扁平钢箱梁，并在两侧设置风嘴以提高结构的抗风性能(图10-28)。外腹板、索塔区段顶底板和锚箱构件采用Q370q钢材，其他构件采用Q345钢材。钢箱梁中心线处高400cm；含风嘴全宽4 100cm，不含风嘴顶板宽3 540cm；底板宽900cm + 2 300cm + 900cm；节段标准长度1 600cm，边跨尾索区节段标准长度为1 200cm。

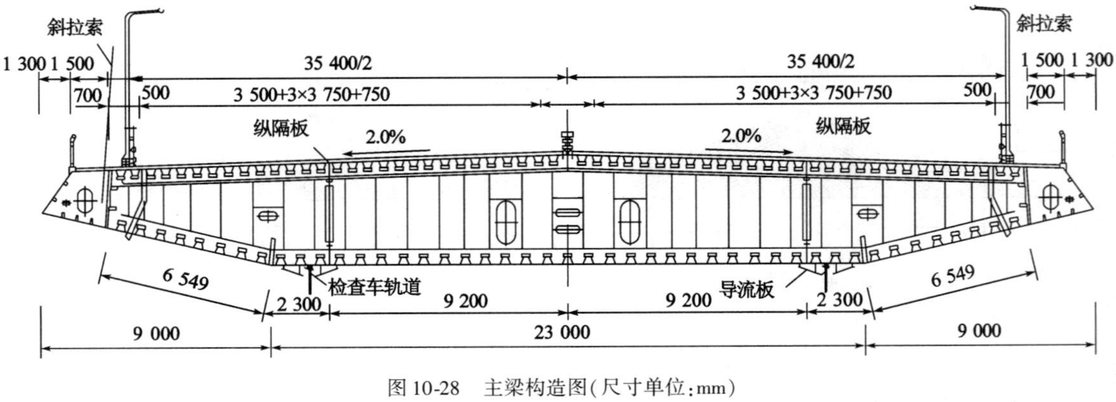

图10-28　主梁构造图(尺寸单位：mm)

根据受力需要，顶板在顺桥向采用14 ~ 24mm的厚度，横桥向靠近外腹板2.55m范围内采用20mm和24mm两种厚度，设置8 ~ 10mm厚的U形加劲肋；底板在顺桥向采用12 ~ 24mm

的厚度，设置 6 ~ 8mm 厚的 U 形加劲肋。钢箱梁内设置横隔板，标准间距为 400cm，在竖向支承、索塔附近梁段适当加密。横隔板采用整体式，由上、下两块板组成，上、下板熔透对接，非吊点处横隔板一般为 10mm 厚，吊点处采用变厚度，即外腹板附近为 16mm，中间为 12mm。箱梁内设置两道纵隔板，除局部区段为实腹板外，其余均为桁架式。斜拉索在主梁上锚固采用锚箱式，锚箱安装在主梁腹板外侧，并与其焊成一体。

(3) 索塔

索塔采用倒 Y 形结构，如图 10-29 所示。索塔采用 C50 混凝土，塔高 300.4m，包括上、中、下塔柱和下横梁四部分。塔柱及横梁均采用空心梁截面，上塔柱斜拉索锚固区采用钢锚箱混凝土组合结构。上塔柱采用单箱单室，尺寸由 900cm × 800cm 变化到 1 082cm × 1 740cm，塔壁厚度在斜拉索前侧为 100cm，侧面为 120cm，中间设钢锚箱；中下塔柱为单箱单室断面，尺寸由 1 082cm × 650cm 变化到 1 500cm × 800cm，中塔柱壁厚 120cm，下塔柱壁厚 150cm。

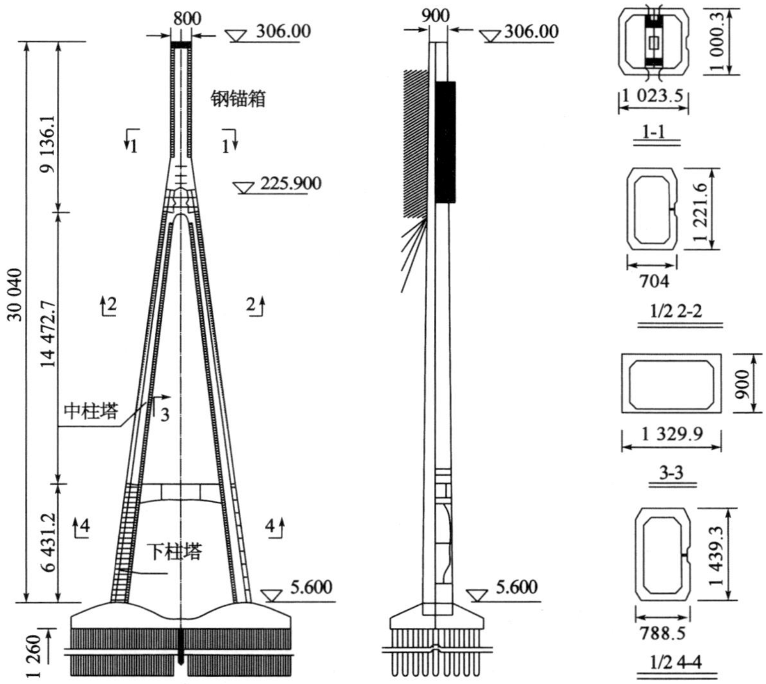

图 10-29　索塔结构图(尺寸单位：cm；高程单位：m)

塔柱采用自动液压爬模系统逐段连续施工，每段高 450cm，下塔柱和中塔柱施工时共设 10 道水平撑，施加主动顶撑力。

(4) 斜拉索

斜拉索采用 ϕ17、强度 1 771MPa 的平行钢丝斜拉索，全桥斜拉索共 272 根，最长 577m，最大规格为 PES7-313，单根最大重量为 590kN。斜拉索在钢箱梁上锚固点的标准间距为 1 600cm，边跨尾索区为 1 200cm，在塔上锚固点间距为 230 ~ 270cm。斜拉索设计寿命为 50 年，并考虑其可更换性。采用阻尼器、气动措施(表面凹坑)并用的综合减振方案，索振动的允许幅值控制在其长度的 1/700 以内。

10.4 钢悬索桥

10.4.1 钢悬索桥发展概况

我国修建悬索桥的历史悠久,也是最早使用铁做链索桥的国家。据记载,早在公元465年以前,我们的祖先就能"以铁为索",系南北为桥了。但是我国现代悬索桥的发展起步较迟。在国外,铁索桥最早出现大约在公元10世纪,受制于当时的冶金技术,当时只能用生铁和少量的熟铁来建造桥梁,悬索也多为铁链。其中最具代表性的就是至今仍在使用的英国的麦地海峡桥(1826年建成,主跨177m)以及克里夫顿桥(建于1864年,主跨214m)。19世纪后期,悬索桥的计算理论初步形成,为后来的悬索桥建造奠定了理论基础。而现代意义的悬索桥的出现,则是在19世纪末。其中最具代表意义的便是于1883年建成的美国布鲁克林桥,其主跨为486m,是当时世界上首座跨度较大的现代悬索桥。20世纪30年代,美国进入了修建大跨度悬索桥最繁荣的时代。1931年建成了全世界首座突破千米的乔治·华盛顿桥,主跨达1 067m。1937年,美国人再次修建了震惊世界的金门大桥,主跨达1 280m,并保持世界最大跨度桥梁记录27年之久,这座桥在世界桥梁史上具有里程碑的意义。

我国是在20世纪90年代开始进入发展悬索桥的队伍中的。在这之前虽然也修建了一些悬索桥,但跨度小、宽度窄、荷载标准低。改革开放以后,随着经济的发展,我国悬索桥的建设实现了跨越式发展。先后建成的悬索桥有:1996年建成的湖北西陵长江大桥,是主跨为900m的全焊钢箱加劲梁悬索桥;1997年建成的广东虎门大桥,是主跨为888m的钢箱梁悬索桥;1999又建成了主跨1 385m的钢箱梁悬索桥——江苏江阴长江大桥;2005建成了主跨为1 490m的润扬长江大桥;2012建成的南京长江四桥,为跨径576.2m+1 418m+481.8m的双塔三跨连续钢箱梁悬索桥。

目前,世界上已建成的最大跨度的悬索桥是日本明石海峡大桥,跨度达1 991m。我国已建成的最大跨度悬索桥为主跨1650m的舟山西堠门大桥。

10.4.2 悬索桥的结构特点

悬索桥由主缆索、桥塔、锚碇、吊索、加劲梁和桥面等主要构件组成(图10-30),桥面荷载经加劲梁、吊杆传给主缆索,再由主缆索传至塔架和两端的锚碇。悬索桥传力途径简短、明确。其中主缆索是悬索桥的主要承重构件,其承受拉力,可用高强度钢丝制成,材料利用效率高,能够跨越很大的跨度,从而减少桥墩的修建,降低工程量,并且保持桥型的美观性。1 000m以上的超大跨径桥梁修建时,悬索桥是绝对的首选方案。

悬索桥的特点是跨越能力大、构造简单、受力明确、结构轻型美观、抗震能力好、便于用悬吊法拼装,不受地形、航道和季节的影响。同时,悬索桥的建筑高度小,易于加固和改建。在跨越大河、深谷等不易修筑桥墩的地区,采用悬索桥尤为有利。但悬索桥的刚度小,在车辆和风荷载作用下容易产生较大的变形和振动,甚至造成破坏。在建桥历史上悬索桥发生破坏的事故是较多的,如美国的塔科马桥在1940年毁于风荷载。之后,世界各国加强了对空气动力学的研究,经过专家们的多方调查、风洞试验和科学分析,认识到风对悬索桥涡流和颤振的动力作用,在结构上提出了一定的处治对策,如尽量不采用钢板梁而采用钢桁梁或钢箱梁作为加劲梁,特别是现代悬索桥,大多采用扁平流线型钢箱梁作为加劲梁,可以有效地提高悬索桥的抗风阻尼性能。

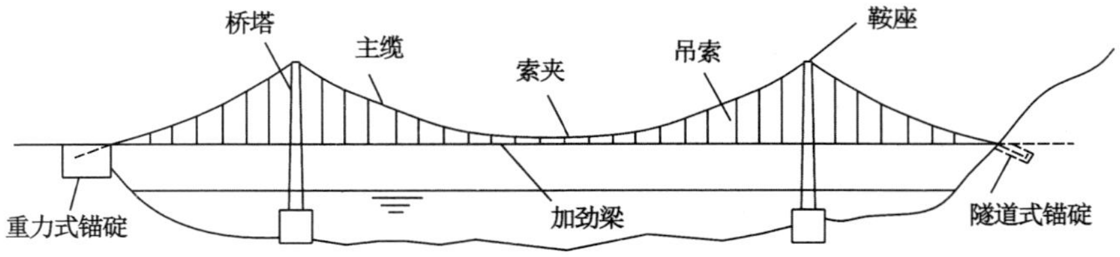

图 10-30　悬索桥的组成

10.4.3　悬索桥的形式与组成

1)悬索桥的分类

(1)按悬索桥的力学性态分

悬索桥按力学性态可分为柔性悬索桥和刚性悬索桥,其主要区别在于有无加劲梁。柔性悬索桥不设加劲梁,刚度小,在荷载作用下会产生较大的纵横向挠曲变形和扭曲变形。因此,柔性悬索桥一般只适用于活载小的人行桥、施工便桥、管道桥、军用临时桥等。

刚性悬索桥,通常采用钢桁梁或钢箱梁作为加劲梁,加劲梁的刚度大,不仅为悬索桥提供桥面,同时可以防止桥面发生过大挠曲和扭曲变形,特别对大跨度悬索桥,加劲梁能有效提高悬索桥刚度。大跨度悬索桥一般采用这种形式。

(2)按主缆的锚固形式分

悬索桥按主缆的锚固形式可分为地锚式悬索桥和自锚式悬索桥。地锚式悬索桥是把锚碇设置于悬索桥结构外的山体或者庞大的锚固体中,主缆的巨大拉力依靠两端的山体或锚固体传给地基,如图 9-25 所示。地锚式悬索桥是传统的悬索桥结构体系。目前,地锚式悬索桥的设计、施工技术已经相当成熟,并且绝大多数悬索桥都是这种形式,尤其是大跨度悬索桥。

自锚式悬索桥,主缆锚固在自身加劲梁的端部,依靠桥梁自身结构来平衡主缆的强大拉力,如图 10-31 所示。这类悬索桥对地基的要求低,孔跨布置受地形限制小,锚固点的水平分力还能为加劲梁提供预压力。而且,由于不需要修建巨大的锚体,因此对环境的破坏小,房屋拆迁工作量及工程量也大大减少。但是,由于需要承受主缆传来的巨大轴压力,因此要增加加劲梁的刚度。尽管自锚式悬索桥在整个 20 世纪都有建造,但工程师很少把这种桥型作为可行的方案。近年来通过自锚式悬索桥在日本和德国的应用,说明自锚式悬索桥在中等跨径上是一种经济美观的桥型,有着相当好的发展前景。目前国内建造的钢加劲梁自锚式悬索桥也

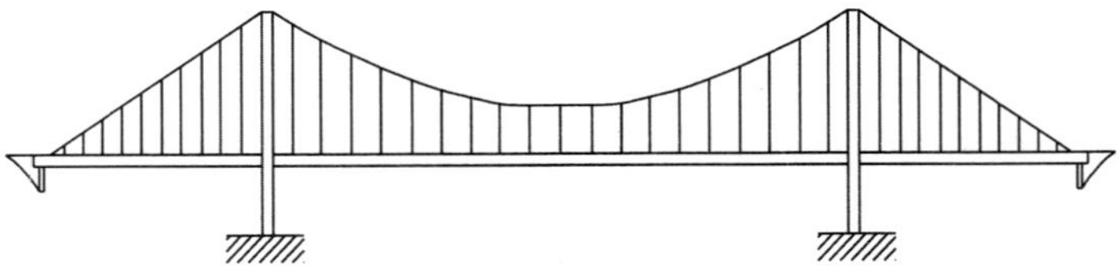

图 10-31　自锚式悬索桥

有几座,比较典型的有2006年建成通车的广东佛山平胜大桥,主跨350m。

2)悬索桥的基本组成

(1)地锚式悬索桥

①基本组成。

地锚式悬索桥由上部结构[包括主缆(悬索)、桥塔、加劲梁和吊索]与下部结构(包括桥墩和锚碇)组成,如图10-30所示。

主缆是悬索桥结构体系中的主要承重结构。主塔的主要作用是支承主缆并将主缆传递来的竖向作用传至桥墩,是悬索桥抵抗竖向荷载的重要结构。加劲梁的主要作用是为悬索桥提供桥面,同时防止桥面发生过大的挠曲变形和扭曲变形,加劲梁主要承受由风荷载和其他横向水平力所引起的弯曲内力。吊索是将加劲梁自重、外荷载传递到主缆的传力构件,是连接加劲梁和主缆的纽带。锚碇是锚固主缆的结构,它将主缆中的拉力传递给地基。

②结构受力特点。

地锚式悬索桥受力合理,传力明确。其传力顺序为:加劲梁,由吊索传递给主要承重结构——→主缆——→锚碇及桥墩。主要承重结构的主缆只承受拉力,并且全截面受力均匀,可以充分发挥钢材的特性,因而在一定范围内跨径越大,利用效率越高,材料耗费越少,造价越低,并且因为主缆不受压,因此不会受疲劳应力控制。地锚式悬索桥是目前公认的大跨度结构的最合适的结构形式。目前已建地锚式悬索桥最大跨径达到了1 991m(明石海峡大桥),甚至有望达到3 300m以上(墨西拿海峡大桥)。

当然,地锚式悬索桥也存在一些结构上的缺点。第一,缆索作为主要承重结构是柔性结构,截面积和截面模量均很小,在可变作用下,主缆容易改变几何形状,导致桥跨结构产生较大的挠曲变形;第二,悬索桥的悬索拉力沿索长变化,使得等截面主缆的大部分截面强度无法充分利用,而且悬索桥的悬索锈蚀后不容易更换;第三,锚碇工程量大,对环境破坏较大,导致悬索桥造价昂贵;第四,当跨度较小时,恒载相对较小,重力刚度不足,需要通过增加加劲梁梁高来提高结构整体刚度,因而失去悬索桥许多优点。因此,相对来说,地锚式悬索桥更加适合于大跨度结构。

(2)自锚式悬索桥

①基本组成。

自锚式悬索桥与地锚式悬索桥相比,不需要修建大体积的锚碇。结构各部分的受力特点除加劲梁外,与地锚式悬索桥相同。

②结构受力特点。

主缆拉力的水平分力直接传递给加劲梁(轴向压力)承受,因此加劲梁必须具有较大刚度。目前加劲梁的形式有:钢筋混凝土箱梁、钢箱梁等。尤其是钢筋混凝土加劲梁的应用,大大降低了加劲梁用钢量,建造和后期维护费用较低。比预应力加劲梁节省了大量预应力构造及装置,也避免了钢加劲梁的钢材容易压屈的缺点。

主缆拉力竖向分力的处理主要有三种方法:①设置拉压支座或类似系统,比如预应力锚索等,将竖向力传递给桥墩和地基;②设置额外的配重来抵消竖向反力;③如有引桥,在边跨加劲梁端部设置牛腿,把引桥的重量压在主梁上以平衡主缆传递的竖向分力。

自锚式悬索桥也有其自身的缺点:第一,主梁需要承受很大的轴向力,截面大,采用钢加劲梁则使造价明显增加,采用混凝土加劲梁则增加主梁自重,使主缆钢材用量相应增加;

第二,施工步骤受到限制,目前多采用在加劲梁、桥塔做好之后再吊装主缆和安装吊索的方式,因此需要先搭建临时支架来安装加劲梁,若跨径增大,施工费用就增多;第三,加劲梁主缆锚固区局部受力复杂;第四,相对地锚式悬索桥而言,由于主缆非线性的影响,使得吊索张拉时的索力调整较为复杂。如果能够很好地克服以上缺点,将会使自锚式悬索桥的适用范围进一步扩大。

(3)其他悬索桥

已建和在建的悬索桥中,绝大多数属于传统的地锚式结构。近年来自锚式悬索桥开始在中、小跨径桥梁的建设中得到越来越多的应用。除这两者之外,在悬索桥发展的过程中,随着工程界的认知能力提高,出现了一些新的结构体系,如上承式悬吊板桥和悬索拱桥等结构。

10.4.4 钢悬索桥的主要构造

1)主缆构造

主缆通常由若干股钢丝绳或平行钢丝组成。钢丝绳主缆弹性模量低,主缆变形大,多用于中小跨悬索桥。平行钢丝主缆由抗拉强度高、疲劳强度高的镀锌钢丝制作,主要用于大跨悬索桥,是现代悬索桥主缆的主流结构。为了便于施工安装和锚固,主缆被分成丝股编制架设,并在两端锚碇处分别锚固,主缆的其余区段则挤紧成规则的圆形,然后缠以软质钢丝捆扎并进行外部涂装防腐。主缆断面形式与施工方法可见 9.5 节。

2)索夹构造

主缆在吊索处应设置索夹,在边跨无吊索段设置紧固索夹,靠近索鞍段设置锥形封闭索夹。索夹与吊索相对应。根据主缆丝索排列的形式,常分为六边形和圆形两种。六边形索夹常用于中小跨径的悬索桥,因为钢丝数不多,常排列成六边形截面。大跨悬索桥,主缆常采用圆形截面,因此索夹也采用圆形索夹。圆形索夹的构造形式,根据吊索与主缆的联结方式不同又分为销接式和骑挂式,销接式索夹宜采用上下对合型,骑跨式索夹宜采用左右对合型,如图 10-32所示。当索夹外径(半径)小于 7.5 倍吊索直径时,宜选用销接式索夹。

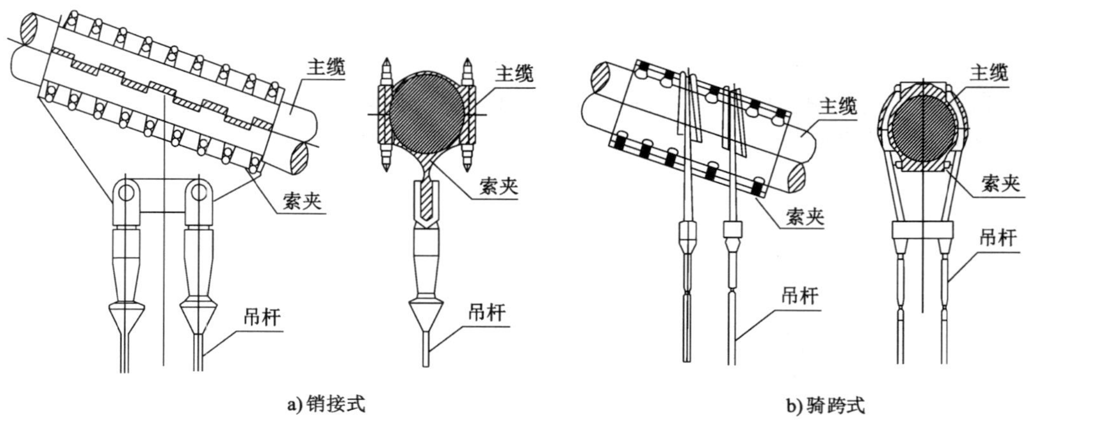

图 10-32 索夹基本构造

全桥宜采用相同类型的索夹,紧固索夹一般每隔 10 ~ 20m 设置一个。索夹最小壁厚为 25mm,宜取 35 ~ 50mm。索夹的长度及紧固高强螺栓的个数依索夹安装部位所受的下滑力大小而定。主塔两侧部位索夹受力最大,索夹最长;跨中索夹受力最小,索夹也相对最短。此外,在不设吊索的背索区或空缆区段,为了主缆紧固定型的需要,通常布设小型紧固索夹,同时借此附设检修走道。

3)吊索构造

吊索是将加劲梁竖向力向主缆传递的局部受力构件,如图10-33所示。

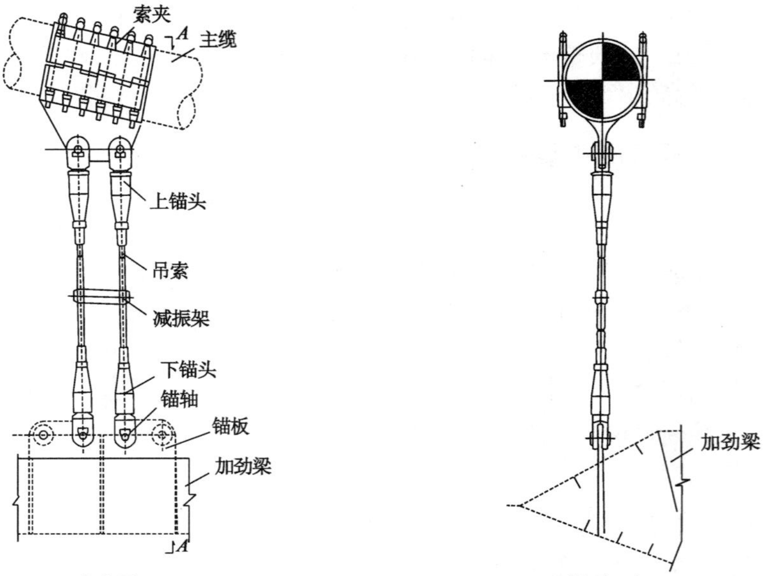

a) 立面　　b) A—A

图10-33　吊索及其与梁体和主缆的联结

吊索下端通过锚头与梁体两侧的吊索点联结,上端通过索夹与主缆联结。吊索从立面布置上看,一般有垂直吊索与斜吊索两种形式,如图10-34所示。目前,国内外对斜吊索存在不同的看法,对其利弊仍在探索和研究。我国已建的数座悬索桥,都是采用垂直吊索,大跨度悬索桥吊索一般采用柔性吊索,通常由镀锌扭绞钢丝绳、封闭锁口钢丝绳或平行钢丝束制作,表面涂装油漆或包裹HDPE护套防腐。也有少数小跨悬索桥采用刚性的吊索,称为吊杆,由两端加工成螺纹的圆钢或钢管形成。吊索通常按等间距和等截面布置。镀锌钢丝绳吊索、镀锌高强度钢丝吊索的技术应符合《公路悬索桥吊索》(JT/T 449—2001)的规定。

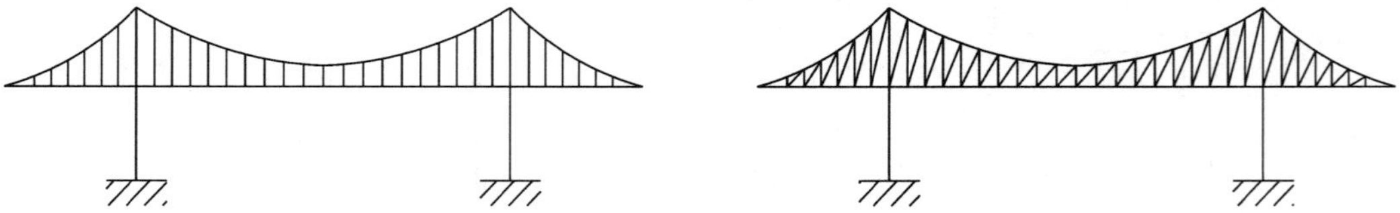

a) 垂直吊索布置　　b) 斜吊索布置

图10-34　吊索布置形式

4)主塔构造

主塔在顺桥方向,按支承条件以及结构刚度可分为刚性塔、摇柱塔和柔性塔,如图10-35所示。其中刚性塔纵向刚度大,塔顶水平变位量小,多用于多跨悬索桥的中间塔柱;为满足主缆纵向变位,索鞍容许有相对于塔顶的纵向位移。摇柱塔为下端铰接式的单柱结构,多用于小跨悬索桥,跨度大于 400m 时,底部铰的造价及维修费用大幅提高,施工中也须采用特殊的临时固结构造,因此其在大跨悬索桥中使用较少。柔性塔塔顶的水平位移相对较大,可以满足主缆在可变作用下的纵、横向水平位移的需要,因此常用于大跨度悬索桥。

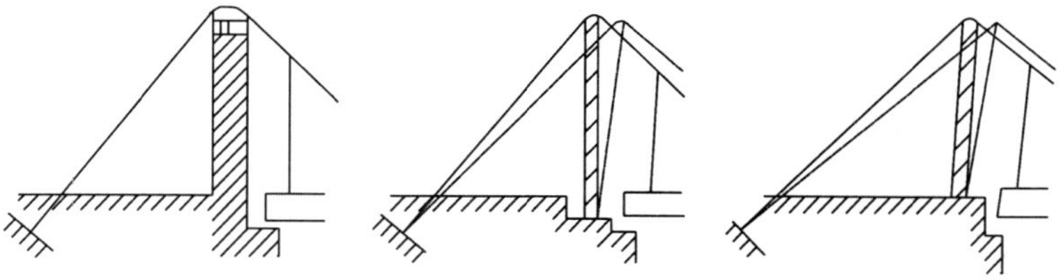

a) b) c)

图 10-35 桥塔顺桥向类型

主塔在横桥向,采用桁架式、刚构式或者两者混合的结构形式来联结两个立柱(图 10-36),用以抵抗横桥向的风力或地震作用。桁架式受力性能好,用钢量少,大跨度悬索桥多采用桁架式。刚架式简洁美观,跨度不大时采用这种形式造价较低。混合式,即刚架式与桁架式的组合,能较好地改善受力与经济性能。

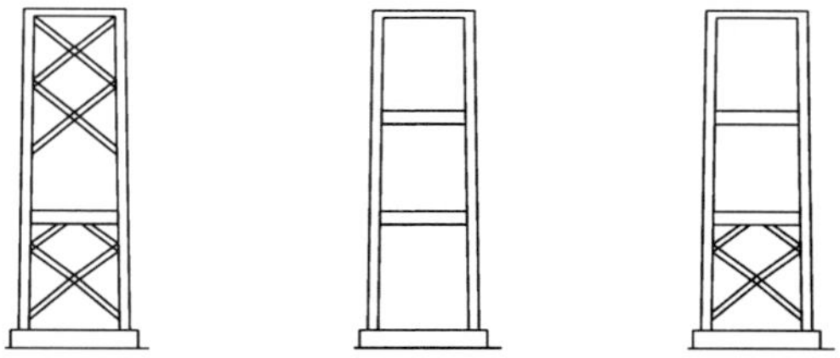

a) 桁架式　b) 刚构式　c) 混合式

图 10-36 主塔在横桥方向的三种结构形式

主塔早期采用石砌材料,后来以美国为代表的大跨度悬索桥基本采用钢结构,近代欧洲各国、中国的悬索桥多采用混凝土结构。实践表明,混凝土主塔对大跨度悬索桥同样具有适用性和竞争力。混凝土桥塔造价相对较低。目前在我国,混凝土桥塔是悬索桥桥塔的首选方案。

5)塔顶鞍座构造

塔顶鞍座置于塔顶用以支承主缆,并将主缆所受竖向力传向主塔。塔顶鞍座主要由鞍槽、座体和底板三部分组成,如图 10-37 所示。鞍槽用以直接容纳和支承主缆丝股,纵向呈圆弧状,半径为主缆直径的 8 ~ 12 倍;横向呈台阶状,台阶由中间向两侧渐次抬高,与主缆丝股圆形排列相适应,台阶宽度与丝股尺寸相近。座体是鞍座传递竖向压力的主体,上部直接与鞍槽底部联为一体,它由一道或两道纵向主腹板和多道横肋构成,下部与底座板相连。底板是预置于塔顶用以支承鞍座座体的部分,它使鞍座反力均匀分布于塔顶。对于混凝土索塔,为满足悬索桥施工过程中,鞍座预偏复位滑移的需要,底板与座体底板之间需设滑动装置,如辊轴、四氟滑板或采用其他减摩技术,也可同时采用预拉索塔的方法减少相对预偏量,以达到缩小塔顶尺寸的目的。但是对于钢索塔,主索鞍安装时相对索塔并不预偏,而是通过将索塔向边跨预拉,使塔顶向边跨有一预偏量,此预偏量应在索塔强度所允许的弹性变形范围内。在恒载施加过程中,逐步减小预拉力,最终使索塔位置恢复到设计位置。

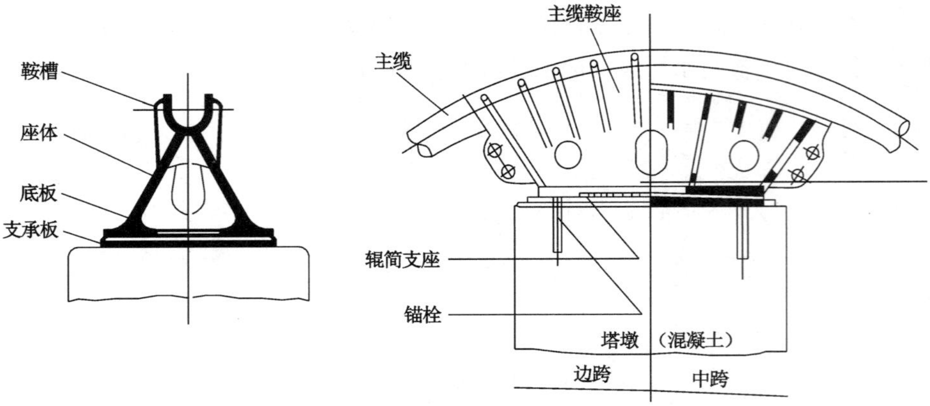

图 10-37 塔顶鞍座的组成

鞍座常采用全铸或铸焊组合方式制造。由于其结构尺寸及重量较大,通常在纵向分成两节或三节铸造及施工吊装,但须拼合后整体进行机械加工。

6)散索鞍座或散索箍

散索鞍座或散索箍置于锚碇前,起支承转向及分散丝股,便于主缆锚固的作用。与塔顶鞍座不同的是,散索鞍座在主缆受力或温度变化时要随主缆同步移动,因而其结构形式上有摇柱式和滑移式两种基本类型,如图 10-38 所示。散索箍常用于主缆直径较小以及不需转向支承时代替散索鞍分束锚固,其整体为喇叭形,为两半拼合的铸钢结构。

7)加劲梁构造

加劲梁可采用钢箱梁、钢桁梁、钢板梁、钢—混凝土组合梁、预应力混凝土梁等。其形式的选择应考虑结构强度、刚度、疲劳、抗风稳定性、施工架设等因素。由于钢结构强度高、结构轻巧、施工安装便捷、质量易保证,故大跨径悬索桥大多采用钢加劲梁。

钢桁梁具有较高的界面抗扭刚度和透空的迎风截面,因而提供了良好的抗风稳定性,可充分利用截面空间提供双层桥面以实现公铁两用或多车道布置。另外,钢桁梁可根据不同的地形、地貌条件灵活选择多种安装架设方法。

流线型钢箱梁具有良好的空气导流特性和较高的抗扭刚度,因而流线型钢箱加劲梁具有较小的空气阻力系数和良好的抗风稳定性。同时,正交异性钢桥面板既是钢箱梁的组成部分又是行车道板,有效地节省了用钢量,与钢桁梁相比可降低用钢量达 20% 左右。

由于使用需要,同时具有钢桁梁和钢箱梁特点的悬索桥加劲梁形式得到了应用,如香港的青马大桥和韩国的 Yong-Jong 大桥。前者采用桁架形式,通过外层钢板使整个截面变成流线型箱梁。后者采用上层由桥面、横向联结系组成的箱梁及下层为桁架的组合形式,箱梁作为公路交通的桥面板,桁架则为轻轨提供支承。

我国在 20 世纪 90 年代后建成的大跨度悬索桥也大都采用钢加劲梁。加劲梁详细构造请读者参考本书前述章节,这里不再赘述。钢加劲梁的设计应符合《公路钢结构桥梁设计规范》(JTG D64—2015)的有关规定。

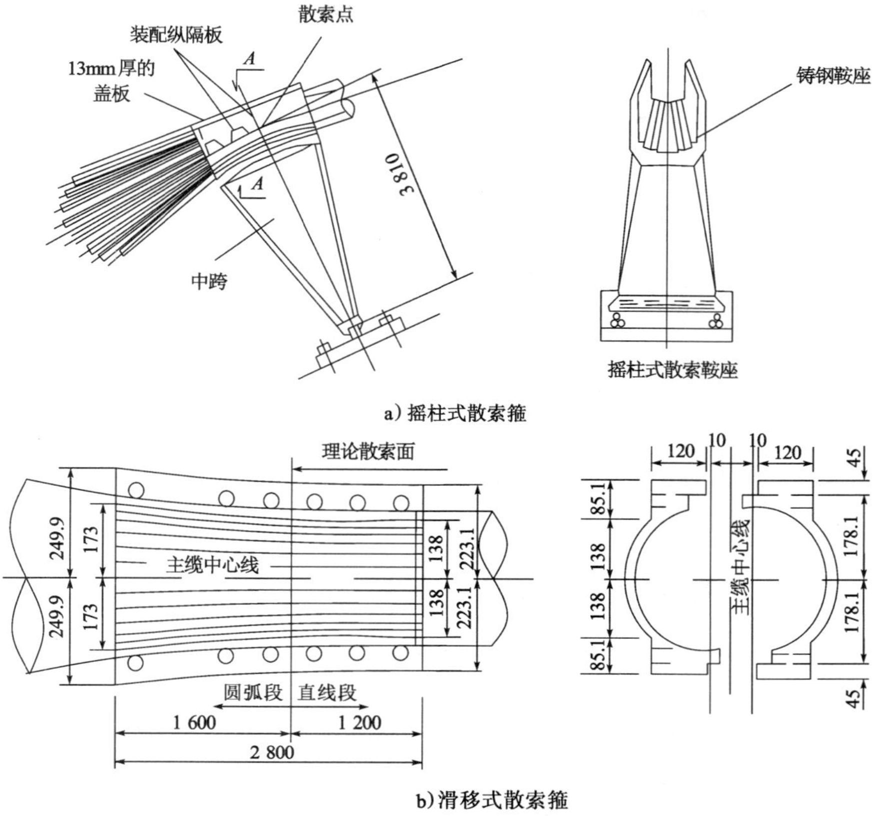

图 10-38 散索箍、鞍座（尺寸单位：mm）

8）锚碇结构

自锚式悬索桥不需另外设置锚碇结构，而将主缆直接锚固于加劲梁体；地锚式悬索桥的锚碇由锚体、锚体基础、主缆的锚固系统组成，分为重力式锚碇、隧道式锚碇和岩锚锚碇三种结构形式，如图 10-39 所示。

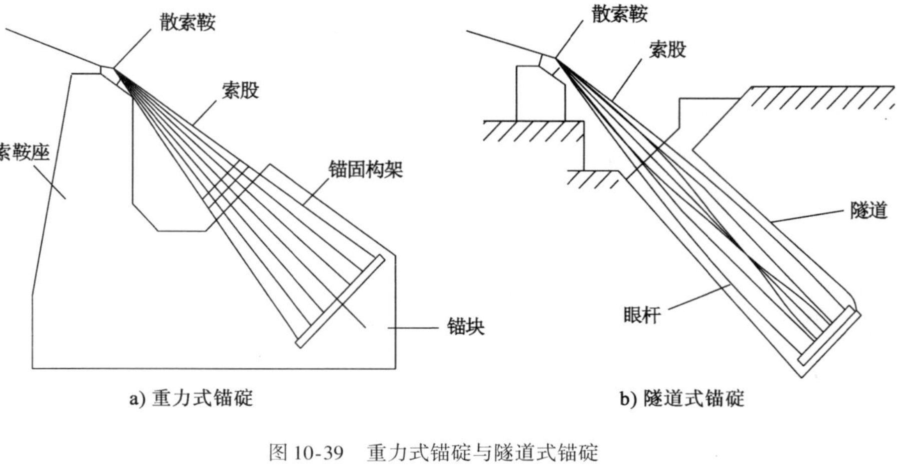

图 10-39 重力式锚碇与隧道式锚碇

重力式锚碇为一庞大的混凝土结构,依靠其自重实现对主缆拉力的锚固,其中预埋锚固主缆丝股用的是钢结构锚杆和钢结构锚固架,丝股通过锚头与锚杆连接,再由锚杆将丝股拉力传至锚固架分散至混凝土锚体。隧道式锚碇(岩洞式锚碇)则借助两岸天然坚固的岩体开凿隧洞再浇筑混凝土形成,利用岩体强度对混凝土锚体形成嵌固作用,达到锚固主缆拉力的目的。

隧道式锚碇锚塞体可充分发挥围岩的承载能力,并通过锚塞体自重和围岩共同承担主缆拉力,节约材料、经济性好,对地形地貌和周围环境破坏小。因此当锚址处地质条件较好、地形有利于桥跨及锚碇布置时,需首先考虑修建隧道式锚碇的可能性。

岩锚是利用高质量的岩体,将主缆拉力分散在单个岩孔中锚固,减少锚塞体混凝土用量,可节约工程材料。当岩体完整、强度高时,可采用岩锚或带有预应力岩锚+锚塞体组合式隧道式锚碇。岩锚围岩受力范围小,应力集中现象突出,对围岩强度要求较高。

重力式锚碇适用性较强,传力机理简单,主要通过锚碇自身重力和地基摩擦力承担主缆缆力,因而重力式锚碇多做成实腹式。当采用隧道式锚碇在建设条件和综合经济性方面不占优势的情况下,宜选择重力式锚碇。

10.4.5 悬索桥的设计计算方法简介

悬索桥的设计计算同样包括静力计算和动力计算两大类。其中静力计算是悬索桥设计的重要依据和基本部分。静力分析的内容主要有竖向荷载、横向荷载、偏心荷载作用下的结构分析,悬索桥的空间分析和悬吊结构剪切位移对受力的影响分析等。悬索桥的动力计算包括动力特性分析、抗风、抗震、稳定计算,其直接关系到安全性,与其他桥型相比,更具重要意义,应确保结构的强度、刚度和稳定性满足要求。

1)计算方法与理论简介

对于不同的外荷载,悬索桥有不同的计算方法。对于竖直荷载作用下的分析有以下几种方法:

(1)弹性理论。弹性理论方法的核心是:不考虑结构体系变形对内力的影响,通过建立结构力学力法方程来求解超静定结构的各项内力,计算结果偏大。这种方法虽然简单,但只适用于跨度小于200m,且加劲梁高度为跨径1/40左右时的悬索桥。当跨径较大时,其在加劲梁内力方面的计算误差就无法忽略,往往跨径越大,加劲梁内力计算值就越大。

(2)挠度理论。挠度理论的创立奠定了近代悬索桥分析的理论基础。挠度理论考虑了主要承重结构主缆的变形对结构内力的影响。它是通过建立基础微分方程来求解析解。因为其方程是非线性的,所以只能用迭代解法,又因为它不适宜于计算机计算,一般是通过挠度理论的基础微分方程来寻求近似解。

(3)有限位移理论。该方法适合于电算的有限元方法,它全面考虑大位移引起的悬索桥几何非线性因素,计算结果比挠度理论精确。总之,有限位移理论的矩阵位移法,可以综合考虑体系节点位移影响、轴力效应,把悬索桥结构非线性分析方法统一到一般非线性有限元法中,是目前普遍采用的方法。

我国《公路悬索桥设计规范》(JTG/T D65-05—2015)规定悬索桥静力计算应采用有限位移理论。由于悬索桥结构是空间受力结构,且现代大跨度悬索桥的桥面一般比较宽,采用空间结构体系可准确反映悬索桥结构空间受力特点。若采用简化平面结构图式进行静力分析，应计算荷载横向分布对结构的影响。

对于水平荷载作用下的分析计算，目前最普遍使用的理论是作为膜理论的弹性分配法，这种理论由于需先假定一个从纵向联结系传给主缆的分配荷载，然后迭代求真实的分配荷载，因此计算比较烦琐。但因横向计算可以不考虑非线性影响，若制成图表供设计者参考，还是实用的。

对于偏心荷载作用下的分析通常是作为结构设计的验算，而不是主要的计算。其做法是将受偏心荷载的情况分解为扭转荷载与数值荷载或横向荷载，然后再将各个荷载系统的应力及位移叠加。这种方法在实际应用上已经足够。

2）设计计算要点与流程

作用在悬索桥上的荷载有静载、活载、风荷载、地震力、温度变化等。设计计算时，一般把它们分成三个方向独立的荷载，即铅直面内荷载、横向荷载和扭转荷载。

对于塔，一般将其作为独立结构，在桥轴及垂直桥轴方向分别进行分析。对于柔性塔，由于塔柱的刚度较小，还必须计算其屈曲临界荷载。

对于塔、缆索、桥台、加劲梁等整个结构组成的计算模型的动力设计计算，一般采用以有限位移理论为基础的空间非线性有限元程序计算。

与斜拉桥一样，悬索桥的跨度已远远超过《公路桥涵设计通用规范》（JTG D60—2015）所适用的范围。目前我国已出台《公路悬索桥设计规范》（JTG/T D65-05—2015），悬索桥的设计计算越来越成熟与规范化。

悬索桥在设计的不同阶段，需要进行不同的计算。现将其设计步骤列于图 10-40 与图 10-41。

10.4.6 悬索桥实例——西堠门大桥

1）概况

西堠门大桥（图 10-42）位于浙江省东部舟山群岛，是浙江省舟山大陆连岛工程的主体工程，是跨越西堠门水道、连接金塘岛和册子岛的一座特大跨度桥梁。桥址选在册子岛和金塘岛之间水面最窄的地方。在靠近册子岛处有一处海礁，称为老虎礁，可以布置一个缆索承重桥梁的桥塔。如果将单主跨悬索桥的一个桥塔建在老虎礁上，那么另一个桥塔就要落在金塘岛的岸坡上。为了确定桥塔在金塘岛上的位置，进行了多种跨径方案的比选，只有当跨径为 1 650m时才能保证桥塔基础在水面以上。为了避免深水基础施工，西堠门大桥设计方案最终确定为主跨 1 650m 的悬索桥，其跨径布置为 578m + 1 650m + 485m = 2 713m。截至 2015 年，该桥是世界上跨径第二的悬索桥，仅次于日本明石海峡大桥。

2）技术标准

公路等级：四车道高速公路。

计算行车速度：80km/h。

荷载等级：公路—Ⅰ级。

桥面宽度：桥面全宽 36m，桥面净宽 23m。

抗震设防标准：桥位区地震基本烈度Ⅶ度。

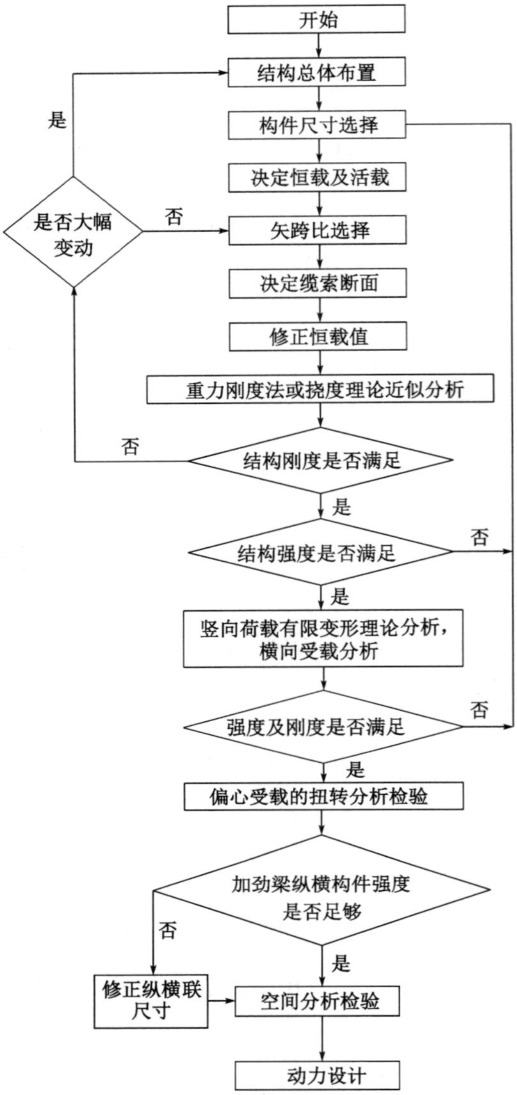

图 10-40　悬索桥上部结构静力设计流程图

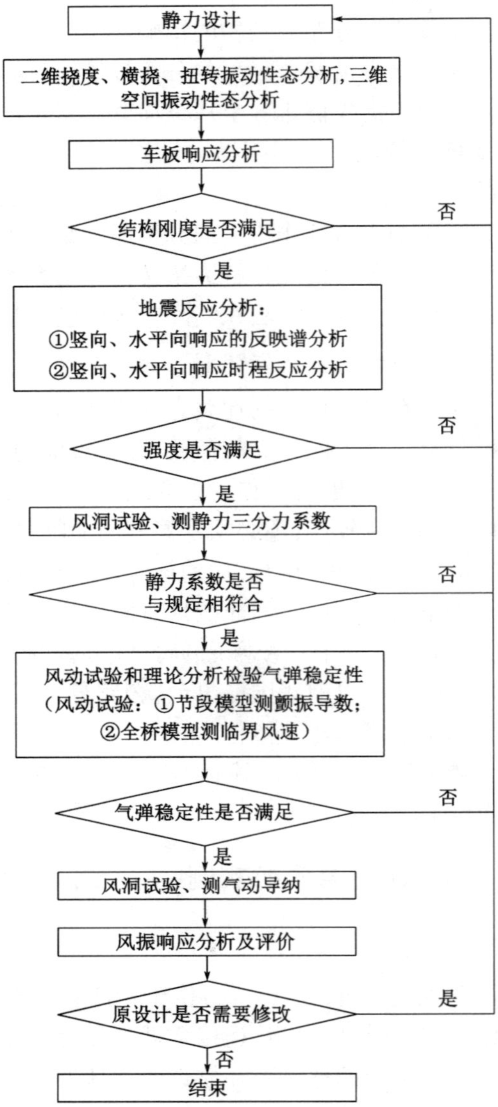

图 10-41　悬索桥上部结构动力设计流程图

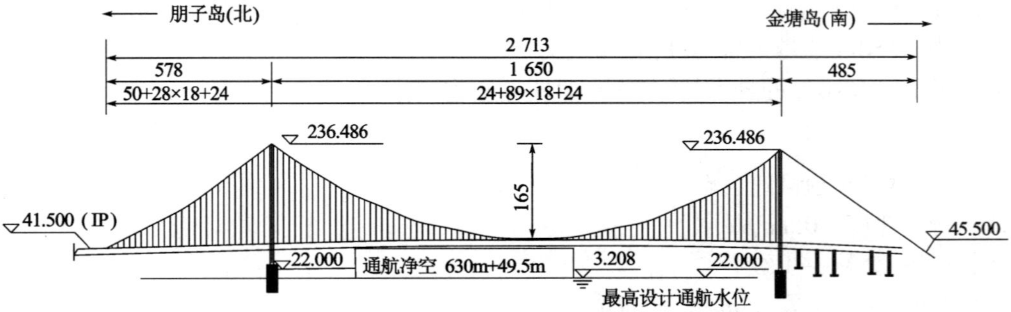

图 10-42　西堠门大桥总体布置图(尺寸单位:m;高程单位:m)

抗风设计标准：使用阶段重现期为 100 年；施工阶段重现期 20 年；100 年一遇基本风速为 41.12m/s，20 年一遇基本风速为 36.19m/s。

通航标准：3 万 t 级。

通航净空：主通航孔通航净宽 630m，通航净高 49.5m。

3）设计要点

（1）结构体系

西堠门大桥采用连续钢箱梁全飘浮体系。北边跨及中跨采用钢箱梁悬吊结构，南边跨采用两联（6×60m）预应力混凝土连续箱梁。加劲梁采用 2 跨连续体系。

（2）主梁

西堠门大桥主梁采用分离式双箱断面钢箱梁（图 10-43），全宽 36m，梁高 3.5m，中跨宽跨比和高跨比分别为 1/47.1 和 1/471.4，钢箱梁连续长度 2 228m，为目前世界上钢箱梁连续长度之最。

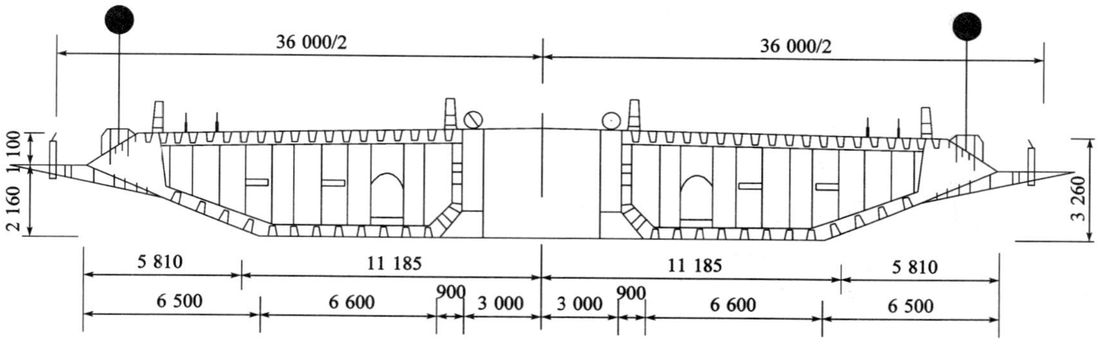

图 10-43　箱梁横断面图（尺寸单位：mm）

两个封闭钢箱横向间距为 6m，顺桥向每个吊点处用一个闭合的箱形横梁和一个敞开的工字梁连接。每个封闭钢箱宽度为 14m，纵向每隔 3.6m 设置一道板式横隔板，在对应横向连接箱梁和横向连接工字梁处厚度为 10mm，其余地方厚 8mm；采用正交异性钢桥面板，顶板厚 14mm、16mm，底板厚 10mm、14mm，顶、底板均采用 U 形肋加劲，顶板 U 形肋厚8mm，高 0.28m，间距 0.6m。底板 U 形肋厚 6mm，高 0.25m，间距 0.95m。加劲梁的标准节段长度为 18m，每个标准节段内有箱形横梁及工字梁各一道，吊装重量为 2 500 kN。

全桥共划分梁段 126 个，标准节段长 18m，重约 250t，最大梁段重约 310t。箱梁总用钢量约 3.3×104t。钢箱梁制造采用“板—板块（或部件）—板单元—单元块—钢箱梁—预拼装—桥位焊接”的方式生产。

（3）缆索系统

主缆矢跨比为 1/10，采用工厂预制平行钢丝股法（PPWS）施工，镀锌钢丝抗拉强度不小于 1 770MPa，每根索股含 127 根 ϕ5.25mm 钢丝，每根主缆中跨索股 169 根，南北边跨分别为 171 根、175 根。吊索采用钢丝绳，索夹为左右对合的铸钢件，吊索上端骑跨于索夹，下端与加劲梁销接。顺桥向吊点标准间距 18m。吊索钢丝直径为 ϕ60mm、ϕ80mm、ϕ88mm，对应标准抗拉强度为 1 770MPa、1 860MPa 和 1 960MPa。悬吊长度大于 20m 的各吊点，在吊索中部两索之间设置一道抑振装置。鞍座采用铸焊混合结构,锚室及鞍罩内均设除湿装置。

(4)锚碇及锚固系统

锚碇采用重力式锚,持力层为弱微风化基岩,每个锚碇混凝土方量约为 $8\times10^4m^3$。锚固系统为"镀锌钢绞线+防腐油脂"的无黏结式可更换预应力体系。该系统夹片后设置有防松装置,钢管及前后锚头防护帽内均充满专用防腐油脂,前后锚室内设有除湿机以防止后锚头及防护帽腐蚀。钢绞线采用符合《高强度低松弛预应力热镀锌钢绞线》(YB/T 152—1999)标准的低松弛镀锌钢绞线,公称抗拉强度为 1 860MPa, 公称直径为 15.70mm。钢绞线在锚块中成一直线,避免转弯时增加预应力损耗和施工难度。锚碇构造如图 10-44 所示。

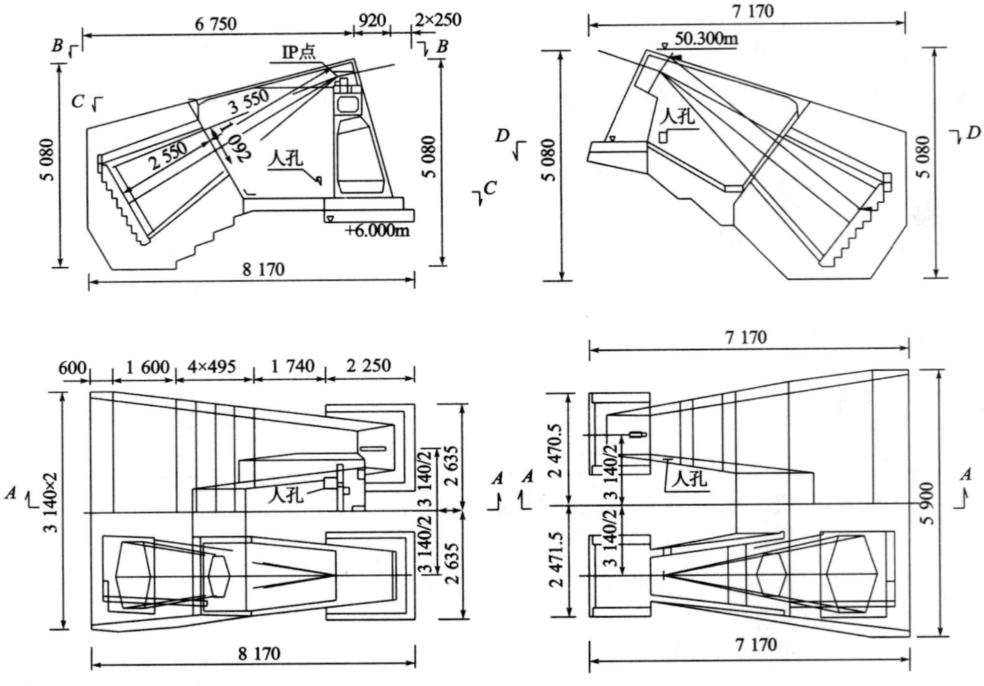

a) 南锚碇　　b) 北锚碇

图 10-44　锚碇构造(尺寸单位:mm)

(5)索塔

索塔为钢筋混凝土门式框架结构,塔身高 286m,为目前国内悬索桥第一高塔。索塔塔柱横向上端内倾,塔柱外侧线条 2 次倾斜,使桥面以下塔柱的锥度增大,产生强烈的美学效果。塔柱为钢筋混凝土箱形截面,截面尺寸如下:上塔柱为等截面 8.5m(顺桥向)×6.5m(横桥向);中塔柱自中横梁开始线性变化至高程 67.000m,辅助截面尺寸为 9.0m×8.0m;而后线性变化至塔底截面,截面尺寸为 12.0m×11.0m;其中高程 59.500m(距塔底 37.5m)以上 15m 高度范围内,截面尺寸按圆弧变化。如图 10-45 所示。

横梁采用预应力混凝土结构,为箱形断面,北塔设置上、中两道横梁;南塔处设有竖向支座,则设有三道横梁。横梁截面尺寸为 6.11m(宽度)×9m(高度),顶、底板和腹板厚度均为 0.9m,横梁内腔设有两道 0.9m 厚的隔板。

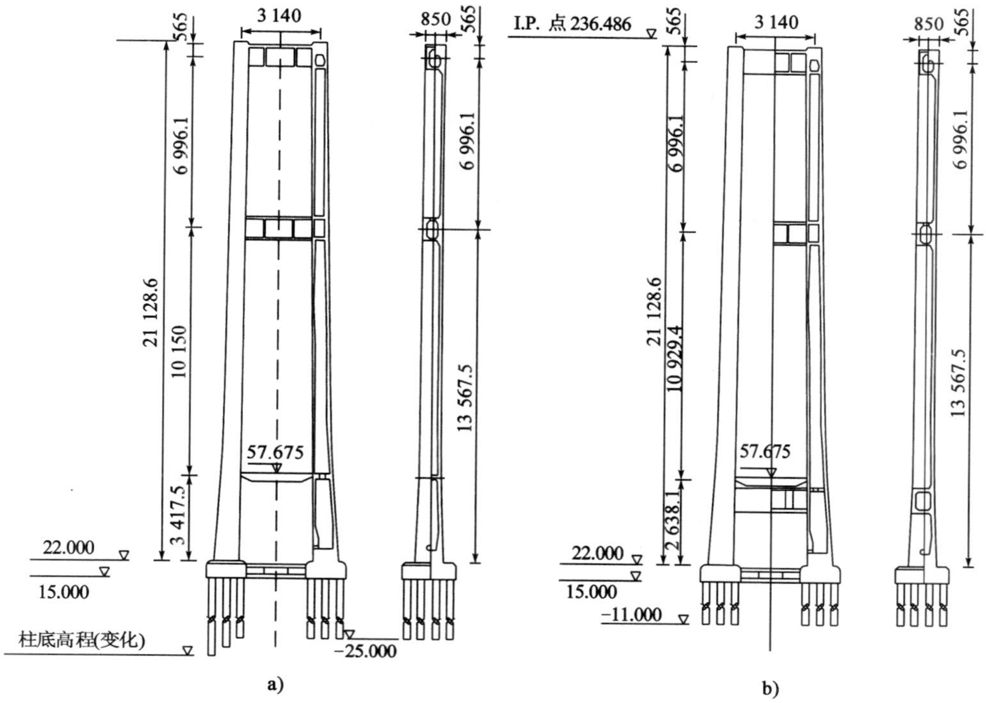

图 10-45 桥塔(南塔和北塔)构造(尺寸单位:cm;高程单位:m)

10.5 缆索支承桥梁的动力问题

10.5.1 大跨度斜拉桥的动力问题

斜拉桥结构轻巧纤细,在车辆运行、地震和风力作用下,必然会引起种种振动现象。这种振动,轻则影响行车、行人舒适与否,重则使桥梁破坏。一般来讲,对斜拉桥进行动力分析有三个方面内容:一是抗风,二是抗地震,三是行车行人的不适感。因此对于大跨度斜拉桥进行固有振动分析和动力反应分析,掌握其动力特性是十分必要的。关于斜拉桥固有振动的分析,本书仅简单介绍斜拉索的风致振动相关问题,详细内容请读者参考其他专门书籍。

所谓抗风,就是尽力提高结构的动力性能,使其发生危害的临界风速大于桥址处可能出现的最大风速,从而避免斜拉桥被风摧毁。风力对斜拉桥抗风设计影响最大的是竖向弯曲振动和弯扭联合振动(又称横向振动)。横向振动是空气作用力和结构物反应间存在相位差产生的一种发散性振动,易导致桥梁破坏。为了避免出现这种情况,应使结构物的临界风速高于设计风速,对于混凝土斜拉桥来说,其临界风速是比较高的。以梁高 3m、桥宽 20m、底宽 15m 的箱形主梁为例,临界风速约为 200m/s,所以在设计上通常不会发生问题。从结构上控制风力振动的途径,大致有提高加劲梁的刚度、改变基本结构形式、选择抗风稳定性能良好的主梁截面形式三种。刚度提高到一定程度,结构物即显得很不经济,而基本结构形式的改变,又往往受到航运等具体条件的限制。因此,现在普遍趋向于通过风洞试验确定合理的截面形状。试验研究表明,流线型扁平截面优于通常应用的矩形截面。尽管如此,从力学上和数理上对斜拉桥进行动力特性分析,仍是不容忽视的。

1)斜拉索的风振

斜拉索的风致振动,在斜拉桥中是普遍现象。斜拉索的风致振动虽然不会使斜拉索直接破坏,但会使索在索锚接合处发生疲劳破坏。斜拉索还容易因风雨作用产生振动。我国的大跨径斜拉桥大多建造在多风雨的大江大河或跨越海峡的地方,是容易引起拉索雨振的区域。一旦斜拉索产生振动,一方面,容易引起斜拉索锚固端的疲劳,甚至损坏拉索端部的腐蚀保护系统,降低拉索的使用寿命;另一方面,拉索的振动也会引起桥梁的振动,使行人产生心理负担,增加不安全感。因此,在斜拉桥的设计中必须考虑斜拉索的风致振动。

目前的研究中,斜拉索的风致振动主要有涡激共振、尾流驰振、风雨振和参数共振等。由于斜拉索风振的复杂性,在这些研究报告中,对斜拉索风振现象的认识有共性,但对斜拉索风振的致因本质的认识不尽相同。因此,在斜拉索的抗风设计中,参照《公路桥梁抗风设计规范》(JTG/T 3360-01—2018)有关条款,必要时通过风洞试验确定。

各种斜拉索的风致振动问题特性的简单介绍如下:

(1)涡激共振

涡激共振:风流经斜拉索时会发生漩涡脱落,当漩涡脱落频率接近或等于斜拉索的自振频率时,由周期性涡激力所激发出的斜拉索共振现象,如图10-46所示。涡激共振发生在特定风速范围,且振动是限幅振动。发生涡激共振的风速一般较低,主要易引起疲劳问题。可通过安装拉索的减振支架等措施减振。

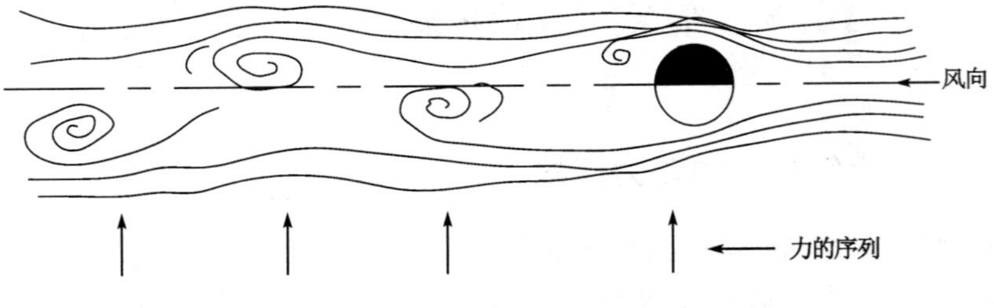

图10-46 气流经过圆柱体后的涡激

(2)尾流驰振

尾流驰振:当采用双排索布置时,后排斜拉索处在前排斜拉索尾流不稳定的驰振区内而发生的风致振动。驰振是一种挠曲振动,细长的索体发生的波浪形向前传动的振动。

斜拉索由两根以上平行索组成,且风向上下游索距在$6D \sim 40D$(D为上游索直径)范围之内,下游索距尾流中心距离在$2D \sim 4D$时,应考虑下游索的尾流驰振。

(3)风雨振

风雨振:在一定的临界风速下,雨水沿斜拉索流动引起的斜拉索的驰振,如图10-47所示。在风的作用下,雨水沿索表面从高处往低处流动过程中,形成上下两个水道,改变了风的流动,满足了一定的条件,从而发生振动。

风雨振是拉索风致振动最严重的一种类型,其起振条件易满足,振幅大,甚至有达到相邻拉索发生碰撞的程度。由于拉索风雨振的频繁出现以及它的异常大振幅,使其成为已知的风致振动形式中危害最为严重的一种。

该振动现象由日本学者 Hikami 发现并于 1988 年首次报道以来,在国内外均发现了类似的斜拉索风雨振动。上海杨浦大桥尾索在风雨作用下也发生过强烈振动,振幅超过 1m。因此,在斜拉桥的设计中必须考虑斜拉索的风雨振动。由于斜拉索的风雨振原因复杂,斜拉索风雨振的机制至今并未清楚,仍在探讨之中。在斜拉索风雨振观测调查研究中,发生风雨振的前提条件主要有:风雨共同作用,当水线出现后,斜拉索振动变得不稳定;产生风雨振的风速范围为 6 ~ 20m/s;斜拉索振动频率为 0.6 ~ 3.0Hz。

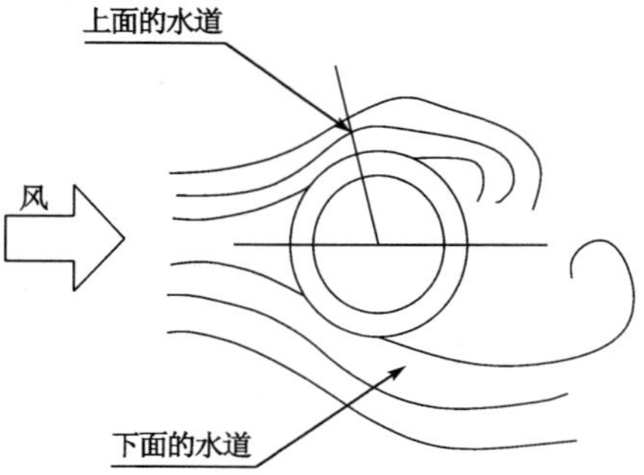

图 10-47 斜拉索风雨振

(4)参数共振

当桥面的振动频率或桥塔的振动频率,与斜拉索的横向振动频率满足倍数条件时,斜拉索发生的振动称为斜拉索参数共振。另外,当主梁和桥塔的振动频率与拉索某阶段自振频率相等时,垂直于拉索轴线方向的振动将会激起拉索的横向共振现象,称作线性内部共振。在实际斜拉桥中的拉索并非受到一个周期变化的激励作用,作为一种支承激励,拉索的振动和作为支撑点的桥面和桥塔的振动是相互牵制的,如果结构的振动不发散,拉索的横向振动也不可能出现发散的振动现象,而是一种有限振幅的振动。

2)大跨度斜拉桥空气动力稳定性的应对措施

在斜拉桥的设计计算中,应进行斜拉桥空气动力稳定分析,按《公路桥梁抗风设计规范》(JTG/T 3360-01—2018)或采用其他有效计算方法进行计算。斜拉桥结构设计临界风速应不小于设计基准风速的 1.2 倍。临界风速的确定应按《公路桥梁抗风设计规范》(JTG/T 3360-01—2018)规定的颤振稳定性验算要求执行。斜拉桥结构的颤振、驰振临界风速以及风致限幅振动应按《公路桥梁抗风设计规范》(JTG/T 3360-01—2018)的要素确定,并根据颤振安全等级确定是否要进行风洞试验。分析计算和试验时不仅要考虑成桥持久状态,还必须考虑短暂状态的最不利阶段。计算临界风速小于设计基准风速的 1.2 倍时,可采取下列措施提高临界风速,加强结构空气动力稳定性。

(1)提高结构刚度,包括增加塔梁刚度,采用空间索以及边跨设辅助墩与背索等。

(2)索塔、主梁采用能改善空气动力稳定性的截面外形,包括主梁采用带风嘴的流线型截面,主塔进行倒角等。

(3)斜拉索外表面采用螺旋、条形或麻点凸纹,设内置或外置式阻尼器,长索间设抑振索连接等。

(4)桥宽与跨径之比不小于 1/30,桥宽与梁高之比不小于 8。

(5)施工阶段,在主梁上设下拉临时索等。

10.5.2 大跨度悬索桥的动力问题

与斜拉桥一样,悬索桥结构轻巧纤细,在车辆运行、地震和风力作用下,必然会引起种种振动现象。悬索桥的动力作用,包括车辆荷载作用下的垂直强迫振动和风力作用下的振动稳定问题。这些都是变化的荷载,理论分析相当复杂。感兴趣或需要深入了解的读者请参考相关规范或著作。

1)车辆荷载作用下的强迫振动

从桥梁失事中发现,不仅当垂直强迫振动频率等于桥固有振动频率,而且当强迫振动频率等于桥梁固有振动频率时,桥梁都可能因产生共振而破坏。由于强迫振动引起的荷载动力作用,从理论上研究是困难的。所以各国均以机械振动仪观测车辆过桥时的振动曲线,并测出该桥在同样荷载作用下的静力挠度曲线,以两者之比作为表示动力效应的指标,动力放大系数 = η_α/η_s,或者以冲击系数考虑车辆强迫振动的不利影响。在计算桥梁内力时,把内力结果乘上 $1+\mu$,以此增加桥梁结构尺寸,从而增大刚度,提高桥梁的固有振动频率,达到提高桥梁安全性的目的。

2)悬索桥的空气动力稳定性

对于以悬索为主要承重结构的悬索桥,风力的作用将产生巨大的动力影响,在19世纪及20世纪上半期的150年中,因风力造成破坏的悬索桥,据资料统计已达十几座。这些桥中最出名的是美国的塔科马桥,该桥的钢板加劲梁很矮,而且宽跨比小。竣工半年后,在遭遇19m/s的风速作用时,桥梁振动频率从每分钟36周变到每分钟12周,振幅不断加大,垂直加速度很快接近重力加速度,而横向扭转角达到45°。桥面系因被扭曲并产生不断增大的竖直S形振动而破坏。这座桥的破坏表明,即使在较低水平风力作用下,当风速达到一定临界后,悬索桥将离开原来静力平衡状态而在垂直方向发生振幅不断增加的振动——自激振动,从而导致悬索桥的破坏。由于这个现象是动力稳定性的问题,在工程上又称为悬索桥的空气动力失稳。

风力的作用可以应用航空空气动力分析方法来加以说明。风力对桥梁的作用,如同围绕一个横断面的流体的影响,因此是动力作用。它造成桥梁结构的振动有:竖向弯曲振动;扭转振动、竖向弯曲振动和扭转振动的组合。

通常在分析时,将风的影响又分为静力作用(又称常定风力)影响和动力作用(又称非常定风力)影响两部分来考虑。静力作用影响将风力作为不随时间而改变风速和风向的风流,作用在静止不动的桥梁上来研究的。第一种情况实际上是不存在的,而是为了便于分析而作出的分类,这一部分内容,《桥梁工程》中斜拉桥章节部分有专门介绍。对于悬索桥空气动力稳定性的计算原理,可以从悬索桥振动的基本方程、空气动力失稳的临界风速和已经加强悬索桥空气动力稳定性的措施三个方面去研究。

3)大跨度悬索桥空气动力稳定性的应对措施

风振动力的振动中,风将能量作用到结构上,但结构阻尼将消耗能量,使振动减弱,对桥梁的安全是有利的。

形成桥梁结构阻尼的因素十分复杂,大致可以分为:

①材料的内阻尼——由振动时材料分子间的内摩擦力组成。

②摩擦阻尼——由结构物支撑及连接处的摩擦力等组成。

③空气介质阻尼——由周围空气介质对结构物运动的阻尼形成,与前两者相比其影响较小。

以上说明,增加悬索桥的阻尼,可以加强振动衰减,从而提高临界风速,提高悬索桥的安全性。关于加强悬索桥空气动力稳定性的措施有以下两个途径。

(1)增加悬索桥的刚度

提高结构的固有振动频率和增加结构的阻尼,从而提高悬索桥的临界风速,使之超过建桥地点可能发生的最大风速。从这个条件出发,下面提供了确定加劲梁的梁高和抗弯刚度时作为参考的经验公式。

对于板梁加劲梁:

$$h > \frac{l}{120} + \left(\frac{l}{1\ 000}\right)^2 \tag{10-1}$$

对于桁架加劲梁:

$$EI > \frac{bl^3}{60\sqrt{f}} \tag{10-2}$$

式中:b、h、l——加劲梁的宽度、高度和跨径(m);

I——加劲梁几何惯性矩(m^4);

f——主缆矢高(m)。

也可以用下式验算:

$$s = 1\ 600\frac{q}{f} + 160\ 000\frac{I}{\left(\frac{l}{400}\right)^4} > 600 \tag{10-3}$$

式中:q——悬索桥恒载,以 t/m(9.8×10^3N/m)计。

(2)减少空气动力的作用

提高悬索桥的刚度必然导致造价的攀升,积极的措施是减少空气动力的作用,以增加悬索桥的稳定性。例如采用两端倾斜的流线型横截面,使加劲梁形状对风速影响的系数 η 达到最大值,从而提高临界风速;采用空格桥面或在跨中设通风洞减少空气动力干扰力,都是有效措施。

思考题

10-1 简述考虑跨径时,钢梁桥桥型选择的方法。

10-2 钢拱桥根据结构特点可分为哪几类?

10-3 钢拱桥的主要构造及其作用是什么?

10-4 斜拉桥的受力特点是什么?与混凝土斜拉桥相比,钢斜拉桥有何独特的受力特点?

10-5 斜拉桥根据塔、梁、墩之间的结合关系不同,分为哪几种结构体系?各有何特点?

10-6 斜拉索立面布置形式有哪些?各有何优缺点?

10-7 简述钢斜拉桥的拉索锚固构造(索梁、索塔)。

10-8 悬索桥的受力机理与斜拉桥有何不同?

10-9 悬索桥有哪些主要构件?其受力特点是什么?

10-10 悬索桥主梁应用钢梁和混凝土梁各自的优劣及受力区别是什么?

10-11 简述钢悬索桥锚碇的常见形式。

10-12 自锚式悬索桥与地锚式悬索桥的施工方法有何不同?

10-13 大跨径桥梁有哪些设计难题?如何解决?

第11章

钢桥制造与施工

11.1 钢桥制造

11.1.1 钢桥制造一般工序

根据钢桥基本结构部件的不同,其制造可分为钢拱、钢桁梁、钢箱梁以及钢塔的制造。钢桥制造的一般工序又可大致分为单元划分、构件组焊、拼装、涂装等主要工序,如图11-1所示。

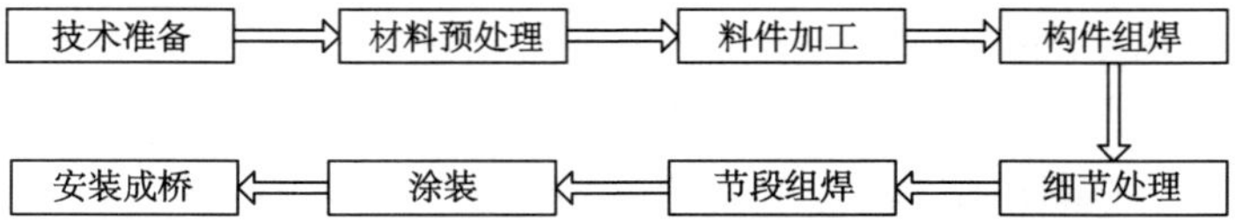

图11-1 钢桥制造一般工序

1)技术准备

技术准备阶段的主要工作有:将钢桥设计图转换成工厂制造图;准备钢桥制造所必需的材料,并对进场的材料进行复验;依据设计要求进行焊接工艺试验,制定用于钢桥制造焊接的焊接工艺标准;编制制造工艺及流程工艺卡。

2)材料预处理

在材料预处理阶段主要是对钢材进行赶平、画线下料、刨边、开坡口等工作。赶平能消除钢板的轧制内应力,从而减少制造过程中的变形,是保证板件平面度的必要工作。

一般在钢板下料前应进行打砂预处理,通过打砂释放钢板的轧制内应力,从而减小制造中的变形,这是保证板件平面度的必要工序。钢板在起吊、搬移、堆放过程中,根据吊装设备的能力,尽可能地采用磁力吊,以保持钢板的平整度和清洁度,避免施工过程中出现对钢板的损坏和油污等。

3)料件加工

料件加工是利用预处理过后的桥梁钢材,加工制成钢桥所必需的零部件。

4)构件组焊

即将切割成型的料件或零件进行组装并焊接成基本部件。

5)细节处理

细节处理包括螺栓孔钻制、零件变形矫正等工作。

6)节段组装

基本部件制造完成后,即可进行节段的拼装制作。拼装过程中,要严格控制螺栓孔群之间的位置关系,以保证后续节段拼接的连接精度。

7)涂装

桥梁结构通常处于跨江河、跨海湾地域,长期暴露在风雨、潮湿和污染空气的腐蚀环境中,为保证桥梁结构的耐久性和可靠性,必须对钢桥结构进行防腐设计。

11.1.2 料件加工

钢桥主要构件由杆类单元、板类单元与管类单元组成,不同类型构件单元的加工制造方法不同,以下分别进行介绍。

1)杆类单元加工

(1)作样

作样即制作样板或样条。样板是一块由薄铁皮制成的板,其外形、尺寸与实物一样,有时为示出栓孔位置需钻制小眼;样条是条形薄铁皮,其上需标识零件的切割线及栓孔位置。对于受力比较简单的组件,如人行道及检查设备,常用样板来号料及号孔;对受力复杂的主要组件(如主桁、节点板、桥面系、联结系等),工地栓孔要求精确,常采用机器样板钻制栓孔。

作样应准确无误,严格按照施工图及相关工艺的规定和要求进行制作。对于形状复杂的零部件,应通过放样校对后确定(数控下料除外);样板、样条上的栓孔位置偏差,应符合相关制造规范所规定的容许值;钢料的切割长度,按工艺规定要留出边缘加工预留量和焊接收缩量。同时,样条、样板上要注明产品名称、杆件编号、钢号、规格、数量、栓孔直径、起线等。

(2)号料及号孔

号料是利用样板或者样条,在钢料上将零件的切割线画出。号料要严格按照配料单执行,主要杆件下料时保证主要应力方向与钢板轧制方向一致。

号孔是利用样板或样条,用样冲在钢料上打上冲点,以示钉孔位置。目前工地栓孔均采用机器样板钻孔,无须进行号孔。

(3)切割

号料完成后,在钢料上开始沿切割线进行切割。常用的切割下料方式有机械切割、火焰切割、等离子切割、激光切割等。根据零部件的大小和精度要求,应选择合适的切割方法。常用的切割方法有四种:剪切、焰切、联合剪冲和锯切。

机械剪切是利用剪切机台上的一对剪切片进行剪切,用于切割厚度较小的钢板,对于16Mn 钢板,目前可切厚度在 20mm 以下,如图 11-2 所示。

焰切是利用乙炔和氧气的混合气体的火焰切断钢料,设备成本低、操作方便,可切的钢板厚度大且几何形状灵活。采用半自动、自动及数控焰切机较手工焰切零件边缘整齐、质量好。对于剪切机不能切割的厚钢板,或者形状特殊的板材,多采用焰切。

联合冲剪用于中小型角钢的切割。一般尺寸的角钢可用联合冲剪机进行切割,如图 11-3 所示。

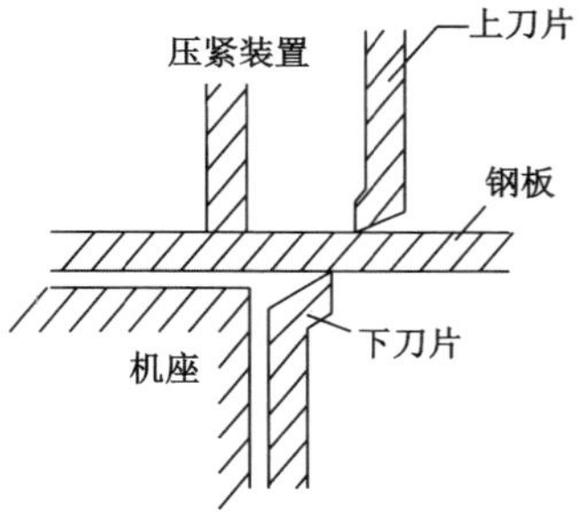

图 11-2　剪切机剪切示意图

图 11-3　角钢剪切示意图

锯切是利用圆锯机进行切割,切割后还应根据需要对切割面进行修磨,修磨对象为槽钢、工字钢、管材及大型角钢。

(4)制孔

制孔(钻孔)的过程为:画线钻孔、护孔钻套、机器样板钻孔、数控钻床钻孔。孔壁应光滑无损伤;组装件预先钻小孔,组装后扩孔。

工地栓孔目前采用准确、高效的数控钻床或者传统的旋臂钻床、手持式风钻或电钻制孔。目前,主要构件的工地栓孔均用机器样板钻孔。

机器样板是钻孔用的样板,由母体和钻孔套组成,如图 11-4 所示。

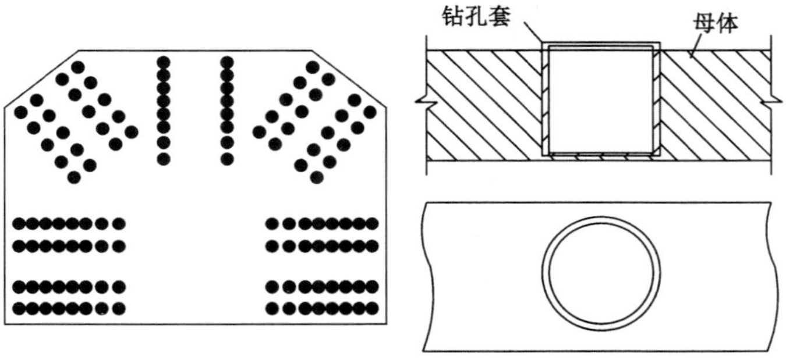

图 11-4　覆盖式机器样板及钻孔套

母体一般由厚度为 12 ~ 15mm 的钢板加工而成,其上有孔,钻孔套按设计位置嵌固在母体孔内。钻孔时,将机器样板覆盖在料件上,板束对齐后,用卡具卡紧,钻头通过机器样板上的钻孔套钻孔,从而保证准确制孔。钻孔套是经过渗碳淬火处理的旋制钢构件,硬度比钻头大 2 ~ 3 洛氏硬度级。

2)板类单元加工

(1)钢箱梁板单元加工

现代大跨径悬索桥和斜拉桥中的加劲梁一般都采用钢箱梁形式,目前我国在吸取国外经验和其他行业先进技术的基础上,形成了一套钢箱梁制造工艺方案。

①板单元件的合理划分以及陶瓷衬垫单面焊双面成型技术的引入,使 95% 以上的焊缝处于俯焊位置施焊(带纵横肋的桥面板 100% 为俯焊),极大地改善了直接承受轮载的桥面板的疲劳性能和焊工劳动条件。

②结合钢箱梁构造特点,制造分为带纵横肋的板单元件、钢箱梁节段和桥位吊装后全断面对接焊三个阶段,并开发了板单元件组装、节段连续匹配组装以及焊接变形综合控制等技术。确保了箱梁桥的几何精度,缩短了制造周期,降低了成本。

③提高了组装和焊接的自动化、切割和制孔的数控化作业程度,基本实现了全焊钢箱梁。

板单元的制造质量直接影响梁段的几何形状和尺寸精度,制造中应重点控制。由于箱梁的顶底板厚度较小,采用火焰修整焊接变形困难,在施工中应控制焊接变形和准确预留焊接收缩量。

在满足相关技术规范和设计要求的前提下,综合考虑供料、运输及批量生产等因素,尽可能将板单元尺寸做大,以减少种类、数量及相关焊接工作量。

以润扬长江大桥北汊斜拉桥钢箱梁标准梁段的板单元划分为例,如图 11-5 所示。

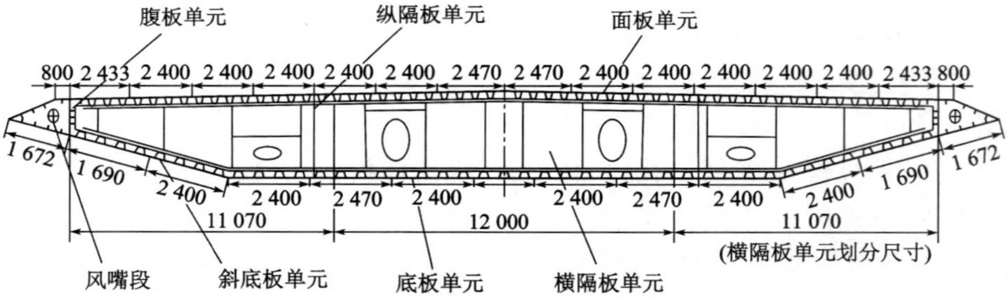

图 11-5 润扬长江大桥北汊斜拉桥钢箱梁板单元划分(尺寸单位:mm)

整箱划分为顶板 14 块、底板和斜底板 15 块、横隔板 12 块、纵隔板 8 块、腹板 2 块、风嘴 2 件,所有板单元在工厂内专用胎架上形成流水作业制造。板单元制造按照“钢板赶平及预处理→精确下料→组 U 形肋→反变形焊接→局部修整”的顺序进行,关键工艺有以下几个方面:

①钢板赶平及预处理(赶平→抛丸除锈→喷漆→烘干)。

②下料及加工。下料时应检查钢料的牌号、规格、质量与相应的施工图和施工工艺是否一致,确认正确后方可进行切割下料。所有的构件必须按照图纸及施工工艺的要求进行写号标识,避免出现材料的混淆。板单元宽度调整要使底板对接焊缝与纵隔板角焊缝错开 100mm 以上。

采用普通切割机下料的零件,先行制作样板、样条、样杆时,按工艺文件规定留出加工余量和焊接收缩量。对于下料后需要机器加工的零件,其加工尺寸偏差要严格满足工艺文件要求。对于形状复杂的零件,多采用数控切割机下料。用计算机 1:1 放样确定其几何尺寸,并采用数控切割机精确下料。编程时要根据零件形状复杂程度、尺寸大小、精度要求等确定切入点和退出点,并适当加入补偿量,消除切割热变形的影响,如锚腹板、锚箱零件等。矩形板件(顶底板、隔板、风嘴等)切割的同时加工出坡口,精确预留后续焊接收缩量,实现无余量切割。

精密切割下料尺寸允许偏差为 ±1.0mm,自动、半自动气割下料尺寸允许偏差为 ±1.5mm,手工气割下料尺寸允许偏差为 ±2.0mm,剪切仅适用于次要零件或剪切后边缘需要进行机加工的零件。剪切边缘应整齐,无毛刺、反口、缺肉等缺陷。

③利用胎型和样板钻制顶板 U 形肋工地孔。

④用高精度自动定位组装胎组装带纵肋的板单元。板单元组装时,以钢板边缘和 U 形肋螺栓孔定位,保证小偏差。

⑤锚箱与腹板的组装与焊接。锚箱单元组焊工艺流程如图 11-6 所示。

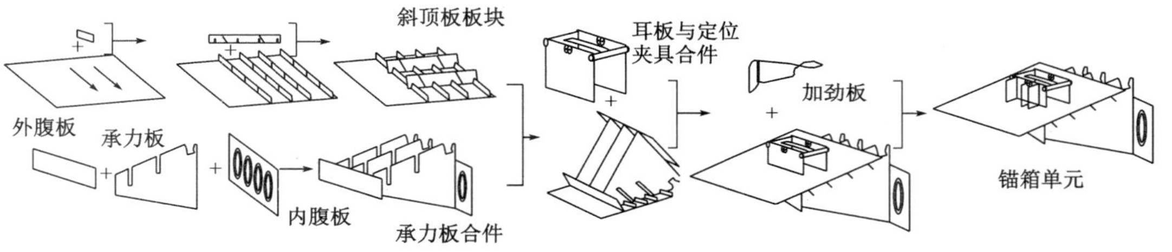

图 11-6　锚箱单元组焊工艺流程

⑥对单侧有纵肋的板单元采用反变形焊接技术。焊接使结构不均匀受热,导致焊后结构中存在较大的残余变形,可以在焊前施加(反变形焊接)或者焊后施加(矫正法)一个等量的反向变形来抵消焊接变形。反变形焊接是根据钢箱梁特点,设计反变形胎,同时控制板单元横向和纵向弯曲角变形,实现板单元焊后基本不用修整,此时即可满足要求。

对于单侧有纵肋的板单元,其焊接变形的消除不宜采用机械矫正法,也不宜仅靠火焰矫正。这是因为,机械矫正时,施力点不易确定;火焰矫正时产生新的收缩变形使板件尺寸精度难以控制,所以必须采用反变形焊接技术。

⑦优先采用自动和半自动 CO_2 气体保护焊方法。板单元的纵横向对接焊缝采用埋弧自动焊,可稳定控制焊接质量、提高工效。

(2)钢塔板单元加工

与钢箱梁板单元加工类似,钢塔制造时合理的块体和单元划分是提高钢塔制造效率和质量,减小焊接变形的重要步骤。以南京三桥钢塔制造为例,钢塔制造时块体和单元件划分示例如图 11-7 所示(其中圆弧内侧定义为块体 1、外侧定义为块体 2)。

组成节段的各板件的准确下料尺寸,是向钢厂采购钢材的基本资料,可减少材料消耗和加工量,降低制造成本,是钢桥制造合理化的要素之一,同时,也是确保节段几何尺寸精度的要素。下料尺寸应包含设计尺寸、焰切耗损的熔口宽度、焊接收缩变形量和机加工量等。

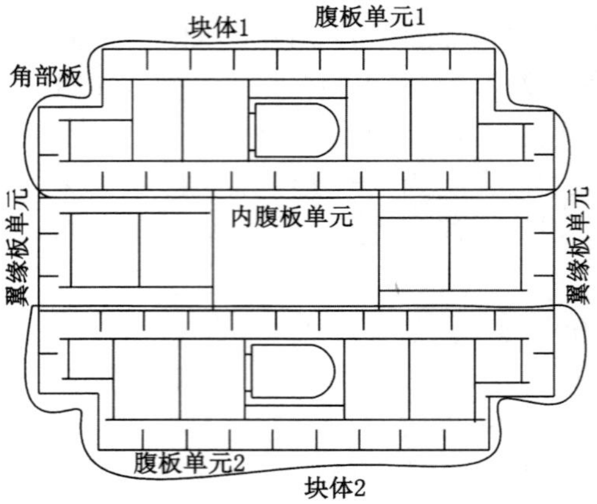

图 11-7　钢塔节段块体、板单元划分

板单元件的制造厂,一般距离桥址较远,受运输净空的限制,板宽需根据运输工具来决定。对节段的四个塔壁和内腹板进行分块,腹板和翼缘板分成两块,内腹板分成三块。腹板、内腹板、翼缘分块如图 11-8 所示。

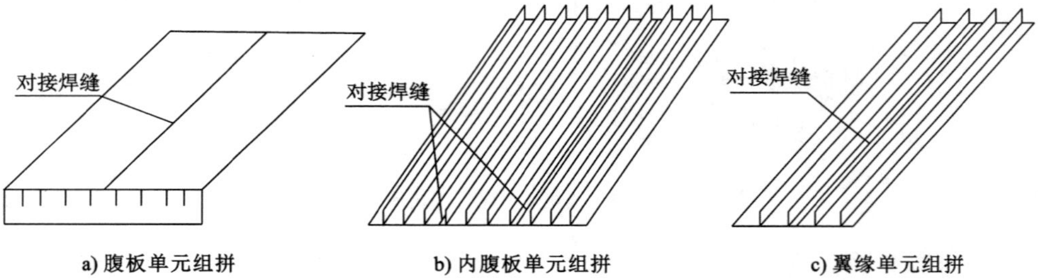

图 11-8　板单元件组拼

节段四塔壁(翼缘和腹板)和内腹板单元的分块采用门式切割机下料,加劲肋采用门式数控切割机下料。

如前所述,为了减小焊接变形,在焊接板加劲肋时,采用药芯焊丝 CO_2 气体保护焊平角位焊接,每个加劲肋两侧的焊缝同时进行焊接,如图 11-9所示,保证加劲肋两侧对称施焊。

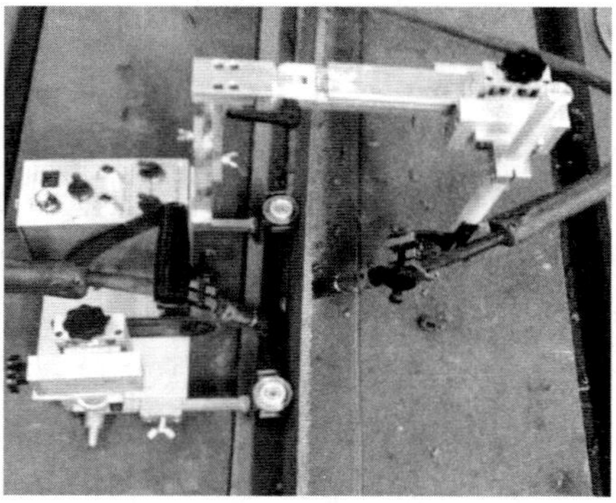

图 11-9　板与加劲肋的焊接

板单元对接时,采用非对称 X 形坡口,双面埋弧自动焊焊接,为了控制焊接变形,在组拼时设置了反变形(图 11-10)和马板约束。

3)管类单元加工

钢拱桥中,拱肋以钢管拱居多,钢管拱肋生产方式主要有工厂化生产和施工现场加工制作两种。工厂化生产能保持产品处于质量较稳定的生产流水线上,人员、生产设备和检测设备配置等方面也能得到充分的保障。同时,在工厂内受温度变化、湿度、粉尘等不利环境的影响相对于现场制作方式要小得多。现场加工制作首先要按照工厂化生产方式配置基本的机械设备和作业人员，规划并建造出简易的生产场地，并参照工厂化生产的管理模式组织加工制作。受现场施工条件的局限，大型加工设备投入、试验检测手段、环保和安全、职业健康管理等方面不如工厂化生产方式完善。

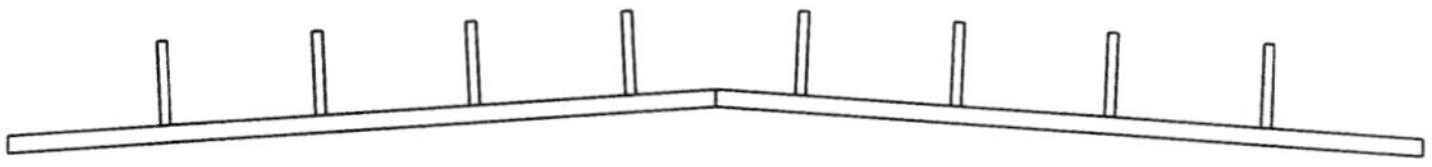

图 11-10　翼缘及腹板单元反变形

(1)钢管拱肋零部件加工测量放样

钢管类材料，其直线度、椭圆度和切割相贯线的测量放样控制是难点，但可通过辅助手段进行测量控制和加工。钢管直截面切割时，将钢管固定在加工台架上，直线度可拉线检查。切割前，切割位置用内衬板或支撑加强，以减少切割变形，切割后用与钢管内径等长的标准杆多点测量圆口。

相贯线的切割，可以使用数控机床或专用的相贯线切割机械加工，也可以采用相贯线展开的方法测量放样。

(2)钢管拱肋零部件切割下料

钢管拱肋大多数由钢板、钢管和型钢加工后通过焊接、栓接组装而成。

钢管采用气焰切割下料时，应在切割部位设置内外加劲套箍约束，以免钢管圆度变化，切割后待温度下降至常温时撤出约束。钢管组对环焊缝时，力求组对间隙均匀一致。当采用卧式组对环焊时，应用拉线法对转胎进行找平、找直，并根据具体情况合理布置转胎，以防因悬空太大而导致直线度超差。

钢管拱肋零部件加工过程中，难免会出现各种变形现象，其矫形方法可参照钢桥加工质量控制部分。

11.1.3　钢桥构件制造

钢桥构件主要由上述钢结构单元组装而成，即将切割成型的料件或零件进行组装并焊接成基本构件。

1)杆件组装

栓焊钢桥的基本构件大多数为 H 形和箱形，由几块板件组成。基本构件的组装是在工厂的机器胎型上进行的，为了便于定位焊，组装胎型通常为转动式，如图 11-11 所示。

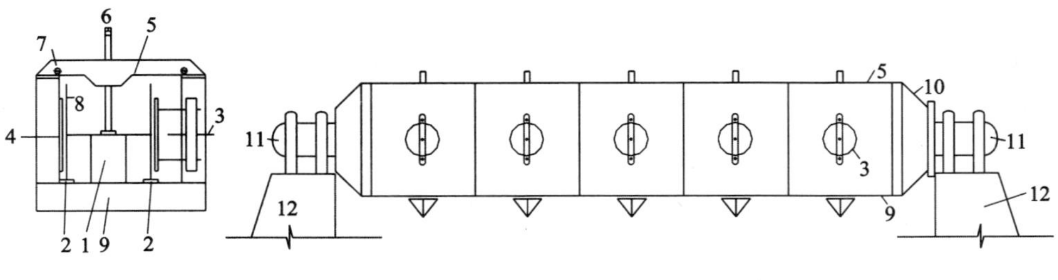

图 11-11　转动式 H 形杆件组装胎型示意图

1-水平板座；2-竖板座；3-三杆螺栓顶；4-挡板；5-横梁；6-螺栓顶杆；7-横梁插销；8-H 形杆件；9-底梁；10-转动轮；11-转轴；12-台座

构件正确就位并顶紧之后,即可进行定位焊以固定其相对位置。定位焊焊缝长度每段为50 ~ 70mm,各段之间的距离不得大于600mm。

为保证组拼质量,杆件拼装前需在焊缝区进行除锈、除尘及除油。另外,在焊接前组装杆件时,应在杆件两端焊上一块引弧板,以便焊接时在引弧板端部起弧和熄弧。对组成杆件的各零件的相对位置、相互间的密贴程度以及整个杆件的外轮廓形状和尺寸,在组拼过程中要认真检查。

组装必须在规定的工作台或指定的设施上进行,把构件卡紧组装成形,保持轮廓尺寸和焊缝间隙;布置组装胎具时,其定位必须考虑预放出焊接收缩量及齐头、加工的余量。为减少杆件变形,尽量采取平面拼装组杆,经矫正后再组成立体构件。

2)板件组装

板单元及部件制造完成后,即进行节段的拼装制作。拼装的过程中,要严格控制螺栓孔群之间的位置关系,以保证后续节段拼接的连接精度。

组装前必须熟悉图纸和工艺,认真核对零件编号、外形尺寸和坡口,核查平面度、直线度等各种偏差,确认符合图纸和工艺要求后方可组装。按照图纸尺寸,对焊缝区域及两侧20mm范围进行打磨,必须彻底清除待焊区的浮锈、底漆、油污和水分等有害物质。打磨后进行精确画线,并根据实际半成品的偏差进行匹配画线调整,确保各部分匹配组对。所有组装均以结构的对称中心线为基准。对于已经完成螺栓孔钻制的板件,要以螺栓孔为基准,注意不同板件上螺栓孔的相对位置关系,确保组装后的位置精度偏差小于0.5mm,最大不得超过1mm。焊缝端部按规定组引板,引板的材质、厚度及坡口应与所焊件相同。板单元组装后应按规定打上批次号、板单元号、生产序列号。钢构件组装尺寸的允许偏差,应符合有关规定。

(1)钢箱梁组装

对于钢箱梁节段组装,可以采用多梁段连续匹配组装、焊接和预拼装同时完成的方法。按照“底板→横、纵隔板→腹板→顶板→风嘴”的顺序,实现立体阶梯形推进方式逐段组装与焊接。

组装底板单元时,将完成了的底板单元放在胎架上,并检查底板单元与胎架线形是否吻合,否则对底板单元进行必要的修整,使之符合预拱度线形。组装横隔板时,根据施工图中的尺寸完成横隔板、腹板的组装定位线画线工作,并进行检查确认。画腹板组装线时,在接口处要以底板的分中线为基准,确保相邻两个节段锚腹板的错边不能够超过2mm。组装T形板(上翼缘板和腹板)时,确认尺寸和位置准确后方可进行定位和焊接。

组装时,以胎架为外胎,以纵、横隔板为内胎,重点控制桥梁线形、箱梁几何形状和尺寸精度、相邻接口的精确匹配。每批预拼装合格后,标记梁段号,将最后一个梁段留下,参与下一批预拼装,其余梁段出胎进入涂装工序。

重要桥梁在梁段的节段组拼过程中,需要的主要工艺设备较多,尤其是制造组装胎架,需要专门设计。润扬长江大桥北汊斜拉桥钢箱梁制造主要工艺装备如表11-1所示。

润扬长江大桥北汊斜拉桥钢箱梁制造主要工艺装备 表11-1

序号	工艺装备名称	序号	工艺装备名称
1	板块坡口切割跟踪器	3	板单元U形肋自定位组装胎
2	U形肋钻孔翻转胎(机器模板样)	4	反变形焊接翻转胎

续上表

序号	工艺装备名称	序号	工艺装备名称
5	板单元修整检查平台	11	板单元二拼一组焊胎
6	板单元横隔板接板组装胎	12	钢箱梁整体组装胎
7	横隔板接板船位焊接胎	13	预制组装 U 形肋工艺拼接板
8	纵隔板组焊胎	14	板单元吊装专用扁担
9	横隔板组焊胎	15	横隔板定位用双向定镐
10	风嘴组焊胎	16	其他

胎架主体结构由大截面槽钢组成，分别设置纵梁和横梁。组装胎架设计应满足下列要求：胎架纵向各点高程，按桥梁设计要求的预拱度线形加胎架变形设计。胎架基础必须有足够的承载力，确保在使用过程中不发生沉降；胎架要有足够的刚度，避免在使用过程中变形。在每个横隔板对应的底板设置支撑横梁，以保证在制作过程中不因为底板的变形而影响制作线形。胎架应满足运梁平板车进出方便和安全的要求。每次节段下胎后，应重新对胎架进行检测，做好检测记录，确认合格后方可进行下一批次的组拼。

反变形焊接翻转胎如图 11-12 所示，钢箱梁板单元码放方式如图 11-13 所示。

图 11-12　反变形焊接翻转胎

(2)钢塔节段组装

钢塔板单元加工完成后即可进行块体的组装制作，块体的组装过程(图 11-14)为：①在组装胎架上组装腹板；②组装边横隔板；③组装角部板；④组装内腹板。

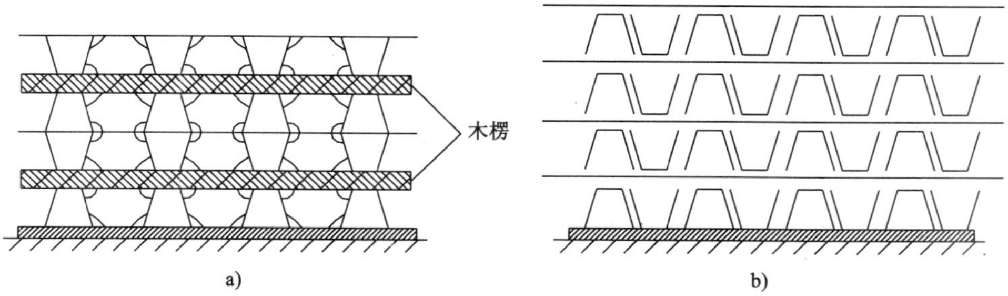

图 11-13　钢箱梁板单元码放方式

块体在胎型内组装和焊接，焊缝均采用 CO_2 气体保护焊对称、同步进行焊接。

节段组装分为以下四步(图 11-15)：①置块体 1 于节段组装胎架上；②组装中间横隔板；③组装块体 2；④组装翼缘板。

为了控制节段的焊接变形，除采用对称施焊和由节段中央向两端施焊外，还采用了约束下焊接的方法(组装胎架约束)。

在上述三个主要步骤分别完成时,都要进行焊缝质量和构件几何尺寸的检验,使得钢塔节段的制造质量得以分阶段控制。

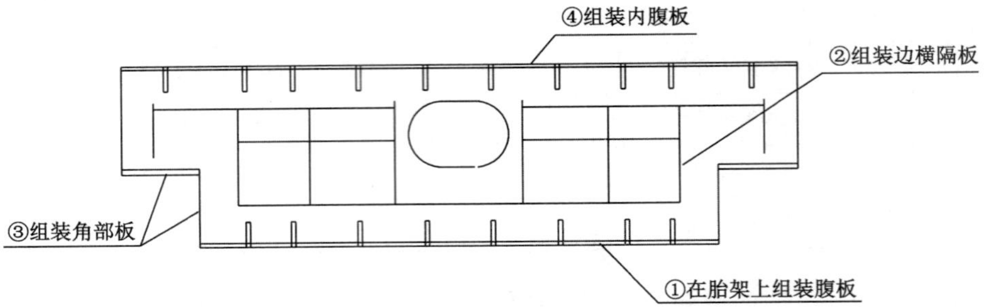

图 11-14　块体组装

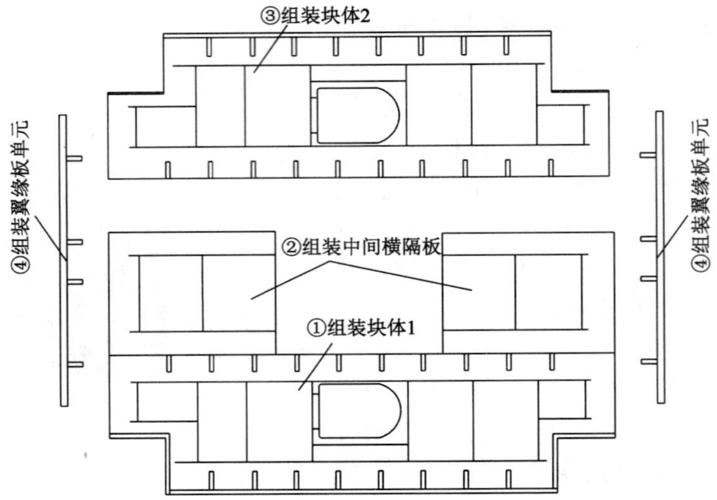

图 11-15　箱体组装

11.1.4　特殊制造工艺

1)零件矫正及组拼技术要求

零件矫正多采用冷矫正方法,矫正时的环境温度不宜低于 -12℃。矫正后的允许偏差,应符合相关规定。主要受力零件冷作弯曲时,环境温度不宜低于 5℃;内侧弯曲半径不得小于板厚的 15 倍,否则必须热煨。热煨温度宜控制在 900 ~ 1 000℃之间。冷作弯曲后,零件边缘不得产生裂纹。冷矫正后的钢材表面,不应有明显的凹痕和其他损伤。采用热矫时温度应控制在 600 ~ 800℃,严禁过热。热矫后的零件应缓慢冷却。降至室温以前,不得锤击零件或用水冷却。

2)高强度螺栓孔的钻制

钢箱梁高强度螺栓孔,多采用卡样钻制。首先检查样板的规格尺寸,确认无误后方可卡样施钻。钻孔过程中应经常检查卡紧构件的紧固状态，如有松动，应及时紧固。当采用多班作业时，每班安排专人检查样板情况，随时更换不合格的样板，钻孔后将孔边的毛刺铲掉。高强度螺栓孔还可以采用数控钻床钻孔。当采用数控钻孔时，应首先检查钻孔程序，确认无误后方可施钻。钻制的首件必须经过全面检查，合格后方可继续施钻。

3）焊接

焊接方法有埋弧自动焊、半自动焊和手工焊三种。目前效率最高、质量最稳定的方法是埋弧自动焊，但是埋弧自动焊只能用于焊接直长焊缝，对于构件中的短焊缝及曲线焊缝通常用半自动焊接，对仅用于定位焊及其他难于采用半自动焊的焊缝只能采用手工焊。

在零件正确顶紧就位后，即可进行定位焊。定位焊的焊缝长度短段为 50 ~ 70mm，各段之间大的长段可以大于 600mm。

4）钢管拱肋弦杆弯曲成型的关键技术

钢管拱肋加工成曲线的方法主要有热加工和冷加工两种方式，即热煨弯成型技术和“以直代曲”多段短钢管对接焊拟合拱轴线成型技术。

钢管拱肋曲线多采用悬链线形，也有采用高次抛物线和圆曲线的，一般在施工设计图纸中给出部分钢管拱肋坐标，但在进行拱肋加工制作时，往往需要进行坐标定位加密，以便在加工制作过程中更有效地控制、纠正拱肋线形。

（1）拱肋钢管热煨弯成型技术

拱肋钢管热煨弯成型技术，主要有火焰加热和电加热方式。其基本工艺程序是：采用热煨弯技术将钢管弯制成拱肋弦杆，对照加工平台钢管拱肋大样，调整钢管拱肋弦杆使其符合设计轴线要求。

①火焰加热煨弯。

火焰加热煨弯的基本原理是：使用火焰加热手段将每个节段的拱肋钢管单根在煨弯台架上分环、分段加热到一定温度时，在外力作用下使钢管塑性变形，将钢管弯制成曲线。

使用该方法弯制拱肋钢管，可采用成品钢管，以减少钢管交叉焊缝，缩短制作工期；拱肋钢管整体弯制成型，线形圆顺，整体质量较好，焊缝残余应力减小（在煨弯过程中，由于加热作用，焊接区域分子活动加强，残余应力得到释放）。

其缺点为：因无成套成熟的自动控制设备，需要较多的加热设备和熟练操作工人，温度控制保证措施不足；火焰加热区域的保温控制措施不足，温度散失快，容易出现温度不均匀情况；拱肋钢管温度与作用外力大小的协调关系较难掌握；热煨弯节段钢管的塑性变形及冷却后的弹性变形难以控制；弯制过程中仍会出现管体局部损伤、凹凸变形的现象；拱肋钢管壁厚变化难以控制。

火焰加热煨弯由于在加热控制、温度检测和制作成本方面存在较多的不确定因素，同时需要较多的火焰加热设备和工人同步工作，热能散失的速度也较快，难以控制热能的散失，造成能源浪费，并造成一定范围的环境污染。因此，火焰加热方式较少采用。

②电加热煨弯。

电加热煨弯的基本原理是：利用电磁转换设备，将电磁能转化为热能对钢管进行加热，并使用温度设备监测钢管加热温度达到可塑状态时，通过对钢管施加外部作用力，将钢管弯制成拱肋弦杆。钢管热煨弯具有一些共性的缺点：在加热状态下施加外力，会引起钢管壁厚的变化,或者出现局部波浪凹凸现象;在加热过程中保温措施仍不够完善,温度损失无法掌握,耗能大。对热煨弯加工的温度控制,不同行业的技术规范其要求也有一定差异。

电加热方式又分为红外线陶瓷片加热、中频加热等。

a. 红外线陶瓷片加热,液压弯管机弯制。

将待煨弯的钢管放置于加工台座上,利用红外陶瓷片加热及温度控制装置使钢管温度达到可塑状态,通过弯管机液压力臂对钢管施加作用力,达到弯制钢管目的。

采用红外陶瓷片加热弯管的具体方法是:首先在弯管机胎架(图11-16)上建立坐标系统,形成加工线形,把钢管放置在胎架后,再按照划分好的加热区域布置红外线陶瓷加热片和温控装置;然后,将钢管预热到800~900℃,启动油泵在钢管两端分级对称逐渐增压,完成一个区域热煨弯之后,调整压力点至第二个加热弯制区域,重新布置加热片和温控装置,重复以上弯制步骤。

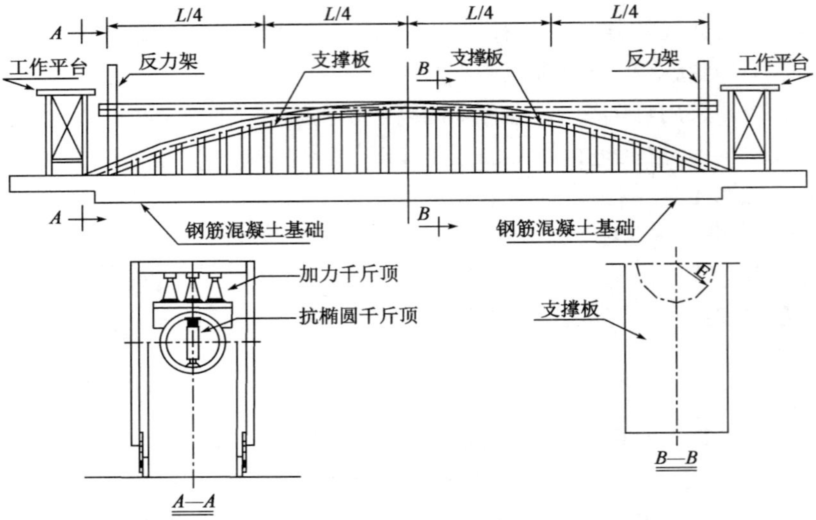

图11-16　煨弯弯管胎架

钢管本身属于弹性体,在冷却后卸载必然会产生回弹现象,这将会失去有外力约束时的线形。为了克服线形误差问题,采用了以下两个方面措施控制钢管冷却后的回弹量:一是弯制时对钢管增加一个克服回弹变形超弯量;二是在拼装钢拱肋桁架时,在地面桁架胎位上进行微调。

完成热煨弯之后,需进行管体检测校验。检测内容通常包括以下4个方面:弯制前后钢管壁厚度变化情况;钢管直径变化情况;实测回弹量与设计线形值及预设回弹量的比较;弯制前后焊缝与母材的金相、机械性能试验等。

b. 中频弯管。

中频加热基本工作原理:中频弯管机通过将三相380V电源经三相整流桥整流和电抗器滤波后变成直流电,再将该直流电逆变为1 400Hz、750V的单相中频电源,经中频变压器和补偿电容器谐振,并由感应圈感应加热工件。

湖北武汉江汉五桥(图11-17)下游拱肋钢管采用中频弯管机弯制时,选择了两根钢管进行试制,以确定煨弯钢管的曲线形值,包括确定钢管的超弯量。在加工胎架上首先建立坐标系统，按照坐标系统将反力板定位于胎架上，然后在反力板上焊接轨道板，并在反力架下方沿拱肋线形铺设地面轨道，钢管放入中频弯管机后，端部伸出一定长度，并安置导轮和约束装置（约束装置通过增加垫片调节超弯量），尾部放置于轨道平车上。加热弯制时，尾部轨道平车缓慢顶进，钢管端部在导轮和管端约束装置的作用下，沿线形轨道前进，同时在轨道板的反作用力下弯曲成型。

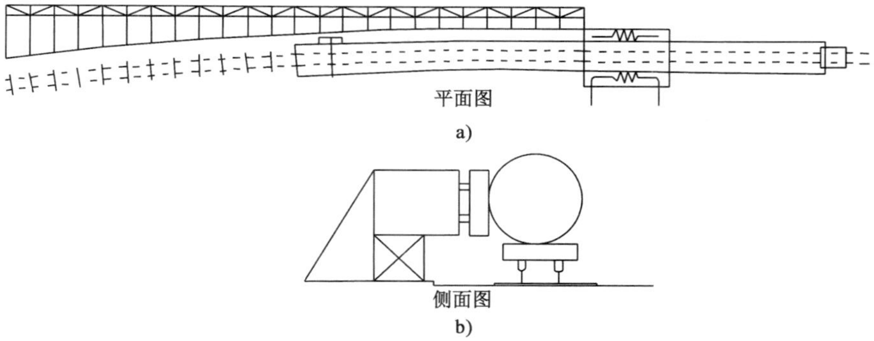

图 11-17　江汉五桥弦管煨弯示意图

（2）“以直代曲”多段短钢管对接拟合拱轴线

采用“以直代曲”的方法多段短直管拟合拱轴线来加工拱肋钢管，也是一种常用的加工方法，具有工艺简单、设备投入少、加工速度快、对钢材损伤小、节省成本等优点。但拱肋轴线精度较低、环形焊缝和 T 形焊缝较多，因交叉焊缝比较多，焊缝区域的残余应力相应增加，对结构受力不利。

采用“以直代曲”方法加工钢拱肋，虽然能满足结构的设计要求，但存在一些弊病：每一节段的钢拱肋骨架由多段较短的直缝钢管拼接而成，因对接引起的错边和焊接产生的收缩变形问题，会使拱肋加工精度和焊接质量受到一定程度的影响，并增加焊缝检测的工作量。

11.2　钢桥施工架设方法

11.2.1　钢桥主梁施工

钢梁的架设方法很多，可以按照临时支撑设备以及架设机械进行分类。

1）按临时支撑设备进行分类

按临时支撑设备分类主要有以下几种方法：

（1）有支撑设备架设法：即在脚手架上进行拼装。此法适用桥下净空不高、水深较浅处。

（2）便桥（桁梁）架设法：预先在桥孔处拼装便桥作为支撑台架，再进行桥梁架设。

（3）缆索支承架设法：利用缆索上吊下的支撑吊架来架设桥梁，可用于悬索桥主梁的架设。

（4）斜拉索支承架设法：与缆索支承架设法大体相同，斜拉索是支撑。这是斜拉桥主梁架设的常用方法。

2）按架设机械进行分类

按架设机械进行分类主要有以下几种方法：

(1)行走吊机架设法:适用于陆地上安装高度不大的板梁,在城市高架桥上应用广泛。

(2)门吊架设法:适用于地形变化不大,架设连续多孔板梁桥。依靠两个龙门吊机和吊机纵向移动轨道,设备简单、施工方便。

(3)浮吊架设法:在河上或海上利用大吨位浮吊整孔架设钢桥。此法适合于大跨度桥梁。

(4)悬臂架设法:用移动式刚腿转臂起重机,一边拼装一边向前推进,这是我国钢梁桥架设的常用方法。

(5)纵向拖拉法:有纵向联结拖拉法、导梁拖拉法和梁上设扒杆法。前两者在我国常用,往往两者联合使用,附加设备少、工期短。

(6)钓鱼法:小跨径桥梁架设时,可在前后桥墩上竖立支柱或扒杆,用一组拉索系住梁,另一组拉索吊住梁的前端同时将梁向前拉曳进行架设。

(7)缆索吊机架设法:方法同拱桥的无支架缆索吊装。

(8)浮运架设法:在浮船上拼装桥梁,并将浮船拖曳到位,浮船灌水下沉,将梁安放在桥墩上。

(9)横移架设法:适用于旧桥改建。在平行旧桥方向组装新桥,将新桥两端支承在台车上,然后将台车横向移动到旧桥位置安放新桥。

(10)旋转架设法:这种方法与拱桥的转体施工类似。

目前,工程中常用的钢梁架设方法主要有支架法、悬臂法、拖拉法与浮运法等。以下分别介绍钢桥主梁施工方法的步骤与要求。

3)支架法

支架法施工适用桥型广,可适用于钢梁桥、钢拱桥、斜拉桥等桥型。

图11-18　支架法施工

当桥下为陆地或浅水,且无严格的通航或通行要求时,可以在简单的基础上搭设支架,铺设满布的工作面板,使安装工作和陆地的情况类似。为了拼接的方便,常在支架上铺设门式吊机走道,利用吊机跨越梁身。可以先逐步拼装下弦杆平面部件和纵横梁,形成运料道,在吊机第二次行进中拼完腹杆和上弦杆等部件,如图11-18所示。

支架法较多地应用于平原地区跨度较小的桥梁结构。在山区或深水处,随着桥梁高度增高、跨度增大,需要的支架数目相应上升,增大了人力物力的投入,且架设质量难以保证。

对于钢梁,由于是拼装后一次就位,或逐次拼装向前延伸,一般情况只需两端搭设支架,不像预应力钢筋混凝土梁,需满堂排架(或膺架)现浇或拼装。

支(排)架由基础、受力柱、卸架装置(如砂筒等)、纵横梁和满足纵横向稳定的剪刀撑等组成。

支架法施工还需要考虑预留预拱度,预留拱度需考虑下列因素:

①控制支(排)架基础沉降。

②控制支(排)架竖杆接头数,减少非弹性变形。

③增大受力柱刚度,减少弹性变形。

④考虑卸拱装置的变形值。

钢梁架设完成后应进行卸荷,卸荷目的一是使梁(拱)逐步受荷至全部荷载,二是通过卸荷使支(排)架成为无受力状态,便于拆除。

对于斜拉桥的主梁架设,先搭设脚手架再架设主梁,是最简单的方法,但仅适用于桥下净空小,临时搭架不影响桥下交通时。采用此法施工能保证桥梁设计要求的几何形状、尺寸、坡度,并在经济上受益。例如德国在莱茵河上架设麦克萨桥时,就采用了临时支墩架设主梁;日本架设风里斜拉桥时,用临时排架,并从桥面到桥塔顶全部架设脚手架为步道,进行主梁的架设。

4)悬臂法

悬臂架设方法简单经济,适用性好,是桥梁施工中应用最广泛的一种方法,这种施工方法的优点是对桥下交通不干扰,在高桥位时,可以避免繁重的脚手搭设。在深山峡谷及交通繁忙的河道,往往采用此法。

(1)钢梁桥悬臂施工

全跨悬臂或桥孔中设置临时支墩半悬臂架梁是常用的安装方法,适合于大、小桥跨和各种复杂的桥址条件,特别适合与其他安装方法相结合。

悬臂法架设钢梁,在桥位不用临时脚手架支撑,而在桥位上将杆件逐根地依次拼装在位于岸边的平衡梁上或锚固梁上,形成向桥孔中部逐渐增长的悬臂,直至拼至下一墩(台)上,悬拼一孔中未设临时支墩的叫全悬臂拼装,如图 11-19 所示。

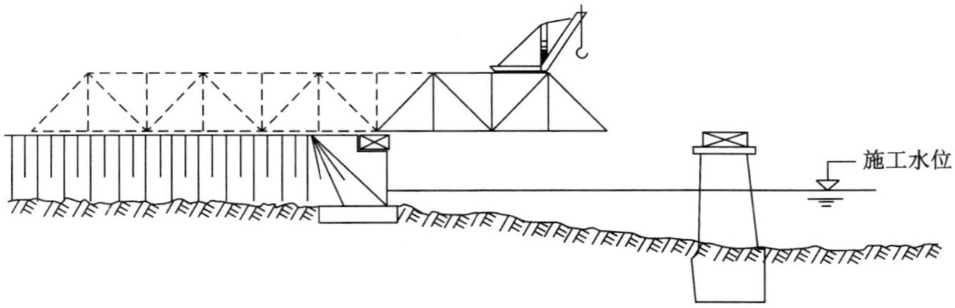

图 11-19　全悬臂拼装法示意图

为减小悬臂长度,可在两相邻墩(台)之间设置单个或多个临时支墩,称为半悬臂法拼装,如图 11-20 所示。梁的合龙点可在墩(台)顶或者跨中(中间合龙法),中间合龙法示意如图 11-21所示。

悬臂拼装法架设钢梁的适用条件如下:

①桥下不宜浮运或不能搭设满布式膺架的桥位,如:桥墩较高、跨度较大的桥梁,通航不能中断、水深流急、漂浮物或流冰较多的跨河桥等。

②悬臂架设施工过程中的结构受力状态与成桥运营时的受力状态相似的桥梁,如连续钢桁梁桥、悬臂桁梁等。

钢梁在悬臂拼装过程中,如果悬臂过长,会导致自由端挠度过大,造成结构线形不良;或者悬臂支承处附件杆件应力过大,甚至超过容许范围,造成局部区段杆件屈服、失稳等。为保证结构安全,必须避免上述现象。为此,需要从增强结构刚度、减小悬臂长度、严格控制施工荷载

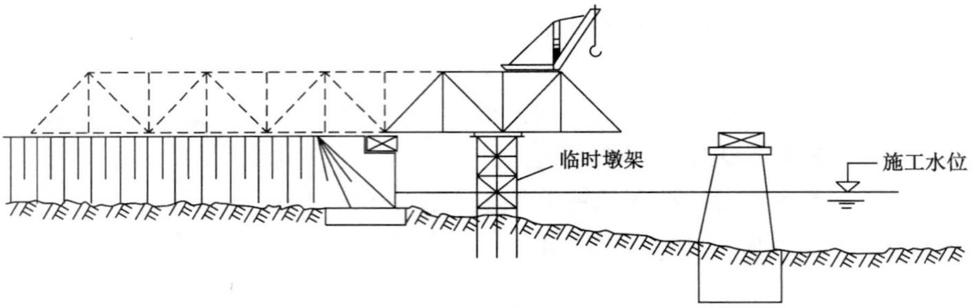

图 11-20　半悬臂拼装法示意图

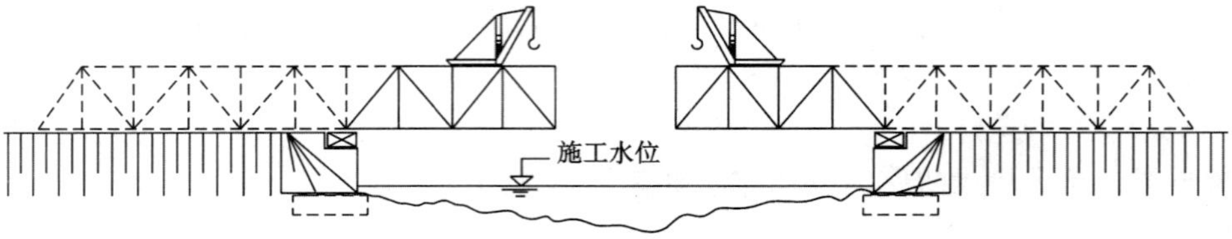

图 11-21　中间合龙法示意图

及调整安装方法等方面采取措施。具体包括以下几个方面：

①临时加固安装应力过大的杆件，如压杆可增加中间侧向支承或者杆件内嵌入方木并用螺栓和钢箍使之与杆件夹紧；或直接换用大截面杆件。

②在局部区段利用暂不拼装的杆件临时加设加劲梁，增设的加劲梁在该孔钢梁拼装完成后即可拆除，此法因费工费时多不采用。

③局部区段铺设有初始拉力的斜拉索，又称吊索塔架法。吊索塔架是大跨度钢梁悬臂拼装施工的重要辅助结构，由支承于钢梁的塔架、拉索、上下锚箱、上下拉板及锚箱小车等组成。吊索塔架悬拼施工如图 11-22 所示。

吊索塔架悬拼施工的方法，可借助拉索斜向向上的拉力(支承)以减小杆件应力和自由端挠度。吊索塔架是由支于钢梁上的塔架、高强度斜吊索、上下锚箱、上下拉板，以及锚箱小车等组成。塔架的高度主要由悬臂长度决定，宽度通常和桁梁同宽，以利于塔架在上弦杆上走行。塔架底部中心设有底座，底座下设保险支座和千斤顶，以便在必要时起顶塔架、提拉钢梁。斜吊索为钢丝束或者钢绞线，两端用环销式锚头，以便张拉。

④桥墩旁设临时托架，如图 11-23 所示。如果有过多的杆件需要临时加固，悬臂拼装时可在前方墩台的一侧安装一定长度的临时钢架(墩旁托架)，从而减小悬臂长度。托架可用拆装式杆件组拼，其长度根据施工要求确定。墩旁托架在该孔钢梁拼装完成后即可拆除。

⑤使用水上吊船。利用拼装吊机拼装到一定长度后，可将拼装吊机后移至支座处，所余 1～2 个节间可用水上吊机安装。此法施工要求水位平稳，无大风大浪。吊装杆件一经就位，上足螺栓后应立即脱钩，以防吊船摇摆时吊钩牵动钢梁，使钢梁承受额外的附加内力。另外，为了减小钢梁悬臂端的荷载，可由上运送钢梁杆件。

⑥跨中设置一个或多个临时墩，即半悬臂拼装。

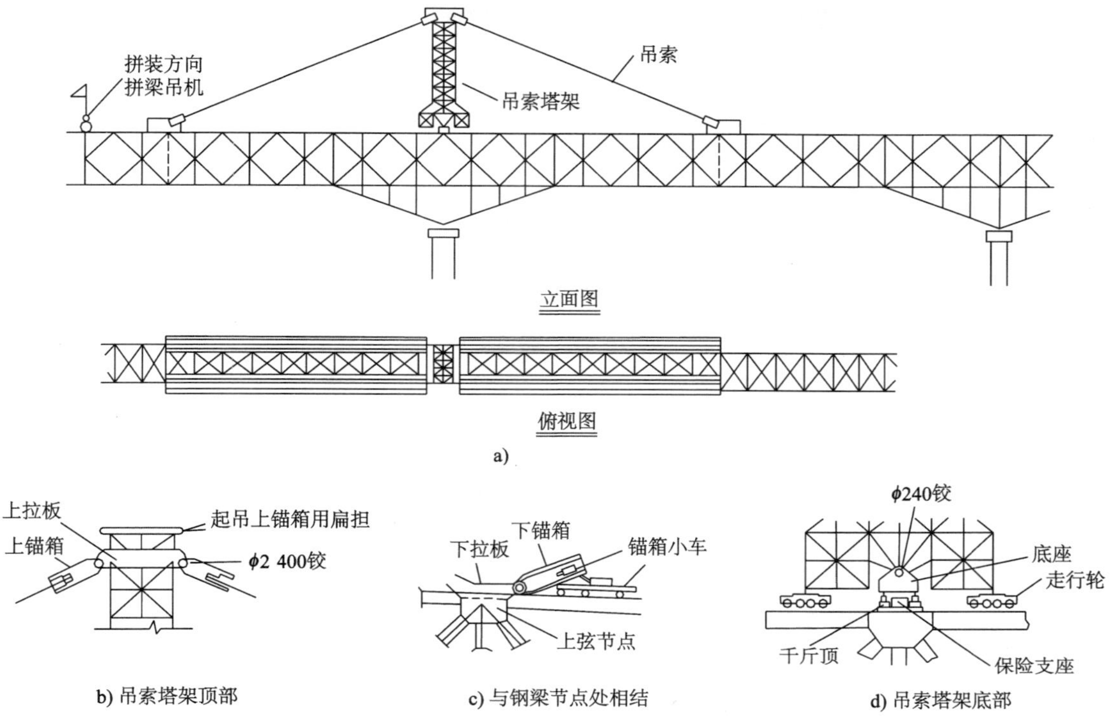

图 11-22　吊索塔架悬拼施工图

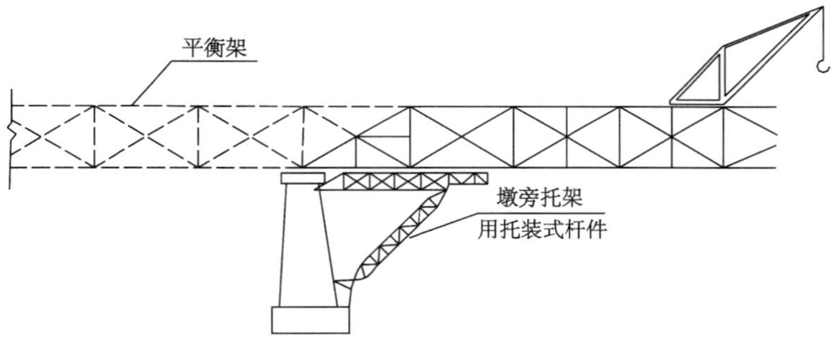

图 11-23　墩旁托架

⑦中间合龙法，即由两边墩（台）同时向跨中拼装。跨中进行合龙时要求架设过程中保证两端钢梁的端截面保持垂直（$\varphi_1 - \varphi_2 = 0$），两侧合龙的杆件对准、无相对偏差（$f_1 - f_2 = 0$），通过纵向移动的调整和调整锚固梁前后支座的相对高度来达到顺利合龙。合龙截面处的弯矩和剪力均为零，合龙节点须在无应力的情况下拼装，合龙后进行应力调整。中间合龙法示意图如图 11-24 所示。

目前，钢桁梁采用现场调整锚固梁前后支座的相对高度来达到无应力合龙的目的，合龙方法有节点式和拉杆式两种。

①节点式。即在跨中时，杆件已经全部拼完，只剩中间节点尚未合龙，在合龙节点处上、下弦杆设置合龙铰。节点式中间合龙如图 11-25 所示。

施工时，使两侧钢梁合龙处的弦杆中线高程一致，并使两侧弦杆端截面之间预留 60 ~

80mm 的空隙量,以便最后纵向微调时对齐。合龙铰附近弦杆上设张拉设备,张拉设备对称装在弦杆竖板的外侧,合龙铰则装在弦杆水平腹板上。拉力设备由托架、顶梁及拉杆组成。当下弦(或上弦)平面内的拉力设备同时启动后,梁体即徐徐移动,当移到适当位置时即插入合龙铰轴。之后,在节点板钉眼处进行扩孔,然后进行栓接。

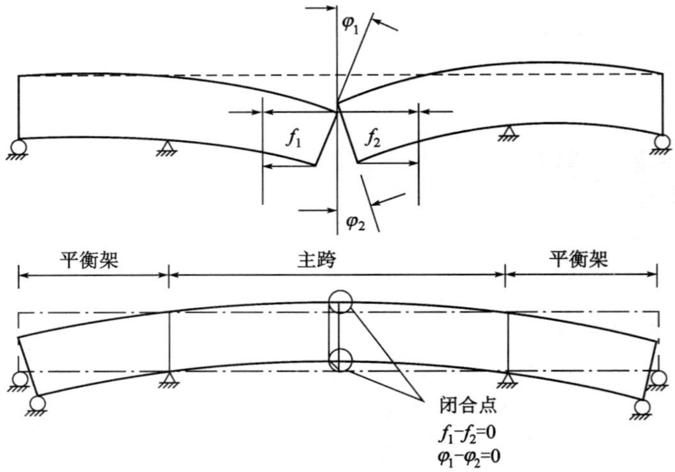

图 11-24　中间合龙法示意图

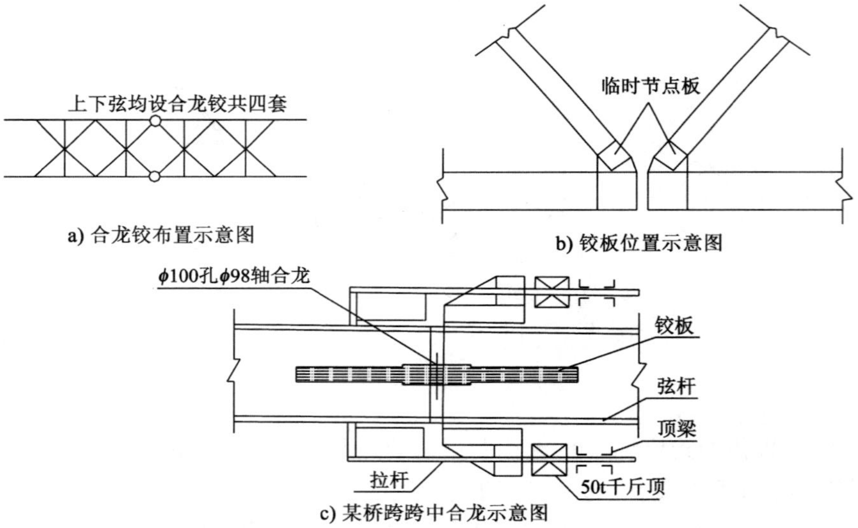

图 11-25　节点式中间合龙

②拉杆式。钢梁相向拼装剩最后一个节间时,该节间杆件先不拼装,而先装上临时腹杆(水平拉杆或者斜拉杆)。调整锚固梁支承点,使上、下弦杆位置对齐,在纵向预留 40～50mm 的空隙量,以便最后调整。拉杆式中间合龙如图 11-26 所示。

拉杆系由两箱形截面的杆件套插而成,内外杆均有顶梁,中间安设千斤顶,以备顶推用。内外杆均有长圆孔,可供内外杆相对伸缩用。每个拉杆均配有铰轴,通过铰轴及临时拉板可与主桁节点相连。弦杆水平位置调好后,启动千斤顶,内、外拉杆分别把桁架向内拉紧达到要求后,插上铰轴,停止起顶。安设永久杆件(先下弦杆,再斜杆,最后上弦杆),然后拆除临时拉杆,安设腹杆,钢梁即合龙。

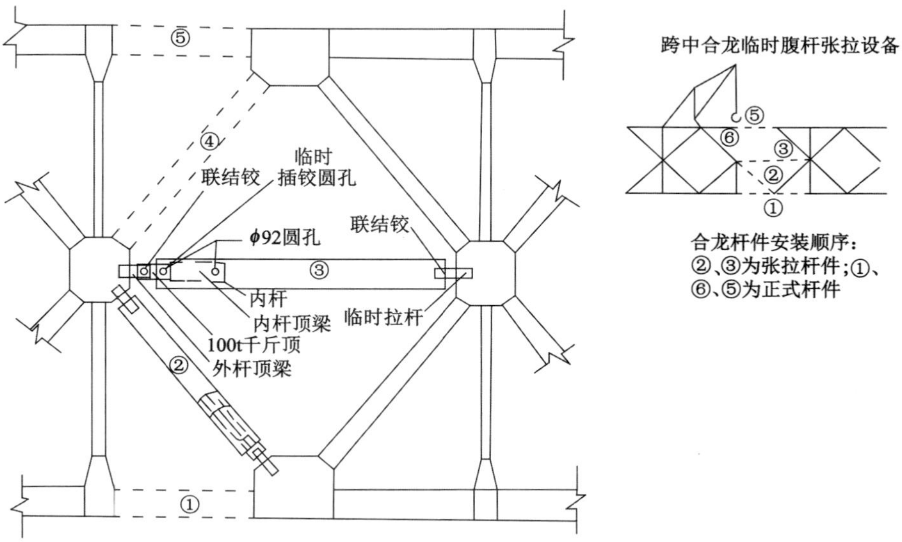

图 11-26　拉杆式中间合龙

三跨连续桁梁在中跨合龙时,中支点弯矩很大,需要进行应力调整。此时可根据设计要求将连续梁的两端用千斤顶顶起,待端支点反力达到设计值时,即可认为符合设计要求。

(2)钢拱桥悬臂施工

悬臂施工中的悬臂拼装法,是钢拱桥最主要的施工方法。悬臂施工按照其是否有较多辅助设施,可分为自由悬臂拼装法和斜拉—悬臂拼装法两种。按照拱肋的拼装顺序,又可以分为单向悬拼、跨中合龙和对称悬拼、跨中合龙两种方法。

①按照辅助设施有无分类。

a. 自由悬臂拼装法。

钢桁拱由于构件重量不大,常采用自由悬臂拼装法架设。在这一方法中,悬臂半拱仍需要辅助结构。一般采用拉索拉住上弦,使拼装过程中半拱能以悬臂曲梁承受拱圈的自重。只不过这种辅助结构(如拉索)与斜拉—悬臂法相比非常小,因而称之为自由悬臂拼装,如图 11-27 所示。在采用自由悬臂施工法时,还可以通过使用独立的临时支承,来减小自由悬臂长度。

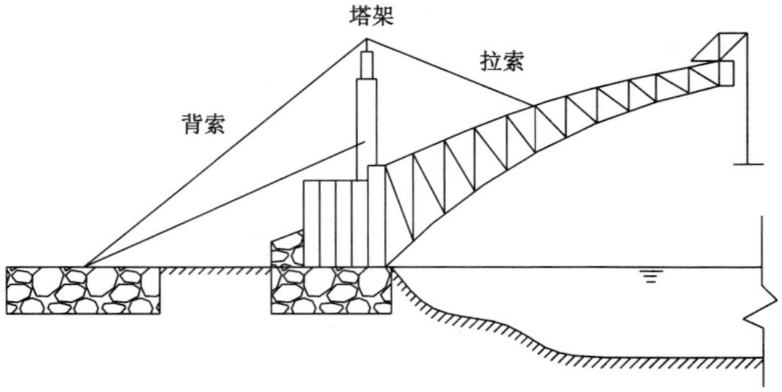

图 11-27　自由悬臂拼装法示意图

b. 斜拉—悬臂施工法。

斜拉—悬臂施工法是大跨径钢拱桥中广泛使用的施工方法。它先在两边架设施工塔架,用拉索拉住悬臂的拱肋,主拱肋分节段施工,节段间接头用拉索扣挂于塔架上。塔架的平衡是由背索来维持的,背索可以拉在地锚上或者拉在边跨上,逐渐地向拱顶悬拼拱肋节段,直至全桥合龙,如图 11-28 所示。

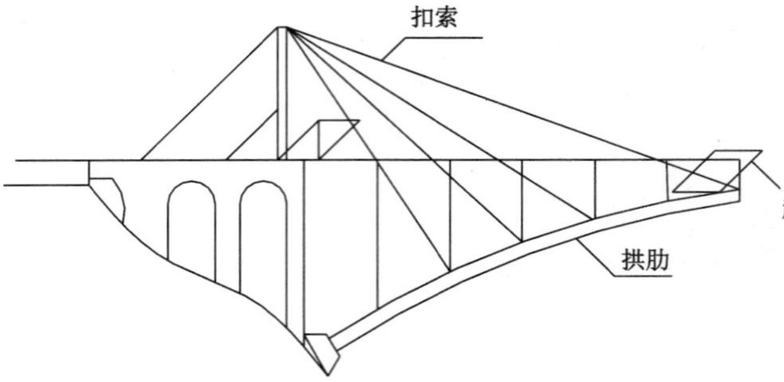

图 11-28　斜拉—悬臂施工法示意图

②按照拱肋的拼装顺序分类。

a. 从两岸分别向主跨跨中单向悬拼、跨中合龙的方法。

从两岸分别向主跨跨中单向悬拼、跨中合龙的方法,对于仅主跨为大跨桁拱结构,而边跨为跨度相对较小的桁梁结构的连续桥而言,应是比较适宜的安装方法。该方法边跨安装时的临时支架受力明确,设计和施工都较容易,施工措施费用的增加相对也很有限。宜万铁路万州长江大桥和重庆朝天门长江大桥,都是采用此方法安装的。

b. 从中支点向两侧对称悬拼、跨中合龙。

图 11-29 是从中支点向两侧对称悬拼、跨中合龙的方法,利用中支点断面具有的强大抗弯、抗剪能力实现较大的施工悬臂长度,以减少安装临时支架的数量和局部加固部件的数量。

图 11-29　钢拱桥悬臂拼装施工方法

对于多跨的连续桁架刚性拱桥而言,从中支点向两侧对称悬拼、跨中合龙的安装方法应是最优的。

对于仅主跨为大跨桁拱结构,而两侧边跨为跨度相对较小的桁梁结构的 3 跨或多跨的连续桥,由于中支点范围的构件单重和长度是全桥最大的,需要的拼装设备的能力大幅提高,而关键控制因素是设备的吊装能力和主墩两侧搭设临时支架的搭设。

悬臂拼装时常用到的重要设备是拱上吊机，拱上吊机主要分为步履式和移动式，由千斤顶或卷扬机牵引行走，通过后平衡装置保持稳定，并逐节段安装外伸。起吊安装时，吊机与主体结构锚固，结构稳定性好，有利于构件的准确定位和安装。吊机的起吊重量、起吊速度、最大悬臂长度等根据主体结构的形式以及施工单位的经验和习惯决定。该设备结构轻巧，加工制造和安装较简单，施工操作较方便，已经在铁路钢桁梁桥的施工中广泛应用。需要指出的是，当吊重和吊幅均较大时，吊机的自身重量相应较大，主跨的不对称荷载将加大主跨的挠度，影响主体结构的稳定性，同时使得临时扣塔的受力加大。此外，吊机在主体结构上锚固、移动、调节等所需的构造措施将造成永久结构工程数量的增加，拱上吊机的存在也将造成合龙时施工措施的增多，增加了合龙费用。

(3)斜拉桥悬臂施工

悬臂法是架设大跨径斜拉桥主梁的最常用方法，分为整孔悬臂拼装和分段拼装两种工艺。施工中需用临时支架等辅助设施架梁。悬臂施工中，为调整主梁内力，需要多次调整拉索索力。悬臂施工可采用悬臂吊机、缆索吊机、大型浮吊、千斤顶等设备。

国内外钢斜拉桥，采用悬臂法架设主梁的施工桥例相当多。梁段按构造形式不同，分为一般标准梁段和塔柱处 0 号块梁段等，不同梁段施工工艺有较大差异。0 号块梁段因无拉索支承，一般用钢管排架作为临时支撑，起吊就位后，利用支架上设置的滑道，临时调节支座，水平移动平车及千斤顶顶推装置，将梁段平移就位。标准梁段的安装可采用步履式悬臂吊机对称进行。在悬臂吊装时，将吊机的后端通过焊接在箱梁顶面上的耳环以销轴连接提供稳定力矩。

对于钢斜拉桥来说，主梁结构多采用飘浮体系，为防止主梁在悬臂施工过程中因荷载不平衡而产生倾覆，一般在塔梁相交处的钢梁梁底设置临时固结装置，悬臂法施工如图 11-30 所示。

图 11-30　悬臂法施工

5)浮运法

在钢梁桥施工时，当桥孔下水深适当(大于 2m)、钢梁底面距施工水位不高(不大于 15m)、有条件搭建施工码头、桥梁孔数较多，且浮运时风力不大、水位稳定时，可在岸上将钢梁组拼成整孔后，利用临时码头将钢梁移至浮船上，再浮运至预定桥孔上就位。

在浮运过程中，浮运系统重心较高，风力、水流、波浪等会对系统的稳定造成不利影响。为了保证浮运系统的稳定，应该注意：浮运应从下游逆水进入桥孔；浮船预先装水，在托起钢梁的过程中，可通过排出浮船压舱水调整浮船吃水深度，从而使钢梁在浮拖过程中尽量保持水平状态。浮船的前进和横移,可通过人工或电动绞车控制的锚索来实现。

目前常用的浮运法有如下几种。

(1)纵移钢梁

在与河岸垂直方向,修建临时码头,组拼好的钢梁沿码头纵向移出一定位置后,第一组浮船进入,托起钢梁前半部,继续纵向移出一定位置,第二组浮船进入,托起钢梁后半部,然后浮运至预定桥孔,落梁就位。这种方法是浮运的主要方法。纵移浮运法架梁示意如图11-31所示。

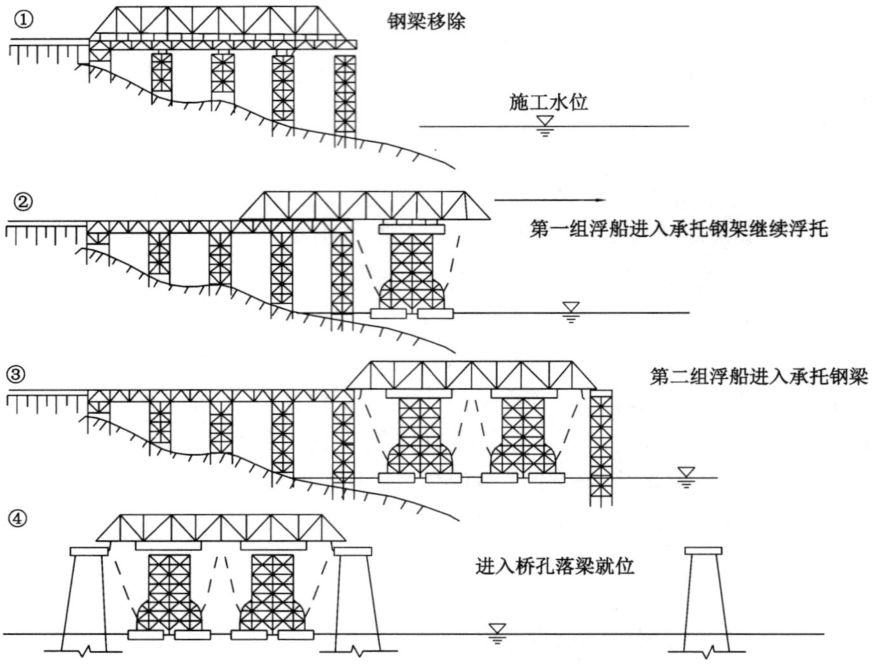

图11-31 纵移浮运法架梁示意图

(2)横移钢梁

根据钢梁长度,修建两座深入河中的临时码头。将组拼好的钢梁沿码头横向滚移至码头前端,再将浮船驶入钢梁下预定位置,托起钢梁,再浮运至预定桥孔就位。横移法更为方便、简单,但码头工作量大。横移浮运法架梁如图11-32所示。

图11-32 横移浮运法架梁

(3)浮拖法

在拆换旧梁或者架设单孔大跨度钢梁时,可直接移出钢梁,拖至浮船上,浮运就位。

(4)半浮运半横移

在架设单孔大跨度钢梁时,将组拼好的钢梁前半部由浮船托起,后半部可在膺架上横向移动,至预定桥孔就位。

6)拖拉法

拖拉法在钢梁桥的施工中比较常见。拖拉架设法是将钢梁在桥头路基或临时膺架上进行组拼(铆合或栓接),在钢梁下(纵梁下桁或上桁节点下)安设上滑道,在路基或膺架、墩台顶安置下滑道,上、下滑道之间设置一定数量的辊轴,通过滑车组、绞车等牵引设备,沿桥轴线方向纵向拖拉钢梁至预定桥孔的方法。拖拉法除了需要的拖拉牵引设备和滑道外,一般还需要布置临时墩架等,同时还受到桥位处的地形条件限制。

采用拖拉架设法时,现场的拼装工作大部分在岸边路基或工作平台进行,不仅安全,更容易保证质量;同时钢梁的拼装和墩台基础的施工可并列进行,施工进度快;在多孔中小跨度连续梁的施工中更为经济,应用较多;对于大跨度的双线钢梁,如果使用拖拉法则桥面系超强过多,临时加固量大,不经济而且耗费时间。

常用的拖拉法如下:

(1)跨中设置临时墩架,或者中间采用浮运支承(少用)的半悬臂纵向拖拉。全悬臂的纵向拖拉法和半悬臂的纵向拖拉法示意分别如图 11-33 和图 11-34 所示。

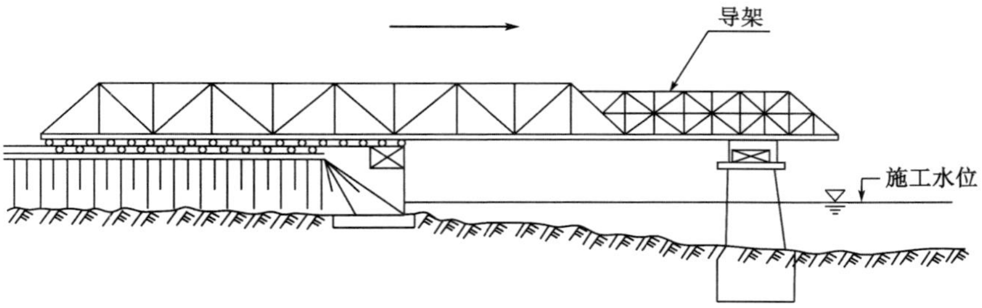

图 11-33 全悬臂的纵向拖拉法示意图

(2)前端加设临时导梁,或者后端加设临时尾梁的全悬臂纵向拖拉。多孔钢梁也可用临时杆件连接进行纵向拖拉,如图 11-35 所示。

7)缆索吊装法

(1)钢拱桥缆索吊装

缆索吊挂法是指每段钢拱肋吊装后,将其按先后顺序悬挂在承重主索上直至合龙的一种施工方法。拱的每段从岸上运到驳船上,再运到指定的位置,然后通过悬索吊起。拱顶先安装,然后再向两拱座对称地进行安装,施工示意图如图 11-36 所示。

缆索吊装施工方法的特点是吊机安装、拆卸比较方便,对山区不利地形的适应能力强,适用于多种拼装方式,且对拱和梁的运输方式和地点限制少。由于缆索吊机具有独立的锚固系统,对主体结构的附加荷载小,有利于主体结构的受力。但是,缆索吊机主塔多数情况下也同时作为临时扣索索塔,造成主塔的受力复杂,吊机起吊时主塔产生的变形还将通过临时扣索影响到主体结构的变形,这对全桥的施工线形和内力的控制是很不利的。此外,缆索吊装过程中起吊构件的稳定性相对较差,且当吊重和吊幅均较大时,吊机结构自身重量增加较大,对吊机主塔的稳定要求也较高。

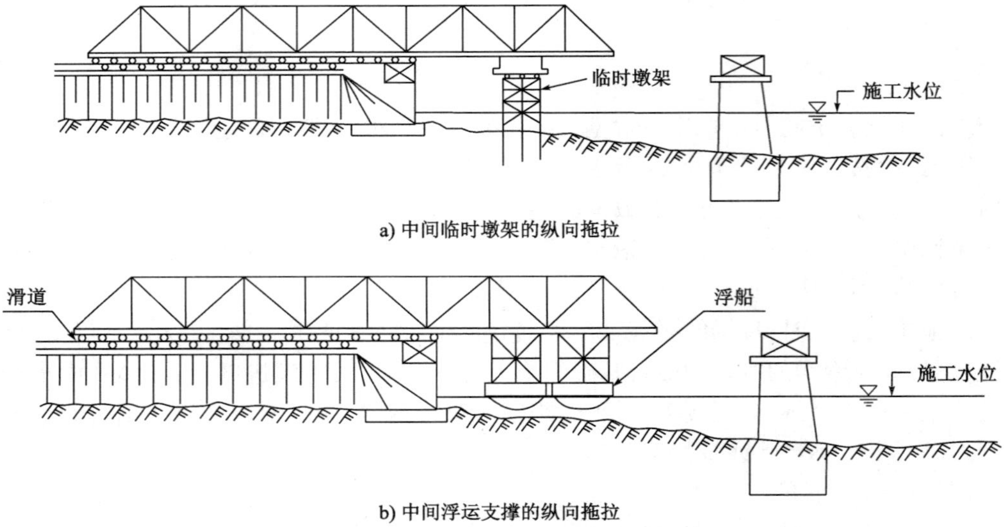

图 11-34　半悬臂的纵向拖拉法示意图

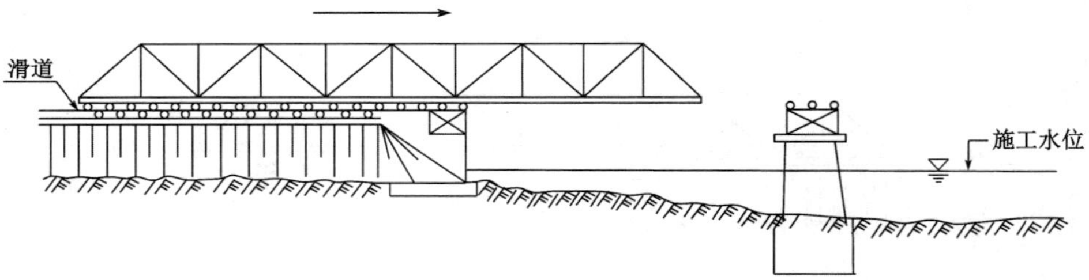

图 11-35　多孔钢梁用临时杆件连接的纵向拖拉

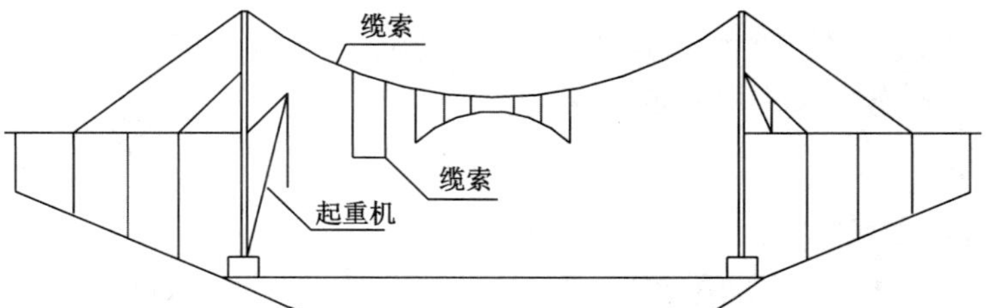

图 11-36　钢拱桥缆索吊装施工示意图

(2)斜拉桥、悬索桥缆索吊装

用缆索吊装系统来架设斜拉桥、悬索桥的主梁,可以充分发挥索塔的作用,用以代替施工索道中的塔柱,物尽其用。桥塔既是桥梁结构的重要组成部分,又是施工设施的主要支撑。

斜拉桥缆索法施工工艺流程为:浇筑和拼装索塔→塔上安装索道→拼装主梁→安装斜拉

索→拉索索长及索力调整→拆除施工缆索系统。

悬索桥加劲梁是在吊索安装完毕后,可借助施工索道整片或分片安装加劲梁节段。可从桥塔对称向两岸反向进行,加劲梁在跨中合龙;也可从跨中对称向桥塔进行拼装。后者虽然可以避免跨中合龙,但应注意加劲梁节段的运输问题。双链吊桥一般从 1/4 跨处向两岸分向拼装,使之顺利形成双链形和拱度。一般悬索桥加劲梁的安装,可利用跨缆吊机将梁段垂直吊装。钢箱加劲梁梁段吊装如图 11-37 所示。

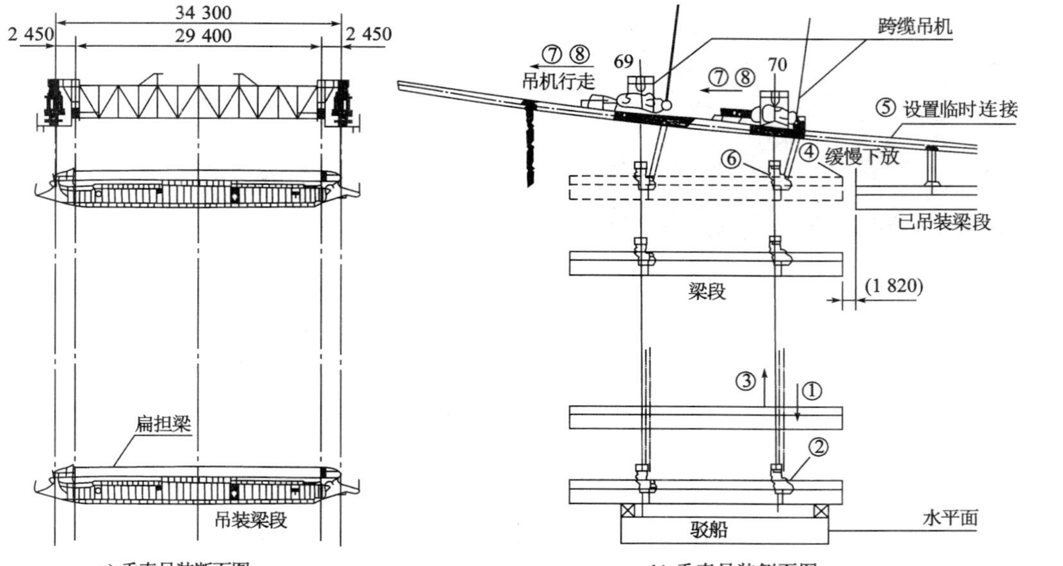

图 11-37 钢箱加劲梁梁段吊装(尺寸单位:mm)

注:①跨缆吊机放吊具;②钢箱梁与吊具连接;③垂直起吊钢箱梁;④钢箱梁与永久吊点连接;⑤钢箱梁临时连接件连接;⑥解除跨缆吊机吊具;⑦跨缆吊机行走;⑧准备下一梁段吊装

钢箱梁吊装就位后,相邻梁段间通过临时连接杆相连接:在已吊装梁段上布置牵引设备进行纵横向位置调整,跨缆吊机进行高度调整,在无负荷状态下进行连接螺栓的紧固。在加劲梁架设阶段,要分多次对索鞍进行顶推,以控制主塔上产生的不平衡力和塔身偏位。加劲梁安装完成后,应控制到设计的预拱度,否则需要调整吊索的长度。桥面系施工前,应对吊索进行第一次调整,对索鞍偏移量进行实测,防止误差过大,影响可靠度。待加劲梁安装和桥面系全部完工后,要将各吊索应力调整均匀,建筑拱度调整到设计位置后,才对钢主梁铆合或栓合。若用高强螺栓连接,在高空对接处进行喷砂处理时应合理组织进度,防止与其他工序互相干扰。

采用桁架加劲梁,其施工方法可以采用缆索吊装法。当桥梁的跨度较大且单个吊装单元的质量较大时,缆索吊装系统的设计变得繁杂,且造价不菲,因此当桥梁的上部结构由箱梁变为桁梁时,施工方法也应有所变化。

悬索桥加劲梁采用悬臂拼装法施工时,可以不用梁段垂直起吊的缆载吊机,也不用建立较为复杂的缆索吊装系统,其施工方法和斜拉桥、梁桥的悬臂拼装法基本一致,但对于钢桁架加劲梁,由于要在已拼成的呈悬臂状态的桥面上运输桁架加劲梁构件,要求将已拼装的梁段逐次刚结,这和垂直起吊法是根本不同的。逐次刚结法可能使吊杆的应力在加劲梁的吊装阶段超过成桥状态,主缆的线形控制不同于垂直起吊法,施工架设阶段悬索桥的空气动力稳定性也是不同的。

8)转体施工法

对于大跨度拱桥,转体施工法是一种常用的方法。转动中心的转轴装置有两种:球冠式和直接安定位转轴。大跨径拱桥多采用后者。另外,结构重力在中心和四周滑道上分配的比例跟滑道的构造有较大关系。若滑道偏低,重量基本上被中心部分支撑,滑道处受力很小,就不需要太大的千斤顶;若滑道偏高,则重量多由滑道承担,中心转轴只起定位的作用。大跨度拱桥转体施工如图11-38所示。

图11-38　大跨度拱桥转体施工

对于小跨径钢斜拉桥主梁的施工也可采用转体施工方法。转体施工法的适用范围为:桥址附近河滩平整且墩身较矮的桥梁;跨越公路、铁路干线的桥梁;中小跨径斜拉桥。施工方法为:支架现浇→张拉→落架→调索→平转→合龙。斜拉桥转体施工如图11-39所示。

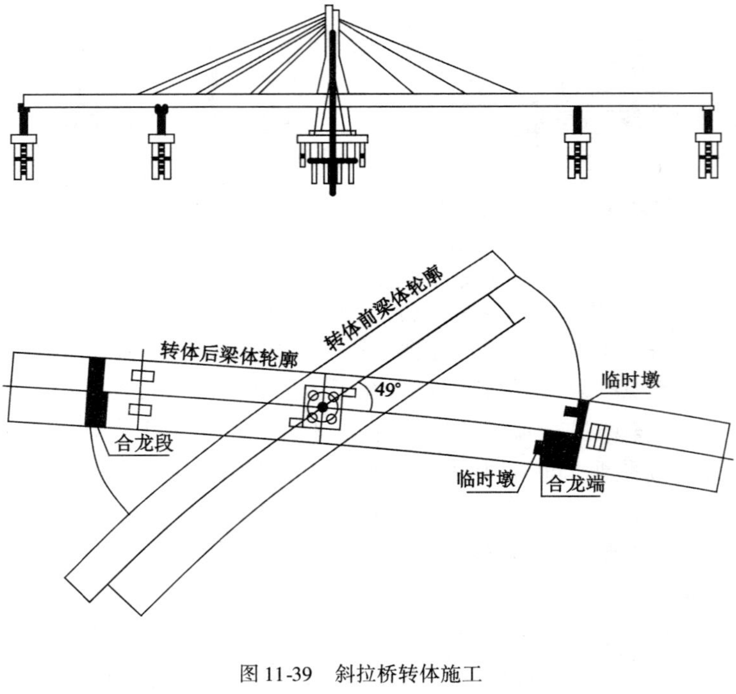

图11-39　斜拉桥转体施工

9)其他施工方法

(1)顶推法

钢斜拉桥使用顶推法架设时,是将主梁节段用滚轴或聚四氟乙烯板顶推,目前此类施工方法的成功实例比较多。例如,德国Julicher Strasse的钢斜拉桥,其跨径布置为32m +98m +32m,独塔柱,拉索在较密支承的桥头拼装张紧,由一岸向另一岸连续顶推出桥跨。当梁体在墩(或临时支墩)附近时,张紧拉索索力以抵抗悬臂负弯矩;当梁体顶推到墩间跨中时,则可放松拉索索力到一定程度,以免主梁跨中产生过大的正弯矩。由于该桥主跨比边跨大 3 倍多,故在中跨设置了 3 个临时支墩;在塔左右梁体就位后,最后在跨中加一段钢梁合龙,然后再拆除临时支墩。国内斜拉桥施工采用此种方法的较少,且都架设了数个临时支墩。

(2)整体提升法

整体提升法,在很早以前就已应用于钢桥的施工。相对其他方法而言,在钢拱肋施工中采用此种方法,拱肋安装具有精度高、结构整体性好等优点,但该方法需要建专用拼装场,动用特型船舶,并且需要在水中设置专门的提升塔基础,另外还要保证提升塔架在工作过程中的安全稳定,并要配置大型的液压提升设备。我国广州的新光大桥主拱肋中段即采用此方法进行施工,如图 11-40 所示。

a)主拱肋中段整体提升中　　b) 主拱肋中段整体提升后

图 11-40　新光大桥主拱肋中段整体提升

(3)组合施工法

对于部分钢桥,可根据施工现场具体情况,同时选择几种主梁的施工方法,称为组合施工法。例如:委内瑞拉首都加拉加斯(Caracas)附近的三座姊妹桥,施工时采用了悬臂拼装与吊索吊装的组合施工法,先在两拱脚处各修建一个塔架,利用塔架悬臂拼装钢桁架拱肋至 1/4 跨处;再利用固定在边跨桥墩的后拉索将其悬扣挂住;拱顶段的拱肋部分,在谷底利用少量支架拼装,然后用拉索提升,拼装到指定的位置进行合龙。

11.2.2　钢塔施工

钢索塔需用铆、栓、焊等连接形式进行装配,截面一般是由型钢组成的桁架和框架形式,即空心桥塔。钢索塔常在工厂制造,运至桥位现场拼装。钢桥塔的施工一般采用浮吊法、塔吊法、爬升式起重机法。其操作应遵循一般钢结构的拼装要求,特别应注意尺寸的准确性。

浮吊法一般用于塔高小于 80m、跨度 500m 左右的悬索桥。对于跨径更大的悬索桥,通常采用完全独立的塔吊进行桥塔架设,塔柱上不需安装施工机械,施工方便,精度易保证。爬升式起重机法在塔柱侧面安装护轨,并可沿护轨爬升的起重机逐段起吊安装塔身。施工时必须严格控制塔身的铅垂度。

在塔柱施工中应注意顺桥向具有的柔性和横桥向的刚性,顺桥向可通过两侧拉索控制塔顶变位,横桥向可通过塔横梁增加刚性。施工操作应尽量保持塔的受力平衡和控制塔顶变位。若塔一侧为深水,另一侧为浅滩,可在滩上已安装主梁的下边设置活动脚手架支承主梁,支架顶面与主梁底面之间设置油压千斤顶,以便调整索塔偏载;先安装滩侧主梁,测量塔顶变位,然后安装深水侧上梁,使塔的偏载由临时支架承担。安装一段,脚手架前移一段。塔、梁的固结以垂直位移。塔与梁的分离布置,可考虑让塔柱给主梁让位,所以塔柱下端常倾斜到梁外侧。

1)钢桥塔的架设方法

大规模钢塔架设方法可分为:大型浮吊整体或大段安装法;自立式吊机逐段安装法。主梁以下塔柱采用浮吊大段安装,主梁以上塔柱采用走行吊机或爬升式吊机或升降式塔吊逐段安装法。选择钢塔架设方法需考虑以下因素:钢塔的规模,如塔形、塔高,以及塔柱节段尺寸、重量和连接方式;架设地点的现场条件,如地形、地貌、气候、风速等;社会条件,如可租用吊机的类型、起吊能力和高度、塔柱节段搬运方式等,以及工期需要。

下面就钢塔常用的架设方法做简单介绍。

(1)采用浮吊大段架设法

浮吊大段(由若干工厂制造节段组成)架设法可大幅度缩短工期,也可减少安装误差。塔高为100m左右时架设实例较多,如日本的摩耶大桥(1996年建成)、末广大桥(1975年建成)、以及生口大桥(1991年建成)和名港东大桥(1998年建成)。

(2)自立式吊机逐段安装法

所谓自立式,是指吊机与塔柱分开,自立式吊机逐段架设法是在基础的承台上安装吊机,逐段吊装塔柱。适用于悬索桥的多层门形刚构塔和斜拉桥的A形塔、倒Y形塔等。以日本南备赞濑户大桥(悬索桥,塔高179.55m)6P塔为例,施工顺序如下(图11-41):

①在承台上安装300t走行吊机,组装吊机台架和台架顶部旋转式吊机。

②同时进行塔根混凝土表面的研磨作业。

③用浮吊安装塔柱底板和第1节段及第2节段。塔柱以上各段均用自立式吊机安装,塔柱节段由驳船用三脚架转臂吊机吊运至墩顶。

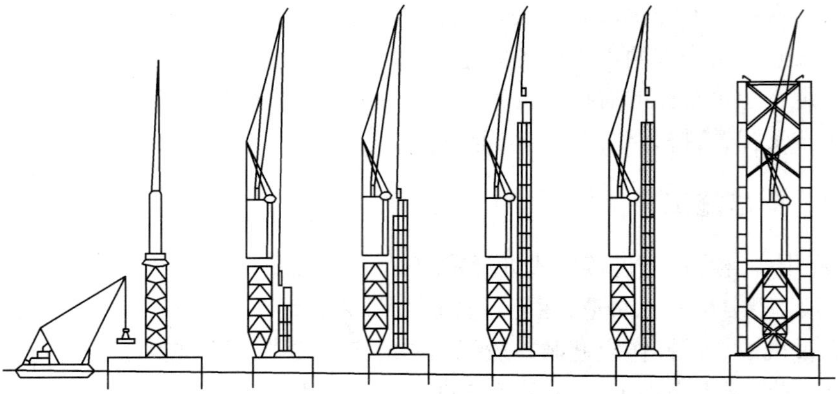

图11-41　南备赞濑户大桥6P塔架设

(3)爬升式吊机架设法

所谓爬升式吊机法是指吊机沿塔柱侧壁爬升,逐段架设塔柱节段的方法。该方法虽然不受塔高限制,但是,由于吊机自重使塔柱受力偏心,增加了塔柱安装精度(垂直度)控制的难度,同时塔柱需做局部加强。而且,吊装重量不宜过大。

日本南备赞濑户大桥(悬索桥,塔高179.55m)5P塔采用该法架设,如图11-42所示。施工顺序如下：

①研磨塔根部混凝土表面。

②用浮吊安装底板和塔柱第 1 节段。

③用浮吊安装爬升式吊机底台架和爬升式吊机。

④第 2 节段及以上各段均用爬升式吊机架设。

塔柱节段由驳船向承台吊运，用设在承台顶的三脚架转臂式吊机进行作业。

图 11-42　南备赞濑户大桥（悬索桥）5P 主塔架设

（4）自动升降式塔吊架设法

明石海峡大桥（悬索桥，塔高 286.7m），来岛第一、二、三桥（悬索桥，最高塔 175m），名港中央大桥（斜拉桥，塔高 190m），以及多多罗大桥（斜拉桥，塔高 220m）的钢塔柱均采用自动升降式塔吊逐段安装架设。明石海峡大桥钢塔柱安装如图 11-43 所示。施工顺序如下：

①研磨塔根部承台混凝土表面。

②用浮吊安装转运塔柱节段的吊机和自动升降式塔吊。

③用浮吊安装底板和第 1 节段。

④塔柱第 2 节段以上各段均用自动升降式塔吊安装。

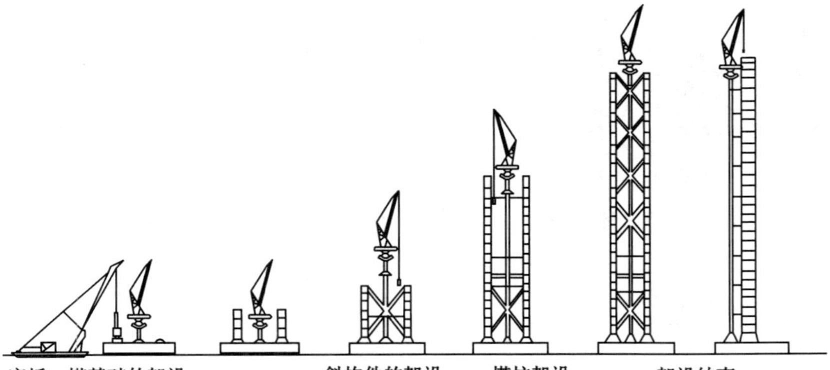

图 11-43　明石海峡大桥主塔的架设

为了缩短工期，来岛第一、二、三大桥因塔柱断面稍小，重量稍轻，在组装场将三节工厂预制节段连成大段后再吊装。

钢塔的架设还需要根据实际工程情况来选择架设方法,在同一钢塔架设过程中,为满足实际工程需要和可行性的需求,往往需要多种架设方法组合使用。在南京三桥钢塔的架设过程中,同时使用了两种架设方法,即钢塔的T1节段采用浮吊架设,如图11-44所示;T2以上节段采用独立式塔吊架设,如图11-45所示。这是由于南京三桥钢塔,高度为215m,受起吊高度的限制,不可能采用浮吊大段架设。爬升式吊机架设和独立式塔吊架设都具可行性,爬升式吊机虽然可以依附于钢塔作为其支撑结构,但独立式塔吊架设较爬升式吊机架设具有以下优点:

①钢塔不承受起吊设备的荷载(包括偏载)。架设中,塔主体不设置支撑吊机的相关结构(结构上开孔、加固等),起吊节段重量较大,架设速度较快。

②可以直接把钢塔节段从驳船上起吊安装,不需要安装转运钢塔节段的吊机设备。

图11-44　浮吊船

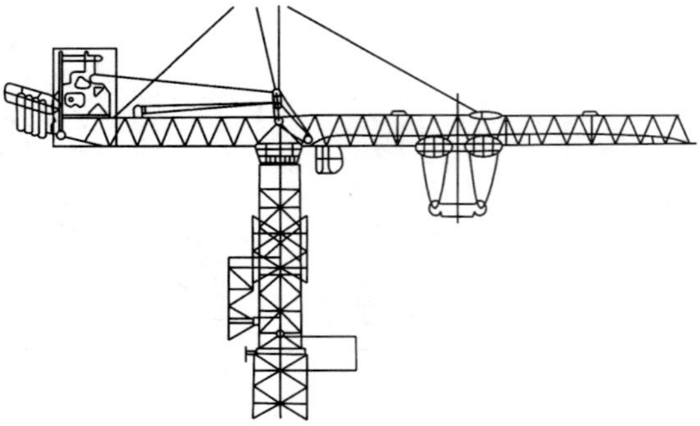

图11-45　独立式塔吊

2)钢塔节段吊装

当钢塔节段重量较大,且节段所处高程适宜、自然条件允许时,宜采用浮运吊装。在节段高程过高的情况下,钢塔节段宜换用塔吊进行吊装。吊装时为了调整节段的姿态,方便与下方节段的定位,采取了以下措施:

钢塔节段加工时,顶面安装有吊耳,吊装时,将吊具对准吊耳,销接后即可进行节段的吊装,通过吊具上的伸缩油缸,调整吊具及节段的倾斜角度。

为使节段能够较容易地与其下方的节段就位,在已安装节段与待安节段间安装匹配件,匹配件如图11-46所示。匹配装置在工厂内预拼装后组装,桥位安装完节段后解除匹配装置。

图11-46　钢塔节段安装现场匹配构造

此外,为保证钢塔设计时的横向线形,在架设过程中还需根据需要设置临时横撑,确保结构的稳定性。

11.2.3　缆索施工

1)斜拉索施工

斜拉桥中斜拉索安装可根据塔高、布索方式、索长、索径、索的刚柔程度、起重设备和施工现场状况等综合选择架设方法。

(1)斜拉索安装

斜拉索的安装施工工艺为:安装预埋件、钢绞线(或平行钢丝束股)下料→单根钢绞线挂索及调索→紧索及索箍安装→整体张拉及调索→安装减振装置→防护处理。

①斜拉索放索及索的移动。

斜拉索通常采用钢结构焊成的索盘将其卷盘,再运至工地安装。由于索盘自身的惯性和索盘牵引力引起的偏心力,会使索盘在转动中产生加速,导致散盘,危及施工人员安全,因此转盘须有制动装置,或者利用卷扬机牵引钢丝绳尾索来控制速度。

为了避免索在移动过程中与桥面直接接触而导致表面损伤,可将索盘直接起吊至桥面,在桥面上设置一条滚筒带,如图 11-47a)所示,或者每隔一定距离放置一台可移动平车,如图 11-47b)所示,布置时保证拉索不与桥面接触。也可在索塔上部安装一根斜向工作悬索,将拉索前端与牵引索相连,每隔一段距离设置一个吊点,使拉索沿着导索运动。

②斜拉索的安装。

a. 斜拉索的塔部安装。

若斜拉索的张拉端在梁部,则先将索在塔端安装,反之,则先将索在梁端安装。

索锚固端在塔部的安装方法有吊点法、吊机安装法、脚手架法、钢管法等。索在塔部安装张拉端的方法有分步牵引法、桁架床法等。对于大跨度的钢斜拉桥,比较适用的方法主要是吊点法、吊机安装法和分步牵引法。

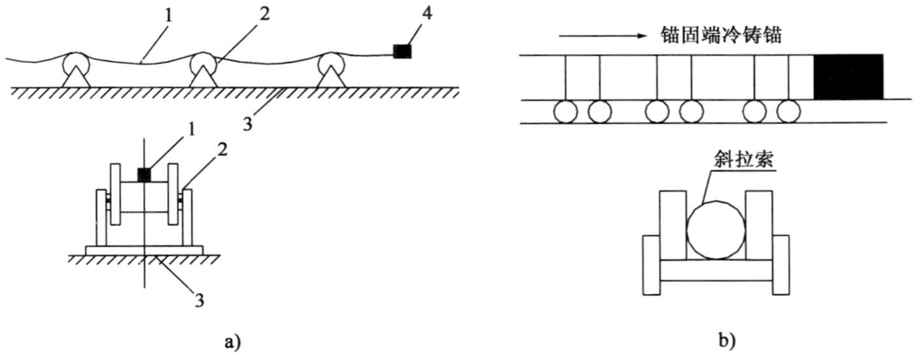

图 11-47 转盘放索方法示意图

1-拉索;2-滚轮;3-桥面;4-锚头

a)吊点法。

吊点法分为单吊点法和多吊点法。

单吊点法:拉索上桥面后,将牵引卷扬机的牵引绳从索塔孔道中放下,与拉索前端连接,在离锚具下方一定距离设一个吊点,索塔吊架用型钢组成,在支架上设置转向滑轮。当锚头提升到索孔位置时,利用牵引绳和吊绳相互配合,将锚头准确地牵引进入索塔孔道内并初步固定。单吊点法安装拉索,方法简便、安装迅速。其缺点是起重索所需要的拉力大,斜拉索在吊点处弯折角度较大,一般适用于较柔软的短索。

多吊点法,又称导索法。该方法将索重力分散到多点承受。所以,索的弯折小,在牵引过程中索大致保持直线状态,两端无须大吨位千斤顶牵引。

b)吊机安装法。

利用索塔施工的吊机,用特制的扁担梁捆扎拉索起吊。拉索前端由索塔孔道内伸出的牵引索引入索塔拉索锚孔内,下端用移动式吊机提升。

c)分步牵引法。

根据斜拉索在安装过程中索力递增的特点,分别采用不同的工具将索安装到位。首先用大吨位的卷扬机将索张拉端从桥面提升到预留孔外,然后用穿心式千斤顶将其牵引至张拉锚固面。前一步采用柔性拉杆,后一步采用宝塔式刚性拉杆分步牵引。分步牵引法牵引功率大,辅助作业少,桥面无附加荷载,便于施工。

在挂索的过程中需要注意:因各种构件的连接情况较多,例如锚头与拉杆、牵引头的连接,滑轮与塔柱拉索的连接等,任何一处发生问题都可能导致较为严重的事故,所以要特别注意各个连接部位的可靠性。

b. 斜拉索的梁部安装。

梁部安装的基本步骤与塔部基本相同,方法主要有以下两种:

a)吊点法。

在梁上安装转向滑轮,牵引绳从套筒中伸出,用吊机将索起吊后,随锚头逐渐地套入套筒,缓缓放下吊钩,向套筒内平移,直至将锚头穿入套筒内。拉索梁部安装吊点法如图11-48所示。

b)拉杆接长法。

对于在梁上张拉拉索的安装,采用拉杆接长法较为简单。先加工长度为50cm左右的短拉杆,与主拉杆连接,使其总长度超过套筒加千斤顶的长度;然后利用千斤顶多次运动,逐渐将张拉端拉出锚固面,并逐渐拆掉多余的短拉杆,安装锚固螺母。拉杆接长法如图11-49所示。

采用拉杆接长法,要加工一个组合式螺母,利用此螺母逐步锚固拉杆,直至将锚头拉出锚板后拆除。

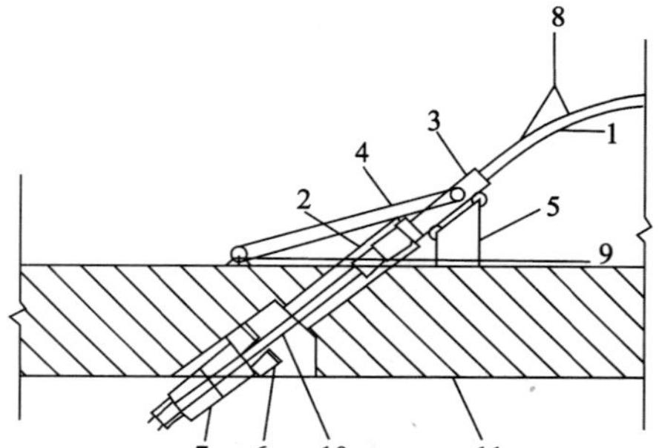

图11-48 拉索梁部安装吊点法

1-拉索;2-套筒;3-转向护筒;4-拉杆;5 滑轮台座;6-垫块;7-千斤顶;8-吊钩;9-滑轮台座板;10-牵引绳;11-主梁

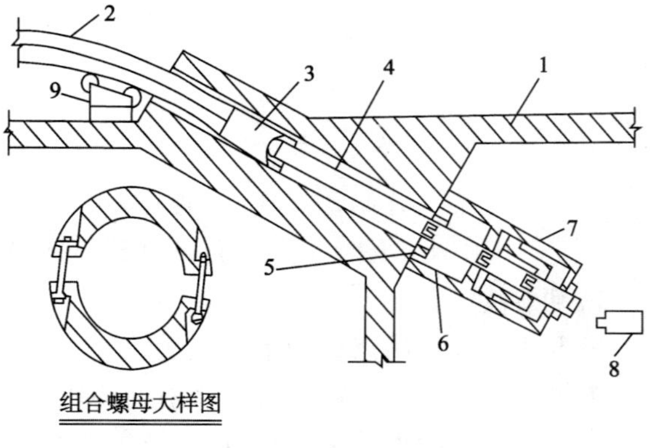

图11-49 拉杆接长法

1-主梁;2-拉索;3-锚头;4-长拉杆;5 组合螺母;6-撑角;7-千斤顶;8-短拉杆;9-滚轮

(2)斜拉索的张拉

①斜拉索张拉过程。

对于钢绞线斜拉索,挂索时先在拉索上方设置一根钢缆作为辅助索,将拉索的PE套管悬挂在辅助索上，然后逐根穿入钢绞线，先单根张拉每根钢绞线，然后再整束张拉锚固钢绞线索。

具体工艺为：将压力传感器安装在第 1 根钢绞线上，以后每根钢绞线的张拉力按照压力传感器变化情况进行控制，调整张拉千斤顶直至第 2 根钢绞线压力传感器读数与第一根相同；将压力传感器移至第 3 根钢绞线，调整张拉千斤顶直至第 3 根钢绞线与第 1 根相同，重复以上过程直至所有钢绞线张拉完成。

在每根钢绞线张拉时，要以张拉预压支座作反力架，用专用顶压器对钢绞线逐根预压；当挂索完成后，安装夹片防松板，使每根钢绞线锚固牢靠。不滑丝、不退锚。

②斜拉索张拉注意事项。

斜拉索张拉时需注意以下事项：

a. 拉索张拉的顺序、级次数和量值，应按设计规定执行。张拉时，应以振动频率计测定的索力或油压表量值为准，以延伸值作校核，并应视拉索防振圈以及弯曲刚度的状况对测值予以修正。

b. 拉索张拉可于塔端或梁端单端进行，也可于顶升索鞍支座进行。平行钢丝拉索宜采用整体张拉；平行钢绞线拉索可用整体或分索张拉，分索张拉应按“分级”“等力”的原则进行。

c. 索塔顺桥向和横桥向对称的拉索（组），必须对称同步张拉；两侧不对称的拉索或设计拉力不同的拉索，应按设计规定的索力分级同步张拉。

d. 拉索张拉完成后及其他关键工序对索力要进行检测。

2）主缆施工

（1）主、散索鞍的吊装

主、散索鞍及附属构件的安装，均通过塔顶门架和锚碇门架吊装系统完成。塔顶门架和锚碇门架不仅承担索鞍的安装，在牵引系统、猫道架设、索股架设、缆索吊系统吊装等工作中也发挥着重要作用。

主索鞍结构包括：主索鞍鞍体、格栅和上下承板等构件。索鞍的安装分强制法和预偏法。强制法是指事先把索鞍固定在设计位置，待悬索桥安装完成后拆除固定措施。预偏法是指把索鞍向边跨预先偏离适当距离才安放主缆、索鞍底板、滚筒、索鞍与滚板，然后初步固定，待全部主索安装完毕后并调整好垂度后再松开，使索鞍可随中跨加载自由滚动。下端不设铰的索鞍，一般采用预偏法安装。安装时，应在滚筒内注满黄油使之保持润滑，滚动灵活，索鞍罩安装应严密，使其切实起到保护作用。

索鞍的吊装过程：待索塔全部完工后，先吊装格栅，再吊装上下承板和主索鞍鞍体。吊装过程要保证平稳，当起吊至设计高度后，移动门架顶部平车到设计位置，缓缓下放构件至塔顶。在主桥上部结构安装过程中，随着钢箱梁的吊装和桥面铺装的完成，索鞍逐步顶推到位，最后割除格栅千斤顶反力架，并补浇塔顶缺口处混凝土。

散索鞍系统由格栅、底座和散索鞍组成。先将格栅利用塔吊吊至散索鞍支墩顶部的混凝土预留槽内，再通过手拉葫芦配合，将预埋螺栓穿入格栅上的螺栓孔，精确调整格栅位置，浇筑格栅混凝土；然后利用锚碇门架将底座和散索鞍吊至格栅上的设计位置。

散索鞍安装就位后，在索鞍后部设置一高强拉杆将索鞍固定，以保证散索鞍在主缆索股架设到一定数量之前能够保持稳定。

(2)主缆架设前的准备工作

①引导索的架设。

引导索的架设方法有如下几种:

a. 水中渡海法:用牵引船将缓缓放入水中的引导索引向对岸。该法限制通航,在水下情况不详时有一定的风险,但是能节省设备、缩短工期。

b. 浮子法:将引导索间隔一定距离安上浮子,避免导索沉入水底,同时用牵引船将导索引向对岸。

c. 空中渡海法:不让导索接触水面,用浮吊牵引过海。

d. 火箭抛绳法:利用发射火箭的方法使引导索越过深沟峡谷到达沟谷对面。

e. 直升机牵引法:在地形比较平坦的桥位,利用直升机牵拉先导索过海的方法。

牵引索一般用引导索牵引、安装。在河底平坦无障碍的情况下,为了减少封航次数,缩短施工工期,也可取消引导索,直接将牵引索牵引过江。

②猫道的架设。

猫道是悬索桥上部结构施工重要的高空工作通道和临时作业平台。索股牵引、索股调整、主缆紧固、索夹及吊索安装、主梁吊装、主缆缠丝及防腐等都在此工作平台上完成。猫道组成包括:猫道承重索及扶手、猫道面层、横向通道、制振系统、猫道锚固体系、猫道塔顶结构等。猫道的主要组成如图11-50所示。

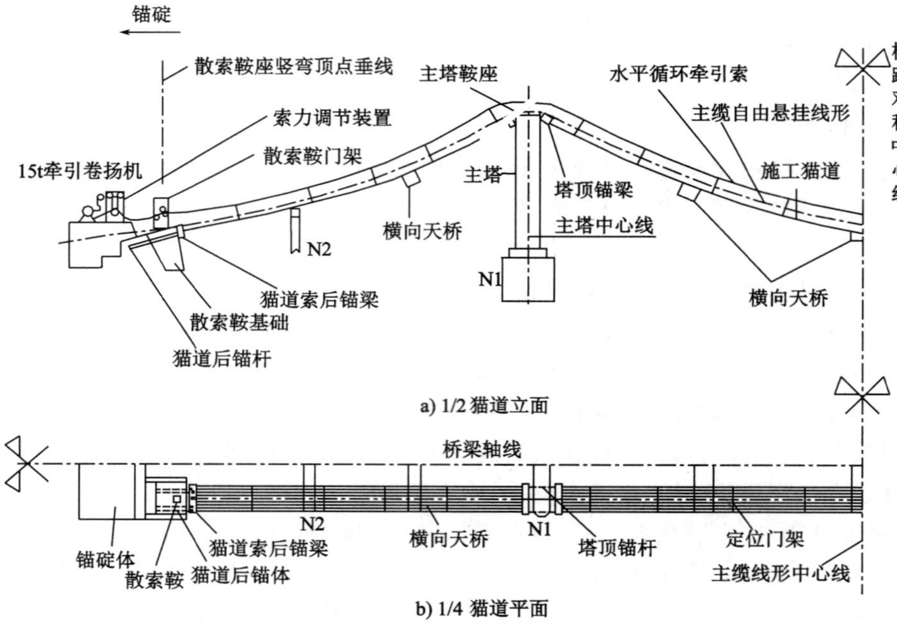

图11-50 猫道的主要组成

猫道承重索一般由镀锌钢丝绳制作,其设计安全系数要大于3.0,猫道两侧隔数米设置栏杆立柱,用以固定钢丝绳制作的扶手索。猫道面层多由粗细不同的钢丝网构成,其上小间距绑扎防滑木条;每隔数十米设置由门架承重索固定的型钢门架,与猫道共同形成空间结构;猫道间每隔100~200m设置一道横向通道,横向通道既可以满足上下游施工人员的通行,亦有助于提高猫道自身的整体稳定性,使其具备足够的抗风能力。

为了改善猫道抗震能力,提高施工人员的操作舒适性,可在横向通道相应的位置设置制振装置、支撑架上安装竖向制振索和水平制振索。

(3)主缆施工

主缆的缆索在运输、下料和安装过程中,应注意避免扭转、松散。钢缆索在安装时要做破断试验,检查破断所在部位以及总破断力是否达到设计要求,钢索应不能从锚头中拔出。

①下料。

要恰当地确定下料长度,使主索在弹性和非弹性变形及其他因素影响下能接近设计长度;浇铸锚头要选择合理的施工工艺,使之能满足设计要求;丈量缆索时,要考虑温度影响,避免烈日下操作。用于制作主缆的钢索必须预拉之后下料丈量,在所施预拉力达到恒载设计拉力后应持续达 10 ~ 20min;预拉应有合适的场地、强度足够的外锚,并确保安全作业措施。下料时应考虑套筒长度和插入筒内散头。需要增加的长度、切割位置应以油漆标志。两端以铁钢丝捆扎,防止在切割时钢索松散。为了方便调整索力、控制垂度、安装索夹,在主索束外部的几根钢索下料时,应将跨中垂度点、吊索位置等以油漆标志,每根钢索在索鞍中心处也应标志,在索头上标识编号。

②锚头的制作。

锚头制作是将端部钢索端头散开,并理直做成锚头套筒相似的锥形,以便插入套筒后浇铸合金时能均匀分布。为了使钢丝固结,浇铸前须将筒内和钢丝表面的油污、防锈层清洗。除筒内油污时,先放入汽油,然后放入盐酸或硫酸使钢丝表面的防锈层溶解;再放入肥皂水与酸中和,然后用开水把肥皂水洗净,擦干套筒和钢丝,必要时再放入汽油中清洗一次。浇铸锚头合金必须按设计合金配合比拌料,先将套筒预热到 200 ~ 400℃,把筒大口向上,让钢索位于中心位置,把熔化于坩埚的液态合金调整到浇铸温度后,先灌入少许合金溶液入筒,使之在筒内与索根固合,以免漏出合金,然后再一次灌满套筒。

③主索的架设。

在锚碇和桥塔建成后可进行主缆的安装架设,主缆架设是悬索桥施工中最有特点的部分。

主索架设时,要检查锚碇、索鞍和索塔的中心线、高程、距离。要根据桥位处的地形、机具设备、河流水深、流速、通航情况和河床地质等全面综合分析研究,选择合理方法。一般情况下是将主缆索挂在托索上牵引过河。在通航河流上可用浮船牵引过河,但应切忌缆索触水,过河顺序宜从上游往下游逐根交叉进行。过河后,应立即吊引入索鞍上安装。

主索架设方法有空中编缆法和预制束股法。

空中编缆(AS)法:在工地通过送丝设备,利用纺轮在两端固定的靴跟间将钢丝反复编织成环状的一束,当规定的丝数形成一股后,按规定的股数配置成六角形,每隔几米用镀锌软铁丝捆紧,形成圆形主缆。为了防锈,主缆外应涂黄油或加索套保护。纺轮每次可带 1 根或者 2 根钢丝,最多可带 4 根;送丝小车的最高速度是 4m/s。AS 送丝工艺示意图如图 11-51所示。

预制丝股(PPWS)法:已在工厂预先制好的平行钢丝束股绕在卷筒上,运至现场。通过液压无级调速卷扬机用拽拉器将钢丝束一端吊起安装。其架设方法是,先架设一辅助缆索,利用牵引绳把各根绳股张挂在设置于锚碇的一对锚头上;在所有的绳股都正式就位后,进行紧缆作业,使主缆各绳股的总截面被压成圆形。每根钢丝束的根数可达100余根,我国润扬大桥每束的根数为127根,每根主缆有184束。PPWS法(日本明石海峡大桥牵引系统)如图11-52所示。

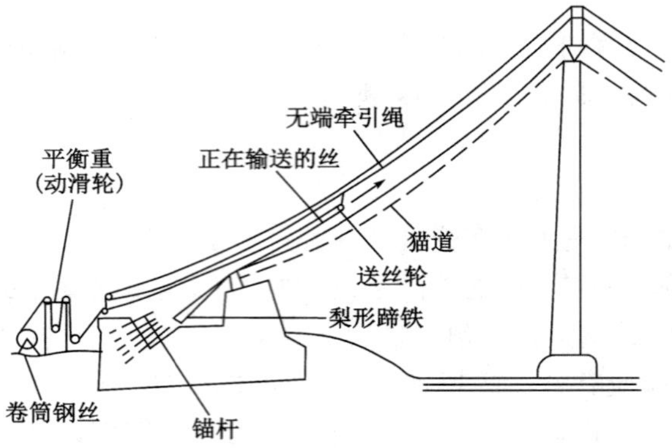

图11-51 AS法送丝工艺示意图

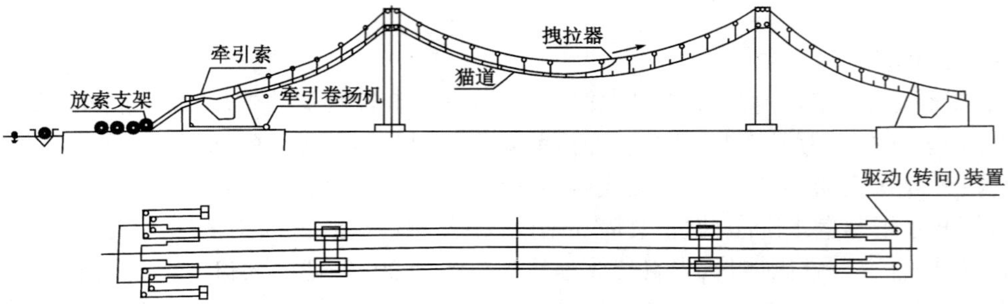

图11-52 PPWS法(日本明石海峡大桥牵引系统)

a. 主缆索股牵引。

主缆索股牵引是依靠牵引系统完成的,架设过程中原则上两根主缆应基本对称架设;同时必须及时纠正或处理可能出现的索股扭转、散丝、鼓丝、缠包带断裂等情况;当索股架设定数量后,在主、散索鞍处,及时安装鞍槽隔板。

主缆索股架设分为基准索股架设和一般索股架设。待基准索股架设并调整好线形后,再依次架设一般索股。

b. 索股调整。

主缆索股架设时必须注意索股调整。索股调整顺序为:先中跨,后边跨,再锚跨。索股各跨垂度调整完成后,用拉伸器调整锚跨张力。索股调整要求在风速小、温度稳定的夜间进行。

基准索股垂度调整,采用绝对高程法,基准索股线形实质上就是主缆的线形,必须绝对可靠并满足设计精度要求;在绝对垂度满足设计要求的同时,上下游两根基准索的相对垂度差也必须满足要求(不大于10mm);基准索股调整完成后,必须至少连续观测三晚,以确认线形符合要求。此后架设一般索股时,定期复测基准索股的绝对垂度,确保基准索股线形。

一般索股垂度调整的传统方法是:采用相对基准索股进行调整。对于主缆直径较小、索股数量少的悬索桥精度,可以满足要求。但当主缆直径增大、索股数量增多时,内外层索股的温差会引起基准索股受到挤压而使线形变化。其解决措施有两种:一种是重新设定基准索股;另一种是主缆横向各层外侧一根一般索股作为相对基准索股进行各排索股调整。

c. 索股偏移整形。

当索股牵引到位后,利用锚碇门架和塔顶门架上的卷扬机进行索股的上移、横移和整形入鞍。整形是指将主缆施工中的设计断面整理成鞍座索槽的设计形状,在塔顶从边跨向中跨进行,在散索鞍支墩顶由锚跨向边跨进行,整形同时需用木槌敲打索股,用钢片梳进行断面整理。

d. 索股入鞍。

索股入鞍顺序:在塔顶从边跨向中跨进行,在散索鞍支墩顶由锚跨向边跨进行。入鞍时必须注意着色钢丝在鞍槽里的位置,确保不发生扭转,可在鞍槽内填塞楔形木块以防止索股挤压隔板;入鞍后适当调整索股,防止索股间挤压;入鞍完成后,将索股两端锚头与该索股相对应位置的锚固系统通过拉杆相连,将索股临时锚固。主缆索股架设完毕后,在主、散索鞍处填压锌填块,安装盖板,装上紧固拉杆,并张拉至设计吨位。

e. 紧缆。

悬索桥全部索股调整结束后,索股之间、索股内部都有空隙,必须把主缆断面紧固成圆形,达到设计要求的空隙率,再进行索夹安装及主缆缠丝。

紧缆施工依靠主缆紧缆机完成。首先需在温度稳定的夜间进行预紧缆,使主缆接近圆形,孔隙率达到设计目标值的 30% 以内;正式紧缆之前,还需在中跨跨中进行现场紧缆试验,根据试验确定最终紧缆工艺,然后进入正式紧缆作业。当紧缆机处的主缆直径经测量符合设计要求后,用不锈钢钢带捆扎主缆,并用带扣固定。索夹处捆扎带加密。

(4)索夹、吊索的安装

索夹和吊索均可在施工索道上安装。

①索夹。

当主缆形状满足索夹安装要求后,用缆索吊机或者塔吊自塔顶向安装位置处吊运整个索夹。首先将索夹放在猫道上拆分成两半,然后利用起吊装置安装两半索夹,穿好螺杆,人工预拧后,再精确调整索夹位置,使用拉伸器对拉杆施加轴力。

索夹螺杆的紧固顺序为:从中间向两边对称进行。分多次完成螺杆轴力设计值:第一次在索夹安装时;第二次在加劲梁吊装完成时;第三次在桥面铺装及永久设施施工完毕时。在施工期间,若发现轴力下降值超过设计值的 30% 时,应及时紧固螺栓,使轴力达到设计规定值,确保施工安全。

安装索夹时,要使跨中垂度点的钢索与设计相符,并避免与主缆斜度不合,再将螺栓夹夹紧,钢销穿好。拴合或铆合前,应对吊索的长度复测,要求长度准确,并用调节吊杆调至设计长度,应用测力计控制各吊索受力的均匀性。

②吊索。

吊索起吊由塔顶卷扬机完成,在加劲梁吊装完成后,当吊索长度超过 20m 时必须在其中间位置安装减振架。吊索在吊装过程中易发生扭转,要注意操作安全。

吊索的安装,应注意索夹螺栓的松动,保证吊索准确位置。当加劲梁安装后,应防止吊索的偏移,并注意吊索的防锈处理。吊索的防锈和油漆以及索套安装是吊桥施工的最后工序。

11.3　钢桥涂装与铺装施工

11.3.1　钢桥涂装的施工工艺

1)典型钢桥梁防腐蚀涂装设计方案

现代的大型钢结构桥梁,主要类型有钢箱梁结构、叠合梁结构(箱形和工字钢形)、桁架结构(密闭箱形和工字钢形)等,根据桥型不同,钢梁各部位的涂层体系也不同。现代公路大型钢桥梁多以钢箱梁型桥梁为主,如国内著名的江阴长江公路大桥、武汉军山长江公路大桥、舟山西堠门大桥、武汉阳逻长江公路大桥、润扬长江大桥、苏通长江公路大桥、广州珠江黄埔大桥等。下面就以典型的钢箱梁型钢桥进行阐述。典型的钢箱梁长效防腐蚀涂装设计方案见表11-2。

典型的钢箱梁长效防腐涂装设计方案　　表11-2

结构部位	涂装体系	道数	膜　厚
钢箱梁外表面(除桥面)	二次表面处理喷砂除锈Sa3级,粗糙度:Rz25~100μm		
	电弧喷铝		180μm
	纳米改性环氧密封漆	1	渗入铝涂层,不计厚度
	环氧云铁中间漆	2	2×50μm
	聚氨酯脂面漆/氟碳面漆/聚硅氧烷面漆(工厂)	1	40μm
	聚氨酯脂面漆/氟碳面漆/聚硅氧烷面漆(工地)	1	40μm
钢箱梁内表面(封闭环境,布置抽湿机)	二次表面处理喷砂除锈Sa2.5级,粗糙度:Rz30~70μm		
	环氧富锌底漆	1	80μm
	环氧厚浆漆	1	80μm
风嘴内表面	二次表面处理喷砂除锈Sa2.5级,粗糙度:Rz30~70μm		
	环氧富锌底漆	1	80μm
	环氧云铁中间漆	1	80μm
	环氧面漆	1	60μm
摩擦面(方案一)	二次表面处理喷砂除锈Sa3级,粗糙度Rz25~100μm		
	电弧铝喷		150μm±50μm
摩擦面(方案二)	二次表面处理喷砂除锈Sa2.5级,粗糙度Rz30~70μm		
	无机富锌底漆		120μm±40μm
钢桥面	二次表面处理抛丸除锈Sa2.5级,粗糙度Rz30~50μm		
	环氧富锌底漆	1	80μm
栏杆等附属设施	热浸锌		80μm
	磷化底漆	1	10μm
	环氧云铁中间漆	2	2×50μm
	聚氨酯脂面漆	2	2×40μm

注:1. 钢板使用前必须进行预处理,涂装车间底漆。
2. 面漆颜色根据景观设计要求选用。
3. 内表面油漆涂层体系和涂层厚度要根据是否封闭或是否安装抽湿机而定。

2)防腐蚀涂装可参考的标准规范

(1)《涂覆涂料前钢材表面处理　表面清洁度的目视评定　第 1 部分:未涂覆过的钢材表面和全面清除原有涂层后的钢材表面的锈蚀等级和处理等级》(GB/T 8923.1—2011)。

(2)《热喷涂　金属和其他无机覆盖层　锌、铝及其合金》(GB/T 9793—2012)。

(3)《色漆和清漆　漆膜的划格试验》(GB/T 9271—2008)。

(4)《公路桥梁钢结构防腐涂装技术条件》(JT/T 722—2008)。

(5)《铁路钢桥保护涂装及涂料供货技术条件》(TB/T 1527—2011)。

(6)《公路工程质量检验评定标准　第一册　土建工程》(JTG F80/1—2017)。

3)防腐蚀涂装通用工艺要求

(1)防腐涂装作业环境条件

防腐蚀施工作业环境条件:温度在 5～40℃之间,相对湿度在 85% 以下,钢板表面温度高于露点 3℃以上,雨天、雾大或风沙场合禁止露天施工。

(2)压缩空气质量要求

由于压缩空气在喷砂除锈时与磨料密切接触、在电弧喷涂时与喷涂丝材密切接触,所以空压机后必须配备空气净化装置,除去压缩空气的油、水等杂质,使压缩空气达到洁净干燥,即无油无水无杂质的要求,否则会影响除锈质量和金属涂层质量。

压缩空气压力范围也很重要,过高会增加喷砂设备磨损、增加电弧喷涂丝材的消耗,还会增加安全隐患,过低又会降低喷砂除锈效率、增大金属涂层的粗糙度,影响外观质量,一般要求压缩空气压力在 0.5～0.8MPa 之间即可。

(3)喷砂磨料要求

喷砂除锈常用的磨料有铜矿渣、棱角钢砂、钢丸。要根据不同的工况条件兼顾质量、成本等因素选择不同的磨料。一般在涂装厂房内施工磨料能回收的情况下使用钢砂或钢丸,因为这两种磨料价格高,但硬度大,不易破碎,使用过程中产生的灰尘少,喷砂效率高。粗糙度好、特别是对于经火工切割作业后冷作硬化的棱边能打出一定的粗糙度。需要进行电弧喷涂的喷砂除锈必须全部用棱角钢砂磨料,而只需要进行油漆涂装的喷砂除锈可以选用钢丸磨料并掺一部分钢砂即可。而在现场施工时磨料一般都是一次使用,不能回收,损耗很大,所以应选用价格低廉的铜矿渣磨料。不同工况条件下的磨料种类选择见表 11-3。

不同工况条件下的磨料种类选择　　表 11-3

工 况 条 件	磨 料 种 类	粒度指标要求(mm)
厂房内喷砂除锈(用于电弧喷涂表面)	棱角钢砂	0.5～1.2
厂房内喷砂除锈/无尘抛丸机抛丸除锈(用于电弧喷涂表面)	钢丸(加 30% 钢砂)	0.5～1.5
现场焊缝处理喷砂除锈	钢矿渣	0.5～1.5

无论何种磨料的表面都必须清洁、干燥、无油污、无可溶性盐类等,如果受潮,则应停止使用,更换新砂或干燥达到要求后再使用。

棱角钢砂因反复使用会受到灰尘污染,也会有所破碎,为保证经喷砂处理的表面具有符合要求的粗糙度和清洁度,需要定期对棱角钢砂进行筛分处理,除去棱角钢砂中混杂的粉灰和破碎的钢砂末,并相应地补充新砂。

(4)电弧喷涂丝材要求

钢桥梁防腐蚀施工电弧喷涂丝材最常用到的是纯铝丝、纯锌丝、锌铝合金丝和铝镁合金丝。喷涂丝材应符合《金属和其他无机覆盖层 锌、铝及其合金》(GB/T 9793—2012)的要求。

丝材供货质量应符合《热喷涂火焰和电弧喷涂用线材、棒材和芯材分类和供货技术条件》(GB/T 12608—2003)的要求。进场的丝材应有生产厂家质量证明书,到现场后应存放在专用仓库,库房要通风干燥,丝材不能直接放置在地面上,应用木架垫起100mm的高度以防水防潮。丝材入库后应随机抽样送检,检验合格后方可使用。

(5)涂料材料要求

涂料要满足设计的涂层体系要求,各项指标要达到设计文件的技术要求。

对于富锌涂料(环氧富锌和无机富锌),涂料中的锌粉含量多少是一项重要指标,锌粉含量多少对涂料防腐蚀性能有着直接影响,锌粉含量越高防腐蚀性能就越好,对富锌底漆中的锌粉含量,不同国家和地区有着不同的规范要求,在我国一般要求无机富锌涂料含锌量应不低于80%,环氧富锌涂料含锌量应不低于70%。

对于氟碳面漆涂料,涂料中的氟树脂含量多少是一项重要指标,由于市场不规范。实际的氟碳面漆中氟树脂含量差别很大,实际使用表明使用了低含量氟树脂的氟碳面漆并不比丙烯酸脂肪族聚氨酯面漆有更好的耐久性能,所以我国现在一般要求氟碳面漆中氟树脂含量要不低于24%。

涂料到场后要检查到货涂料标识、名称、型号、批号、生产日期、包装重量(容量)、数量等项目。到场涂料要有生产厂家质量证明书,要将质量证明书与实际到货核对,如有差错要及时澄清。各种类油漆标识不显著、不醒目的要仔细辨识,并采取必要措施予以明确区分。

涂料应存放在专用仓库,库房要通风干燥,具有防火防盗设备和措施。

涂料入库后应在监理工程师监督下随机抽样,并及时送检。检验项目为固体含量、黏度、干燥时间、柔韧性、附着力等。涂料检验合格后方可投入使用。在涂料选型时还需验证主要涂料的耐盐雾性能、耐湿热性能、耐酸性、耐碱性、人工加速老化性能等指标。

(6)表面净化处理

①表面净化处理目的。

涂装前所有工件必须进行表面净化处理,目的是得到无油水、无污物及其他包括可溶性盐在内的洁净干燥表面。

②表面净化处理要求。

表面净化处理工作包括除油除污、棱角打磨和表面清理。表面净化处理在存梁场地内进入涂装厂房前进行。

首先,清理钢结构件或钢桥梁内外各种污物和与涂装施工作业无关的各种物品。

其次,清除钢结构件钢桥梁内外表面加工单位遗漏的残留焊渣焊瘤,如发现加工缺陷请制作单位进行修补。

再次,去除钢板表面油污。钢板表面的局部小块油污用汽油或油漆稀释剂擦净即可,如果油污面积较大或油污较重,应先用金属清洗剂反复擦洗并用清水漂净,待表面干燥后再用稀释剂擦洗一遍以确保除净油污。

最后,检查钢板边缘棱角,对加工单位遗漏(未打磨)的锋利棱角、尖角等用角向磨光机打磨半径为2mm以上的圆弧,去除钢板边角毛刺。

③表面净化处理检查验证。

在工件运进涂装厂房准备防腐涂装前再次对工件进行检查,如有以上未做遗留事项应再次进行清理,以达到上述要求。

(7)表面处理

表面处理主要分为喷砂除锈和机械打磨除锈两种。钢桥梁防腐蚀涂装一般面积大,表面处理要求高。基本都使用喷砂除锈方法,只在栓接面外露螺栓头涂装、现场内表面焊缝涂装、现场外表面油漆涂层体系的焊缝涂装等场合使用机械打磨除锈。

在《涂装前钢材表面处理　表面清洁度的目视评定　第 1 部分:未涂覆过的钢材表面和全面清除原有涂层后的钢材表面的锈蚀等级和处理等级》(GB/T 8923.1—2011)中将钢材表面锈蚀程度分为 4 个等级,分别以 A、B、C、D 表示,将喷砂除锈清洁度等级分为 Sa1、Sa2、Sa2.5、Sa3 共 4 个等级,将手工或动力工具打磨除锈清洁度等级分为 St2、St3 共 2 个等级,并有相应的照片对照说明。关于粗糙度等级要求按《热喷涂金属件表面预处理通则》(GB 11373—1989)及一些涂料说明书的规定要求执行。

喷砂除锈时一般采用压力式喷砂机进行手工喷砂除锈,除去表面全部锈蚀产物和焊渣等溅射物,除锈后的表面清洁度和粗糙度要达到设计的质量要求。

在有销孔、螺纹等特殊部位不能喷砂时应采取遮挡、覆盖等措施加以保护,避免喷砂处理时,磨料的飞溅造成这些部位的表面损伤。

每台喷砂机配备两名喷砂操作工,一名拿枪操作,另一名照看喷砂机并配合拿枪操作工工作,负责装砂、自检等。喷砂操作工应穿戴好喷砂防护服、戴好手套、护套等劳保用品,由于喷砂时的灰尘很大,不能直接呼吸,应使用外界提供的干净气源呼吸,应检查呼吸供气系统,在所有准备工作做完后方可进行喷砂操作。

喷砂后检查喷砂除锈质量,检验不合格处应及时重新喷砂直到合格为止。

喷砂完毕经检验合格后清除磨料,吹净表面灰尘。

机械打磨除锈一般使用手持式电动或气动角磨机,角磨机上安装钢丝轮或纸砂盘。对于平面结构使用纸砂盘将会有较好的效果,对于不平整的焊缝、圆弧面、角落等处应使用钢丝轮打磨,对于过焊孔等部位应使用直磨机加笔刷头的方法进行打磨除锈。打磨除锈为保证安全,操作人员一定要戴风镜保护眼睛。

钢桥面现场涂装时可以使用无尘抛丸机喷丸除锈,因为敞开式喷砂会对周围环境产生很大的粉尘污染。

(8)电弧喷涂

使用电弧喷涂设备喷涂金属涂层,一般对小型构件或不规则表面的外表面用手持式电弧喷涂枪喷涂,对大面积规则的外表面如大型钢箱梁的底面、钢桩管等用机械化喷涂工装和大功率电弧喷涂设备进行电弧喷涂。

电弧喷铝涂层厚度应达到设计规定的要求。

每套喷涂设备配备两名喷涂操作工,其中一名操作设备进行喷涂,另一名辅助配合工作。

喷涂操作工应穿戴好喷涂防护服、戴好手套、护套、墨镜等劳保防护用品,由于喷涂时的灰尘和烟雾很大,不能直接呼吸,应使用外界提供的干净气源呼吸,应检查呼吸供气系统,在所有准备工作做完后方可进行喷涂操作。

喷涂开始时,喷枪应对着非喷涂面进行试喷,调整各项参数,喷涂正常后再对需喷涂面进行正式喷涂。喷涂完毕后,应关闭气源,拉下电源开关。

喷涂施工过程中应经常检测涂层厚度,厚度不够时需继续补喷直到合格为止。

(9)油漆涂装施工通用工艺规程

①岗前培训。

油漆涂装人员、质检员等必须参加涂装技术交底工作,通过项目油漆涂装施工岗前培训和考核,取得上岗资格。

②油漆涂装前的表面清理。

油漆涂装前,必须对将要涂装油漆的表面进行清理。对喷砂表面,应清理干净残存的磨料并吹净表面浮灰;对机械打磨表面,应清理干净打磨后残存的杂物并吹净表面浮灰;对原有油漆涂层,应先修理涂层缺陷,然后除去表面杂物并吹净表面浮灰。

③油漆配制。

单组分油漆开桶后须用搅拌器将桶内的油漆充分搅拌均匀后方可使用,双组分或多组分油漆须按油漆说明书的要求配制后方可使用。

因油漆品种较大,性能、配比、对应的稀释剂各不相同。应设立专职配漆工进行油漆配制工作。

配制后的油漆应在规定的时间内用完。超过适用期的油漆不能再使用,有些超过适用期的油漆看上去与新配制的油漆没有什么区别,但涂料内部已发生了化学反应,性能已经变化。

④油漆涂装。

钢桥梁防腐蚀涂装方法一般有刷涂、滚涂、有气喷涂和高压无气喷涂等 4 种方法,由于钢桥梁构件较大,面积也大,为提高效率和施工速度,主要采用高压无气喷涂方法涂装油漆,附属设施等小型工件因结构复杂或面积较小可以采用手工刷涂或滚涂方法涂装油漆。

手工涂刷油漆所使用的工具包括毛刷、滚筒等工具。

毛刷和滚筒应采购质量相对好一些的(少掉毛为好)使用。毛刷和滚筒在使用前还应进行适当的清毛加固工作,如果掉毛严重则不能使用。

刷涂或滚涂时,刷涂或滚涂方向应采取先前后、后左右的顺序进行。毛刷或滚筒蘸取油漆时要适量并在油漆桶边缘刮掉多余油漆,以防滴落和流挂。

大面积无气喷涂前,应对工件的粗糙表面、手工不平整焊缝表面、板边、弯角、流水孔以及喷涂死角等处进行手工预涂。预涂应注意既要保证厚度,又要避免流挂。预涂完毕后再喷涂油漆。

使用高压无气喷涂机喷涂时,喷嘴口径和喷嘴压力等技术参数应按所喷涂油漆说明书的要求选用。喷涂要求如图 11-53 所示。

应使用 80 ~ 120 目细筛网滤去油漆中可能混入或产生的固体颗粒、漆皮和其他杂质,以免堵塞喷嘴及影响漆膜的性能及外观。

喷漆规则:自上往下、从里往外,先难后易。

特别注意:风速超过 6 级时应停止喷漆作业或采取措施,如用防雨布遮挡等办法减少刮风对喷漆的影响后再进行喷漆作业,以降低材料消耗,保证油漆涂层外观质量。

⑤油漆涂层缺陷及修复。

对油漆涂层出现的缺陷应及时进行返工或修复,返工或修复经检验合格后方可转入下道工序,油漆涂层常见缺陷和修复方法见表 11-4。

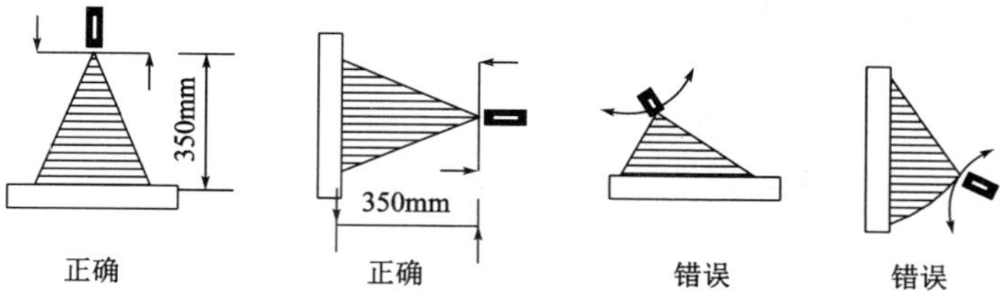

a) 喷涂角度、喷涂距离、喷枪移动等工艺参数示意图

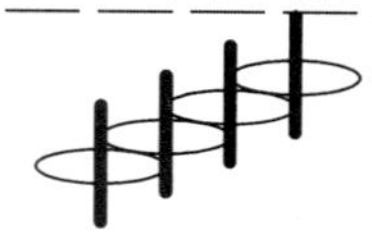

b) 两枪间距50%重叠工艺参数示意图

图 11-53　高压无气喷涂涂装施工工艺参数说明示意图

油漆涂层常见缺陷和修复处理方法　　表 11-4

名称	现　　象	原　　因	修复处理方法
流挂	油漆沿涂覆表面流淌的现象	(1)涂层太厚; (2)喷枪距涂覆表面太近	涂层未干时用刷子刷掉流挂的油漆;如果油漆已干,则用砂纸将其打掉再喷
干喷	油漆在到达涂覆表面前已胶干,涂覆表面形成一个像砂纸一样粗糙的膜	(1)喷枪距涂覆表面太远; (2)雾化气量太大; (3)风速太高	除掉干喷层,重新喷涂,同时调整好操作参数并注意环境条件
橘皮	涂覆表面形成类似橘皮的漆膜	(1)油漆黏度太大; (2)喷枪距涂覆表面太近; (3)溶剂挥发太快; (4)喷枪气压太低	涂层未干时用刷子刷掉橘皮,如涂层已干则用砂纸刷掉橘皮重喷
龟裂	涂层表面上形成网状裂纹,形状类似于干裂的泥地(多发生于快干型油漆)	(1)涂层太厚; (2)油漆过分雾化; (3)涂覆表面太热	除掉龟裂的涂层,调整好操作参数,重喷
皱褶	涂层表面呈现类似皱纹一样的漆膜	(1)涂层太厚; (2)涂覆表面气温太高	铲除皱褶层重新喷涂
针孔	漆膜上出现小而深的肉眼可见的小孔,通常一簇一簇地出现	(1)雾化压力高且喷枪距太近; (2)油漆压力高而雾化压力低; (3)油漆配方有误或被涂表面条件不合适	采用多次喷涂将针孔封闭或采用刷子用机械法进行修补
气泡	漆膜上出现鼓出的气泡,有些已破裂留下疤痕,有些没有破裂。气泡有大有小,有多有少	(1)涂料自身消泡性能不好; (2)施工环境温度过高; (3)金属喷涂层封闭不好; (4)环境相对湿度过大; (5)工作表面潮湿有水汽	(1)更换涂料; (2)避免高温时间涂装油漆; (3)调整封闭涂层厚度,不能漏封也不能封得太厚; (4)停止施工或安装除湿机; (5)待干燥后再施工; (6)已出现的气泡待涂层干燥后打磨修补重涂装
脱膜	两层漆间或涂层与底材间出现分离	(1)涂覆下道油漆前上道涂层表面被污染; (2)两层涂层之间间隔时间太长	去掉分离层,重新进行处理和喷涂

(10)各工序涂装间隔时间要求

喷砂除锈合格的工件必须在 4h 内进行电弧喷涂或油漆涂装。当所处环境的相对湿度不

大于60%时,可以适当延长,但最长不应超过12h;不管停留多长时间,只要表面出现返锈现象,应重新除锈。

每两道油漆之间的最小涂装间隔时间和最长涂装间隔时间应满足油漆说明书要求。超过最长间隔时间应按油漆说明书要求进行涂层表面处理后方可涂装下道油漆。

(11)工序检验和质量记录要求

①工序检验。

每道工序完工后都应经过自检、互检和专检,专检合格后报监理工程师检验,监理工程师检验合格方可进入下道工序。

自检由操作工自己检验,互检由作业班长检验,专检由专职质检员检验。

油漆涂层检验应在涂层干燥后进行。

每次检查过程中发现的问题都必须认真处理直到达到质量要求为止。

防腐涂装施工各道工序检验项目、质量标准、检验方法和频次见表11-5。

工序检验项目、技术标准、检验方法和频次 表11-5

工序	检验项目	质量标准	检验方法和频次
喷砂除锈	清洁度	按设计要求,如Sa3级、Sa2.5级	方法:标注图谱目视对比法。 频次:100%
	粗糙度	按设计要求,如Rz30~70μm	方法:比较样块目视对比法。 频次:每批检测一次
打磨除锈	清洁度	按设计要求,如St3级	方法:标准图谱目视对比法。频次100%
电弧喷涂	外观	涂层均匀平整,不允许有起皮、鼓泡、大熔滴、流缀、裂纹、剥落及其他影响涂层使用的缺陷	方法:目视对比法。 频次:每班检测一次
	厚度	按设计要求,如180μm	方法:测厚仪测量。 频次:按设计要求,如每10m^{2}测量3个点,部位随机
	附着力	无涂层从基体剥落	方法:切格法。 频次:每批一次,部位随机
油漆涂装	外观	漆膜连续平整,无流挂、气泡、针孔、漏涂等表面缺陷	方法:目视法。 频次:100%
	厚度	按设计要求	方法:测厚仪测量。 频次:按设计要求,如每10m^{2}测量3个点,部位随机
	附着力	按设计要求,如划格法1级及以上	方法:划格法检验。 频次:每批一次,部位随机

注:1.由于材料材质和喷砂磨料的不同,钢结构喷砂后的清洁度外观目视效果可能会与标准图法和比较样块的外观目视效果存在差异。

2.表面粗糙度还可使用粗糙度仪进行测量,但因粗糙度仪测显速度慢,测量范围有限,不太实用,使用较少。

3.漆涂层厚度还可以用湿膜测厚仪进行施工过程控制。

4.涂层厚度可以根据设计要求按90-10规则或85-15规则判定,90-10规则即所测点的值必须有90%达到或超过设计值,未达到的测点之值不得低于设计值的90%;85-15规则即所测点的值必须有85%达到或超过设计值,未达到的测点之值不得低于设计值的85%。

5.油漆涂层附着力使用划格法检验。涂层附着力检测方法:按《色漆和清漆 漆膜的划格试验》(GB/T 9271—2008)的规定进行划格检验。涂层厚度小于60μm时,划格间隔为1mm;涂层厚度在61~120μm之间时,划格间隔为2mm;涂层厚度大于120μm时,划格间隔为3mm;厚度大于250μm的油漆涂层或无机富锌底漆涂层不适合用划格法测量,可用拉拔法测最厚处附着力。检测量可根据规定为每100m^{2}测量1个点或每批测1个点,部位随机。

②质量记录。

在施工过程中应按质量保证体系的要求作施工记录，确保施工质量的可追溯性。施工记录内容包括工件名称、型号、编号、施工环境状况、施工时间、施工内容、检验记录等。

（12）其他要求

①焊口预留。焊口处预留 50mm 宽不做油漆涂层，以免影响焊接。以后每层油漆涂装前，焊缝边缘再留出 30mm，形成阶梯状过渡层。

②墩位处理。工件底面在车间内喷砂除锈后应进行换墩，将支撑墩底下未喷砂除锈的部位按同样的工艺和质量要求进行喷砂除锈，直到合格为止。

③高处作业。对于高处够不着的部位应架设梯子或搭建临时登高架子以方便施工。梯子或临时登高架子须工作稳固，轻便灵活，既能保证施工安全，又可提高工效保证质量。喷砂完毕后应将梯子或临时登高架子上的磨料和灰尘全部清除干净，以免这些磨料影响下道的电弧喷涂或油漆涂装工序和涂层质量。

④钢箱梁内部涂装作业特殊要求。在钢箱梁内部喷砂除锈报检合格后，所有进入钢箱梁内部进行涂装作业和检验的人员均应换穿干净的胶鞋或穿戴干净鞋套，以确保工件的清洁，避免二次污染。

11.3.2 钢桥铺装的施工

正交异性钢桥面板与铺装层本身一起构成钢桥面铺装结构体系。桥面铺装作为桥梁行车体系的重要组成部分，其主要功能就是联结桥梁结构、分散荷载、参与桥面板共同受力，起到保护桥面的作用。铺装层质量的好坏和使用的耐久性直接影响到行车的安全性、舒适性、桥梁的耐久性及投资效益，对桥梁的使用性能影响很大。桥面铺装层直接暴露在环境下，承受行车荷载、梁体变形和环境因素等的作用，因此，桥面铺装必须具有足够的强度和良好的整体性，并具有足够的抗裂、抗冲击、耐磨等性能。

目前国内外的钢桥面铺装材料主要有以下几种类型：

（1）浇筑式沥青混凝土铺装。该技术源于德国，并在日本等国家得到普遍应用。采用特里尼达天然湖沥青或聚合物改性沥青，在高温下拌制出具有流动性的沥青混合料，采用浇筑方式摊铺成型（不需要碾压）。

（2）环氧沥青混凝土。这种材料在我国有着广泛的应用。该工艺是在沥青中加入环氧树脂，经过固化反应，使沥青由热塑性材料转变为热固性材料。环氧沥青混凝土强度大，且具有良好的耐腐蚀性和抗疲劳性。其制作工艺特殊，对水极为敏感，抗滑性能较差，养护周期长。

（3）改性沥青 SMA 混合料。与普通沥青材料相比，SMA 具有较好的高温稳定性、低温抗裂性，抗滑性和耐久性。在日本，SMA 多用于铺装底层代替浇筑式沥青混凝土，以增强铺装的抗车辙性能；面层仍多用改性密级配沥青混合料。在德国，改性沥青 SMA 既可用于铺装下层，也可用于铺装面层。

三种类型铺装的施工工序有共同点，也有差异的地方，大体施工工序如图 11-54 所示。

以下将以浇筑式沥青的施工为例介绍铺装施工工艺。

1）钢板处理

钢桥面铺装层施工前，应对钢板进行除锈和防腐施工，具体施工要求可参照钢桥涂装的施工工艺。

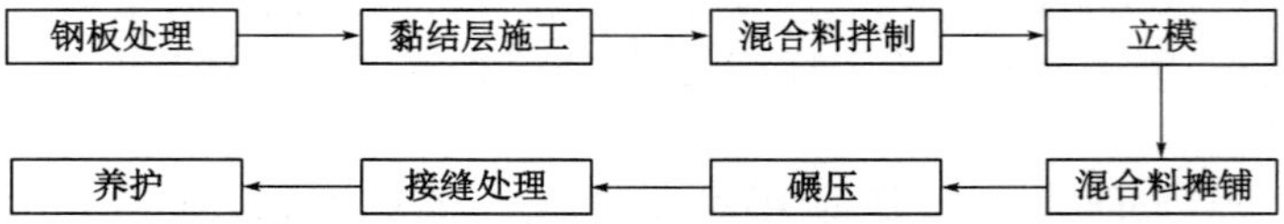

图 11-54　钢桥铺装层施工工序

2)黏结层施工

喷洒黏结层时需将钢板上的水分、油分清除干净,以保持桥面板的干燥、清洁。当天的喷洒区要与次日铺装层的施工区相对应,且喷洒区边缘要比铺装区边缘多出 2 ~ 3cm。为避免与铺装层接触以外的部位(如缘石和护栏底座的大部分面积)遭到污染,这些部位都应该采用塑料薄膜和胶黏带等临时覆盖材料进行预先覆盖。

在拌和厂分别将已预热过的 A 料和 B_1 料由厂内储油罐泵入洒布机的相应储油罐内,并继续将 A 料加热至 900℃,B_1 料加热至 150℃(喷出黏结料的温度为 150℃ ±50℃),由大型装载机运至现场备用。

为精确有效地控制喷洒量,要设专人根据在喷洒机上设定的流量(L/min)和单位面积喷洒量及喷洒宽度,事先计算出操作工的行走速度(m/min),每次喷洒完毕前须记录喷洒机流量计的初读数,喷洒过程中每 5m 再记录一次,最后校验喷洒总量。

3)混合料拌制

将合适级配的粗集料放入拌和楼的装料斗中,然后由传送带送至烘干筒内加热,加热后的粗集料被传送至振动筛中,通过筛分后,被装入 3 个料仓中。为保证粗集料的级配,应对皮带传送过程中、烘干筒进料口附近以及振动筛振动过程中散失的粗集料进行回收。筛分后装入料仓中的热集料经拌和楼计量系统计量后,由卸料仓卸入装载机的料斗中,粗集料的温度控制在 230℃左右。

将满足要求的粗集料由装载机提升到搅拌机进料口,由现场工人分批卸入移动式搅拌机内已拌制完毕的胶泥中。加热完粗集料后,移动式搅拌机便开到指定的停车区域,将混合料充分混合,并将温度提升至 200 ~ 230℃。为保证制备的浇注式沥青混凝土的品质,出料前应至少搅拌 1h。

各种铺装类型混合料拌制要求各有不同,应根据具体设计要求进行拌制。

4)立模

由于浇注式沥青混合料在 200 ~ 230℃铺设时具有流动性,为使其在规定的区域内流动,必须进行施工立模。因钢桥面板存有焊缝等原因,模板一般采用 23mm 厚、约 300mm 宽的钢质挡板,依次摆在铺设面的边缘,然后用不同厚度的钢质填隙片调节钢质挡板高度,如图 11-55 所示。

5)混合料摊铺

铺装施工前应选择合适的摊铺机,摊铺前应先调整摊铺机的机构参数和运行参数,调整的机构参数包括摊铺的宽度、摊铺的厚度、熨平板的拱度、初始工作迎角、布料刀与熨平板前缘的距离、振捣梁行程等。

摊铺机的运行参数为摊铺机作业速度，合理确定作业速度对保证摊铺的浇注式沥青混凝土的品质尤为关键。若摊铺速度过快，将造成摊铺层松散，出现拉料现象，影响混合料的平整度和压实度；若摊铺过慢，将使混合料温度下降过快，导致摊铺困难。

铺设时需将预定的厚度转置到钢板上，摊铺机整平板有自动的水平设备控制，以铺设预定的厚度。把整平板设置到预定厚度并且放好边侧限制挡板以维持不稳定的混合料的侧向移动，然后把摊铺机调到铺设位置，把整平板设置到预定高度且放稳。

移动式搅拌机倒行到摊铺机前方，打开出料口开始卸料。由于卸料槽口附近的沥青混合料存在离析、硬结成块以及温度过低等原因，为保证摊铺的混合料的品质，应废弃卸料槽口附近的混合料。

图 11-55　施工立模

摊铺机在整平板的前方有一布料刀，可以将整平板前方的沥青混合料拉匀。必要时可用铁锹进行局部调整。紧跟摊铺机之后，应由技术熟练的工人使用木制的刮板和火枪对接缝进行修整。对摊铺机摊铺不够理想的部位，也应由人工刮平。

为使浇注式沥青不沾在施工工具上，可在工具表面涂附植物油。由于摊铺工作劳动强度大，工人容易出汗，为防止工人的汗水滴在施工区域，施工人员应配备擦汗毛巾。

铺设时，采用机械摊铺，如图 11-56 所示；对于不能用摊铺机施工的地方则采用人工铺设，如图 11-57 所示。对一些边、角、缝等局部区域的铺设，应由施工队中有技术和有经验的工人手工铺设。

图 11-56　机械摊铺

图 11-57　人工摊铺

6) 接缝处理

浇注式沥青混合料纵向接缝为热接缝，同时浇注式沥青混凝土与钢模板结合处，也应视为纵向接缝进行适当处理。热接缝的处理如图 11-58 和图 11-59 所示。接缝处侧面洒布环氧沥青黏结剂。横向施工缝或端部的具体做法是在垂直面处预先放置 50mm 厚、15mm

宽的木条,然后在木条处铺设浇注式沥青混合料并且让其冷却,当浇注式沥青混合料冷却、稳定之后,拆除木条。再用热压缩空气吹风机彻底清洁凹槽处,手工浇注环氧沥青作为伸缩和密封连接。

图 11-58　纵缝处理

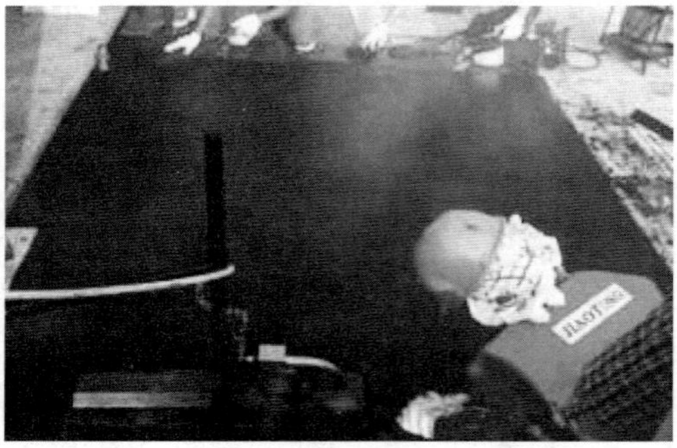

图 11-59　横缝处理

7)接缝处理

浇注式沥青混凝土施工完毕后,混凝土内部仍有较高的温度,铺装结构没有完全硬化,如果开放交通,会造成铺面被污染,表面出现掉料、轮印等不良现象,因此要加强早期交通的管制。一般浇注式沥青混凝土养护时间较短,养护时间一般不少于 3d,环氧沥青混凝土铺装层的养护时间较长,养护时间在一个月左右。

8)其他工艺要求

(1)混合料碾压

对于环氧沥青等混合料需要在混合料摊铺后及时进行碾压,因为环氧沥青混合料拌制后就开始发生化学反应,随着反应的进行,其黏度也逐渐增加,到一定阶段产生凝胶固化,所以,环氧沥青混合料的摊铺和碾压必须在固化前完成。如果环氧沥青发生凝胶,容易导致摊铺困难和碾压不密实,影响铺装层质量。

环氧沥青混合料的压实作业分为初压、复压和终压三个工序。初压的目的是整平和稳定混合料,同时防止混合料的温度下降过快,为复压创造有利条件,是整个压实工作的基础,进行初压的压路机必须紧跟在摊铺机后面碾压,压路机的驱动轮应面向摊铺机,驱动轮先压,以免从动轮先压时使混合料出现推移。复压的目的是使混合料密实、稳定、成形,混合料的密实程度取决于本工序,因此必须与初压紧密衔接,且一般采用重型压路机。终压的目的是清除碾压过程中产生的轮迹,最终形成平整的压实面,因此该工序不宜用重型压路机在高温下完成,否则会影响路面的平整度。

使用轮胎压路机时,必须检查各轮胎的磨耗及压力是否相等,防止因轮胎软硬不一影响面层的横向平整度。

①碾压路线。碾压时压路机驱动轮面向摊铺机,由低到高,依次连续均匀碾压,相邻碾压带重叠 1/3 轮宽,不允许压路机突然转向或调头。压路机起动、停止必须减速缓行,不准紧急刹车、制动。压路机碾压按阶梯形路线进行作业。

②碾压速度。初压时的第一碾,压路机只有追近摊铺机时才可后退。第一碾的控制速度,以不产生横向裂纹和推移为原则。复压的碾压速度不宜太快,不得超过 8km/h,但也不

得太慢,必须保证碾压长度控制在 20 ~ 50m。压路机的起动、停止过程必须减速缓慢地进行。

③碾压温度。派专人负责检测碾压温度,保证初压终了温度不低于 82℃,终压终了温度不低于 65℃。当温度不满足要求时,要查明原因,采取有效措施,并杜绝再次发生。

④特殊部位的压实。对于压路机压实不到的铺装层局部位置,如路缘附近、护栏基座周围,下层采用人工夯实或小型手扶振动压路机、手持式振动夯等小型机具振捣密实,上层按正常工艺压实。对于钢箱梁端部铺装层,宜按垂直车道方向进行碾压,碾压时应保护好铺装层的纵向边缘。所有进入碾压现场的人员都必须穿平底鞋,碾压后的铺装表面不得停放任何车辆机械,并防止矿料、杂物、油料等落在新铺的铺装表面。终压后如发现表面仍有横向微纹,应立即用轮胎压路机碾压,然后再用钢轮压路机碾平。

(2)消泡处理

浇注式沥青混凝土施工过程中,由于钢桥面板上不可避免地存有水气和油分,在铺设热的浇注式沥青混凝土时,便会产生气泡,导致该部分铺装层出现大量鼓包。为此,必须进行消泡处理。消泡处理的具体做法为:采用钢钎戳破鼓包并修整,从而使表面平整密实,如图 11-60 所示。

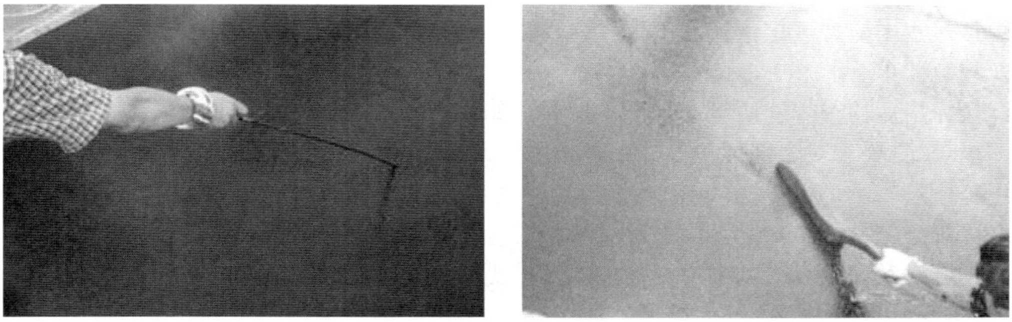

图 11-60　消泡处理

11.4　钢桥质量控制

11.4.1　钢桥加工质量控制

钢桥加工质量的控制主要体现在钢桥构部件的加工精度和连接质量上。我国目前钢桥部件主要采用焊接的连接方式。本节主要针对焊接质量和焊接变形的控制进行阐述。

1)钢桥焊接质量保障

焊接工艺必须按照批准的焊接工艺评定报告编写,施焊时必须严格执行焊接工艺,焊接工艺评定必须符合合同技术条款和现行相关标准的规定。焊接材料和预热温度必须通过焊接工艺评定确定。

组装定位焊缝作为最终焊缝的一部分,必须按照焊接工艺执行,焊缝的质量要求与最终焊缝一致,除非后续焊接为埋弧自动焊,定位焊缝的任何焊接缺陷都必须清除掉。需要返修的焊缝必须按照焊接工艺进行,并按照原焊缝的质量要求进行再次检验。焊接检验要符合合同技术条款和现行相关标准的规定。

焊接质量取决于材料的品质、焊接工艺参数的选择及焊接技术水平等,对于焊接工艺应进行评定试验,按照《铁路钢桥制造规范》(TB 10212—2009),对要施焊的钢构件的焊接方法、焊接材料、焊工资质、缝口清理、定位焊、产品试板、焊接程序、焊接质量检验等工艺严格规定。首先,被焊接板材要具有良好的可焊性,为使焊缝具有一定的机械性能,不产生裂纹、夹渣、气孔等焊接缺陷,并具有良好的工艺性能,必须严格按标准要求焊丝的质量;其次,焊接电流、电压、输入线能量、焊道数等均应符合行业标准,施焊时必须严格遵守技术规则的规定,同时为减小焊接变形,应正确选择施焊程序;最后,焊后还要进行焊缝质量检验,对所有的焊缝均应进行外观检查,内部检查以超声波探伤为主,而对于对应焊缝,当超声波探伤后仍有疑问时,用 x 光或者 γ 射线透视进行复查。

焊接缺陷是指在焊接过程中产生于焊缝金属或附近热影响区钢材表面或内部的缺陷。焊接缺陷主要有:裂缝、内部气孔、夹渣、未溶透、咬边、溢流、烧穿及焊缝尺寸不合规定等。焊接缺陷影响焊缝质量和连接强度,使焊缝受力面积削弱,且在缺陷处引起应力集中,易形成裂纹,并易于扩展引起断裂。

焊接过程中应按规定做产品试板,试板应按要求进行各项力学性能检验,各项指标应满足设计及规范要求。

焊接完毕后检查焊缝质量。焊缝质量要求如下:

一级焊缝:要求对全部焊缝做外观检查及做无损探伤检查,对抗动力和抗疲劳性能要求较高处可采用。

二级焊缝:要求对全部焊缝做外观检查外,对部分焊缝做无损探伤检查。对有较大拉应力的对接焊缝以及直接承受动力荷载构件的较重要的焊缝,可部分采用。

三级焊缝:只要求对全部焊缝做外观检查,用于一般钢结构。

(1)焊缝外观检验

①所有焊缝均应在冷却后进行外观检查,并填写检查记录。所有焊缝不得有裂纹、未熔合、焊瘤、夹渣、未填满弧坑及漏焊等缺陷。

②外观检查不合格的焊接件,在未返修合格前不得进入下一道工序。

(2)焊缝内部质量无损检验

焊缝应在焊接后24h(厚度 $\delta < 40$mm)和48h(厚度 $\delta > 40$mm)以上并经外观检验合格后方可进行无损检验(图11-61)。

①对局部探伤的焊缝,当探伤发现裂纹或其他缺陷时,应连续延伸探伤长度,必要时可达焊缝全长。

②对于超声波或X射线探伤有疑问时,两者需互为辅助手段进行检验。

③对要求用射线和超声波两种方法检验的焊缝,必须达到各自的质量要求,该焊缝方可认为合格。

④如果超声波探伤已可准确认定焊缝存在裂纹,则应判定此处焊缝不合格。

⑤不合格焊缝返修的次数不宜多于2次,第二次返修后,若仍不合格,应查明原因,报监理工程师批准后进行第三次返修。

图 11-61 焊缝内部质量无损检验

2)钢桥加工变形的控制

杆件在焊接过程中,由于焊缝及其附近钢料的收缩会产生不同程度的各种焊接变形,如:盖板蘑菇状变形、盖板和腹板不垂直、盖板不平、腹板弯曲、杆件扭曲及马刀形弯曲等。各种变形如图 11-62 所示。常用的矫正方法有机械矫正(冷矫)和火焰矫正(热矫)。

a) 盖板蘑菇状变形　b) 盖板和腹板不垂直　c) 盖板不平　d) 腹板弯曲　e) 杆件扭曲　f) 马刀形弯曲

图 11-62 杆件变形

对凸凹不平、弯、扭和翘曲的钢板或者角钢,需要冷矫,常采用辊压机赶平或调直。对型钢弯、扭的调直及外形的矫正,可利用型钢矫正机或压力机;对形成马刀形弯曲变形的宽扁钢及长钢板可用顶弯机矫正;若宽厚板件的马刀形变形过大,则需采用火焰矫正。火焰温度应控制在 600~800℃之间。

各类钢材的矫形示意如图 11-63 所示。

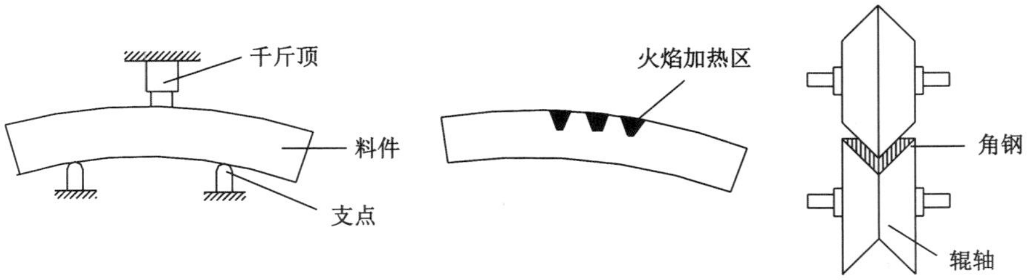

a) 顶弯机工作示意图　b) 刀马形弯曲及火焰纠正　c) 角钢矫正机示意图

图 11-63 各类钢材的矫形示意图

钢材下料时,除了需要精密切割之外,一般的钢料会因剪切或焰切而使边缘钢材组织受损,切口不平。因此,必须采用刨(铣)边机进行刨(铣)加工,使边缘平直、光洁。加工深度最小为 2 ~ 4mm。

3）焊接变形控制

钢材焊接是一种局部的、瞬时的、移动的冶金过程，伴随着加热和冷却循环。从而构件中出现很大的温度梯度，当热胀和冷缩受到周边钢材约束时，即产生热应力和变形，这就是焊接应力（或称焊接残余应力）和焊接变形（或称焊接残余变形）。

影响焊接应力和焊接变形的因素很多，如接头形式和板厚、约束度、焊接线能量（电流、电压、焊丝移动速度等）、焊接顺序、环境温度等。由于这些因素的不定性，通过热循环模拟来计算焊接应力和焊接变形，其计算精度目前还难以达到实际应用的水平。所以，通常采用实测方法掌握其规律性，然后采用各种方法加以有效控制。

焊接变形分为收缩变形（长度方向和宽度方向）、弯曲变形（角变形、纵向和横向弯曲变形）、扭转变形等。以往的钢结构焊接制造中，一般是焊接后采用冷矫形和热矫形方法来矫正焊接变形。但是，完全依赖这种方法，不仅延长了制作工时，增加成本，而且，冷、热矫形又会产生新的延伸和收缩变形，进而影响构件几何精度和下料尺寸的控制难度。另外，热矫形多半为人工操作，这就难以避免因人工技能差别带来的精度的离散性。

（1）焊缝及焊缝尺寸的设计

焊接接头主要有：对接焊缝，T 形接头角焊缝，L 形接头隅角焊缝等。各种焊接接头的焊缝设计既要确保连接强度，又要尽可能减少焊接工作量和焊接变形。表 11-6 列出主要焊接接头的接头形状、焊接方法、焊接顺序及焊缝尺寸等。

主要焊缝设计 表 11-6

接头形式及焊接方法	焊接顺序	焊缝尺寸	作用
对接焊 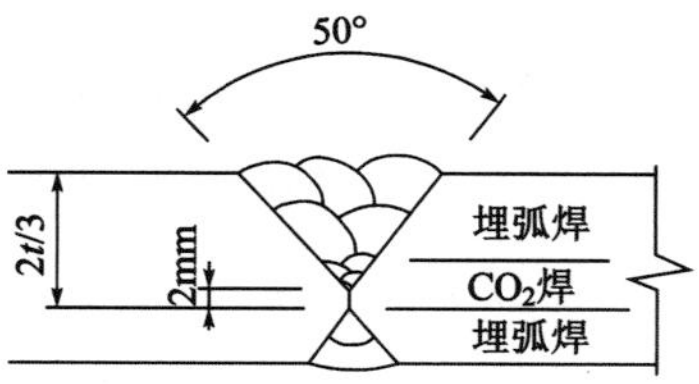	①焊缝根部 CO_2 焊； ②大坡口侧埋弧焊； ③小坡口处埋弧焊	焊缝余高： $B \leqslant 15, h \leqslant 3$ $15 \leqslant B < 25, h \leqslant 4$ $B \geqslant 25, h \leqslant 4B/25$	控制角变形
T 形接头角焊缝 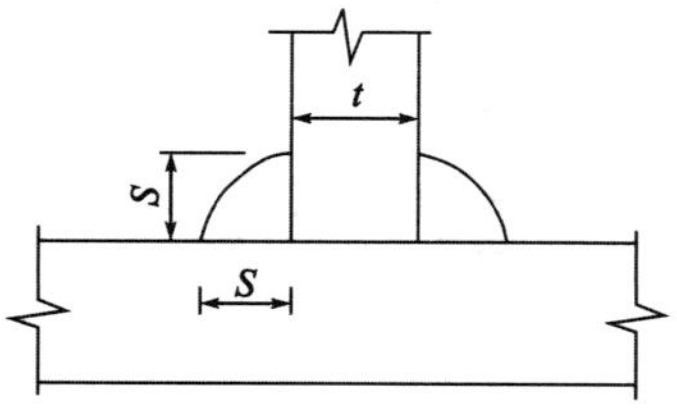 CO_2 自动焊或 CO_2 半自动焊	两侧同时施焊	$S \geqslant \sqrt{2t} + 3$（mm） 且 ≥8mm	确保 T 形接头垂直度

续上表

接头形式及焊接方法	焊 接 顺 序	焊 缝 尺 寸	作　　用
隅角焊缝 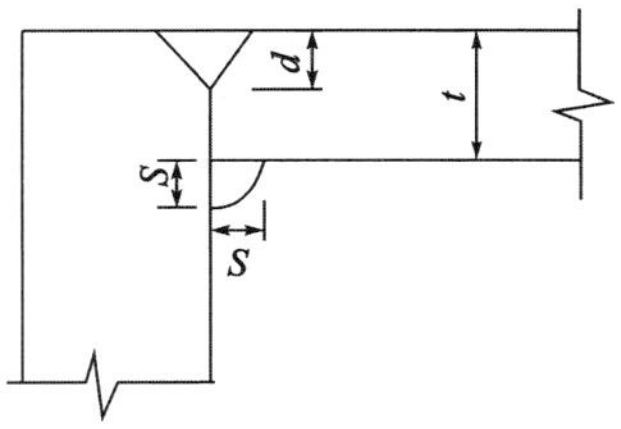 外侧:埋弧自动焊或 CO_2 自动焊 + 埋弧自动焊 内侧:CO_2 半自动焊	①隅角内侧焊缝; ②隅角外侧焊缝	$S \geqslant \sqrt{2t}$(mm) 且≥8mm $d \geqslant 2\sqrt{t}+5$(mm)	外侧焊缝取 V 形缺口,与 L 形坡口相比,可防止层状撕裂

(2)焊接量的合理配置

众所周知,焊接量越大焊接变形越大,而且,构件断面对称和焊缝对称布置,可减小构件的弯曲变形。基于这一概念,钢桥部件在工厂加工制造时就要根据部件的结构形式合理配置焊接量(一般以焊缝长度计),通常情况下板单元的焊缝量较块体及节段的焊缝量大。

(3)焊接收缩变形控制

长度和宽度方向的焊接收缩变形通常采用在下料时考虑焊接收缩量予以补偿。

(4)角变形控制

①T 形接头角焊缝引起的角变形。

由于单侧角焊缝的焊接收缩引起板的角变形,使板单元件呈圆弧状,影响板的平面度,如图 11-64 所示。

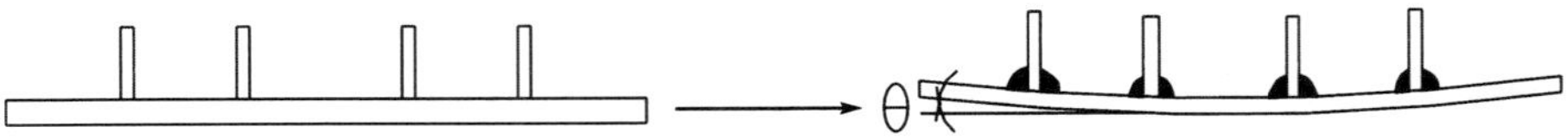

图 11-64　角焊缝引起的角变形

作为对策,对于较薄的板,采用反变形(把角变形引起的弧度反置)焊接是很有效的方法;对于较厚的板,采用胎架约束状态下焊接,或者再辅助冷矫形,是较适宜的方法。

②对接焊缝引起的角变形。

对接焊视板厚可采用 V 形坡口单侧施焊,或对称 X 形坡口双侧施焊,或非对称 X 形坡口双侧施焊。

11.4.2　钢桥施工质量控制

施工控制的目的就是根据实际的施工工序以及现场获取的数据,对桥跨结构进行实时理论分析和结构验算,保证结构的受力和变形始终处于安全的范围内,成桥的线形和结构内力符合设计要求。

钢桥施工控制不仅是桥梁技术的重要组成部分,而且也是实施难度相对较大的部分。现代钢桥普遍采用工厂预制构件,现场拼装焊接的方法。施工中不可避免地存在各种误差,使得桥梁各个构件与设计状态存在偏差。在逐段拼装焊接过程中如果上述偏差逐渐积累,而不加以控制和调整,各构件的位置将会显著偏离设计目标,容易造成结构局部失稳、局部内力超标,从而影响成桥的内力和线形。总之,为了保证桥梁的安全和施工质量,使桥梁各阶段的结构状态(内力状态和几何线形)最大限度地接近设计期望,需要进行桥梁施工监测与控制。

1)桥梁施工质量控制内容

桥梁施工控制在施工中越来越重要,它能使桥梁在竣工以后各部位都达到设计的要求,预先把施工中需要的数值计算好,并在施工过程中不断进行分析和调整。桥梁施工控制的任务就是对桥梁施工过程实施控制,确保在施工过程中桥梁结构的内力和变形始终处于容许的安全范围内,确保成桥状态(包括成桥线形与成桥结构内力)符合设计要求。

(1)应力监测

通过结构的应力监测来了解实际应力状态,使之在允许范围内。结构应力控制的好坏不像变形控制那样容易发现,应力控制不力将会给结构造成危害,严重时将发生结构破坏,所以应力监测比变形控制显得更为重要。对应力控制的项目和精度还没有明确的规定,需根据实际情况确定,通常有:

①结构在自重下的应力,实际应力与理论计算相差宜控制在 ±5%。

②结构在施工荷载下的应力,实际应力与理论计算相差宜控制在 ±5%。

③吊杆张力允许偏差宜在 ±5%。

④温度应力。

⑤施工中用到的对桥梁施工安全有直接影响的支架、挂篮、缆索吊装系统等应力在安全范围内。

(2)变形监测

由于桥梁结构在施工过程中要产生变形,以及施工中各种误差的积累,因此任何一个结构不可能达到与设计尺寸准确无误的吻合,但要尽量减少结构尺寸与设计尺寸的偏差,将其降低到允许的程度。桥梁施工中对结构的最终误差应按《公路桥涵施工技术规范》(JTG/T F50—2011)的规定执行。

(3)稳定控制

桥梁结构的稳定关系到桥梁的安全,与强度有着同等重要的意义。世界上有不少桥梁由于施工过程中失稳而导致全桥破坏。典型案例如加拿大的魁北克桥,该桥在南侧锚定桁架即将架完时,由于悬臂端下弦杆的腹板翘曲而突然发生崩塌坠落。我国四川州河大桥也因悬臂体系的主梁在吊装主跨中段时承受过大的轴力而失稳破坏。因此,桥梁施工过程中不仅要严格控制变形和应力,而且要严格控制施工各阶段结构和构件的局部和整体稳定。

目前,桥梁的稳定性已引起人们的重视,但只注重桥梁结构的稳定计算,而对施工过程中可能出现的失稳现象还没有可靠的监测手段,尤其是随着桥梁跨径的增长,受动荷载或突发情况的影响,还没有快速反应系统。目前主要通过稳定分析计算,并结合结构应力、变形情况来综合评定、控制其稳定性。

(4)主缆线形控制

大跨径悬索桥的主缆施工控制主要为主缆线形和吊索长度的控制,因为主缆架设好以后,其线形很难做出调整;而吊索长度是在主缆架设完成以后定的,一般没有预留太多的调整长度。所以准确定出主缆安装时各控制点的坐标和吊索制作长度等是很重要的,它是悬索桥施工控制的第一步。同时,在实际设计和施工过程中,存在构件截面特性计算误差、施工所用的材料的力学性能偏差(如主缆、吊索的弹性模量)、构件制造安装误差以及计算模型误差等因素,这些都可能影响设计线形的实现。因此,对大跨悬索桥的上部结构施工要通过实地监测各施工阶段的主要控制参数,并通过现场分析及预测,得出合理的控制措施,保证悬索桥各方面符合设计要求。

主缆的线形控制包括基准索股线形和一般索股的线形控制。一般索股是根据基准索股的相对高差来安装的,因此基准索股的线形是参照值。所以,在大跨度悬索桥主缆架设过程中,基准索股的施工控制是关键。

由于在架设主缆之前的施工误差会对主缆架设产生影响,为减少这些影响,在主缆架设之前要准确测量好主缆线形的实际边界条件,包括索塔、主散索鞍、锚碇的高程和桩号。按同步施工的原则,在基准索股安装前加劲梁、索夹等构件均已制作好一部分,因此对已完成的这些构件重量要精确统计好,并进行桥面铺装的重度试验等。在上述参数获得后,修正设计参数,保证主缆中跨的跨中矢高和索塔不偏位的情况下调整主缆的目标线形和各跨主缆的实际无应力长度。

2)影响桥梁施工质量控制因素

桥梁施工控制的主要目的是使施工实际状态量最大限度地与理想设计状态相吻合。要实现上述目标,就必须全面了解可能使施工状态偏离理论设计状态的所有因素,以便对施工实施有效控制。

(1)结构参数

不论何种桥梁的施工控制,结构参数都是必须考虑的重要因素,结构参数是控制中施工模拟分析的基本资料,其准确性直接影响分析结果的准确性。事实上,实际桥梁结构参数一般很难与设计采用的参数完全吻合,总是存在一定的误差,施工中如何恰当的计入这些误差,使实际结构参数尽量接近设计结构参数,是首先需要解决的问题。结构参数主要包括以下几个方面:

①结构构件截面尺寸。任何施工都可能存在截面尺寸误差,验收规范也允许出现不超过限值的误差,而这种误差将直接导致截面特性的误差,从而直接影响结构内力、变形等的分析结果。所以控制过程中要对结构尺寸进行动态取值和误差分析。

②结构材料弹性模量。结构材料弹性模量和结构变形有直接关系。对通常遇到的超静定结构来讲,弹性模量对结构分析结果影响更大,但施工成品构件的弹性模量(主要是混凝土结构)总与设计采用值有一定差别。所以在施工过程中要根据施工进度做经常性的抽样试验,特别要注意混凝土强度波动较大的情况,随时在控制分析中对弹性模量的取值进行修正。

③材料密度。材料密度是产生结构在施工过程中的内力和变形的主要因素,控制中必须要计入实际密度与设计取值间可能存在的误差,特别是混凝土材料,不同的集料与不同的钢筋含量都会对密度产生影响。施工控制中必须对其进行准确识别。

④材料热膨胀系数。热膨胀系数的准确与否也将对控制产生影响,尤其是钢结构。

⑤施工荷载。在所有自架设体系中,都存在施工荷载,这部分临时荷载对受力和变形的影响在控制分析中是不能忽略的,一定要根据实际情况进行取值。

⑥预加应力或索力。预加应力是预应力混凝土结构内力和变形控制中考虑的重要结构参数。斜拉桥索力直接影响结构变形与受力,真实了解各阶段索力是非常必要的。

(2)施工工艺

施工控制是为施工服务的,反过来施工的好坏又直接影响控制目标的实现,除要求施工工艺必须符合控制要求外,在施工控制中必须计入施工条件非理想化而带来的构件制作、安装等方面的误差,使施工状态保持在控制之中。

(3)施工监测

监测是桥梁施工控制的最基本手段之一。监测包括变形监测、应力监测等。因测量仪器、仪器安装、测量方法、数据采集、环境情况等存在误差,所以结构监测总是存在误差。该误差一方面可能造成结构实际参数、状态与设计或控制值吻合较好的假象,也可能造成将本来较好的状态调整得更差的情况。所以保证测量的可靠性对控制极为重要,在控制过程中,除要从测量设备、方法上尽量设法减小测量误差外,在进行控制分析时还必须将其计入。

(4)结构计算分析模型

无论采用什么分析方法和手段,总是要对实际桥梁结构进行简化和建立计算模型,这种简化使计算模型与实际结构之间存在误差,包括各种假定、边界条件处理、模型化的本身精确度等。控制中需要在这方面做大量工作,必要时还应进行专门的试验研究,以使计算模型误差所产生的影响减到最低程度。

(5)温度变化

温度变化对桥梁的结构的受力与变形影响很大,这种影响随温度的改变而改变,在不同时刻对结构状态(应力、变形)进行测量,其结果是不一样的,如果施工中忽略了该项因素,就必然难以得到结构的真实状态数据(与控制理想状态比较),从而也难以保证控制的有效性,所以必须考虑温度变化的影响。温度变化相当复杂,包括季节温度、日照温差、骤变温差、残余温度、不同温度场等,而在原控制状态中又无法预先知道温度的实际变化情况,所以在控制中难以考虑(要考虑也将是非常复杂的)。通常都是将控制理想状态定位在某一特定温度下,从而将温度变化对结构的影响相对排除。一般是将一天中温度变化较小的早晨作为控制所需实测数据的采集时间。但对季节性温差和桥体内温度残余影响要予以重视。

思考题

11-1 钢桥构件的加工制作一般工艺流程有哪些?

11-2 钢箱梁板单元是如何划分的?制造工艺流程是什么?

11-3 钢管拱肋弯曲成型技术有哪些?有何优缺点?

11-4 悬索桥的主缆类型及施工方法有哪些?

11-5 钢桥悬臂施工的适用范围是什么?为何要控制悬臂长度?

11-6 简述钢桥涂装施工工艺流程。

11-7 钢桥铺装类型有哪些?各自有何特点?

11-8 简述焊接残余应力与残余变形的主要特点和对钢桥的影响。

11-9 简述减少焊接残余变形和残余应力的方法。

11-10 钢桥质量控制包括哪些具体方面?

11-11 焊缝质量有哪几级要求?其内容分别是什么?

第 12 章

钢桥病害与维护

12.1 钢桥典型病害

我国目前已建钢桥的主要结构形式有“梁拱体系”和“缆索体系”，梁拱体系包括钢桁梁、钢箱梁、钢板梁、钢桁架拱和钢箱拱；缆索体系包括斜拉桥和悬索桥。不同结构体系钢桥的构造特点、受力性能存在显著差异，在车辆荷载和外界环境因素的耦合作用下，往往容易产生不同类型与程度的病害。本节分别以梁拱体系和缆索体系钢桥为对象，介绍各自的病害特征及评定方法。

梁拱体系钢桥施工比较方便，因此数量较多，主要病害产生于钢梁或钢拱部位。正常使用情况下，该形式的钢桥发生落梁等严重损伤的实例很少，但锈蚀、裂缝、局部弯曲、桥面系破坏、构件损伤、铆钉螺栓剪断等病害较为普遍。梁拱体系钢桥由活载直接产生的整体强度病害很少，这是因为设计荷载满载的概率较小，原材料强度稳定，所采用的安全系数较高的缘故。但地震、活载等灾害、车辆的撞击事故、地基下沉和由临近工程引起的桥梁病害时有发生。对于建成年代较早的桥梁，随着钢构件的老化、疲劳强度降低和荷载增大等原因，其承载能力和耐久性逐渐成为主要的问题。

桥梁病害(缺陷)发生的部位、程度及形式,依据构造物的种类、应力状态和发生原因而呈多种形态。梁拱体系钢桥病害(缺陷)主要集中在主梁(主拱)、构件连接部位及支座等部位,主要病害形式为变形、变位、裂纹、锈蚀及涂装劣化,如图12-1所示。

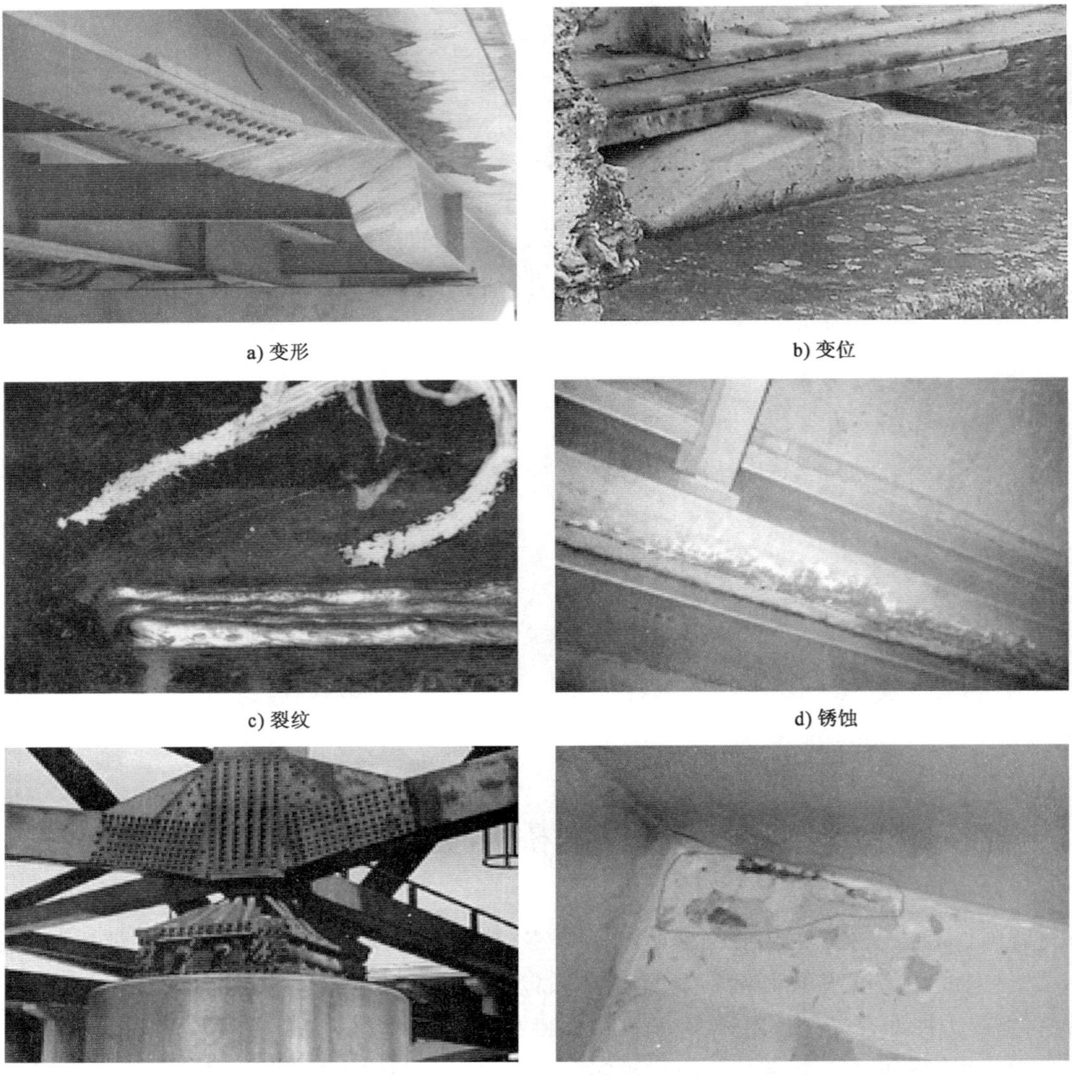

a) 变形　b) 变位　c) 裂纹　d) 锈蚀　e) 锈蚀　f) 涂装劣化

图12-1　梁拱体系钢桥主要病害实例

缆索体系钢桥中悬索桥主要由主缆、加劲梁、吊索、索塔、锚碇和鞍座六部分组成。索塔和锚碇大多为混凝土结构,其病害可参考混凝土相关文献和著作。斜拉桥是一种自锚结构体系,不需要拉索两端巨大而昂贵的锚碇结构。考虑经济性和受力性能,斜拉桥的索塔目前主要采用混凝土结构,很少采用钢索塔。混凝土索塔常见的病害形式为横向裂缝和塔身混凝土劣化,其产生机理与一般混凝土结构相似,在此不做阐述。由于索塔主要承受竖向压力,受力简单,即使采用钢索塔,也只要按照正常的钢结构养护方案进行管理即可,但个别局部(如索孔处)

需要特别关注。因此，缆索体系钢桥病害主要分布在缆索及钢主梁，而具体病害的形式有缆索锈蚀、锚头锈蚀、涂装劣化、钢桥疲劳病害等，如图 12-2 所示。

a) 斜拉索钢丝锈蚀　b) 悬索桥主缆涂膜腐蚀

c) 吊索内钢丝锈蚀　d) 锚头锈蚀

e) 钢桥涂装病害　f) 钢桥面板疲劳病害

图 12-2　缆索体系钢桥病害实例

除了上述的钢桥自身病害外，钢桥面铺装的病害也是钢桥主要病害之一，尤其是大跨径缆索支承桥梁的钢桥面铺装。混凝土桥面刚度较大，在车轮荷载作用下变形很小；而正交异性钢桥面板横桥向刚度较小，车轮荷载作用下易发生较大的局部变形，对钢桥面铺装的受力性能会产生较大影响。在温度变化、风荷载等因素的综合作用下，其受力和变形较传统的混凝土桥面、公路路面、机场道路路面要复杂许多。

钢桥面铺装的病害产生原因除与铺装自身性能有关外，还与钢桥面板的耦合性能、钢桥面板自身病害息息相关。至今，钢桥面铺装在我国的应用和研究已接近二十年，目前形成的铺装体系主要有三大类：一是改性沥青 SMA 铺装体系（包括双层 SMA 铺装和 ERS 铺装），二是环氧沥青混凝土铺装体系，三是浇筑式沥青混凝土铺装体系。这些不同类型的钢桥面铺装虽然在铺装性能上存在差异,但其产生的病害类型总体上无明显差别。依据现场调研和相关文献报道,钢桥面板铺装病害主要可分为以下几类:车辙、裂缝、纵向凹凸、错台、坑洞、抗滑性、滑移、气泡、接缝开裂等,部分铺装病害如图 12-3 所示。

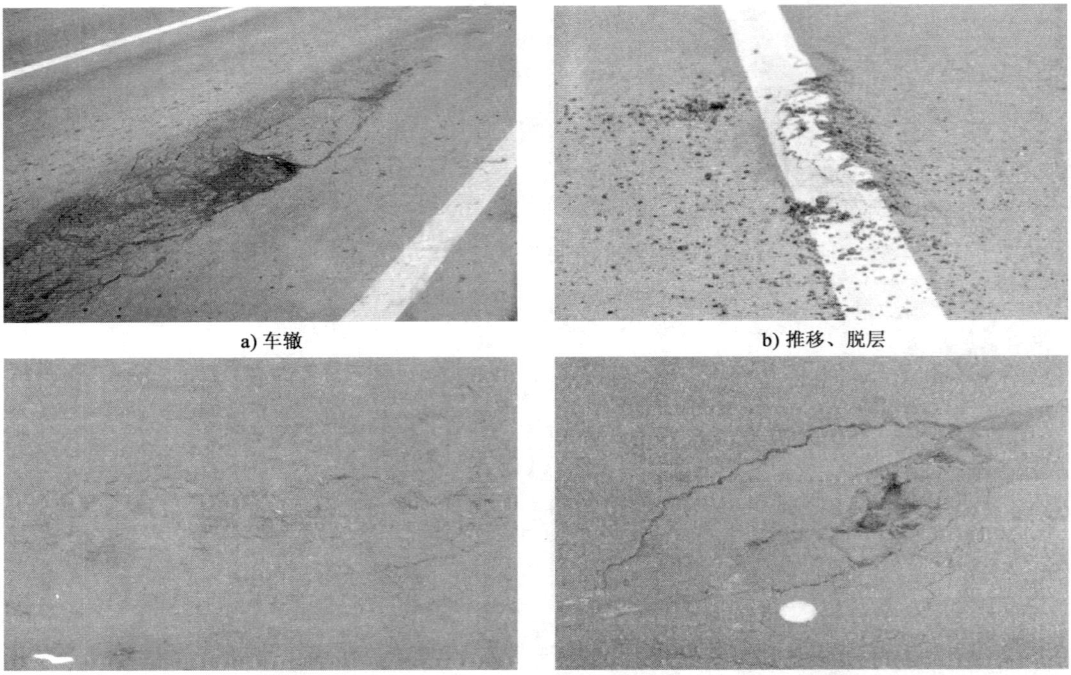

a) 车辙　b) 推移、脱层　c) 裂纹　d) 坑槽

图 12-3　钢桥铺装病害实例

综上所述,钢桥的病害可基本归纳为涂装病害、腐蚀病害、疲劳病害、铺装层病害 4 个方面。下面将分别介绍这 4 种类型的病害。

12.1.1　涂装病害

钢桥结构涂装施工通常需要两种及以上的施工工序,典型的钢桥结构涂装体系见表 12-1。钢桥涂装各种病害(图 12-4)的成因各不相同,但就病害产生时间而言,涂装粉化、起泡、开裂、剥落等主要产生于钢桥服役阶段,而涂层刮伤、烧伤等施工损伤多产生于钢桥建造阶段。一般而言,钢桥涂装病害可分为以下几类:

(1)粉化。在潮湿空气、污染大气等因素的作用下,涂层树脂发生分解后仅留下颜填料在表面,此时涂膜呈白色(浅色漆)或深色(深色漆)粉状物。涂装粉化产生的原因较多,如涂料过度稀释,漆膜太薄,树脂无法有效黏结;底材太疏松,树脂过多渗入基底,无法有效黏结;施工时基底温度过低,低温引起的乳胶无法凝结,成膜不佳;基底及环境湿度过高,重涂时间短,通风差,无法完全成膜;基底碱性过高,漆膜被破坏等。

(2)起泡。涂膜表面分布直径不等的膨胀隆起,出现点泡或豆泡。起泡一般是由涂层之间或涂层与钢材之间渗入的气体或液体引起的压力所致,当压力大于涂层间的黏聚力时便产生了气泡;或者涂层内的锈胀引起涂膜的鼓泡(锈的体积为铁体积的 2.5 ~ 4.0 倍)。起泡是一种常见的涂料缺陷，里面有时是干的，有时是液体。起泡有大有小，其大小通常跟底材的附着力强度和涂层间的结合强度，以及气泡或水泡的压力有关，但形状一般均为半球形。

钢桥涂装体系 表 12-1

涂装体系	涂料(涂层)名称	每道干膜最小厚度(μm)	至少涂装道数	总干膜最小厚度(μm)	适用部位
1	特制红丹酚醛(醇酸)防锈底漆	35	2	70	桥栏杆、扶手、人行道托架、墩台吊篮、围栏和桥梁检查车等桥梁附属钢结构
	灰铝粉石墨或灰云铁醇酸面漆	35	2	70	
2	电弧喷铝层	—	—	200	钢桥明桥面的纵梁、上承板梁、箱形梁上盖板
	环氧类封孔剂	20	1	20	
	棕黄聚氨酯盖板底漆	50	2	100	
	灰聚氨酯盖板面漆	40	4	160	
3	无机富锌防锈防滑涂料	80	1	80	栓焊梁连接部分摩擦面
	电弧喷铝层	—	—	100	
4	环氧沥青涂料	60	4	240	非密封的箱形梁和箱形杆件内表面
	环氧沥青厚浆涂料	120	2	240	
5	特制环氧富锌防锈底漆或水性无机富锌防锈底漆	40	2	80	钢梁主体，用于气候干燥、腐蚀环境较轻的地区
	棕红云铁环氧中间漆	40	1	40	
	灰铝粉石墨醇酸面漆	35	2	70	

(3)剥落。涂膜的表面和底层之间、新旧涂膜之间丧失了附着力、涂膜表面形成小片或鳞片状脱落。剥落的涂层硬而脆，可以从底材上撕下。一旦涂层开裂，边缘会从底材上卷起，就会产生剥落的可能。剥落通常由不良的表面处理，底材或涂层内有污物等引起。

(4)开裂。涂膜开裂(龟裂、裂纹)是由于涂层内部的应变导致的。一般情况下，开裂是由涂料本身配方不当、漆膜老化和风化等造成的。当涂膜表面收缩的速度远大于本体时，即在表面应力的作用下，涂层就会开裂。龟裂是最严重的涂层开裂现象，有时会直接穿透涂层到达底材，造成钢材的腐蚀，从而会进一步出现涂膜从钢材上大片剥落的现象。

(5)生锈。指涂膜出现针孔锈斑、点状锈、泡状锈或片状锈的现象。其中点状锈蚀出现频率极高，通常在涂料使用很长时间并接近其使用期限时出现。但是如果由于施工不当或者配方不当，施工几天后就会出现点蚀。

(6)丝状腐蚀。当金属表面上的涂层吸着有盐类化合物时，它会吸附大气中的水分，形成液滴渗透到涂层的下面；或金属表面原来已经吸着有盐类，在潮湿的大气中，涂层上会凝结水分，并渗透过涂层形成液滴。涂层下的液滴，其边缘与中心充氧不均衡。边缘充氧较充足，呈阴极反应；而中心不充足，呈阳极反应，从而构成腐蚀电池。在腐蚀过程中，边缘部位呈碱性，会降低液滴的表面张力促进液滴运动,于是形成丝状腐蚀并向前扩展。同时,由于边缘的碱性,还会促使涂层皂化,更促进液滴向前运动,进而形成许多紊乱的丝状腐蚀物。

(7)变色。涂膜中的色相原料在紫外线作用下发生变质,涂层即会产生褪色、渗色、变色等现象。

(8)失光。在喷涂面漆前,底漆干燥时间太短或底漆未使用良好(或不匹配)的硬化剂,导致外涂层表面呈现不均匀,并有轻微纹理,从而导致涂装表面光泽降低,即为失光。

(9)泛金。涂料自然老化后,表面出现肉眼可见的金属色亮点,称为泛金。

(10)玷污。喷涂前没有彻底清洁干净,或选用质量较差的棉布清洁带来尘土及脏纤维;喷涂过程中压缩空气没过滤或过滤不充分造成不同大小形状的尘粒、油污嵌入涂层表面。

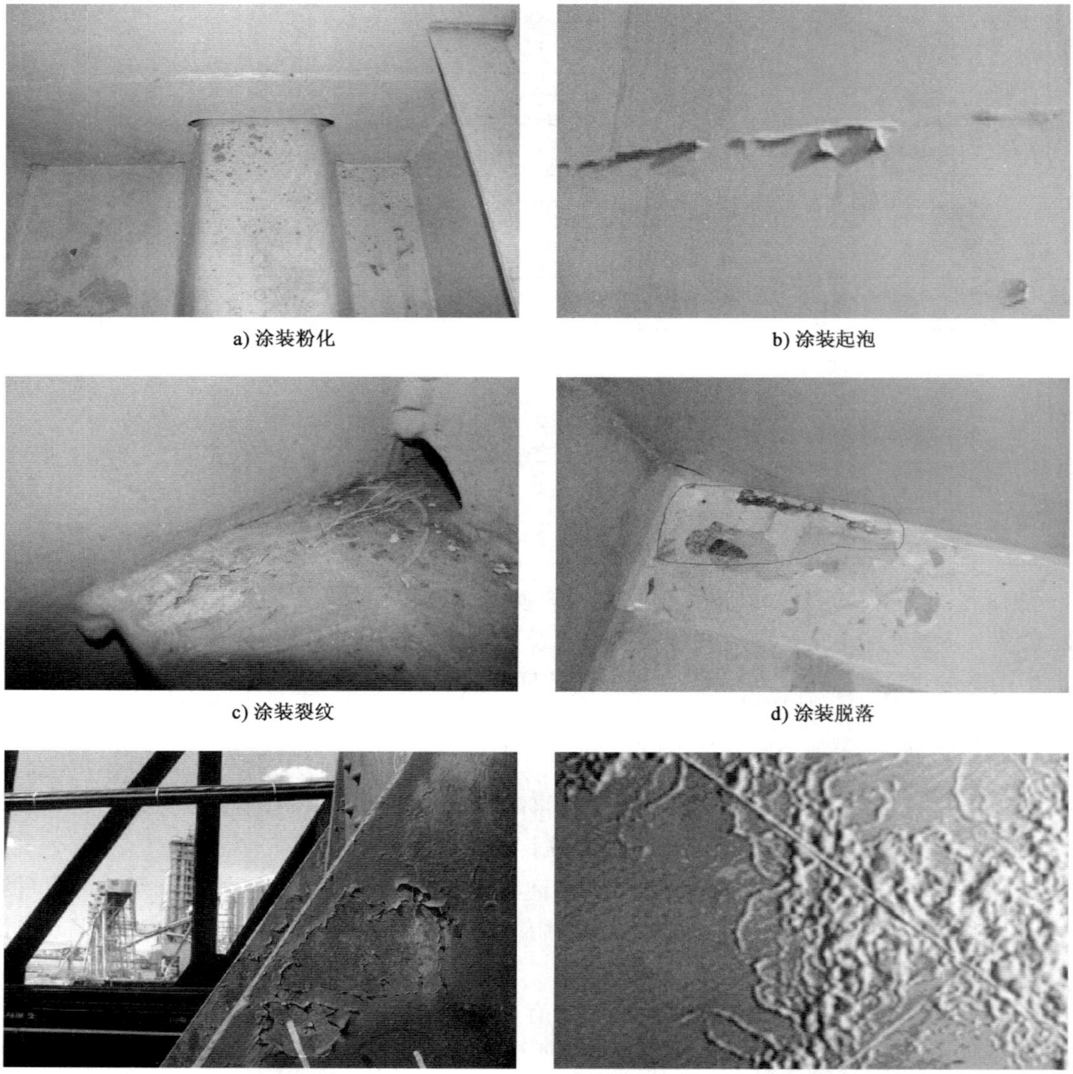

a) 涂装粉化　b) 涂装起泡

c) 涂装裂纹　d) 涂装脱落

e) 涂装生锈　f) 丝状腐蚀

图　12-4

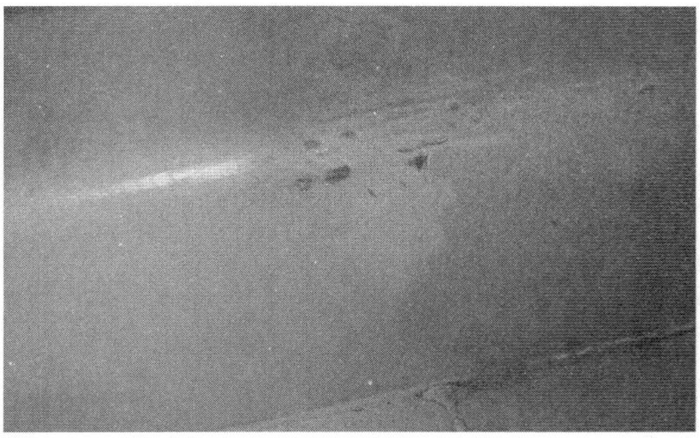

g) 涂装刮伤

h) 主缆涂膜腐蚀

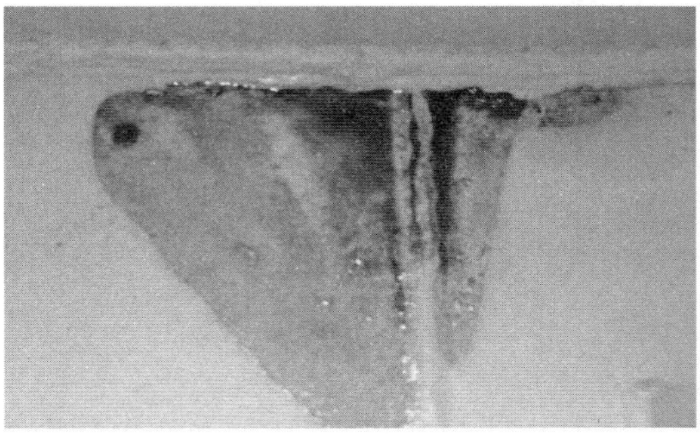

i) 涂装油渍

图 12-4 钢桥涂装破坏类型

(11)斑点。使用已超过油漆的指定储存期的油漆,或使用已超过使用期的已稀释的材料,均会造成涂层表面出现不同的形状、尺寸和数目的斑点。

(12)长霉。涂层表面有灰黑色的霉菌生长,尤其是在潮湿的环境中。

(13)施工损伤。包括涂装刮伤、涂装烧伤、涂装熏黑、涂装凹凸不平、涂装油渍等,主要是由于在钢桥部件制作、安装阶段人为的碰擦或焊接不当产生。

12.1.2 腐蚀病害

第 3 章已详细介绍钢桥腐蚀机理。钢桥腐蚀过程较为复杂,即使处于相同环境中,腐蚀也可能呈现不同的形态。从腐蚀的外观形态看,钢桥腐蚀可分为全面腐蚀和局部腐蚀。全面腐蚀也称均匀腐蚀,即腐蚀不同程度地分布在整个或大部分钢材表面上,腐蚀分布较均匀,危害较小。局部腐蚀又可分为点蚀、缝隙腐蚀等。均匀腐蚀、点蚀、缝隙腐蚀在钢桥结构中均较为常见,如图 12-5 所示。

1)均匀腐蚀

均匀腐蚀是相对局部腐蚀而言,在金属整个表面上发生均匀减薄的腐蚀。大跨度桥梁大多处于大江大河之上,空气湿度常年在 80% 以上,钢桥底板外侧以及风嘴加劲肋等部位直接与外部空气接触,水蒸气在金属外侧形成水膜,水膜中的氧气穿过涂层后与金属发生电化学反应,产生均匀腐蚀。桥梁钢结构、钢护栏在大气、水中的腐蚀基本上也属于此类腐蚀。

2)点蚀

桥梁在一定的环境介质中运营一段时间后,钢桥大部分表面未受腐蚀,但在个别的点或微小区域内会出现蚀孔或麻点。随着时间的增加,蚀孔向纵深方向发展,而其余地区不腐蚀或腐蚀很轻微,即发生点蚀。碳钢在含有氯离子等活性阴离子的水中会发生点蚀。

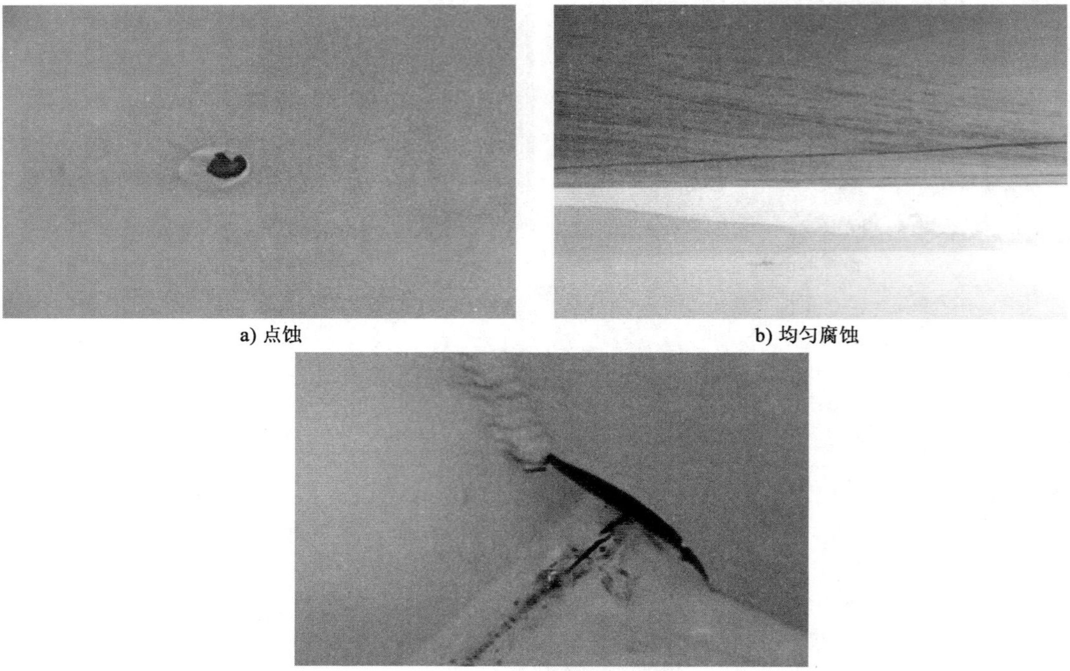

a) 点蚀　　b) 均匀腐蚀

c) 缝隙腐蚀

图 12-5　常见钢桥腐蚀病害

3)缝隙腐蚀

金属部件(铆接、螺栓连接、螺钉接头等)在介质中由于金属与金属或金属与非金属之间形成特别小的缝隙,使缝隙内介质处于滞留状态,当具有缝隙的这种金属结构暴露在腐蚀介质中时,在缝隙的局部范围内引起缝隙内金属的加速腐蚀,称为缝隙腐蚀。一般发生在处于腐蚀液体中的金属表面或其他屏蔽部位,是一种严重的局部腐蚀。桥梁结构非常复杂,金属孔隙,密封垫片表面,螺丝和铆钉下的缝隙内等,都会有溶液的积留而引起缝隙腐蚀。

除以上腐蚀破坏类型外,钢桥钢材腐蚀还有螺栓腐蚀和腐蚀疲劳。螺栓腐蚀是指螺栓遭受大气环境的腐蚀,造成螺杆、螺母及螺栓孔的腐蚀。螺栓腐蚀在钢材腐蚀分类中是作为缝隙腐蚀的一种,由于缝隙腐蚀会造成疲劳,产生应力集中,其对钢桥的影响远大于螺栓腐蚀。腐蚀疲劳在交变荷载和腐蚀性介质交互作用下形成裂纹及扩展的现象。在交变荷载作用下首先在表面发生疲劳损伤,在连续的腐蚀作用下最终发生断裂。因此,疲劳介质耦合作用下构件的疲劳寿命要小于正常使用条件下的疲劳寿命。

12.1.3　疲劳病害

钢桥连接部位的节点多采用焊接、铆接或栓接的方式进行连接,构造复杂,在焊缝、切口、开孔等应力集中位置易产生应力集中。部分节点采用现场连接的方式,其连接质量受人为因素影响较大,容易形成局部缺陷,造成较大的应力集中。在车辆荷载的反复作用及多种因素的综合影响下，应力集中部位易产生疲劳损伤，进而导致疲劳开裂。

1）工形钢梁盖板端部连接

大量实例和试验研究表明，工形钢梁盖板端部在车辆荷载作用下极易产生疲劳开裂破坏，且疲劳裂纹一般均萌生在盖板末端与翼缘的连接角焊缝焊趾处。20 世纪 70 ~ 80 年代，世界上多座钢板梁桥均出现了此类疲劳裂纹，如图 12-6a）所示，比较典型的有美国 Yellow Mill Pond 桥、澳大利亚的 Kings 桥以及我国的京包铁路上的关沙河桥等。

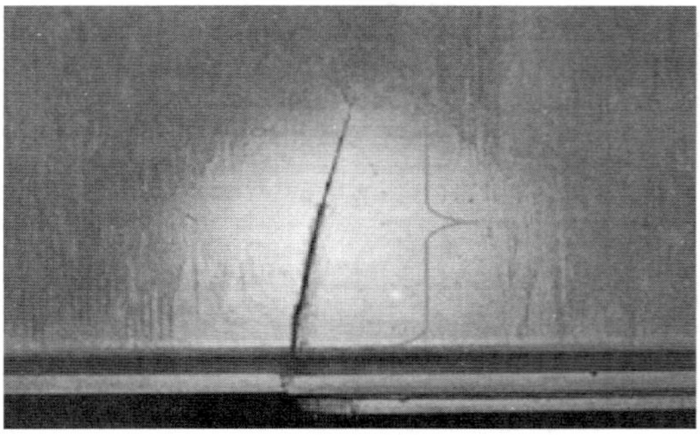
a) 外层盖板端部疲劳裂纹

b) 主梁腹板上平纵联节点板

图 12-6　焊缝处的疲劳破坏

2）平纵联节点板与主梁的连接

平纵联与主梁连接处的节点板通常需焊连到主梁的翼缘（连在翼缘侧边或搭在翼缘上面）或腹板上。大量实例和试验研究表明，平纵联节点板连接焊缝端部的疲劳强度相当低，基本接近于各国规范疲劳强度分级的最低等级，该细节处极易产生疲劳开裂破坏。美国已有多座钢桥发现此类疲劳开裂破坏，如图 12-6b）所示，如美国的 Lafayette Street 桥、Hoan 桥等。

3）钢板梁横梁（或横联）连接板端部连接

20 世纪 80 年代前，国内外的钢桥设计规范只允许横梁（或横联）连接板端部与受压翼缘焊接，并禁止其与主梁受拉翼缘焊接，目的是为了避免受拉翼缘产生疲劳裂纹。不幸的是，按此要求进行设计的许多钢板梁桥的横梁（或横联）连接板端部间隙区却发现了大量的疲劳裂纹，其原因多为在小间隙区产生的面外变形，图 12-7 为实桥中此类疲劳裂纹的照片。此类疲劳裂纹的产生位置有两处：一是腹板和翼缘间的角焊缝焊趾处，裂纹形状呈水平状；二是腹板和连接板间角焊缝的端部，裂纹形状呈马蹄形。

4）横梁与主梁弦杆（或系杆）间连接

横梁与主梁弦杆（或系杆）间连接构造的功能是将桥面系荷载传递给主梁，其最理想的受力状态是只传递剪力而不传递弯矩，因为梁端弯矩过大可能会引起主梁弦杆（或系杆）的扭转，并导致构造设置困难。因此，仅在横梁腹板上设置一对连接角钢与主梁弦杆（或系杆）是国内外的普遍做法。但事实表明，此种连接方法常会导致在两个位置处出现疲劳裂纹：一处是横梁上翼缘与腹板连接焊缝端部，另一处是连接角钢端部。美国已有数十座系杆拱桥和钢桁架桥在此位置处发现了大量的疲劳开裂破坏，近期我国一座钢桁梁桥中也在该处出现了大量的疲劳裂纹。图 12-8 为美国一座系杆拱桥在此细节处的疲劳裂纹照片。

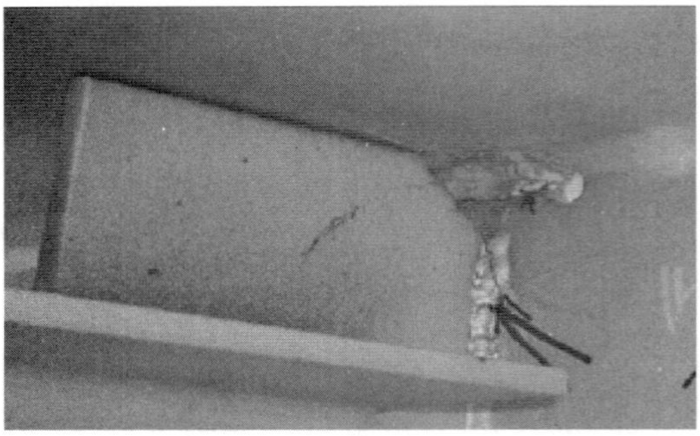

图 12-7　连接板上端疲劳破坏

图 12-8　主梁腹板上平纵联节点板疲劳破坏

5)板梁竖向加劲肋焊缝端部细节

钢板梁竖向加劲肋与腹板间连接角焊缝端部曾因设计不合理(间隙过小)而出现过大量的疲劳开裂实例,如我国京山线的北运河桥、京山线的饮马河桥、湘桂线的浪江桥等。此类疲劳裂纹产生的原因,是由于加劲肋的刚度比腹板的面外弯曲刚度大得多,腹板的面外弯曲变形集中发生在加劲肋焊缝端部与受拉翼缘之间的微小间隙处,即在该小间隙处就产生了小变形大应变。

6)纵横梁桥面系的梁端连接

纵横梁桥面系中纵梁与横梁梁端连接处的影响线底边长度较短,当每辆(列)车通过时可能会产生多次应力循环,此外还要直接承受车辆荷载的冲击作用,实桥统计表明,该连接细节处极易出现疲劳破坏。

7)横梁和悬臂托架间连接板

横梁和悬臂托架间连接板(鱼形板)也是较早发现的面外位移引起疲劳开裂的一种典型细节。特别是在我国的铁路桥和欧美的一些公路叠合梁桥中,曾大量出现过此类疲劳裂纹。原因主要是(图 12-9)主梁与纵梁不同变形在连接板中产生的面外变位,在连接系板中产生了很高的弯曲次应力而导致的,该类疲劳裂纹主要出现在支座上方及其附近位置。

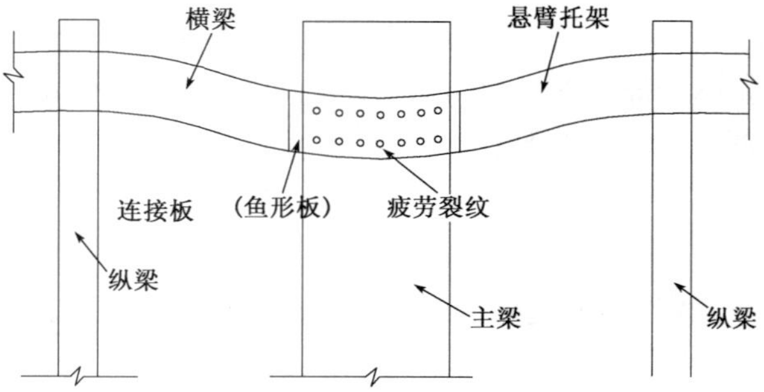

图 12-9　横梁和悬臂托架间连接板上的疲劳裂纹

8)斜拉桥索梁锚固区连接

斜拉索在钢主梁上的锚固区是斜拉桥结构中一个极其重要的部位,巨大的索力由它传递给钢主梁,该区域受力集中、结构复杂,且直接承受车辆动荷载作用。随着斜拉桥跨径的不断增加,斜拉索在钢主梁上的锚固区构造及其疲劳性能也更为桥梁研究人员所关注,国内外许多大跨度钢斜拉桥修建时都对斜拉索在钢主梁上锚固区域的疲劳性能进行了试验研究。根据试验研究,并结合国内外其他研究成果,可得:如果构造细节设计合理,在保证加工制造工艺的情况下,目前常用的锚箱式、锚拉板式、耳板式、锚拉管式以及销铰式等索梁锚固结构的疲劳性能均能满足使用寿命的要求。但设计与制造过程中需要注意以下几点:①几何形状变化引起的应力集中;②必须制定合理的焊接工艺,特别是操作空间受限时应更加注意控制焊接质量;③强制约束、面外变形等因素引起的次应力。

9)正交异性钢桥面板

正交异性钢桥面板由于自重轻、施工周期短等优点,已成为现代大中跨度钢桥最常采用的桥面结构形式,但正交异性钢桥面板疲劳开裂的实例已在许多国家的钢桥中出现。钢桥面板的典型疲劳细节主要可分为三类:一是纵肋对接焊缝部位;二是纵肋与顶板焊缝部位;三是横向联结系焊缝或母材部位,如图 12-10 所示。

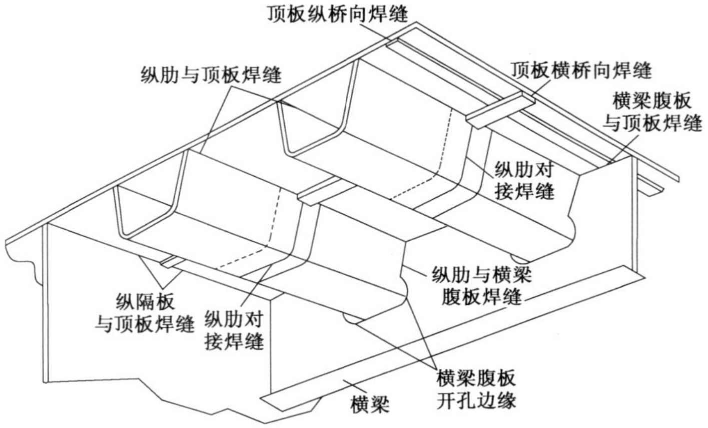

图 12-10 钢桥面板典型疲劳细节

U 肋对接焊缝处的裂纹主要有三种形式,如图 12-11 所示,分别为:①起源于 U 肋下翼缘板与钢衬垫板定位焊缝处,大致沿着焊缝方向向外扩展(UR-BW-1);②起源于 U 肋下翼缘板与对接焊缝焊根处,大致沿着焊缝方向向外扩展(UR-BW-2);③起源于 U 肋下翼缘板与对接焊缝焊趾处,大致沿着焊缝方向向内扩展(UR-BW-3)。这三种裂纹的共同特点在于当 U 肋下翼缘板裂透后,裂纹就会沿着对接焊缝向上扩展,直到 U 肋全部断裂。

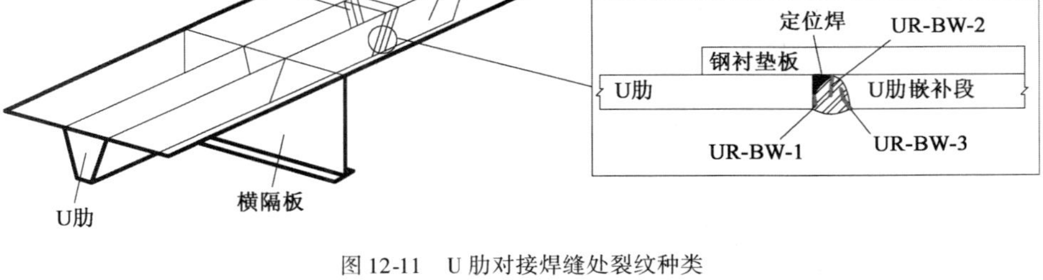

图 12-11 U 肋对接焊缝处裂纹种类

顶板与U肋焊缝部位构造复杂,该处疲劳裂纹主要有五种形式,如图12-12所示,分别为:①起源于焊根,大致沿着焊喉方向扩展(UR-D-1);②起源于焊根,在面板内向面板上表面方向扩展(UR-D-2);③起源于焊趾,向顶板上表面方向扩展(UR-D-3);④起源于焊趾,在焊缝内向焊根方向发展(UR-D-4);⑤起源于焊趾,在U肋内向焊根方向扩展(UR-D-5)。其中,UR-D-1和UR-D-2为隐蔽裂纹,早期难以发现,应采取针对性的检测措施(如超声波检测等)进行探伤。

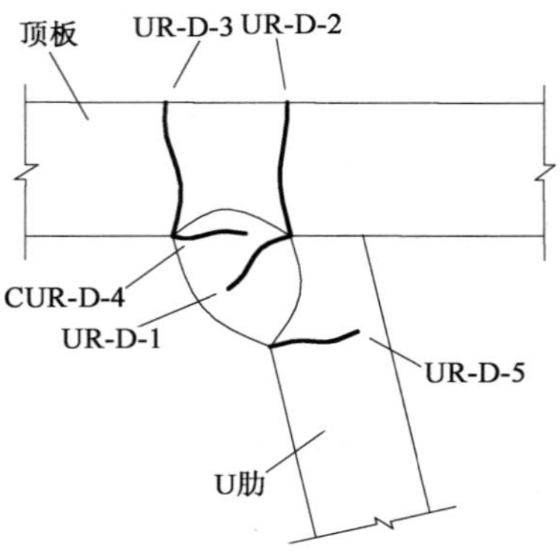

图12-12 顶板与U肋焊缝处裂纹形式

横向联结系焊缝或母材部位的疲劳裂纹主要有七种形式,如图12-13所示,分别为:①起源于纵肋下端横隔板弧形开口处,大致沿着横隔板横向或斜向扩展(CC-BM-1);②起源于纵肋下端横隔板与纵肋连接焊缝部位,大致沿着焊缝方向向上扩展(CC-WJ-1);③起源于纵肋下端横隔板与纵肋连接焊缝部位,沿着焊缝包脚处在纵肋面内扩展,大致呈U形(CC-WJ-2);④起源于横隔板与顶板焊缝部位,沿着顶板向内部扩展(CC-WJ-3);⑤起源于横隔板与顶板过焊孔部位,沿着焊缝方向大致呈水平扩展(CC-WJ-4);⑥在纵隔板与横隔板交界处通过焊缝连接,在此部位容易产生疲劳裂纹,开裂方向大致沿着焊缝的发展方向。

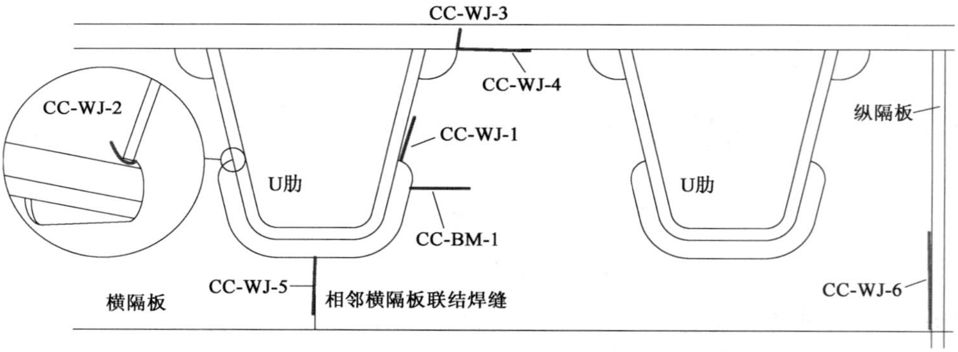

图12-13 横向联结系焊缝和母材处裂纹形式

10)管结构焊接节点

无论是100多年前就已经出现的空心管桁架桥,还是近些年来在我国大量兴建的钢管混凝土拱桥,其中存在的空管—空管、空管—钢管混凝土连接接头的承载力和疲劳性能都备受关注。现代管结构多采用主支管直接相贯焊接的节点构造形式。就空心管结构而言,由于支管的轴向刚度远远大于主管的径向刚度,支主管的相贯线成为整个结构的薄弱环节。该处不仅会出现很高的应力集中,而且又存在焊接缺陷和焊接残余拉应力,多种不利因素相叠加使管节点对交变荷载的抵抗能力较低,疲劳裂纹往往起源于高应力区的初始缺陷处,然后由表面裂纹扩展并穿透管壁后导致节点产生破坏,如图12-14所示。

12.1.4 铺装层病害

铺装层病害具有多样性,但根据其各种病害的特点及产生的原因,大致可以将钢桥面板铺装层病害分为四大类,即开裂、坑槽、表面变形、表面缺陷。

1)开裂

开裂是钢桥面铺装的主要病害之一,包括横向裂缝、纵向裂缝、网状裂缝等(图 12-15),其产生原因主要可分为三类:一是因铺装材料耐疲劳性能不足产生的疲劳开裂,二是因钢桥面结构刚度不足引起的铺装表面拉应变过大,三是汽车荷载过重引起的铺装表面拉应变过大。其中因铺装材料耐疲劳性能不足是导致铺装开裂的主要原因。

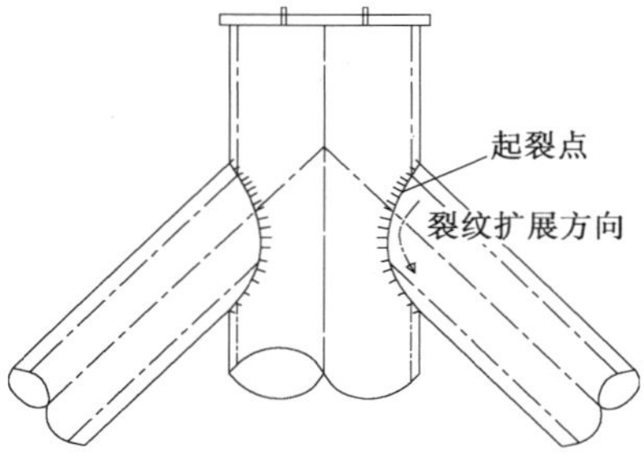

图 12-14 主管与支管相贯线处主管裂纹出现部位

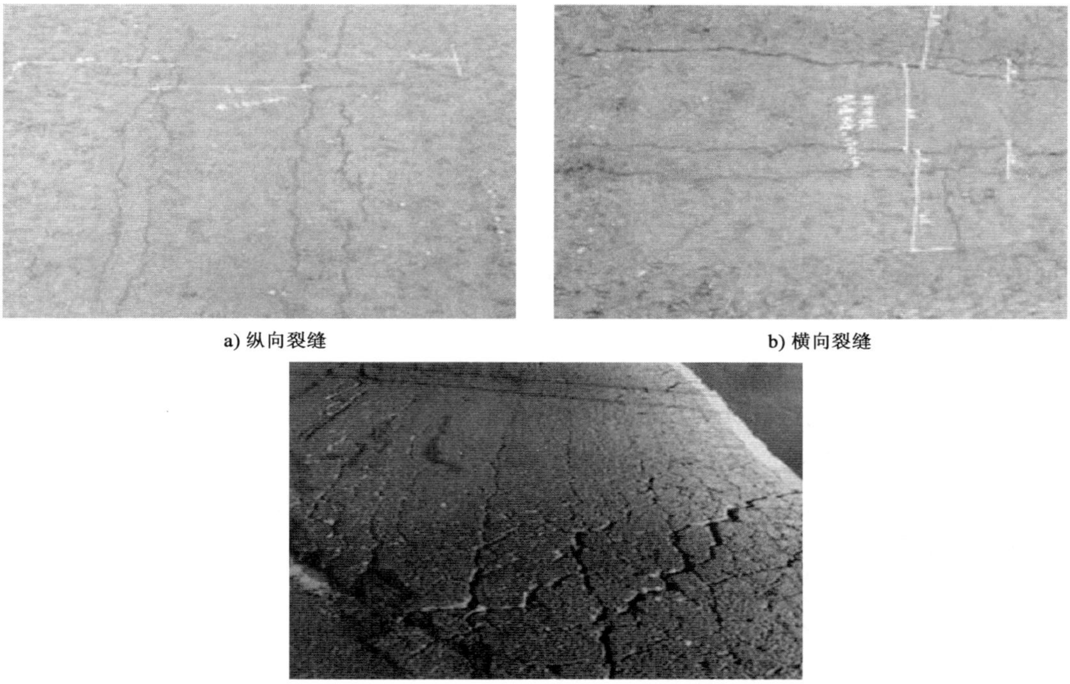

a) 纵向裂缝

b) 横向裂缝

c) 网状裂纹

图 12-15 铺装开裂病害

正交异性钢桥面铺装在轮载作用下的受力复杂,其与正交异性钢桥面板的几何构造、轮载位置、轮印面积与形状、铺装层与钢桥间的复合作用等因素密切相关。钢桥内设置了大量的加劲肋,在车辆荷载作用下,在纵肋和横隔板位置易产生负弯矩,使铺装层处于不利的弯拉状态,导致纵向加劲肋、纵隔板、横隔板及主梁腹板等加劲部件与桥面板焊接处成为高应力区,而这些位置对应的铺装层表面则成了拉应力或拉应变集中区。疲劳开裂首先出现在铺装层表面,然后逐渐向下发展,在靠近荷载边缘外 U 形加劲肋肋顶的铺装层表面容易产生纵向裂缝,横隔板顶部的铺装层表面在低温季节容易出现横向裂缝。

2)坑槽

因温度变化并伴随桥面板变形而产生的裂隙,在车辆荷载及渗入水的作用下产生面层松散和坑槽破坏。坑槽是松散材料散失后形成的凹坑,若松散材料被车轮后的真空吸力、风和雨水带离路面,促使龟裂及其他裂缝进一步发展,使松动碎块脱离面层,便形成大小不等的坑槽(图 12-16)。

3)表面变形

表面变形包括轮迹带的纵向变形形成的车辙、纵向局部变形的推移和铺装表面的隆胀。

(1)车辙

车辙(图 12-17、图 12-18)的产生主要是由于钢桥面铺装层在高温季节或长时间承受车辆荷载作用下,铺装层的抗永久性变形能力不足导致的,主要表现在铺装热稳定性不足,以及地区过高温度引起的黏结层和铺装层温度过高使得铺装抗剪切能力下降,在重载作用下出现沉陷及其侧向隆起现象,从而长期积累形成车辙。

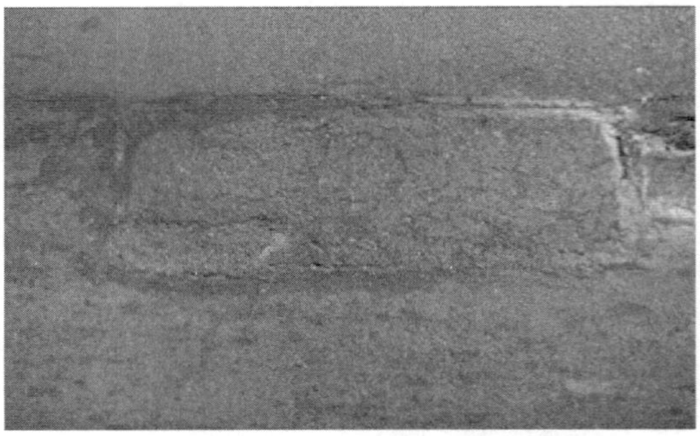

图 12-16　坑槽

图 12-17　安徽蚌埠淮河大桥车辙病害

(2)推移

产生推移(图 12-19)的原因主要是因为钢桥面板表面不平整以及桥面系结构刚度较低,在行车振动荷载下引起脱层,进而产生推移。另外,铺装整体抗拉强度不足,也会产生推移,从而引起斜向开裂。表面变形是高等级公路超载、重载和渠化交通的主要病害类型。调查发现,桥面铺装大修通车一年后就会出现明显的车辙。推移是一种横向的变形,出现的时间比车辙晚一些。

图 12-18　磐石大桥爬坡慢车道车辙病害

图 12-19　磐石大桥产生层间滑移病害

(3)隆胀

隆胀(图 12-20)是铺装表面的局部隆起。造成这种破坏的原因是车辆荷载引起的垂直和水平荷载的综合作用使结构层内产生的剪应力超过材料的抗剪强度,也与行驶车辆的冲击、振动等动力作用有关。同时,桥面铺装层的空隙率一般都很小,如果在施工过程中有水分进入铺装层,碾压密实后便不能散去,在夏季高温时部分水分会变成气体不能排出,气体不断积累膨胀就会形成桥面铺装特有的气泡现象,特别是在浇筑式沥青混凝土中特别容易出现。

图 12-20　湛江海湾大桥环氧沥青混凝土运营期间发现的鼓包病害

4)表面缺陷

表面缺陷主要包括松散、泛油、集料磨光等。松散是路表面集料的松动、散离现象,当面层材料组合不当或施工质量差,结合料含量太小或黏结力不足,使面层混合料中的集料失去黏结而成片散开,导致松散。沥青混凝土表面的松散多出现在铺装层的边缘和结构缝附近。因施工等原因,造成铺装层在使用过程中沥青不断上翻、泛油,或者表面集料被逐渐磨光,导致铺装层表面光滑。如图 12-21 所示。

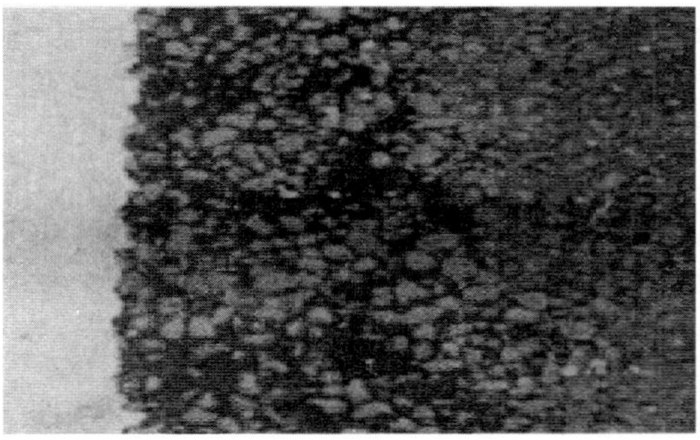

a) 松散

b) 泛油

c) 磨光

图 12-21　表面缺陷

12.2 涂装维护

12.2.1 评估方法

明确钢桥涂层劣化程度,是有效开展钢桥涂装维护工作的前提。涂层劣化程度通常需采取合理的措施进行评定。国内外关于涂装病害评定的相关标准和规范有《色漆和清漆 涂层老化的评级方法》(GB/T 1766—2008)以及欧洲标准和美国材料与试验协会关于涂料病害的系列标准,如《色漆和清漆涂层老化的评定》(ISO 4628)等。目前尚无针对公路钢桥涂层病害评定的相关规范,实际应用可参考《铁路钢梁涂膜劣化评定》(TB/T 2486—1994)。《铁路钢梁涂膜劣化评定》(TB/T 2486—1994)将钢梁涂膜劣化类型分为粉化、起泡、裂纹、脱落和生锈五种,且将钢梁涂膜劣化等级分为四级,见表12-2。

涂膜劣化等级评定　　表12-2

涂膜劣化等级	劣化类型		
	粉化	起泡或裂纹或脱落	生锈
轻微(一级)	1级	图12-23(0.3%)	无
中等(二级)	2级	图12-23(5%)	图12-23(0.3%)
较重(三级)	3级	图12-23(16%)	图12-23(3%)
严重(四级)	4级	图12-23(33%)	图12-23(5%)

《铁路钢梁涂膜劣化评定》(TB/T 2486—1994)首先单独划分了涂膜粉化等级,分为0、1、2、3、4共5级。测定粉化时以食指在涂膜表面上往复擦两次(擦痕长5~7cm),然后视手指上的颜料粒子多少,其等级如表12-3和图12-22所示。

涂膜粉化等级评定　　表12-3

等级	粉化状况
0	无粉化
1	用力擦涂膜,手指粘有少量颜料粒子
2	用力擦涂膜,手指粘有较多颜料粒子
3	用力较轻,手指粘有较多颜料粒子
4	轻轻一擦,整个手指粘满大量颜料粒子或出现漏底

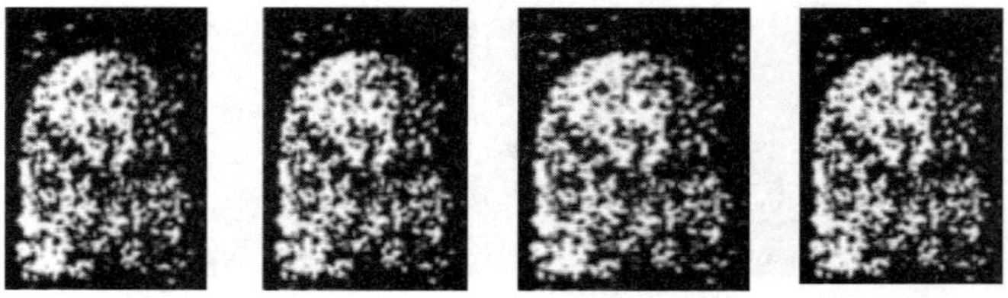
一级粉化　二级粉化　三级粉化　四级粉化

图12-22　涂膜粉化等级示意图

涂膜粉化等级划分完后,再对起泡、裂纹、脱落和生锈这四种劣化类型进行等级划分,起泡、裂纹、脱落和生锈评定方法按图 12-23 进行,起泡、裂纹、脱落均指无生锈发生的层间劣化现象。

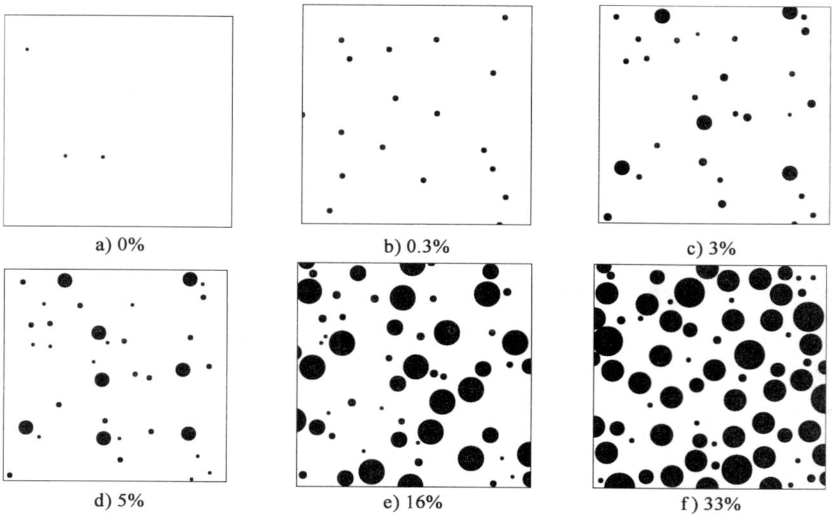

图 12-23 涂膜劣化百分比示意图

使用《铁路钢梁涂膜劣化评定》(TB/T 2486—1994)进行涂膜劣化等级评定时,要注意以下两个事项:

①确定涂膜劣化类型和劣化等级,应在光线明亮条件下用肉眼观察和用手擦拭。

②实际情况与本标准之间难以一致时,取劣化等级更严重的一级,评定等级时,应按劣化最严重的一项评定。

12.2.2 维护方法

1)总体要求

进行钢桥涂装维护时,维护前涂装表面清理、涂装维护过程应满足《铁路钢梁涂膜劣化评定》(TB/T 2486—1994)的相关要求。

(1)劣化类型为 3 级粉化时,应清除涂层表面污渍,用细砂纸除去粉化物,然后覆盖 2 道相应面漆。

(2)当旧涂层未锈蚀,劣化类型为 2 ~ 3 级起泡、裂纹或脱落时,用手动工具或动力工具清理损坏的区域周围疏松的涂层,并延伸至未损坏的涂层区域 50 ~ 80mm 坡口,局部涂相应底漆和面漆。如要保持涂层表面一致,可在局部涂面漆后,再全部覆盖面漆。

(3)当旧涂层锈蚀,劣化类型为 2 ~ 3 级生锈时,应清除松散的涂层,直到良好结合的涂层区域为止,旧涂层表面清理应达到 PSt3①(ISO 8501—2:1994)级,未损坏的涂层区域按(1)要求处理,然后局部涂装相应防锈底漆和相应中间漆、面漆。如要保持涂层表面一致,可在局部涂面漆后,再全部覆盖面漆。PSt3 要求为:被清理的表面油漆涂层部分应黏附牢固、完好无损,其他部分应无可见的油脂和污物,无黏附不牢的氧化皮、铁锈、油漆涂层和异物,金属基底要有金属光泽。

(4)当旧喷锌或铝涂层发生锈蚀劣化类型为2~3级生锈时,应除去松动的锌或铝涂层和涂料涂层直到良好结合的锌或铝涂层区域为止,钢表面锈蚀清理应达到Sa2.5级。对于未损坏的涂料和锌或铝涂层区域边缘按(1)要求处理。对于电弧喷锌或铝涂层清理部位,也可改涂特制环氧富锌防锈底漆2道,然后涂装相应中间漆和面漆。

2)涂装前钢表面处理

钢表面清理用磨料应使用符合《铸钢丸》(YB/T 5149—1993)和《铸钢砂》(YB/T 5150—1993)标准规定的钢丸、钢砂或应使用无盐分和无沾污的石英砂。钢表面的除锈等级、粗糙度应满足下列要求:

(1)涂装前钢表面除锈等级要求

①电弧喷涂锌、铝或涂装富锌防锈底漆时,钢表面清理应达到《涂装前钢材表面处理 表面清洁度的目视评定 第1部分:未涂覆过的钢材表面和全面清除原有涂层后的钢材表面的锈蚀等级和处理等级》(GB/T 8923.1—2011)规定的Sa3级,外观相当《涂装前钢材表面处理 表面清洁度的目视评定 第1部分:未涂覆过的钢材表面和全面清除原有涂层后的钢材表面的锈蚀等级和处理等级》(GB/T 8923.1—2011)规定的ASa3、BSa3、CSa3。

②涂装红丹醇酸、红丹酚醛或聚氨酯底漆,钢表面清理应达到《涂装前钢材表面处理 表面清洁度的目视评定 第1部分:未涂覆过的钢材表面和全面清除原有涂层后的钢材表面的锈蚀等级和处理等级》(GB/T 8923.1—2011)规定的Sa2.5级,外观相当该标准规定的ASa2.5、BSa2.5、CSa2.5、DSa2.5。

③桥栏杆、扶手、人行道托架、墩台吊篮等桥梁附属钢结构涂装红丹防锈底漆,箱形梁内表面涂装环氧沥青涂料时,钢表面清理应达到《涂装前钢材表面处理 表面清洁度的目视评定 第1部分:未涂覆过的钢材表面和全面清除原有涂层后的钢材表面的锈蚀等级和处理等级》(GB/T 8923.1—2011)规定的Sa2级,外观相当该标准规定的BSa2、CSa2、DSa2。

④附属钢结构的光圆钢涂装红丹防锈底漆时,钢表面清理应达到《涂装前钢材表面处理 表面清洁度的目视评定 第1部分:未涂覆过的钢材表面和全面清除原有涂层后的钢材表面的锈蚀等级和处理等级》(GB/T 8923.1—2011)规定的St3级,外观相当该标准规定的BSt3、CSt3、DSt3。

(2)涂装前钢表面粗糙度要求

①涂装涂料涂层时,钢表面粗糙度规定为RZ25μm~60μm,即符合《表面粗糙度比较样块 第3部分:电火花、抛(喷)丸、喷砂》(GB/T 6060.3—2008)规定的粗糙度样块为Ra6.3μm和Ra12.5μm之间的粗糙度要求。

②电弧喷涂锌或铝金属时,钢表面粗糙度规定的RZ50μm~100μm,即符合《表面粗糙度比较样块 第3部分:电火花、抛(喷)丸、喷砂》(GB/T 6060.3—2008)规定的粗糙度样块为Ra12.5μm和Ra25.0μm之间的粗糙度要求。

③磨料粒度和表面粗糙度的关系,可参照表12-4。

④涂装涂料涂层时,选用最大粗糙度不超过涂装体系干膜厚度的1/3,表面粗糙度超过规定时需加涂一道底漆;喷涂锌铝涂层时,如果粗糙度超过RZ100μm时,涂层应超过轮廓峰125μm。

磨料粒度与粗糙度的关系　　表 12-4

<table>
<tr><th rowspan="2">序号</th><th colspan="2">表 面 处 理</th><th colspan="2">磨　　料</th><th colspan="6">表面粗糙度 R_y(μm)</th></tr>
<tr><th>方法</th><th>条件</th><th>品种</th><th>颗粒度</th><th>组成%</th><th>1</th><th>2</th><th>3</th><th>4</th><th>平均</th></tr>
<tr><td rowspan="2">1</td><td rowspan="8">抛丸</td><td rowspan="8">单面、50 周</td><td>钢砂</td><td>1mm</td><td>20</td><td rowspan="2">67</td><td rowspan="2">82</td><td rowspan="2">73</td><td rowspan="2">66</td><td rowspan="2">72</td></tr>
<tr><td>钢丝段</td><td>2.0～2.3mm</td><td>80</td></tr>
<tr><td>2</td><td>钢砂</td><td>1mm</td><td>100</td><td>57</td><td>53</td><td>50</td><td>54</td><td>53</td></tr>
<tr><td>3</td><td>钢砂</td><td>0.7mm</td><td>100</td><td>35</td><td>35</td><td>38</td><td>37</td><td>37</td></tr>
<tr><td>4</td><td>钢丸</td><td>0.7mm</td><td>100</td><td>37</td><td>38</td><td>39</td><td>36</td><td>38</td></tr>
<tr><td>5</td><td>钢丝段</td><td>0.8mm</td><td>100</td><td>45</td><td>42</td><td>44</td><td>43</td><td>43</td></tr>
<tr><td>6</td><td>钢丝段</td><td>2.0～2.3mm</td><td>100</td><td>90</td><td>91</td><td>96</td><td>94</td><td>93</td></tr>
<tr><td>7</td><td>钢砂</td><td>0.4mm</td><td>100</td><td>27</td><td>28</td><td>26</td><td>26</td><td>27</td></tr>
<tr><td rowspan="2">8</td><td rowspan="2">压缩空气喷射</td><td rowspan="2">喷嘴直径 9mm，压力 0.6MPa，距离 300mm</td><td rowspan="5">钢砂</td><td>70 目</td><td rowspan="2">—</td><td rowspan="2">62</td><td rowspan="2">54</td><td rowspan="2">54</td><td rowspan="2">51</td><td rowspan="2">56</td></tr>
<tr><td>100 目</td></tr>
<tr><td rowspan="3">9</td><td rowspan="3">压缩空气喷射</td><td rowspan="3">喷嘴直径 8.5mm，压力 <0.6MPa，距离 300mm</td><td>50 目</td><td>20</td><td rowspan="3">53</td><td rowspan="3">56</td><td rowspan="3">55</td><td rowspan="3">57</td><td rowspan="3">55</td></tr>
<tr><td>70 目</td><td>60</td></tr>
<tr><td>100 目</td><td>20</td></tr>
<tr><td>10</td><td rowspan="3">压缩空气喷射</td><td rowspan="3">喷嘴直径 8.5mm，压力 <0.6MPa，距离 300mm</td><td>细丸</td><td>—</td><td>—</td><td>45</td><td>49</td><td>42</td><td>39</td><td>44</td></tr>
<tr><td>11</td><td>细砂</td><td>—</td><td>—</td><td>26</td><td>29</td><td>26</td><td>28</td><td>27</td></tr>
<tr><td>12</td><td>粗砂</td><td>—</td><td>—</td><td>61</td><td>63</td><td>68</td><td>65</td><td>64</td></tr>
</table>

3）维护后涂装检验

涂料的技术指标应符合《铁路钢桥保护涂装及涂料供货技术条件》（TB/T 1527—2011）的规定。

（1）在涂装过程中对温度、湿度和周围环境等涂装作业环境进行检验。

（2）在钢梁涂装前对钢表面除锈等级和粗糙度大小进行检验。

（3）在涂装过程中对涂装间隔时间和涂膜外观进行检验。

（4）涂装过程中对底漆涂层、锌铝涂层以及完整的涂装体系的涂层厚度分别进行检验。涂料涂层涂装过程中，可以测量湿膜厚度以控制干膜厚度。不允许单独制备试片代替钢梁杆件作涂层厚度检验。

（5）涂装过程可用抽样方法对涂层附着力进行检验，附着力检验可以是钢基体和涂层间附着力，也可以是完整涂装体系涂层间附着力。

12.3 腐蚀维护

12.3.1 评估方法

目前国内外尚无单独针对钢桥腐蚀的评定方法，可参考现行金属或合金的腐蚀评定方法进行钢桥腐蚀评定工作。《金属和合金的腐蚀　点蚀评定方法》(GB 18590—2001)给出了金属和合金的点蚀评定方法,主要考虑了点蚀的密度、蚀坑大小和蚀坑深度3个影响腐蚀损伤程度的指标,把金属和合金表面的腐蚀等级分为5级。蚀坑的标准评级如图12-24所示。

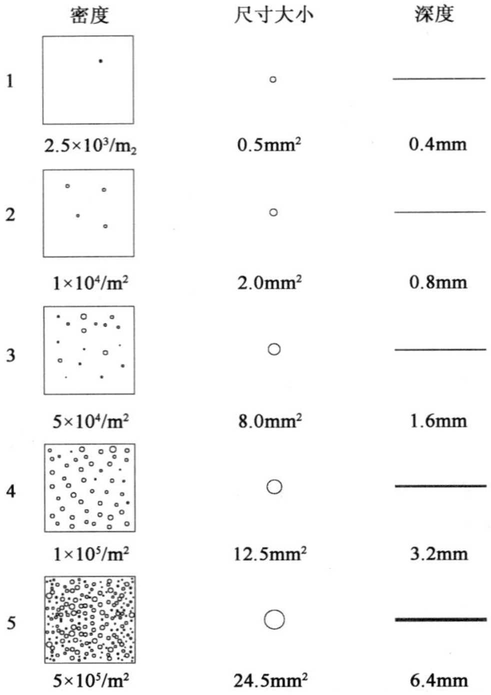

图12-24　蚀坑的标准评级图

蚀坑评估参数包括开口直径、平均孔深、最大孔深,同时还包括蚀坑所覆盖的面积与整个面积的百分比。蚀坑尺寸检测方法包括非破坏性观察和破坏性观察两类方法。

1)非破坏性观察法

非破坏性观察法包括目视检查法、射线照相技术、电磁法、声波法、渗透法等。

(1)目视检查法

目测或用低倍放大镜观察被腐蚀的金属表面,可确定腐蚀程度和蚀坑的表面位置。为统计蚀坑数目以确定蚀坑密度,可借助塑料网格,即将带有3~6mm^2的网格覆盖在金属表面上,统计和记录每单位面积的蚀坑数,然后依次移动网格直达所有表面都被覆盖。

(2)射线照相技术

射线密度随着材料厚度的变化而变化,如果缺陷能引起射线吸收的变化,缺陷就可以被检测到。《金属和合金的腐蚀 点蚀评定方法》(GB 18590—2001)提供了如图12-25所示的几种内部缺陷剖面。金属厚度的检测主要取决于有效能量的输出,孔洞或蚀坑的大小必须为金属厚度的0.5%才能被探测到。

(3)电磁法

涡流可以用于探测导电材料在结构上的缺陷和不规则性。当试样暴露在一个由通交流电的线圈产生的变化磁场时,试样中会产生涡流,且同步会产生一个磁场。在缺陷材料内产生的磁场不同于作为参照物的无缺陷材料产生的磁场,具体的缺陷需借助专用仪器设备来确定。

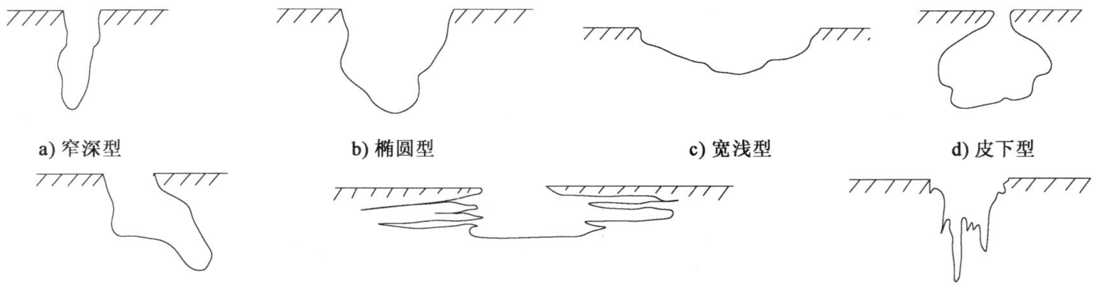

图 12-25 蚀坑的剖面图

(4)声波法

利用声波法,通过介质(油、水等)把声波脉冲传到金属表面,反射回来的声波转化为电信号,通过解析电信号可以确定缺陷或蚀坑的位置。采用此方法应先从无蚀坑表面开始检测。该方法有很好的灵敏性,可有效获取关于蚀坑大小和位置的信息,但不能用于检测直径小于 1mm 的蚀坑。

(5)渗透法

蚀坑可以通过用渗液来辅助检测,即在腐蚀金属表面喷涂渗液,除去金属表面多余渗液后蚀坑内的渗液会渗出表面。此时通过喷淋一种能与渗液起染色作用的显影液来对缺陷定位;或渗液自身含有荧光材料,在紫外线下会显现缺陷。缺陷的大小可以通过颜色的强度或渗液渗出速率来表征。

除以上方法外,还可采用复形法、材料表面导电率检测法等评估点蚀程度。

2)破坏性观察法

破坏性观察法包括金相法、机械法、用测深规或测微计测量等。

(1)金相法

通过将预先选好的蚀坑垂直剖开,然后在抛光表面上进行测量,可以确定蚀坑深度。另一种方法是从稍偏离蚀坑的位置截开,然后对切割面进行打磨直至蚀坑出现。横截蚀坑很难,而且可能错过最深的部分。蚀坑的测量需要在经抛光的平的表面上用经标定的目镜来测量。此方法较精确,但它要求对蚀坑的选择要有熟练的操作技巧、好的判断力以及良好的横截蚀坑的技术。该方法的局限性在于较耗时间,且观察横截面的位置可能不是蚀坑最深位置,难以做出准确的评估。

(2)机械法

机械法要求试样具有规则的形状,在检测过程中通常需破坏试样。测量时,选择相对未受影响的试样的一面固定,然后在精密车床或磨床上对有蚀坑的一面进行加工,直到除去所有的腐蚀痕迹,此时可测量试样没有受均匀腐蚀影响的两个面之间的厚度,并从原始厚度中减去即可得到最大蚀坑深度。然后在未加工的另一面上重复上述过程即可获取另一面的最大蚀坑深度,除非第一面加工完后厚度已经减少 50% 或更多。机械法同样适用于确定特定深度的蚀坑数。记下可见的蚀坑数,然后磨去已测量过的表面。在每一阶段记录保留下来的蚀坑数。用上一阶段的蚀坑数减去每一阶段测得的蚀坑数,得到每一切削深度下的蚀坑数。

(3)用测深规或测微计测量

该方法通过测微器上的针尖或已校正的测深规去探测蚀坑孔腔。检测前,需彻底除去蚀坑周围的腐蚀产物或堆积层,将仪器在蚀坑口的未腐蚀金属面上调零,再将针插入蚀坑内触到底部,针伸入的距离就是蚀坑的深度。用立体显微镜可放大蚀坑,可以保证针尖在蚀坑的底部,因此该方法结合立体显微镜使用效果会更好。但该方法不适用于测量底切型或有很强的方向性的蚀坑。

还有一种类似方法是在测距仪上附加一个感应器,通过测距仪和电流将它与试样连接起来。当感应探头接触到蚀坑的底部时,构成一个电流回路,触头移动的距离就是蚀坑的深度。但这种方法仅适用于规则形状的蚀坑,因为探头碰到蚀坑的边缘或导电性的堆积物时,得到的数据是错误的。

3)腐蚀评定方法

蚀坑几何参数确定后,可采用标准图表法,按照密度、大小和深度来对照蚀坑评级,如图 12-24所示。将图 12-24 从左到右的三列分别计为 A、B、C 列,其中 A 和 B 列与金属表面的点蚀范围有关,A 列是用每单位面积点数来评级的方法,B 列是显示这些点的平均大小来分类的方法,C 列按破坏程度或平均深度来评级。评级 A-3、B-2、C-3 可以认为是代表蚀坑的密度为 $5\times10^4/m^2$ 的一种典型评级,平均蚀坑开口为 $2.0mm^2$,平均蚀坑深度为 1.6mm。

对于均匀腐蚀等病害,可采用金属穿透法进行评定。根据蚀坑的最大深度,或十个最大蚀坑的平均深度,或两者兼用,来测量最深的蚀坑以描述金属穿透。金属穿透也可用点蚀因子来表示,其是由失重确定的最深金属穿透与平均金属穿透的比值,即:

点蚀因子 = 最深金属穿透深度/平均金属穿透深度

点蚀因子为 1,表示为均匀腐蚀。点蚀因子越大,穿透深度越大。点蚀因子不能适用于点蚀或均匀腐蚀很小的情况,因为当分子或分母中任意一个趋于零时,可能会得到零值或不确定值。

12.3.2 维护方法

当钢桥局部出现腐蚀病害时,应及时采取有效措施进行处理,腐蚀处理的一般流程为:表面清理、除油、非涂面预保护、涂底漆、涂中间漆、涂面漆等。表面处理非常重要,例如,对于同一种面漆、同一种腐蚀环境,使用抛喷射除锈较手工除锈可延长涂膜寿命 3~5 倍。《公路钢结构桥梁设计规范》(JTG D64—2015)指出,桥梁钢结构应按《公路桥梁钢结构防腐涂装技术条件》(JT/T 722—2008)的规定进行表面处理。同时,除锈后应采取涂装或喷镀等防护措施,且受侵蚀介质作用的结构以及在使用年限内不能重新涂装的结构部位应采取其他有效的措施。

腐蚀表面处理可采用轻微机械清洗和机械处理两种方法。清理完成后应按照涂装工艺对处理部位进行重新涂装,并完成涂装检查验收工作。

(1)轻微机械清洗

①溶剂清洗:用水、有机溶剂或其蒸汽、乳化液、碱液、酸液完全除去油脂、蜡、尘及其他污物。要达到的除锈质量等级 St2、St3。

②手工除锈:用铁砂纸、刮刀、铲刀、锤、钢丝刷等手工工具除锈。此法劳动强度大,生产效率低,但操作简便灵活,迄今仍在采用。要达到的除锈质量等级为 St2、St3。

(2)机械处理

①小型风动或电动除锈:主要以电或压缩空气为动力,装配适当的除锈装置,进行往复运动或旋转运动,以适应各种场合的除锈要求。如角向磨光机、钢丝刷、风动针束除锈器、风动敲

锈锤、齿型旋转除锈器等，属于半机械化设备，工具轻巧、机动性大，能较彻底地去除锈、旧涂层等，能对涂层进行打毛处理，效率比手工除锈大大提高，可达 1 ~ $2m^2/h$，但不能除去氧化皮，表面粗糙度较小，不能达到优质的表面处理质量，工效较喷射处理低，可在任何部位使用，特别在修船过程中得到广泛应用。要达到的除锈质量等级为 Sa1、Sa2、Sa2.5、Sa3。

②喷砂处理：用压缩空气喷射砂粒除锈的方法。具体定义是采用压缩空气为动力，以形成高速喷射束将喷料（铜矿砂、石英砂、金刚砂、铁砂、海南砂）高速喷射到需要处理的工件表面，使工件外表面的形状发生变化，由于磨料对工件表面的冲击和切削作用，使工件的表面获得一定的清洁度和不同的粗糙度，使工件表面的机械性能得到改善，因此提高了工件的抗疲劳性，增加了它和涂层之间的附着力，延长了涂膜的耐久性，也有利于涂料的流平和装饰。要达到的除锈质量等级为 Sa1、Sa2、Sa2.5、Sa3。

③高压水磨料除锈：利用高压水射流的冲击作用（加上磨料的磨削作用）和水撬作用破坏锈蚀和涂层对钢板的附着力。其特点是无粉尘污染，不损伤钢板，大大提高除锈效率，可达 $15m^2/h$ 以上，除锈质量好。但除锈后的钢板易返锈，须涂装专门的带湿除锈涂料，对一般性能涂料的涂装有较大影响。要达到的除锈质量等级为 Sa1、Sa2、Sa2.5、Sa3。

④抛丸除锈：抛丸除锈是利用高速旋转的叶轮将磨料抛向钢铁表面来达到除锈目的，是一种对船体钢料进行除锈的较为先进的机械处理方法，不仅生产效率高，而且费用低、自动化程度高，可实现流水线操作，环境污染少，但仅在室内操作。要达到的除锈质量等级为 Sa1、Sa2、Sa2.5、Sa3。

⑤火焰喷射处理：利用钢铁和氧化皮的热膨胀系数不同，常用氧化乙炔燃烧器加热钢铁使其氧化皮脱落。具体施工时，要先将基体表面锈层铲掉，再用火焰烘烤或加热，并配合使用动力钢丝刷清理加热表面。此种方法适用于除掉旧的防腐层（漆膜）或带有油浸过的金属表面工程，不适用于薄壁的金属设备、管道，也不能使用在退火钢和可淬硬钢除锈工程。主要用于厚型钢铁物件及大型铸件等，否则工件将受热变形而影响质量。要达到的除锈质量等级 FI。

⑥超声波除锈：是一种超声波清洗的改进方法，它的原理是利用高频振荡信号，通过超声波换能器转成高频机械振荡（超声波）而传播到介质（清洗液）中，超声波在清洗液中的辐射，使液体震动而产生数以万计的微小气泡，这些气泡在超声波纵向传播形成的负压区产生、生长，而在正压区迅速闭合，在这种被称为空化效应的过程中，微小气泡闭合时可产生超过 1 000 个大气压的瞬间高压。连续不断产生的瞬间高压，就像一连串小爆炸一样不断冲击物件表面，使物体表面及缝隙中的污垢迅速剥，从而达到清洗物体的目的。

⑦机械振动：原理是根据牛顿第三定律，加速度作用在物质上时，物质将产生惯性力，具有一定的冲击能量。当冲击能量超过其他物体表面的冲击强度时，具有对其表面产生破坏的能力。

12.4 疲劳维护

12.4.1 评估方法

1）传统疲劳寿命评估方法

传统的疲劳寿命评估方法是以材料的 *S-N* 曲线为依据，把疲劳破坏看成一个累积损伤的过程,疲劳寿命由裂纹的形成和扩展两部分组成。传统疲劳寿命评估方法又可以分为名义应力法和局部应力应变法。承受低应力、高循环的结构通常采用名义应力法,承受高应力、低循环的结构宜采用局部应力应变法。钢桥结构作用应力一般不超过屈服点,通常使用名义应力法进行疲劳寿命评估。

名义应力法是以名义应力为控制参数,通过疲劳试验获得名义应力的 *S-N* 曲线,即疲劳寿命曲线,通过载荷谱的分析,并按照一定的损伤累积法则来计算预测构件的疲劳寿命。应力幅的变化情况通常采用循环统计计数方法进行分析,以得到不同的应力幅及相应的应力循环次数。工程上通常用雨流计数法统计循环计数次数。目前有多种疲劳累积损伤理论,其中包括线性累积理论、非线性疲劳累积损伤理论、概率疲劳累积损伤理论等,其中 Miner 线性累积损伤理论应用较为广泛。该理论认为,当整个工作期间各应力水平对构件造成的损伤 $D=\sum(n_i/N_i)=1$ 时,构件发生破坏。当临界损伤和改为一个不等于 1 的其他常数时,称为修正线性累积损伤理论。

2)损伤容限评估方法

使用传统疲劳寿命评估方法的假定是结构没有裂纹的初始状态,评估的是从裂纹产生到扩展,直至结构破坏的过程。但一般而言任何材料都有初始缺陷,而疲劳裂纹则通常源于这些初始缺陷。损伤容限评估方法是基于断裂力学的理论,描述的是具有初始裂纹缺陷的结构,在交变载荷作用下的裂纹扩展过程。损伤容限法是以断裂力学为理论基础,其优点主要在于承认结构存在初始缺陷,更符合实际情况。损伤容限评估方法立足于结构当前的状况,这一点对于已服役结构的使用寿命评估意义重大。损伤容限评估方法的关键是正确估算裂纹扩展寿命,工程上目前最广泛应用的疲劳裂纹扩展速率公式是 Paris 公式,即:

$$\frac{d_a}{d_N}=C\cdot\Delta K^m \tag{12-1}$$

由上式可以看出,计算疲劳裂纹扩展速率需要确定应力强度因子 ΔK 及材料参数 C、m。针对桥梁钢结构,国内外的专家学者经过大量的理论和试验的分析,根据结构具体情况得到了相应的 C、m 的值。计算应力强度因子的方法目前主要有解析法和数值法。

除了应力强度因子和材料参数,估算结构的剩余疲劳寿命还需确定构件或细节的初始裂纹尺寸a_0和临界裂纹尺寸a_c。随机荷载下的疲劳裂纹扩展寿命估算时应将每一个荷载循环所产生的裂纹长度的增量累加起来,即当裂纹由初始长度a_0扩展到临界裂纹长度a_c时,构件的疲劳裂纹扩展寿命可用数值积分方法得到:

$$\lambda=\int_{a_0}^{a_c}\frac{d_a}{\sum_{i=1}^{l}[n_i(d_a/d_N)_i]} \tag{12-2}$$

式中:$\left(\frac{d_a}{d_N}\right)_i$——第 i 级荷载的扩展速率;

l——荷载水平数;

n_i——每个荷载块中第 i 级荷载出现的次数。

应用损伤容限方法评估现役老钢桥的疲劳使用寿命的主要工作步骤包括:临界构件及细节的确定和检查;计算剩余安全度;对必要构件进行维修;估计桥梁剩余寿命;确定下一检测间隔。即首先采用无损检测技术确定初始裂纹,如果没有发现裂纹,则根据检测技术的分辨率给出裂纹初始尺寸,然后根据断裂力学的扩展规律得出结构的剩余寿命,并确定下一次检测或维修间隔，到达检测间隔时应再进行相应的检测，将新近的检测结果假设成一个新的裂纹初始尺寸，重新计算剩余寿命与检测间隔。按此循环下去，直到结构已丧失再次检测与加固的必要。

3）疲劳可靠性评估方法

概率论与随机过程在结构概率剩余寿命与使用安全评估中的应用，形成了结构疲劳可靠性评估的基本理论框架。应用疲劳可靠性方法评估钢桥剩余寿命的基本过程是：首先利用有限元分析确定临界构件与目标可靠度；建立疲劳可靠性分析模型，进而计算时变疲劳可靠度；根据时变疲劳可靠度和目标可靠度，确定下一检修间隔；在某一次检修后，结构的疲劳可靠性分析模型将得到更新与修正，从而可获得新的时变疲劳可靠度，再进一步确定下一检修间隔；如此循环下去，直到对结构检修已不经济为止。

概率断裂力学是疲劳可靠性法针对钢桥的具体拓展运用。它综合断裂力学中各变量的不确定因素，将其视为多值的随机参数，应用于工程概率及统计的方法计算，以求得构件在给定寿命下的破坏概率或最小可靠度；或结合确定性应力分析和材料模型来估算含缺陷构件的残余强度或寿命。在概率断裂力学方法中视为随机参数的有以下几类：初始裂纹尺寸、裂纹检出概率、材料或构件特性、使用条件等。各参数的分布函数和特征值通常是根据实验结果并用 Monte-Carlo 法进行随机抽样统计来确定。知道各参数的分布函数和特征值后，按下式计算就可以求得给定可靠度下的疲劳寿命值：

$$N=\frac{2}{(m-2)C\cdot F^{m}\Delta\sigma^{m}\pi^{m/2}}\left\{\left[\frac{1}{a_0}\right]^{\frac{m-2}{2}}-\left[\frac{1}{a_c}\right]^{\frac{m-2}{2}}\right\} \tag{12-3}$$

式中：$\Delta\sigma$——应力幅值；

C、m——材料常数；

F——修正系数；

a_0、a_c——初始裂纹长度和临界裂纹长度。

12.4.2 维护方法

1）疲劳裂纹检测方法

钢桥疲劳裂纹检测方法有目视检测法、渗透检测法、磁粉检测法、超声波检测法等。

目视检测是一种用人的眼睛或借助目视辅助器材观察、分析和评价被检部位状态的一种无损检测方法，主要用于观察各种材质零部件和焊缝等的腐蚀、开裂、破损、磨损、变形等宏观损伤，是目前钢桥疲劳裂纹日常检查中应用最为广泛的方法。

渗透检测是一种以毛细作用原理为基础的检测技术，主要用于检测非疏孔性的金属或非金属部件的表面开口缺陷。检测时，将溶有荧光染料或着色染料的渗透液施加到零部件表面，由于毛细作用，渗透液渗入细小的表面开口缺陷中，清除附着在工件表面多余渗透液，经干燥后再施加显像剂，缺陷中的渗透液在毛细现象的作用下被重新吸附到零件表面上，就形成放大了的缺陷显示，即可检测出缺陷的形貌和分布状态。实桥应用渗透检测技术时，可参考《无损检测　渗透检测　第 1 部分：总则》（GB/T 18851.1）、《无损检测　渗透检测　第 2 部分：渗透材料的检验》（GB/T 18851.2）等规范。

磁粉检测是一种通过磁粉在缺陷附近漏磁场中的堆积以检测铁磁性材料表面或近表面处缺陷的无损检测方法。将待测物体置于强磁场中或通以大电流使之磁化，若物体表面或表面附近有缺陷(裂纹、折叠、夹杂物等)存在,由于它们是非铁磁性的,对磁力线通过的阻力很大,磁力线在这些缺陷附近会产生漏磁。当将导磁性良好的磁粉(通常为磁性氧化铁粉)施加在物体上时,缺陷附近的漏磁场就会吸住磁粉,堆集形成可见的磁粉痕迹,从而把缺陷显示出来。实桥应用磁粉检测技术时,可参考《无损检测　磁粉检测　第1部分:总则》(GB/T 15822.1)、《无损检测　磁粉检测　第2部分:检测介质》(GB/T 15822.2)等规范。

超声波探伤是利用超声能透入金属材料的深处并由一截面进入另一截面时,在界面边缘发生反射的特点来检查零件缺陷的一种方法,当超声波束自零件表面由探头通至金属内部,遇到缺陷与零件底面时就分别产生反射波,在荧光屏上形成脉冲波形,根据这些脉冲波形来判断缺陷位置和大小。实桥应用超声波检测技术时,可参考《钢结构超声波探伤及质量分级法》(JG/T 203—2007)等规范。

2)*疲劳裂纹修复加固方法*

目前常用的钢桥疲劳裂纹修复加固方法有补焊法、钻孔止裂法、局部补强法、气动冲击法等。

(1)补焊法

补焊法是一种常规的疲劳裂纹修复方法,一般可采用碳弧气刨、风铲等将裂纹边缘加工出坡口直至裂纹尖端,然后用焊缝焊合。补焊法是目前实桥裂纹修复应用较为广泛的方法之一,是开裂情况较为严重时优先采用的方法。裂纹焊合主要步骤包括:①打磨去除裂纹两侧一定范围内板面污物及涂层至露出洁净的金属面;②使用无损检测方法检查和确认裂纹的准确长度及深度;③开坡口刨除裂纹,使两板端部呈斜边型;④通过一个新的对接焊进行焊接,焊缝尽量完全熔透;⑤对重焊焊缝进行修磨;⑥焊接质量检验。钢桥面板焊趾裂纹的主要修复流程如图12-26所示,实桥修复对焊接质量要求较高,若焊接质量较差,则短时间内裂纹将再次扩展,如图12-27所示。

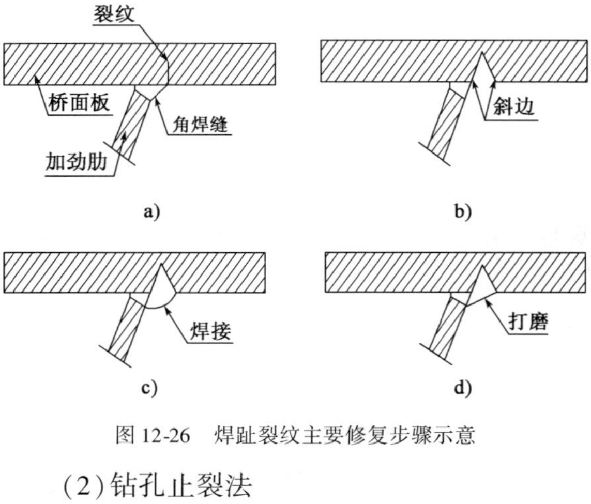

图12-26　焊趾裂纹主要修复步骤示意

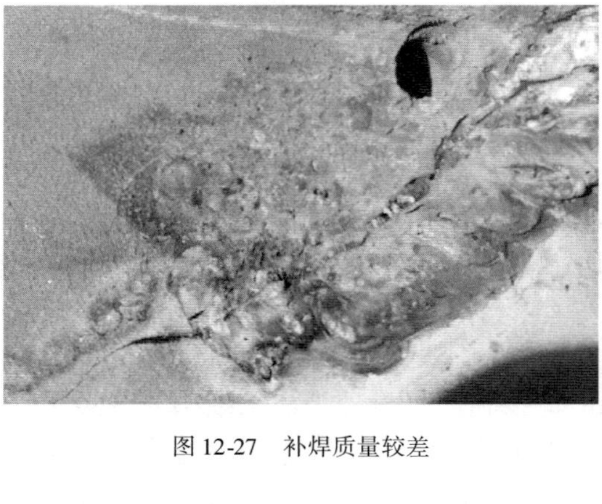

图12-27　补焊质量较差

(2)钻孔止裂法

钻孔止裂通常是在裂纹尖端钻一确定直径的光滑圆孔,其止裂原理在于消除裂纹尖端的应力集中,阻止裂纹的继续扩展,延长钢桥构件的疲劳寿命。钻孔止裂法是一种临时性处理措施,一段时间后疲劳裂纹将会萌生于止裂孔内壁。尽管如此,钻孔止裂法在钢桥疲劳裂纹维护工作中仍被广泛应用,如图12-28所示。

对于钻孔止裂技术而言，仅有当止裂孔完全去除裂纹尖端时，才能够起到止裂的作用。对于裂纹源可见的疲劳裂纹，止裂孔比较容易打在裂纹尖端位置，如图 12-29a）所示；对于裂纹源不可见的疲劳裂纹，为确保有效去除裂纹尖端，止裂孔需打在距离裂纹尖端一定距离处，如图 12-29b）所示。

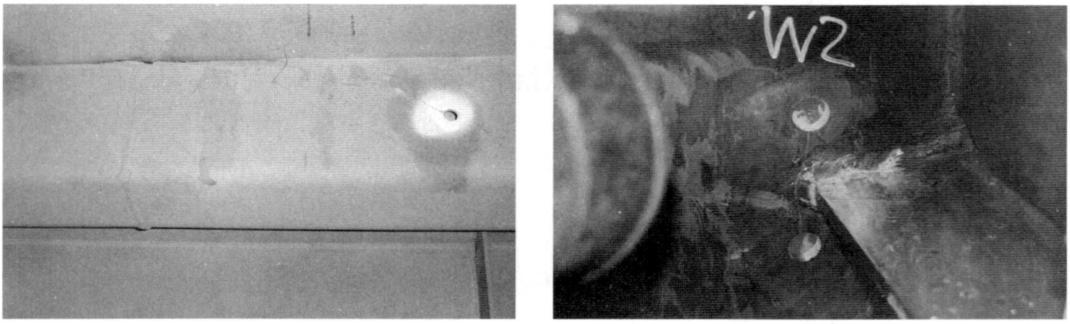

a)　　b)

图 12-28　实桥钻孔止裂

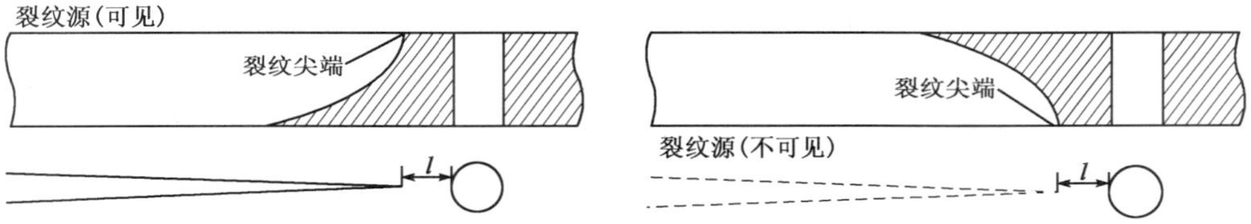

a) 裂纹源可见　　b) 裂纹源不可见

图 12-29　钻孔位置示意图

某些情况下，为提高钻孔止裂效果，还可在钻孔后采取其他辅助措施，如：①冷扩孔。对普通止裂孔进行冷扩，从而在止裂孔边产生参与压应力和塑性变形，进一步降低裂纹尖端的应力集中，延缓裂纹的再次萌生和扩展，提高止裂效果。②冷扩孔并置入栓钉。在冷扩孔的同时，在止裂孔内置入直径稍大的刚性栓钉，阻止冷扩孔后塑性变形的恢复，同时在栓钉和止裂孔壁间产生挤压力，从而减小循环荷载作用下孔边的疲劳应力幅，提高止裂效果。③置入高强螺栓。在普通止裂孔内置入高强螺栓并施加预拉力，使孔边钢板表面与螺栓垫板之间产生挤压力，此时循环荷载必须先克服孔边钢板表面与螺栓垫板之间的摩擦力才能使孔边产生往复应变，从而延缓疲劳裂纹的再次萌生，提高止裂效果。

（3）局部补强法

局部补强法是一种常规的疲劳裂纹加固方法，通过粘贴或栓接将加固板件覆盖在开裂板材之上，此时疲劳荷载通过补强钢板传递，从而减小原有裂纹尖端的循环应力，达到止裂的目的。补强法可作为钢桥疲劳裂纹临时止裂措施，或作为已修复疲劳裂纹进一步补强加固措施，用于延缓疲劳裂纹扩展。钢板补强法是目前实桥中应用较为广泛的一种补强方式。

补强钢板可粘贴、栓接于开裂母材之上，不推荐采用焊接补强法的方式。粘贴钢板时应满足以下要求：①钢板粘贴应选择干燥环境下进行，要求可参考相关加固技术规程或标准；②清理构件表面灰尘，打磨在制造过程中待补强区域表面产生的凸点；③钢板黏结面立面涂胶应自上而下地进行，钢板黏结面上的抹胶可中间厚两边薄；④将钢板平稳对准螺栓孔并迅速拧紧螺帽,使钢板与构件表面黏合,清除挤出的多余胶黏剂。钢板加压的顺序应由中间向两边对称进行。

栓接钢板时应满足以下要求:①如果构件有严重变形,则使裂纹端部的两侧对齐;②打磨构件待补强区域表面在制造过程中产生的凸点,清除构件表面灰尘;③用钢板栓接修补裂纹时,一般宜在裂纹两面都采用钢板,补强前裂纹两端仍须钻孔。依据美国 AASHTO 规范,在裂纹尖端用最小直径(25.4mm)钻孔即可;④钢板螺栓连接宜采用小直径螺栓,裂纹的每侧用双排螺栓;⑤栓接连接选用高强螺栓,螺栓规格依据实际修复条件选用;选用高强螺栓应符合国家、行业现行规范相关规定;⑥保证螺栓孔钻孔质量,进行冷扩孔以提高孔边疲劳裂纹寿命。

(4)气动冲击法

气动冲击法的基本原理是利用气动工具高速冲击后产生的塑性变形使开口的裂纹产生闭合,同时引入残余压应力改善裂纹表面的受力状况。气动冲击法维修的主要技术参数包括冲击频率、冲击头尺寸、冲击时间。气动冲击表面应平坦,且无杂物、氧化皮、松散铁锈和任何其他外来物。若不满足要求,则应采用机械打磨方式处理表面,直到满足要求。气动冲击区域应尽可能完全覆盖裂纹区和塑性区,并且塑性区的覆盖宽度宜大于 10mm 以上,如图 12-30 所示。一般情况下气动冲击维修步骤如图 12-31 所示,当裂纹开口其中一侧受到阻挡无法实施冲击时,可仅在裂纹开口另一侧进行冲击,但需要在同一侧位置紧贴着再进行一次冲击,如图 12-32所示。

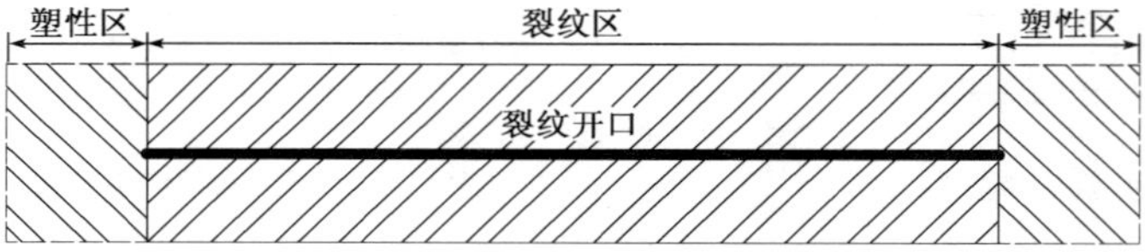

图 12-30　气动冲击的覆盖范围

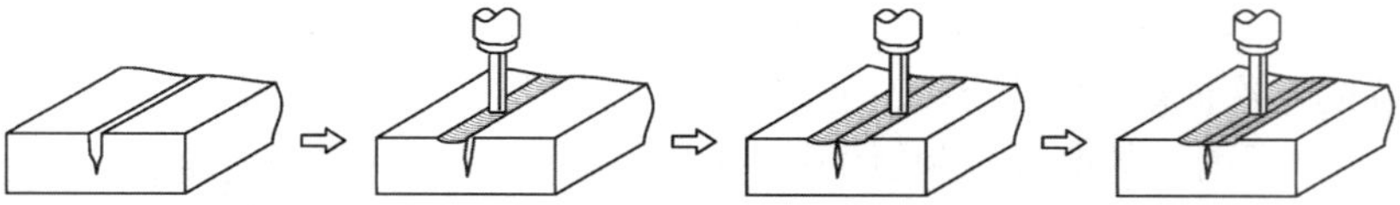

图 12-31　气动冲击维修基本步骤

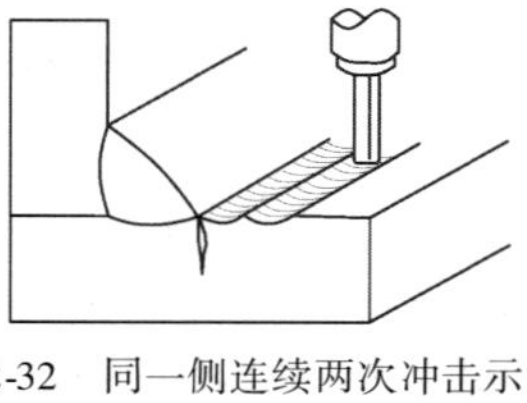

图 12-32　同一侧连续两次冲击示意图

3)疲劳预防性养护

20 世纪 90 年代初,美国率先提出预防性养护的概念,当时所针对的对象主要为道路,其基本理念是在合适的时间,用恰当的方法措施,对适宜的路段进行养护,让状态良好的道路保持更长时间。随着路面预防性养护技术的研究与开发,该技术逐渐在加拿大、英国、德国等发达国家得到了进一步应用与推广。由于预防性养护具有良好的全寿命周期综合效益,我国也逐渐将预防性养护理念贯彻到道路工程的日常养护工作中去,钢桥疲劳预防性养护工作亦正逐渐开展。目前,钢桥疲劳预防措施主要有锤击强化、焊趾磨削、粘贴 FRP 和设置角撑板这四类方法。

锤击强化的基本原理是通过气动工具高速冲击引入残余压应力,改善焊缝附近的受力情况,同时冲击过程中可形成具有一定宽度和深度的锤坑,有效缓解焊趾几何突变,提高焊缝疲劳性能，如图 12-33 所示。焊趾磨削也可有效去除焊趾几何突变，改善焊趾应力集中现象，提高其疲劳寿命，如图 12-34 所示。

粘贴 FRP 的基本原理与 FRP 加固开裂位置类似，其目的是通过承担一部分疲劳荷载，降低焊趾或焊跟的疲劳应力幅。FRP 材料通常可为 FRP 布或 FRP 板，通过胶黏剂覆盖于疲劳预防待处理部位，如图 12-35 所示。设置角撑板的基本原理是通过改变易疲劳细节的局部构造，达到改善应力集中的目的。需注意的是，角撑板一般通过焊接的方式设置于疲劳预防待处理部位，实施时应严格把控焊接质量，避免引入明显的焊接缺陷（如未焊透、夹渣、气孔等）。

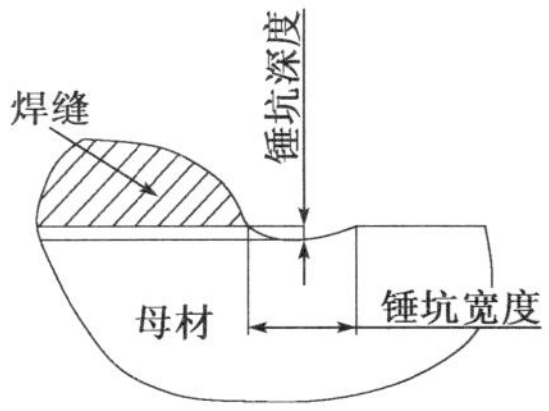

图 12-33　锤击改善几何突变示意图

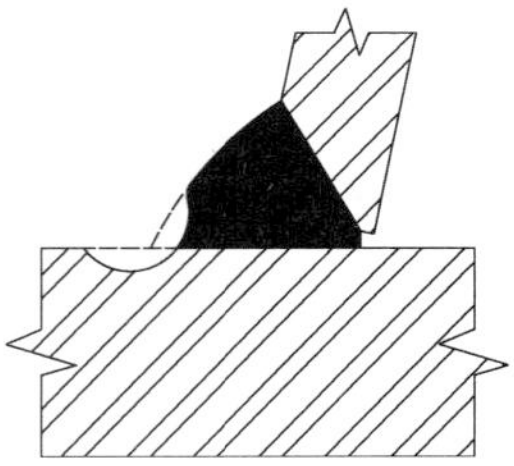

图 12-34　磨削后焊趾外观示意图

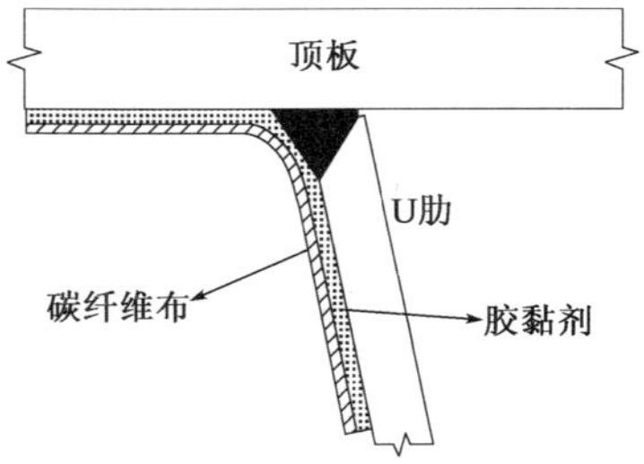

图 12-35　粘贴 FRP 示意图

12.5　钢桥面铺装维护

12.5.1　评估方法

《公路桥梁技术状况评定标准》中给出了沥青混凝土铺装和水泥混凝土铺装的技术状况评定标准。以沥青混凝土铺装评定为例，其针对变形、泛油、破损、裂缝四种病害分别给出了相应的评定标准，见表 12-5 ~ 表 12-8。

变　形　　表 12-5

标度	评定标准	
	定性描述	定量描述
1	完好	—
2	局部出现波浪拥包	波浪拥包面积≤10%，波峰波谷高差≤25mm
	或局部有高低不平的现象	高低差≤25mm
	或车辙深度较浅	铺装层出现车辙的面积≤10%，深度≤25mm
3	多处出现波浪拥包	波浪拥包面积＞10%且≤20%，波峰波谷高差≤25mm
	或多处有高低不平的现象	高低差≤25mm
	或车辙深度较浅	铺装层出现车辙的面积＞10%且≤20%，深度≤25mm
4	大面积出现波浪拥包	波浪拥包面积＞20%，波峰波谷高差＞25mm
	或普遍有高低不平的现象	高低差＞25mm
	或车辙深度较深	铺装层出现车辙的面积＞10%，深度＞25mm

泛　油　表 12-6

标度	评定标准	
	定性描述	定量描述
1	完好	—
2	局部出现泛油	面积≤10%
3	多处出现泛油	面积>10%且≤20%
4	大面积出现泛油、磨光	面积>20%

破　损　表 12-7

标度	评定标准	
	定性描述	定量描述
1	完好	—
2	面层局部松散、露骨	松散、露骨累计面积≤10%
	或局部浅坑槽	坑槽深度≤25mm，累计面积≤3%，单处面积≤0.5m^2
3	多处松散、露骨	松散、露骨累计面积>10%且≤20%
	或多处出现坑槽	坑槽深度≤25mm，累计面积>3%且≤10%，单处面积>0.5m^2且≤1.0 m^2
4	大部分松散、露骨	松散、露骨累计面积>20%
	大部分有坑槽	坑槽深度>25mm，累计面积>10%，单处面积>1.0 m^2

裂　缝　表 12-8

标度	评定标准	
	定性描述	定量描述
1	完好	—
2	局部龟裂，裂缝区无变形、无散落	龟裂缝宽≤2.0mm，部分裂缝块度≤5.0m
	或局部块裂，裂缝区无散落	块裂缝宽≤3.0mm，大部分裂缝块度大>1.0m
	或有纵横裂缝，裂缝壁无散落，无支缝	纵横裂缝长≤1.0m，缝宽≤3.0mm
3	局部龟裂，状态明显，裂缝区有轻度散落或变形	龟裂缝宽大于2.0mm且≤5.0mm，部分裂缝块度≤2.0m
	或局部块裂，裂缝区有散落	块裂缝宽>3.0mm，大部分裂缝块度>0.5m且≤1.0m
	或有纵横裂缝，裂缝壁有散落，有支缝	纵横裂缝长>1.0m且≤2.0m，缝宽>3.0mm
4	多处龟裂，特征显著，裂缝区变形明显，散落严重	龟裂缝宽>5.0mm，部分裂缝块度≤2.0m
	或多处龟裂，裂缝区散落严重	块裂缝宽>3.0mm，大部分裂缝块度≤0.5m
	或有纵横裂缝，裂缝壁散落，支缝严重	纵横裂缝长>2.0m，缝宽>3.0mm

12.5.2　维护方法

1)铺装病害维修方法

《公路沥青路面养护技术规范》(JTG 5142—2019)针对目前所有铺装的常见病害给出了具体的维修方法和操作步骤。虽然大跨径钢桥面板的铺装病害产生原因与混凝土桥面、普通公路铺装存在差异，但其修复技术除了具体操作要求、使用材料、施工环境等要求外，与传统的铺装修复技术存在一定的相似性。

(1)开裂修复

裂缝的修复应根据裂缝类型特点、严重程度及原因确定，并采取适宜对的处治措施，及时进行裂缝封闭。裂缝处治可采用灌缝、贴缝、带状挖补方式，灌缝材料宜采用密封胶，贴缝材料可采用热粘式贴缝胶和自粘式贴缝胶，工艺可以分为直接贴缝和灌缝后贴缝，工艺应符合下列规定：

灌缝处治工艺：

①应根据路面裂缝的具体情况确定开槽灌缝尺寸，宽度 × 深度宜为 12mm × 12mm、12mm × 18mm、15mm × 15mm 或 15mm × 20mm。

②采用开槽机、灌缝机、清干机等专用灌缝设备，应按开槽、清洁、干燥、灌缝与养生工艺流程进行作业。

③灌缝成型应饱满，灌缝材料性能稳定后才可以开放交通。

④施工环境应高于 5℃，在路面表面干燥状态下施工。

贴缝处治工艺：

①贴缝前应将路面裂缝及其两侧各 20cm 表面范围内的泥土杂物、污染物、散落物等清理干净，无凸起、凹陷、松散，保证裂缝作业面平整。

②贴缝胶应从裂缝一端粘贴，其长度不小于整条裂缝长度，贴缝胶应处于裂缝中间部位；遇不规则裂缝，可将贴缝胶断开，按裂缝的走向跟踪粘贴；贴缝胶结合处形成 80 ~ 100mm 的重叠。

③贴缝完成后宜采用贴缝机、铁滚等进行碾压，达到贴缝无气泡、皱褶，保证贴缝胶与路面充分结合、黏结紧密，检查确认后开放交通。

④施工环境温度应高于 5℃，在路面表面干燥状态下施工。

(2)坑槽修复

应根据坑槽病害类型、严重程度及原因，采取合理措施及时进行修补。坑槽可采用就地热补法、热料热补、冷料冷补等方式，修补应符合下列规定：

①坑槽修补材料应具有足够的强度以及良好的高低温性能、抗水损坏和老化性能。

②应按“圆洞方补、斜洞正补”的原则，确定路面坑槽破损的边界。坑槽修补轮廓线与行车方向平行或垂直，并超过坑槽破损边界 10 ~ 15cm。

③坑槽处治至损坏的最底部，修补后新填补部分应略高于原沥青路面。

④雨季和多雨地区，应对路面坑槽修补接缝处进行封缝处理。

⑤坑槽修补完成后，应清理作业区域，开放交通。

(3)表面变形

应根据车辙病害类型、范围、严重程度及原因，合理确定采取局部车辙处治或大范围直接填充、就地热再生、铣刨重铺等措施，具体见表 12-9。局部车辙处治可采用微表处填充，也可采用坑槽等病害综合热修补车进行现场加热、耙松、补料与压实处理，还可采取局部铣刨重铺措施。车辙处治所用的原材料、混合料设计、施工工艺、设备要求与质量控制应符合现行《公路沥青路面施工技术规范》(JTG F40)和《公路沥青路面养护技术规范》(JTG 5142—2019)的相关规定。

车辙处治措施选用　　表 12-9

车辙深度	直接填充	就地热再生	铣刨重铺
RD≤15mm	√	△	△
15mm < RD≤30mm	△	√	√
RD > 30mm	×	△	√

注:√-推荐;△-可选;×-不推荐。

根据波浪拥包病害类型及产生原因,可采用局部铣刨、局部铣刨重铺、就地热再生、整体铣刨重铺等处治方式,重铺材料可采用热拌、冷拌或温拌沥青混合料、功能性罩面材料等。因沥青面层与基层之间存在不稳定的夹层引起的波浪拥包,应铣刨或挖除沥青面层,清除不稳定的夹层后,喷洒黏层沥青,重铺沥青面层。

(4)表面缺陷

松散的处治应根据松散病害类型、严重程度及原因合理地确定并采取可行的技术措施。因沥青与酸性石料间的黏附性不良造成的路面麻面松散,可铣刨或挖除松散部分,重铺沥青面层,其矿料不宜使用酸性石料。在缺乏碱性石料的地区,应在沥青中掺入抗剥离剂、增黏剂或使用干燥的消石灰、水泥等表面活性物质作为填料的一部分,或采用石灰浆处理粗集料等抗剥离措施。

泛油的处治也应根据病害类型、严重程度及原因合理地确定并采取可行的技术措施。出现轻微泛油时,可撒布 3 ~ 5mm 粒径的碎石或粗砂,并采用压路机或行车碾压。出现重度泛油,未发生沥青的迁移现象时,可采用下列方法进行处治:

①先撒布 5 ~ 10mm 粒径的碎石,后采用压路机碾压,待稳定后,再撒布 3 ~ 5mm 粒径的碎石或粗砂,采用压路机或行车碾压。

②先撒布 10 ~ 15mm 粒径或更大粒径的碎石,后采用压路机强力压入路面,待稳定后,再撒布 5 ~ 10mm 或 3 ~ 5mm 粒径的碎石,采用压路机或行车碾压。

③将路面表面 1 ~ 2cm 的富油沥青层铣刨后,铺筑 1 ~ 2cm 的微表处、超薄罩面或薄层罩面。

以上病害的维修技术对于使用不同材料的钢桥面板铺装具有一定的普适性,但由于不同铺装材料自身的性能差异,在开展针对性的维护中也应结合各个铺装材料性能特点以及钢桥面板的构造和局部刚度,开展综合性的铺装维护技术研究。

2)铺装预防性养护

钢桥面铺装常用的预防性养护措施包括裂缝填封、表面封层和薄层罩面。根据沥青混凝土路面预防性养护的经验,裂缝填封用于封缝封水,防止路面裂缝进一步扩展,适合对那些张开到一定程度、能够被肉眼辨别的单条裂缝的处理。表面封层类技术是道路中最为常用的养护手段,是用连续方式敷设在整个路表的养护层,封层材料可以是单独的沥青或其他封层剂,也可以是沥青与集料组成的混合料。表面封层可以延缓铺装层氧化、密封表面的微小裂缝、防止水进入铺装层内部等,最常用的表面封层技术包括雾封层、稀浆封层、微表处等。车辙填补、薄层罩面及超薄磨耗层等则为在原路面上加铺的热拌沥青混凝土薄层。

(1)裂缝填封

裂缝填封是针对纵向裂缝、横向裂缝等较规则的,且裂缝边缘破损程度较低的线状裂缝,如图 12-36 所示。一般而言,当缝宽较小(<3mm)时,裂缝太窄,难以施工;当缝宽较大(>25mm)时,裂缝填封已难以达到理想的养护效果,因此裂缝填封适合处理具有一定宽度的裂缝。钢桥面铺装裂缝填封需达到恢复铺装局部强度、避免铺装的进一步损坏和恢复铺装行车的平顺性与舒适性的目的。

图 12-36 裂缝填封

(2)雾封层

雾封层技术主要用于提高铺装的防水性能,改善抗滑性能,黏结松散集料及修复表面老化沥青,改善外观,如图 12-37 所示。雾封层技术仅在铺装表面上加了一层薄膜,因此,雾封层技术不能改变铺装的结构强度。雾封层要求铺装具有足够的强度和刚度、具有良好的整体稳定性且表面平整、清洁。雾封层技术主要适用于出现早期微裂缝、表面集料松散、麻面及表面渗水等早期损坏的铺面。

(3)微表处

微表处具有修复车辙、恢复路表、填封微裂缝等功能,适用于轻度纵、横向裂缝,磨耗及松散的铺面,轻度或中度泛油的铺面,轻度不平整的铺面,抗滑性较差的铺面,渗水的铺面,轻度车辙的铺面,如图 12-38 所示。但是在疲劳裂缝严重、铺面损坏严重时应避免应用。同时微表处还具有常温施工、低能耗、环保、快速开放交通、施工季节长等特点。

图 12-37 雾封层

图 12-38 微表处

思考题

12-1 钢桥常见病害类型有哪些?

12-2 钢桥涂装病害有哪些基本类型?涂装病害维护的基本步骤是什么?

12-3 钢桥腐蚀病害有哪些基本类型?如何有效进行腐蚀维护?

12-4 钢桥易疲劳部位有哪些?为什么这些部位易疲劳?

12-5　疲劳维护中的修复措施有哪些？其原理是什么？

12-6　如何能够有效降低钢桥结构的疲劳损伤？所采取措施的原理是什么？

12-7　钢桥面铺装病害的类型有哪些？分析其产生的原因。

12-8　简述钢桥面铺装病害的解决方案。

附录

轴心受压整体稳定系数的截面分类 附表 1

横截面形式		限制条件		屈曲方向	屈曲曲线类型
轧制截面	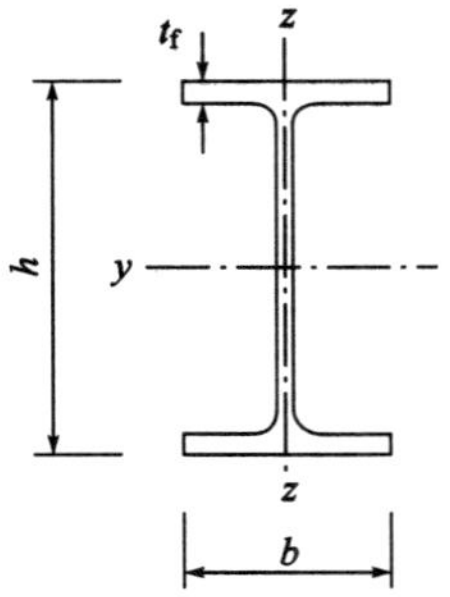	$h/b>1.2$	$t_f\leq40$mm	y轴 z轴	a b
			$40<t_f\leq100$mm	y轴 z轴	b c
		$h/b\leq1.2$	$t_f\leq100$mm	y轴 z轴	b c
			$t_f>100$mm	y轴 z轴	d d
焊接形截面	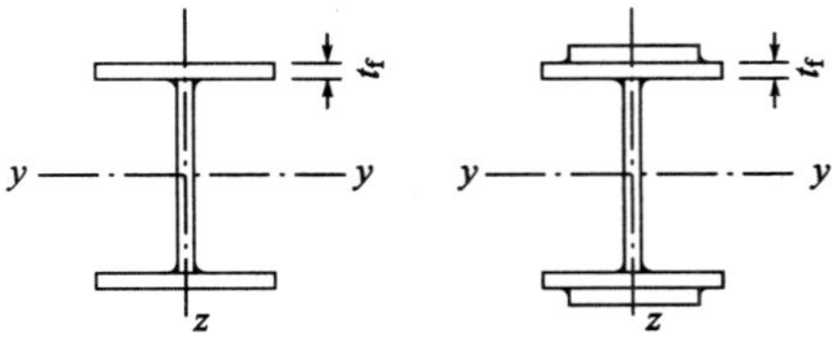	$t_f\leq40$mm		y轴 z轴	b c
		$t_f>40$mm		y轴 z轴	c d

续上表

横截面形式		限制条件	屈曲方向	屈曲曲线类型
空心截面	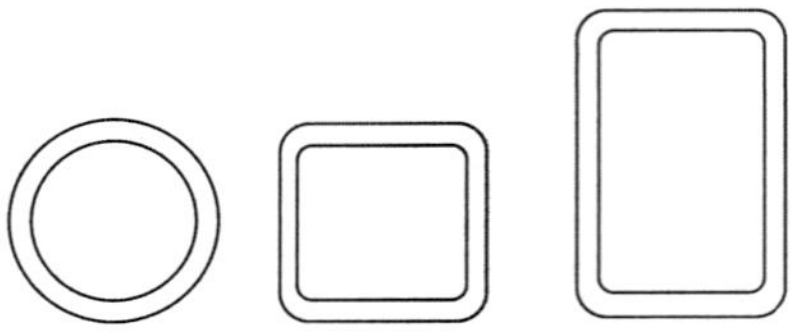	热轧	任意	a
		冷弯	任意	c
焊接箱形截面	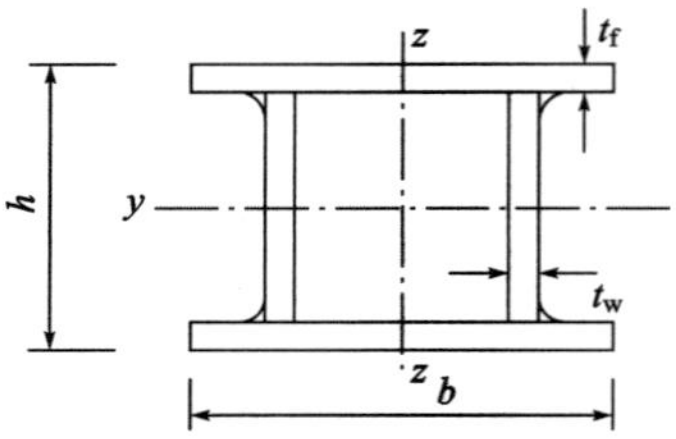	一般截面 (空心截面除外)	任意	b
		宽焊缝 $a>0.5t_f$ $b/t_f<30$ $h/t_w<30$	任意	c
槽形、T形截面	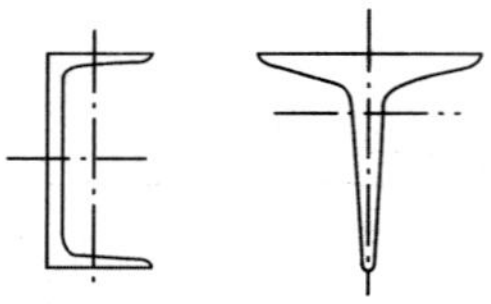	任意	任意	c
L形截面	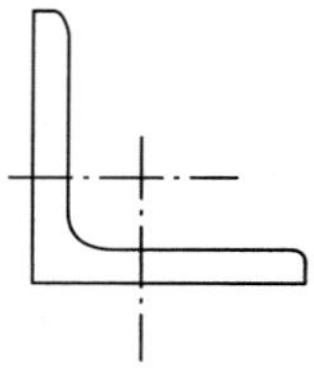	任意	任意	b

杆件的计算长度 附表2

边界条件	杆件计算长度 l	附注
两端简支	$l = L$	L:杆件有效约束间的长度
两端固定	$l = 0.5L$	
一端自由,另一端固定	$l = 2.0L$	
一端简支,另一端固定	$l = 0.7L$	

桁架和纵向及横向联结系杆件的计算长度　　附表 3

杆　　件			弯曲平面		附　　注
			平面内 l_{0x}	平面外 l_{0y}	
主桁	弦杆		l_0	l_0	l_0:主桁各杆件的几何长度(即杆端节点中距),如杆件全长被横向结构分割时,则为其较长的一段长度; l_1:从相交点至杆端节点中较长的一段长度; l_2:纵向(横向)联结系杆件轴线与节点板连在主桁杆件的固着线交点之间的距离
主桁	端斜杆、端立杆、连续梁中间支点处立柱或斜杆作为桥门架时		$0.9l_0$	l_0	
主桁	桁架的腹杆	无相交和无交叉	$0.8l_0$	l_0	
主桁	桁架的腹杆	与杆件相交或相交叉(不包括与拉杆相交叉)	l_1	l_0	
主桁	桁架的腹杆	与拉杆相交叉	l_1	$0.7l_0$	
纵向及横向联结系	无交叉		l_2	l_2	
纵向及横向联结系	与拉杆相交叉		l_1	$0.7l_2$	
纵向及横向联结系	与拉杆相交或相交叉(不包括与拉杆相交叉)		l_1	l_2	

受弯整体稳定等效弯矩系数　　附表 4

弯矩分布	等效弯矩系数 k_c
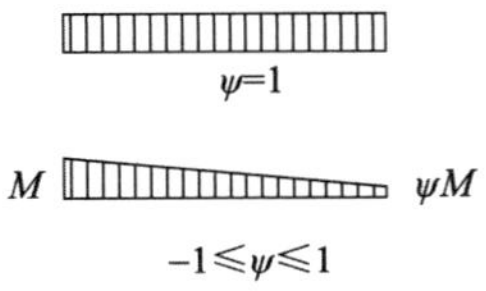	1.0 $\frac{1}{1.33-0.33\psi}$
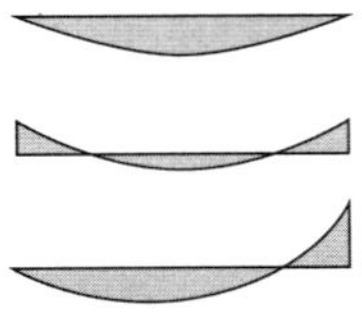	0.94 0.90 0.91
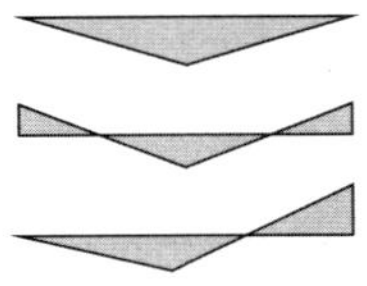	0.86 0.77 0.82

受弯整体稳定系数的截面分类　　附表 5

横截面形式	屈曲方向	屈曲曲线类型
轧制 I 形截面	$h/b\leqslant2$ $h/b>2$	a b
焊接 I 形截面	$h/b\leqslant2$ $h/b>2$	c d
其他截面	—	d

螺栓的有效截面面积 附表6

公称直径(mm)	螺纹间距 p(mm)	螺栓有效直径 d_e(mm)	螺栓有效截面积 A_e(mm^2)
12	1.75	10.36	84
14	2.0	12.12	115
16	2.0	14.12	157
18	2.5	15.65	193
20	2.5	17.65	245
22	2.5	19.65	303
24	3.0	21.19	353
27	3.0	24.19	459
30	3.5	26.72	561
33	3.5	29.72	694
36	4.0	32.25	817
39	4.0	35.25	976
42	4.5	37.78	1 121
45	4.5	40.78	1 306
48	5.0	43.31	1 473
52	5.0	47.31	1 758
56	5.5	50.84	2 030
60	5.5	54.84	2 362
64	6.0	58.37	2 676
68	6.0	62.37	3 055
72	6.0	66.37	3 460
76	6.0	70.37	3 889
80	6.0	74.37	4 344
85	6.0	79.37	49 485
90	6.0	84.37	5 591
95	6.0	89.37	6 273
100	6.0	94.37	6 995

参 考 文 献

[1] 吴冲. 现代钢桥(上)[M]. 北京:人民交通出版社,2006.

[2] 徐君兰,孙淑红. 钢桥[M]. 2 版. 北京:人民交通出版社,2011.

[3] 刘玉擎. 钢—混凝土组合结构桥梁[M]. 北京:人民交通出版社,2005.

[4] 中华人民共和国行业标准. 公路钢筋混凝土及预应力混凝土桥涵设计规范:JTG 3362—2018[S]. 北京:人民交通出版社股份有限公司,2018.

[5] 中华人民共和国行业标准. 公路桥涵设计通用规范:JTG D60—2015[S]. 北京:人民交通出版社股份有限公司,2015.

[6] 中华人民共和国行业标准. 公路钢结构桥梁设计规范:JTG D64—2015[S]. 北京:人民交通出版社股份有限公司,2015.

[7] 中华人民共和国国家标准. 钢结构设计规范:GB 50017—2017[S]. 北京:中国计划出版社,2017.

[8] 中华人民共和国国家标准. 钢结构焊接规范:GB 50661—2011[S]. 北京:中国建筑工业出版社,2011.

[9] 王茜. 钢桥塔与组合桥塔受力性能试验研究[D]. 西安:长安大学,2008.

[10] 柯亮亮. 刚构—连续组合梁桥结构分析[D]. 西安:长安大学,2009.

[11] 张鹏. 钢—混凝土混合梁结合段受力性能与设计参数研究[D]. 西安:长安大学,2012.

[12] 张中育,李青宁,姜维山. 钢—混凝土组合梁弯筋连接件的抗剪承载力[J]. 四川建筑科学研究,2013,03:4-7.

[13] 杨哲光. 高强工字型钢—混凝土板组合梁受弯性能分析及承载力计算[D]. 湘潭:湘潭大学,2012.

[14] 中华人民共和国国家标准. 金属材料夏比摆锤冲击试验方法:GB/T 229—2007[S]. 北京:中国标准出版社,2008.

[15] 中华人民共和国国家标准. 金属材料　弯曲试验方法:GB/T 232—2010[S]. 北京:中国标准出版社,2010.

[16] 中华人民共和国国家标准. 桥梁用结构钢:GB/T 714—2015[S]. 北京:中国标准出版社,2015.

[17] 中华人民共和国国家标准. 低合金高强度结构钢:GB/T 1591—2018[S]. 北京:中国标准出版社,2018.

[18] 中华人民共和国国家标准. 热轧 H 型钢和部分 T 型钢:GB/T 11263—2017[S]. 北京:中国标准出版社,2017.

[19] 中华人民共和国国家标准. 金属材料准静态断裂韧度的统一试验方法:GB/T 21143—2014[S]. 北京:中国标准出版社,2014.

[20] 中华人民共和国国家标准. 金属材料　拉伸试验　第 1 部分:室温试验方法:GB/T 228.1—2010[S]. 北京:中国标准出版社,2010.

[21] 中华人民共和国国家标准. 金属材料　拉伸试验　第 2 部分:高温试验方法:GB/T 228.2—2015[S]. 北京:中国标准出版社,2015.

[22] 中华人民共和国国家标准. 碳素结构钢：GB/T 700—2006[S]. 北京：中国标准出版社，2006.
[23] 中华人民共和国国家标准. 厚度方向性能钢板：GB/T 5313—2010[S]. 北京：中国标准出版社，2010.
[24] Man J, Obrtlik K, Polak J. Extrusions and intrusions in fatigued metals. Part 1. State of the art and history[J]. Philosophical Magazine, 2009, 89(16): 1295-1336.
[25] Polák J. Cyclic deformation, crack initiation, and low-cycle fatigue, in comprehensive structural integrity[J]. Comprehensive structural integrity, 2003, 4: 1-39.
[26] 张吉桥. 雨流计数法与概率分布拟合在疲劳寿命估算中的应用[J]. 广东工业大学学报，2010，27(1)：82-85.
[27] 屈朝霞，马朝晖. 宝钢桥梁用钢及其焊接技术[J]. 钢结构，2008，23(3)：22-25.
[28] 杜平，胡贤磊，王君，等. 纵向变截面钢板的发展和应用[J]. 轧钢，2008，25(1)：47-50.
[29] 曹忠孝，李文斌，费静，等. 高性能桥梁用钢 HPS70W 的研制开发[J]. 鞍钢技术，2009(2)：20-22.
[30] 胡晓萍，温东辉，李自刚. 高性能桥梁用钢的发展[J]. 热加工工艺，2008，37(22)：91-94.
[31] 黄维，张志勤，高真凤，等. 国外高性能桥梁用钢的研发[J]. 世界桥梁，2011(2)：18-21.
[32] 张志勤，秦子然，何立波，等. 美国高性能桥梁用钢研发现状[J]. 鞍钢技术，2007(5)：11-14.
[33] 姚昌荣，李亚东，强士中. 美国桥梁高性能钢的发展与应用[J]. 世界桥梁，2005，1：57-61.
[34] 贺君，刘玉擎，陈艾荣. 耐候钢在桥梁工程中的应用[C]. 2006 钢桥科技论坛全国学术会议论文集，2006.
[35] 黄维，张志勤，高真凤. 日本的桥梁用钢[J]. 世界钢铁，2011，11(2)：45-49.
[36] 郭爱民，邹德辉. 我国桥梁用钢的现状及耐候桥梁钢的发展[C]//2008 年全国轧钢生产技术会议文集，2008.
[37] 郭爱民，邹德辉. 我国桥梁用钢现状及耐候桥梁钢发展[J]. 中国钢铁业，2008(9)：18-23.
[38] 龚士弘，盛光敏. 地震区建筑用钢的韧性对建筑物抗震性能的影响[J]. 工程抗震，2004(3)：41-47.
[39] 李洪岩，金学军，许荣昌. 建筑用抗震钢研究概述[J]. 莱钢科技，2008(3)：5-8.
[40] 卜勇，陈晓，童明伟，等. 高韧性抗震建筑用钢的研究及应用[C]//中国钢结构协会四届四次理事会暨 2006 年全国钢结构学术年会论文集，2006.
[41] 盛尔迈，李思明. 美日用于桥梁结构的高性能钢材[J]. 上海建材，2004(4)：19-21.
[42] 肖英龙. 桥梁结构用高性能钢材[J]. 宽厚板，2000，2：43-46.
[43] 曹平周，朱召泉. 钢结构[M]. 3 版. 北京：中国电力出版社，2008.
[44] 谭金华，杨吉新，陈响平. 桥梁钢结构[M]. 武汉：武汉理工大学出版社，2012.
[45] 刘吉士，张俊义，陈亚军. 桥梁施工百问[M]. 北京：人民交通出版社，2003.
[46] 中华人民共和国国家标准. 钢结构工程施工质量验收规范：GB 50205—2001[S]. 北京：

中国计划出版社,2001.
[47] 张纲,雷宏刚.钢结构的缺陷分析[J].科学之友,2006(3):92-95.
[48] 朱春平.铆接和栓接连接缺陷的修复[J].建筑工人,2014.
[49] 中华人民共和国行业标准.铁路桥梁钢结构设计规范:TB 10091—2017[S].北京:中国铁道出版社,2017.
[50] 小西一郎.钢桥[M].北京:人民铁道出版社,1993.
[51] 李勇.重载下钢板梁桥的受力分析[D].昆明:昆明理工大学,2009.
[52] 苏彦江.钢桥构造与设计[M].成都:西南交通大学出版社,2006.
[53] 赵秋.中国连续钢箱梁桥发展现状调查与分析[J].中外公路,2015,35(1).
[54] 赵秋.U形肋加劲板抗压承载力计算方法比较[C]//第18届全国结构工程学术会议论文集第I册,2009.
[55] 马建.中国桥梁工程学术研究综述[J].中国公路学报,2014,27(5).
[56] 吴永昌.珠江黄埔大桥北汊桥钢箱梁设计[J].公路,2009,10.
[57] John. W. Fisher.现代公路钢桥[M].项海帆,史永吉,等,译.北京:人民交通出版社,1978.
[58] 项海帆.高等桥梁结构理论[M].北京:人民交通出版社,2013.
[59] 日本道路协会.道路桥示方书・同解说(钢桥篇)[M].东京:丸善株式会社,2001.
[60] 李莉.小曲率半径曲线钢箱梁桥设计研究[J].建筑结构,2011,41.
[61] 中铁九桥工程有限公司.公路桥梁施工系列手册(桥梁钢结构)[M].北京:人民交通出版社,2014.
[62] 叶见曙.结构设计原理[M].3版.北京:人民交通出版社股份有限公司,2015.
[63] 乔朋.斜拉桥扁平钢箱主梁剪力滞效应研究[D].西安:长安大学,2009.
[64] 张慧.大宽跨比正交异性板鱼腹式多室薄壁箱梁结构受力性能和试验研究[D],兰州:兰州交通大学,2012.
[65] 苏庆田,吴炜,吴冲.一种新型扁平钢箱梁实腹式横隔板构造[J].结构工程师.2005,21(3):6-9.
[66] 李杰,万鹏,李娜.钢桁架结构次应力问题的探讨[J].钢结构,2005,20(2):18-20.
[67] 刘浩.钢管桁架次应力分析[D].武汉:武汉理工大学,2007.
[68] 张凡.双层钢桁梁桥整体节点受力性能研究[D].长沙:中南大学,2014.
[69] 陈惟珍,等.钢桁梁桥评定与加固:理论、方法和实践[M].北京:科学出版社,2012.
[70] 吕高超.敞开式钢管—混凝土桁架组合梁桥节点疲劳性能试验研究[D].合肥:合肥工业大学,2014.
[71] 朱万勇.波形钢腹板PC组合箱梁桥设计理论与方法研究[D].西安:长安大学,2004.
[72] 周勇超.钢—混组合结构在钢桁架中的加固应用研究[D].西安:长安大学,2006.
[73] 王栋.80m钢—混凝土组合桁架梁桥联结节点的力学性能分析[D].兰州:兰州交通大学,2012.
[74] 黄鹦.大跨度连续梁—钢桁架组合结构桥施工监控研究与实践[D].重庆:重庆大学,2014.
[75] 邵长宇.大跨度钢—混凝土连续组合箱梁桥关键技术研究[D].上海:同济大学,2007.

[76] 赵晓妮.波纹腹板工字型钢与混凝土组合梁承载机理分析与试验研究[D].济南:山东建筑大学,2012.
[77] 钟善桐,张素梅.从本构关系研究钢管混凝土工作性能的新成果[J].钢结构,1992,03:4-15.
[78] 蔡崇金,黄仕科,杨玲,等.干海子特大桥四项技术领先世界[J].建筑,2012,11:32-33.
[79] 汪洋.钢—混凝土组合桁架梁抗弯性能研究[D].郑州:郑州大学,2014.
[80] 刘书伟.钢—混凝土组合连续梁桥负弯矩区施工控制研究[J].城市道桥与防洪,2012,04:142-144,276-277.
[81] 杨奇涛.钢—混凝土组合连续梁桥收缩徐变效应分析[D].成都:西南交通大学,2014.
[82] 王恩来.钢—混凝土组合梁的长期性能研究[D].长沙:中南大学,2009.
[83] 中华人民共和国国家标准.钢—混凝土组合桥梁设计规范:GB 50917—2013[S].北京:中国建筑工业出版社,2013.
[84] 中华人民共和国行业标准.公路钢混组合桥梁设计与施工规范:JTG/T D64-01—2015[S].北京:人民交通出版社股份有限公司,2015.
[85] 张锴锋.钢管混凝土桁腹式PC组合结构梁桥受力特性研究[D].天津:天津城市建设学院,2012.
[86] 李铁强,朱起,朱聘儒,等.钢与混凝土组合梁弯筋连接件的抗剪性能[J].工业建筑,1985,10:6-12.
[87] 徐博文.钢与轻集料混凝土组合梁剪力连接件性能研究及优化设计[D].吉林:吉林大学,2007.
[88] 张培源.高墩大跨钢管混凝土桁架梁桥荷载试验研究[D].成都:西南交通大学,2013.
[89] 杨胜启.混合梁桥钢—混凝土结合段疲劳受力性能研究[D].成都:西南交通大学,2012.
[90] 张通.简支钢板组合梁桥合理截面构造研究[D].西安:长安大学,2014.
[91] 吴衔.考虑界面滑移效应的钢—混凝土组合梁刚度分析研究[D].广州:华南理工大学,2011.
[92] 刘玉擎.组合结构桥梁的发展与展望[C]// 全国桥梁学术会议论文集.中国公路学会桥梁和结构工程分会,2005.
[93] 赵鸿铁.组合结构设计原理[M].北京:高等教育出版社,2005.
[94] 叶列平,方鄂华.钢骨混凝土构件的受力性能研究综述[J].土木工程学报,2000,05:1-12.
[95] 梅建松.大跨度钢拱桥稳定性及极限承载力的研究[D].武汉:武汉理工大学,2005.
[96] 吴权.部分填充圆形截面钢管混凝土桥墩抗震性能研究[D].沈阳:沈阳建筑大学,2012.
[97] 王跃东.部分内填混凝土箱形截面钢桥墩的力学性能研究[D].上海:上海交通大学,2011.
[98] 钢桥抗震与损伤控制设计指南—基础篇[M].吉伯海,高圣彬 译.南京:河海大学出版社,2008.
[99] 郭彦林,窦超.钢拱结构设计理论与我国钢拱结构技术规程[J].钢结构,2009,05:59-70.
[100] 窦超.钢拱平面外稳定性能及设计方法[D].北京:清华大学,2012.

[101] 康希良. 钢管混凝土组合力学性能及黏结滑移性能研究[D]. 西安:西安建筑科技大学,2008.

[102] 金安红. 南京三桥钢塔钢混结合段的设计与制造[J]. 钢结构,2007,02:75-77.

[103] 郭志明,冯良平,崔冰,等. 南京三桥钢塔柱钢混结合段设计与制作[C]. 中国公路学会桥梁和结构工程分会,2004 年全国桥梁学术会议论文集. 2004.

[104] 卢绪庆. 桥梁施工用组合钢塔结构分析与研究[D]. 成都:西南交通大学,2007.

[105] 张鸿,刘鹏,肖文福. 泰州大桥中塔深水超深巨型沉井施工技术[J]. 岩土工程学报,2008,S1:559-563.

[106] 吉林,韩大章. 泰州长江公路大桥设计与中塔基础施工[C]//江苏省公路学会优秀论文集(2006-2008),2009:11.

[107] 中华人民共和国国家标准. 钢管混凝土拱桥技术规范:GB 50923—2013[S]. 北京:中国计划出版社,2013.

[108] 中华人民共和国国家标准. 钢管混凝土结构技术规范:GB 50936—2014[S]. 北京:中国建筑工业出版社,2014.

[109] 钟善桐. 钢管混凝土统一理论—研究与应用[M]. 北京:清华大学出版社,2006.

[110] 蔡绍怀. 现代钢管混凝土结构[M]. 北京:人民交通出版社,2003

[111] 韩林海,杨有福. 现代钢管混凝土结构技术[M]. 北京:中国建筑工业出版社,2004.

[112] 陈宝春. 钢管混凝土拱桥[M]. 北京:人民交通出版社,2007.

[113] Roger L. Brockenbrough, Frederick S. Merritt. 美国钢结构设计手册(下册):钢桥部分[M]. 同济大学与轻型结构研究、钢桥与组合结构桥梁研究室,译. 上海:同济大学出版社,2007.

[114] 严国敏. 现代斜拉桥[M]. 成都:西南交通大学出版社,1996.

[115] 严国敏. 现代悬索桥[M]. 北京:人民交通出版社,2002.

[116] 尼尔斯 J · 吉姆辛. 缆索支撑桥梁—概念与设计[M]. 北京:人民交通出版社,2002.

[117] 范立础. 桥梁工程[M]. 北京:人民交通出版社,1993.

[118] 栗岳. 带肋圆管截面钢桥墩的力学性能研究[D]. 上海:上海交通大学,2012.

[119] 邵旭东. 桥梁工程[M]. 3 版. 北京:人民交通出版社,2014.

[120] 李富文,伏魁先,刘学信,等. 钢桥[M]. 北京:中国铁道出版社,1992.

[121] 刘士林,梁智涛,侯金龙,等. 斜拉桥[M]. 北京:人民交通出版社,2004.

[122] 裴岷山. 钢斜拉桥索梁锚固构造[J]. 公路,2006,11:69-72.

[123] 南京重大路桥建设指挥部. 南京长江第四大桥工程技术总结[M]. 北京:人民交通出版社,2013.

[124] 王解军. 大跨桥梁[M]. 北京:北京大学出版社,2012.

[125] 魏建东. 大跨度桥梁[M]. 郑州:郑州大学出版社,2011.

[126] 潘际炎. 大跨度钢桥[J]. 钢结构,2000,15(2):17.

[127] 雷俊卿,郑明珠,徐恭义. 悬索桥设计[M]. 北京:人民交通出版社,2001.

[128] 岳丽娜,陈思甜. 钢桁梁桥施工架设方法研究综述[J]. 公路交通技术,2006.

[129] 王序森. 桥梁工程[M]. 北京:中国铁道出版社,1995.

[130] 顾安邦. 桥梁工程(下册)[M]. 北京:人民交通出版社,2000.

[131] 董春光. 大跨度钢桁斜拉桥施工控制关键技术研究[D]. 广州:华南理工大学,2014.
[132] 李富文. 钢桥[M]. 成都:西南交通大学出版社,1990.
[133] 周水兴,向中富. 桥梁工程(下册)[M]. 重庆:重庆大学出版社,2000.
[134] 陈恒山,吴静,陈湘林. 顶推法施工在桥梁工程中的应用[J]. 中外公路,2006.
[135] 王辉. 南京长江三桥钢塔节段制造及整体预拼的三维仿形分析[D]. 北京:铁道部科学研究院,2007.
[136] 陈青. 连续梁桥的顶推施工技术[J]. 国外公路,1998.
[137] 葛耀君. 分段施工桥梁分析与控制[M]. 北京:人民交通出版社,2003.
[138] 陈宝春. 桥梁工程[M]. 北京:人民交通出版社,2009.
[139] 熊煜明. 悬索桥施工控制及关键技术研究[D]. 西安:长安大学,2008.
[140] 中华人民共和国行业标准. 公路悬索桥设计规范:JTG/T D65-05—2015[S]. 北京:人民交通出版社股份有限公司,2015.
[141] 李国平. 连续梁拱组合桥的性能与特点[J]. 桥梁建设,2001.
[142] 邵旭东. 桥梁设计百问[M]. 2 版. 北京:人民交通出版社,2006.
[143] 陈伯蠡. 钢桥的发展[C]//钢结构焊接国际论坛论文集. 2006.
[144] 董石麟. 空间结构[M]. 北京:中国计划出版社,2003.
[145] 重庆大学,同济大学,哈尔滨工业大学. 土木工程施工[M]. 北京:中国建筑工业出版社,2003.
[146] 王辉,方兴,白玲,等. 斜拉桥和悬索桥钢塔的架设[J]铁道建筑,2007,07:4-6.
[147] 戴永宁. 南京长江第三大桥钢索塔技术[M]. 北京:人民交通出版社,2005.
[148] 安云岐. 钢桥梁腐蚀防护与施工[M]. 北京:人民交通出版社,2010.
[149] 樊叶华. 大跨径钢桥面浇注式沥青混凝土铺装技术研究[D]. 南京:东南大学,2004.
[150] 范汉泉. 钢箱梁桥面浇注式沥青混凝土铺装关键工艺控制研究[D]. 广州:华南理工大学,2014.
[151] 米军. 大跨径钢桥面环氧沥青混凝土铺装技术研究[D]. 重庆:重庆交通大学,2010.
[152] 崔静娜. 桥梁钢结构件防腐蚀涂层腐蚀全寿命设计研究[D]. 西安:长安大学,2007.
[153] 王世潜. 钢结构桥梁防腐蚀工艺研究与应用[J]. 天津建设科技,2003(2):17-19.
[154] 赵建方,王丹. 西陵长江大桥钢箱梁防腐蚀维修和涂装[J]. 全面腐蚀控制,2009(12):38-41.
[155] 易圣涛. 斜拉桥拉索防护的现状[J]. 重庆交通学院学报,2000(2):11-14.
[156] 何玉珊. 虎门悬索桥动力荷载试验[J]. 公路交通科技,1999(2):32-36.
[157] 曾志斌. 正交异性钢桥面板疲劳裂纹的维修加固方法[J]. 钢结构,2013(4):20-24.
[158] 陈小雨. 悬索桥主缆的内部检测[J]. 世界桥梁,2013(1):86-90.
[159] 周建林,刘晓光,张玉玲. 苏通大桥钢箱梁桥面板关键构造细节疲劳试验[J]. 桥梁建设,2007(4):17-20.
[160] 郭秉山,顾强,李养成. 钢框架梁柱腹板连接梁翼缘对接焊缝的破坏机理[J]. 西安科技大学学报,2004(4):417-421.
[161] 张丽芳. 大跨度钢箱梁病害及成因分析[J]. 公路与汽运,2012(3):203-206.
[162] 姜竹生,瞿涛,吕磊. 钢箱梁典型病害成因分析及其检测与维护技术研究[J]. 防灾减灾

工程学报,2010,31(5).
[163] 中华人民共和国国家标准. GB/T 1766—2008 色漆和清漆 涂层老化的评级方法[S]. 北京:中国标准出版社,2008.
[164] ISO 4628.10—2016 色漆和清漆——色漆涂层剥蚀的评定 一般性缺陷程度数量和大小的规定表面统一变化强度 第10部分:丝状锈蚀程度评定[S]. 2016.
[165] 中华人民共和国行业标准. 公路桥梁抗风设计规范:JTG/T 3360-01—2018[S]. 北京:人民交通出版社股份有限公司,2018.
[166] 蔡毅. 钢结构腐蚀损伤检测方法研究综述[J]. 河南水利与南水北调,2010(9):50-51.
[167] 于丽. 关于钢结构腐蚀及防腐对策问题初探[J]. 中外建筑,2010(6):193-195.
[168] 任晓云,李建三. 桥梁工程中的腐蚀问题[J]. 中山大学学报论丛,2002(3):192-196.
[169] 曾荣昌. 桥梁的腐蚀与防护[J]. 材料保护,2000(10):38-40.
[170] 任伟平. 焊接钢桥结构细节疲劳行为分析及寿命评估[D]. 成都:西南交通大学,2008.
[171] 穆健. 高强螺栓连接节点疲劳破坏试验研究[D]. 重庆:重庆交通大学,2010.
[172] 雷俊卿. 20世纪中国公路钢桥的现状评估与对策[J]. 公路,2000(1):20-23.
[173] 王于晨. 国内外钢筋混凝土组合梁桥研究概况[J]. 公路交通科技,1992(3):64-70.
[174] 张琦,廖理. 某大型管桁架支座节点设计及有限元分析[J]. 低温建筑技术,2009(6):64-66.
[175] 金玉泉. 桥梁的病害及灾害[D]. 上海:同济大学,2006.
[176] 王兴隆. 续接下弦杆法在钢屋架断裂加固中的应用[J]. 黑龙江电力,2010(6):470-472.
[177] 李小刚. 无机结合料稳定类基层疲劳损坏预估模型研究[D]. 西安:长安大学,2006.
[178] 李恒坤. 桥梁检查在桥梁管养中作中的重要意义[J]. 交通世界,2010(6):98-99.
[179] 王樾. 桥梁状态检测评估技术研究[J]. 公路交通技术,2010(1):91-94.
[180] 高志勇. 杭州湾跨海大桥养护管理系统的设计与应用[J]. 公路,2013(3):196-201.
[181] 中华人民共和国行业标准. 铁路钢桥保护涂装及涂料供货技术条件:TB/T 1527—2011[S]. 北京:中国铁道出版社,2011.
[182] 杨朝辉. 国内外大跨度钢箱梁桥养护规范对比研究[J]. 交通标准化,2013(13):8-11.
[183] 马翔宇,王君. 桥梁钢箱梁外表面常用涂装配套体系性能研究[J]. 中国涂料,2012(11):55-61.
[184] 中华人民共和国行业标准. 铁路钢梁涂膜劣化评定:TB/T 2486—1994[S]. 北京:中国铁道出版社,1994.
[185] 姜振安. 铁路钢桥保护涂装特点[J]. 涂料工业,1996(4):31.
[186] 王会海. 铁路钢桥强腐蚀区涂装工艺技术研究[J]. 中小企业管理与科技,2013(2):132-133.
[187] 中华人民共和国国家标准. 涂覆涂料前钢材表面处理 表面清洁度的目视评定 第2部分:已涂覆过的钢材表面局部清除原有涂层后的处理等级:GB/T 8923.2—2008[S]. 北京:中国标准出版社,2008.
[188] 中华人民共和国行业标准. 铸钢丸:YB/T 5149—1993[S]. 北京:冶金工业出版社,1993.

[189] 中华人民共和国行业标准. 铸钢砂:YB/T 5150—1993[S]. 北京:冶金工业出版社,1993.
[190] 中华人民共和国国家标准. 锌锭:GB/T 470—2008[S]. 北京:中国标准出版社,2008.
[191] 中华人民共和国国家标准. 变形铝及铝合金化学成分:GB/T 3190—2008[S]. 北京:中国标准出版社,2008.
[192] 中华人民共和国国家标准. 金属和合金的腐蚀　腐蚀试样上腐蚀产物的清除:GB/T 16545—2015[S]. 北京:中国标准出版社,2015.
[193] 中华人民共和国国家标准. 涂覆涂料前钢材表面处理　表面清洁度的目视评定　第1部分:未涂覆过的钢材表面和全面清除原有涂层后的钢材表面的锈蚀等级和处理等级:GB/T 8923. 1—2011[S]. 北京:中国标准出版社,2011.
[194] 中华人民共和国国家标准. 表面粗糙度比较样块　第3部分:电火花、抛(喷)丸、喷砂、研磨、锉、势光加工表面:GB/T 6060. 3—2008[S]. 北京:中国标准出版社,2008.
[195] ISO 2409—2013　色漆和清漆——交叉切割试验[S]. 2013.
[196] 中华人民共和国国家标准. 色漆和清漆拉开法附着力试验:GB/T 5210—2006[S]. 北京:中国标准出版社,2006.
[197] 范洪军,刘铁英. 闭口肋正交异性钢桥面的疲劳裂纹及检测[J]. 中外公路,2009:171-175.
[198] 史永吉,杨妍曼,陈则淦. 铁路焊接钢桥疲劳裂纹原因分析及其对策[J]. 铁道学报,1986:83-92.
[199] 丁浩,钟国强. 表面裂纹检测的现状及发展趋势[C]. 第二届钢材质量控制技术学术研讨会,2012.
[200] 张瑞友. 船体结构中疲劳裂纹的分析与修复[J]. 中国修船,2003(6):22-24.
[201] 尹越,刘锡良. 钢结构疲劳裂纹的止裂和修复[C]. 第四届全国现代结构工程学术研讨会,2004.
[202] 蔡洪能. FRP补强疲劳损伤钢结构裂纹扩展研究[J]. 材料工程,2006:378-381.
[203] 孟会林. 钢桥全寿命周期成本分析及维护策略优化研究[D]. 天津:天津大学,2009.
[204] 许颖. 钢桥面铺装使用情况调查及病害分析[D]. 重庆:重庆交通大学,2014.